INTERNATIONAL MANAGEMENT

CULTURE, STRATEGY, AND BEHAVIOR

10th Edition

国际企业管理

文化、战略与行为

（原书第10版）

[美] **乔纳森·P. 多** （Jonathan P. Doh）
维拉诺瓦大学

弗雷德·卢森斯 （Fred Luthans）
内布拉斯加大学林肯分校

◎著

周路路 赵曙明 ◎等译

机械工业出版社
China Machine Press

图书在版编目（CIP）数据

国际企业管理：文化、战略与行为：原书第 10 版 /（美）乔纳森·P. 多（Jonathan P. Doh），（美）弗雷德·卢森斯（Fred Luthans）著；周路路等译 . -- 北京：机械工业出版社，2022.7
（华章教材经典译丛）

书名原文：International Management: Culture, Strategy, and Behavior 10e
ISBN 978-7-111-71263-3

I. ①国… II. ①乔… ②弗… ③周… III. ①跨国公司 – 企业管理 IV. ① F276.7

中国版本图书馆 CIP 数据核字（2022）第 130468 号

北京市版权局著作权合同登记　图字：01-2020-1668 号。

本书是一部国际企业管理的权威教科书，紧紧围绕国际企业环境、跨文化管理、国际战略管理以及跨国组织行为和人力资源管理展开，对国际企业管理的各个层面进行了深入的分析。在前几版的基础上，第 10 版更新了大部分案例，完善了各章内容的体系结构，使之紧随国际企业管理实践的发展趋势，也更贴近广大高校的教学需求。

本书适合高等院校企业管理、工商管理、市场营销等专业的本科生、研究生及 MBA 学员，还适合企业管理人员自学参考。

出版发行：机械工业出版社（北京市西城区百万庄大街 22 号　邮政编码：100037）

责任编辑：吴亚军		责任校对：付方敏	
印　　刷：保定市中画美凯印刷有限公司		版　　次：2022 年 10 月第 1 版第 1 次印刷	
开　　本：214mm×275mm　1/16		印　　张：27	
书　　号：ISBN 978-7-111-71263-3		定　　价：119.00 元	

客服电话：（010）88361066　68326294

版权所有·侵权必究
封底无防伪标均为盗版

当今世界正在经历百年未有之大变局，信息技术的变革进步、社交媒体的广泛发展、新技术新产品的不断研发，给我们创造了一个崭新的、关联度更高的世界。由此，全球化的竞争也变得愈加激烈和复杂，而如何应对经营活动的复杂性便成为从事国际经营的管理者们面临的一大挑战和难题。

多年来，我一直关注跨国管理领域的前沿理论和实践的发展，自1992年在南京大学主持召开的第一届企业跨国经营国际学术研讨会算起，至今已经成功举办了10届，历时近20年。其中，2017年召开的第九届企业跨国经营国际学术研讨会吸引了约300位代表参加，除中国学者和企业家之外，还有来自澳大利亚、加拿大、法国、德国、韩国、巴基斯坦、俄罗斯、美国等20多个国家和地区的80多名国际学者与CEO参加；会议特别邀请了迈克尔·斯宾塞、詹姆斯·莫里斯教授等几位诺贝尔奖获得者做主旨演讲，其规模越来越大，国际化程度越来越高。2020年11月，我组织了第十届企业跨国经营国际学术研讨会——全球投资、新技术与创新人力资源管理实践，吸引了更多学者、企业家参加。中国作为新兴市场国家，多年来备受全球从事国际化经营的管理者的关注。在全球外国直接投资（FDI）连续3年下滑的背景下，中国吸引外资总量逆势上涨，2020年超过美国成为全球第一大外资流入国，显示出较强的韧性。在"一带一路"倡议的推动下，中国更加重视和鼓励企业"走出去"。2018年，我国全行业对外直接投资1 298.3亿美元，实现了连续多年的稳健增长，也备受全球关注。在这种形势下，越来越多的企业管理者在思考如何成功地进行跨国经营管理活动。为此，我们再次组织翻译《国际企业管理：文化、战略与行为》一书，以满足从事跨国经营管理活动的理论研究者和实践者的需求。

《国际企业管理：文化、战略与行为》与我已有10多年的缘分。我于2006年翻译出版了理查德·M.霍杰茨和弗雷德·卢森斯撰写的《国际企业管理：文化、战略与行为》第5版，2009年翻译出版了弗雷德·卢森斯和乔纳森·P.多所著的第7版，2015年又翻译出版了第8版。每次翻译和出版，我都惊叹于作者对本书更新的速度和修订内容的前沿性，更欣喜于能够与这本国际管理领域世界级的领先教材共同成长。

本版增加了许多国际管理背景和环境改变所带来的最新研究成果，从而使本书保持着鲜活的时代特点，如民族主义导向的政府及政治运动的出现对跨国公司可持续发展和伦理问题的关注，人口老龄化、社交媒体的发展、绿色管理实践、法律法规的复杂性为国际管理带来的新问题，等等。

正如之前的版本一样，本版仍然同时强调文化、战略和行为三个方面，并在章节安排上注重均衡。本版在各章开篇均增加了"国际管理世界"专栏，通过新近的相关新闻故事引出本章的内容。同时，在各章的最后还增加了"国际管理世界：回顾"专栏，供读者讨论。本版还增加了很多前沿的案例，其中甚至还有为本书单独开发的深度综合案例。

本书不仅适合本科生、MBA等各类在校生学习和研究使用，也可供从事或者准备从事跨国经营管理的企业领导者参考。

翻译本书是一个艰苦并快乐的工作过程。在翻译的过程中，不仅要领会作者的思想，而且要将其准确地表达出来。对原文逐字逐句进行推敲的过程，也是我们学习和再创造的过程，我和我的翻译团队从中受益良多。这里，我要感谢我的博士后、博士生和硕士生瞿皎姣、施扬、马苓、王志成、王小予、曾颖、曹曼、张敏、李进生、李茹、张紫藤、余华颖、田娅、张启等在本书翻译初稿中付出的努力。我还要感谢唐春勇教授、徐云飞博士等对本书译稿的校对工作提出的一些很好的意见。我特别要感谢周路路老师，她在整个翻译过程中做了大量的工作。最后，周路路老师和我对全书进行了统一修改与审校。

本书的出版还得到了机械工业出版社的大力支持，感谢编辑们专业、耐心和细致的指导，他们对译稿提出了很多宝贵意见，从而保证了书稿的翻译质量。

由于水平所限，译稿中难免还存在一些谬误，请读者批评指正。

南京大学人文社会科学资深教授、商学院名誉院长、博士生导师

2022 年 6 月

当今社会，全球商业环境持续变化并不断加速。很多出人意料或难以预测的变化对世界和平与经济安全造成了冲击。恐怖主义、大规模移民、英国脱欧以及欧洲、美国等地反移民运动的出现，使得全球政治、经济发展方向遭到了质疑。当前，社交媒体的快速发展不但加速了全球化的进程，而且为那些寻找政治和经济变化的人们提供了一种方法，来组织和影响企业领导者进行更加负责任的管理，并推进更加具体的意识形态进程（参见第1、2章的开篇案例）。此外，人们对气候变化和其他环境问题的担心促使企业、政府和非政府组织之间相互协调，这可以为商业发展和政府治理寻找可替代方案（参见第3章的开篇案例）。

这些变化挑战了长期以来关于经济全球化及一体化能够带来力量和益处的信仰，但是它们也强调了全球经济互联的本质。虽然全世界很多国家和地区是紧密连接的，但是制度和文化的区别依然存在，并且这些区别在近些年变得更加明显。国际管理面临的挑战反映了这种全球经济和政治事件的动态性及越来越大的不可预测性。尽管多个地区和国家之间存在着区别，但新兴市场的持续增长正在重塑全球经济的平衡性。很多新兴市场持续增长的同时，发达经济体却在经历着停滞或衰退，此外，还有些国家（如巴西）则面临严重的退步。进一步来看，自2009年欧洲债务危机以来，一些发达经济体（如希腊、意大利、西班牙和葡萄牙）一直面临着艰难挑战。在很多全球经济体中，低利率或负利率反映了低于平均增长水平的"新常态"。

全球政治与安全环境仍然不可预测、反复无常，中东和非洲一些国家还处在冲突之中，伊朗、伊拉克和阿富汗等其他国家也形势紧张。另外一个危机就是由叙利亚和其他地方的一些冲突所导致的大规模移民与大范围混乱，涉及地区有北非、欧洲南部甚至北部（参见第1、2章的深入讨论）。在经济发展领域，全球贸易和一体化进程也在很大程度上因欧洲和北美国家的政治压力而停滞不前。

正如前面提到的，社交网络的出现已经改变了人们的互动方式，改变了企业对产品进行全球营销、促销和分销的手段，也改变了社会公众对政府给予自由和问责制的关切。同时，公司、个人甚至是学生，现在都可以通过数字在线技术投入广泛的"大规模"合作，来开发新的创新性系统和产品。社交网络和大规模协作为个体跨越边界并改变其与世界组织的联系带来了新的影响。虽然全球化和技术联结着不同的国家、企业和个体，但这种联结也凸显了对不同文化、国家和公司管理实践进行理解的重要性。当前世界不仅在地理上，更在电子设备与心理上相互联结，几乎所有的商业都在一定意义上实现了全球化。但是，由于文化、政治和经济的差异依然存在，明智的跨国管理者必须不断调整战略以适应不同情境和变化着的环境。

在《国际企业管理：文化、战略与行为》第10版中，我们保留了在过去几十年研究和实践中获得的科学理论，同时结合了一些国际管理背景和环境改变所带来的最新的重要研究成果及现代见解。

第一，民族主义导向的政府和政治运动已经在世界上很多地区出现，这挑战了先前全球化和一体化必然带来益处的假定。第二，新兴市场正变得越来越重要，像中国和印度等国家的经济发展已经超越了巴西和俄罗斯等国家。第三，人口老龄化和对移民的担忧使得很多发达国家面临着挑战，它们要全力应对这些双重压力。第四，社交媒体和其他形式的电子化联结将会持续促进多种跨国商业的发展，但由于政府的一些阻碍和限制，这种联结也只能发展到现阶段。

在这一版中，我们加入了大量新的实践素材，并且一直努力让本书变得更加通俗易懂、更贴近生活和管理实践。在《国际企业管理：文化、战略与行为》第 10 版中，我们继续采取一种均衡的方式。其他教材可能注重强调文化、战略或者行为的某一个方面，本书则同时包含了这三个关键方面，三者产生的协同效应正是本书能够处于畅销榜领先地位的主要原因。这一版的章节分配如下：环境主题（3 章）、文化主题（4 章）、战略主题（4 章）以及组织行为和人力资源管理（3 章）。国际管理是一个快速变化的领域，第 10 版每一章节都有所更新和改善。本版整合了新的案例和研究成果，强调管理与实践的关联性。与之前的版本一样，我们强调研究和应用的平衡。

对于第 10 版，我们特别加入了以下重要领域的新内容：作为全球商业交易和社会活动组织方式的社交媒体的兴起，关于移民的全球压力，类似优步等企业实施的共享经济，以及其他重要的全球性话题。我们结合了最新的压力研究和实际见解，以帮助跨国公司采用可持续发展的战略，以及促使更多企业通过"绿色"管理实践来区分其产品。本版也更新了关于当前话题的讨论，包括 GLOBE 研究中对于跨文化领导力的持续探索。

在第 10 版中，每章结尾的特色是需要读者完成"互联网应用"。该练习的目的是鼓励读者利用网络资源在跨国公司网站上找到相关信息，并以此来回答与每章主题相关的问题。本书结尾还有一大特色，即为国际经理人提供了一套技能和经验练习，这些课堂练习综合了教材（文化、战略和行为）中各个部分的知识，并提供了实践经验。

第 10 版的另一特色是所有章节开篇的讨论部分——"国际管理世界"（WIM）都是基于相关新闻故事，很容易引起读者关注，将读者自然地引入章节主题。每章的最后会对本章主题进行概括，"国际管理世界：回顾"结合开篇话题，基于读者的视角提出一些问题以供讨论。在回答这些问题之前，读者需重新思考章节材料，并从中提炼出答案。

大量的案例是本书的一大亮点。本版更新了一些案例，同时加入了部分全新案例，这些短小的案例——"国际聚焦"能够在课堂上阅读和讨论。我们对这些案例都进行了修改和完善，并且增加了古巴、希腊和尼日利亚的案例。此外，我们还增加了额外的练习——"如果你是国际管理顾问"，这部分展现了在"国际聚焦"中的国家背景下某一个企业面临的挑战或困境，并请学生对这一案例中企业面临的挑战等相关问题给予回应。这一版我们在每一部分的最后专门修改或新增了"综合案例"，以便于教师和学生进行课后阅读和分析。回顾每个案例是为了促进书面分析和活跃课堂讨论。"简要综合案例"探究了个人和团队面临的特殊情形与挑战。此外，我们还设计了更长、更具体的"深度综合案例"，对公司面临的挑战开展更加广泛的讨论。这两种形式的案例给教师提供了很大的灵活性，他们能更自主地运用这些案例。在很多深度综合案例之后都有简短的问题，教师在课堂上可以用这些问题来强化主旨内容，提高学生的谈判、展示和分析能力。本书原有的综合案例全部进行了更新，同时也新加了一些案例，诸如关于药品价格争论的案例、TOMS 布鞋、Russell 运动 / 鲜果布衣、欧洲迪士尼乐园、迪士尼在亚洲、宜家、耐克、沃尔玛、塔塔、达能、金吉达、可口可乐以及其他一些特有的案例。

本书更新了"国际管理实践"，将应用性案例放入每个章节，且每章结尾配有教学要素（例如，"复习与讨论题""国际管理世界：回顾"和"互联网应用"）、本章小结和国际聚焦，每个部分后的综合案例为国际管理实践提供了相对完整的材料。

《国际企业管理：文化、战略与行为》一书被公认为此类题材的优秀教材。在此之前有战略专业资料汇编，组织行为领域的专业书籍，人力资源、国际商务、财务、市场以及经济学教材，但没有国际企业管理教材，本书仍是市场领先者。由于投入了很多精力去修订，本书得以保持这种领先地位，第 10 版继承了以往的优良传统，依然是国际管理研究的优秀教材，也希望能继续得到读者的认同。

我们要感谢那些帮助本书出版的人。我们将永远铭记已经逝世的同事 Richard M. Hodgetts 先生，感谢他特别提供的文稿。感谢分布在世界各地的同行，他们为本书的写作提供了很多建议并激励我们站在国际化的角度思考问题。感谢维拉诺瓦大学商学院及其领导，特别是教务长 Pat Maggitti、临时院长 Danial Wright、院长 Joyce Russell、临时副院长 Wen Mao 和 Herb Rammrath，他们聘请作者乔纳森担任国际管理系主任。这一版还要感谢 Ben Littell，他做了全面的研究和平面设计，并更新了各章的素材和案例，特别是研究和起草了每一章开篇的"国际管理世界"，制作了很多原始图表，并为本书其他方面的修订提供了大量的帮助。Allison Meade 研究并起草了第 4 章的国际管理世界"跨国并购中的文化冲突"。同时，我们特别感谢两位国际管理学者：一位是内布拉斯加大学管理系前系主任、沙特阿拉伯法赫德国王石油矿物大学前院长 Henry H. Albers，他为本书之前版本做出了重大贡献；另一位是内布拉斯加大学管理系前系主任、泛太平洋商业协会主席 Sang M. Lee，在过去 30 年中他与作者卢森斯在全球很多企业一起共过事。此外，我们还要感谢世界各地的学者给我们的帮助，在第 10 版的准备过程中，他们的反馈意见指引着我们，他们是：北亚利桑那大学的 Joseph S. Anderson、佛罗里达中央大学的 Lauryn De George、北卡罗来纳 A&T 大学的 Chi Anyansi-Archibong、密苏里大学堪萨斯分校的 Jae Jung、北佛罗里达大学的 Koren Borges 以及北得克萨斯大学的 Manjula S. Salimath。

当然，我们也非常感谢先前版本的评阅人，在此就不一一列举了。

最后，我们由衷地感谢 McGraw-Hill 的团队：总经理 Susan Gouijinstook、执行品牌经理 Anke Weekes、高级产品开发 Laura Hurst Spell、开发编辑 Erin Guendelsberger、营销经理 Michael Gedatus 以及内容项目经理 Danielle Clement。同时，我们也非常感谢我们家人的关爱与支持。

本版的修订重点

主题强化

- 为了反映国际经理人最关心的问题，全面修订和更新了一部分章节；
- 更加重视人口趋势和人员流动，强调劳动力老龄化、移民、文化和国际化人才管理的重要性；
- 聚焦全球可持续性和可持续管理实践，及其对国际化管理的影响；
- 基于当前的国际管理挑战，增加"国际管理世界"作为开篇案例，这些小案例是特意为本版设计的，在其他版本中没有；
- 讨论全球恐怖主义的增多、移民危机的加剧、国际事务中社交媒体日益重要的角色等其他当代话题；
- 对全球伦理、可持续发展、GLOBE 项目和其他重要问题的前沿研究进行了更新与讨论；
- 更加重视主要新兴地区比如巴西和俄罗斯等重要国家面临的经济挑战，补充了跨国公司如何应对这些挑战的具体案例。

内容修改和更新

- 增加了关于"国际管理世界"的讨论，包括 Patagonia、特斯拉和雀巢等公司的可持续发展成为全球竞争优势，全球并购中的文化挑战，还包括苹果、小米、亚马逊和阿里巴巴之间的动态竞争，海尔成为全球最大的家电商，奈飞公司在中国和俄罗斯面临的挑战，以及其他许多主题，这些新的主题讨论只存在于这一版本中；

- 更加强化了伦理、社会责任和可持续发展的重要性；
- 全面涵盖了 GLOBE 项目与其他文化框架的关系，及其在国际管理实践中的应用（第 4、13 章）；
- 修订或新增了"国际管理实践"的内容，扼要描述了在特定国家与经理人相关的关键经济和政治问题；
- 更多地涵盖了国际化战略的挑战和机遇，主要针对发展中的"金字塔底部"经济（第 8 章、塔塔公司的案例）。

案例、专栏和习题更新

- 在每一章最后添加了对相应国家的简要描述，新增了古巴、希腊和尼日利亚；
- "如果你是国际管理顾问"练习呈现了一个公司在相应国家面临的挑战，请学生提出行动建议；
- 新的"国际管理世界"内容，包括对一些当前话题的讨论，如比特币的兴起、大众汽车的排放丑闻以及优步面临的政治风险等；
- 完全更新的案例（其他版本均未收录）：TOMS 布鞋、Russell 运动 / 鲜果布衣、欧洲迪士尼乐园、迪士尼在亚洲、宜家、耐克、沃尔玛、塔塔、达能、金吉达、可口可乐以及其他一些特有的案例；
- 全新的章节案例，专为本版收编："TOMS 迈出的正确一步"和"全球药品定价伦理"；
- 每章开篇全新的"国际管理世界"，包括：奈飞公司向新兴市场的扩张，百威英博公司和 SABMiller 公司的合并，苹果 iPhone 与中国新创手机公司小米的竞争，俄罗斯被制裁对国际商务的影响，以及中国品牌海尔公司的成长，等等；
- 全新或修订的图表；
- 基于最新研究对全书内容进行了及时更新，包括对 GLOBE 项目的扩展讨论、全球恐怖主义对国际企业管理的持续影响以及未来可持续发展的推进等。

乔纳森·P. 多（Jonathan P. Doh）　　Herbert G. Rammrath 国际商务主席，全球领导力中心（Center for Global Leadership）创始主任，维拉诺瓦大学商学院管理学教授。这所学院的管理学在 2016 年被《彭博商业周刊》（*Bloomberg Businessweek*）评为美国排名第一的本科课程。他还在沃顿商学院（Wharton School of Business）从事高管教育。乔纳森教授在国际战略和企业责任领域从事教学、研究，担任执行教练和顾问。此前，他是美国大学和乔治敦大学关系学院的教员，也是美国政府的贸易官员。乔纳森在国际顶尖商业和管理杂志上发表了 70 多篇论文，及 90 多篇会议论文，其中就有近年来在《管理评论》《加州管理评论》《国际商业研究杂志》《管理杂志》《管理研究杂志》《世界商业杂志》《组织科学》《斯隆管理评论》和《战略管理杂志》等刊物上发表的论文。他是《全球化与非政府组织》（Praeger，2003）与《全球商业中负责任的领导和治理手册》（Elgar，2005）的联合主编和特约作者，也是《国际企业管理：文化、战略和行为》第 9 版（McGraw-Hill/Irwin，2015）的合著者。他目前的研究重点是新兴市场和新兴市场战略、全球企业责任以及离岸服务外包。他最新的学术著作是《多民族与发展》（与 Alan Rugman 合著，耶鲁大学出版社，2008 年）、《非政府组织与社团：冲突与合作》（与 Michael Yaziji 合著，剑桥大学出版社，2009 年）、《为优势而战：社会和政治的竞争战略》（与 Tom Lawton 和 Tazeeb Rajwani 合著，牛津大学出版社，2014 年）。他曾担任多家杂志的助理编辑、顾问或高级编辑，目前是《世界商业杂志》的主编。乔纳森还开发了十多个原始案例和模拟案例，并将其发表在权威书籍、期刊和案例数据库中，这些案例被全球的许多顶尖大学使用。他曾担任 ABB、英美资源集团、鲍迪克、博世、中国民生银行、韩亚金融集团、汇丰银行、英格索兰、美敦力、上海市政府、泰国暹罗水泥、世界经济论坛等的顾问或执行教练，以及德勤全球能源集团的外部顾问。2001～2009 年，他被评为世界上最高产的 15 位国际商业学者之一（Lahiri 和 Kumar，2012），2015 年当选为国际商务学会会员，拥有乔治·华盛顿大学战略与国际管理博士学位，经常为欧洲、亚洲和拉丁美洲的学术与职业组织做主题演讲。

弗雷德·卢森斯（Fred Luthans） 杰出的管理学教授，内布拉斯加大学林肯分校的名誉退休教授，Humanex 风险投资公司的高级研究员。他获得了艾奥瓦大学的文学学士学位、工商管理硕士（MBA）和博士学位，并于 2002 年获得杰出校友奖。1965～1967 年在美国陆军担任军官期间，他在西点军校教授领导力。他曾在多所高校担任访问学者，并在欧洲及环太平洋多个国家讲学。他曾在泰国曼谷大学、美国夏威夷大学、英国雷丁大学亨利商学院、挪威管理学院、澳大利亚蒙纳士大学、中国澳门大学、德国开姆尼茨工业大学和阿尔巴尼亚地拉那大学教授国际管理。他曾任美国管理学会主席，并于 1997 年获得杰出教育家奖。2000 年，作为美国管理学会期刊的五大作者之一，他成为学会名人堂的首位成员。多年来，他担任《世界商业杂志》和

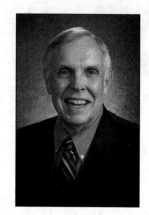

《组织动力学》的联合主编，目前还是《领导和组织研究》的联合编辑。作为众多书籍的作者，他关于组织行为的开创性理论书籍《组织行为学》已出版至第 13 版；2007 年，他和卡罗琳·优素福、布鲁斯·阿沃利奥合著出版的书籍《心理资本》（牛津大学出版社），于 2015 年推出了新版本。他是极少数同时名列美国管理学会、决策科学研究所和泛太平洋商业协会的管理学学者之一。他曾获得泛太平洋商业协会颁发的全球领导力奖，自 30 多年前泛太平洋商业协会成立以来，他一直是其执行委员会的成员，该委员会帮助组织在环太平洋国家举行年会。他参与了关于动机、行为管理技术以及俄罗斯管理活动分析的第一批实证研究，这些文章发表在《美国管理学会》《国际商业研究》《世界商业杂志》和《欧洲管理》上。他一直积极参与由美国国际开发署在阿尔巴尼亚和北马其顿赞助的管理教育计划，以及哈萨克斯坦、吉尔吉斯斯坦和塔吉克斯坦等中亚国家的美国新闻署计划。卢森斯教授的国际管理研究涉及积极心理资本（PsyCap）的构建，在《国际人力资源管理》《管理与组织评论》期刊上发表了关于中国工人的积极心理资本的研究成果。他将这种方法应用于积极组织行为（POB）、积极心理资本以及对有效全球管理的真正领导，并成为中国、马来西亚、韩国、印度尼西亚、菲律宾、新加坡、日本、越南、哥斯达黎加、墨西哥、智利、斐济、德国、法国、英国、西班牙、挪威、芬兰、丹麦、荷兰、意大利、俄罗斯、阿尔巴尼亚、摩洛哥、南非、新西兰和澳大利亚等国家项目的基础。

Contents 目　　录

第三部分 国际战略管理

第四部分 组织行为和人力资源管理

第 12 章 跨文化激励 / 294

第 13 章 跨文化领导 / 317

第 14 章 跨文化人力资源选择与开发 / 343

第五部分　技能培养与测试练习

PART

1

第一部分

基础环境

第 1 章

全球化和国际化

学习目标

尽管对自由贸易和开放边界的支持并不普遍，但全球化已成为当前经济环境中最有力的推动因素之一。全球化对现实的影响体现在社会的方方面面，同时，有效的组织管理也成为在日益复杂的全球环境中取得成功的关键因素。在全球几乎所有国家，越来越多的大中型企业甚至是小企业积极投入国际活动，海外市场收入在企业利润中所占的比例也日益提高。然而，某些国家和地区持续的经济与政治不确定性、民族政治运动以及对移民影响的持续关注，导致当前国际贸易、投资、移民和资金流动的规则与监管系统产生了一些问题。因此，运用管理学的知识和方法在跨国环境中进行国际企业管理受到人们越来越多的重视。

全球化和国际化在几个世纪之前就出现了（参见本章国际管理实践 1-1），本书第 1 章主要讨论当代的全球化进程。国与国之间的快速联合、信息技术的进步和电子通信的爆发给我们创造了一个崭新的、关联度更高的世界，全球竞争也因此愈加真实。然而，在不同地区从事经营活动的复杂性依然存在。由于国际管理的环境包罗万象，所以本章将主要对经济环境进行研究，接下来的两章将分别分析政治、法律和技术环境，以及道德和社会环境。学习本章的具体目标包括：

1. 评估全球化对国家、产业、公司和社区的影响。
2. 回顾全球一体化和区域一体化的主要趋势。
3. 考察国家之间经济实力、贸易和投资现金流的动态平衡。
4. 分析这些国家的主要经济体系和近些年的发展。

国际管理世界

一个相互联结的世界

年仅 23 岁的埃文·斯皮格尔（Evan Spiegel）曾面临一个重要的商业决策：是否接受 Facebook 创始人马克·扎克伯格（Mark Zuckerberg）用 30 亿美元收购其社交媒体初创企业 Snapchat。如果接受的话，斯皮格尔将成为历史上最年轻的白手起家的亿万富翁之一。

就在两年以前，斯皮格尔还是斯坦福大学一名大三的学生，参加大学生联谊会并为顺利毕业而努力。作为产品设计专业一个精通计算机的学生，斯皮格尔强烈地意识到像 Twitter 和 Facebook 这些流行的社交媒体都会记录用户的数字"书面记录"。被上传到这些社交媒体的内容，如文本、评论和照片等，都被无限期地保存在服务器上。对于即将参加工作的年轻大学毕业生来说，这种对过去行为的记录可能会带来潜在的危害，因为雇主根据求职者的姓名进行简单的在线搜索，就可以看到这些信息。然而，斯皮格尔有一个聪明的解决办法：创建一个社交网络的应用程序，使用户创建和分享的内容在浏览后立即"自动销毁"。作为学校的一个项目，斯皮格尔与联合创始人博比·墨菲（Bobby Murphy）编程并开发了这款应用程序，由此社交媒体应用程序 Snapchat 诞生了。

大约在同一时间，Facebook 的高管们正在积极寻求扩大用户规模的办法。在刚刚度过艰难的首次公开募股并成为一个营利性公司之后，Facebook 便于 2012 年和 2014 年分别收购了 Instagram 和 WhatsApp 等一些社交媒体应用程序，每一次收购都耗资几十亿美元。2013 年中期，Facebook 的马克·扎克伯格开始注意到快速扩张的 Snapchat，他发现 Snapchat 似乎吸引了 Facebook 的忠实用户。为了从 Snapchat 的用户基础中夺回市场份额，Facebook 引进了一款雷同的应用程序 Poke。虽然大力推广，但 Poke 还是很快以失败告终。同时，Snapchat 还是继续迅猛发展。到 2014 年初，Snapchat 已经拥有了超过 3 000 万的活跃用户，并且每天可以收到 4 亿"快照"（snaps）。

感觉到失败的扎克伯格带着可观的报价来接近斯皮格尔，希望用 30 亿美元来购买 Snapchat 这一应用程序。那时，Snapchat 连 1 美元的收入都未获得过。但令人意想不到的是，23 岁的斯皮格尔却给了扎克伯格一个坚定的回答："不。"斯皮格尔居然为一个应用程序拒绝了 30 亿美元的报价，我们不禁要问，社交媒体对全球社区的贡献到底有多大的价值呢？

社交媒体改变了我们的联络方式

虽然诸如 Snapchat 等社交媒体应用程序的市场价值还有待确定，但有一点是毫无疑问的，即当前我们生活在一个被社交媒体连通的世界。通过在线网络，我们与他人联系的方式发生了剧烈的变化。被创造和分享的内容总量是令人震惊的，从本质上看，地球上人与人之间都只有一键之遥。实际上，目前在 Facebook 上将两个随机用户建立关系联结平均只需要 4.74 层链接。一些最常用的社交网络程序的统计资料都强调了社交媒体是如何使世界各地的人们相互联络的。

Facebook

如果 Facebook 是一个"国家"，那它将是世界上最大的国家。

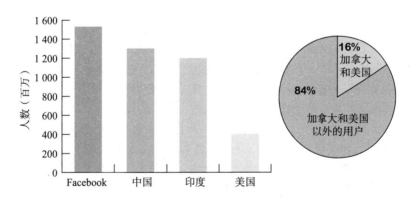

注：9 亿日常用户中的约 90% 通过个人移动设备进入 Facebook。从全球来看，每一位用户平均有 338 位"好友"：

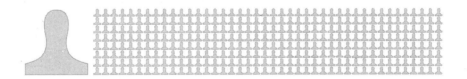

资料来源：Original graphic by Ben Littell under supervision of Professor Jonathan P. Doh, based on information from Facebook.com & Smith, Aaron, "6 New Facts About Facebook," Pew Research Center, February 3, 2014. http://www.pewresearch.org.

Instagram

- 每个月有超过 3 亿人会在 Instagram 上发布内容；
- Instagram 的用户中有 70% 来自美国以外的国家；
- 每天有 7 000 万张新照片被上传和分享。

Snapchat

- 在不到 4 年的时间里活跃会员的数量达到了 1 亿;
- 美国 13 ~ 34 岁的人群中有 60% 正在使用;
- 每天有 50 亿个视频被浏览;
- 每天有超过 60% 的用户创建并分享原创内容。

当然,社交网络是很多人生活的一部分。然而,社交媒体网络的虚拟世界对国际商务具有持久的影响吗?

社交媒体改变了全球的商业战略

作为一家在多个行业长期立足的世界知名公司,通用电气(General Electric,GE)已经战略性地借助社交媒体的杠杆作用来改善其长期形象。通过每天与多个社交网络上的客户交互信息,这家百年企业希望改变人们对其品牌的感知方式,同时建立新一代的消费群体。通用电气官网上有一个板块叫"社交圈"(Social Hub),专门为社交媒体活动提供服务,它会将 Facebook、Twitter 和 Google 等网站上发布的照片及视频在线收集到一起。

自 2015 年以来,通用电气已经在战略上将具有杠杆作用的社交媒体视为一个广告工具。如地理过滤器(Geo-filters)作为一款平面广告,已经被通用电气在很多场合应用,Snapchat 用户可以借助这一过滤器,依据个人地理位置来添加"快照"。这些过滤器广告使通用电气在更加年轻和精通技术的一代人中提高了品牌认知,同时可以将品牌与特定的事件和地点联系在一起。比如通用电气在夏至日发布的第一个 Snapchat 地理过滤器,就被近 500 万名用户共享。

通用电气还通过社交媒体采纳了一些针对当前环境问题的可持续解决方案,这就是"绿色创想"(Ecomagination)项目。这一项目的核心部分就是挑战开放式创新,需要各个团队共同工作来解决通用电气的特定问题。知识产权可以由通用电气和参与者共享,最终获胜者可以与通用电气的科学家共同开发他们的创意。

社交媒体改变了我们开展全球商业的方式

埃里克·奎尔曼(Erik Qualman)在《社群经济学:社交媒体如何改变我们的生活方式和商业活动》(*Socialnomics*: *How Social Media Transforms the Way We Live and Do Business*)一书中写道:社交媒体平台,如 Facebook、YouTube 和 Twitter,通过即时通信的方式连接了成千上万的人,正在从根本上改变我们的商业与消费行为。事实上,社交媒体正在重新塑造消费者与企业相互沟通和联系的方式。

社交媒体已经改变了人们搜寻产品与服务的方式。比如,一位女士想要去南美洲度假,但她并不清楚要去哪个国家。在过去,她可能会在 Google 中输入"南美洲度假",然后 Google 会提供一些旅游网站,如 TripAdvisor 等。经过几个小时的对比查找,她可能会找到度假的目的地,再经过更多对比查找,她找到了住宿的地方。然而,通过社交媒体,这位女士的度假计划将会变得更加顺畅。比如她在一个社交媒体中输入"南美洲度假",发现有五个好友去年已经去南美洲度过假了。她注意到有两个朋友极力推荐她通过 Go Ahead Tours 网站去智利度假,于是她点击进入该网站,然后很快就完成了旅游计划。在社交网络中,朋友的口口相传或者推荐对消费者来说具有重要的影响。通过来自朋友对相关产品和服务的介绍,消费者能够获得传统市场无法提供的信息。

这些趋势意味着市场必须对社交媒体做出快速反应。例如,一个提供旅游服务的机构应该在 Facebook 上有一个群组,而这一机构的市场分析人员应该建立一个 Facebook 应用,能够允许群组中的成员选择"我想要旅游的地方"。如果这个群组中有 25% 的人选择维多利亚瀑布作为旅游目的地,那么就应该开发一个去维多利亚瀑布的旅游线路,然后向群组中的所有成员发送一条信息,提醒他们这个新的旅游线路。这样,社交网络就能够以低成本且更有效的方式服务于目标客户。

社交媒体影响了外交政策

联合国将社交媒体作为一种工具来增进外交和加强与世界各国的相互了解,在 Facebook、Twitter、YouTube、Flickr、Google+、Tumblr、Instagram 和 LinkedIn 上都有官方账号。截至 2016 年,它在 Facebook 主页上已拥有超过 200 万名粉丝。"2015:全球行动时间"(2015:Time for Global Action)活动期间,联合国使用各种社交媒体平台来推广行动计划,宣传新的全球可持续发展目标。其中,它把 Twitter 和 Facebook 作为基础平台向全球观众传播活动信息,各国民众都可以通过"#action15"标签来链接该活动(参见第 3 章的表 3-4,对联合国可持续发展目标的讨论)。

另外一项开拓性的举措是，美国政府派出了一个不同寻常的代表团去莫斯科，这一代表团的成员包括 Twitter 的创始人、eBay 公司的 CEO。据前国务卿希拉里·克林顿的政策规划司雇员贾里德·科恩（Jared Cohen）所言，这个代表团的目的之一就是劝说俄罗斯全面开放社交网络以解决一些社会问题，如反腐败和人口贩卖。基于 comScore 的市场研究，在俄罗斯，平均每个成年人每个月要花费 10.4 小时在社交网站上。华盛顿的外交行动表明社交网络在我们的世界中变得有多么重要，Twitter 可以在全世界动员人们为避免贪腐而斗争。

社交网络已经加速了世界上所有国家的科技整合。全世界的人们比以往任何时候的联系都更为紧密。这种社会现象意味着商业能够利用诸如 Facebook 等媒体的杠杆作用来取得更大的成功。理解社交媒体的全球影响是理解当今全球社会的关键。

社交网络已经迅速地从美国和欧洲向全世界各个地区传播，这显示了全球化不可阻挡的本质。由于每个人都能够分享他们感兴趣内容的链接，因此，他们能够以过去无法想象的方式与外面的世界相互联系。Facebook、Twitter、LinkedIn 以及其他社交网站正在为那些完全不同的甚至孤立的世界个体或群体提供相互沟通的平台。社交网络也为企业提供了识别客户群或其他商业伙伴的机会。这些网络平台通过使生产者与消费者不必经过中间环节直接互动，正在改变管理（包括国际管理）的本质。当然，网络也让人们的联系越来越紧密，让全球化和全球资源的整合速度越来越快。

从埃文·斯皮格尔拒绝以 30 亿美元的价格出售其社交程序 Snapchat 这件事可以看出，社交媒体在很多方面对全球社区具有不可估量的价值。有了社交网络提供的全新沟通工具，全球互联的速度还会持续加快。社交媒体改变了我们相互交流的方式，像通用电气这样的企业也从在线社交网络的杠杆作用中获得了真正的优势。在本章，我们将考察全球化现象、国家和地区之间日益增多的整合、全球经济力量的动态均衡以及不同经济体系的例子。在阅读本章时，请牢记一点，尽管存在一些周期性衰退，但是全球化仍然在大踏步地前进。现在包括美国在内的所有国家的私人公司及其管理者，如果希望在将来的竞争中能占据一席之地，就必须密切关注这种环境变化。

1.1　引言

管理（management）是与他人共同完成一系列活动的过程。**国际管理**（international management）是将管理的理念和技术应用到一个跨国的环境当中，并且针对不同的经济、政治和文化环境采取合适的管理实践的过程。当今社会组织多元化日益增加，管理者或多或少经历了不同程度的国际管理。国际管理不同于其他形式的管理，因为国际管理的成功要求管理者能够很好地觉察和认识到全球问题和特定文化。这使得众多企业正在从国际化运作中获益，比如开篇所阐述的那些新兴企业。

上述新兴企业中有很多是**跨国公司**（multinational corporation，MNC）。跨国公司是这样一类组织：它在不止一个国家运作业务，占有国际销售份额，同时拥有不同国籍的管理人员和所有者。近几年来，许多知名的美国跨国公司，如苹果、雪佛龙、强生、可口可乐、福特汽车、埃克森美孚、卡特彼勒、沃尔玛、微软和 Google，它们在国际市场这个大竞技场上得到的回报都比在本土所获得的要高。表 1-1 列出了 2015 年根据国外资产评出的对全球发达国家非金融跨国公司的排名。总部位于美国的通用电气，已经有超过 50% 的资产不在美国本土的市场上。

表 1-1　2015 年根据国外资产评出的发达国家非金融跨国公司全球十强　（单位：百万美元）

排名	公司名称	所在国	国外资产	总资产	国外销售额	总销售额
1	荷兰皇家壳牌	英国	288 283	340 157	169 737	264 960
2	丰田汽车	日本	273 280	422 176	165 195	236 797
3	通用电气	美国	257 742	492 692	64 146	117 385
4	道达尔	法国	236 719	244 856	123 995	159 162

（续）

排名	公司名称	所在国	国外资产	总资产	国外销售额	总销售额
5	英国石油	英国	216 698	261 832	145 640	222 894
6	埃克森美孚	美国	193 493	336 758	167 304	259 488
7	雪佛龙公司	美国	191 933	266 103	48 183	129 648
8	大众汽车集团	德国	181 826	416 596	189 817	236 702
9	沃达丰集团	英国	166 967	192 310	52 150	61 466
10	苹果计算机公司	美国	143 652	290 479	151 983	233 715

资料来源：UNCTAD, *World Investment Report 2016* (June 21, 2016), Annex Table 24, http://unctad.org/en/Pages/DIAE/World%20 Investment%20Report/Annex-Tables.aspx.

另外，一些发展中国家如印度、巴西和中国的公司正给它们在北美洲、欧洲和日本的对手带来强有力的竞争。曾经一些名不见经传的名字，如 CEMEX 水泥、巴西航空工业公司、海尔、联想、LG、Wipro、Telefonica、Santander、Reliance、三星、Grupo Televisa、Airtel、塔塔和印孚瑟斯正在成长为全球知名品牌。全球化和新兴市场跨国公司的崛起为世界上一些曾经落后的地区尤其是亚洲带来了繁荣。2009 年，中国的汽车销售量首次超过美国。根据中国汽车制造业协会的数据，受税收减免政策影响，2015 年中国的汽车销售量达到 2 460 万辆，远超美国小汽车和轻型卡车销售量（1 750 万辆）。此外，越来越多的中国汽车制造公司通过产品出口、国外投资和国际兼并等形式走向国际舞台，如中国汽车制造商吉利收购沃尔沃，印度汽车制造商塔塔集团收购捷豹、路虎（参见第三部分最后的深度综合案例 P3-1）。

全球最大的网络设备路由器生产商思科，做出了一个惊人的举措，宣称将在印度班加罗尔成立一个"东方全球化中心"。该中心将具备美国总部的全部运营职能，可以说是总部在印度的一个副本。该计划预计投入超过 11 亿美元，1/5 的思科高管人员也将因此前往班加罗尔。

2014 年 3 月，宝洁公司庆祝新加坡创新中心（SgIC）的盛大开业，该中心将成为宝洁护发、护肤和家庭护理产品的基础研发中心。据宝洁公司所说，SgIC 将可以容纳 250 多个实验室和 500 多名研究者，集中研发 18 个以上的领域。因为拥有 20 亿客户和 25 个不同品牌的亚洲市场，SgIC 对宝洁未来的增长计划非常重要。类似地，联合利华在印度班加罗尔和中国上海也开辟了研发中心。上海中心是联合利华最大的研发基地之一，占地 30 000 米^2，可以容纳来自 22 个国家的 450 多名专业人员。由于在亚洲医疗市场的大幅增长，通用电气在 2011 年也将 X 光业务总部转移到中国，副董事长约翰·赖斯（John Rice）也搬到了中国香港地区。

埃森哲是另一家典型的美国企业，2015 年在全球大约有 336 000 名员工，其中 237 000 名员工来自美国以外。这家公司最初在美国专注于 IT 服务，之后迅速转型为全球最大的咨询公司之一。目前，它在印度雇用了近 150 000 人，相当于美国员工的两倍，办公室也位于 55 个国家的 200 个城市。埃森哲既关注成熟市场，也为新兴市场提供服务。2015 年，埃森哲从外包业务中获得了 47% 的收益。

这些趋势反映了企业必须开发国际管理方面的专业知识，特别是与新兴市场有关的专业知识。今天的跨国公司管理者必须学会同来自不同国家的员工有效合作。另外，越来越多的中小企业发现它们正在受到国际化趋势的影响。这些公司很大一部分会开展国外业务，即使是那些不开展国外业务的公司也会发现，一些跨国公司会在国内与它们打交道。此外，越来越多的跨国公司来自发展中国家，如一些来自中国和印度的企业通过收购等方式开拓国外市场。表 1-2 列出了 2014 年根据国外资产评出的发展中国家和地区非金融跨国公司全球十强。

表 1-2　2014 年根据国外资产评出的发展中国家和地区非金融跨国公司全球十强　　（单位：百万美元）

排名	公司名称	所在国家或地区	国（区）外资产	总资产	国（区）外销售额	总销售额
1	和记黄埔有限公司	中国香港	91 055	113 909	27 043	35 098
2	鸿海精密工业	中国台湾	73 010	77 803	138 023	139 018
3	中国海洋石油集团	中国大陆	71 090	182 282	26 084	99 557
4	三星电子	韩国	56 164	211 205	176 534	196 263
5	淡水河谷公司	巴西	55 448	116 598	31 667	37 608

（续）

排名	公司名称	所在国家或地区	国（区）外资产	总资产	国（区）外销售额	总销售额
6	马来西亚国家石油公司	马来西亚	45 572	153 770	76 726	100 602
7	中国远洋运输（集团）公司	中国大陆	44 805	57 875	18 075	27 483
8	墨西哥美洲电信	墨西哥	41 627	86 795	41 547	63 793
9	卢克石油公司	俄罗斯	32 907	111 800	119 932	144 167
10	塔塔汽车	印度	30 214	38 235	37 201	43 044

资料来源：UNCTAD, *World Investment Report 2016* (June 21, 2016), Annex Table 25, http://unctad.org/en/Pages/DIAE/World%20 Investment%20Report/Annex-Tables.aspx.

1.2　全球化和国际化概述

业务的国际化并不是一个新现象。在过去的几十年中，国际贸易规模大幅度增加。如今，各个国家和越来越多的企业均在国际市场上买卖商品。全球范围内的很多发展和创新推动了这一行为。

1.2.1　全球化、反全球化以及全球化压力

全球化（globalization）可以被定义为世界上各个国家之间社会、政治、经济、文化和技术的整合过程。全球化不同于国际化，国际化（internationalization）指的是跨国界、跨文化从事一项业务的过程，而全球化旨在创造一个世界共同体。贸易层次的增加、资本流动和移民都是全球化的表现，沟通、运输和旅行方面的技术进步推进了全球化的步伐。托马斯·弗里德曼（Thomas Friedman）在他的著作《世界是平的》中定义了 10 种加快全球化趋势的"助推器"，包括柏林墙倒塌、**离岸**（offshoring）和**外包**（outsourcing），这 10 种"助推器"结合起来大大加强了全球的联系。因此，全球化的进程有所加速，这给全球业务和国际管理带来了机遇和挑战。

｜国际管理实践 1-1｜

追溯现代全球化的根源

全球化通常被视为第二次世界大战之后出现的一种新现象。但是实际上，全球化很早就出现了，其根源可以追溯到古代。全球化是从很多世纪之前所发生的跨大陆交易萌发出来的，物物交换是现代国际贸易的先驱。在不同的时期，几乎每种文明都对贸易的扩张做出了贡献。

中东洲际贸易

在古埃及，国王大道或皇家大道横跨西奈半岛，通过约旦和叙利亚，进入幼发拉底河峡谷。早期的商人在做生意时遵守一条商业规则：不要缺斤少两。大陆桥梁后来延伸至腓尼基人那里，他们是全球贸易的第一个中间商。两千多年前，经营丝绸和其他贵重物品的商人从尼罗河出发到达巴格达和克什米尔，将古代中国、印度、波斯和罗马联系了起来。在鼎盛时期，丝绸之路超过了 4 000 英里[⊖]，为洲际之间的艺术、宗教、技术、观念和文化传播提供了线路。商队在路经阿拉伯地区时必须给控制这些地区的人纳贡。先知穆罕默德在年少时就同商人们一起旅行，在建立伊斯兰教之前他本身也是一个商人。相应地，《古兰经》也指示追随者要尊重个人财产、商业协议和贸易。

穿越撒哈拉沙漠的跨大陆贸易

早期的部落居住在毛里塔尼亚，位于撒哈拉南部和非洲西部，他们在这里与北非的柏柏尔人做生意。来自撒哈拉南部的黄金被交换成一些更贵重的东

⊖　1 英里 = 1 609 米。

西——盐。盐在当时非常贵重，因为它可以用来保持食物新鲜，保护肉类不至于迅速腐败以及作为调料。单个商队，包括将近 2 500 头骆驼，行进时长达 5 英里。商队将金粉、奴隶、象牙、动物皮毛和鸵鸟羽毛运往东北，然后从东方换回盐、羊毛、火药、瓷器、丝绸、红枣、小米、小麦和大麦，因此获得了"沙漠之舟"的美誉。

中国作为古代全球贸易的发起者

1421 年，一支包含 3 750 多艘船的船队从中国出发，为当时的皇帝朱棣到世界各地进行贸易。郑和带领的船队就像现在的跨国公司一样，致力于扩展自己的生意范围，同时承认经济公平和交易公平。在他们的全球贸易过程中，中国人引入了统一的容器标准，使得商人可以使用相同的重量和测量体系来进行交易。和之前的埃及人、后来的罗马人一样，他们使用货币作为交换价值的中介，消除了复杂的物物交换。

欧洲贸易规则

希腊人在同腓尼基人进行贸易的过程中引入了字母表。在亚历山大时期，跨大陆的贸易扩张到了阿富汗和印度。随着罗马帝国的崛起，国际贸易的路线从中东开始，穿过中欧、高卢，跨过了英吉利海峡。1215 年英国国王约翰一世签署了《自由大宪章》，该宪章强调了跨边界贸易的重要性。13 世纪末，马可·波罗（Marco Polo）在他的作品《马可·波罗寰宇记》中记录了他与商人叔叔的旅行故事，从此中国到意大利的丝绸之路成为一条繁荣的商路，进一步刺激了消费者的欲望，从而推动了贸易的全球化。1340 年左右，来自佛罗伦萨的商业代理佩戈洛蒂（Pegolotti）撰写的《通商指南》成为最早广泛流传的关于国际贸易的书籍，也是今天相关教材的先驱。这些对贸易路径的追寻导致了探索时代的诞生，同时也鼓励了哥伦布 1492 年的航海事业。

美国历史上的全球化

在成功推翻英国的殖民统治之后，美国宣布独立，开始作为一个独立国家与别国建立贸易关系。而英国国王却告诫说，"要切断我们同世界上所有其他国家的贸易"，这成为世界上最早反自由贸易的保护主义者宣言。

全球化从古代跨地区边界的贸易开始，历来是世界经济发展的重要推动力。创造文明的第一步也是从贸易开始的，如在盎格鲁-撒克逊语言中"脚步"（footstep）的意思就是贸易（trada），英语中的贸易（trade）就是从它衍生出来的。

资料来源：Thomas Cahill, *Sailing the Wine Dark Sea: Why Greeks Matter* (New York: Doubleday, 2003), pp. 10, 56-57; Charles W. L. Hill, *International Business*, 4th ed. (New York: McGraw-Hill Irwin, 2003), p. 100; Nefertiti website, http://nefertiti.iweland.com/trade/internal_trade.htm, 2003 (ancient Egypt: domestic trade); Gavin Menzies, *1421: The Year China Discovered America* (New York: William Morrow/HarperCollins, 2003), pp. 26-27; Milton Viorst, *The Great Documents of Western Civilization* (New York: Barnes & Noble Books, 1994), p. 115 (Magna Carta) and p. 168 (Declaration of Independence).

从有利的方面来看，全球贸易和投资持续增长，给世界范围内的很多地区带来了财富、工作和技术。尽管一些国家尚未从全球化和一体化中获益，但是发展中国家跨国公司的崛起反映出一个事实，即世界上的所有国家和地区都在争夺全球化带来的好处。然而，随着全球一体化步伐的加快，也有人呼吁应该抵制全球化，同时对全球化压力这一问题也有人提出了新的见解，主要体现在两个方面：一是在世界贸易组织、国际货币基金组织和其他一些国际机构所召开的会议上发声反对；二是发展中国家呼吁全球贸易体系应该适于它们的经济和社会需要。这些组织尤为担心收入之间的不平等会加剧，非政府组织也明确表示经济全球化可能带来很多缺陷。除此之外，全世界各种选举活动中的候选人也时常发现自己被迫批判全球化，如全球化会引起失业和总体经济不安全感，而事实上这些问题是一系列因素导致的结果，全球化只是其中之一。

谁是全球化的受益者？支持者认为每个人都会从全球化中受益，因为全球化会带来更低的产品价格、更多类别的商品、更好的工作岗位以及更先进的技术。从理论上讲，发达市场中的个体应当会争取获得更好的教育和培训，以便为将来的职位做准备，而那些新兴市场和落后国家的人则可以从大量涌入他们国家的资本流中获益，因为这些资本刺激了发展。批评者则不同意以上观点，他们提出，把业务置于低工资水平的国家进行离岸生产将会导致国内的大量工作外流，这并不会给本国居民带来多大的机遇，最大的赢家是这些公司的高管。支持者认为工作的流失是经济和技术变化的一个自然结果，离岸生产实际上加强了美国企业的竞争力，增大了整个经济蛋糕的规模。批评者则指出，日渐增加的贸易逆差和缓慢的工资增长正在破坏整个经济，而且全球化对于一些新兴市场来说发展得过快了，这有可能导致经济崩溃。另外，批评者认为，当生产转移到一些劳动力成本低廉和管制环境宽松的国家时，它会产生竞次（race to the bottom，达到底线的竞争）效应——在这种效应中，公司和国家对劳动阶层的工资和工作环境施加了下行压力。

印度是处于全球化争论当中的一个国家。如上所述，印度从大量的国外投资中受益匪浅，尤其是服务业，例如软件和IT。然而，纯净度低的水资源、能源、道路和现代化桥梁的落后使得公司越来越难以扩张。一些公司由于将印度设为离岸生产基地而遭受巨大损失，如福特、现代、雷诺-日产和戴姆勒等汽车制造商，印度南部的洪水导致它们的库存损毁和长达一周的停产。印度的公共债务占GDP的比例在最近十几年下降到65%，这增强了宏观经济的稳定性，降低了应对外部风险的脆弱性。相比于2015年，印度经济增长了7%以上，已然成为增长最快的大型经济体。印度可能会追随中国的脚步，实现在收入和财政方面的持续增长，但是印度目前所面临的挑战可能超出了其应对的能力范围。相关内容可以参见章末国际聚焦中关于印度的补充见解。

这个例子仅仅从一个方面阐述了全球化给环境和社会带来的影响。据反全球化主义者宣称，如果企业可以在全球任何一个地方选址，那么这个世界上最贫穷的国家将会放松或取消环境标准和社会服务，以此来吸引发达国家的投资，因为这些投资可以带来工作和财富。支持全球化的人则争辩道，即使是在发展中国家，那也是保护主义的政策而非贸易和投资自由化导致了环境及社会破坏。他们相信全球化可以迫使那些环境被高度污染的国家加入一体化的全球组织，采取有效措施保护环境。然而，为了支持全球化，很多发展中国家必须做出一些重大的改变，例如更好的基础设施、更多的教育机会和其他方面的改进，所以绝大多数全球化主义者也承认，从短期来讲全球化会产生一些破坏，但从长期来看，全球化、工业化会创造财富，使新产业能够采用更加现代化、环境友好型的技术。在第3章，我们将会对全球化的社会和环境进行更为详细的阐述。

这些争辩在短期内是无法得到解决的，而且关于国家、跨国公司和社会三者之间的大讨论将会持续下去，并影响到企业从事国际业务的环境。在全球范围内开展业务的企业必须敏锐地认识到全球化所带来的各种成本和收益，从而调整自己的战略和战术以适应这些变化。

┃国际管理实践 1-2┃

外包和离岸

外包和离岸并不是两个新概念，这方面的实践一直在飞速发展。离岸指的是企业将某些活动转移到国外去实施，而不是放在国内。外包指的是企业将一些内部活动以合约的形式交给别的企业去做。这两者结合起来通常被称为"离岸外包"。最早采取离岸外包的是制造型企业。全球化扩展了离岸外包服务的范围，包括呼叫中心、研发、信息服务，甚至还有法律工作。美国运通、通用电气、索尼和奈飞公司（Netflix）都雇用孟买一家名为Pangea3的法律公司来审查文档并起草合同。这些跨国公司都从类似Pangea3这样的本地公司中获得了相较于国内律师事务所更为低廉和高效的服务。这是一项风险投资，因为不同国家之间的法律法规不尽相同。它同时产生了一个问题：是否应该限制离岸外包。很多企业，包括德意志银行，由于经济或政治原因，在很多国家如印度和俄罗斯，都设有离岸外包服务。离岸的优点、要求和问题包括很多方面。本书会对离岸外包的概念进行回顾。在第1章，我们看到了有人质疑全球化，怀疑离岸外包能否带来好处；在第2章，我们将会看到全球化和离岸外包是如何与技术相联系的；最后在第14章，我们会考察离岸外包行为是如何影响人力资源管理和全球工作分布的。

资料来源：Engardio, Pete; Shameen, Assif, "Let's Offshore the Lawyers," *BusinessWeek*, September 18, 2006, p. 42; Hallett, Tony; McCue, Andy, "Why Deutsche Bank Spreads Its Outsourcing," *BusinessWeek*, March 15, 2007.

1.2.2　全球共同体和区域共同体

全球化的一个重要维度就是国家之间日渐增多的经济共同体，这些共同体是通过谈判、贸易和投资协定的实施而建立起来的。在这里，我们大概回顾一下全球和区域共同体主要的发展历程。

在过去的 60 年中，多回合的全球贸易谈判大大减少了国家之间的关税和非关税壁垒。表 1-3 显示了这些谈判回合的历史、谈判关注点以及参与国家和地区数量。这些努力在 1994 年达到顶峰，即"乌拉圭回合"多边贸易谈判通过了关税与贸易总协定（GATT），并成立**世界贸易组织**（World Trade Organization，WTO）来监督掌控全球贸易活动。世界贸易组织是一个由许多国家和地区组成的全球组织，其职责是监督包括农业、知识产权、服务、竞争和补贴在内的国际贸易，并且制定投资和管理规则。然而，全球贸易协议的冲劲却缓了下来。1999 年 12 月，来自全球多个国家的贸易部长齐集西雅图开始了新一轮的全球贸易对话。在这场被称为"西雅图战役"的著名论战中，反对者打断了本次会议，那些认为其观点被会议置之不理的发展中国家成功地使本次会议提前结束，并推迟了新一轮对话。两年之后，2001 年 11 月，世界贸易组织在卡塔尔的多哈会面并成功举办了新一轮谈判，这次谈判后来被称为"多哈回合"。谈判充分反映了成员方的共识，即贸易协定必须明确考虑到发展中国家的需求和对发展中国家的影响。然而，由于各成员方在农业补贴、竞争和政府采购方面未能达成一致，谈判进程被延缓。2008 年 7 月在日内瓦举行的对话中，美国、中国和印度关于农产品进口的准入问题产生了分歧，经过历时 9 天的讨论，最终陷入僵局。多方不能达成一致意见，导致对话受挫。尽管成员方努力想开始新的谈判，但在全球经济危机过后贸易保护主义日益高涨的背景下，不得不暂缓谈判的发起。

表 1-3　GATT 与 WTO 谈判的完整回合

年	谈判地点（名称）	所涵盖的主题	参与国家和地区数量
1947	日内瓦	关税	23
1949	安纳西	关税	13
1951	托奎	关税	38
1956	日内瓦	关税	26
1960～1961	日内瓦（狄龙回合）	关税	26
1964～1967	日内瓦（肯尼迪回合）	关税和反倾销措施	62
1973～1979	日内瓦（东京回合）	关税、非关税措施，框架协定	102
1986～1994	日内瓦（乌拉圭回合）	关税、非关税措施、服务、知识产权、争端解决、纺织、农业，以及创建 WTO	123

资料来源：*Understanding the WTO*, 5th ed. (Geneva: World Trade Organization, 2015), https://www.wto.org/english/thewto_e/whatis_e/tif_e/understanding_e.pdf.

由于多边贸易谈判进展缓慢，美国和许多其他国家开始寻求双边或地区之间的贸易协定。如美国、加拿大和墨西哥三国签订的《**北美自由贸易协定**》（North American Free Trade Agreement，NAFTA），该协定消除了三国之间的贸易壁垒，创造了一个巨大的北美市场。这一协定带来了许多经济上的发展，促进了三国之间的贸易往来，主要包括以下几个方面的进展：①取消关税和进出口配额；②向另外两个国家的公司开放政府采购市场；③增加各国之间投资的机会；④促进国家间的旅游往来；⑤取消诸如农产品、汽车零件和能源商品的种种限制。这些条款大都是逐步实施的，以墨西哥为例，限制该国纺织品和服饰类产品的配额将逐步废除，所有这类产品的海关关税将在 10 年内逐步取消。《北美自由贸易协定》的成员国和许多拉丁美洲国家进行了多次谈判，其中和智利的谈判已经结束，而与其他国家的谈判还在进行当中。另外，很多宗旨与《北美自由贸易协定》相同的地区也开始了谈判，其中包括在 2003 年 5 月签订的《美国 – 新加坡自由贸易协定》和《美国 – 中美洲自由贸易协定》（CAFTA）。为了强调该协定包含多米尼加在内，《美国 – 中美洲自由贸易协定》后被更名为《美国 – 多米尼加 – 中美洲自由贸易协定》（CAFTA-DR），该协定于 2004 年 5 月签订。美国国会于 2005 年 7 月批准了《美国 – 多米尼加 – 中美洲自由贸易协定》，并由美国总统在 2005 年 8 月 2 日签署，将该协定写入法律。该协定最早于 2006 年 3 月 1 日在美国和萨尔瓦多之间开始生效，接下来是洪都拉斯和尼加拉瓜，它们之间的协定生效时间是 2006 年 4 月 1 日。另外，危地马拉是在 2006 年 7 月 1 日开始生效，而多米尼加则于 2007 年 3 月 1 日开始生效。受能源、电信垄断，以及之后的选举和全民投票影响，哥斯达黎加的计划被推迟实施；直到 2009 年 1 月 1 日，该协定才正式生效。

《北美自由贸易协定》和《美国 – 多米尼加 – 中美洲自由贸易协定》等不仅减少了贸易壁垒，还要求发展中国家完善国内法律法规并进行改革以保护知识产权。这些协定都增加了在劳动力和环境方面的附加条款，目的是鼓励成员国改善本国劳动力的工作条件和环境。但是一些批评者认为，这些协定并不足以确保工人的权利和环境标准。由于在世界贸易组织和美洲自由贸易区（FTAA）的谈判中受挫，美国已开始寻求同更大范围的国家签订双边贸易协定，如澳大利亚、巴林、智利、哥伦比亚、以色列、约旦、马来西亚、摩洛哥、阿曼、巴拿马、秘鲁和新加坡等。

拉美地区的经济活动也在持续增加。尽管拉美国家总会不时遭受政治和经济挫折，但巴西、智利和墨西哥等国的经济和出口贸易仍在增长。而且，在外来跨国公司对该地区青睐有加的同时，拉美各国之间的投资也颇多，而此类投资得益于众多地区之间贸易协议的签订，其中包括《北美自由贸易协定》，该协定使墨西哥在经济上与美国的关系比其他拉美国家更为接近。另外，美国和中美洲国家于 2006 年 8 月签订的《美国 – 中美洲自由贸易协定》有利于巩固和加强该地区的贸易、投资、服务和工作条件。在南美洲，有包括阿根廷、巴西、巴拉圭、乌拉圭和委内瑞拉在内的南方共同市场，以及旨在促进玻利维亚、哥伦比亚、厄瓜多尔和秘鲁等国社会、经济一体化进程的地区自由贸易契约——安第斯共同体。

2005 ～ 2015 年，**欧盟**（European Union，EU）成为一个联合市场，并取得了重大进展。截至 2003 年，欧盟有 15 个成员，分别是奥地利、比利时、丹麦、芬兰、法国、德国（参见第 13 章章末的国际聚焦）、英国[⊖]、希腊、荷兰、爱尔兰、意大利、卢森堡、葡萄牙、西班牙和瑞典；2004 年 5 月，又有 10 个国家加入欧盟，分别是塞浦路斯、捷克、爱沙尼亚、匈牙利、拉脱维亚、立陶宛、马耳他、波兰、斯洛伐克和斯洛文尼亚；2007 年 1 月 1 日，罗马尼亚和保加利亚也加入欧盟；之后的 2013 年 7 月，克罗地亚成为第 28 个欧盟成员国。欧盟的产生不仅消除了成员国之间的贸易壁垒，也采取了统一的货币——欧元。这使得顾客可以比较绝大多数国家之间的商品价格，而且因为采用一种货币开展业务，也有助于企业降低成本。由于可以进入广阔的欧洲大市场，大型跨国公司现在可以实现经营上的规模经济和范围经济以降低成本并提高效率。尽管文化差异仍然存在，但是相较于北美自由贸易区、中美洲自由贸易区和亚洲国家联盟来说，欧盟更像一个一体化的单一市场。随着许多其他国家的申请加盟，包括阿尔巴尼亚、塞尔维亚和土耳其等，欧盟已成为任何一个跨国公司都不能忽视的市场（见图 1-1）。此外，《跨大西洋贸易与投资伙伴关系协定》（T-TIP）是欧盟和美国达成的进一步促进欧洲与北美贸易及多边经济增长的贸易协定。

虽然日本经济从 20 世纪 90 年代初期至今遇到了不少问题，但仍是环太平洋地区的重要经济力量（参见第 11 章章末的国际聚焦），因此日本的跨国公司想从欠发达但巨大的亚洲市场获利。与此同时，中国也是一支重要的经济力量。与其他国家一样，亚洲各国也受到了 "9·11" 之后经济不稳定和 20 世纪 90 年代末经济危机的影响，但 "亚洲四小龙"（中国香港、中国台湾、韩国、新加坡）的经济已相当发达，而东南亚的马来西亚、泰国、印度尼西亚、越南的经济终将反弹，最终发展为以出口推动经济增长。由印度尼西亚、马来西亚、菲律宾、新加坡、文莱、泰国以及近年来加入的柬埔寨、老挝、缅甸和越南组成的东南亚国家联盟（Association of Southeast Asia Nations，ASEAN），正像其他地区组织一样积极扩大该地区的产品出口。除此之外，**跨太平洋伙伴关系**（Trans-Pacific Partnership，TPP）面向亚洲国家的谈判已经结束，达成了一个宏伟的下一代亚太贸易协定。TPP 组织大概代表了 40% 的全球经济，包括澳大利亚、文莱、加拿大、智利、日本、马来西亚、墨西哥、新西兰、秘鲁、新加坡、美国和越南。2015 年 10 月，来自环太平洋地区的 12 个国家达成了共 30 章的协议，并由各个国家的立法机关批准，两年内完成协定所规定的事宜。

中东欧、俄罗斯（参见第 14 章章末的国际聚焦）以及苏联解体后的某些国家现今正努力向市场经济转变，其中捷克、斯洛文尼亚、波兰和匈牙利由于靠近欧盟，已基本完成此过程。不过所有这些国家都是跨国公司拓展市场的目标。例如，1989 年，可口可乐公司开始大量向这些国家引入自己的生产线、销售方法和市场技术。现在，这个软饮料巨头已在中东欧投入数十亿美元，其在中东欧的业务发展速度是在其他地区的两倍，并且已开始得到回报。

⊖ 英国已于 2020 年脱欧。

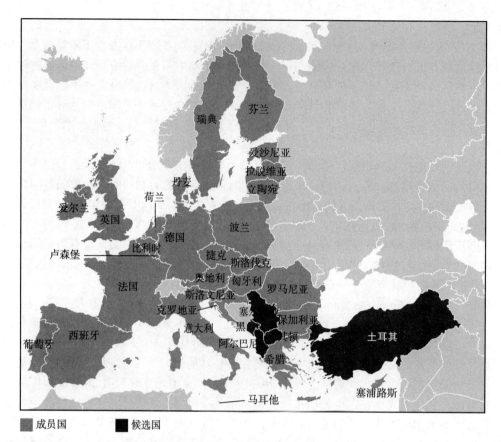

图 1-1 欧盟成员国和候选国（2016 年）

资料来源：在 Jonathan P. Doh 教授指导下由 Ben Littell 绘制。

以上这些都是新兴的国际主义的具体区域化案例，与其同等重要的是那些反映发展中国家在全球经济中扮演重要角色的趋势。

1.2.3 全球人口结构的变化

世界人口总体呈现老龄化趋势。2016 年，出现了"二战"之后全球劳动人口的第一次下降，据《华尔街日报》报道，到 2050 年全球的劳动人口将会缩减 5%。这种人口变化将会对全球经济产生重要的影响。

多种因素导致了全球人口平均年龄的上升，其中技术和医疗卫生条件的改善使得发达国家和发展中国家的人们都更加长寿。相关数据显示，全球的预期寿命从 1950 年的 48 岁增加到了 2012 年的 70 岁，并且在未来的几十年中还会稳步增长。由于更多人的寿命延长，他们的退休年龄也延长了。而在过去的 65 年中，全球的人口出生率却减少了一半，从 1950 年每名妇女平均生育 5 个孩子到 2015 年每名妇女平均只生育 2.5 个孩子。

虽然这种人口变化是全球性的，但受影响最大的还是发达国家。由于受过去十年经济低迷和人口低增长的影响，西欧地区将受到劳动人口的最大束缚。比如德国和意大利，工作适龄人口到 2050 年将会缩减 20% 以上。亚洲的一些发达国家预期寿命很长，又不能迅速增加人口来替代退休和老龄人口，比如日本到 2050 年非工作人口数将与工作人口数几乎相等。劳动力方面，日本和韩国都将失去 25% 以上。

即便是一些发展中国家也面临着很大的挑战。中国面临一个不平衡的人口金字塔形结构，由于人均 GDP 低于德国、日本和其他发达国家，中国的劳动人口在供养非劳动人口方面将面临更大的压力。

老龄人口规模的增加不只影响了劳动者和非劳动者的比例，也会使医疗卫生方面的服务花费持续、快速增加，同时像汽车和计算机这样的商品需求将会下降。因为年轻人会将收入用于购房和其他投资性资产的购买，老年人则会将钱用在医疗保健服务方面。

虽然人口结构变化所带来的影响在最近这些年还没引起人们的重视，但诸如简化劳动者从发展中国家移民到发达国家的程序、激励发达国家公民多生育子女、鼓励劳动者延迟退休等策略都将有助于缓解全球人口老龄化所带来的问题。

1.2.4　全球经济力量的动态平衡

经济一体化和新兴市场的快速成长正在使国际经济呈现出新的面貌，特别是发展中国家和新兴国家正在全球经济体系中扮演着越来越重要的角色。各国经济学家已经对这些迅速扩张的经济体展开了深入研究。

2001 年高盛集团的全球经济研究小组发布了一篇关于巴西、俄罗斯、印度和中国（金砖四国，BRIC）这四大新兴市场经济增长的初步报告，后续的报告分别于 2004 年和 2011 年发布。在这些报告中，该研究小组估计金砖四国经济体的全球增长份额将从 2003 年的 20% 增长到 2025 年的 40% 以上。同时，它们在全球经济中的总体比重也将从 2004 年的 10% 左右增长到 2025 年的 20% 以上。2009 年全球经济衰退以后，高盛集团提出金砖四国经济正在快速增长，到 2050 年将可能占据全球五大主要经济体中的四个席位，中国的产值将在 2027 年超越美国。除此之外，它还在报告中估计金砖四国的经济将在 2032 年超过 G7 集团的经济总量。

在高盛集团发表关于金砖四国未来发展潜力的初步报告之后，全球的经济状况因巴西、俄罗斯和中国经济而发生了一些变化，一些国家开始重新考虑金砖四国的经济持续增长影响下的价格问题。低廉的石油和商品价格造成了 2015 年和 2016 年俄罗斯与巴西的严重衰退，中国的增长也有所放缓。与此不同的是，金砖四国成员中的印度却持续表现强劲，GDP 增长率高企。

2015 年，在巴西、俄罗斯经历了数年的损失并调低预期之后，高盛集团撤出了在金砖四国的投资，把剩余资产用于更大的新兴市场投资。高盛集团的长期预测是否准确还有待验证，但巴西、俄罗斯、中国和印度仍将在全球经济中发挥更广泛的作用。自 2009 年以来金砖四国的国家领导人每年都会举行首脑会议。2010 年，创始成员国同意南非加入这一集团，成为金砖五国（BRICS）。

随着金砖国家经济的成熟和增长的放缓，包括高盛集团在内的一些分析组织开始将注意力转到另一个新兴市场集团。2006 年 3 月，普华永道（PwC）创造了 E7 这个集团来形容 7 个主要的新兴经济体（巴西、中国、印度、印度尼西亚、墨西哥、俄罗斯和土耳其），并表示在未来几十年中它们的经济总量还会大幅增加。与主要位于北美洲和欧洲的 G7 经济体不同的是，E7 经济体主要位于拉丁美洲和亚洲。2015 年，普华永道预测 E7 以市场汇率计算的 GDP 到 2030 年将超过 G7，并且 E7 的 GDP 年增长率到 2050 年将达到 3.8%，而 G7 仅为 2.1%。据普华永道预测，到 2050 年，E7 的 GDP 将会比 G7 高出 50%。

N-11（N 即 "next"）是另一个经济集团，可能带来下一波新兴市场增长高潮。这些国家包括孟加拉国、埃及、印度尼西亚、伊朗、墨西哥、尼日利亚、巴基斯坦、菲律宾、韩国、土耳其和越南，代表一个多样化的国家集合，在未来发展潜力上具有相对优势（和劣势）。MIST 国家（墨西哥、印度尼西亚、韩国和土耳其），被看作是 N-11 中特别有吸引力的子集。高盛集团认为 MIST 国家是 N-11 中最有潜力也是最发达的国家集合，因为它们都拥有年轻且不断增长的劳动人口，以及其他有利于经济增长的良好要素。其他快速增长的发展中国家集团包括 CEVITS（哥伦比亚、埃及、越南、印度尼西亚、土耳其和南非）和 EAGLES（代表新兴和引领增长的经济体），EAGLES 包括最初的金砖四国和 MIST 国家以及埃及。

普华永道使用世界银行的数据对新兴经济体和发达经济体未来的增长进行了估计，分析结果见表 1-4 和表 1-5。表 1-4 展示了世界上最大的经济体在 2014 年按当时的市场汇率和在 2050 年按预计的市场汇率计算的 GDP。根据这一计算结果，到 2050 年，中国将超越美国，印度将从第 10 位跨越到第 3 位，按照购买力平价（PPP）计算的数据来看则更为明显。基于这一方法进行预测，中国和印度都将在 2050 年超越美国成为最大的经济强国。而且根据高盛集团和普华永道的分析，2015～2030 年，亚洲将成为全球经济增长的主要支柱（见表 1-6）。另外，到 2050 年，中国和印度仍然是世界上人口密度最高的国家，并且印度人口将会超过中国成为世界第一（见表 1-7）。G7、金砖四国及 N-11 集团的详细比较见表 1-8。

表 1-4 世界上最大的经济体在 2014 年按当时的市场汇率和在 2050 年按预计的市场汇率计算的 GDP

（单位：10 亿美元）

	2014 年		2050 年	
	GDP	排名	GDP	排名
美国	17 416	1	41 384	2
中国	10 355	2	53 553	1
日本	4 770	3	7 914	6
德国	3 820	4	6 338	10
法国	2 902	5	5 207	12
英国	2 848	6	5 744	11
巴西	2 244	7	8 534	5
意大利	2 129	8	3 617	16
俄罗斯	2 057	9	6 610	8
印度	2 048	10	27 937	3
加拿大	1 794	11	3 583	17
澳大利亚	1 483	12	2 903	19
韩国	1 449	13	4 142	15
西班牙	1 400	14	3 099	18

资料来源：*The World in 2050: Will the Shift in Global Economic Power Continue?* PricewaterhouseCoopers LLP, 2015.

表 1-5 世界上最大的经济体在 2014 年按当时的购买力平价和在 2050 年按预计的购买力平价计算的 GDP

（单位：百万美元）

	2014 年		2050 年	
	GDP	排名	GDP	排名
中国	17 632	1	61 079	1
美国	17 416	2	41 384	3
印度	7 277	3	42 205	2
日本	4 788	4	7 914	7
德国	3 621	5	6 338	10
俄罗斯	3 559	6	7 575	8
巴西	3 073	7	9 164	5
法国	2 587	8	5 207	13
印度尼西亚	2 554	9	12 210	4
英国	2 435	10	5 744	11
墨西哥	2 143	11	8 014	6
意大利	2 066	12	3 617	18
韩国	1 790	13	4 142	17
沙特阿拉伯	1 652	14	5 488	12

资料来源：*The World in 2050: Will the Shift in Global Economic Power Continue?* PricewaterhouseCoopers LLP, 2015.

表 1-6 2015 ～ 2030 年预期将会对全球经济增长贡献最多的城市 （单位：10 亿美元）

城市	国家	GDP 贡献	城市	国家	GDP 贡献
纽约	美国	874	广州	中国	510
上海	中国	734	深圳	中国	508
天津	中国	625	伦敦	英国	476
北京	中国	594	重庆	中国	432
洛杉矶	美国	522	苏州	中国	394

资料来源："Global Cities 2013," *Oxford Economics*, 2015.

表 1-7　全球人口结构的变化：正在上升的发展中国家（按规模排名）

	1950 年	2017 年	2050 年		1950 年	2017 年	2050 年
1	中国	中国	印度	7	德国	尼日利亚	巴西
2	苏联	印度	中国	8	巴西	孟加拉国	孟加拉国
3	印度	美国	尼日利亚	9	英国	俄罗斯	刚果（金）
4	美国	印度尼西亚	美国	10	意大利	墨西哥	埃塞俄比亚
5	日本	巴西	印度尼西亚	11	法国	日本	墨西哥
6	印度尼西亚	巴基斯坦	巴基斯坦	12	孟加拉国	埃塞俄比亚	埃及

资料来源：United Nations: Department of Economic and Social Affairs, *World Population Prospects: the 2015 Revision.* https://esa.un.org/unpd/wpp/.

表 1-8　2000 年、2010 年和预测的 2020 年 G7、金砖四国和 N-11 国家的人口、GDP 和人均 GDP

国家	2000 年			2010 年			2020 年		
	人口（百万）	GDP（10 亿美元）	人均 GDP（美元）	人口（百万）	GDP（10 亿美元）	人均 GDP（美元）	人口（百万）	GDP（10 亿美元）	人均 GDP（美元）
G7									
加拿大	31	739	24 129	34	1 614	47 531	37	1 958	52 136
法国	59	1 372	23 318	63	2 652	42 249	66	2 940	44 752
德国	82	1 956	23 774	82	3 423	41 876	82	4 005	48 666
意大利	57	1 146	20 125	59	2 131	35 996	62	2 144	34 599
日本	127	4 731	37 302	128	5 499	42 943	124	4 747	38 174
英国	59	1 549	26 301	62	2 407	38 665	67	3 852	57 385
美国	282	10 285	36 433	310	14 964	48 309	332	22 294	67 064
合计 / 平均数	697	21 778	31 245	738	32 690	44 295	770	41 940	54 468
金砖四国									
巴西	173	657	3 789	195	2 209	11 301	212	2 054	9 687
中国	1 267	1 205	951	1 341	6 340	4 504	1 411	17 100	12 117
印度	1 029	477	463	1 195	1 708	1 430	1 380	3 444	2 495
俄罗斯	146	260	1 775	143	1 524	10 671	146	1 792	12 247
合计 / 平均数	2 615	2 599	994	2 874	11 781	4 099	3 149	24 390	7 745
N-11									
孟加拉国	132	55	412	151	122	808	168	310	1 847
埃及	64	100	1 562	79	219	2 779	96	—	—
印度尼西亚	206	179	870	245	755	3 178	273	1 194	4 380
伊朗	64	358	5 604	74	464	6 241	83	555	6 692
墨西哥	101	684	6 776	114	1 051	9 197	128	1 496	11 668
尼日利亚	119	61	515	156	374	2 396	205	595	2 907
巴基斯坦	138	74	538	172	178	1 034	208	—	—
菲律宾	77	81	1 055	93	200	2 155	112	507	4 530
韩国	47	562	11 947	49	1 094	22 151	52	1 899	36 750
土耳其	64	267	4 149	73	732	10 002	82	906	11 088
越南	78	31	402	87	113	1 297	96	287	2 978
合计 / 平均数	1 090	2 462	2 250	1 293	5 302	4 101	1 199	7 749	6 463

资料来源：IMF, "World Economic Outlook Database," October 2015, https://www.imf.org/external/pubs/ft/weo/2015/02/weodate/index.aspx.

到目前为止，绝大多数非洲国家并没有从全球化中获益。然而，2000 ~ 2015 年石油、天然气、农产品、煤炭和矿石价格的上涨，刺激了非洲国家收入和财富的增长。再者，许多非洲国家的人口在快速增加，类似于之前的印度和中国，这可能意味着非洲国家将组成下一波的动态新兴市场。

　　虽然新兴国家的 GDP 在全球经济衰退后经历了前所未有的增长，但值得注意的是，发展中国家的增长率已经开始呈现放缓的趋势。一度被认为是新兴市场增长支柱的金砖四国经济体也是如此。2015 年，巴西经济陷入衰退，大致缩减了 3%，并伴随着双位数的通货膨胀和快速上升的失业率；俄罗斯在 2002 ~ 2008 年间的平均 GDP 增长为 6.6%，2011 ~ 2014 年间下降为 1.5%；中国 2015 年的 GDP 增长为 6.8%，显著低于 2007 年的 14.5%。这种经济放缓也延伸到了金砖四国以外的国家，如 2015 年中国和印度之外的新兴市场仅为全球 GDP 的增长贡献了 13%，这是 2009 年以来新兴市场 GDP 贡献率的最低值。这说明，虽然在未来几年新兴市场仍然是最具有增长潜力的，但是过去十年所经历的快速增长或许很难再持续。

　　2009 年全球经济衰退使全球商品出口下降了 23%，为 12.15 万亿美元；贸易服务出口下降了 13%，为 3.31 万亿美元。此后，全球贸易投资以一个健康的速度增长，超过了大多数国家的国内经济增长。根据世界贸易组织的统计结果，2014 年全球商品出口达 18.5 万亿美元，创下了最高纪录，而贸易服务出口回落到 4.9 万亿美元。**外国直接投资** [foreign direct investment，FDI，显示一个国家（地区）在其他国家（地区）进行资产、厂房和仪器设备方面的投资总额] 在 2009 年之后的增长速度一直都很适中。尽管 2009 年的全球 FDI 下跌了一半，为 8 960 亿美元，但是到 2013 年已经回弹到 1.5 万亿美元，2017 年超过 2007 年的史上最高水平。有趣的是，联合国贸易和发展会议（UNCTAD）的数据显示，2014 年中国香港的 FDI 超过了美国，并且中国内地的 FDI 是加拿大的 2 倍，这显示出发达国家和地区与发展中国家和地区在全球经济影响力上的均衡转换。表 1-9 展示了世界主要地区贸易流量的绝对数额和占比。表 1-10 和表 1-11 列出了主要发达经济体与新兴经济体的 FDI 流入量和流出量。

表 1-9　2015 年世界主要国家和地区的商品贸易　　　　（金额单位：10 亿美元）

	出口				进口				
	总额	年度变化百分比（%）			总额	年度变化百分比（%）			
	2015	2005	2013	2014	2015	2015	2005	2013	2014	2015
世界	16 272	6	2	0	−13	16 613	5	2	1	−13
北美洲	2 294	5	2	3	−8	3 132	4	0	3	−5
美国	1 505	6	2	3	−7	2 308	4	0	4	−4
加拿大	408	2	1	4	−14	419	4	0	0	−10
墨西哥	381	7	2	5	−4	405	7	3	5	−2
中南美洲	532	5	−2	−6	−22	609	9	3	−3	−16
巴西	191	6	0	−7	−15	179	12	7	−5	−25
阿根廷	57	5	−5	−10	−17	60	10	10	−12	−8
欧洲	5 956	4	5	0	−12	5 900	4	2	1	−13
欧盟（28 国）	5 381	4	5	1	−12	5 309	3	1	2	−13
德国	1 329	4	3	3	−11	1 050	4	2	2	−13
法国	506	2	2	0	−13	572	2	1	−1	−15
荷兰	567	4	2	0	−16	506	4	0	0	−14
英国	460	3	14	−7	−9	626	3	−5	5	−9
意大利	459	3	3	2	−13	409	2	−2	−1	−14
独联体（CIS）	489	7	−2	−6	−32	339	8	1	−11	−34
俄罗斯	340	6	−1	−5	−32	194	8	2	−10	−37
非洲										
南非	82	6	−3	−4	−11	86	6	−1	−3	−14
阿尔及利亚	38	2	−9	−4	−40	52	11	9	6	−12
埃及	21	6	−5	−7	−23	61	12	−9	1	−9
中东										
沙特阿拉伯	202	4	−3	−9	−41	172	12	8	3	−1

（续）

	出口					进口				
	总额	年度变化百分比（%）				总额	年度变化百分比（%）			
	2015	2005	2013	2014	2015	2015	2005	2013	2014	2015
伊朗	63	5	−21	8	−29	42	2	−14	4	−17
亚洲	5 967	8	3	3	−8	5 448	8	2	0	−14
中国	2 275	12	8	6	−3	1 682	11	7	0	−14
日本	625	2	−11	−3	−9	648	4	−6	−2	−20
印度	267	12	6	2	−17	392	13	−5	−1	−15

资料来源：Adapted from WTO Press Release, April, 2015, Modest trade recovery to continue in 2015 and 2016 following three years of weak expansion. https://www.wto.org/english/news_e/pres15_e/pr739_e.htm.

表 1-10　世界主要地区的 FDI 流入量　　　（单位：10 亿美元）

	2015 年	2014 年	2013 年		2015 年	2014 年	2013 年
发达经济体	962.5	522.0	680.3	南亚	50.5	41.4	35.6
发展中经济体	764.7	698.5	662.4	西亚	42.4	43.3	45.5
非洲	54.1	58.3	52.2	拉丁美洲和加勒比地区	167.6	170.3	176.0
东亚和东南亚	447.9	383.2	350.3	转型经济体	35.0	56.4	84.5

资料来源：UNCTAD, *World Investment Report 2016* (June 21, 2016), Annex Table 1, http://unctad.org/en/Pages/DIAE/World%20Investment%20Report/Annex-Tables.aspx.

表 1-11　世界主要地区的 FDI 流出量　　　（单位：10 亿美元）

	2015 年	2014 年	2013 年		2015 年	2014 年	2013 年
发达经济体	1 474.2	800.7	825.9	南亚	7.8	12.1	2.2
发展中经济体	377.9	445.6	408.9	西亚	31.3	20.4	44.7
非洲	11.3	15.2	15.5	拉丁美洲和加勒比地区	33.0	31.4	32.3
东亚和东南亚	292.8	365.1	312.0	转型经济体	31.1	72.2	75.8

资料来源：UNCTAD, *World Investment Report 2016* (June 21, 2016), Annex Table 2, http://unctad.org/en/Pages/DIAE/World%20Investment%20Report/Annex-Tables.aspx.

　　随着这些国家和地区变得越来越富裕，它们开始寻找新的有经济增长潜力的国家和地区进行投资。例如，在过去 20 年中，日本的跨国公司不仅向周边的邻国，也向美国和欧盟进行投资。与此同时，由于看到亚洲持续的增长潜力，欧洲的跨国公司也对日本、中国和印度进行大量的投资。美国的跨国公司也遵循相似的路径在欧洲和亚洲进行投资。

　　下面的测试有助于解释今天跨国公司的发展趋势。当然，这并不局限于北美洲、欧洲或亚洲。一个新兴的全球社区正在快速增长，并且在经济方面彼此依存。回答下列问题，然后对照本章最后的参考答案，看看你答得怎么样。虽然在不久的将来世界经济必将一体化，但北美洲、欧洲、亚洲和欠发达国家（地区）代表的经济区域化仍然是当今世界经济的主要特征。

1. 博朗（Braun）日用品公司（电动剃须刀、咖啡机等）的母公司在哪个国家？
　　A. 意大利　　　　　　　B. 德国　　　　　　　　C. 美国　　　　　　　　D. 日本
2. 比克制笔公司（BIC pen）位于
　　A. 日本　　　　　　　　B. 英国　　　　　　　　C. 美国　　　　　　　　D. 法国
3. 拥有捷豹（Jaguar）品牌的公司位于
　　A. 德国　　　　　　　　B. 美国　　　　　　　　C. 英国　　　　　　　　D. 印度

4. 旗牌芥末酱（French's Mustard）是由哪个国家或地区的公司生产的?

    A. 英国   B. 美国   C. 法国   D. 中国台湾地区

5. 绿巨人（Green Giant）蔬菜公司位于

    A. 美国   B. 加拿大   C. 英国   D. 意大利

6. 歌帝梵（Godiva）巧克力的所有者位于

    A. 美国   B. 瑞士   C. 荷兰   D. 土耳其

7. 生产凡士林（Vaseline）的公司是

    A. 法国公司   B. 英荷公司   C. 德国公司   D. 美国公司

8. 收购通用家电的公司其总部在

    A. 法国   B. 中国   C. 日本   D. 德国

9. 假日酒店（Holiday Inn）总部在

    A. 沙特阿拉伯   B. 法国   C. 美国   D. 英国

10. 纯果乐（Tropicana）橙汁公司的总部在

    A. 墨西哥   B. 加拿大   C. 美国   D. 日本

1.3 全球经济体系

全球经济演化的结果是产生了三种主要体系：市场经济、计划经济和混合经济。识别全球化扩张当中的机会包括理解这些体系之间的差异，因为它们会影响到很多要素，如消费偏好和管理行为。

1.3.1 市场经济

如果私人企业拥有自己的资产，并且能够控制生产和产品、服务的销售，而政府仅仅是采取有效行为支持竞争，则称其为市场经济。在市场经济中，管理是非常有效率的，因为私有权提供了本地的评价标准和条件，这与国际标准很不一样。由于资源的配置完全是由需求决定的，所以对这种模式的限制很少。社会个体公开自己的需求，市场则会对这些需求做出反应。供求之间的大体平衡维持着价格不会出现大的波动，如果供不应求，价格会上涨；供过于求，则价格会下降。

由于是社会和企业的相互作用引导着这个体系，组织必须和消费者个人一样善于应对环境变化。市场经济鼓励竞争，目的是促进创新和高质量、高效率的经济增长，专注于如何为消费者提供最好的服务，这对实现最优的增长是必需的，因为它能确保对利基市场足够的渗透。为了保持经济的竞争性，政府会禁止垄断和限制性商业行为。通过控制供给，垄断会抑制经济增长和消费选择。缺乏竞争会使垄断者剥夺这个体系中公众原有的所有自由。在垄断条件下，垄断者可以任意选择生产效率、产品质量和价格，而消费者没有任何选择可言，完全受垄断者的支配。

1.3.2 计划经济

在计划经济中，政府控制着产品或服务的价格和供给。从这种意义上讲，计划经济类似于垄断，所提供的产品和服务不是为了满足社会需求，而是根据所设想的社会进步决定的。在这种模式下，所有企业均是国有的，以保证投资和商业行为最大限度地符合国家利益，但是这种做法有时会导致相反的结果。该模式下的管理有时也容易忽略人口信息。政府对企业提供补贴，因此企业不可能破产，这使得企业缺乏动力去提高效率和控制成本。由于没有私有权，在计划经济中，企业很少主动考虑如何进行创新和改进顾客服务。

历史见证了由该体制的实施所带来的低效率。为了在全球经济中进行有效的竞争，需要对计划经济进行扬弃。我们接下来会对这个问题进行更深层次的探讨。

1.3.3 混合经济

混合经济是市场经济和计划经济的混合体。这种体制包括私有制以及自由需求，但一些部门则直接由政府计划管理。这种均衡允许竞争的存在，同时政府也可以为个人或公司提供帮助。一些规章制度，如最低工资标准、社会保险、环境保护和提升公民权利，有助于提高生活水平以及保障那些年老体衰或者缺乏技能的人群，使他们能够得到照顾。对国家至关重要的组织，其所有权可能会转交到国家，以补贴成本，好让组织蓬勃发展。

接下来我们将针对世界上一些反映一种或者多种经济体制的关键地区，讨论其发展情况，以及这些发展对于国际管理的影响。

1.4 主要地区的经济表现和问题

从发展、表现和成长的优势来看，世界上的经济体可以分为发达经济体、新兴经济体（新兴市场）和发展中经济体（一些可能很快成为新兴经济体）。

1.4.1 发达经济体

1. 北美

正如前文指出的，北美洲是世界四大贸易集团之一。美国、加拿大和墨西哥三国的综合购买力接近 19 万亿美元。尽管不论是全球还是地区范围内都会出现越来越多的共同体，但为了进行有效的国际管理，仍然需要对各个国家进行了解。

北美的自由贸易经济使得该地区的公司在决策方面拥有足够的自主权。企业在区域内建立业务的时候面临的壁垒很低，在决策上自由度很高，但是在进入区域外的其他国家时却面临着很大的障碍。尽管 2003 年发动了伊拉克战争，2005 年发生了卡特里娜飓风，2006 ~ 2008 年间石油价格居高不下，2009 年全球经济衰退，2012 年出现了超级风暴桑迪，但美国经济仍然持续增长。美国的跨国公司业务遍布全球，同时美国也很欢迎国外公司到本土进行投资。美国的企业在一些技术密集型产业，包括计算机（硬件和软件）、通信、多媒体和生物技术，在全球占有绝对的主导地位。同时，其他国家的跨国公司也发现美国是一个很好的进行扩张的地方。很多外国汽车生产商，如宝马、本田、斯巴鲁、日产、丰田都在美国建立了大型的制造基地。考虑到接近萧条的国内汽车产业，北美汽车生产将更多地依赖这些国外的工厂。

加拿大多年来一直是美国最大的贸易伙伴，美国对加拿大也有大量的直接投资。这可以用来解释为什么加拿大多数的大型外资公司为美国独资，或美资占极大份额。加拿大的政治和商业环境类似于美国，这种相似性有助于两国之间贸易的发展。像《北美自由贸易协定》一样，地理、语言和文化等因素都将帮助加拿大公司在世界范围内提升竞争力。随着贸易壁垒的消除，它们将不得不同美国、墨西哥的竞争者短兵相接，这必然会给要么靠竞争成功，要么就此歇业的加拿大公司带来更高的效率和更大的竞争力。近年来，加拿大公司开始在美国和其他地区进行大量投资，同时也与其他许多国家开展贸易往来，其中包括墨西哥、英国、德国和日本，因为向这些国家可以出售加拿大丰富的自然资源，包括木材、天然气、原油和农产品。

20 世纪 90 年代初，墨西哥已经从十年前的经济衰退中恢复过来，成为拉丁美洲最强有力的经济力量。1994 年，墨西哥成为北美自由贸易区的一部分，似乎即将成为拉丁美洲主要的经济力量，但是那一年的暗杀事件以及由此带来的经济危机导致墨西哥仍然是有大幅经济波动的发展中国家。截至 2015 年，墨西哥同 45 个国家签订了自由贸易协议，比其他任何国家都多，包括同巴拿马的协议，以及与中美洲、欧盟、欧洲自由贸易区、跨太平洋伙伴关系的联合自由贸易协议，使得墨西哥超过 90% 的贸易都是在自由贸易协议下达成的。2000 年，执政 71 年的革命制度党下台，许多投资者相信在新领导人和他的继任者的治理下，政府将比以往更有效地支持商业发展。继任者与墨西哥的贩毒团伙作战，暴力和伤亡不断蔓延，无辜百姓也因此受到牵连。2012 年，革命制度党再次上台，尽管有一些不确定性，但新总统继续推动商业发展，如扩大墨西哥汽车产业，向私营部门开放石油产业，加强通信行业的竞争等。

由于《北美自由贸易协定》，墨西哥企业发现自己有能力开拓美国市场，输出那些美国先前从亚洲进口的商品。廉价的劳动力和临近美国市场的优势使墨西哥公司已经能够生产价格极具竞争力的商品。地理位置有利于降低运输费用，并使快速交货成为可能。在墨西哥大多数集中在边境城镇的**保税加工出口工厂**（maquiladora）[⊖]内，原材料与设备可以从国外免税进口，用于加工、装配与再出口。墨西哥公司还充分利用政府与欧盟签订的新条约，向欧洲地区免关税出口产品。墨西哥与欧盟和亚洲间的贸易正在不断增长，这对于希望减少对美国市场过分依赖的墨西哥来说非常重要（参见第 9 章章末的国际聚焦）。

2. 欧盟

欧盟的最终目标是在成员国之间消除所有贸易壁垒（就像美国的各州一样）。这一经济共同体最后将对联盟以外的国家实行统一的关税和工商业政策。最后的目标是单一货币和区域性中央银行。随着 2013 年克罗地亚的加入，欧盟有 28 个成员[⊜]，其中 17 个国家已经采用欧元。另外在 2004 年、2007 年和 2013 年分别加入欧盟的 9 个国家也决定采用欧元以接受货币趋同标准。

这些发展将使欧盟成员国的公司能生产物美价廉的商品并将其运往欧盟各地，却无须支付关税或免受配额限制，这就是为什么北美洲和太平洋地区的公司会在欧洲建立业务往来。所有这些外来公司也发现，关注当地需求状况对它们的成功至关重要。

欧盟未来面临的挑战是吸收东欧邻国，这可能形成巨大的欧洲统一市场，使欧洲在购买力方面成为世界最大的经济市场。2004 ~ 2007 年，波兰、捷克、匈牙利、保加利亚和罗马尼亚都加入了欧盟，这改善了它们的经济增长、通货膨胀和就业状况，也对那些试图在欧盟和东欧站稳脚跟的亚洲或美国公司产生了影响。近年来，各国政府十分积极地帮助中东欧国家发展市场经济，以促进其经济增长与世界和平。

但最近十几年来欧盟面临着重要的挑战。一些欧洲国家，如希腊（参见第 2 章章末的国际聚焦）、葡萄牙、西班牙和爱尔兰发现它们正面临着严重的赤字，这些赤字来自结构性问题（如停滞的人口增长、慷慨的养老金系统以及过早退休）和短期的经济压力（2009 年经济衰退）。这些问题也给大部分采用欧元的国家带来了经济压力，并促使德国和法国采取实质性的援助计划。这使爱尔兰、葡萄牙和西班牙的财政状况有了显著改善，但希腊仍然面临着挑战。

2010 ~ 2015 年，希腊从国际货币基金组织、欧盟委员会和欧洲中央银行获得了多重紧急救助，相应地它也被要求采取最严厉的紧缩措施，包括高额税收、政府养老金和工资冻结以及削减公共支出。虽然欧洲民众相信对希腊实施这些限制能够确保其财政稳健，并顺利偿还救助基金，但是也有很多希腊人认为这样严厉的措施是不可能带来经济复苏的。截至 2015 年 7 月，希腊需要偿还 16 亿欧元的债务，如果没有额外的财政援助，这是不可能达成的。在这种情况下，希腊官员和欧洲债权人的谈判陷入了僵局。于是，希腊政府决定通过全民公投来决定是否接受最新的紧急救助和随之而来的财政限制，结果被压倒性地否决了。这使得全国范围内的银行关闭，客户每天的提款限额是 60 欧元。最后，希腊政府还是接受了紧急救助政策中的一些条款，以获得财政援助，避免破产及退出欧盟。

想要维持一个统一的欧盟在未来几十年中也面临着挑战。由于对欧洲大陆整合优势的质疑不断增加，英国作为一个游离于欧元区之外的欧盟国家，在 2016 年 6 月针对留下或离开欧盟的问题举行了全民公投，结果成为第一个通过投票否决其欧盟成员资格的国家。这次投票虽然在法律上没有约束力，但是为触发《里斯本条约》第 50 条铺平了道路，这一条款确立了想要退出欧盟的国家需要履行的程序。在全民公投之后的那个早晨，支持维持欧盟成员资格的英国首相戴维·卡梅伦（David Cameron）宣布了他的回避计划，并把退出欧盟（或"英国脱欧"）这一任务交给了下一届首相来协调完成。

⊖ 该词从西班牙语而来，原指磨坊主收取的谷物加工费用，现指墨西哥政府制定的只对进出墨西哥的原料和商品附加值征收税费的做法。——译者注

⊜ 英国已于 2020 年正式脱欧，目前为 27 个成员，由于本书英文版出版于 2018 年，故而后面仍然沿用 28 个成员国的提法。——译者注

3. 日本

日本经济在 20 世纪七八十年代的成功史无前例。国家出现巨大的贸易顺差，日元坚挺，在制造业和消费品方面也位居世界前列。

一些分析家总结了日本经济成功的几个因素。其中，备受瞩目的是日本的文化价值观提倡积极的工作道德观、团队合作精神、集体决策、终身雇用以及高组织承诺。然而，这些关于日本劳动力的某些假定已被证明很不符合现实，而且之前的许多优势在新经济形势下已经成为劣势。例如，在快速发展的经济形势下，集体决策太耗时间。同样，由于本国经济增长缓慢、管理决策差以及其他国家如中国经济的崛起，自 20 世纪 90 年代以来，日本的海外投资额逐年减少。

实际上，日本经济的早期成功部分归因于其**通商产业省**（Ministry of International Trade and Industry，MITI）。这一政府机构制定了全国的商业发展目标，合理分配了国家资源以满足各种需求。近几年，该机构一直致力于推动所谓的 ABCD 工业发展，即自动化（automation）、生物技术（biotechnology）、计算机（computer）和数据处理（data processing）。

日本经济成功的另一个主要原因是借助**经连会**（keiretsus）——日本庞大的垂直一体化企业集团，它能为消费者提供各种商品和服务方面的资助，其他跨国公司也能从集团的各部门获得多种资源。所以与其国际竞争者相比，它们能快速有效地完成任务。

日本虽然遇到不少问题，但它仍是国际上强大的竞争者，使环太平洋、北美洲和欧洲三大经济区保持平衡。

|国际管理实践 1-3|

承认文化差异

跨文化研究的目的之一就是更多地了解其他国家的风俗、文化和当地居民的工作习惯。毕竟，很难想象一个企业能在对产品类型和服务一无所知的情况下占领某海外市场。同样重要的是，需要知道哪种管理方式对于所开展的业务是最有效的。有时候，这些信息变化非常快。例如，随着俄罗斯继续从计划经济向市场经济转型，该国也在调整如何适应全球竞争，这使其管理方式一直在变化：俄罗斯在 2002 年与美国建立战略伙伴关系。美方理解的"合作伙伴"是有弹性的，同时具有内在的层级结构，俄罗斯却将"合作伙伴"视为保证平等的机会，特别是决策制定过程。这种分歧使俄罗斯不得不在 2005 年寻求与中国建立战略合作关系，它和中国都面临经济转型的问题，因此能够理解各自所遇到的问题和需求。

很明显，美国和俄罗斯在很多方面存在分歧。俄罗斯的管理依然是基于集权的方式，在这种方式下，管理者从上到下沿着一条命令链传递指令，在决策过

程中，下属没有自由沟通和参与决策制定的机会。另外，美国 64% 的员工将退休视为新生活的开始，但是只有 15% 的俄罗斯员工这么认为，另外 23% 的人认为退休就是"生命终结的开始"。尽管存在这些差异，美国企业在俄罗斯开展业务时还是可以利用一些相同点。如美国和俄罗斯大约 46% 的员工喜欢弹性工作制。另外，俄罗斯目前有一种"战后综合征"，这很像美国在 20 世纪 30 年代所经历的大萧条，这种对历史的回顾可以帮助其更好地理解新兴经济体。

由这些例子可以看出学习国际管理的重要性，通过对文化和历史的系统分析，或通过第一手数据了解其他国家的企业管理者如何对待员工及其工作。这些分析对于在公司中开展有效的国际管理非常关键。

资料来源：Garry Kasparov, "Putin's Gangster State," *The Wall Street Journal*, March 30, 2007, p. A15; The Economist Intelligence Unit, *Country Report: Russia* (Kent, U.K.: EIU, 2007), p. 7; "Trust the Locals," *The Economist* 382, January 25, 2007, pp. 55-56.

1.4.2　新兴经济体和发展中经济体

与北美洲、欧洲和亚洲的发达经济体相对应的是新兴经济体和发展中经济体。发展中经济体一般是指人均 GDP 较低以及劳动力群体的技术不熟练或半熟练的国家，至今还没有精确的定义。在很多这样的国家或地区，

政府对经济事务的干预比较多。而新兴经济体指的是一些展现持续经济改革和增长的发展中经济体。

1. 中东欧

1991 年，苏联解体，其各个加盟共和国相继宣布独立并开始从计划经济向市场经济转变。其中，俄罗斯拥有最多的人口、最广阔的疆域和最大的影响力，而其他国家如乌克兰也经历了工业化过程，并有潜力成为世界经济的重要力量。俄罗斯的经济改革、取消价格控制（使供求决定价格）和私有化（将公有企业转变为私人所有）对于国际管理研究至关重要。

之后，俄罗斯的经济持续增长，贫困人口不断减少，中产阶级人数不断扩大。外国在俄罗斯的直接投资以及加入国际货币基金组织，帮助俄罗斯提升了 GDP，并克服了在 20 世纪 90 年代初期向市场经济转型时所出现的高通货膨胀。在 21 世纪初，丰富的石油和高昂的国际能源价格振兴了俄罗斯经济，但最近几年需求的下降又使俄罗斯陷入了经济萧条。另外，七国集团（G7，包括美国、德国、法国、英国、加拿大、日本和意大利）于 1997 年正式接受了俄罗斯的加入申请，变成了八国集团（G8）。然而，由于俄罗斯与最初的七国集团在政治上有一系列的差异，特别是在 2014 年克里米亚加入俄罗斯联邦之后，俄罗斯开始脱离这一集团，也因此受到了多边制裁。再加上石油和天然气价格的下跌，导致俄罗斯的经济急剧下降，卢布贬值。照此来看，俄罗斯或许还要经历一些年的经济动荡。

俄罗斯普遍存在的问题是：存在犯罪、腐败和公共安全问题，因此很多海外投资者感到存在一定的风险（参见第 10 章开篇的国际管理世界）。但是，俄罗斯是个庞大的市场，未来潜力巨大，特别是 GDP 有望增长，又使跨国公司感到它们必须参与其中。而且，在所有的中欧国家，现在已经开设了教授西方经营模式的课程以及 MBA 项目，这为跨国公司走向全球做好了准备。

在匈牙利，国有酒店已经私有化，当地廉价且高度专业的劳动力吸引了西方公司与本地企业合作，成立合资企业。跨国公司也在此进行直接投资，如通用电气购买了匈牙利电气业巨人 Tungsram；英国的 Telfos 控股公司支付 1 900 万美元购买了匈牙利冈茨公司（Ganz）51% 的股份；铃木投资 11 亿美元，与当地的汽车制造商 Autokonzern 建立了伙伴关系；福特汽车在当地建造了 8 000 万美元的汽车配件生产基地；意大利的伊尔瓦（Ilwa）支付 2 500 万美元购买了 Salgotarjau 钢铁公司。

波兰先于周边国家进行了激进的经济改革（以所谓的"休克疗法"为特征）。虽然相对过快地向市场经济转型对波兰人民来说十分痛苦，先是严重的通货膨胀，接着是持续的失业问题和公共服务倒退，但是波兰经济运行却相对良好。实际上，波兰是欧盟唯一在 2008 ~ 2009 年全球经济衰退期间仍保持增长的经济体。2015 年，波兰的 GDP 增长了约 4%。然而，政治风险、大量外债、基础设施落后以及中等水平的教育体制，导致了许多持续的经济问题（参见第 5 章章末的国际聚焦）。

20 世纪 90 年代初，阿尔巴尼亚从零开始实施激进的经济改革。最初，工业产量跌至原先的 60%，月通货膨胀高达 40%。今天，阿尔巴尼亚仍然在挣扎之中，但取得了缓慢的进步。

对于阿尔巴尼亚和其他东欧国家来说，经济成功的关键是维持社会秩序，建立法律制度，重建已经崩溃的基础设施，让那些有附加值的、能创造就业机会的公司振作起来。如此一来，海外投资一定会流向这些国家，将它们融入全球经济。对于阿尔巴尼亚和其他还"一无所有"的东欧国家来说，关键是降低风险，使自己在国际商务中更具吸引力。

2. 中国

经过多年稳健和强劲的增长，中国的 GDP 增幅开始逐渐放缓。2015 年，GDP 增幅为 7%，是近 25 年来的最低值。此外，中国面临着其他挑战，包括企业部门的过剩、制造网络的全球化、巨大的发展需求、每年需增加 1 500 万 ~ 2 000 万个新工作岗位以避免失业（参见第 7 章章末的国际聚焦）。

大部分跨国公司发现在中国做生意时，考虑到中国货币被低估，对中国国内企业相对有利的人民币币值以及相关政策，中国市场的复杂性增加了。即便如此，跨国公司仍将拥有 14 亿人口的中国作为世界的一个重要市场，它们必须在这个市场上占有一席之地。

中国与发达国家和地区（例如美国和欧盟）之间的贸易关系依然比较紧张。许多美国人和国际人士一直认为中国的人民币价值被低估了，但由于中国经济放缓和近十多年相对于美元的稳定收益，这一观点也许正在改变，国际货币基金组织和彼得森国际经济研究所在 2015 年就声称人民币将不再被低估。

3. 亚洲其他新兴市场

除了日本和中国外，亚洲地区还有一些重要经济体，包括韩国、新加坡。另外，东盟成员国也拥有较快的发展速度和增长潜力。

财阀（chaebol）是韩国最主要的联合大企业，包括国际知名的大公司，如三星、大宇、现代和 LG 集团。在这些大企业中担当要职的管理者一般是在西方国家完成的大学学业，因此他们对西方国家的文化、习俗和语言都比较了解，这对公司制定极具竞争性的国际战略非常有利。与大多数发达国家不同的是，韩国在 2009 年并没有陷入经济衰退。之后韩国一直保持着稳步的发展，拥有中等速度的经济增长、温和的通货膨胀、较低的失业率、出口顺差以及比较公平的收入分配。

新加坡是成功的典范。由于基础坚实，直到今天，新加坡仍是东南亚城市规划的理想模式和全球金融中心，现在它所面临的问题是在日益加剧的国际竞争中如何继续发展。

除了新加坡以外，东南亚其他国家也正在成为增长与发展的动态平台。像泰国、马来西亚、印度尼西亚（参见第 12 章章末的国际聚焦）和如今的越南，尽管自然资源并不是很丰富，但它们拥有较多的人口和廉价的劳动力，因此取得了经济上的发展。这些国家社会稳定，但由于受到经济危机的影响，现在处于极大的动乱之中，首先是世界第四人口大国印度尼西亚，然后是泰国。2013 年末，泰国总理英拉提议全面赦免一些政治家的罪行。虽然立法机构压倒性地否决了该提议，但人民民主改革委员会领导下的抗议和政治动乱仍然在曼谷街头蔓延。12 月，总理英拉试图通过解散下议院来控制抗议，宣布国家进入紧急状态，并呼吁 2014 年 2 月进行新的选举。持续的抗议导致 2 月的选举被破坏，使得宪法法院作废了选举结果。2014 年 5 月，陆军总司令巴育发动了军事政变，打倒了总理英拉。从那以后，泰国被军方领导下新成立的全国维持和平秩序委员会统治。虽然政治动乱给泰国和本地区的其他国家带来了纷扰，但是对外界投资者而言，这个以出口为主的东南亚国家仍然具有很大的吸引力。

4. 印度

印度约有 13 亿多人口，而且仍有上升趋势，且一直以来存在很多经济和政治问题。但近年来出现的软件和其他高附加值服务业支撑了其对产品和服务的巨大需求，同时，印度 GDP 增长也很快。

由于种种原因，印度吸引了许多跨国公司，尤其是英美的跨国公司。比如印度人会说英语，受到过良好的教育，拥有高端信息技术专家。同时，印度政府也为经济发展提供了大量资金。例如，印度正在扩大电信系统，并使电话线路增加了 5 倍。虽然在印度做生意存在许多障碍（参见章末的国际聚焦），但无疑，它在未来几年会受到越来越多的关注。

1.4.3　处于边缘地带的发展中经济体

世界上还有一些发展中（也被称为"欠发达"或者"最不发达"）经济体值得我们关注，由于对全球经济增长与发展的重要贡献，一些发展中经济体逐渐成为新兴经济体。

1. 南美

多年来，南美的许多国家存在严重的经济问题。这些国家身负沉重的海外债务，历经严重的通货膨胀。尽管进行了债务削减之类的经济改革，但周期性的经济变化和民粹主义领导者的出现对这一地区国家的吸引力产生了不利影响。

在 20 世纪 90 年代到 21 世纪最初的十年中，由于电力、通信和其他基础设施方面的私有化所带来的机会，巴西持续吸引着外国投资者（参见国际管理实践 1-4），如 AES 和通用电气在巴西建造了价值 200 亿美元的煤炭发电厂。同时，许多其他知名公司也在巴西建立了业务，包括百胜集团、苹果、盖璞、麦当劳和沃尔玛。近年来，巴西政府已经成为拉丁美洲最稳定的政府之一，巴西的经济也因此受益，成为南美洲无可争议的领头羊。

巴西正值经济发展的交替期，面临着衰退。经过 2008 ～ 2014 年强劲的增长和贫困率的下降，巴西在 2015 ～ 2016 年开始陷入衰退。经济停滞和公共腐败丑闻导致总统迪尔玛·罗塞夫（Dilma Rousseff）在 2016 年 5 月被弹劾。由于巴西有大量受过良好教育的劳动力、丰富的自然资源、工业基础和战略性的地理位置，长期的前景还是比较乐观的。其经济产出堪比法国，超过了其他南美洲国家，已在全球占有一席之地（参见第 10 章章末的国际聚焦）。

21 世纪以来，智利经济的增长率一直在 3% ～ 6% 的区间浮动，这也是拉丁美洲最好、最稳定的表现。智利吸引了大量的外国直接投资，主要集中在天然气、水、电力和采矿业。该国通过加入南方共同市场，以及与中国、印度、欧盟、韩国和墨西哥签订深层次贸易协议来参与全球化。

阿根廷拥有丰富的自然资源、高素质的国民、出口导向的农业产业和多元化的工业设施，这些都为经济发展提供了坚实的基础。然而，该国却遭受着通货膨胀、外债、资本外流和财政赤字的困扰。虽然阿根廷在全球经济衰退后开始反弹，在 2010 ～ 2011 年间的 GDP 增长超过了 8%，但之后开始显著变慢。2015 年，阿根廷的通货膨胀飙升到 25% 以上，导致了政府更迭和政策变动。

尽管时好时坏，但南美另一个主要发展是国家间贸易的增长，而且依靠着自由市场政策飞速发展。例如，从 1995 年开始，南方共同市场成员（巴西、阿根廷、巴拉圭和乌拉圭）之间 90% 的贸易均免征关税。同时，南美国家积极寻求同美国进行贸易往来的机会。事实上，在阿根廷、巴西、智利、哥伦比亚和委内瑞拉商人中进行的一项调查显示，对于他们而言，美国市场要比其他市场更为重要。然而，这些国家中也有一些商人走出美洲，到外面的世界寻找发展机会。在近 20 年中，南方共同市场已经开始与欧盟进行对话，希望在两大集团之间实现自由贸易，而智利和秘鲁则加入了亚太经济合作组织（Asia Pacific Economic Cooperation），同时也是跨太平洋伙伴关系的成员国。这些发展有助于说明南美经济发展的动力所在，而且联系最近几年亚洲的经济问题，也解释了为何如此多的跨国公司对在南美开展业务颇感兴趣。

┃国际管理实践 1-4┃

巴西的经济改革和最近几年的挑战

在过去的 20 年里，巴西的经济改革进行得非常完美和成功。始于 20 世纪 90 年代中期的全面私有化进程，使巴西大量的国有企业被出售转为私有企业，现在巴西已经成功转型，由一个相当封闭和不稳定的经济体成为全球经济领头羊"金砖国家"之一，也是南美洲经济发展的先锋。巴西的改革包括宏观经济稳定、自由出口、限制进口和加强财政资金的管理，这种改革是对拉丁美洲 20 世纪六七十年代以封闭为特征的政策的颠覆性突破。其中一个里程碑式的事件就是实施"雷亚尔计划"，这一计划开始于 1994 年春天，通过紧盯美元汇率来打破通货膨胀预期，这使巴西的年通胀率降到了个位数。尽管如此，在雷亚尔过渡时期还不足以避免实际汇率的上升。这次升值意味着巴西商品相对于其他国家的商品要贵些，这导致了大量的收支往来账户赤字。然而，随着通货膨胀率的稳定和人们对 20 世纪 80 年代债务危机记忆的消退，金融界在巴西市场上续约了借款合同，所以在巴西不缺乏国外资金的涌入。

在很多次失败的尝试之后，雷亚尔计划成功抑制

了通货膨胀。接近 2 500 万人转变为消费者。受 1997 年亚洲金融危机和 1998 年 8 月俄罗斯债券违约事件的影响，新兴市场的投资者们更加规避风险，导致收支往来账户赤字和资本账户盈余之间的平衡出现了问题。1998 年 11 月，在确立财政调整方案并做出结构性改革承诺之后，巴西收到了国际货币基金组织提供的共 415 亿美元的援助金。1999 年 1 月，巴西中央银行宣布与美元不再挂钩。这次货币贬值有利于减缓 1999 年的经济衰退，对于这一点投资者们在 1998 年夏季已经表达了关心。1999 年，巴西占国内生产总值 48% 的债务打破了国际货币基金组织的预计值，这让投资者更加放心，因为即使存在浮动汇率，巴西政府也将维持紧缩性财政政策和货币政策。

2000 年，巴西经济增长了 4.4%，但是接下来问题出现了。人们越来越担心总统候选人，考虑更多的是谁将在竞选中获胜。卢拉·达席尔瓦还拖欠债务，引发了一场信任危机，导致经济减速，贫困率接近 16%。

2002 年，卢拉·达席尔瓦赢得了总统选举，并于 2006 年再次当选。在他任职期间，经济开始快速增长。

2004 年巴西 GDP 实现了 5.7% 的增长，紧接着 2005 年增长 3.2%，2006 年增长 4.0%，2007 年增长 6.1%，2008 年增长 5.1%。尽管 2008 年的金融危机导致巴西经济发展有所放缓，但它经受考验的时间远远小于西半球的其他经济体。2009～2011 年间，巴西是全球汽车市场中增长最快的国家。到 2011 年，巴西的经济规模已经超过了英国。

2008 年金融危机之后，巴西经济面临着更多的挑战。石油生产商 OXG 公司于 2013 年底陷入破产，这是南美历史上破产的最大公司。政客与巴西国家石油公司之间巨额的贿赂交易和洗钱活动也降低了消费者信心，导致巴西国家石油公司在 2014 年第四季度和 2015 年初损失了近 60% 的价值，巴西股票市场的 Bovespa 指数急剧下滑。2011～2015 年间，相对美元来看，巴西货币实际贬值近 50%，经济陷入衰退。2016 年，总统被指控在某种程度上与巴西国家石油公司存在关联而遭弹劾。

虽然尚处在挣扎中，但巴西的未来仍然是有前景的。它仍然是继中国之后的接收外国直接投资第二多的发展中国家，并且很多巴西公司也在持续扩展其国际舞台。巴西航空工业公司（ERJ）的喷气式飞机，是全球领先的中小型飞机，如今是继波音和空客之后的第三大客机制造商。Odebrecht 是巴西一家企业集团，主要经营领域涉及工程、建筑、化工和石化，负责世界许多大型基建工程的建设，包括道路、桥梁和联合运输系统、三十多个机场和体育场馆，如佛罗里达国际大学的 FIU 体育场。巴西还是世界上几种农产品的最大出口国，其出口的农产品包括牛肉、鸡肉、咖啡豆、橙汁和糖。这个国家的国际贸易和投资关系已经相当多元化，包括制造业和服务业。

资料来源：Garry Kasparov, "Putin's Gangster State," *The Wall Street Journal*, March 30, 2007, p. A15; The Economist Intelligence Unit, *Country Report: Russia* (Kent, U.K.: EIU, 2007), p.7; "Trust the Locals," *The Economist* 382, January 25, 2007, pp. 55-56.

2. 中东和中亚

以色列、伊朗、土耳其和苏联在中亚的一些原加盟共和国是一个特殊的新兴国家集体。由于丰富的石油资源，一些人认为它们在经济上相当富裕。但近年来，叙利亚的政治不稳定并爆发内战，伊拉克等伊斯兰国家的崛起，以及美国"9·11"恐怖袭击后对伊拉克和阿富汗发动长达十年的战争，使这一地区一直备受媒体关注。尽管如此，这些国家仍继续用经济发展能力来平衡区域政治和宗教力量，同时在国际商务舞台上保持活跃。国际企业管理者应该了解这些国家的风俗习惯、文化和管理实践，因为绝大多数工业化国家在某种程度上都很依赖石油。

阿拉伯国家几乎完全依靠原油生产，但石油价格一直波动，石油输出国组织（OPEC）很难统一石油价格。2016 年石油价格跌至 12 年来的最低值，导致整个地区金融震荡。作为阿拉伯地区最大的石油生产商，沙特阿拉伯在 2015 年产生了 980 亿美元的财政赤字，不得不减少对国民提供的燃油、水和电力补贴（参见第 8 章章末的国际聚焦）。阿拉伯国家也在美国房地产和商业领域投资了几十亿美元，世界各国包括西方国家的许多人在为阿拉伯雇主工作。例如，中东广播中心是沙特阿拉伯在伦敦设立的跨国公司，它收购了破产的合众国际社。

3. 非洲

即使自然资源丰富，非洲国家总体上仍很贫穷、很不发达。国际贸易并不是它们收入的主要来源，虽然它们也和发达国家有贸易往来，但极为有限。在非洲开展贸易所面临的主要问题是其人口的多样性，10 亿人生活在三千多个部落里，所用语言和方言达一千多种。另外，对外国直接投资来说，这些国家政治动荡不安，风险极大。

近几年来，撒哈拉以南的非洲地区遇到了很大问题，部落战争不断，各种可怕的疾病如艾滋病、疟疾和埃博拉病毒病也在此蔓延，使该地区陷入了经济萧条。据世界银行估计，2014～2015 年埃博拉病毒病的暴发使几内亚、利比里亚和塞拉利昂等国家牺牲了 16 亿美元的潜在经济增长。2002～2003 年，世界卫生组织同意放松对知识产权的限制，以使非洲国家能够更有效、低成本地获得艾滋病治疗，但在 2014 年，类似的产权限制争议又耽搁了埃博拉药物向这一地区的供给。虽然全球化为发达国家开辟了一片新的市场，但是非洲的发展中国家缺乏充分利用全球化的机构、基础设施和经济的能力。另外，贫穷、饥饿、文盲、腐败、社会动荡、对自然资源的疯狂掠夺、城市拥挤、干旱和众多无家可归的难民都是非洲国家面临的严峻问题。尽管如此，未来的非洲仍有希望，因为它还尚未被开发。这里不仅有丰富的自然资源，而且多样性也能成为有利条件。例如，许多非洲人熟悉前殖民者（如英国、法国、荷兰、葡萄牙）的语言和文化，这对国际贸易很有利。尽管存在很多不确定性，但很多跨国公司已经开始向这片市场进发。这些国家的人民对未来也没有丧失信心，他们坚持不懈地促进经济增长。例如，多哥卖掉许多国有企业，并把轧钢厂租给美国投资者；几内亚卖掉了一些国有企业，并削减了30%的公务员队伍；南非前白人总统的种族隔离和迫害政策已被废除，形势正在好转（参见第4章章末的国际聚焦），人们把被长期监禁的黑人总统曼德拉看作一位世界领袖。这些意义重大的发展吸引了越来越多的跨国公司回到南非投资。然而，虽然曼德拉和他的继任者为此做出了很大努力，比如为了全面提高黑人融入经济的"黑人经济振兴政策"（Broad-Based Black Economic Empowerment，B-BBEE），但南非现存的社会和经济问题预示着其未来发展仍然未知。

最近几年，非洲的经济一直保持着强劲的增长势头。从2000年至2015年，非洲经济的平均增长速度为5.3%，超过了20世纪八九十年代的两倍。电信业、银行业以及零售业正全面走向繁荣，尼日利亚（参见第6章章末的国际聚焦）和安哥拉的经济发展在一定程度上因为较高的国际燃油价格也开始加速。然而，值得注意的是，最近几年，撒哈拉以南非洲国家的经济增长主要依赖于外国直接投资和高水平的全球商品需求量，因此这种增长对全球经济变化的反应非常敏感。2015年，随着石油价格的走低和中国经济的放缓，撒哈拉以南非洲国家的经济增长跌至近20年的最低值（如表1-12所示）。虽然全球性阻力会在最近几年导致外国直接投资减少，但全球性咨询公司麦肯锡研究发现，非洲国家的外国投资回报率要高于全球其他任何地区，这让我们对这个历史上一直相对穷困的地区充满了期待。

表 1-12 世界经济前景回顾与预测（百分比变化）

	年度同比				第四季度同比		
	回顾		预测		回顾	预测	
	2013 年	2014 年	2015 年	2016 年	2014 年	2015 年	2016 年
世界出口量	3.3	3.4	3.1	3.6	3.3	3.0	3.6
发达经济体	1.1	1.8	2.0	2.2	1.8	2.0	2.3
美国	1.5	2.4	2.6	2.8	2.5	2.5	2.8
欧洲地区	−0.3	0.9	1.5	1.6	0.9	1.5	1.7
德国	0.4	1.6	1.5	1.6	1.5	1.6	1.6
法国	0.7	0.2	1.2	1.5	0.1	1.5	1.5
意大利	−1.7	−0.4	0.8	1.3	−0.4	1.2	1.5
西班牙	−1.2	1.4	3.1	2.5	2.0	3.2	2.2
日本	1.6	−0.1	0.6	1.0	−0.8	1.3	1.3
英国	1.7	3.0	2.5	2.2	3.4	2.2	2.2
加拿大	2.0	2.4	1.0	1.7	2.5	0.5	2.0
其他发达经济体	2.2	2.8	2.3	2.7	2.6	2.5	2.6
新兴经济体和发展中经济体	5.0	4.6	4.0	4.5	4.7	4.0	4.8
独联体	2.2	1.0	−2.7	0.5	−0.6	−3.3	0.3
俄罗斯	1.3	0.6	−3.8	−0.6	0.3	−4.6	0.0
除俄罗斯之外	4.2	1.9	−0.1	2.8	—	—	—
新兴和发展中的亚洲	7.0	6.8	6.5	6.4	6.8	6.4	6.4
中国	7.7	7.3	6.8	6.3	7.1	6.7	6.3
印度	6.9	7.3	7.3	7.5	7.6	7.3	7.5
东盟五国	5.1	4.6	4.6	4.9	4.8	4.4	5.2
新兴和发展中的欧洲	2.9	2.8	3.0	3.0	2.6	3.2	4.2
拉丁美洲和加勒比地区	2.9	1.3	−0.3	0.8	1.1	−1.5	1.7
巴西	2.7	0.1	−3.0	−1.0	−0.2	−4.4	1.3

（续）

	年度同比				第四季度同比		
	回顾		预测		回顾	预测	
	2013 年	2014 年	2015 年	2016 年	2014 年	2015 年	2016 年
墨西哥	1.4	2.1	2.3	2.8	2.6	2.3	2.9
中东与北非	2.3	2.7	2.5	3.9	—	—	—
撒哈拉以南的非洲	5.2	5.0	3.8	4.3	—	—	—
南非	2.2	1.5	1.4	1.3	1.3	0.7	1.7
欧盟备忘录	0.2	1.5	1.9	1.9	1.5	1.8	2.1
基于市场汇率计算的世界增长	2.4	2.7	2.5	3.0	2.5	2.4	3.0
世界贸易总量（货物与服务）	5.9	2.8	3.8	5.5			
进口							
发达经济体	2.0	3.4	4.0	4.2	—	—	—
新兴经济体和发展中经济体	5.2	3.6	1.3	4.4	—	—	—
出口							
发达经济体	2.9	3.4	3.1	3.4	—	—	—
新兴经济体和发展中经济体	4.4	2.9	3.9	4.8	—	—	—

资料来源：*IMF World Economic Outlook*, October 2015.

表 1-12 列出了 2013 ～ 2016 年世界主要国家和地区的经济增长率及预测值。从这个表中可以看出，新兴国家与地区的经济增长率要远远高于发达国家，特别是中国、印度和其他亚洲经济体。表 1-13 列出了世界经济论坛报告的世界前十位最具竞争力的国家或地区。2015 年，中国香港和新加坡分别位居世界第二和第三。表 1-14 是根据几个关键指标评出的新兴经济体。

表 1-13　2015 年世界上最具竞争力的前十名国家或地区

国家或地区	排名	国家或地区	排名
美国	1	卢森堡	6
中国香港	2	挪威	7
新加坡	3	丹麦	8
瑞士	4	瑞典	9
加拿大	5	德国	10

资料来源：World Competitive Scoreboard, 2015. http://www.imd.org/.

表 1-14　2016 年新兴经济体的市场潜力指标排名

国家	市场规模	市场增长率	市场强度	市场消费能力	商业基础设施	经济自由度	市场接受度	国家风险	全部指标
中国	100	95	1	92	62	22	7	78	100
新加坡	1	76	76	43	84	70	88	93	50
印度	37	78	32	66	28	45	7	67	48
卡塔尔	1	100	94	54	53	45	27	83	40
韩国	9	61	48	81	52	63	20	85	38
巴西	17	59	48	47	40	49	5	56	29
波兰	3	53	53	67	51	66	14	77	29
以色列	2	63	55	58	46	65	21	68	29
爱沙尼亚	1	52	37	64	58	74	25	77	28
土耳其	6	71	63	61	40	48	10	50	28
马来西亚	3	68	41	54	47	52	23	77	28
印度尼西亚	11	69	32	58	30	46	8	61	26

（续）

国家	市场规模	市场增长率	市场强度	市场消费能力	商业基础设施	经济自由度	市场接受度	国家风险	全部指标
俄罗斯	18	51	42	58	49	24	8	39	26
墨西哥	9	54	58	41	27	53	24	67	26
秘鲁	2	81	45	45	23	57	9	72	24
越南	4	83	39	51	32	24	25	50	24
拉脱维亚	1	43	54	61	50	62	19	61	23
智利	2	53	58	39	38	75	16	68	23
菲律宾	4	65	58	46	27	49	10	72	23
阿根廷	4	58	74	60	38	38	6	17	20
泰国	4	61	30	47	38	37	20	56	20
埃及	4	56	78	57	27	30	6	23	18
南非	5	46	43	1	47	55	10	56	11

资料来源：globalEDGE: A Market Potential *Index for Emerging Markets 2016.* http://globaledge.msu.edu/.

|国际管理世界| 回顾 |

在本章开头的"国际管理世界"中，你了解到社交媒体是如何改变我们的联系方式、商业战略的制定和业务的开展的。社交媒体正在通过让生产者与消费者直接互动来改变国际企业管理的本质，网络正在使世界各地的人们变得更近。阅读完本章后，你对全球化和国家、企业、社会之间的联系及对国际管理的影响应该有了更多的认识。尽管存在不同的观点，但全球化在今天看来似乎是不可阻挡的，世界各地自由贸易协定的确立也给许多发展中国家带来了经济利益。欧盟的巩固和扩张进一步打破了国界，使得那些来自经济相对落后国家的出口商能更容易、以更低成本从事跨国商业活动。在亚洲，以前采取封闭经济政策的印度已经开放国门，其他亚洲国家，如印度尼西亚、马来西亚、菲律宾和泰国，凭自己的实力已经成为重要的新兴经济体。它们对很多产业实施的私有化和自由化会增加消费者的选择，同时由于竞争的加剧，商品的价格也会下降。全球范围内社交媒体的迅速发展，不仅仅是全球经济体与个人互联的反映，在某些方面，社交媒体能够超越一切壁垒和障碍走向全球一体化。然而，经济体制与政策的差异，让国际管理仍面临严峻的挑战。

根据本章内容回答以下问题：①全球化与自由贸易有哪些利弊？②社交媒体的兴起，是如何增进国家间的联系以及减少相应的冲突的？③在接下来的时间里，哪些地区最有可能从全球化和一体化中受益？哪些地区会经历混乱或挫折？

本章小结

1. 全球化指的是国家之间一体化程度增强的过程，这一过程还在持续加快步伐。越来越多的公司（包括那些发展中国家的公司）正在向全球化进发，这给全球经济和国际管理带来了机遇和挑战。在全球化的某些方面，人们还存在着争议，比如利益分配不公以及离岸带来的问题，因此一些学术机构、非政府组织和发展中国家对全球化提出了尖锐的批评，然而全球化和一体化的步伐并没有放缓。

2. 经济一体化活动在以下三个地区最明显——北美洲、欧洲和环太平洋地区。《北美自由贸易协定》使该地区形成了巨大的市场。同时，南美地区的跨国贸易也在增加，主要表现在南方共同市场。另外，《中美洲自由贸易协定》等协议的签订将西半球的国家连成一个整体。在欧洲，欧盟的扩张使得该联盟更大、更多元化。中欧和东欧的一些国家，如捷克、波兰和匈牙利正成为欧盟的贸易伙伴。跨太平洋伙伴关系（TPP）把12个或更多的美洲、亚洲、大洋洲经济体联结起来。同时，《跨大西洋贸易与投资伙伴关系协定》（T-TIP），作为欧盟与美国的贸易协定将会进一步促进两方的贸易和经济增长。非洲和中东国家虽然面临着复杂的问题，但未来经济发展仍具潜力。各个地区的新兴经济体给国际管理者带来了机遇，同时也带来了挑战。

3. 不同的经济增长率和人口正改变着全球经济力量的格局。显然，中国经济的高速增长将使其在 21 世纪中期或之前成为世界第一经济强国。印度将成为世界上人口密度最大的国家，其他发展中国家也会发挥越来越大的作用。在过去的这些年中，国际贸易和投资一直持续地大幅增长。主要跨国公司的子公司遍布全球，从北美洲到欧洲，从环太平洋地区

到非洲。这些子公司中的一些是外国直接投资的结果，另一些则是与当地公司进行合作经营的产物。小型企业现在也发现，为了将来能够生存下去，必须开发国际市场。新兴经济体的跨国公司成长迅速，正在扩张其全球业务，业务国际化时代已经到来。

4. 不同的国家和地区有不同的经济体制，包括市场经济、计划经济和混合经济。它们出现在不同的国家，随着经济条件的改变，这些体制也在不断地发生变化。

复习与讨论题

1. 全球化对世界不同地区的影响是什么？对不同社会成员（企业、员工、社区）来说，全球化所带来的利益和成本是什么？

2. 《北美自由贸易协定》如何对北美洲经济产生影响？欧盟的成立对欧洲经济又产生了什么样的影响？这些影响对北美洲、欧洲和亚洲的国际管理者有何重要性？

3. 国际管理者为何对俄罗斯和东欧各国产生兴趣？请阐述原因，并分析在这些地区开展业务的风险。

4. 许多跨国公司已在亚洲开展业务，而更多公司正在寻求商机，为什么国际管理者对亚洲充满兴趣？请

阐述原因。

5. 为什么跨国公司会对南美、印度、中东、中亚、非洲以及欠发达和新兴国家感兴趣？如果跨国公司将其主要精力放在工业发达地区，是否能得到更多的回报？请解释原因。

6. 发展中国家（印度、中国、巴西）的跨国公司已开始对发达国家跨国公司的主导地位发起挑战。这些新兴经济体的公司在开展全球业务上具有什么样的优势？来自北美洲、欧洲和日本的跨国公司如何应对这些挑战？

课堂练习题答案

1. C　美国跨国公司宝洁 2005 年收购了博朗公司。

2. D　BIC SA 是一家法国公司。

3. D　塔塔汽车是印度塔塔集团（Tata Group）的一家分公司，2008 年收购了福特的捷豹、路虎和相关汽车品牌。

4. A　英国公司利洁时 1986 年收购了旗牌的母公司 Durkee Famous Foods。

5. A　美国公司通用磨坊 2001 年从英国的 Diageo 集团

手里收购了绿巨人产品系列。

6. D　土耳其的大型投资集团伊尔迪兹（Yildiz）控股公司拥有歌帝梵巧克力。

7. B　英荷跨国公司联合利华生产凡士林。

8. B　海尔集团，世界上最大的家电制造商，总部在中国，2016 年收购了通用家电。

9. D　英国的洲际酒店集团拥有假日酒店。

10. C　纯果乐被美国百事可乐公司收购。

互联网应用

全球快餐业竞争

　　麦当劳是世界闻名的特许经营公司之一。近年来，该公司一直致力于拓展国际市场。但是，新兴经济体快餐公司的产品更加适合本土口味，这使得麦当劳的扩张速度放缓。比如菲律宾的快乐蜂公司，它在菲律宾拥有 780 家店面，在其他国家（包括美国）也有超过 90 家店面。请访问麦当劳和快乐蜂的网站，

查阅两家公司在全球的扩张计划，比较它们之间及百胜旗下的肯德基和必胜客在亚洲的地位，回答以下三个问题：①哪一家公司在东南亚地区占有最佳优势？②像快乐蜂这样的本土品牌相对于国际公司来说具有哪些优势？全球跨国公司具有哪些优势？③你对于两者未来增长潜力的预测是怎样的？

国际聚焦

印度

印度位于亚洲南部，东临孟加拉湾，西临阿拉伯海，处于印度洋重要的贸易走廊，其国土面积大概是美国的 1/3。它的主要自然资源有：煤炭（世界第四大储量）、铁矿石、锰、云母、矾土、稀土元素、钛矿石、铬铁矿、天然气、金刚石、石油、石灰岩和耕地，主要的国土（60%）分配给了农业。它是一个大型的乡村国家，大城市和农村的基础设施都严重缺乏。

印度拥有 13 亿多人口，其中 85% 在 54 岁以下，相对年轻，大约 80% 为印度教教徒，14% 为穆斯林，人口增长率稳定在 1.22%。印地语是其主导语言，但是由于民族和地理位置的不同，印度人同时也使用别的语言，如孟加拉语、泰卢固语、马拉地语、泰米尔语、乌尔都语、古吉拉特语、卡纳达语、马拉雅拉姆语、奥里亚语、旁遮普语、阿萨姆语和迈蒂利语，这些不同的语言构成了国内划分辖区的依据。虽然印地语是主导语言，但是在知识阶层，以及与商业及政治相关的交流中，主要使用英语。绝大部分人口直接或间接地依靠农业。

印度的 GDP 一直增长较快，至 2014 年达 2.049 万亿美元。印度的 GDP 增长与其他的大型新兴经济体相比也更加稳定，近年来的年增长率稳定保持在 7% 左右。

同时，印度也面临着许多经济和安全方面的挑战，包括高贫困率及与邻国巴基斯坦的紧张关系。2014～2015 年的印度人口普查结果显示，被调查的 3 亿户中拥有一个带薪工作成员的家庭不足 10%，薪水足够用来缴税的家庭仅有 5%，超过 35% 的成人被划分为文盲。印度与巴基斯坦的紧张关系要追溯到它们从英国独立出来的时候。两个国家被宗教分界线割裂开来，印度想要继续做一个大的印度教国家，而巴基斯坦旨在成为一个主要的伊斯兰教国家。于是，两个邻国之间的战争很快就开始了，由于克什米尔地区的领导人是印度教教徒，而主要人口却是穆斯林，因此这一地区成了两国争执的焦点。

由于印度曾经被英国统治，因此采用的是英美普通法系，对特殊地区再附加一些特定规则。作为一个共和国，印度的政治体系与英国也比较相似。自从 1947 年独立以来，印度一直是由这种形式的政府来运作的。行政机构由总统、副总统、总理和任命的内阁成员组成；立法机构采用流行的两院制议会形式；司法机构是在英国法院体系的基础上形成的。

2014 年 5 月，印度选举莫迪为总理。莫迪获得支持的原因在于他宣称会改善印度与亚洲邻国的关系，包括中国，而最重要的是巴基斯坦，他也承诺要在国内创建一个商业友好环境。他还承诺大力投资基础设施建设，包括建设高铁及更多的学校，并清理被严重污染的水路，这些投资将会大幅提高印度制造业的出口。

不过，在任期之初，莫迪总理就因未兑现承诺而遭到抨击。然而，每年 7.5% 的 GDP 增长率使印度成为全球增长最快的主要经济体。时间会告诉人们，印度能否保持这种增速，以及总理向外国企业开放印度的努力是否会成功。在世界银行 2015 年的"营商便利度"调查中，印度排在第 130 位，比前一年前进了 4 位。

如果你是国际管理顾问

沃尔玛是世界上最大的零售商。虽然规模很大，但它在国外市场的进入和运营方面遇到了很多挑战。比如在印度就陷入了特别困难的处境，虽然印度在过去的 30～40 年就已经向国际市场实施了开放的经济政策，但在零售行业所有权方面对外国一直采取严格的限制。例如，禁止外国公司开超市，并且在当地连锁店最多拥有 51% 的份额。于是，一些零售商便与印度公司合作，如星巴克与印度最大的集团塔塔集团合作，双方对半持股。沃尔玛在印度也有合营计划。2007 年，沃尔玛宣布与 Bharti 公司合伙，但是持续的合营内容限制导致了关系的最终破裂，关于腐败的指控也使得交易告吹。印度政府曾频繁承诺对外国投资者开放零售行业，但是屈服于当地竞争者的压力，这些承诺最终都变成空言。然而，印度政府再一次宣布将出台新的政策来对外国投资者开放零售行业。

为了维持市场，沃尔玛转移了注意力，成立了一家名为 kiranas 的小零售批发供应商。这在印度是允许的，因为印度并没有限制外国投资者进入批发业。据称，kiranas 占印度国内食品销售的 95% 以上，这为沃尔玛之类的批发商创造了巨大的机会。然而，现在尚不明确沃尔玛在零售行业中的长期角色，也不确定批发业务能否给 kiranas 创造足够的收入，使该公司留在印度。

问题

1. 鉴于这种情况，你对沃尔玛有什么建议？

2. 沃尔玛应该继续坚持做批发还是寻求与其他印度伙伴合营？

3. 沃尔玛是否应该继续等待观望，以期印度政府改变对外国投资者的限制？

资料来源：John F. Burns, "India Now Winning U.S. Investment," *New York Times*, February 6, 1995, pp. C1, C5; Rahual Jacob, "India Gets Moving," *Fortune*, September 5, 1994, pp. 101-102; Jon E. Hilsenrath, "Honda Venture Takes the Bumps in India," *The Wall Street Journal*, August 2, 2000, p. A18; Manjeet Kripalani and Pete Engardio, "India: A shocking Election Upset Means India Must Spend Heavily on Social Needs," *Business Week*, May 31, 2004; Steve Hamm, "The Trouble with India," *Business Week*, March 19, 2007, pp. 48-58; "The World's Headache," *The Economist*, December 6, 2008, p.58; Gaurav Choudhury, "How Slow GDP Growth Affects You," *Hindustan Times*, December 4, 2012, http://www.hindustantimes.com/.

第 2 章

政治、法律和技术环境

| 学习目标 |

　　跨国公司管理者所面临的广泛的政治、法律和技术环境瞬息万变，且相较于以往更加常见、迅速，因此他们必须寻找对策来应对变化并且适应环境。与国际管理相关的外部环境涉及很多方面，在第 1 章中我们已经介绍过其中最重要的经济与文化两大方面，但政治、法律法规和技术问题，同样需要引起管理者的高度关注。本章旨在分析政治、法律、监管和技术环境在最近几年是如何变化的，以及这些变化给国际企业管理者带来了怎样的挑战和机遇。在第 10 章，我们将回到这些主题，尤其是当它们与政治风险以及政治环境管理相联系时。本章还介绍了政治、法律与技术环境的一些主要发展趋势，这些趋势将会塑造世界，影响跨国公司在世界范围内的竞争。学习本章的具体目标包括：

　　1. 介绍世界各个国家和地区的基本政治体制，列举简单的案例以及它们对国际管理的启示。

　　2. 阐述跨国公司在世界范围内经营所面临的法律和监管环境，并强调不同管辖区域处理法律与监管问题的方法是有差异的。

　　3. 回顾关键技术的发展，包括电子商务的发展，并且讨论这些发展对跨国公司的现在以及未来的影响。

| 国际管理世界 |

全球恐怖主义对经济的影响

　　社交媒体使全球通信变得更加容易，不幸的是，这也增加了恐怖分子的袭击机会。全球恐怖主义相对来说是一个新的挑战，恐怖袭击不再是针对特定国家和地区的小型个人事件。在过去的十年中，发生在马德里、伦敦和巴黎的恐怖袭击，涉及了高度复杂的恐怖组织的参与。像"伊斯兰国"这样的组织，通过社交网络在全世界招募成员，组织远离叙利亚本土的攻击。我们生活在一个相互联系的世界中，很明显恐怖主义的威胁会影响国际商业。

　　有证据显示，至少在短期内，旅游业受到恐怖袭击的影响尤为严重。根据巴黎旅游局的统计，2015 年 11 月在巴黎发生的造成 130 名平民死亡的恐怖袭击，导致游客人数短暂的断崖式减少。饭店、商店及相关行业损失了很多收入，在恐怖袭击发生后的几周内，酒店入住的客人数量大幅度减少。由于旅客们担心下一个恐怖袭击会发生在比利时，所以布鲁塞尔 40% 的酒店预订被取消了。在法国，经济活动的 7% 和近 200 万个就业岗位依赖于旅游业，即使旅游人数略有下降也会对经济产生很大的影响。也有一些证据显示，恐怖主义对经济的其他领域也产生了很多负面影响。根据金融服务机构 Markit 的报告，与预期相比，2015 年 11 月的制造业和服务业就业人数的增长明显放缓。服务业从业人员明确表示，恐怖袭击导致了业绩下滑和消费者信心的下降。一些专家估计 11 月的恐怖袭击最终将对法国的经济造成数百亿欧元的损失。

尽管会受到挫折，但恐怖袭击对经济造成的长期影响似乎并不大。过去一些遭受恐怖袭击的城市，比如纽约市，很快从短暂的经济低迷中恢复。在恐怖袭击之后，股市动荡也非常迅速地稳定下来，这表明尽管生活在一个充满不确定性的世界中，但投资者仍然保持信心。全球经济在 21 世纪面临着各种挑战：气候变化、紧张的政治局势和人口变化等。全球恐怖主义也和这些挑战一样，会对国际工商界造成持续破坏，但是不会阻止经济的增长。

资料来源：Walker, Andrew, "Paris Attacks: Assessing the economic impact," *BBC*, December 2, 2015. http://www.bbc.com/news/ business-34965000; "Market Flash France PMI," *Markit Economics*, November 23, 2015. https://www.markiteconomics.com/; Newton-Small, Jay, "The cost of the Paris Attacks," *Time*, November 23, 2015. http://times.com/4123827/paris-attacks-tourism/.

在政治变革的背景下，社交媒体作为组织工具、新闻工具和获得支持的工具，突出了技术进步、政治冲突和政治变革之间的互动。社交媒体使革命者、政府、记者都能被迅速组织起来，在全球范围内进行交流，并给予他们支持，从而对国际管理产生重大影响。对于国际管理者而言，有必要仔细思考世界快速变化背景下复杂的政治、法律和技术问题，以便为潜在的挑战做好准备。随着法律、政策和法规的实施和改变，跨国公司必须与新政府合作，这也将成为国际管理者面临的重要挑战。其他挑战还包括全球商业技术环境的快速变化等。

2.1 政治环境

国内和国际政治环境都对跨国公司产生了重要的影响，当政府政策发生变化时，跨国公司必须调整策略来适应新的前景和实际需求。再者，在某些国家和地区，政府变得不稳定，因此，这些国家和地区将比以往具有更大的风险。第 10 章将对政治风险的评估以及应对这些风险的策略做专门的阐述，本章我们仅对与跨国管理相关的国家和地区的政治体制进行介绍。

一个国家的政治体制会极大地影响跨国公司管理者如何管理该国员工以及开展商业活动。在第 1 章，我们讨论了政府如何通过经济体制来管理经济活动。本章我们将回顾目前世界上的一些国家或地区的体制。由于国与国之间的政治体制不同，所以为了更好地理解如何去实施国际管理，就不能仅限于了解政府的行为，还应该了解当地具体的法律和监管框架。政府行为的基础是意识形态，它反映的是一个国家的信仰、价值观、行为、文化以及政治体制。我们将讨论支撑它们的意识形态与哲学，以及如何对这些不同意识形态和哲学进行识别，并进行有效的管理。

一国政治体制可以从两个维度进行评价。第一个维度是公民权利，即完全民主还是集权；另一个维度是政治体制，即个人主义还是集体主义。其中，第一个维度是体制的意识形态，第二个维度则是体制所强调的个人主义或集体主义。由于任何一种类别都不存在纯粹的政府管理形式，所以在这两种极端之间存在着很多交集，比如民主社会重视个人主义，而集权社会偏向于集体主义。

2.2 法律和监管环境

对于跨国公司来说，导致当今国际环境如此令人困惑并富于挑战性的原因之一是，跨国公司的全球业务经营要面对许多不同的法律和监管措施。这些因素影响了跨国公司在相应国家的发展和管理方式，因此必须对国家之间存在的法律差别加以研究。遵从不同的法律体系通常会限制大型跨国公司在这些地区通过投资获得规模经济和范围经济。另外，官僚机构的复杂性与层级需要特别关注，它会导致跨国公司对市场反应迟缓并增加成本。跨国公司必须在对某个市场投入产品或服务之前仔细研究该市场的法律体系。

世界范围内存在四种立法基础，简单归纳如下。

（1）**伊斯兰法**（Islamic law）。该法源于对《古兰经》的解释和先知穆罕默德的教义，常见于中东和中亚的大多数伊斯兰国家。

（2）**社会主义法**（socialist law）。该法来自马克思的社会主义制度，影响着苏联解体后的某些国家和今天的越南、朝鲜、古巴。

（3）**普通法**（common law）。该法始于英国，是美国、加拿大、澳大利亚和新西兰等国法律体系的基础。

（4）**民法或成文法**（civil or code law）。该法源于罗马法，常见于法国、拉丁美洲的部分国家，甚至美国的路易斯安那州。

以这些广义概念作为出发点，下文将讨论当今跨国公司所面临的法律环境中的一些基本准则和案例。

2.2.1　国际法基本准则

与国内法相比，国际法不仅体现了各个国家对于法律分歧的调节，还体现了各种条约（国际性的、多边的和双边的）和公约（比如《日内瓦人权公约》或《维也纳外交关系公约》）的规定，因此国际法缺乏相应的统一标准。此外，国际法还包括国与国之间不断交往而达成的不成文谅解。遵守这些不同的规定和法规成为跨国公司的一个主要问题，幸运的是，大多数跨国公司所要知道的内容都包含在若干条影响着国际法运作且广泛而又相互联系的基本准则之中。

1. 主权和主权豁免原则

主权原则（principle of sovereignty）认为政府有权统辖本国事务，这意味着除非该国同意，否则他国法律不能在该国实施处罚。因此，虽然美国法律规定工作场所的所有员工享有平等权利，但在日本工作的美国公民不能因为他们的日本雇主没有为他们提供平等机会而根据美国法律提起诉讼。

2. 国际司法管辖权

国际法提出了三类司法管辖权原则。第一类是**国家原则**（nationality principle），该原则认为每一个国家都拥有对其公民的管辖权，无论该公民身在何处。因此，如果一个身处国外的美国管理者违反了《反海外腐败法》，仍然会在美国被判有罪。第二类是**属地原则**（territoriality principle），该原则认为每一个国家在合法领土内都有司法管辖权。因此，一家在英国出售不合格产品的德国公司可能因英国法律而被提起诉讼，即使该公司总部位于英国境外。第三类是**保护性原则**（protective principle），该原则认为每一个国家对威胁该国安全的行为都具有司法管辖权，即使这种行为发生在该国境外。例如，一家出售美国政府卫星系统蓝图机密的法国公司将会受到美国司法的管辖。

3. 礼让主义

礼让主义（doctrine of comity）认为，应当相互尊重各个国家的法律、制度和司法裁判权。虽然礼让主义不是国际法的组成部分，却是国际惯例与传统的一部分。

4. 国家法令主义

在**国家法令主义**（act of state doctrine）中，所有他国政府法令都会被美国法院认定为有效，即使这些法令在美国是不合适的。比如，外国政府有权设立一家跨国公司向母国汇回利润的标准，并且禁止跨国公司向母国之外的其他国家汇出高于这个限额的利润。

5. 侨民的待遇和权利

一国有合法权力拒绝外国公民的入侵，或者对入侵者的行为、旅行、逗留和所开展的业务施加特殊管制，一国也有权驱逐侨民。例如，美国有权限制来美参加科学大会的外国科学家的旅行路线，有权将他们的活动限制在宾馆方圆5英里的范围内。在"9·11"恐怖袭击事件之后，美国政府开始对非法入侵者实行更加严厉的法律制裁。然而，对参观者和临时工作者进行更严格的审查可能会导致工人的短缺，包括移民美国从事高科技工作的印度或其他国家的外籍工人。

6. 法院纠纷原则

法院纠纷原则（forum for hearing and settling disputes）是美国司法原则，也适用于国际法。美国法院可自行决定是否驳回外国人提起的诉讼，但法院必须调查一些问题，如原告所在地、证据收集的地点以及被归还的财产所在地。比如，印度博帕尔的 Union Carbide 公司的农业杀虫剂灾害使得工厂方圆 40 公里^2 都弥漫着毒气，导致 2 000 多人死亡和数千人留下永久的后遗症，因此纽约地区法院将案件送回到印度解决。

2.2.2 有关法律和监管问题的实例

以上基本原则有助于理解跨国公司必须遵循的国际法律和监管政策，接下来，我们将研究一些对国际商务产生直接影响的具体法律和情境实例。

1. 金融服务规章

2008 ～ 2010 年的全球金融危机体现了世界金融市场一体化的本质，比如，对某个司法辖区监管的失败会对其他司法辖区产生严重和直接的影响。金融危机在全球的蔓延，部分是因为全球衍生品交易、清算，以及监管相对宽松的私人股本和对冲基金的存在。这次危机及其广泛的经济影响促使世界上的监管者们思考加强对金融服务方面的监管，特别是那些与银行衍生品活动相关的金融服务，以及银行参与的自由账户交易。美国因此在 2010 年 7 月通过了金融改革立法，尽管这个立法能够在多大程度上阻止金融危机的再次发生仍存在争议。国际管理实践 2-1 对比了全球范围内被提议和实施的金融改革方案。

国际管理实践 2-1

近期全球金融改革的比较

防止更多的税收援助资金

G20 试图打破银行"大而不倒"的信条，要求它们建立解决机制和"生前遗嘱"，以使它们在快速终结时不影响市场的稳定。美国参议院通过的《多德－弗兰克法案》第二章有迅速建立"有序清算"程序的规定。日本议会于 2013 年通过修订现行的《存款保险法》，也实行了类似的改革。

欧盟作为一个没有共同破产法的 28 个国家的集合，面临着更加艰巨的任务——研究出一个泛欧盟机制，使跨国银行在这一方面占有优势。为了确保即使银行跨越国界也能迅速转移和支付资金，欧盟委员会于 2012 年建立了一个中央银行联盟，这个银行联盟本质上是将银行政策的立法从个别国家转移到整个欧盟。这种转变产生了两个主要举措：单一监管机制（SSM）和单一解决机制（SRM）。单一监管机制于 2014 年投入运营，用来监督整个欧洲银行机构的财务状况。单一解决机制于 2016 年 1 月 1 日生效，其目的是为倒闭的欧盟银行提供重组援助。单一解决机

制的资金来自其他银行机构的捐款，从而保护了纳税人。

胜利者／失败者：银行在严格的资本和流动性要求之外还面临着额外的税收，而纳税人应该得到更好的保护。全球银行的凌乱拼凑将会面临在不同国家开设分支机构的压力。

场外交易的金融衍生品

G20 认为场外交易的金融衍生品应该尽可能地标准化，这样在 2012 年末前就能实现金融衍生品在交易所的集中清算和交易。75% 的 G20 成员能够在截止日期前完成任务，一些国家已经进行了更深一步的改革。美国参议院采取了《多德－弗兰克法案》，要求银行拆分互换业务，以隔离储蓄账户的风险。2014 年加拿大扩大了银行监管机构对交易标准金融衍生品的银行设置限制的能力。

但是，在国际金融衍生品市场中，欧盟和美国之间出现了一些分歧。2014 ～ 2016 年间，欧洲和美国的监管机构无法就彼此的清算所规则是否相同达成一致，

如果没有达成协议，欧洲交易者将会面临更高的资本金要求，可能导致跨国交易减少。2016 年，欧盟和美国最终就清算所的监管达成协议，为更加统一的全球市场铺平了道路。

胜利者 / 失败者：美国和欧盟之间的跨境交易将不会间断。公司面临高成本的套期保值，因为未清偿的交易需要更多的资本费用，免税范围的差异有可能被利用。

奖金

G20 已经设置了抑制过度薪酬和奖金的原则，比如，要求将一大笔奖金推迟数年发放，并建立追回机制。美国和欧盟正在应用这些原则并且采取了各自的措施，如英国的一次性税收。

胜利者 / 失败者：证明巨额奖金的合法性在未来会更加困难。

信用评级机构

G20 认为应该要求评级机构向监管者进行登记和报告，并且说明它们是如何管理内部的利益冲突的。2014 年，欧盟出台了更为严格的法律，要求信用评级机构对收取的费用进行披露。同年，美国证券交易委员会对信用评级机构采取了更严格的要求，旨在防止利益冲突，提高标准和透明度。

胜利者 / 失败者：评级机构未来需要更多地证明它们所做的事情是合理的。"三巨头"（惠誉国际、标准普尔和穆迪公司）在欧盟有可能面临更多的竞争，这些评级机构需要更多的努力来淡化其在确定银行资本需求方面的作用。

对冲基金 / 私募股权

美国和欧盟正联手推出一项 G20 承诺，要求对冲基金经理登记并公布一系列仓位数据。美国法律与 G20 是一致的，但是私募股权和风险投资除外。欧盟想要采取进一步的措施，将私募股权纳入其中，并要求想要招徕欧洲投资者的第三国基金和管理者遵守严格的规定，而美国认为这项措施是带有歧视性的。欧盟另类基金的经理人也将对薪酬进行限制，而美国的改革中没有这一项。

胜利者 / 失败者：美国对冲基金的管理者们有可能觉得在欧盟开展业务更加困难，欧洲投资者们的机会将会更少。监管者将得到更好的关于基金的数据，但是欧盟公司的管理者们有可能因为税收原因逃到瑞士。

银行交易

美国参议院采纳了"沃尔克法则"，这项法则禁止存款保险类银行进行与顾客需求无关的风险交易，相关规定于 2014 年在美国全面实施。类似的监管措施在欧洲形成的速度较慢，许多欧盟的核心国家反对这项原则，因为它们想要保留其全能银行模式，但欧盟委员会于 2015 年向欧洲议会提交了一份提案供其审议。

胜利者 / 失败者：在全球银行内部，一些交易有可能从美国转移到欧盟。

系统性风险

G20 想要用恰当的机制来更好地识别和解决系统性风险，这是得自金融危机的关键教训。美国参议院成立了一个监管机构，其包括了美联储，但是美国众议院想要美联储发挥更大的作用。欧盟已经通过了一项改革，这项改革将使欧洲中央银行（ECB）成为泛欧盟的系统风险委员会的中心。

胜利者 / 失败者：欧洲中央银行是重要性得到提升的大赢家，它在未来将有可能成为一个更加具有渗透性的平台。

银行资本金要求

巴塞尔委员会的中央银行家和监管者们正在推动银行资本金和流动性的相关要求，这正强化了 G20 要求的全球性协议。该法案于 2012 年底完成，指示监管机构在大型金融公司规模扩大或从事风险较高的活动时，要增加对它们的资本金要求。2015 年，美联储进一步增加了对八家大银行的资本金要求。

欧盟也正在通过新条例加强交易账户的资本金。当报酬激发了过度冒险的行为时，新条例还允许监管者强制增加额外的资本金要求。欧盟还实施了其他规则以加强公司治理并提高透明度。

胜利者 / 失败者：银行的股本回报率将受到挤压，监管者将拥有更多的工具来控制这一行业。更高的成本将有可能转移到消费者和投资者身上。这可能是时机问题，因为相较于美国，欧盟过去更愿意采纳巴塞尔协议。

固定资产证券化

美国参议院迫使证券化机构保持证券化资产的基线（5% 的信贷风险）。欧盟已经以此为目的通过了一项法律。

胜利者 / 失败者：银行在私下里议论 5% 的水平太低以至于不会产生很大的影响，关键是要恢复投资者对这一受损行业的信心。

资料来源：Tracy, Ryan; McGrane, Victoria; Baer, Justin, "Fed Lifts Capital Requirements for Banks." *The Wall Street Journal*, July 20, 2015; "SEC Adopts Credit Rating Agency Reform Rules," US Securities and Exchange Commission, August 27, 2014; Brush, Silla; Verlaine, Julia-Ambra, "EU, U.S. Reach Deal on Clearing Rules for Derivatives Market," *Bloomberg Business*, February 10, 2016; Mayeda, Andrew, "Canada to Increase Regulation of Over-the-Counter Derivatives." *Bloomberg Business*, February 11, 2014; "Factbox: Comparing EU and U.S. Financial Reform", *Reuters*, May 19, 2010. Additional research by authors.

2.《反海外腐败法》

特别检察官在调查 20 世纪 70 年代初发生的"水门事件"时，发现一些美国跨国公司向外国政府官员支付可疑款项。这些贿赂事件成为美国国税局、证券交易委员会和司法部调查的重点。这种对国际领域贿赂案件的关注以 1977 年《**反海外腐败法**》（Foreign Corrupt Practices Act，FCPA）的通过为高峰，这项法案认定通过个人支付或是政治献金的形式向外国政府官员施加影响属于违法行为。《反海外腐败法》的目的是阻止美国跨国公司向外国政府行贿，提高美国及其海外企业的国际形象。

对《反海外腐败法》的批评主要是，拱手将市场让给外国竞争者，特别是在那些把贿赂视为一种可接受的商业行为的国家。但是美国政府仍然着力推进这项法案的实施，在一些早期的贿赂案件中，被涉及和公开的一些国家包括阿尔及利亚、科威特、沙特阿拉伯和土耳其。由于担心会给美国的外交联盟带来国际政治风波，美国国务院曾经试图劝说证券交易委员会和司法部不要公开涉及被调查的国家或是外国官员的名字。虽然这种政治敏感性在很大程度上是无可厚非的，但是一些有趣的现象发生了：①跨国公司发现它们可以在《反海外腐败法》确立的指导性意见下继续开展业务；②许多外国政府事实上欢迎《反海外腐败法》的这些调查，因为这能够帮助它们消除国内的腐败现象。

一份分析报告指出，自从《反海外腐败法》通过以后，美国对有"贿赂倾向"国家的出口反而上升了。调查显示，一旦贿赂作为一种关键的竞争手段被取消，更多的跨国公司还是愿意在这些国家开展业务的。这种情况同样发生在贿赂盛行的地区。贿赂被证明在中东是真实存在的，美国跨国公司经常依靠贿赂获取合同。但证据表明，在大多数情况下，事实并非如此，在有"贿赂倾向"的国家开展业务面临着更强硬的反腐力度，法院可以处以罚款和监禁有罪的当事人。此外，加强执法力度似乎起到了真正的作用。众达律师事务所（Jones Day）的报告表明，《反海外腐败法》正越来越多地瞄准高管群体，而不仅仅是公司；《反海外腐败法》的惩罚尺度也在不断加大，附带了大量的民事责任。

3. 官僚化现象

等级森严的外国官僚机构是跨国公司面临的最大问题之一，特别是当官僚政府的效率低并且难以纠正的时候，日本就是一个很好的例子。日本的政党将选举地的利益看得高于这个国家其他地方的利益，结果太多日本政客对其选举地的关心胜于对整个国家整体长远利益的关心，使得跨国公司难以识别日本的官僚体系，并且很难找到高效处理事务的方式。狭隘的地方主义行为给那些试图开展业务的跨国公司带来了难题。日本前首相小泉纯一郎曾试图减少一些官僚化现象，但日本在 2006 ～ 2015 年间经历了七位首相，这些首相并没有致力于减少官僚化。当然，日本长期的经济不景气将促使其改革过时的银行系统，以开放市场，促进更多的竞争。

日本企业清楚地意识到一个事实，即它在许多商品和服务项目上依赖于世界市场，当官僚机构的繁文缛节提高了采购成本时，本国消费者将承担最终的代价。这些企业也开始认识到政府的官僚作风会带来一种错误的安全感，而且会使它们无法为严酷的国际市场竞争做好准备。

在很多正在发展的新兴市场上，繁文缛节阻碍了商业的发展和创新。世界银行进行了年度调查以明确在不同国家开展业务活动的宽松程度，这项调查包括开始营业、洽办证照、雇用工人、登记财产、获得贷款、保护投资者、交税、跨境贸易、执行合同以及停业等。表 2-1 展示了对不同国家或地区营商便利度的综合排名。虽然发达国家总体上的排名靠前，但是也有一些发展中国家（格鲁吉亚、马来西亚）做得很好，而一些发达国家（希腊）反而表现很差。

表 2-1 是各个经济体营商便利度的排名，从 1 到 186，第 1 名表示营商环境最宽松，而且在营商便利度指标中得分高意味着监管环境有益于商业活动的进行。该指数是根据 10 个主题的平均分对每个国家或地区进行排名的，主题由很多指标组成，每个主题被赋予了相同的权重，排名以 2015 年 6 月为基准。

表 2-1　国家或地区的营商便利度排名（2015 年）

经济体	整体排名	开始营业	治办证照	雇用工人	登记财产	获得贷款	保护投资者	交税	跨境贸易	执行合同	停业
新加坡	1	10	1	6	17	19	1	5	41	1	27
英国	6	17	23	15	45	19	4	15	38	33	13
美国	7	49	33	44	34	2	35	53	34	21	5
瑞典	8	16	19	7	11	70	14	37	17	24	19
芬兰	10	33	27	16	20	42	66	17	32	30	1
澳大利亚	13	11	4	39	47	5	66	42	89	4	14
德国	15	107	13	3	62	28	49	72	35	12	3
爱尔兰	17	25	43	30	39	28	8	6	48	93	20
马来西亚	18	14	15	13	38	28	4	31	49	44	45
格鲁吉亚	24	6	11	62	3	7	20	40	78	13	101
法国	27	32	40	20	85	79	29	87	1	14	24
阿联酋	31	60	2	4	10	97	49	1	101	18	91
日本	34	81	68	14	48	79	36	121	52	51	2
哈萨克斯坦	41	21	92	71	19	70	25	18	122	9	47
俄罗斯	51	41	119	29	8	42	66	47	170	5	51
希腊	60	54	60	47	144	79	47	66	27	132	54
巴林	65	140	9	77	25	109	111	8	85	101	85
沙特阿拉伯	82	130	17	24	31	79	99	3	150	86	189
肯尼亚	108	151	149	127	115	28	115	101	131	102	144
印度尼西亚	109	173	107	46	131	70	88	148	105	170	77
巴西	116	174	169	22	130	97	29	178	145	45	62
阿根廷	121	157	173	85	116	79	49	170	143	38	95
柬埔寨	127	180	181	145	121	15	111	95	98	174	82
印度	130	155	183	70	138	42	49	152	127	184	116
巴基斯坦	138	122	61	157	137	133	25	171	169	151	94
埃塞俄比亚	146	176	73	129	141	167	166	113	166	84	114
赞比亚	151	169	117	153	124	162	163	177	104	110	111
津巴布韦	155	182	184	161	114	79	81	145	100	166	152
玻利维亚	157	178	150	101	143	126	144	189	124	136	92
尼日尔	160	134	178	169	126	133	166	156	158	154	121
伊拉克	161	154	147	106	117	181	115	59	178	122	189
孟加拉国	174	117	118	189	185	133	88	86	172	188	155
中非	185	189	155	186	167	133	150	185	144	177	149
委内瑞拉	186	186	125	171	129	109	178	188	186	141	165

资料来源：The World Bank, "Table 1.1: Rankings on the Ease of Doing Business", *Doing Business* 2015, p. 6. www.doingbusiness.org/rankings.

2.2.3　私有化

国际监管环境变化的另一个现象是当前越来越多的国家推进私有化运动。例如，德国政府决定加速解除对电信市场的管制，这为寻求与德国企业合资的跨国公司创造了巨大的机会。另外，法国政府也在市场上出售所拥有的企业。同时，中国政府正在逐步推进国有企业改制计划，2015 年底，中国政府宣布允许私人投资国有企业。这些改革可能提高大约 115 家大型国企集团的盈利能力。中国境内还有 8 万家中小规模的国有企业，政府计划保持对国有企业集团的控制，并继续对股票市场实施监管。

21 世纪初期，波兰在由计划经济向市场经济转变的过程中，将大量的国有企业进行了私有化，包括保险业与采矿业等，加速了华沙证券交易所跻身欧洲十大交易所。土耳其已经在其能源和电力行业进行了多方面的私有化招标；尼日利亚于 2012 年完成了三家国有电力控股公司的私有化；巴基斯坦自私有化运动启动之后实现了 167 家国有企业的私有化，创造了 90 亿美元的政府收益。如第 1 章国际管理实践 1-4 所描述的那样，很多发展中国家正在对国有企业实行私有化，目的是提升市场竞争能力和拓宽服务渠道。

国际管理实践 2-2

数字时代的比特币和其他去中心化货币

由于在线交易的全球化，可选择的、不受政府控制的货币引起了很多人的兴趣。在过去这些货币是被集中控制的，通常很快被政府有关规定叫停。在 21 世纪初，像 E-gold 和 Liberty Reserve 这样的虚拟货币经常用于犯罪活动和不法交易。这些虚拟货币更像是企业交易而非对等交易的手段，而且它们在日常生活中几乎没有任何用途。

2008 年，中本聪在线发表了一篇题为《比特币：对等的电子现金系统》的论文。在论文中，他概述了数字货币的新概念，其中开放对等交易取代了集中的货币监管和审查。关于"中本聪"的资料很少，许多人认为它是一个团体或一个人的笔名。2009 年，中本聪发布了第一个点对点比特币软件并发行了第一轮货币。与以前其他虚拟货币不同，比特币可以很方便地购买真实的、有形的商品。在最近几年中，比特币发展成了应用最广泛的数字货币。

和传统的纸质货币一样，比特币依赖用户对这套系统的信心。比特币依靠分散的分类账户系统来维持市场的整体价值，而不是依靠中央银行。在基本层面上，每个注册用户都拥有一个分类账户的副本，该副本将个人的比特币余额显示给其他用户。比特币交易实质上只是这些余额的借记和贷记。公开分享比特币交易的价值至关重要，因为这有完全取代中央银行的作用，从而成为"去中心化"的货币。到 2016 年 2 月，比特币的市值已经达到了 60 亿美元，有超过 1 000 家网店和实体店零售商接受比特币。

比特币和其他去中心化的数字货币提供了一种在货币不确定时存储价值的替代方案。2015 年，当希腊无力履行其债务偿还计划，导致银行取款受限以及欧盟未来的不确定性增加时，比特币在整个欧洲的交易激增，7 月，登记购买和出售比特币的希腊人增加了 10 倍，交易量增加了 79%，德国和波兰的比特币交易市场中来自希腊的交易活动也大幅增加。

各国政府对在其境内使用比特币持谨慎态度。不少国家允许使用比特币进行私人交易。美国和欧盟对数字货币的使用只发出了适度的警告，而且很少有法律限定。2015 年美国正式承认比特币是一种商品。

比特币的增长并非完全顺利。比特币的价值经历了大涨大跌，从 2010 年的 0.08 美元到 2013 年超过 1 200 美元，这种货币引起了很多经济学家的注意，其中包括美联储前主席格林斯潘，他警告说这种货币是一个泡沫。比特币最近几年虽然稳定在 200 美元到 400 美元之间，但是价格的急剧上升也是很常见的。很多不法交易，包括毒品交易和洗钱，都可以通过比特币进行，但货币背后的开放式分类账户令这些活动更容易追踪。作为一种数字货币，恶意软件和计算机病毒也导致了一些有限的盗窃案例，然而，比特币的加密技术仍然被认为是很强大的。

看上去比特币好像达到了临界点。虽然仍然有很多经济学家坚信比特币的价值最终将会降至零，但也有人预测其价值会超过 40 000 美元。或许比特币作为一种数字货币的最终成功或者失败不在于它本身的设计，而在于使其人气上升的不确定因素。如果消费者继续对政府发行的中心货币产生怀疑，那么比特币可能会在未来几年继续普及。

2.2.4 对贸易和投资的规制

对国际贸易和投资的规制是另外一个领域。在这个领域中，每个国家都会使用自己的法律和法规政策来影响国际管理的环境。基于世界贸易组织所规定的国际贸易准则和其他贸易投资协议，贸易和投资的快速增长使得各个国家开始关注公平交易。国际贸易准则要求国家提供"国民待遇"，即在进行贸易时，不能对某些关系方采取歧视政策。不幸的是，很多国家采取了政府支持（津贴）或其他扭曲交易的措施。例如，很多发展中国家要求外国跨国公司在本国开展业务时必须寻找一个当地的合作者，还有的国家要求跨国公司雇用一定比例的当地工人或生产特定数量的产品。这些措施不仅限于发展中国家，日本、美国和很多欧洲国家也使用类似的产品标准、"当地购买"规则和其他政策来保护本土产业。

另外，绝大多数贸易协定都要求国家给予最惠国地位，使给予一个国家的贸易利益（如在世界贸易组织下的关税减免）可以同时给予该协定的所有其他缔约国，但地区贸易协定的出现对这种一致性提出了质疑。根据定义，某些国家之间所签订的协定（如《北美自由贸易协定》）在对待成员方和非成员方时肯定会给予前者更多优惠。另外，如我们在第1章中讨论过的，很多国家参与反倾销行动，抵制贸易伙伴以低于成本或母国市场价格"倾销"产品的做法，以及参与反补贴关税行动，以抵消外国政府对其国内产业的补贴。在上述情况下，都有相关证据说明很多国家滥用这些法令来保护本国产业，这也是世界贸易组织在近年来一直高度关注的问题。

2.3 技术环境和生产的全球转移

技术进步不仅飞速地将整个世界联系起来，同时也促进了产品质量的提高、信息收集和研发。技术改进了组织和个人业务，比如制造流程、信息处理和商品运输。随着全球市场的扩张，对即时沟通的需求急剧增长。跨国公司需要将其业务联系在一起，这正随着技术的发展变得越来越容易，技术正"扁平化这个世界"。托马斯·弗里德曼（Thomas Friedman）在其《世界是平的》一书中写到，互联网或万维网的引入、移动技术、开放源代码，这些不仅使企业和个人通过手指活动就能立马获得大量信息，同时也使整个世界更加扁平化。

2.3.1 技术、通信和创新的趋势

微处理器的发明可以说是今天许多技术和计算进步的基础。数字框架的创建允许以低成本实现高性能计算机的性能，这又催生了很多突破，如增强型电信系统，我们将在本章后面对这部分内容进行更深层次的探讨。今天，计算机、电话、电视和无线通信形式不断融合，创造出多媒体产品，使世界各地的用户可以相互交流。总之，互联网为用户提供了可用来搜索信息的巨大资源。

然而，全球联系并不一定能够平衡竞争环境。在21世纪初期，如何整合电信标准已成为跨国公司在中国所面临的一个挑战。高通公司曾想向中国出售窄带的码多分址（code division multiple access，CDMA）技术，但是未能说服中国政府允许其在该国从事生产活动。因此作为全球最大的移动网络，中国最初采用的是流行于欧洲的GSM技术。然而，经历了2009年中国电信重组之后，CDMA终于在中国立足。在2015年一年之内，中国大约销售了1亿部CDMA手机。

另外，开源模型允许免费并合法共享软件和代码，欠发达国家将采用这种模型以获取竞争优势并同时降低成本。印度就是这样的一个例子，该国正逐渐增加对Linux操作系统的使用来代替全球通用的微软Windows系统。喀拉拉邦将2 600所高中的软件全部转移到Linux系统，这将允许用户根据自己的需要进行编译，目标是创造出新一代的程序员高手。微软通过它的DreamSpark项目，使学生能免费接触到最新的微软研发与设计工具，目的是激发他们的创新潜力，让他们走上学术和事业成功的道路。自从该产品发布以来，DreamSpark已经有近5 000万的下载量。这个项目起源于美国和英国，目前为全世界超过165个国家和地区的学生提供服务。更广泛地说，许多营利性公司和非营利性公司都在积极地致力于将低成本计算机带给发展中国家数以亿计尚未从信息和

计算机革命中受益的孩子。

Next Thing Company 是位于加利福尼亚州的一家初创公司，为低收入地区开发了一款能够处理文字和接入网络的成本极低的计算机。这款名为 C.H.I.P. 的计算机仅售 9 美元，与明信片的尺寸大致相同，可以方便且低价地运送到世界任何地方。虽然这款计算机造价很低，但是具备和智能手机一样多的功能，可以连接 Wi-Fi、具有 4GB 硬盘和 512MB 运行内存，可以通过 USB 端口连接外设，大多数电视机都可以作为计算机屏幕，无须配备昂贵的显示器，从而节省了额外成本。由于成本低廉、尺寸较小，所以适合多种组装以满足使用者的多种需求。在发展中国家，Next Thing Company 计划与学校及其他非营利组织积极开展合作，以最大限度地满足使用者的需求。在 2016 年 1 月，首批生产的 30 000 台计算机已经进入国际市场。

现代社会的发展越来越依靠数字通信和成像技术，与此同时也存在着巨大的风险。世界通过我们看不见的、埋在地下或水下的光纤网络连接起来，200 根大约为花园水管直径的光缆承载了 99% 的跨洋通信信息量，这导致了系统的脆弱性。2015 年，由于其中一条光缆出现问题导致整个越南的互联网和通信出现问题。因此，只依靠 4 英寸⊖厚的电缆传输信息表明全球连通过程中存在明显的潜在相关风险。

我们已经回顾了技术的主要影响，但是是什么组成了技术的特定维度？技术在其他哪些方面会影响国际管理？这里，我们将仔细讨论生物技术、电子商务、电信以及技术、外包和离岸之间的联系，来探讨目前国际管理所面临的技术环境的维度。

除了上述所讨论的趋势外，在未来 10 年里，技术还会以下列几种方式影响国际管理。

（1）精确控制有机体的生物技术迅猛发展，将促进农业、制药业和工业领域的革新。

（2）纳米技术的出现。纳米机械将拥有重塑整个物理世界的能力。

（3）卫星将在人们的学习上发挥作用。例如，通信公司将在低轨道上安置微型卫星，从而使成千上万的人，甚至是西伯利亚、中国沙漠以及非洲内陆偏远地区的人们也能通过手机接收和发送声音、数据及数字图像。

（4）自动翻译式电话技术能帮助你与任何人用母语交流。

（5）人工智能和内置式学习技术将使原本专属于人类的思考行为在机器上实现。

（6）硅晶片含有 1 亿个晶体管，这使原先只有超大型计算机才具备的计算能力也能在各种小型台式机上实现。

（7）超大型计算机每秒钟能执行 1 万亿次计算，这将推动人类新药的测试，以及通过语音命令使计算机反应更灵敏。

这些技术的发展和使用极大地造福了那些率先使用这些技术的发达国家。然而，实际上受到积极影响最大的应该是发展中国家，这些国家的低生产效率阻碍了经济增长。尽管这些技术创新会影响国际管理，但是一些技术会对经济转型和企业实践行为产生特别深远的影响。接下来的讨论将强调当前国际管理所面临的技术环境的一些特定方面。

2.3.2　生物技术

数字时代促进了计算机、手机和无线技术的创新。这些领域的进步带来了更高效率的沟通和生产力，使得数字世界将其影响从信息系统延伸至生物领域。生物技术是科学与技术的结合，更具体地说，它是通过工业化和生物有机体操作来开发农业或医疗产品。初步看来，修补学技术的进步，比如通过干细胞研究得到再生细胞，以及通过发明实验室工程药物来帮助预防和治疗艾滋病、癌症，表明两个学科的融合似乎会孕育出一个现代的仿生免疫体系。

随着基因泰克（Genentech）和默克［Merck，其收购了瑞士的生物技术公司雪兰诺（Serono）］等生物技术公司的出现，在中国原材料储备的支持下，全球范围内的制药产业的竞争变得日益激烈。印度正成为一个重要的竞争力量，该国的 Ranbaxy 是全球最大的制药公司，该公司生产的药品很有效，且价格不高（关于药物的国际可购性和药物定价伦理的进一步讨论，请参见第一部分末尾的深度综合案例 P1-2）。尽管现在的制药公司生产药物的过程与有机化学类似，但生物技术公司试图从分子层面开发组织或个体使用的无机材料，形成化合物，从

⊖　1 英寸 =2.54 厘米。

而发现先天基因异常或其他医疗方法。实验室里的 DNA 分子操纵已不仅仅局限在人类范围内，就像之前提到的，生物技术研究的另一个方面是针对农业。在可以预见的未来，美国、巴西以玉米和甘蔗作为原料生产的乙醇产量将会持续增加。现在巴西规定汽车汽油中必须含有 25% 的乙醇，这种混合汽油最初是在美国通过税收补贴的形式推广的。然而，一些人对使用甘蔗和玉米作为替代燃料造成的食品价格上涨表示担忧。因为这个以及其他原因，一些国际公司如孟山都（Monsanto）正与其他公司如巴斯夫（BASF AG）进行合作，以开发转基因种子，如抗旱谷物和耐除草剂大豆（请参阅美国与欧盟关于转基因生物的贸易争端）。当然，这些成果也包括有营养的农作物，可能有助于缓解世界粮食短缺。

除农作物之外，肉类加工业也可以从这一过程中获益。英国疯牛病的暴发及在整个西欧的传播，引起了人们对疯牛病的高度关注。然而，美国和日本的研究人员通过合作，发明了应对这一问题的解决方法，即摘除可导致动物患疯牛病的基因。另外，动物克隆通过复制 DNA 可以生产更多的肉类或奶牛，从而增加食物产量。世界上第一例成功克隆的动物是 1996 年出生于苏格兰的多莉。但它出现了并发症，比如比一般的羊老得更快，这表明尽管克隆给人们带来了希望，但这个过程还存在许多缺陷。虽然欧盟禁止克隆牲畜，但美国允许将克隆的动物产品纳入食物供应。其他积极引进克隆技术的国家包括澳大利亚、日本、新西兰和韩国。世界正在改变，技术整合的趋势也远远没有停止。不管人们是否需要矫正视力的激光、预防新病毒的疫苗或其他营养食品，每个生物技术公司都想成为第一个实现这些目标的先驱。粮食短缺和健康状况不佳是世界性难题，全球生物技术的进步有助于缓解这些问题。

2.3.3　电子商务

互联网的日益普及对国际商务产生了重大影响。表 2-2 展示了世界上各大洲的互联网普及率和增长率，说明了 2000 ~ 2015 年互联网普及率的急剧增长，其中非洲的增长率高达 7 146.7%，位列第一。

表 2-2　世界互联网使用和人口统计数据

世界区域	人口 （2015 年估计）	互联网用户量 （2000 年）	互联网用户量 （2015 年）	普及率 （%）	2000 ~ 2015 年增长率 （%）	用户数量百分比 （%）
非洲	1 158 355 663	4 514 400	327 145 889	28.2	7 146.7	9.8
亚洲	4 032 466 882	114 304 000	1 611 048 215	40.0	1 309.4	48.1
欧洲	821 555 904	105 096 093	604 147 280	73.5	474.9	18.1
中东	236 137 235	3 284 800	123 172 132	52.2	3 649.8	3.7
北美	357 178 284	108 096 800	313 867 363	87.9	190.4	9.4
拉丁美洲 / 加勒比地区	617 049 712	18 068 919	339 251 363	55.5	1 777.5	10.1
大洋洲	37 158 563	7 620 480	27 200 530	73.2	256.9	0.8
世界总数	7 259 902 243	360 985 492	3 345 832 772	46.1	826.9	100.0

资料来源："Usage and Population Statistice," *Internet World Stats*, www.internetworldstats.com/stats.htm. 预计 2015 年 11 月 15 日的互联网用户数量是 3 345 832 772。

目前，世界上有上千万人通过亚马逊网站购书，这家公司如今已经将业务扩展到全世界（参见第 11 章开篇的国际管理世界）。当然还存在许多其他电子零售商，而且它们的本土零售经验很容易转换并运用到国际市场。戴尔公司在欧洲推行 B2C（面向消费者的电子商务）产品和服务已经很多年了，如今汽车制造商也开始向这一方面发展。比如特斯拉的大部分车辆通过网络直接销售给客户，丰田汽车也在试验同样的模式。其他公司也在寻求通过电子商务的途径来改进其当前的运作模式。例如，德意志银行为了赢得欧洲大陆的消费者，正在努力推动其零售网络。然而，最普遍的电子商务形式是 B2B 交易，即向全球的供应商下订单并与它们沟通。B2C 形式的交易额虽然不大，但它是许多跨国公司努力改进运作模式的领域。

对全球消费影响最大的电子商务领域是电子零售和金融服务。例如，现在消费者只要敲击键盘就可用信用卡付款，不过安全仍是一大问题。然而，电子货币普及的一天正在快速到来。这种场景已经以多种形式出现，预先支付的智能卡就是一个很好的例子。这种卡多用于打电话和公共交通，个人可事先购买这些卡以代替现金进行支付。这种方式也运用到互联网中，允许个人通过电子方式买卖商品，转移资金。这必然导致全球数字化货币的出现，并充分利用现有的全球市场优势，实现全天候 24 小时的买卖交易。

一些公司，例如美国最大的直接银行 Capital One 360，通过消除分支机构和其他"实体"设施，完全成为不需要"中介"的银行。通过 Capital One 360，所有银行交易都能在网上进行，向那些同意"无纸化"的客户提供更高利率的存款服务。为了与精通互联网的客户保持一致，Capital One 360 开发了一款全面的社交媒体"存款者社区"（Savers Community），在 Twitter、Facebook、Pinterest 和 YouTube 上发布了"挑战你的存款"（Challenge Your Savings）系列视频。自 2008 年金融危机爆发以来，到目前为止，美国有超过 275 家银行倒闭，其中没有一家是在线银行。汇丰银行和其他跨国银行也正在学习 Capital One 360 的成功经验，发展它们的全球网上银行业务（见第四部分的深度综合案例 P4-1）。

2.3.4　电信

当今国际管理面临的最重要的技术环境维度之一是电信技术。首先，由于电信基础设施能够迅速且以相对低廉的成本安装，所以全球手机服务正在形成一种技术上的跨越式发展，世界各地正在从手机完全无法使用转变为手机随处可用，包括农村地区。这一现象在撒哈拉以南的非洲地区尤其明显。根据 2015 年皮尤研究中心（Pew Research）的一份报告，在加纳、肯尼亚、尼日利亚、塞内加尔、南非、坦桑尼亚和乌干达的有线电话安装率几乎为零，但是手机的平均普及率超过 80%。另外，技术已经合并了两种不相干的通信方式，即电话和互联网。通过手机连接网络，已经在很多方面取代了计算机。在 2016 年，约有半数的电子邮件是通过手机阅读的。社交网站见证了更大规模的用户向手机端转移，超过 9 亿的用户每天通过手机来浏览 Facebook，Twitter 上 90% 的视频是通过移动设备观看的。在欠发达地区，如南美洲、非洲和东欧，当地消费者曾为了安装电话而等待多年，现在无线技术将为这些地区提供极大的便利。

电信服务业增长的一个主要原因是许多国家相信，如果没有一个有效的交流系统，其经济增长将会停滞。另外，许多政府持有一个观点，即在电信业吸引外国投资和核心技术的唯一方法是将电信的控制权转让给私营企业。结果是，几十年前亚太地区大部分电信运营掌握在国家手中，而如今电信私有化的数量在不断增加。新加坡电信、巴基斯坦电信、泰国亚洲电信、韩国电信、菲律宾全球电信都已私有化，同时跨国公司通过提供投资基金来促进这一进程。现在，First Pacific 持有菲律宾长途电话公司 25% 的股权，日本已经将 NTT 2/3 的股权进行私有化。与此同时，澳大利亚电信进军菲律宾市场；泰国对电信的外来资本放松了管制；韩国电信开始在文莱、蒙古和乌兹别克斯坦运营。

许多政府不愿意看到有这么多的私营和外资企业参与这一重要行业，然而，它们也意识到，如果交易不令人满意，外国投资者将会到其他地方投资。美国投资银行所罗门兄弟公司估计，为了满足亚洲电信服务的需求扩张，运营商需要增加大量的投资，其中大多数来自海外。跨国公司不愿意投入如此多的资金，除非它们确信能确保运营控制权，并获得足够高的投资回报。

发展中国家渴望引进通信企业并提供宽松的条件。放宽限制的结果是无线覆盖率的快速增长，超过 12 亿的无线设备在中国流通，将近 10 亿的无线设备在印度流通。2000～2012 年间，发展中国家移动用户的总量增长惊人——从 2.5 亿增长到了 45 亿。根据国际电信联盟的统计，发展中国家 80% 的人口已经拥有手机。所有地区的增长都很迅速，但是最快的仍然是撒哈拉以南的非洲。据估计非洲的手机渗透率已经超过 60%，仅在尼日利亚就有 1.5 亿人在使用手机，几乎可以做到人手一部。在非洲越来越多的手机用户依赖他们的设备进行商业和支付活动，交易是通过短信进行的，用户甚至都不需要持有银行卡。苹果和三星是世界上最大的两家手机生产商，它们正通过智能手机技术，雄心勃勃地进入新兴市场（见第 5 章开篇的国际管理世界）。从 2012 年，中国变成了世界上智能手机最大的销售市场。虽然山寨智能手机仍然是许多新兴市场需要解决的难题，但有迹象表明很多国家正在采取措施保护正品。如 2015 年北京警方破获了大规模的假冒活动，其中包括数百名员工和 6 条生产线。根据《华尔街日报》的报道，这家山寨工厂仅在 2015 年就生产了超过 4 万部假苹果手机。

2.3.5　技术进步、外包和离岸

当跨国公司用先进技术帮助人们进行沟通、生产并向全球交付其产品和服务时，它们面临着新的挑战，即技术将影响其员工的类型和数量。一些观察家表示，技术已经淘汰了许多工作岗位，并将在未来淘汰更多的中层管理人员和白领所能做的工作。全球化竞争加剧所导致的高昂成本压力和投资者所施加的利润期望也给跨国公司带来了很大的压力，促使它们进行外包或离岸生产，以占据低廉的劳动力市场，实现其成本优势。在20世纪，机器已经替代了数百万体力劳动者，但那些运用脑力工作的人却能够生存并获得成功。特别是在过去30年，由于技术原因，钢铁、汽车等重工业行业的蓝领数量已大为缩减，其结果是对员工不断地重组，以保证工厂高效运行。到了20世纪90年代，同样的情况也发生在白领服务业（如保险、银行甚至政府部门）。这种趋势在2000年前后也影响到了高科技公司，网络经济泡沫破灭使得成百上千的工作消失。2008～2010年，由于受金融危机和全球经济衰退的影响，金融及其相关行业的很多工作消失了。根据美国劳工统计局的统计数据，在全球经济衰退期间失去的工作岗位中有78%来自金融业、制造业和建筑业，但2009～2015年创造的就业岗位中只有57%属于这些领域。

在未来，一些专家预测，技术将有潜力替代所有行业的员工，从低端技术工作者到传统的脑力工作者。例如，语音识别替代电话接线员；地址识别装置大幅减少对邮政员工的需求；自助提款机替代大量柜员，因为它能完成10倍于银行柜员的工作量。同时专家（有时称为"智能"）系统将能完全替代人类思考，例如，美国运通公司拥有一套专家系统，它能进行信用分析，而在以前，这需要由大学毕业的财务分析师来做。在制药医学领域，专家系统能像医生一样分析一些疾病，而且能用机器人操作一些手术。

新兴的信息技术也使工作更为便捷，于是跨国公司得以将一些生产活动转移至海外进行，以利用当地廉价的劳动力资源。对于可以轻松与海外地点签约的工作尤其如此。例如，印度和亚洲国家的低收入工人正在接受分包工作，如劳动密集型软件开发和代码编写工作，这种信息技术改变了工作和就业的性质。表2-3显示了近年来的一些热门和冷门行业的变化趋势。

表2-3　在选择职业时热门和冷门的变化趋势预测（2014～2024年，百分比变动）

预计就业岗位增长最多的十大行业（2014～2024年）				
行业	雇用量（百万）		差额（百万）	百分比变动（%）
	2014年	2024年		
个人护理助手	1 768.4	2 226.5	458.1	25.9
注册护士	2 751.0	3 190.3	439.3	16.0
家庭健康助手	931.5	1 261.9	348.4	38.1
配餐和服务人员（含快餐业）	3 159.7	3 503.2	343.5	10.9
零售人员	4 624.9	4 939.1	314.2	6.8
看护助理	1 492.1	1 754.1	262.0	17.6
客户服务代表	2 581.8	2 834.8	252.9	9.8
餐馆厨师	1 109.7	1 268.7	158.9	14.3
总经理和运营经理	2 124.1	2 275.2	151.1	7.1
建筑工人	1 159.1	1 306.5	147.4	12.7
记账、会计和审计人员	1 760.3	1 611.5	−148.7	−8.4%
快餐店厨师	524.4	444.0	−80.4	−15.3
邮政服务邮递员	297.4	219.4	−78.1	−26.2
执行秘书和行政助理	776.6	732.0	−44.6	−5.7
农民和体力劳动者（负责农作物、苗圃和温室）	470.2	427.3	−42.9	−9.1
缝纫机工	153.9	112.2	−41.7	−27.1
出纳员	520.5	480.5	−40.0	−7.7
邮政服务信件分类与处理操作员	117.6	78.0	−39.7	−33.7

（续）

预计就业岗位减少最多的十大行业（2014 ～ 2024 年）				
行业	雇用量（百万）		差额（百万）	百分比变动（%）
	2014 年	2024 年		
金属和塑料切割、打孔和冲压机的安装、操作和看管人员	192.2	152.7	−39.5	−20.6
总机接线员（含应答服务）	112.4	75.4	−37.0	−32.9

资料来源：Bureau of Labor Statistics, "Tables 4 & 6," *Employment Projections*. December 15, 2015. http://www.bls.gov/emp/tables.htm.

对跨国公司和整个社会来说，新的技术环境有正、反两方面的作用。积极的一面是，技术提供了低成本机器来替代高价劳动力，从而使全球范围内的商业成本下降，生产率上升，产品价格下降。消极的一面在于，机器的替代使一些员工不再抢手，许多员工发现他们擅长的工作消失了或工资下降了，这种技术进步导致的失业在发展中国家尤其具有破坏性。然而，这也是可以避免的。如南非 Delta 汽车公司在伊丽莎白港的 Opel Corsa 工厂，为尽可能提供就业机会，这一世界级企业的自动化程度仅为 23%，而欧洲和北美装配线的自动化程度超过 85%。甚至在一些发达国家，制造业工序已经用人来代替机器人。2014 年，丰田公司为了提升产品质量，用手工作业取代了自动化制造。另外一些行业也在积极增加工作机会，例如计算机和信息技术行业，过去 10 年来美国计算机软件业雇用的人数都在增加。近些年，在欠发达国家，如印度，高新技术的蓬勃发展为越来越多的人提供了工作机会。如日本和美国这样的发达国家虽然也受到技术替代劳动力的影响，但它们依然积极创造新的工作机会并将传统工作结构转向高技术的知识型工作结构。

在接下来的十年里，先进技术对国际管理的影响是很难准确预测的。但有一点可以确信，那就是我们不可能倒拨技术之钟。跨国公司必须仔细评估这些变化带来的冲击，并且认识到自身的业绩表现与能否赶超先进技术紧密相关。

▋国际管理世界▋ 回顾▋

政治、法律和技术环境能改变全球公司的竞争状况。正如本章开篇的国际管理世界所阐述的那样，社交媒体可以作为政治变革的工具，这种影响既有正面的也有负面的。它允许政治团体在这里组织，允许记者交流并报道政治发展，也允许公民对政治运动的动员和支持。这种情况凸显了全球商业环境日益增加的不确定性，以及政治和法律变革的迅速，它还强调了技术如何加速变革以及传统法律体系如何难以跟上这些变化。如今，跨国公司的管理者需要了解不同的政治、法律和技术环境是如何影响它们的商业活动的，也需要了解全球化、安全问题以及其他方面的发展如何影响环境。总之，政治、法律和技术环境的变化在开拓新商业机会的同时也会淘汰一些旧机会。

根据本章提供的信息，你应该对环境和商业公司所产生的影响有了很好的理解，请回答以下问题：①中东和北非政治、法律环境的变化（包括恐怖主义对经济的潜在影响）会给在当地开展业务的美国跨国公司造成什么样的影响？②不断变化的政治利益诉求和法律制度将如何影响该地区未来的投资？③技术如何导致经济体制、政治体制与金融市场更大的整合及独立性，又如何会带来更大的脆弱性？

本章小结

1. 当前的法律环境不仅复杂，而且难以区分。跨国公司在开展国际经营时，必须遵守多种法律、法规，了解每个国家自己的一套法律体系。同样，跨国公司也必须遵守本国的法律。例如，美国的跨国公司即使是在国外经营，也必须遵守《反海外腐败法》。私有化和贸易规定也会影响一些国家的法律和监管环境。

2. 技术环境在不断快速地变化着，并且对国际商务产生了巨大的影响。这种趋势将延续下去。例如，数字化、电信业的高速发展和生物技术的进步也为发展中国家参与 21 世纪的竞争提供了很多新机会，为那些渴望提供电信服务的高科技跨国公司创造了新的市场。技术发展也同样影响着雇佣关系的性质和结构，并且推动产业结构向高科技的知识经济前进。跨国公司不仅要充分认识并利用高科技，而且要做到与之齐头并进，只有这样，才有可能生存下去。

复习与讨论题

1. 不同的意识形态和政治体制是如何影响跨国公司的经营环境的？在欧盟经营的跨国公司是否比在俄罗斯经营的跨国公司面临的挑战少？为什么？

2. 下列法律会怎样影响跨国公司的经营：主权豁免原则、国家原则、属地原则、保护性原则及礼让原则。

3. 技术和电信的进步给发展中国家带来了什么样的影响？举出一些具体例子。

4. 为什么发展中国家对于国有工业私有化感兴趣？对于跨国公司来说，这种私有化存在哪些机会？

互联网应用

走向世界的日立公司

日立公司的产品在美国、欧洲及亚洲的知名度都很高。然而，为了维持这种势头，这家著名的日本跨国公司打算继续开拓新的国际商场，特别是新兴市场，并且不断开发新的产品。请浏览这家公司的网站 www.hitachi.com，同时分析其最近的发展。首先请回顾日立公司最近在亚洲，特别是在中国香港地区和新加坡的行动；然后了解它在北美洲是如何开展业务的；最后查阅它在欧洲经营的有关资料。完成以上步骤后，请回答下列问题：①这家公司提供的产品和系统有什么？核心产品有哪些？②它是在怎样的环境中经营的？它主要是对成熟的市场感兴趣，还是进军新兴市场？③针对它过去 2～3 年内的活动，未来它在国际商务环境中参与竞争，将会采取怎样的战略？

国际聚焦

希腊

希腊位于欧洲南部，与爱琴海和地中海相邻，与阿尔巴尼亚、土耳其接壤。其陆地面积略小于美国亚拉巴马州。褐煤、石油、铁矿石、铝土矿、铅、锌、镍、菱镁矿、大理石、盐和水能是其主要的自然资源。

希腊人口有 1 068 万。近年来，其人口增长率稳定在零。希腊为单一民族国家，近 95% 的人口为希腊人，大多信仰东正教。希腊人口年龄中位数为 44 岁，人口老龄化程度高于世界上大多数国家，约 34% 的人口年龄在 55 岁及以上。近些年，希腊在经济上举步维艰，失业率高居世界第三。

希腊的 GDP 约为 2 380 亿美元，2011 年和 2012 年分别下降了 9.1% 和 7.3%。在经历了多年的负增长之后，2014 年，其 GDP 增长了 0.7%。希腊的人均 GDP 约合 2.6 万美元。希腊是资本主义经济，但公共部门占 GDP 的 40% 左右。

希腊深受 2008 年金融危机的影响。希腊政府财政预算管理不善，且未能及时向借款人报告巨额赤字，扩大了危机的影响，导致经济螺旋式下滑。其结果是，希腊无法在全球市场上借款。最终，希腊从欧盟获得 3 160 亿美元的紧急救助。为了获取欧盟的救助，希腊政府削减了支出并批准了财政紧缩法案，以减少财政赤字，之后获得的欧盟援助总计约为希腊 GDP 的 3%。

希腊经济已开始复苏，并对进一步推行经济改革达成了一致，以获得债权人的进一步救助。然而，希腊并没有脱离险境，救助资金主要流向了该国的贷款机构，希腊尚未调整其经济结构。

如果你是国际管理顾问

2015 年，希腊在五年后获得了第三轮救助。但希腊与其债权人之间的关系仍然紧张并存在争议，如几次拖欠贷款，甚至考虑退出欧盟。2015 年的救助计划要求希腊实施严厉的财政紧缩计划和深入的经济结构改革。这些措施包括提高退休年龄，削减社会福利，放开能源市场，开放受保护行业，扩大希腊人轻视的财产税，并推进出售国有企业和其他资产的计划。

问题

1. 如果你是一家企业的顾问，该企业打算进军欧洲，那么希腊是一个合适的选择吗？

2. 希腊人口很大一部分是政府人员，人民大多支持拖欠本国债务，还差点脱离了欧盟，这些事实能否证明它是个协议破坏者？

3. 如果希腊政府实施财政紧缩政策，能表明它正在走上正轨吗？

4. 你对进入希腊市场还有什么顾虑？

第 3 章

商业伦理、社会责任和可持续发展

| 学习目标 |

公众对商业伦理、社会责任和可持续发展的关注已经超越了国界。在全球化的时代，跨国公司必须考虑如何开展业务，以及在东道国扮演何种社会角色。本章研究了国际领域的商业伦理和社会责任，并涉及跨国公司将要面临的一些严峻的社会问题，还讨论了不同国家的伦理决策过程、对外国投资的管制、环境的可持续发展以及当今跨国公司对社会责任的反应。学习本章的具体目标包括：

1. 审视国际管理中的道德规范，以及跨国公司所面临的主要伦理问题。

2. 讨论一些工业化国家和公司所面临的压力及其采取的行动，以对世界各国的社会与环境问题具有更好的响应能力。

3. 宣扬一些倡议，以加强公司行为的责任感，并限制全球范围内腐败的消极影响。

| 国际管理世界 |

坚持可持续发展的企业

随着公众环保意识的增强，可持续发展的商业成为许多跨国公司商业模式的重点。巴塔哥尼亚（Patagonia）、雀巢、特斯拉就用不同的方式进行了企业战略转型，在做好自身发展的同时也兼顾了社会责任和环境的可持续发展。

供应链的可持续发展——巴塔哥尼亚

1972 年，伊冯·乔伊纳德（Yvon Chouinard）建立了私营户外服装公司巴塔哥尼亚。1988 年，巴塔哥尼亚转型为一家聚焦可持续发展的公司，起因是波士顿零售商店的几位职员突然生病，经过彻底调查，确认病因是巴塔哥尼亚棉质商品含有甲醛。1994 年，巴塔哥尼亚决心在其服装制造中只使用不含甲醛的有机棉花，仅仅 18 个月，巴塔哥尼亚就实现了这一目标。从那时起，巴塔哥尼亚开始从企业社会责任和环保的角度审视并改进其整个供应链。调整后的公司宗旨为："生产最好的产品，杜绝不必要的伤害，鼓励和推进应对环境危机的解决方案。"

巴塔哥尼亚生产的产品中，大部分产品使用回收物品作为生产原料，如用废旧苏打水瓶和布料制造可循环的聚酯纤维和尼龙，再用来生产羊毛和里衬，从而降低了油耗和二氧化碳的排放。巴塔哥尼亚的羊毛制品在生产过程中不使用氯，以防止废水给为其制造产品的发展中国家带来污染。而且，巴塔哥尼亚的产品是完全可回收的。公司鼓励顾客恰当地处理自己购买的商品，并且为保证回收利用，巴塔哥尼亚的任何产品都可以交到其零售商店。

随着对员工福利的不断重视，社会可持续发展也逐渐成为巴塔哥尼亚战略的重点。从 1990 年开始，巴塔哥尼亚制订方案，走访为其生产产品的工厂并对工作环境进行评分，而且不与拒绝走访和违反当地劳动法的工厂开展合作。此外，巴塔哥尼亚实行第三方审计以确保合作工厂获得公平的评定，因此巴塔哥尼亚的网站罗列了其供应链上的每家工厂。1999 年，巴塔哥尼亚成为公平劳工协会（Fair Labor Association，FLA）创始单位之一。从 1985 年开始，巴塔哥尼亚把在全球各地销售额的 1% 用于非营利环保组织。2002 年，乔伊纳德扩展了企业可持续发展视野，创办了全球非营利机构"地球 1%"，以捐助环保组织。此项目鼓励其他公司跟随巴塔哥尼亚的倡导，捐出全球销售额的 1% 用于环保事业。截至 2015 年，有来自 48 个国家的超过 1 200 家公司加入此组织，超过 3 300 个非营利环保组织已收到超过 1 亿美元的捐助资金。

投资可持续发展产业对巴塔哥尼亚并不是没有影响：无氯羊毛产品增加了制造成本，降低了利润；改用 10% 的有机棉也降低了利润。而且，巴塔哥尼亚只与遵守严格标准的工厂合作也意味着，相对于竞争者，它要付出更高的人力成本。但重视可持续发展也使巴塔哥尼亚赢得了竞争优势，公司获得了忠诚的顾客基础，这些顾客愿意为巴塔哥尼亚提供的可持续发展计划支付额外的费用。

经营和产品的可持续发展——雀巢

瑞士跨国公司雀巢已有超过 150 年的历史，它以生产巧克力和其他零食闻名。2015 年，其销售额超过 11 亿美元，拥有 447 家工厂和超过 33.9 万名员工。雀巢在 197 个国家和地区开展业务，拥有超过 2 000 个品牌。对于雀巢，可持续发展意味着提升整个价值链的环境友好度。

雀巢在可持续发展上的努力集中在六个核心方面：资源效率、包装、产品、气候变化、自然资本和信息。对其中每个方面，雀巢都设定了环保目标，使流程进展可追溯、可测量。从 2005 年至 2015 年，雀巢总体减少了 25% 的能源消耗和 40% 的温室气体排放，工业制冷剂的使用减少了 92%，并且雀巢目前使用的卧式冰柜也能减少 50% 的能耗。2015 年，雀巢在其全球 15% 的工厂实现零浪费，并且计划在 2017 年淘汰 10 万吨包装材料。

雀巢的环保努力延伸到了供应链，从原料来源到最终分销全覆盖。环保标准适用于与雀巢开展业务的所有农民，雀巢也同时为他们提供培训和信息支持。只要有可能，雀巢就会利用当地资源来减少远距离运输原材料造成的环境影响。在制造过程中，雀巢环保管理系统会追踪到能源产量，提高能源使用效率和质量。各区域的改进是一致的，都致力于发展能够减少浪费的新制造流程。尽管最终的分销由第三方处理，但也要符合雀巢的环保标准。雀巢会追踪里程数和耗油量，修改分销网络以减少拥堵和噪声，同时也会监控温室气体排放。

持续的环境友好创新是雀巢的首要任务。雀巢开发了一款名为 EcodEx 的生态设计工具，以达到其研发工作的可持续性。自 2013 年，EcodEx 便被用来测试和评估超过 5 000 种产品。目前雀巢的所有新产品都需要进行环保评估。和巴塔哥尼亚一样，顾客希望购买支持可持续发展的产品，这也给雀巢带来了竞争优势。2014 年，雀巢位列《财富》杂志"全球最佳绿色品牌"第 18 位。

把可持续发展作为一种竞争优势——特斯拉

特斯拉汽车是一个独立的硅谷汽车制造商，致力于创造和大量生产可信赖的电动汽车。利用 19 世纪物理学家尼古拉·特斯拉（Nikola Tesla）的技术，特斯拉汽车开发了市场上续航能力最强的电动汽车电池。作为一位富有远见的亿万富翁——太空探索技术公司（SpaceX）的 CEO 兼 CTO 埃隆·马斯克（Elon Musk）在 2003 年与其他人共同创立了该公司。

与之前开发的笨重且没有吸引力的电动汽车不同，特斯拉致力于开发具有吸引力的高品质电动汽车。特斯拉的第一款汽车产品 Roadster 是高性能的运动型跑车，于 2008 年发布，能在不到 4 秒的时间内从零加速到 60 英里，并达到超过 125 英里的最高速度。特斯拉在 2012 年发布的 Model S 纯电动豪华轿跑车，售价为 5.74 万美元。特斯拉 Model S 自发布以来获得多项荣誉，包括 *Motor Trend* 杂志评选的"2013 年度车型"，并且发布后四年内销量超过 10 万台。2015 年下半年，特斯拉发布了 Model X 豪华纯电动 SUV。2016 年初，特斯拉开始以 3.5 万美元的价格预售即将发布的 Model 3。预订开始的 72 小时内，超过 25 万人预订了 Model 3，这打破了预期。

促进整个汽车行业的可持续发展是特斯拉的第二个目标。为实现这一目标，特斯拉与其他研发者和汽车制造商合作生产绿色环保汽车。松下电器在 2014 年加盟特斯拉预计造价 50 亿美元的电池生产项目"超级工厂"。2009～2015 年，特斯拉与梅赛德斯-奔驰合作，为其电动汽车提供动力系统组件。在与 Smart 和丰田的合作中，特斯拉为其提供了电池组和充电装置。

作为创新者，特斯拉也遇到了不少障碍。第一款汽车 Roadster 有两次沸沸扬扬的召回事件，其中一次涉及汽车失控。在 2013 年 2 月的一篇文章中，《纽约时报》的一名记者在一次东海岸试驾活动中驾驶 Model S，结果这款车不仅没有达到估计的 200 英里的续航里程，而且电池电量实际上已经耗尽，车最终不得不被拖走。马斯克估计，《纽约时报》的负面评论导致了数百辆汽车订单被取消，特斯拉的损失估值为 1 亿美元。尽管特斯拉已经在其业务上投入了数十亿美元，但自 2003 年建立以来，公司只获得了一次季度利润，2014 年甚至亏损了 3 亿美元。

尽管遭遇挫折，但特斯拉仍保持着来自投资者和客户基础的竞争优势。为了企业的整体可持续性目标，客户似乎愿意接受小问题和召回。通过 Roadster 锁定高收入客户，特斯拉能够投入必要的资金来开发和完善其技术。投资者也愿意将赌注押给特斯拉。2010 年 6 月 29 日，特斯拉首次公开募股，为公司筹集 2.26 亿美元，自那以后，特斯拉的股票价格上涨近 10 倍。

我们所讨论的巴塔哥尼亚、雀巢和特斯拉，证明了企业正将注意力从传统市场战略转向更广泛的商业、社会责任或环境目标相结合的战略。比如，巴塔哥尼亚从根本上转变了商业重心，希望增加对环保产品的需求，同时重视改善发展中国家的工作条件；雀巢专注于六个核心领域，以创造和跟踪可持续发展目标，在减排方面取得了可衡量的进展；特斯拉的 Model S 专注于开发和制造一款面向大众、价格合理的纯电动汽车。通过将它们对社会和环境可持续性的承诺与其业务及商业目标相结合，这三家公司似乎为全球公司整合社会和经营目标的新方法树立了榜样，充分挖掘了消费者对符合其价值观的产品和服务的需求。这种同时考虑社会、环境和经济可持续性的"三重底线法"，可以充分利用商业和管理技术，对人类和环境产生真正而持久的影响。

从更广泛意义上来说，企业的丑闻引起了人们对企业缺乏道德价值观和公司治理标准的关注。此外，帮助贫困国家获得新阶段的独立，既是负责的表现，又有潜在的利益。事实上，企业社会责任不再仅仅是良好的道德行为，它还可以帮助避免未来的经济和环境阻碍，这可能是让公司维持下去的关键。

3.1　伦理和社会责任

公司伦理行为和社会责任已成为美国和世界所有国家的主要问题。丑闻和可疑的商业管理已受到相当多媒体的关注，公众也开始关注跨国公司的伦理问题和商业运作的社会影响。

3.1.1　国际管理中的伦理和社会责任

无偏见的伦理决策过程对现代国际商务管理是必需的。当一国的观点和标准与其他国家有很大差别时，便很难确立一种全球性的伦理标准。**伦理**（ethics）作为一门研究道德和行为标准的学科，往往因其主观性而失之偏颇。因为伦理会屈从于文化相对主义的意志，抑或受制于这样一种信念，即一国的伦理标准总是基于创造它的文化，道德观念没有普遍适用性。

谚语"入乡随俗"（When in Rome, do as the Romans do），来源于文化相对主义理论，指的是不论跨国公司总部在哪里，都建议商人和管理者的行为应该与所在国家的道德标准相一致。在一定程度上，依靠当地团队在当地规则下执行是必要的；然而，这可能会导致极端情况。虽然以盈利为唯一目标的企业可能会利用规范和标准的差异，以便在竞争中合法地获得优势，但消费者对不道德商业行为的负面看法，甚至潜在的法律措施，会影响到企业的行为底线。一个国家的道德标准和指导其商业行为的道德规范之间的冲突所带来的难题，最常见于招聘、商业惯例、人权认知、职场女性的权利以及贪腐行为。**企业社会责任**（corporate social responsibility, CSR）最新的研究领域与伦理紧密相关，然而，本书在此只单独讨论企业社会责任。伦理是理解道德的研究过程，而企业社会责任包括采取行动。而且，伦理中也含有法律成分，即在法律的基础上推断出正确和错误，而企业社会责任则基于自发的行为。商业伦理和企业社会责任可能因此而被认为是一个公司总体社会形象与地位的两个互补的方面。

3.1.2　伦理理论和哲学

世界上有一系列的伦理理论和方法，很多源于宗教和文化传统。这里我们将回顾西方哲学的三条原则并做简单描述，它们可以用来评估和了解国际管理决策。国际管理实践 3-1 探讨了这些观点将如何用于理解一个特定的国际商业决策的伦理。

1. 康德的哲学传统

康德认为个人（和组织）负有一些责任，这些责任超越了狭隘的自身利益。事实上，康德在判断当事人的选择时，拒绝把结果（可想到的或可能的）看作是与道德无关的："行动的道德价值并不在于它所预期的后果。"对康德而言，理性行为的独特之处并不在于它是自私自利的，甚至是目的驱动的，尽管所有的行为都包含了一些目的。相反，理性的人们，除了有目的、有能力追求理性的实践，还能够在普遍规律的范围内评估他们的选择，康德将其称为道德律，或者叫"绝对命令"。从这个角度来看，我们应该始终在一种原则下行事，这种原则也会一致地被所有理性的人们奉为普遍定律。

2. 亚里士多德的德性伦理学

该学说聚焦于核心的、个人的行为和行动以及他们如何表达与形成个人特点，还考虑到社会和制度的安排与实践对个人良好品格形成的贡献。一个好的、有德行的个人会出于正确的原因做正确的事，并从这样的行动中获得快乐，因为他们正确树立了自己的人格。对亚里士多德而言，道德上的成功和失败大多归结于愿望的对与错，或者叫欲望："在行动的问题上，引发动机的原则正是我们行动的目的。但是一旦人们因快乐或痛苦而腐化，这个目标就不再是激励因素了：他不再认为他应该在任何情况下朝着该目标而选择或行动。因为恶习会摧毁原则和行动的动机。"拥有对什么是真正好的事物的理解和实践的智慧对于促使人们形成有效的计划去实现这种美好是很重要的；然而，如果没有对善的坚定愿望，就不会有好的行为动机。因为一个人的形成是一个社会过程，所以德性理论还有一个重要的社会成分。个人在其所处的文化情景中所看到的模范和实践指导着个人的道德发展。德性理论依赖于现存实践，对什么是好的以及什么样的人格特点有助于追求和实现这种美好提供了具体的解释。

3. 功利主义

功利主义以结果论的形式，在给定的约束条件下，追求最多数人的最大利益。如果给定的行为最大化了效用，那它在道德上就是正确的，即该行为导致的利益与损害的比率（以该行为对每个人的影响来计算）大于另一种行为的对应比率。关于这个理论最著名的现代表述出现在 18 世纪和 19 世纪两位英国的功利主义者杰里米·边沁（Jeremy Bentham，1988）和约翰·穆勒（John Stuart Mill，1957）的作品中，他们二人都把最大的幸福准则作为其道德标准。功利主义对于商业中的决策制定是很有吸引力的，特别是在西方国家，因为它的逻辑与西方经理人习惯使用的效用或成本效益计算相似。

4. 东方哲学

东方哲学涵盖了亚洲的各种哲学，包括印度哲学、中国哲学、伊朗哲学、日本哲学和韩国哲学，它们都倾向于把人看作是自然的一部分，而不是独立于自然的。很多西方哲学家一般把个人看成是截然不同于宇宙的，他们试图从一种分离的、客观的视角来描述宇宙并对宇宙进行分类。然而，东方哲学家通常认为人是宇宙中一个内在的、不可分割的一部分，并认为试图从客观的角度讨论宇宙就好像个体独立于整体，本质上是荒谬的。

在国际管理中，经理人在做一些有关伦理和道德的决策时可能要依赖一个或多个这样的视角。虽然他们可能不会通过名称来引用特定的哲学传统，但他们可能在推进具体议程或决定时从这些基本的道德和伦理信念中汲取灵感。国际管理实践 3-1 是关于离岸外包决策的，展示了以上每种视角是如何影响一项行动的。

国际管理实践 3-1

离岸外包决策中的伦理道德

金融服务行业尤其热衷离岸外包。西方投资银行包括花旗集团、德意志银行、高盛集团、瑞士信贷集团以及瑞士联合银行集团，它们都在印度设置了后台功能。摩根大通是 2001 年首个将员工外包的公司，在孟买有超过 8 000 名雇员，占它在世界范围内的 17 万名雇员的 5%。2007 年 10 月，瑞士信贷集团宣布其在印度浦那的卓越中心增加了 300 个新的工作岗位，到 12 月共吸纳了 1 000 名雇员；德意志银行在班加罗尔和孟买有 3 500 名雇员；瑞士联合银行集团在 2003 年开始将工作外包给第三方信息技术供应商，在海得拉巴和孟买有 1 220 名雇员；高盛集团在几年前开始外包给印度，在那里有近 2 500 名雇员；2007 年 10 月 17 日，摩根大通宣布在接下来的两年将在菲律宾设立 5 000 个劳动力后台。在印度孟买的传统外包中心，由于大量的投资银行建立类似的业务已经变得太过拥挤，所以摩根大通将在菲律宾开展信用卡和财务服务。知情人士表示，此举是为了使其后台地点多样化，因为摩根大通与该国的人力资源网络有很强的联系。一位名为 Mark Kobayashi-Hillary 的外包专家说："因为印度的经济中心几乎全部位于孟买，而资源是有限的，所以存在着供需问题。难怪人们正在寻找其他地方。但银行并不是单单为了降低成本，它们的这些举动也是有战略意义的。"考虑到菲律宾与美国的联系很紧密，并且拥有便宜的租金和丰富的资源，他对于银行还没有在菲律宾建立更多办事处感到吃惊。"在马尼拉，有很多人在金融行业工作，他们拥有投资银行所需的技能。我们很快就会看到有更多的银行在那里设立分部。"

道德哲学和推理能用于理解这些离岸外包决策。从康德的哲学传统来看，离岸外包可能需要我们考虑一系列与离岸外包选择相一致的原则，以便根据这些核心原则（例如公司行为准则）来衡量决策。德性伦理的视角暗示制定决策时要考虑对社区和更广泛的人类繁荣目标的影响。功利主义视角主张衡量效益和成本，例如，谁丢了工作，谁又得到了工作，得到的（工作、收入、效用、生活质量等）是否大于失去的。东方哲学的视角更广泛、更完整、更长远，不仅考虑对人的影响，还考虑对其所在的广泛的自然环境的影响。

总而言之，理解这些哲学视角能帮助经理人决定如何在国际商业环境中制定道德决策。

资料来源：Jonathan P. Doh and Bret Wilmot, "The Ethics of Offshoring," Working Paper, Villanova University, 2010; David Smith, "Offshoring: Political Myths and Economic Reality," *World Economy*, March 2006, pp.249-256.

3.2　人权

人权问题向跨国公司提出了挑战，因为到目前为止还没有被普遍采用的可接受的行为标准。由于存在相当大的主观性以及不同社会之间的文化差异，因此很难列举出所有与人权相关的权利，比如一些基本权利如生命权、人身自由权、言论自由权，以及普遍认可的无歧视原则。南非在 1994 年废除前白人政府的种族隔离政策之后，开始转型成为具有较高人权标准的国家。不幸的是，人权的保障在全世界仍然是一个亟须解决的问题。在这里，我们将仔细研究一下工作场所中女性的权利。

女性权利与性别平等可以看作是一系列人权的集合。当全球范围内劳动力队伍中女性数量大幅增加时，大多数女性仍然经历着"玻璃天花板"效应，意思是女性难以或者根本无法达到高层管理岗位。日本就是个很好的例子，性骚扰和"玻璃天花板"效应都存在于职场中。性骚扰仍然是日本社会的一个主要问题，日本许多女性大学毕业生仍然只能获得秘书或其他低级岗位。日本管理者认为女性将在入职几年后离职并结婚，这导致了双标的招聘过程：一个针对男性，一个针对女性。世界经济论坛是一个国际非营利性组织，2015 年通过衡量各国女性的经济机会和政治赋权进行了"性别差距指数"研究，发现日本排名第 101 位，冰岛排名第 1 位，美国排名第 28 位。根据 2015 年致同会计师事务所（Grant Thornton）的女性商业报告，日本女性占高级管理人员和经理的比例仅为 8%，而美国为 21%，中国为 38%，法国为 26%，2/3 的日本企业在其高级领导团队中仍然没有女性成员。

平等就业机会的实现在日本可能比其他国家更困难，但是"玻璃天花板"效应在全球普遍存在。今天，尽管在这方面取得了进展，但在美国，女性在同一份工作中的收入仍低于男性。法国、德国和英国女性在劳动力队伍中甚至在管理岗位中的数量都有所增加，但不幸的是，女性管理者占据较低的管理层次，并且似乎没有资源再向上层发展，一部分的原因归于社会因素或缺少机遇。美国、法国、德国和英国虽然都有机会平等的制度，无论是法律机制所保障的，还是社会群体所提供的，但仍然无法保证这些制度是否被有效执行。女性试图在工作中立足依然很艰难，但是不久的将来她们有望打破"玻璃天花板"效应。

3.2.1 劳动力、雇用和商业惯例

世界上各个国家的劳动力政策各异。工作自由、组织并参与集体行动的自由以及裁员补偿的有关政策在不同国家有不同的方法，政治、经济和文化差异使得各国很难达成一致的雇用惯例。在一个业务遍及发达国家和发展中国家的跨国公司内，薪酬标准化策略是没有意义的，如工作条件、连续工作时间和劳动力规范这些因素也对决定哪种雇用惯例最合适带来了挑战。例如，低成本的劳动力促使企业看好某些发展中国家，然而其工人没有得到很好的报酬，并且为了完成生产量的要求，他们被迫一天工作 12 小时，一周工作 7 天。有时，这些企业还会雇用童工，这会让人产生负面印象，被认为是不道德的雇用惯例。然而现实情况是，2016 年，全球有 1.68 亿 5 ～ 17 岁童工，而其中大多数是为了养家糊口而工作的。在一些国家，由于收入低，儿童工作是必需的。联合国儿童基金会（UNICEF）和世界银行意识到，在一些情况下，家庭的生存依赖于所有成员的工作，并且只有当儿童的发展福利受到威胁时才有必要干预。尽管在减少雇用童工方面已取得了一些进步，童工数量尤其是女童数量在持续减少，但是减少的速度较为缓慢，国际劳工组织报告称，2000 ～ 2015 年，童工仅减少了 25%。有关童工的国际劳工组织标准的批准也取得了可观的进步，除印度和太平洋的一些岛国外，公约第 182 条（使用童工的最恶劣形式）在 180 个国家得到批准实施。然而，公约第 138 条（最低年龄）的接受程度较低，包括美国、印度和澳大利亚在内的近 20 多个国家尚未批准，世界上 1/4 的儿童生活在没有批准实施公约第 138 条的国家。

确保全球供应链上的所有承包商都符合公司标准是一个持续的、具有挑战性的问题。这一问题在 2012 年 11 月再次引起关注，孟加拉国一家为沃尔玛生产产品的工厂着火，造成 112 名工人死亡。沃尔玛立即对事件做出回应，切断与在沃尔玛不知情的情况下使用分包商的所有供应商之间的关系，并开始要求所有海外工厂在生产沃尔玛产品之前必须通过审核。然而，2013 年 4 月，孟加拉国一家制衣厂在一场导致逾上千人丧生的大火后倒闭，两周后，也是在孟加拉国，另一场火灾造成 8 人死亡。这凸显出大量依靠外包的企业在生产过程中制定和实施相关政策时所面临的挑战，一些非政府组织向这些公司施压，要求它们为这些悲剧负责。之后，包括瑞典 H&M、西班牙 Inditex（Zara 品牌的母公司）、丹麦 C&A、英国 Primark 和特易购（Tesco）等在内的公司同意为孟加拉国承包商的消防安全和建筑设施改进支付费用。孟加拉国政府也宣布将改进劳动法案，提高工资，减少在组建工会方面的限制。这些挑战与随之而来的改革将有助于改善工人的工作条件，并防止类似悲剧再次发生。

3.2.2 环境保护与发展

自然资源保护是商业伦理和社会责任的又一领域，在这一领域，世界上各个国家的价值观和方法不一。很多贫穷的发展中国家更关心公民基本生活质量的提高，而甚少担忧濒危的物种或者水、空气的质量。关于经济发展（以人均国民收入来测量）和自然环境质量的关系有五种假设。被广泛接受的观点就是环境库兹涅茨曲线（EKC），它假设人均收入与自然资源利用或废物排放的关系是倒"U"形的（见图 3-1）。具体来说，在较低的收入水平下，自然资源利用或废物排放随着收入增长而增长。在某个拐点之后，自然资源利用或废物排放随着收入增长而减少。之所以有这种倒"U"形的关系，源于收入带来的一些方面的变化：①生产和消费构成；②对

环境质量的偏爱；③外部性内在化所需的制度；④与污染相关的规模报酬递增。基于西蒙·库兹涅茨（Simon Kuznets）在 1955 年描述的收入不平等时间序列的相似性，1992 年，世界银行发展报告提出了 EKC 的概念，旨在说明可以通过施行保护环境和推动经济发展的政策来缓和环境恶化。然而，大量的数据分析表明，尽管这种关系在某些情况下是成立的，但是不能普遍用于更广范围的资源和污染物。

尽管在环境改革方面达成国际共识是困难的，但从取得的进展来看还是有希望的。2015 年 11 ～ 12 月，来自超过 185 个国家的代表参加了在巴黎郊区举办的为期两周的第 21 届联合国气候变化大会。代表们商议并起草了一项

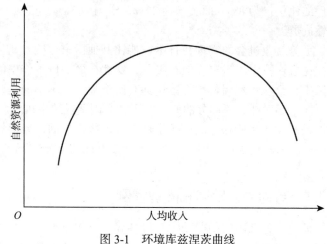

图 3-1　环境库兹涅茨曲线

有关温室气体排放的协议，旨在从 2020 年开始大幅度减少全球温室气体的排放。2015 年 12 月 12 日，196 个缔约方达成了《巴黎协定》。协定共包含 27 项条款，部分条款的摘要见表 3-1。

表 3-1　《巴黎协定》关于气候政策的要点

条款 2
- 概述了该协定的目标，其中包括将全球平均温度的上升限制在 2℃以内，目标是只增加 1.5℃；还阐述了开发温室气体低排放技术和为各国构建融资的目标，以便适应气候变化和降低温室气体排放

条款 4
- 为了确保目标的实现，全球温室气体排放量需要尽快达到峰值；长期目标是到 2070 年实现全球零排放；各国需要自主确定其贡献，发达国家应当起到带头作用，并为较小的和欠发达的国家提供帮助

条款 7
- 要求各国提交报告，说明其适应气候变化影响的战略

条款 8
- 为更弱小的国家提供帮助，以减轻气候变化带来的潜在经济损失

条款 9
- 要求发达国家向发展中国家提供资金，以实现排放目标并适应气候变化的影响

条款 13
- 要求所有国家在实现减排目标方面保持透明

条款 14
- 要求各国每五年更新、评估并根据进程设定新目标

资料来源：根据《巴黎协定》总结，https://unfccc.int/.

为使《巴黎协定》正式生效，该协定必须至少被 55 个国家批准，这 55 个国家的排放量至少占全球排放量的 55%。温室气体排放大国在减少 55% 排放量中起着至关重要的作用。协定于 2016 年 4 月 22 日在纽约签署，成为 1997 年《京都议定书》之后最具影响力的全球环境改革协定。

尽管环境保护和商业道德实践都有一些进步，但很多公司在经营中依然存在违反法律或危害安全和环境的问题。在某些新兴国家与发展中国家中尤其如此，尽管它们的环境保护法律相当完善，但在实施上远不如高收入国家。

3.3　跨国公司的全球化与道德责任

所有这些都促使我们提出这样一个问题：跨国公司在改变这些做法方面有多大的责任？它们应该遵守母国

还是东道国的规章制度？补救措施之一是采用一种适用于所有国家伦理的商业法规，或是为可能出现的情况制定契约。国际管理实践 3-2 表明，尽管大众集团有规范化的行为准则，但它还是会面临诸多道德问题，结果引致法律诉讼，并严重损毁了大众集团的声誉。

|国际管理实践 3-2|

大众汽车在道德商业惯例方面的挑战

在竞争激烈的全球汽车行业中，大众集团一直在推行全球化战略。该战略既强调集中又强调区域适应，并重视利用各品牌和产品的能力。大众集团在近 30 个国家经营制造工厂，其中包括在中国的两家合资企业，并在 150 多个国家销售汽车。大众集团是 20 多年来欧洲汽车行业销售的领跑者，它在 2015 年上半年就达到了 78 年来的一个重要里程碑，即超越丰田汽车，成为全球销量最大的汽车生产商。然而，成功是短暂的。

2015 年末，大众集团陷入了一场重大的道德危机。许多独立调查证实，大众汽车在尾气排放检测时会故意改变发动机性能。具体来说，大众集团所销售的部分柴油车安装了专门应对尾气排放检测的软件，可以识别汽车是否处于被检测状态，继而在车检时秘密启动，从而使汽车能够在检测时以"高环保标准"过关；而在平时行驶时，这些汽车的尾气排放量几乎是标准的 40 倍，远超欧美的排放标准。2015 年 9 月，美国环境保护署正式通报大众集团。这种检测软件被安装在全球近 1 100 万辆汽车上，涉及大众集团 2009～2015 年生产的所有柴油动力汽车。据推测，超过 30 位大众集团管理人员参与或知晓测试中的作弊行为。

在美国环境保护署发出违法通报后的几个小时，这一丑闻便被全世界新闻媒体报道。也许是吸取了过去几年来卷入道德丑闻的公司的教训，大众集团迅速宣布对此次事件负全部责任，包括全球 CEO 马丁·文德恩和美国区总裁迈克尔·霍恩在内的一系列关键高层领导宣布辞职。保证公开透明并先于美国国会公开证据，是大众集团重拾公众信任的重要环节。"我们搞砸了一切"，大众集团美国区前总裁迈克尔·霍恩如是说。

丑闻造成的经济上的影响给大众集团带来了毁灭性的打击。2015 年初还是全球汽车制造领跑者的大众集团，在 2015 年末业绩大幅下降，年销量 13 年来首次出现下滑。在 2015 年的最后几个月里，大众集团的股价下跌了 1/3。2015 年第三季度，大众集团宣布了 15 年来的首次季度亏损。大众集团拨出 70 多亿美元用于召回和维修车辆。截至 2016 年 6 月，大众集团仍未采取积极措施来降低所涉及汽车的排放量。

2015 年 11 月，大众集团向所有受影响的美国客户提供了价值 1 000 美元的代金券。2016 年 4 月，受影响的美国客户可以选择退回汽车并获得全额退款。然而，美国以外的客户没有得到任何补偿，相关的诉讼可能会在未来几年给大众集团带来更多的损失。美国环境保护署有权对大众集团在美国销售的问题汽车收取每辆 3.75 万美元的罚款，共计约 180 亿美元。美国已经针对大众集团提起了 500 多项诉讼，美国司法部也计划提起 460 亿美元的诉讼。

在尾气排放丑闻爆发前的几年里，大众集团发布了长达 15 页的行为准则，强调了其对强大声誉的承诺。过去，公众对大众品牌的信任，帮助其从一家德国小型汽车制造商成长为全球汽车巨头。现在，这种声誉似乎正处于危险之中。大众集团能起死回生吗？

资料来源：Volkswagen website, www.vw.com/; Russell Hotten, "Volkswagen: The Scandal Explained," *BBC*, December 10, 2015, www.bbc.com/news/business-34324772.

"做正确的事"并不总是像看上去那样简单，李维·斯特劳斯（Levi Strauss）在 20 世纪 90 年代早期就与孟加拉国的供应商有过这样的问题。比如 14 岁以下儿童在两个工厂工作，这并不违反孟加拉国的法律，却违背了李维·斯特劳斯的政策。最终，李维·斯特劳斯决定继续支付儿童的工资并且为他们保留岗位，到他们过了 14 岁并接受教育后再回来。虽然参与程度很难标准化，但是，保有一些基本的商业道德并将其适当地应用到企业的管理文化中是朝着正确的方向迈出的一步。管理者们需要警惕，不要在这些情况下模糊了文化的界线。威尔士亲王查尔斯王子曾经说，"商业只在可持续的发展环境下才能成功。目不识丁的、缺乏训练的、居住简陋的、怨气缭绕的社区、没有归宿感的地方，提供的是贫弱的劳动力和不确定的市场"。随着全球化的发展，企业在试图平衡组织和文化根源时面临着许多困难。

一种应对全球化的措施是，不仅向境外转移低成本劳动力密集型产业（如第1章中的阐述），还向境外转移各行各业的员工。比如印度通过向境外转移可使用的廉价劳动力帮助了许多机构，但这也损害了一些产业，特别是以家庭为基础的技术服务业。超过1/3的全球IT劳动力目前位于印度，据估计，IBM目前有超过30%的员工在印度。埃森哲是一家专做管理咨询、技术服务和外包的公司，其印度地区员工数超出美国地区员工数的两倍多。因为印度的劳动力成本至少比美国低一半，像埃森哲这样的公司已经取得了很大的竞争优势，因为它们不仅降低了服务成本，而且有着印度合伙人无法匹敌的行业经验。

劳动力向境外转移是推进公司伦理进步的动力。许多国际管理者关心如何理解公司运营的社会环境以及如何将环境与公司文化相融合，而最新的潮流是将已有的公司文化复制到新的社会环境中。区别在于，境外员工也是公司的一部分，他们将认同公司文化，而不是外部环境。埃森哲证明这种努力是有可能取得成功的，但是随着越来越多的公司效仿，其他问题也会出现。比如，两种文化如何共存？员工是坚持母国还是东道国的工作时间表？东道国是愿意接受还是拒绝新人口的流入？由于离岸外包并不频繁，后者可能并不是目前担忧的重点，但是跨国公司有时会面临一些情况，它们需要考虑的不仅仅是公司的生存问题，还要牢记这些选择将会对两种文化产生的影响。

3.3.1 协调跨文化的道德差异

正如本节导读所言，道德困境源于一个国家的道德标准与商业伦理，或指导商业行为的道德准则之间的冲突。大多数试图在世界范围内开展业务的企业都会坚守自己的道德准则，但是又必须针对当地的准则和价值观做出一些调整，处理这种矛盾是颇具挑战性的。两名卓越的商业伦理学家提倡了一种方法，即世界上存在着一些主导人们行为的隐形社会合约，这些合约是全球性的或接近全球性的。这些"超准则"包括一些基本的原则如对人类生命的尊重，或者拒绝作弊、撒谎和暴力。地方的社区规范在不同的社会背景下，也同样存在于这种"超准则"之中并且受到尊重。

这种方法称为"综合社会契约理论"（Integrative Social Contracts Theory，ISCT），它试图确立一个不迫使决策者只采用相对主义与绝对主义的道德立场。它为国家和经济共同体提供了相当大的自由，以发展其独特的公平概念，但又和那些公然忽视人类核心价值观的行为划清界限。它旨在为国际管理者提供一个框架，以消除跨国公司总部所在国家的道德和道德价值与其开展业务的国家之间存在的差距。尽管ISCT由于无法为特定情境下的经理人提供精确的指导而受到批评，但它仍不失为一种有助于协调国际商业伦理中的基本矛盾的方法。

3.3.2 企业社会责任和可持续性

企业除了会坚持特定的伦理和原则外，还会处于不断增长的压力之下，比如公众会要求它们向社会做出贡献，并在经营中采取对社会更负责任的做法。企业社会责任（CSR）可以定义为企业在法律要求和公司直接利益之外的造福社会的行为。因为每家公司的社会、经济和环境期望都基于股东的利益，所以难以详细列举企业的社会责任。**非政府组织**（nongovernmental organization，NGO）也为企业更加关注社会责任而施加压力，这些组织要求跨国公司对一些发展中国家的社会需求更加负责，包括关注工厂或服务中心的工作条件和生产活动对环境的影响。企业社会责任的增加似乎是提高民意的有效手段，在2016年Edelman的调查中，超过半数的全球受访者表现出对企业和政府的信任，达到了近年的最高纪录（见图3-2）。

很多跨国公司如英特尔、汇丰银行、联想、TOMS，以及其他公司认真地践行着它们的企业社会责任承诺（参看第一部分结尾的简要综合案例P1-2）。这些公司将企业社会责任整合进其世界范围的核心战略和运营原则中（参看后面的"回应社会和组织义务"一节）。

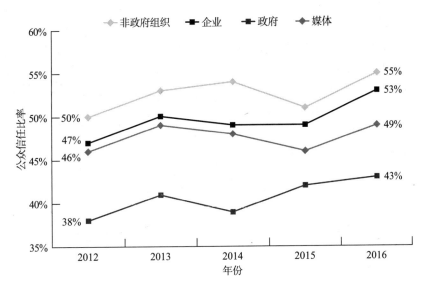

图 3-2　公众信任在 2016 年达到历史最高水平

资料来源：Original graphic by Ben Littell under supervision of Professor Jonathan P. Doh based on data from *2016 Edelman Trust Barometer*, www.edelman.com/insights/intellectual-property/2016-edelman-trust-barometer/.

1. 非政府组织、跨国公司的伦理权衡

非政府组织的出现正急剧改变着全球商业环境和跨国公司的角色。虽然几个世纪以来，社会运动已成为政治和经济的一部分，但美国非政府组织的出现可以追溯到 1984 年中期，当时一些非政府组织，包括教会和社团群体、人权组织以及其他反种族隔离的活动家建立了强大的联系，迫使美国政府取消了在南非经商企业的公共养老金。这一努力与南非的国内动荡、国际压力和资本外逃相结合，产生了持续的直接影响，最终成功推翻了白人的少数统治，废除了种族隔离制度。

此后，非政府组织在数量、权力和影响力上不断扩张。大型全球非政府组织，如救助儿童会、乐施会（Oxfam）、美国援外合作社（CARE）、世界自然基金会、保护国际在全球所有地区都很活跃。从众多公共政策争论中已经可以察觉到，非政府组织的行动已经对公司行为和管理产生了影响。一些观察人士将非政府组织视为制衡商业和全球资本主义的标准。非政府组织对耐克、李维斯、金吉达等跨国公司活动的批评尤为尖锐。这些公司在发展中国家的外包被指控利用低工资工人，采用较低的环境和工作场所标准，同时导致了一些社会和经济问题。非政府组织现在已经显示了对跨国公司不断上升的复杂且重要的影响。

2015 年 11 月，在巴黎召开的联合国气候变化大会开幕式上，摩根士丹利和富国银行宣布将不再资助发达国家和发展中国家的煤炭行业。摩根士丹利还表示，作为金融投资者，它有责任引导全球走向低碳经济。这一宣告是包括热带雨林行动网络（RAN）在内的环保组织施压和游说的成果，因为由热带雨林行动网络发起的网上请愿征集了数千个签名。2003 年 8 月，经过非政府组织大量游说后，美国医药产业停止反对 WTO 放宽对制造普通、低成本抗滤过性病原体药物的知识产权规定，使得遭受传染病或其他紧急疾病威胁的发展中国家也可以生产这些药物。2009 年 11 月，经过近两年的学生运动与服装工人的联合示威后，洪都拉斯的一个工会和 Russell 体育（它是由鲜果布衣所拥有的服装生产商）达成协议，协议内容包括让所有工人回去工作、补偿工资损失、承认工会、同意集体协商，以及为工会提供渠道。在洪都拉斯所有的 Russell 服装厂都组织了工会活动，公司在其中保持中立。据 2009 年 11 月 18 日 USAS 的新闻报道，这件事成为"劳工权利史无前例的胜利"。

许多非政府组织认识到，跨国公司对其开展经营的国家有积极的影响，经常比当地公司肩负更高标准的社会和环境责任。事实上，跨国公司可能会从母国向东道国市场转移处理社会或环境问题的"最优方法"。一些情况下，跨国公司和非政府组织在社会和环境项目中合作，这么做对社会的福利和跨国公司的名声都有好处。寻求促进商业伦理和企业社会责任的非政府组织的出现，开始给公司管理与战略带来众多改变。

2. 回应社会和组织义务

跨国公司越来越多地忙于回应不断增长的积极为社会进步和环境发展做贡献的舆论压力。其中一种回应就是跨国公司承诺在国内和全球业务中维持一些协议的标准和行为规范。这些协议包括联合国全球契约（见表3-2）、全球报告倡议、企业社会责任SA 8000标准和ISO 14000环境管理体系标准，当跨国公司在全球经营时，将提供最低水平的工作场所和社区环境标准。这些规范帮助回应了外界对于公司转移工作是为了避免母国市场中成本更高的劳动力和环境标准的舆论压力。它们可能将母国的标准运用到东道国中，从而有助于提升发展中国家的标准。

另外一个在商业和非政府组织中出现的趋势是它们都朝着"公平贸易"可得性方面在努力。从咖啡到巧克力、水果以及其他农产品，**公平贸易**（fair trade）是一种有组织的社会运动和基于市场的方法，它力图帮助发展中国家的生产商获得更好的贸易条件，以促进其可持续性发展。可以参看国际管理实践3-3关于美国公平贸易体系和产品的讨论。

表 3-2   联合国全球契约中的原则

人权
原则1：在影响力范围内支持和尊重国际人权保护
原则2：确保自己的公司没有侵犯人权
劳动力
原则3：结社自由，有效地承认集体谈判的权利
原则4：消除所有形式的强迫性义务劳动
原则5：有效废除童工
原则6：消除与就业和职业有关的歧视
环境
原则7：支持环境挑战的预防措施
原则8：主动采取行动，加强环保责任
原则9：鼓励环境友好型技术的开发和推广
反腐败
原则10：反对任何形式的腐败，包括勒索和行贿

资料来源：From *The Ten Principles of the UN Global Compact*, by The United Nations, 2016 United Nations. Reprinted with the permission of the United Nations.

国际管理实践 3-3

美国的公平贸易：美国公平贸易组织

公平贸易能帮助拉丁美洲、非洲和亚洲的农民家庭提高其生活质量。公平贸易认证使得农民和农场工人通过投资农场和社区、保护环境和发展全球市场竞争所需的商业技能来摆脱贫穷。公平贸易不仅仅是价格的公平，其原则包括如下内容。

- 价格的公平：民主组织起来的农民团体将得到承诺的最低收购底价以及认证的有机产品的额外补贴，农民组织也享有预收获的信用。
- 劳动条件的公平：公平贸易农场里的工人享有结社自由、安全的工作条件以及生活工资；强迫童工是被严格禁止的。
- 直接贸易：在公平贸易下，出口商尽可能从公平贸易生产商团体处直接购买，消除了不必要的中间商，使农民有能力发展全球市场竞争所需的商业能力。
- 民主和透明组织：公平贸易的农民和农场工人可以自主决定如何投资公平贸易的收入。

- 社区发展：公平贸易的农民和农场工人在社会与商业发展项目上投资有公平贸易奖励，如奖学金项目、质量提高培训以及有机认证。
- 环境可持续性：有害的农用化学品以及转基因作物是严格禁止的，支持那些环境可持续的耕作方法，以保护农民的健康，为后代保留宝贵的生态系统。

美国公平贸易组织是一个非营利性组织，是美国唯一独立的公平贸易产品的第三方认证，也是国际公平贸易标签组织（Fairtrade Labeling Organizations International，FLO）中的20个成员之一。美国公平贸易组织具有严格的审计体系，可以从农场追踪到产品成品，验证行业是否符合公平贸易标准。美国公司若展示出产品的公平贸易标签，则这些产品必定满足其严格的公平贸易标准。目前，公平贸易认证的对象在美国包含咖啡、茶和草药、可可和巧克力、新鲜水果、糖、米以及香草等产品。

---

3. 可持续性

在董事会会议室，**可持续性**（sustainability）一词可能首先会与财务投资或稳定增长的利润联系起来，但是对于越来越多的公司，这个词汇对它们和环境保护主义者来说一样重要。部分原因是企业意识到，日益减少的资源最终将阻碍生产力。瑞士的世界经济论坛达沃斯峰会也让人们关注到了这个问题，2012 年发布的报告讨论了快速商业增长所带来的挑战。30 多年前，一半的人生活在贫困中，而现在新兴市场中的消费等级在快速增长。报告聚焦了如何利用能源的可持续性消耗缓解商业规模快速扩大导致的问题。

美国有环境保护署（Environmental Protection Agency）提供并执行有关环境法，联合国也有一个称为联合国环境规划署（United Nations Environment Programme，UNEP）的部门，专门负责可持续实践行动与环境保护问题的教育、推广与促进。总之，全球的环保意识和关注程度超出了法律的规定，许多公司现在正努力成为这项"绿色"运动的领导者。

沃尔玛是一家著名的业务遍布全球的零售商，它已开始意识到"国际化思维，本土化行动"（Think globally, act locally）的许多好处。关于可持续发展，沃尔玛有三大目标：①百分之百使用可再生能源；②零浪费；③销售对环境和人们具有可持续性的产品。与环境保护者一起工作，它发现生产和供应链环节的改善能减少浪费与污染，因此能降低成本。通过减少包装，沃尔玛一年能节省 240 万美元、3 800 棵树、100 万桶石油。超过 8 万家供应商竞相将其产品放在沃尔玛的货架上，这意味着沃尔玛能有力地影响供应商经营的方式。为鼓励供应商进行可持续发展，沃尔玛建立了"可持续发展中心"网站以共享标准、鼓励创新。沃尔玛的努力是全球性的，根据它的三大目标，沃尔玛正从墨西哥买进太阳能和风能，采购中国和印度当地的食品，分析巴西消费者对产品生命周期的影响。缓解饥饿已成为沃尔玛善举的目标，它还与美国援外合作社合作来支持教育、工作培训，并为秘鲁、孟加拉国和印度的女性提供企业家项目。沃尔玛正试图改变全球标准，促使降低能源和燃料成本。尽管沃尔玛在履行全球企业社会责任的努力中遇到了一些挫折，但它一直在应对来自社会责任和可持续性的压力（见第二部分末尾的深度综合案例 P2-2）。

通用电气通过"绿色创想"推进环境可持续性，并采取与业务目标相结合的积极措施。因为业务目标不仅需要关注现在，还需要重视人类的需求和未来的环境，所以管理模式也一直在变化。"绿色创想"计划是通用电气的全球战略驱动方案，旨在用创新提高能源效率。通过满足对绿色产品和服务的需求，通用电气为股东创造价值，并促进环境的可持续性。在北卡罗来纳州的通用日立核能发电工厂，一个新的污水处理系统"每年可以减少 2 500 万加仑[⊖]的水资源使用，每年避免排放将近 80 吨的二氧化碳，每年在水和能源成本上节约 16 万美元"。通用电气的"绿色创想"ZeeWeed®膜生物反应器（MBR）技术每天将近 65 000 加仑的污水转化成能用于设施设备的冷却塔的水。通用电气的颜巴赫内燃机吸收各种可燃气体来创造能量。颜巴赫内燃机是将墨西哥填埋的废物气体转化为能源的项目的核心，墨西哥前总统费利佩·卡尔德龙称其为拉丁美洲"可再生能源项目的典范"。这个项目创造的能源支持了"蒙特瑞白天的光轨系统以及夜晚的城市街道照明系统"。

另外，通用电气建立的航班管理系统（FMS）使得航空公司减少了燃料成本和气体排放。据通用电气的"绿色创想"2008 年年度报告，"航班管理系统使得飞行员在保持高效的巡航高度的同时，自己去决定哪一个油门可以减少航班空闲，同时又允许飞机精确到达规定的跑道而不需要多踩一下油门"。斯堪的纳维亚航空公司预计，航班管理系统每年为航空公司节约了 1 000 万美元。据通用电气的 CEO 杰夫·伊梅尔特（Jeffrey Immelt）以及"绿色创想"的副主席史蒂夫·M. 弗拉德（Steven M. Fludder）说，"'绿色创想'扮演着促进经济复苏的角色，支持了未来的工作，改进了顾客和我们自己对环境的影响，增进了能源独立性，促进了有益于环境的方案创新"。

3.3.3　公司治理

全球道德和治理丑闻使公司的监督与问责制面临着严格的审查。Adelphia、安达信、奥林巴斯、汇丰银行、泰科、巴克莱被举报存在与公司治理有关的不正当行为，此外，一些金融服务公司，包括瑞士信贷集团、德意志银行、雷曼兄弟、花旗银行以及许多其他公司都涉嫌不正当交易等活动。随着财务危机和公司丑闻的曝光，董事、投资者和政府越来越重视公司治理。危机和丑闻并不局限于一个国家或一个洲，而成为一种全球性现象。

公司治理（corporate governance）可以定义为管理和控制公司的体系。公司治理结构详细规定了公司不同参与者如董事会、管理者、股东和其他利益相关方的权利及责任分配，清楚说明了公司决策制定的规则和程序。

⊖　1 英制加仑 = 4.546 升，1 美制加仑 = 3.785 升。

这些规定也提供了公司目标制定的结构、达成这些目标和控制绩效的方法。

公司治理的规章制度在世界各个国家和地区都存在差异。例如，英国和美国的体系被称为"局外人"（outsider）体系，因为公司资产的所有权分散在大量外部投资者手中。从历史上看，虽然机构投资者的所有权占主导地位，但他们通常不会在公司中持有大量股份，因此，他们只拥有有限的直接控制权。相反，在局内人（insider）体系中，如许多欧洲大陆国家的体系，所有权往往更加集中，股份经常由控股公司、家族或银行持有。此外，如第2章所描述的法律体系差异也影响了股东和其他利益相关方的权利，因此，公司管理者要对所有这些支持者做出回应并承担责任。总体而言，北美和欧洲体系被认为比较好地保护了股东和其他利益相关方的权利。在法律和制度保护不健全、所有权模糊的地区，如亚洲、拉丁美洲和非洲的一些国家，裙带资本主义（crony capitalism）的产生可能源于薄弱的公司治理和政府干预导致的较差的绩效、冒险的财务模式和宏观经济危机。

随着回应企业责任的压力持续增长，公司治理在未来几年无疑将受到政府、投资者、非政府组织和企业的高度重视。

3.3.4　腐败

正如第2章提到的，政府腐败是国际商业中普遍存在的问题。最近几年爆出丑闻的有巴西、哥斯达黎加、埃及、巴基斯坦、南非等。政府和企业已采取一些积极措施，阻止腐败蔓延趋势。

《反海外腐败法》规定美国公司或管理者试图通过个人支付或政治献金影响国外政府官员的行为是非法的。在该法案通过以前，一些美国跨国公司有过类似行为，但是意识到其股东不会同意这些行为，公司就将这些支付款项谎称为娱乐费用或咨询费用等。不仅该法案禁止这些活动，美国国税局也不断审计跨国公司的账簿。那些为非法活动计提费用的公司会遭受严厉的经济处罚，参与者甚至会被判入狱。严格执行《反海外腐败法》得到许多人的赞同，但是一些评论家想知道，这样做是否会伤害美国跨国公司的竞争力。积极的一面是，许多美国跨国公司现在已经增加了在其过去行贿过的国家的业务数量。此外，美国许多机构投资者已声明将不会购买参与不道德行为的公司的股票，并且将卖出这些公司的股票。考虑到这些机构有几千亿美元的投资，跨国公司高层管理者必须回应它们的要求。

《反海外腐败法》对美国跨国公司的影响，积极作用似乎远大于消极作用。对于美国跨国公司近年来的成长，客观地说，行贿在许多国家不是从商的基本组成部分，因为当跨国公司在某个市场停止行贿时，它们仍能销售其产品。但是，这并不意味着贿赂和腐败已经成为过去。

行贿仍然是全球跨国公司面临的一个问题。事实上，阿尔斯通公司、BAE系统公司、戴姆勒股份公司、哈利伯顿公司、西门子、沃尔玛以及其他跨国公司的丑闻都强调了一个事实，即高层经理人仍存在受贿和腐败行为。尽管西门子支付了罚款，但美国政府还是很担心其他国家关于整治腐败的法律的执行。图3-3显示了部分国家或地区的腐败指数，美国排名第16位。这些排名每年都会有所波动，影响其波动的因素包括政府或政党权力的更替、经济危机以及个别国家的制裁。

为了遵守《反海外腐败法》的规定，美国公司必须意识到违法者将服从联邦量刑指导方针（Federal Sentencing Guidelines）。该法的起源和相关的量刑指导方针可以追溯到两名洛克希德公司的管理者，他们被举报贿赂埃

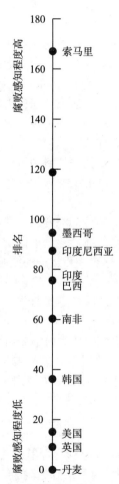

图 3-3　部分国家或地区 2016 年"透明国际"腐败指数排行

资料来源：根据《2016 年"透明国际"腐败指数排行》（*Transparency International Corruption Perceptions Index Ratings 2016*），由 Ben Littell 在乔纳森·P. 多的指导下绘制。

及国会议员 100 万美元，以确保埃及军方购买其公司的战机。其中一人被判缓刑，罚款 2 万美元；另一人最初逃过了检察，但最终被罚 12.5 万美元，并判入狱 18 个月。

许多工业化国家达成了一项正式协议，该协议将贿赂外国政府官员定义为非法行为，这是另一项促进"反腐败"立法的发展。该协议最初包括经济合作与发展组织（OECD）的成员方，这标志着美国的一大胜利。美国虽然 20 年前就认定海外贿赂不合法，但是一直没能说服其他国家也这样做。结果，美国公司长久以来一直抱怨它们相比通过贿赂取得成功的竞争对手，每年损失几十亿美元。

这项协议没有禁止向政治领导人的大多数献金。事实上，该协议的规定比美国谈判代表想要的范围要小，因此仍受到来自美国政府的压力，要求其扩大协议的覆盖范围。然而，这是朝着全球商业更具道德和公平竞争的方向迈出的一步。此外，在总结协议的影响和价值时，一名观察员指出："站在他们的立场上，公司管理者表示这个协议反映了欧洲和日本公司对反对贿赂行为的不断增长的支持，他们曾公开反对这个想法。一些欧洲领先的工业企业，包括一些已卷入贿赂行为指控的公司，已公开赞成针对腐败的严厉措施，并主张抑制不断增加的腐败的影响。"

除了经济合作与发展组织的 30 多个成员方，一些发展中国家，包括阿根廷、巴西、保加利亚和南非都已经签署了经合组织协议。拉丁美洲一些国家已建立美洲国家组织（OAS）《美洲国家间反腐败公约》，1997 年 3 月实施，超过 25 个西半球国家签署了这个公约，包括阿根廷、巴西、智利、墨西哥和美国。作为一种防止腐败向供应商和中间商转移的方式，在总结回顾了 34 家公司的实际做法后，"针对签约实体的透明代理商"（TRACE）标准得以发布。这一标准适用于企业中间商，包括销售代理、咨询顾问、供应商、分销商、转售商、转包商、经销商和合资企业的合作伙伴，所以最终生产者、分销商和顾客能够相信供应链中没有成员可以参与腐败。

政府和公司都已采取重要措施来阻止腐败蔓延，但还需要做更多工作，以减少腐败对公司及其运营所在地的更广泛的社会影响。

3.3.5　国际援助

除了政府和企业发起的道德与社会责任实践外，政府和企业正越来越多地通过全球合作伙伴关系为世界各地的团体提供援助。这种援助对那些还没有从全球化和经济一体化中获益的地区而言特别重要。一项研究使用成本效益法分析了对投资产生最大影响的地方，确定了全球发展援助的首要任务。分析结果列在表 3-3 中。消除营养不良、控制疟疾和儿童免疫疾病都是最佳的投资项目。政府、国际机构和企业正共同努力解决这些问题。

表 3-3　哥本哈根共识投资重点

排名	投　　资
1	捆绑微量营养素干预措施，以消除饥饿和改善教育
2	扩大对疟疾组合治疗的补贴
3	扩大儿童免疫接种的覆盖率
4	对学童进行驱虫以改善教育和健康状况
5	扩大结核病治疗
6	通过研发提高生产量，以减少饥饿、对抗多样性破坏、降低气候变化的影响
7	扩大对预防自然灾害预警系统建设的投资
8	加强手术能力
9	乙肝疫苗接种
10	在贫穷国家使用低成本药物治疗急性心脏病（在发达国家已经实现）
11	推广减盐运动以减少慢性疾病发作
12	将地球工程的研发纳入太阳辐射管理的可行性研究
13	对提高入学率的有条件的现金投入

（续）

排名	投　资
14	加速艾滋病疫苗研发
15	扩大关于学校教育收益的信息宣传活动
16	对井眼和公共手摇泵的干预

资料来源：哥本哈根共识（2012）。

在 2015 年 9 月的联合国首脑会议上，世界领导人通过实施可持续发展目标将发展置于全球议程的核心（见表 3-4）。17 项可持续发展目标构成了一项雄心勃勃的议程，旨在到 2030 年大大改善人类状况。这些目标为消除贫困、饥饿、疾病和不平等，同时保护环境和气候制定了明确的目标。对于每个目标都已定义指标，用于跟踪实现目标的进度。

表 3-4　联合国可持续发展目标

目标 1：消除贫困——在世界各地消除一切形式的贫困

目标 2：消除饥饿——消除饥饿，实现粮食安全，改善营养，促进可持续农业

目标 3：良好健康与福祉——确保健康的生活方式，促进各年龄段人群的福祉

目标 4：优质教育——确保包容、公平的优质教育，促进全民享有终身学习机会

目标 5：性别平等——实现性别平等，为所有妇女、女童赋权

目标 6：清洁饮水与卫生设施——确保所有人享有水和环境卫生，实现水和环境卫生的可持续管理

目标 7：廉价和清洁能源——确保人人获得可负担、可靠和可持续的现代能源

目标 8：体面工作和经济增长——促进持久、包容、可持续的经济增长，实现充分和生产性就业，确保人人有体面的工作

目标 9：工业、创新和基础设施——建设有风险抵御能力的基础设施、促进包容的可持续工业，并推动创新

目标 10：缩小差距——减少国家内部和国家之间的不平等

目标 11：可持续城市和社区——建设包容、安全、有风险抵御能力和可持续的城市及人居环境

目标 12：负责任的消费和生产——确保可持续消费和生产模式

目标 13：气候行动——采取紧急行动应对气候变化及其影响

目标 14：水下生物——保护和可持续利用海洋及海洋资源以促进可持续发展

目标 15：陆地生物——保护、恢复和促进可持续利用陆地生态系统，可持续森林管理，防治荒漠化，制止和扭转土地退化现象，遏制生物多样性的丧失

目标 16：和平、正义与机构建立——促进有利于可持续发展的和平与包容的社会，为所有人提供诉诸司法的机会，在各层级建立有效、负责和包容的组织结构

目标 17：可持续发展——加强执行手段，发展可持续的全球伙伴关系

资料来源：www.un.org/sustainabledevelopment/sustainable-development-goals/.

一项更具体的举措是 2001 年"全球抗击艾滋病、结核病和疟疾基金"的成立。截至 2015 年底，该基金已向超过 151 个国家提供了超过 330 亿美元的赠款。

通过这些和其他努力，跨国公司、各国政府和国际组织正在向世界各地的组织团体提供一系列资源，以协助它们应对全球化和发展的挑战，并呼吁越来越多的国际管理人员支持并为这些举措做出贡献。

┃国际管理世界┃回顾┃

"国际管理世界"的开篇案例中概述了三家公司如何设法将社会责任和可持续性纳入其商业战略及业务运营。在多种情况下，这些公司对外部环境的变化做出了回应，并试图利用人们对商业可持续性日益增长的兴趣和支持。这种兴趣已经在全球范围内传播，发达国家和发展中国家的公司越来越致力于可持续的未来。

本章集中讨论了全球经济活动中商业伦理和企业社会责任，包括政府、跨国公司和非政府组织对促进更高水平的伦理与社会责任行为的作用。跨国公司对环境可持续性和"为善者诸事顺"的新关注是这一趋势的重要方面。

全球商业伦理和公司治理丑闻震撼了金融市场，并牵涉到数十家公司。美国通过新的公司伦理指导方针迫使许多跨国公司关注其内部的伦理实践，并做出相应改变。欧洲和亚洲的立法机构也调整了公司财务披露规章。

持续的全球化和自由贸易趋势似乎鼓励发展一套全球伦理、社会责任和反腐败标准。这实际上可能有助于企业削减合规成本，因为它们意识到经济体具有共同的全球框架。

　　基于本章内容，回答以下问题：①发达国家的政府和企业是否在道德上有责任帮助发展中国家的经济发展和社会进步？②政府、企业或非政府组织是否准备好了提供援助？这些部门之间如何合作以提供全面的援助？③当在其他国家经营时，企业是否有责任使用其最优的道德规范和社会责任做法，即使与这些国家的做法不同？④企业如何利用其道德信誉、社会和环境责任来提高业绩？

本章小结

1. 伦理是对有关道德和行为标准的研究。它在国际管理研究中很重要，因为各国之间的伦理行为有所不同。伦理以社会和公司面临问题时的做法表现出来，如雇用条件、人权和腐败。国际管理中的一大危机就是伦理相对主义困境——入乡是否随俗。

2. 前几年，跨国公司可能越来越关注于承担社会责任，非政府组织正在促成这个结果。国家也在立法规范跨国公司的伦理行为和治理准则。跨国公司正更加主动地向经营所在地区做出社会贡献，同时制定管理道德规范与社会责任的行为准则。公司表现特别积极的一个领域是，追求环境可持续发展和商业目标相平衡的战略。

3. 跨国公司与政府、非政府组织联合，也致力于国际发展援助，以确保公司治理工作完善有效。

复习与讨论题

1. 在离岸外包工作方面，不同的道德哲学如何影响管理者做出决策？

2. 美国跨国公司近年来从贿赂和腐败丑闻中吸取了哪些教训？例如对在伊拉克开展业务的承包商（哈里伯顿公司），以及西门子、惠普等大型跨国公司的影响。请讨论其中两个案例。

3. 近年来，规则已经收紧，那些在贸易谈判中为美国政府工作的人现在被禁止为外国公司做说客工作。

这是一个好主意吗？为什么？

4. 打击仿冒行为的策略有哪些？对于可任意创造的产品（如电影）与不可任意创造的产品（如药品），哪种策略更有效？

5. 跨国公司为何要参与企业社会责任和可持续商业实践？这显示了它们的社会责任感，或者仅仅是为了更好地开展生意，还是两者兼而有之？回答并阐述原因。

国际聚焦

古巴

　　古巴是一个位于大西洋和加勒比海之间的岛国。这个国家距离佛罗里达州 Key West 岛只有 150 公里，面积比宾夕法尼亚州略小。古巴几乎没有自然资源，但拥有一定储量的钴、镍、铁矿石、铬、铜、盐、木材、硅、石油和耕地。

　　古巴约有 1 100 万人口，200 多万人居住在首都哈瓦那。目前其人口数量每年减少 0.15%，年龄中位数为 40.4 岁，高于平均水平，超过 70% 的人口年龄在 25 岁以上。

　　2015 年，古巴的国内生产总值为 771.5 亿美元。由于古巴与其他许多国家的经济隔绝，所以人们对这一数字存在争议。50 年来，古巴外汇一直受到限制。古巴通行两种货币，一种由古巴本国人使用，另一种由游客和商人使用。在经历了严重的经济衰退和 2006 ~ 2009 年的经济稳步下滑后，古巴经济出现复苏，GDP 年增长率稳定在 1% 左右。2015 年，其 GDP 增长了约 1.3%，人均 GDP 约为 1 万美元，但一些人认为这个数字偏高。

　　古巴是一个社会主义国家，国家主席是由全国人大代表选举产生的，任期五年。

　　在过去，古巴能从委内瑞拉等国获得大部分的外国投资，但由于油价大幅下跌，所以古巴正在向美国和其他西方投资者寻求帮助。2014 年，时任美国总统奥巴马和古巴国务委员会主席劳尔·卡斯特罗宣布，将寻求实现两国关系正常化。之后，两国重新开放了驻对方国家的大使馆，旅行限制也得到了缓解。2016年，奥巴马和劳尔·卡斯特罗举行了一系列的面对面会谈。电信巨头威瑞森和 Sprint 已与古巴国有电信公司建立漫游协议。美国公民现在可以在古巴使用借记卡。

如果你是国际管理顾问

随着美国和古巴的紧张关系开始解冻，贸易和商业机会可能会更多，这将使古巴成为美国公司的潜在投资目标。爱彼迎（Airbnb）是一家已经利用这个新市场的公司，它是一家私人住宅和房间租赁网站，该网站于 2015 年 4 月在古巴市场开放。随着古巴政府开始允许越来越多的私营企业存在，房间租赁正迅速成为古巴人赚取外汇的最成功的方式之一。该公司希望，随着两国关系继续正常化，它可以在这个以前没有访问过的国家提供可靠的租赁服务。因为要全面恢复古巴和美国的关系还需要一段时间，所以爱彼迎在短期内并没有把这个岛国视为一个主要的利润来源地。但是，预计在未来几年美国游客到访古巴的数量将增长 30%，爱彼迎相信自己在古巴的早期投资将会得到回报。

问题

1. 你会建议一家公司成为古巴的早期投资者吗？

2. 你认为爱彼迎在古巴的投资最终会取得成功，并成为它一个可靠的利润来源吗？

3. 你认为古巴会成为美国的一个有吸引力的长期旅游目的地吗？

是广告还是言论自由：关于耐克与人权的案例

耐克公司主营运动产品，如鞋子、衣服和运动器材，多年以来一直享有着无与伦比的全球增长态势，是这一领域全球领先的生产商。全球范围内的消费者都认识耐克的品牌和商标。作为职业运动员和组织的供应商及赞助商以及大型公众广告商，耐克闻名遐迩。它是境外制造的先行者，创建了公司所有的流水线工厂，并在发展中国家签订第三方合同。

1996年，《生活》杂志发表了一篇里程碑式的关于耐克海外转包合同方劳工情况的文章，题为："在美国的运动场上，每一个儿童的目标是得分；在巴基斯坦，儿童缝足球一小时6美分，他们的目标是生存。"文章随附了一张照片，12岁的巴基斯坦男孩正在缝耐克的轧花足球。照片说明是这样的：工作持续了整整一天，儿童为他的辛勤工作得到了6美分。直到这时，公众才意识到耐克对外国劳动力的广泛使用，了解了发展中国家劳动力的工作安排和待遇。自此开始，耐克成为在世界不发达地区不道德使用境外工人的"典范"。这个绰号持续地困扰着该公司，许多劳动者权益组织监督且经常指责耐克的全球劳动力雇用状况。

在随后的几年，耐克的执行官频频成为公共场合的目标，特别是在大学里，学生迫使体育老师禁止使用"血汗工厂"生产的产品。确实，在俄勒冈州立大学，耐克首席执行官菲尔·奈特（Phil Knight）赠送的一份礼物受到阻挠，部分是因为学生反对耐克进入校园。

之后，耐克立刻采取措施以维护品牌形象。2001年，耐克建立了企业责任和可持续性委员会，以确保在其供应链中，工人劳动是合乎道德的。2003年，公司雇用了86位监察主任（1996年只有3位）监管工厂的运作和工作条件，确保符合公司公布的行为规范。2005年，耐克在同行业中第一个发布完整清单，列出所有与其签订劳动合同的海外工厂。同年，耐克公布了工人的工资标准，并公布了正在进行的进一步改善工人工作条件的做法。即便如此，过去行为的污名（不论是否真实）仍然影响着公司的形象和品牌，但耐克一直维护着自己的行为，试图重振声威。

2002年，马克·卡斯基控告耐克，声称耐克在否认直接参与滥用国外劳动力情况中有意造假和发表误导言论。耐克通过发布新闻、整版广告并且与报社编辑进行沟通来维护自身权益，试图证明不正当行为的指控没有证据。原告是一位当地居民，他依据加利福尼亚州禁止非法商业实践的法律断言，耐克的公开声明受到了营销和公共关系的激励，显然是虚假的。据该指控，耐克的声明误导了公众，因而违反了加利福尼亚州的法律。耐克通过宣称其声明受到第一修正案的影响和保护进行反驳，并表示该法案应该保护言论自由。州法院认定，一个公司关于其运作的公开声明能说服消费者购买产品，因而是有效广告，所以，该案件只能依据耐克的声明是否虚假和具有误导性进行裁决。法院陈述道，提升公司的声誉等同于销售邀请，这是州立法中的一条惯例。法官总结观点后判定："因为信息是由商业发言人向商业受众传达的，他们对自己公司商业运作事实陈述的目的在于推销其产品，所以我们裁定，这些信息是商业言论，目的是运用州立法所禁止的虚假性和误导性商业信息。"法院达成的结论是，商业企业为推广声誉所做的声明，比如广告，必须是事实陈述，并且公司有明确的责任就此类问题说出实情。

2003年1月，美国最高法院同意听取加利福尼亚州最高法院对耐克案件的申诉。美国最高法院同意调查耐克先前关于海外转包工厂的工作环境声明是否真是"商业言论"，并且单独裁决个人（如卡斯基）是否有权控诉这些工厂。卡斯基的支持者包括加利福尼亚州以及其他17个州的公民组织，如加利福尼亚州的美国劳工联合会、美国产业工会联合会，以及加利福尼亚州首席检察官。而耐克的盟友包括美国公民自由协会、美国商业圆桌会议、美国商会，跨国公司如埃克森美孚和微软，以及布什政府。

由于大型企业（特别是跨国公司）的潜在广泛影响，美国最高法院在2003年6月因案件的程序问题驳回了案件，因为法官斯蒂芬·布雷耶和桑德拉·戴·奥康纳认为耐克可能会在美国最高法院赢得诉讼，耐克的声明被描述成混合了"商业性"和"非商业性"言论。这对耐克以及其他跨国公司意味着，如果法院试图规范真实性问题，耐克将有可能胜诉。

虽然这一案件没有为公司商业惯例或企业社会责任建立起全国先例，但由于问题的敏感性，耐克近几年已更多用行动而不是语言来证明。作为国际企业社会责任的一部分，耐克进行了社会援助（2004 年捐款 100 万美元用于海啸救济），在外包业务中也提倡平等的工资和雇用。耐克声称，它并没有放弃在一些国家的生产，因为这可以利用较低工资的劳动力，而且国外工厂的工资严格按照当地的规定，因为工资和购买力、生活成本差异也有关系。耐克基金会是由耐克资助的一家非营利机构，也正在积极支持联合国新千年发展目标，特别是那些旨在通过提供更优质的医疗、教育和更多的经济机遇来改善少女生活的发展中国家（尤其是孟加拉国、巴西、埃塞俄比亚和赞比亚）。环境影响也是耐克企业社会责任的一个重要组成部分，该公司的重点是在产品制造地区节约用水，并利用新技术将染色过程所需的水量最小化。耐克已承诺到 2020 年消除供应链中的所有有害化学物质。

作为国内企业社会责任的一部分，耐克主要关心让年轻人保持活跃，大概是出于健康、安全、教育、心理自尊等原因。耐克参加过美国头脑启动计划（Head Start，2005 年）和俄勒冈州特奥会（2007 年），还创建了自己的社区项目"NikeGO 活动"，鼓励年轻人开展体育活动，并与第一夫人米歇尔·奥巴马合作，致力于将"让我们行动"（Let's Move，2013 年）推广到美国各地的学校。耐克还赞助了"项目游戏"（Project Play，2014 年），旨在通过鼓励孩子们参与，重塑青少年体育的发展方向。此外，耐克致力于国内援助，如卡特里娜飓风救济和教育救济，后者是由耐克学校创新基金会（Nike School Innovation Fund）赞助的早期扫盲倡议（Primary Years Literacy Initiative）。

虽然耐克拥有令人印象深刻的企业社会责任项目，但假如加利福尼亚州最高法院维持判决，那么耐克的全球企业社会责任活动的推广或"广告"仍可能遭受法律挑战，这也可能成为跨国公司的雷区。它能有效地将公司的人权提升到与营销和广告相当的地位，在这些条件下，跨国公司可能仍然难以防范滥用人权的控告。事实上，诸如公司书面行为规范的公布和分发可能流于广告声明之列。虽然"卡斯基诉耐克"的案件在法庭上没有得以完全解决，但案件提到的问题仍然存在于许多跨国公司中。

此外还能发现，法院的裁决对耐克的财务产生了很大的影响。虽然案件在州和最高法院层次上都是公开的，但耐克仍然保持着强劲的增长。公司将业务扩展到了不同类型的衣服和运动器材，并继续选择成功的运动员推出广告。耐克丝毫没有显示出放缓发展的迹象，这表明它的品牌和商标在全球市场上没有受到巨大损失。

问题

1. 跨国公司在对待外国工人时面临哪些伦理问题可能为其带来官司？

2. 第三方独立合同的使用是否能使跨国公司免遭攻击？这种方式能不能为跨国公司提供良好的防卫措施，从而免于滥用"雇员"的控告？

3. 你是否认为公司良好的工人待遇和道德行为是创造良好形象的一部分？消费者是否会根据他们对公司行为和价值观的感觉来判断该公司并做出购买决策？"某国制造"（例如"美国制造"）现在是否会被"某公司制造"（如"X 公司制造"或"由 Y 公司为 X 公司制造"）取代？

4. 鉴于案例中阐述的原则，公司如何评价其促进人权的积极行为，使得消费者对其心生好感？你会建议一家公司什么也不做或制定一套公司行为准则，还是与国际机构编制的一些普遍盟约或契约保持一致？

5. 尽管存在法律诉讼，但耐克在财务方面的持续成功表明了消费者对负面宣传有着怎样的反应？美国的媒体和非政府组织是否夸大了耐克的劳工政策和企业社会责任对销售的影响？跨国公司的管理者如何应对这些消极公关？

资料来源：本案例由亚利桑那州立大学 W. P. Carey 商学院的 Lawrence Beer 编写，作为课堂讨论的基础，它并不是在说明有效或无效的管理能力或行政责任。

TOMS 迈出的正确一步

创业家布莱克·麦考斯基（Blake Mycoskie）在他的第四家创业公司工作了很长时间后，2006 年，快 30 岁的他到阿根廷进行了一次休假。虽然他完全沉浸在当地的文化中（比如，学习跳探戈，享受阿根廷美酒，参加马球运动），但麦考斯基也注意到阿根廷时尚文化的多样性。有一种潮流特别吸引麦考斯基，那就是柔软的帆布鞋（称为"alpargata"），几乎所有的阿根廷人都穿这种鞋。在阿根廷期间，他也穿这种帆布鞋。他很快意识到这双鞋的实用和舒适，这让他不禁想问：美国的消费者是否也会对这种产品感兴趣？

布莱克·麦考斯基：连续创业者

麦考斯基生于得克萨斯州阿灵顿，是 TOMS Shoes 的创始人。作为一名环球旅行家和前真人秀选手，他的整个职业生涯都是在新创企业中度过的，他的许多商业知识都是通过阅读成功经营者的传记自学的。尽管最初就读于南卫理公会大学（SMU），但两年后因伤失去了网球奖学金，麦考斯基就辍学了，这种自由让他有机会将自己的创业想法付诸行动。

麦考斯基的第一个创业公司 EZ 洗衣房，是一家位于 SMU 的小型洗衣服务公司。这所大学没有校园干洗服务，所以有稳定的需求。到 1999 年，EZ 洗衣店已经扩展到其他三所学校，麦考斯基将 EZ 卖给了他的合作伙伴。根据这一经验，麦考斯基搬到了纳什维尔，并建立了他的下一个企业——布莱克·麦考斯基传媒。作为一家户外广告牌公司，麦考斯基传媒专注于推销乡村音乐。该公司实现了稳定的利润，而麦考斯基在短短 9 个月后就将其出售了。

两次成功创业后，麦考斯基和妹妹佩奇在 2001 年申请参加真人秀《幸存者》。虽然没有成功晋级，但他们很快投入另一场旅行真人秀节目《极速前进》。通过这个节目，麦考斯基能够前往非洲、亚洲和南美冒险。最终他们以第二名结束比赛，这支兄妹组合仅因落后几秒而失去了百万美元的奖金。然而，也许更重要的是，这次冒险让麦考斯基第一次置身阿根廷。同年晚些时候，他搬到了洛杉矶，在那里开始了他的第三次创业，创办了网络节目《现实中心》。这是一次新的冒险，麦考斯基与 E！Entertainment Television 创始人 Larry Namer 合作。该网络节目于 2003 年首次亮相，既可以播放新的原创节目，也可以重播过去成功的真人秀。直到 2005 年其竞争者《福克斯真人秀》抢占收视率为止，麦考斯基从支持者那里筹集到了大量资金，其想法被证明是成功的。不久之后，麦考斯基（忠于他的企业家精神）与 Trafficschool.com 的创始人合作，开始了他的第四次创业——一个基于网络的司机教育服务网站。为了提高品牌知名度，麦考斯基成立了一个营销公司——Closer Marketing Group，以更好地促进他的司机教育业务。

TOMS 实验

在这些成功之后，2006 年，他开始了对阿根廷的关键之旅。当旅行接近尾声时，麦考斯基偶然发现了一个救援人员在做"鞋靴行动"，她正在努力为贫困儿童提供新鞋。她向麦考斯基解释，即使在像阿根廷这样的国家，贫困儿童也经常缺少鞋子。没有鞋子，简单的日常工作是相当困难的，孩子们也特别容易生病。根据志愿者的说法，不合适的捐赠限制了像"鞋靴行动"这样的活动。

接下来的几天，麦考斯基开始关注阿根廷地区的贫困现象。他和志愿者一起去了当地的几个村庄，亲身到孩子中间体会他们的贫困。这次经历给他留下了深刻的印象，促使他考虑参与解决贫困问题。麦考斯基制定了解决这一贫困问题的策略，尽管他考虑成立慈善机构为孩子们募集鞋靴，但鞋码不一致和捐款的不稳定性让麦考斯基决心采用商业导向的解决方案。源源不断的鞋子可供捐赠，是成功的关键。麦考斯基建立了以营利为目的的业务模式，每出售一双鞋，就捐出一双鞋给需要的贫困儿童。麦考斯基回顾阿根廷的冒险，在"alpargata"鞋的基础上设计鞋子，并认为其在美国市场具有成功的潜力。"为更美好的明天而设计的鞋子"（Shoes for a Better Tomorrow）是公司最初的名字，基于"今天销售鞋子决定明天将会捐赠鞋子"这一理念，公司名字最终被缩写为"明天的鞋子"（Tomorrow's Shoes），之后又再次简称为 TOMS（见图 P1-1）。

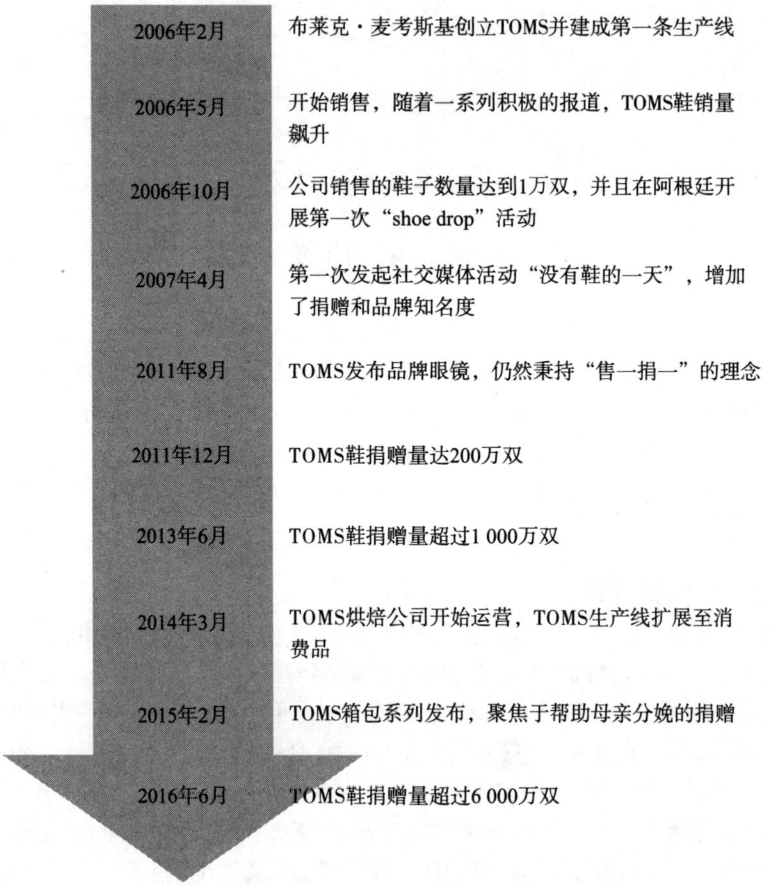

2006年2月	布莱克·麦考斯基创立TOMS并建成第一条生产线
2006年5月	开始销售，随着一系列积极的报道，TOMS鞋销量飙升
2006年10月	公司销售的鞋子数量达到1万双，并且在阿根廷开展第一次"shoe drop"活动
2007年4月	第一次发起社交媒体活动"没有鞋的一天"，增加了捐赠和品牌知名度
2011年8月	TOMS发布品牌眼镜，仍然秉持"售一捐一"的理念
2011年12月	TOMS鞋捐赠量达200万双
2013年6月	TOMS鞋捐赠量超过1 000万双
2014年3月	TOMS烘焙公司开始运营，TOMS生产线扩展至消费品
2015年2月	TOMS箱包系列发布，聚焦于帮助母亲分娩的捐赠
2016年6月	TOMS鞋捐赠量超过6 000万双

图 P1-1　TOMS 发展简史

解决问题的产品

TOMS 秉承"通过可靠的商业实践来扩大服务范围"的理念而建立。正如人们经常讨论的那样，TOMS 坚持"售一捐一"的公司理念：每卖出一双鞋就会捐出一双鞋给需要的孩子。起初 TOMS 专注于开发和销售简单的阿根廷帆布鞋，后来，TOMS 丰富了产品线。目前的鞋子选择包括冬靴、雨鞋、运动鞋，甚至是本地的鞋子。通过在当地生产地方传统鞋，增加了发展中地区的就业机会。每一双捐赠的鞋子都是根据其所在的特定地理区域量身定做的。

2011 年，TOMS 增加了眼镜类产品。TOMS 每卖出一副太阳镜，就会向有需要的人捐赠一副治疗用眼镜。而且，购买太阳镜还可以资助更多与眼部相关的项目，包括视力保护手术和药物治疗。此外，TOMS 还发起眼部护理教育项目的捐赠活动，通过此次项目，TOMS 与 13 个不同国家的 14 个组织开展合作并帮助多元化社区。

TOMS 继续扩大产品线并拓展社会服务项目。2014 年，TOMS 第一家可消费产品公司——"TOMS 烘焙公司"成立，经营咖啡产品。每卖出一袋咖啡，TOMS 就会给需要的地区提供 140 升水，即向一个人提供一周的新鲜、安全用水。至今，TOMS 已经为全球提供了超过 25 万周的安全饮用水。2015 年，TOMS 把业务扩大到手提包行业，并通过慈善渠道确保在发展中国家的母亲能安全分娩。分娩并发症的主要原因是感染，通过捐赠手提包的部分利润，TOMS 向需要者提供经济支持，这使得受捐助的分娩母亲感染率减少了 80%。

随着"售一捐一"理念的推进，TOMS 继续扩大其产品线，从中获得了更多的收入，同时也帮助了更多需要帮助的人。TOMS 也在传播它的理念，并获得更多的合作伙伴来帮助它实现目标。

非传统领导者

麦考斯基采取非传统的方式来管理 TOMS 的日常运作。许多企业家花很长时间在办公室，但麦考斯基则把更多的时间花在路上，像一个行走的品牌代表，这使他能够亲自向潜在客户传达 TOMS 的理念。在办公室，一个精心挑选的管理团队负责公司的日常运作。即使在办公室的时候，他也采取非传统的方式来管理他的员工，比如各种非正式会议经常在他的帆船上举行。

麦考斯基的个人生活同样是不寻常的。在结婚和有孩子之前，他住在帆船上，停靠在加利福尼亚州的玛丽安德尔湾。他早上 8:30 左右起床，以一个有机能量棒作为早餐，然后花几小时写作，最后才走进办公室。麦考斯基坚持写个人日记，这使他能够及时追踪自己的想法。事实上，他的日记已经超过了 50 本，包含了他对生活各个方面的思考，而且他通常在数月后重新翻看日记。在一个要求雇主即时通信的世界里，麦考斯基因经常一段时间内不回复邮件而臭名昭著。众所周知，他还经常绕过电子邮件使用手写的信件。而且，麦考斯基经常作为公司发言人出现在机场和盛大的集会。他的大部分时间用在不同的活动和大学演讲上，以推广个人的社会责任、TOMS 的理念以及他认为对世界产生积极影响的信息。在一年中的两三个月里，麦考斯基也会抽出时间去旅行，通过观察世界和结识新朋友来启发自己。

在访问阿根廷并建立 TOMS 品牌后，麦考斯基一直专注于企业的责任和慈善。每年麦考斯基都会几次带领由志愿者和员工组成的团队开展"shoe drop"活动。这个活动的内容是一个由 10 ~ 15 名员工和志愿者组成的 TOMS 团队到访某个地区，并向有需要的人分发鞋子。这个机会被认为是一种荣誉，一名员工必须在公司工作数年，才能获得参与的机会。TOMS 目前已向 40 多个国家捐赠了鞋子，预防疾病并为许多儿童提供了更好的生活。

社会责任、可持续性和商业战略

早些时候，对 TOMS 慈善项目最常见的批评之一是，它并没有在当地创造新的就业机会。通过建设性地利用这种反馈，麦考斯基扩大了"售一捐一"的理念，并将公司之后的工作重点放在为那些接受捐赠的发展中国家创造就业机会。

2013 年，TOMS 承诺在其捐助的地区生产 1/3 的鞋子。这一努力已被证明是成功的，TOMS 已在捐赠鞋子的地区创造了 700 多个工作岗位，而且男女工人的就业机会均等，这促进了发展中国家的性别平等。如今，TOMS 在捐赠鞋子的 6 个国家都设有工厂，包括阿根廷、中国、埃塞俄比亚、海地、印度和肯尼亚。TOMS 推动社会责任的另一举动可以通过 TOMS 烘焙公司看到，这家生产咖啡的子公司为种植咖啡豆的农民提供公平的工资，并确保其可以获得干净的水。有趣的是，TOMS 的内部研究表明，其海外生产计划并没有对国内鞋类制造商产生负面影响。

帮助志同道合的初创企业已经发展成为 TOMS 的另一项优先任务。具体来说，TOMS 是为了帮助发展中国家的新型社会企业。这些努力的主要目标是在贫困地区创造更多的就业机会，并将收入再投资于改善当地居民的生活。为了帮助解决这些问题，TOMS 创建了一个名为"TOMS Marketplace"的平台，以帮助特定的社会企业，并帮助它们改善社区服务。

麦考斯基的另一个项目是由他的获奖作品《用一双鞋改变世界》的销售收入直接资助的，他将 100% 的利润捐赠给"用一双鞋改变世界基金会"，这已帮助创建了超过 20 家对社会负责的初创企业，包括"Charlize Theron 的非洲拓展项目""世界慈善水资源基金会""大胡子月"以及"Ben Affleck 的刚果东部倡议项目"。

世界慈善水资源基金会是一个非营利组织，致力于解决世界各地常见的缺水问题。该基金会从个人那里获得捐赠，再投资到那些正在建设的可持续、社区拥有的水项目。世界慈善水资源基金会目前在 24 个国家运营，资助了近 2 万个项目，并为 600 多万人提供了安全饮用水。

另一个非营利组织"大胡子月"，致力于男士的幸福和健康。该组织已经筹集了 650 多万美元，并资助了 1 000 多个项目。这些努力主要集中于对抗睾丸癌和前列腺癌——男性第一和第二常见的癌症，以及推进精神健康和锻炼身体。这个组织的一个有趣标志是他们对留胡子感到自豪。

全球影响

通过 TOMS "售一捐一"理念所成就的这些项目对那些有需要的人的生活产生了重大影响。TOMS 在"捐赠伙伴计划"中与几个不同的组织合作。这些合作伙伴的数量超过了 100 人，提供了专业知识和投入，与 TOMS 在鞋子捐赠、视力、水、安全生育和反霸凌等项目中密切合作。

统计数据凸显出 TOMS 努力的成效。据估计，有 200 万儿童通过鞋捐赠项目免受钩虫的困扰，孕妇保健项目的参与人数增加了 42%，入学人数也增加了 1 000 人。"没有鞋的一天"项目注册数已经达到了数百万人，此项目显示了人们在没有鞋的情况下会遇到的困难，同时每位注册用户都为分享的照片中没有鞋的人捐赠一双鞋。

TOMS 其他项目的统计数据也同样令人鼓舞。在 14 个合作伙伴的帮助下，TOMS 太阳镜项目为医院和医生提供了资金。据估计，由于 TOMS 的努力，32.5 万眼疾患者的视力得以恢复，另外还有 17.5 万人接受了必要的眼科手术。通过 TOMS 烘焙公司筹集的资金，已经为部分地区社区安全水系统的开发和维护提供了支持。通过手提包的销售，TOMS 及 3

个合作伙伴为 4 个国家的 4 000 万名分娩女性提供了帮助，减少了她们感染或死亡的可能性。

因为人们意识和生活水平的提高，社会责任型公司可以在全球社会中获得更好的发展。得益于这种趋势，TOMS 现在的估值为 6.25 亿美元。在由 TOMS 开创的"售一捐一"模式的基础上，其他公司也采取了类似的方法，比如 Blanket America，每卖出一条毯子公司就会捐出一条毯子，Smile Squared 每卖出一支牙刷公司就会捐出一支牙刷。一些消费者发现，购买和捐赠之间的直接联系是吸引人的，而像 TOMS 这样的公司以及它们所支持的慈善机构也因此得以蓬勃发展。

问题

1. 如何将商业上的目标和社会目标结合起来，以提高企业社会责任的影响？这两个目标是否冲突？

2. "售一捐一"模式的哪些方面对消费者具有吸引力？对于那些可能没有动力去支持企业社会责任的人来说，它又有什么吸引力？

3. 像 TOMS 这样的公司能否缺少布莱克·麦考斯基这样的角色？在这样的创业企业中，个人的角色是什么？

资料来源：本案例由维拉诺瓦大学的 Otto Eberle 在 Jonathan P. Doh 教授的监督下编写，作为课堂讨论的基础。Ben Littell 提供了额外的研究帮助。它并不是在说明有效或无效的管理能力或行政责任。

学生倡议与血汗工厂：Russell 体育的案例

简介

2009 年 11 月，在近两年的学生与服装厂工人的协调运动之后，洪都拉斯工会与 Russell 体育——该国大学校园的校服与运动服装的主要供应商达成协议。协议中 Russell 承诺让所有的工人回去工作、补偿损失的工资、承认工会、允许工会组织接近洪都拉斯的所有其他 Russell 工厂并组织工会活动，而公司将在其中保持中立。据 2009 年 11 月 18 日反对血汗工厂学生联合会 (United Students Against Sweatshops, USAS) 的新闻稿所言，这成为 "劳工权利史无前例的胜利"。

向发展中国家外包生产设备和劳动力一直是美国大公司重要的企业战略之一。然而在美国，一个公司要面临多种多样的制度和法律，如最低工资法、劳动法、安全和卫生要求、工会组织的规定等。在某些发展中国家，这些法律是相对宽松的，允许大公司从外包中获取巨额利益。而且，很多发展中国家如孟加拉国、洪都拉斯、印度、巴基斯坦和越南，鼓励发达国家外包工作到它们的国家，以此为公民提供就业机会。

然而，尽管有着为东道国创造新工作的不争事实，但大型跨国公司仍然常常因为侵犯了工人的权利而备受争议，因为它们提供的工作条件令人难以忍受，在增加工作量的同时还减少补贴。所以人们一直攻击它们，说它们为其雇员创造了 "血汗工厂" 的工作环境。最近几年的攻击目标是沃尔玛、迪士尼、彭尼百货、塔吉特、西尔斯、玩具反斗城、耐克、锐步、阿迪达斯、盖璞、IBM、戴尔、惠普、苹果和微软，等等。

本案例专注于学生以及其他利益相关者对这些国家中的某一个发出的倡议，将争议的演变与结果记录在案。

什么是血汗工厂

一般来说，血汗工厂指的是在苛刻的工作条件下，如长时间、不健康的条件，或沉闷的环境，只提供较低或维持最低生活水平的工资的工作场所。如果劳工自愿签订合同愿意在这样的条件下工作，一些观察者认为这些工作环境实质上是可以接受的。对其他人来说，血汗工厂意味着工作条件是违法的和不道德的。在美国政府问责办公室的定义中，存在着雇主违反一项以上联邦或州关于劳动、工业作业、安全与健康、员工补贴或者行业注册的法律的工作环境即属于血汗工厂。美国针织业劳工联合会——产业工会联合会、工业工人以及纺织业雇员会将其定义扩充至包含系统违反全球基本劳工权益的工作场所。企业社会责任信仰中心 (Interfaith Center on Corporate Responsibility, ICCR) 对血汗工厂的定义比较广泛：即使你的工厂是干净的、组织良好的和自由的，但如果工人没能获得维持生活水平的工资，就是血汗工厂。一般认为血汗工厂是沉闷的、不道德的，对工人显然是不公平的。

血汗工厂的历史

血汗工厂的劳动制度与 1880 ～ 1920 年间服装和雪茄制造有关。时间长、收入低的劳动者常出现于洗衣房工作中，绿色食品杂货店以及 "做散工的人"，常常是合法或非法移民，他们为城郊的草坪做绿化。现在，我们经常会在服装厂发现血汗工厂的存在，因为这里很容易分清高技能和低技能的工作，然后外包低技能的工作。服装公司可以自己做设计、营销、剪裁工作，而外包缝纫和收尾工作。新的承包商可以很容易开始运营，因为他们只需要在能招聘到工人的地方租来住房或工厂，配置一些缝纫机就够了。血汗工厂做的是最具潮流导向的服装（女人和女孩的服装），因为生产要灵活、多变，且要小批量生产。在对款式风格不是很敏感的板块（男人和男孩的衣服、袜类以及针织产品），其生产变化较少、生产线较长，在大型工厂运用先进的技术可以使自己的产品很有竞争力。很早以来，血汗工厂就依赖移民劳工（尤其是女性），因为他们急于在任何工资和条件下工作。例如，以前纽约市的血汗工厂，开在华人多的唐人街，大部分是犹太人的下东区，西班牙裔人多的行政区；西雅图的血汗工厂毗邻亚洲移民居住区；伦敦和巴黎是早期两个主要的服装业中心，其血汗工厂的演变遵循的是纽约的模式。首先，服装制造业坐落在一些市区，如巴黎的 Sentier，伦敦的哈克尼区、哈林盖区、伊斯灵顿区、陶尔哈姆莱茨区、威斯敏斯特区。其次，血汗工厂雇用的大部分是移民，先是雇用男人，后又主要雇用女人，他们的工作选择很少。

在发展中国家，服装血汗工厂往往广泛分布在各个区域，而不是集中在主要城市的市区，它们往往紧邻着其他的血汗工厂，比如一些生产玩具、鞋子（主要是运动鞋）、毛毯、运动设备（尤其是篮球和足球）以及其他产品的工厂。各类血汗工厂都有童工，强制无偿加班，广泛侵犯劳动者的结社自由（即成立工会的权利）。在一些发展中国家，不管是东南亚地区、加勒比地区，还是印度或者孟加拉国，出现血汗工厂的潜在原因是承包商们激烈的成本削减——承包商们为了大型承包商、主要制造商以及零售商的订单而相互竞争。19 世纪晚期至 20 世纪早期英格兰和美国的改革者曝光了这些血汗工厂，1889～1890 年，上议院特别委员会对血汗工厂的调查将人们的注意力转移到英国。在美国，第一次公开调查始于抑制烟草作业的努力，致使 1884 年纽约州禁止在生活区生产雪茄。

1911 年，一场大火摧毁了位于纽约市靠近华盛顿广场的女式衬衣工厂。该公司雇用了 500 名工人在恶劣的环境下工作，146 名工人死于这场火灾，其中很多人是由跳窗户而致死的，因为该建筑的紧急出口是锁着的。该工厂的大火使得公众强烈地意识到服装厂的工作条件，进而要求严格管理。随着和工会组织协商提高工资与工作条件，以及政府实施强硬的管理措施（尤其是 1938 年的《公平劳动标准法案》，强制实施最低工资，每周加班超过 40 小时要付加班费），血汗工厂的数量逐渐减少。工会和政府从来没能完全清除服装业的血汗工厂，很多还游走在行业的边缘。小型的血汗工厂比较难以确定其位置，它们能通过轻易地关闭和转移来逃过工会与政府的监察。20 世纪 60 年代，大量的血汗工厂又一次出现在移民劳动力大量增加的地方，到 80 年代，血汗工厂再一次"像往常一样做事情"。90 年代，血汗工厂恶劣的条件再一次震惊了公众。1994 年，美国劳动部门抽样调查加利福尼亚州的服装厂，发现 93% 的工厂都有健康和安全问题，73% 的服装厂商都有不正当的工资记录，68% 没有合理支付加班费，51% 所支付的工资低于最低工资水平。

血汗工厂困境

和血汗工厂的斗争从来都不是一件简单的事情，有很多复杂的动机以及预料不到的后果。例如，工会反对血汗工厂是因为它们天生就关心廉价劳工的福利，但它们也想保护自己的会员免于低工资竞争，即使这意味着其他国家的劳动者可能丧失工作。另外，我们也能从道德和经济的视角来评估血汗工厂。道德上来说，我们可以轻易地判定血汗工厂是不可接受的，因为它们剥削和危及工人。但是，从经济的视角来看，很多人都在讨论，如果没有血汗工厂，一些发展中国家可能就没有能力与工业化国家竞争，经济也就不会增长。在血汗工厂中工作可能是自给农业、临时工、出卖灵魂者以及没有工作的人的唯一选择。据说，至少其他国家的大部分血汗工厂支付给工人的工资超过了贫穷线，并为那些被制造商排除在外的女性提供了工作机会。美国消费者之所以有着较高的购买力和生活水平，是因为可以进口廉价商品。

非政府组织反血汗工厂行动

国际上非政府组织（NGO）一直努力想要涉足血汗工厂的劳资矛盾，提出了一些签约国家或组织可以承受的标准准则。例如，国际劳工局（International Labour Office）已经发表了有关跨国公司和社会政策原则的三方宣言，指导企业的雇用、培训、工作和生活条件以及劳动关系。"三方"实质上指的是政府、雇主、工人组织，也牵涉跨国企业。

1948 年 12 月 10 日，联合国大会发表了《世界人权宣言》，号召所有的成员方将该宣言公之于众，让人们去宣传它、展示它和了解它。宣言中再次强调所有人类都有其固有的尊严以及平等权、不结盟权。而这些权利基于自由、公正及和平的环境。联合国声明，不做任何区分，如种族、肤色、性别、语言、宗教、政治观点、国家、财产、出生或其他地位的不同，人们一律享有这些权利。而且，不能基于个人所属的政治、司法或者国家和领土的国际地位来区别对待。基本权利必须包含生存权、自由权、个人安全，以及受保护以免于被剥削或奴役、折磨，或者残忍的、非人的或丧失颜面的对待或惩罚。第 23、24 和 25 条讨论的问题对血汗工厂产生了直接影响，后经外推扩展，联合国又将基本人权扩至没有歧视、个人自由、工资平等、合理的工作时长、能够获得适当的生活水平以及其他人性化的工作条件。1966 年，联合国的《经济、社会和文化权利国际公约》再一次强调了所有的这些权利。

这些都是国际劳工团体发布的标准，尽管这些都已付诸实施，然而其他规则的实施却是参差不齐的。尤其是在服装业，内部和外部的监控过程已经成熟化，以至于变成了自我监控，因此需要外部第三方监控者用跨国公司的行为准则或者非政府组织的行为准则来评定供应商联盟。然而还有很多因素在影响这一进程，其中一个因素涉及美国大学带给其服装供应商的压力，结果在多国利益相关者的努力下，由多国零售商出资设立了公平劳工协会（FLA）和工人权利联盟（Worker Rights Consortium，WRC）。通过这两个组织的共同努力，大型零售商诸如耐克和阿迪达斯不仅允许了外部监控，而且耐克还发布了每一个供应商的清单。

Russell 体育的案例

尽管有人说血汗工厂的丑闻并未影响到跨国巨头，因为人们更关心能否买到便宜和支付得起的商品，而不关心制作这些产品的工人的工作条件，Russell 体育品牌的丑闻已经证明，公司想要避免其持续已久的外包活动的社会责任将会很难。2009 年 11 月成为多年来学生反对血汗工厂运动的转折点。USAS 开始对抗 Russell 体育。USAS 的压力战略迫使该国世界领先的运动衣公司——Russell 体育，同意雇用洪都拉斯的 1 200 名工人，这些工人在 Russell 关闭其工厂时失去了工作，紧接着这些工人就联合了起来。

Russell 公司由本杰明·拉塞尔（Benjamin Russell）于 1902 年创立，是生产运动鞋、运动服装和运动设备的制造商。Russell 旗下有很多品牌，包括 Russell 体育、斯伯丁（Spalding）、布鲁克斯（Brooks）、Jerzees、Dudley Sports，等等。这家公司有 100 多年的历史，是高中、大学和专业人员的队服的主要供应商。该品牌的运动服和大学授权产品是通过百货商店、体育专卖店、零售商以及大学书店来广泛分销的。在 2006 年 8 月的一次并购后，Russell 的众多品牌归入了伯克希尔·哈撒韦公司的系列产品鲜果布衣旗下。

Russell/ 鲜果布衣是洪都拉斯最大的私人企业。不同于其他服装品牌，Russell/ 鲜果布衣自己掌控其在洪都拉斯的所有 8 个工厂，而不是分包给外部制造商。导致了 2009 年的大丑闻、与洪都拉斯的 Russell 体育业务有关的事件是该公司决意开除 145 名工人，原因是这些工人在 2007 年支持工会。这次事件激起了反对 Russell 体育的血汗工厂的运动。Russell 后来承认自己做得不对，不得不撤回该决议。然而，该公司却在 2008 年通过攻击工会的积极分子以及威胁关闭洪都拉斯的 Jerzees 工厂，继续侵犯工人权利。在与工会长达数月的斗争之后，它最终在 2009 年 1 月 30 日关闭了该工厂。

非政府组织反对血汗工厂的压力

WRC 组织了一项对 Russell 公司相关行动的深入调查，最终在 2008 年 11 月 7 日发布了一份长达 36 页的报告，揭露了 Russell 在洪都拉斯的 Jerzees 工厂侵犯工人权利的事实，包括对工会领导者进行死亡威胁。工会副主席在 2009 年 5 月的伯克希尔·哈撒韦公司的股东见面会上公开承认，她曾因为领导工会而受过死亡威胁。WRC 于 2009 年持续关注 Russell 体育的丑闻动态，发布最新报告和更新有关此事的信息，包括建议 Russell 管理层如何应对不同情况以及解决冲突。

正如其使命中所陈述的那样，WRC 是一个关注劳工权利的独立组织，其目的是与血汗工厂做斗争，捍卫缝制衣服和制作其他美国所售产品的工人的权利。WRC 组织独立、深入的调查，发布为美国主要品牌生产的工厂的公开报告，努力帮助这些工厂的工人免于虐待，捍卫他们的工作场所权利。WRC 受到 175 所大学和学校附属机构的支持，聚焦于制衣和带有大学标识产品的工厂劳工实践。

WRC 评价说，Russell 关闭工厂的决定代表了实施大学行为准则面临的最严重的挑战。如果允许的话，这次事件将不仅仅是非法剥夺工人的生存权利，还会向洪都拉斯以及中美的其他地方传达一个准确无误的信息——在国内国际法律、大学行为准则以及其他类似规定的努力下，没有什么实践能维护他们的权利，结果是他们会失去工作。这对于该地区的劳工权利将会产生诸多令人心寒的影响。

WRC 对洪都拉斯 Russell 体育不公平劳工实践的调查结果，在全国范围内激起了由 USAS 发起的学生运动，USAS 说服波士顿大学、哥伦比亚大学、哈佛大学、纽约大学、斯坦福大学、密歇根大学、北卡罗来纳州大学以及 89 所其他学院和大学的管理层来断绝和暂停与 Russell 的许可协议。这些协议（有些协议中销售额超过 100 万美元）允许 Russell 将大学的标识印在 T 恤、汗衫和羊毛衫上。

正如其使命中所陈述的那样,USAS 是由青年和学生领导的草根组织。USAS 力图发展青年领导者并组织战略性的学生—劳工团结运动,以期为工作的人们提供长久的动力。它对"血汗工厂"的定义很广,将所有反对全球经济体系日常的滥用、虐待的努力看作是反对血汗工厂的实践。其愿景的核心是这样一个世界,其中社会和人类的关系是有序合作的,而不是竞争对抗。USAS 为这样的世界而奋斗,其中的人们自由生活而非在压迫下生活,人们被看作完整的个体而不是追求生产率和利润的工具。

USAS 在 Russell 体育丑闻中呼吁洪都拉斯工人权利的作用是难以估量的,我们唯能佩服学生们与那些似乎与他们毫不相干的问题做斗争的热情和努力。他们不是顺从地坐在校园里,而是走出校园,走到公众面前,做出创造性的战术行为,比如打断奥兰多和洛杉矶的 NBA 总决赛来抗议球队联盟与 Russell 的许可协议,在体育局的体育产品商店内发传单,发 Twitter 给 Dick 体育用品的顾客,催促他们抵制 Russell 的产品。学生中的活跃分子甚至去敲沃伦·巴菲特在奥马哈的家门,因为他的伯克希尔·哈撒韦公司拥有 Russell 的母公司鲜果布衣。

USAS 牵涉到来自 100 多个大学的学生,这些大学在反对 Russell 的运动中没有设立分会。它也联合了在草地保龄球场的西肯塔基大学的学生,因为鲜果布衣在此设有总部。USAS 的活跃分子甚至在国民大会上试图赢得更多的支持,将更多的政治和公众压力投到 Russell 身上。2009 年 5 月 13 日,65 个国会议员表达了他们对侵犯劳工权利的深刻关切。

另外,FLA 是一个致力于终结世界范围内血汗工厂的非营利性组织,在 2009 年 6 月 25 日发表声明,判定 Russell 体育不符合 FLA 标准,并且拉入试用期。FLA 是监管行业内劳工实践的权威机构之一,代表了行业和非营利部门的强力联盟。FLA 联合了学院和大学、民主社会组织以及对社会负责任的企业,响应了多方呼声,力图终结血汗工厂,提高世界范围内的工作条件。FLA 要求其参与者,那些参与制造和销售过程的人,遵守该协会的行为准则。董事会的 19 个成员,也是该协会的决策制定团队,由三个平等的团体代表组成:企业,学院和大学,以及民主社会组织。

USAS 和 WRC 的胜利

正如本案例开头所提到的,2009 年 11 月,在近两年的学生运动之后,Russell 体育与洪都拉斯工会签订协议,让工人都回去工作,并提供工资补偿,承认工会以及同意集体谈判,允许工会组织接近 Russell 在洪都拉斯的所有其他工厂并组织工会活动,而公司将在其中保持中立。2009 年 11 月 18 日,USAS 发布新闻稿,称之为"劳工权利史无前例的胜利"。"我们第一次知道一个为了消除工会而关闭的工厂后来却由于工人活跃分子的运动而重新开张。这也是中美服装出口行业历史上第一个公司中立协议,直指洪都拉斯最大的私人雇主,世界上出口给美国 T 恤最多的出口商。这对于捍卫处在世界上最恶劣的劳工环境中的工人的权利有着深远的意义。"Rod Palmquist 如是说,他是 USAS 的国际运动协调员,又是华盛顿大学的校友。

这次胜利对于学生运动和非政府组织联盟如 USAS、WRC 和 FLA 来说来之不易。它们花费了 10 年的时间去组织这场运动,说服学校采纳详细的为诸如 Russell 这类公司所用的行为准则。这是全球化时代下企业界得到的深刻教训,让它们不要企图脱离世界进行商业活动。全球企业如 Russell 体育、耐克、盖璞、沃尔玛和其他企业将不得不权衡其商业决策对多个利益相关者的影响,以及无论在世界的哪个角落都应该承担更广泛的社会责任。

2012 年末,班加罗尔的一家纺织厂发生火灾。2013 年,孟加拉国的服装厂发生了两起可怕的事故。这给美国和欧洲的服装品牌带来了新的压力,政府要求它们对自己的生产工厂的工作环境承担更大的责任。2013 年 4 月 24 日,一幢数千人还在里面工作的 8 层高楼倒塌,造成 1 000 多人死亡。不到两周,孟加拉国达卡的一家工厂发生火灾,造成 8 人死亡,该工厂为西方零售商生产服装。在一些投资者、宗教人士、劳工和人权组织表达了对大公司缺乏监督和问责制的担忧之后,世界上几家最大的服装公司同意了一项计划,以帮助支付消防安全和建筑方面的改进。同意这一计划的公司包括总部位于瑞典的零售商 H&M、Inditex 旗下的 Zara、荷兰零售商 C&A,以及英国公司 Primark 和特易购。与此同时,孟加拉国政府宣布将修订劳动法,提高工资,并放宽对组建工会的限制。美国零售商沃尔玛和盖璞没有承诺达成协议,表达了对美国法律责任的担忧。相反,在美国的帮助下,它们宣布将寻求一项单独的协议,以改善孟加拉国工厂的条件。

尽管各公司和政府组织做出了这些承诺,并承诺提供超过 25 亿美元,但仍有许多工作要做。根据纽约大学斯特恩商业与人权中心 2015 年 12 月的报告,自发生服装行业火灾和建筑倒塌以来,孟加拉国 3 000 多家工厂中只有 8 家消除了违规行为。

问题

1. 假设你是一个大型的美国跨国公司的总经理，为了节省成本计划在中国和印度开设新的制造工厂。当你做决策的时候你会考虑哪些因素？将劳工外包给发展中国家是不是合法的？会不会有被卷入血汗工厂丑闻的风险？

2. 你认为在不久的将来，血汗工厂会从世界上消失吗？给出你的理由。

3. 为了消除血汗工厂，大型企业如 Russell 体育在发展中国家开展业务时，应该拥有与其母国（如美国）一样高的劳工标准和规章制度。你同意这种说法吗？实施这种做法的难易程度如何？

4. 你认为公众和非政府组织如 USAS 应该关心其他国家的劳工实践吗？规制自身国界内的劳工实践，是不是各个国家政府的责任？你认为谁会提供更好的提高劳工实践的机制和规制，是非政府组织还是本国政府？

5. Russell 体育向 USAS 和工会要求让步是正确的选择，你同意吗？在处理这种事情时，单纯地忽略这种丑闻不是成本更低的方式吗？请针对 Russell 体育没有无视这些丑闻，而是向工会和非政府组织妥协的决策，陈述你赞成或反对的理由。

资料来源：本案例是维拉诺瓦大学的教授乔纳森·P. 多和 Tetyana Azarova 用于课堂讨论的案例。Ben Littell 提供了额外的研究帮助。它并不是在说明有效或无效的管理能力或行政责任。

全球药品定价伦理

2015 年 9 月，由前对冲基金经理马丁·谢克利（Martin shrkeli）领导的图灵（Turing）制药公司对一种有 62 年历史的药品加价近 50 倍，其价格从每片 13.5 美元提高至 750 美元。该药品用于治疗艾滋病和癌症患者致命性的寄生虫感染。同样在 2015 年，加拿大药企威朗（Valeant）制药国际公司将一种糖尿病药品的价格从 896 美元加价至 10 020 美元，将用于威尔逊氏病的药品分别从 1 395 美元和 888 美元加价至 21 267 美元和 26 139 美元，还将一种心脏病药品从 4 489 美元加价至 36 811 美元。同年，Rodelis 制药公司将一种用于治疗耐多药结核病的药物价格从每 30 片 500 美元加价至 10 800 美元。这些只是 2015 年部分药品价格上涨的极端例子，引发了关于美国处方药成本的争论，促使人们将其与其他工业化国家的药品价格进行比较。此外，关于发展中国家救命药品的争论，全球主要制药公司在开发结核病和疟疾新药物方面投资相对较低的争议，以及主要制药公司对艾滋病药物收费的争论，一直在升温。

药品和价格——一个复杂的计算

药品定价问题非常复杂，随着全球日益增多的人口对处方药的使用，这种复杂性正在增加。比如，关于处方药定价的争论涉及诸如公司利润的适当水平、拥有药物的公司的责任（股东的利润和痛苦的患者的需求）以及保险覆盖等。关于药品定价道德的争论不仅限于美国，还延伸到其他发达国家和发展中国家。

药品的定价受到无数有着利益冲突的利益相关者的影响。这些人包括服用药物的患者、开处方的医生、为药品付费的保险公司、生产或获得药品的制药商、大宗采购者、监管者以及监督整个过程的政府力量，这些不同利益相关者之间的紧张关系因处方药支出的持续增长而受到影响。2014 年，药品价格比前一年增长了 12.2%，一些药物的价格上涨了 5 万美元，其中包括有效治疗丙型肝炎、癌症和多发性硬化症的药物。

患者需要可靠的药物来治疗他们的病症，然而，患者的费用因他们所居住的国家的卫生保健系统而有很大的差异，如他们是否有公共或私人保险（或者根本没有保险），以及其他多种因素。在美国，保险的选择范围很广，有些患者自己支付费用，有些选择雇主支付或在商业保险的范围内进行投保，有些则使用政府支付的保险，比如医疗保险。支付者和支付方案最终决定患者对处方药的花费，一些方案需要共同支付保费或免赔额来支付处方药的费用，另一些方案还需要支付一定比例的处方费用以保持平衡。在许多以单一保险人模式为特点的国家，卫生计划决定了哪些药物是可用的，以及如何分配给患者。与此类似，美国的保险计划保留了一份"小册子"或清单，列出了在给定的计划中所涵盖的处方药。这本小册子可以每年更新保险公司将支付某种药物的费用，而且由于价格大幅上涨等因素，药品可能在第二年就不会被覆盖。

在美国，开处方的医生在这个问题上是一个重要的利益相关者。直到最近，他们的责任和激励体系也没有很好地建立起来。在过去，制药公司向医生提供研究和临床评估费用是一种常见的做法。由于这些费用造成了利益冲突，所以立法和监管机构开始要求更多的披露和报告。现在，制药公司为研究和推广而向医生提供的所有补偿，包括食品和娱乐等非货币性项目，都必须报告。

抛开这一因素，医生们通常被期望用尽方法来治疗患者以获得最好的疗效，更高的处方药价格不可避免地与这一责任相关。最近几年的趋势表明，这些紧张关系将加剧，1999 年以来，美国使用处方药的人数增加了近 10%，达到 60%，服用 5 种或更多药物的患者数量增加了 1 倍，达到 15%。随着药品价格的继续飙升，医生们陷入了一种困难的境地：要么给患者开一些他们可能无法负担得起的药物，要么使用低疗效的替代方法。

在为相对较高的药品价格辩护时，制药公司经常在美国食品药品监督管理局（FDA）的审批过程中引用新药的高失败率以及研发的高昂成本。事实上，一些估计认为，包括失败的成本和从未进入市场的药物的成本，开发一种新药的价格接近 30 亿美元。反对这一观点的人指出，在一种新药成功的情况下，它在严格的专利法下享有大约 20 年的保护。此外，一些公司，特别是在"孤儿药"行业（将在后面讨论）获得了研发资助。最后，在像威朗制药和图灵制药这样的极端情形中，批评人士指出，这些公司在开发新药的时候似乎没有投入太多资金。例如，威朗制药仅将不到 3% 的收入投资于研究和开发活动。

《华尔街日报》对辉瑞公司的药品定价进行了详尽的调查，其中包括对其新推出的乳腺癌治疗药物 Ibrance 的定价进行了采访。结果显示，辉瑞公司的多步骤定价过程不是基于单一的算法，而是基于一系列外部输入和内部基准。根据这份报告，研究和开发成本对公司设定的每一剂药的最终价格影响甚微。相反，包括市场需求、竞争、医疗专业人士的意见以及来自保险公司的潜在压力等因素对最终定价策略产生了重大影响。辉瑞公司解释说，它寻求将这种复杂的分析简化为三点：①患者可以获得最大限度的药物治疗；②支付者如保险公司，可以接受这一价格；③辉瑞公司也获得了丰厚的经济回报。在这种情况下，辉瑞公司花了三年时间进行市场研究，以确定一种治疗晚期乳腺癌的革命性药物的定价。这一过程的最后一步是辉瑞公司的经济学家开会，以确定对公司、健康保险公司和患者的财务影响。最后，商业团队决定将价格定在每月 9 850 美元。这个价格得到辉瑞公司的认可。该药品即将进入市场时，竞争对手将同类药物的价格提高了 9.9%，使患者每月的花费比辉瑞公司高 687 美元。据《华尔街日报》报道，在"一个不断发展的医疗保健的竞争环境"的基础上，辉瑞公司当时的想法是："9 850 美元是不是过低了？"

在价格上涨最令人震惊的情形中，像威朗制药和图灵制药这样的公司，购买了多年来一直在市场上销售的专业药物的专利权，且这些药物几乎没有直接替代品，这些公司随后提高了药品的价格。几十年的传统药物通常不会有普通的替代药物，因为传统上其销售量很低。因此，那些需要这些药物并将其作为标准治疗的患者，在价格飞涨的情况下，没有任何真正的具有成本效益的替代方案。

制药公司还认为，对于无法支付全部费用的患者来说，它们提供的补贴有时是重要的。这些项目包括向发达国家和发展中国家的患者免费提供药物，并提供一种经济援助，帮助其他患者以折扣价获得药物，下面也会讨论制药公司为发展中国家患者提供药物的项目。

当综合考虑时，与药物成本和定价相关的许多因素共同导致了令人困惑的社会、经济和政治挑战，其中一些将在下面详细介绍。

美国和世界各地的药品定价

尽管美国正面临着处方药价格的快速上涨，但在世界大部分地区，情况并非如此。在美国，一个以市场为基础的系统为开发新药或改进现有药物的公司提供经济和其他激励措施。以市场为基础的制药公司，受益于专利保护的排他性，最终以更高的市场价格收回它们的巨额研发投资，以获得突破性产品。在世界的其他地方，公共卫生保健和处方药采购系统是司空见惯的，只不过不同的因素占了上风。

《华尔街日报》进行了一项研究，比较了以市场为基础的美国处方药价格，它使用的是联邦医疗保险 B 部分提供的数据，以及在挪威、英格兰和加拿大的安大略省的公共卫生保健系统中发现的价格。这项调查使用了公开和非公开数据。表 P1-1 总结了该研究的结果。调查结果显示，美国最畅销的 40 种药品的价格比挪威高出 93%。同样，英格兰和安大略省的价格也比美国要便宜得多。研究得出的结论是，总体而言，在以市场为基础的美国体系中，品牌处方药的价格要高于其他发达国家。

表 P1-1　药品价格比较

药品	剂量（毫克）	美国医保（美元）	挪威（美元）	英格兰（美元）	安大略省（美元）	治疗疾病
雷珠单抗	0.5	1 936	894	1 159	1 254	黄斑变性
采视明	2	1 930	919	1 274	1 129	黄斑变性
利妥昔单抗	500	3 679	1 527	1 364	1 820	类风湿性关节炎
培非格司亭	6	3 620	1 018	1 072	—	白细胞缺乏
阿瓦斯汀	100	685	399	379	398	癌症
狄诺塞麦	60	893	260	286	285	骨质疏松症
力比泰	100	604	313	250	342	肺癌
万珂	3.5	1 610	1 332	1 191	—	癌症
赫赛汀	100	858	483	424	493	乳腺癌
Eligard	7.5	217	137	—	247	前列腺癌

资料来源：Jeanne Whalen, "Why the U.S. Pays More Than Other Countries for Drugs," *The Wall Street Journal*, December 1, 2015.

在以市场为基础的美国体系中普遍存在的专利保护和排他性并不是导致药品价格飙升的唯一原因。医疗保健系统的结构差异、制药公司的游说和政治权力以及对配给的恐惧，都导致了市场价格的上涨。相反，其他发达国家如挪威的国营卫生系统对制药公司施加了强大的谈判筹码。在这些国家，几乎所有的药品采购都是由政府机构完成的，将权力从纯粹的市场需求转移到单一的政府采购者手中。在这些系统中，政府卫生保健机构对定价设定严格的上限是很常见的，需要强有力的证据表明突破性药物确实比现有的药物具有更高的价值，否则将拒绝为价格更高的药物支付费用，而这些药物对价格更低的药物的替代效应微乎其微。相比之下，美国市场更加脱节杂乱。个人、雇主、大大小小的保险公司，甚至州政府和联邦政府机构都在为药物买单，从而降低了议价能力。此外，医疗保险支付的药物比国内任何其他公司或机构都要多，这在法律上妨碍了价格谈判。

制药商和开发人员很快就注意到欧洲公共卫生保健系统带来的巨大财政障碍。低回报加上政府强有力的控制，可以说导致了研究投资的减少和对挽救生命的耐心的减少。如果没有通过美国的定价模式获得巨大利润，新的药物开发将会急剧下降。美国药物研究和制造商（PhRMA）执行副总裁洛丽·赖莉（Lori Reilly）说，美国有一个竞争性的生物制药市场，可以控制成本同时鼓励开发新的治疗方法和治疗药物。

以下是对主要欧美国家药物定价方法的简要总结。

挪威、加拿大和英国

挪威设立了挪威药品局（NMA），以确定特定药物治疗的适宜性。该机构评估患者信息，以确定新药的成本效益。制药公司提交的报销价格必须低于该机构设定的最高价格，制药公司必须提交详细的文件，列出现有的同类药品以及新药带来的新增效益和价值。质量调整生命年是一种常用来衡量药物价值的指标。有趣的是，美国的医疗保险未纳入这种方法。许多制药公司最终会对它们的药物进行打折，以确保 NMA 将它们的药品纳入医疗保健系统，而且公司能够重新提交被拒绝的药物，如果它们能改善价值定位。

英国的医疗保健成本机构，如英国国家卫生与临床技术优化研究所（NICE），是欧洲最严格的监管机构之一。高价值对任何特定药物的接受都是至关重要的，该机构评估药物的成本和有效性，最终确定药物是否提供了足够的好处来保证药物的覆盖。如果 NICE 确定新药物所提供的价值与价格相比太低，制药商还有机会接受修订后的价格。英国国家医疗服务体系（NHS）对个人药物支出水平也是有限额的，制药公司需承担超出限额的部分。几乎所有由医疗保险 B 部分和英国医疗保健系统覆盖的药物都比美国便宜。

尽管加拿大的医疗保健系统没有一个负责所有药品支付和谈判的中央政府机构，但由于政府的监管，该国一直能够维持较低的药品成本。首先，加拿大专利药品价格审查委员会制定药品的价格，基于药品产品的效率和总体价值，以及美国和欧洲的药品价格。在特定药物的价格上限设定之后，禁止生产该产品的制药公司的定价高于美国或欧洲。此外，每年的价格涨幅以加拿大的通货膨胀率为上限。由于加拿大有一个对低收入和固定收入公民提供大量补贴的国有化系统，所以以加拿大政府还必须确定是否有任何特定的药物可供老年人和政府援助使用。加拿大药品和卫生技术局最终做出了决定。这些决定似乎有效地降低了成本，特别是与美国相比，例如，在安大略省卫生和长期护理部与美国医疗保险 B 部分均有的 30 种药物中，加拿大只有 7% 的药物价格高于美国。

很明显，医疗保健系统处方药的显著差异使我们很难去讨论到底是美国的方法还是挪威、英国、加拿大的方法更好。在更实际的意义上，美国很难采用这三个国家所采用的方法。事实上，美国已经（到目前为止）拒绝了一个普遍的、政府付费的医疗保健系统。对这类系统的争论和反对都是有充分证据的，我们不会在这里讨论，但值得一提的是，反对它是有充分理由的。其中一个理由是采用通用系统可能导致政府不愿意为某些药物支付费用，这在高度重视自由和选择的美国是相当有争议的。这一现实使得鼓励开发专门药物和孤儿药的过程变得复杂，因为从定义上看，这类药物只治疗了一小部分人群。在这些情况下，通常缺乏有效的替代药物或非专利药物，只有在强有力的经济激励下，制药公司才愿意承担开发新产品的风险。因此，在几乎没有替代疗法的情况下，公共卫生保健系统并不能解决药品价格高的问题。

德国、西班牙和意大利

另一种药物定价方法，既存在于如美国这样的私有化市场系统，也存在于像挪威那样的公共系统，这些系统的应用还可以在德国、西班牙和意大利找到。《纽约时报》的一篇分析文章描述了这些国家是如何应对定价挑战的。

在德国、西班牙和意大利，处方药与其他类似药物都进行了归类。保险公司，无论是公立的还是私营的，对每一类药物都设定了一个特定的价格，这个价格被称为"参考价格"。如果患者想要购买某种类别的药物，其价格高于该类别药物的参考价格，那么他必须支付超出参考价格的部分。这种方法会给制药商带来巨大的压力，因为当设定一个较低的参考价格时，消费者会更愿意更换他们所使用的特定药物，以避免任何额外的费用。为了留住消费者，制药公司会尽可能将价格降到接近参考价格。德国、意大利和西班牙在参考价格的实际设定上略有不同：在德国和西班牙，平均价格被用来计算适当的参考价格；而在意大利，则将每一类药品中的最低价格作为参考价格。

价格控制，无论是通过政府机构还是保险公司，都常常被认为是减缓药物研发的罪魁祸首。虽然这可能是事实，但参考价格策略也可能导致创新的财务激励。当一种新的突破性药物被开发出来时，参考价格允许将这种药物单独放置到一个类别中，从而消除了在多个竞争对手建立的药物类别中的价格竞争，这种新药仍然能够在未来许多年里独享第一个进入市场的创新者的经济利益。此外，参考价格策略可以鼓励在长期存在的药物类别中进行创新。当一种现有的药物在一个拥挤的、有竞争力的药物类别中得到改善并降低生产成本时，制药商也可以降低它的价格，以获得市场份额，这就带来了最终消费者的节省。

正如已经说过的那样，反对一个价格只是其中一小部分影响因素的系统是很困难的。但值得一提的是，在没有可比药物的情况下，这个系统仍然是难以实施的。此外，制药公司可以在有替代品的药品上削减利润率，但在提供新药物的领域，它们试图弥补被削减的利润。最后，正如辉瑞公司的定价案例所显示的那样，制药公司通常会向竞争对手寻求定价方面的指导。因此，实施一个参考价格体系可以激励企业设定更高的价格，因为它们知道政府将会设定一个最低价格或平均价格，并鼓励限价。

特殊药品和"孤儿药"

特殊药品通常被认为是一种结构复杂的药物，通常需要特殊的药物处理或运输机制，其价格通常比传统药物高得多。虽然其中一些药物在治疗癌症、风湿性关节炎、多发性硬化症和其他慢性疾病方面具有开创性意义，但特殊药品的治疗费用每年都超过数万美元。在过去的 10 年中，该行业的特殊药品价格大幅上涨。图 P1-2 显示了这些成本的增长。

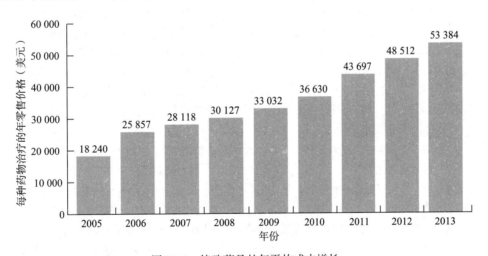

图 P1-2　特殊药品的年平均成本增长

资料来源：Anna Gorman, " California Voters Will Have Their Say on Drug Prices," *Kaiser Health News*. January 29, 2015, http://khn.org/news/california-voters-will-have-their-say-on-drug-prices/.

根据疗效、需求和治疗的疾病，一些特殊药品每年花费超过 75 万美元。事实上，在过去的几年里，美国 1/3 的处方药是特殊药品，这导致了新特殊药品开发的激增。2010 年以来，相对于传统药品，FDA 批准了更多的特殊药品。例如，2014 年，特殊药品占 FDA 批准药物的 54%。

另一种被称为"孤儿药"的药品是针对罕见疾病的。在以市场为基础的美国体系中，孤儿药对制药公司来说可能是有利可图的，特别是 1983 年的《孤儿药法案》通过以来，已经有 400 多种新的孤儿药获得了 FDA 的批准，近 400 种罕见疾病得到治疗。在美国，孤儿药的价格通常是治疗传统疾病的药物价格的 20 倍。此外，孤儿药市场继续增长。据估计，有 3 000 多万美国公民患有罕见的疾病，几乎占全部人口的 10%。在日本，对传统处方药的需求预计每年增长 4 个百分点。而美国和欧洲到 2020 年，孤儿药的总销售额将同比增长 11 个百分点。到 2020 年，全球销售的非专利药品中，近 20% 将是孤儿药。

如前所述，美国在处方药方面的支出远远高于其他大多数国家。一种观点认为，美国和其他一些发达国家的药品价格高昂，使得同一家公司可以在发展中国家以有力的折扣提供药品。

发展中国家的药品准入和定价

在大多数发展中国家，处方药作为主要的治疗方法，在这些国家的医疗保健总支出中占主导地位。因此，新兴国家的药物可负担性对于确保那些有需要的人的治疗至关重要。尽管国际社会提供了援助，但发展中国家仍然无法获得救命的药物。新兴国家的所有药品中，药品进口不到 20%，药品出口只有 6%。此外，这些国家中 1/3 的人口无法持续获得处方药。

有助于发展中国家更容易获得药物的全球倡议之一是"被忽视的热带疾病"（Neglected Tropical Disease，NTD）计划。NTD 被定义为在热带地区大约 150 个发展中国家中最常见的传染病，这些疾病的经济影响每年估计达数十亿美元，直接和间接影响超过 20% 的世界人口。通常情况下，诸如不卫生的水和牲畜感染等因素导致了被忽视的热带疾病的传播。一些具体的项目，例如由疾病控制和预防中心（CDC）建立的项目，旨在直接与被忽视的热带疾病作战。这包括试图通过大规模药物管理（MDA）项目彻底消除疾病，以及与制药公司和当地非政府组织合作。由于在许多地区缺乏正规的医生和护士，所以当地的社区领袖和志愿者如教师等多是药物管理者。这些志愿者接受了必要的培训，以便有效地为社区成员提供药物，制药公司也通过大量的药物捐赠提供支持。美国国际开发署（USAID）是 CDC 和世界卫生组织（WHO）等组织的重要合作伙伴。此外，USAID、CDC 以及 WHO 还与其他组织合作，如比尔和梅琳达·盖茨基金会等，并对能够对抗这些疾病的制药公司进行捐赠。

在美国，对被忽视的热带疾病的担忧以及制药公司缺乏对这些疾病开发药物的激励引起了杜克大学三位学者的注意。在 2006 年的论文中，研究人员 David Ridley 等提出了一种针对孤儿药品计划的付款凭单制度，以奖励那些生产治疗被忽视的热带疾病药物的公司。在这个系统下，FDA 会对制药公司开发热带疾病治疗药物进行激励，并加速审查该公司的后续药物生产，由于选择的药物将获得较早的市场准入，这可能会产生数百万美元的额外收入。研究人员还建议在履行这一奖励方面提供一些灵活性，包括允许将收益出售给另一家公司。在美国，付款凭单制度的想法很快从概念变成了法律，美国参议员萨姆·布朗巴克（Sam Brownback）在 2007 年将其纳入美国食品药品监督管理局修正案（FDAAA）。

除了上述举措之外，越来越多的组织根据制药公司向贫穷国家提供药物的能力和意愿对其进行评估。医药基金会是一个独立的非政府组织，它发布了"药品准入指数"，通过与药品相关的政策和做法对制药公司进行排名。该指数基于对 95 个指标的分析，涉及 106 个国家和 47 种疾病，根据每个公司在 7 个方面的表现进行排名：①药品管理渠道；②公共政策和市场影响；③研究和开发；④定价、制造和分配；⑤专利和许可证；⑥产品开发与分销能力提升；⑦捐赠和慈善事业。图 P1-3 显示了 2014 年全球排名前 20 位的制药公司。

此外，个别公司在生产、分销或供应合作伙伴时采用免费或低成本的方式。例如，制药业巨头默克公司开发了一种药物伊维菌素，治疗盘尾丝虫病，也称为河盲症，并在 1987 年建立了伊维菌素捐赠项目（MDP）来监督这项计划。盘尾丝虫病主要出现在拉丁美洲和非洲，它通过黑蝇叮咬传播，会导致皮肤损伤、眼睛病变，最终导致失明。MDP 每年批准超过 1.4 亿次治疗。另一家名为诺华的公司开发了一种高效的疟疾治疗方法，叫作复方蒿甲醚，它是柠檬味的，让孩子们更容易接受。以每年的患者数量来衡量，它已经成为卫生保健行业最大的医疗保健项目之一。自 2001 年以来，诺华公司与世界卫生组织及比尔和梅琳达·盖茨基金会等一系列国际组织合作，为 60 多个疟疾流行国家提供了超过 6 亿次的治疗，为非洲的疟疾大幅减轻做出了贡献。据估计，有 330 万人因此获救。有趣的是，诺华选择在成本回收（非营利性）基础上销售这种药物，而不是赠送药物，也许是因为它相信这种方法会使该项目在长期内更具可持续性。诺华公司是上面提到的 NTD 优先付款凭单制度的第一个受益方。

全球药品定价的未来

如何给药品定价这个问题是很难的，在伦理上是复杂的。作为一个与人类健康和福祉直接相关的行业，对许多人来说，关于医疗保健供应和交付的政治意识形态是非常个人化的。此外，发达国家和发展中国家的收入差距也在上升，这些差异对公平、平等和道德义务构成了难题。

很明显，药品定价仍将存在争议。从全球化的角度来看，考虑药品的价格差异是否会持续下去是很有趣的。或者，就像许多其他领域的情况一样，由于财富不断增长，各区域的监管协调，市场压力的增加，各因素的组合，药品的价格将会趋同。

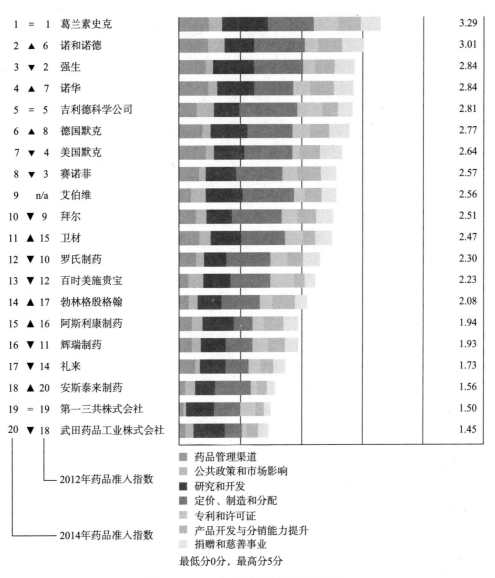

1	=	1	葛兰素史克	3.29
2	▲	6	诺和诺德	3.01
3	▼	2	强生	2.84
4	▲	7	诺华	2.84
5	=	5	吉利德科学公司	2.81
6	▲	8	德国默克	2.77
7	▼	4	美国默克	2.64
8	▼	3	赛诺菲	2.57
9	n/a		艾伯维	2.56
10	▼	9	拜尔	2.51
11	▲	15	卫材	2.47
12	▼	10	罗氏制药	2.30
13	▼	12	百时美施贵宝	2.23
14	▲	17	勃林格殷格翰	2.08
15	▲	16	阿斯利康制药	1.94
16	▼	11	辉瑞制药	1.93
17	▼	14	礼来	1.73
18	▲	20	安斯泰来制药	1.56
19	=	19	第一三共株式会社	1.50
20	▼	18	武田药品工业株式会社	1.45

2012年药品准入指数

2014年药品准入指数

■ 药品管理渠道
■ 公共政策和市场影响
■ 研究和开发
■ 定价、制造和分配
■ 专利和许可证
■ 产品开发与分销能力提升
■ 捐赠和慈善事业

最低分0分，最高分5分

图 P1-3　2014 年药品准入指数总体排名

问题

1. 对于制药公司来说，在赚取利润和为患者提供挽救生命或延长生命的药品之间，能否找到一种平衡？多少利润是过多的利润？谁决定利润的多少？如何实现这种平衡？

2. 美国是否应该考虑其他控制药品定价的方法，例如借鉴一些在欧洲国家使用的方法？美国是否可以利用市场力量或政府项目的激励措施来控制药品价格？研究、开发和监管方面的高成本导致了相对较高的药品价格，是否有办法降低这些成本？

3. 你对专利在处方药中的作用有什么看法？昂贵的研发和缺乏竞争之间，专利保护的适当平衡点是什么？

4. 在没有可行的替代方案的情况下，应该采取什么措施来应对孤儿药高昂的成本？是否应该有成本限制？是否应该有专利限制？

5. 图灵制药公司和威朗制药公司所销售的药品没有竞争对手，药价成倍增长，针对这样的情形应该采取什么措施？如果认为要加以限制，那么要以何种理由将其与受专利保护且价格高达几百或几千美元的药品区别对待？

6. 美国和其他发达国家如何才能促进对被忽视的热带疾病治疗的研发，并以可负担得起的价格提供这些药物？

资料来源：本案例由维拉诺瓦大学的 Matthew Vassil 在乔纳森·P. 多教授的指导下编写，作为课堂讨论的基础。Ben Littell 提供了很多研究帮助。它并不是在说明有效或无效的管理能力或行政责任。

PART
2

第二部分

文化的作用

第 4 章

文化的内涵与维度

| 学习目标 |

从事国际商务活动的主要挑战在于如何有效地适应不同的文化。要应付这种挑战，就必须理解文化、知觉、成见和价值观之间的差异性。近年来，大量关于文化维度和态度的研究证明，整合不同国家的文化是非常有意义的。然而，当讨论各个国家的文化时，我们应特别警惕。需记住，应该避免成见和过分的一般化，因为在各个国家都存在个体差异，甚至存在次文化。

本章主要探讨了文化在国际管理中的含义，评述了不同国家在价值观方面的异同，研究了文化的重要维度及其对行为的影响，讨论了国家群体之间的不同。学习本章的具体目标包括：

1. 定义文化的概念，讨论区分文化的一些比较方法。
2. 描述文化价值观的概念，并按照工作和管理价值观来讨论文化异同与变迁。
3. 识别与工作环境相关的主要文化维度，讨论在国际环境中文化对行为的影响。
4. 讨论国家群体分析方法的价值及在开发有效国际管理实践中的相关导向。

| 国际管理世界 |

跨国并购中的文化冲突

比利时 – 巴西饮料巨头百威英博（ABlnBev）公司用 1 042 亿美元收购英国的 SABMiller 公司，成为有史以来最大的跨国交易活动。这两家公司在全球啤酒市场上都拥有很多投资和品牌。这一合并使得百威英博旗下的百威、布希、日冕和时代等品牌与 SABMiller 旗下的米勒、福斯特、高仕、佩罗尼、卡斯特和卡尔顿等品牌重组，成为全球最大的饮料生产商。合并后的公司将占领全球啤酒销售市场的 30%、美国啤酒销售市场的 60%。2015 年，SABMiller 公司的股东同意了这项交易。

兼并和收购是公司在试图增加市场份额与获得期望效益的过程中最具挑战性的战略举措。许多跨国并购失败或经历极端困难的主要原因是在沟通、工作方针、薪酬制度以及其他战略行动中表现出来的文化差异，并且这些文化差异由于地理、制度和心理距离等原因被放大。随着企业的经营辐射到全球，领导团队也分别来自拉丁美洲与欧洲，百威英博和 SABMiller 公司将需要解决不同文化群体的利益问题。

尽管 SABMiller 和百威英博在跨国并购方面积累了广泛的经验，但是没有一家公司参与过数额这么庞大的交易。这家综合性公司如何才能充分认识到来自不同文化的个人、生产和品牌结合的益处？到 2020 年，百威英博是否能实现 1 000 亿美元的销售目标？纵观过去的跨国并购，无论是成功还是失败，都可以为这一问题的解决提供一些思考的视角。

丹麦杜邦

当总部位于美国的巨型化工公司杜邦（Dupont）收购丹麦一家食品生产商丹尼斯克（Daniscos）时，丹麦的股东最初表示怀疑和反对。为了充分地理解丹麦董事会成员的担忧，杜邦派遣高管前往哥本哈根。通过面对面交流、个人会议等形式，进一步理解这些董事会成员的文化和商业观点，杜邦的高管们能够确定他们最初的报价还是相对较低的。作为回应，杜邦调整了它的报价，结果是获得了丹尼斯克股东们92%的支持率。杜邦的CEO声称："这些面对面的交流对于我们每一步的行动至关重要，最终促进了交易的成功。"

交易完成后，杜邦公司致力于将文化作为整合的一个焦点。第一次举办"欢迎周"，向所有员工介绍新组建的公司，适应当地的沟通风格。在"欢迎周"活动后，为了鼓励员工振奋精神和积极思考，公司定期用脉搏调查来衡量成功和失败。这些调查"可清晰地指出困惑和沟通不良所在之处"。预测与测量潜在的困难，使管理者能够尽可能快速地解决问题。杜邦的CEO在回忆成功收购丹尼斯克时说："如果我们没有很好地执行和整合，没有迅速获得协同效应，那都不会是一场胜利。"

杜邦谨慎、冷静的尽职调查，强有力的沟通，对丹尼斯克公司本土文化的欣赏，最终帮助它正确评估该合资公司的潜在成功性，避免了交易后的文化冲突。建立正确的交易并且设计能使交易价值最大化的整合过程，能够帮助公司发挥合并的积极作用，避免掉入文化沟通不畅的陷阱。

戴姆勒－克莱斯勒溃败

失败的跨国并购也能提供一些有价值的见解。一个经典案例是戴姆勒－克莱斯勒公司（Daimler-Chrysler）。两家公司的合并花费了360亿美元，并且从一开始就面临着严峻的挑战。尽管起先被誉为历史性的"平等合并"，但是文化和人格冲突的问题仍然难以得到弥合。由于克莱斯勒缺乏礼仪以及组织结构松散，德国高管团队从一开始便感到不安。相反，美国经理们则认为他们的德国老板太正式，缺乏灵活性。

在最初解决这些问题时，公司高层迅速建立了公司范围的工作流程，并希望用统一的方法来进行交流、沟通和决策。管理者认为，一个统一公司的文化，一部分来自美国，一部分来自德国，能够建立雇员间更好的工作关系，对改善财务结果也有一定帮助。然而，几个月以后，持续的文化差异使管理层认识到，对多样化员工采取单一文化是一种短视的策略。两个公司的工程师对于质量和设计的认知差异使得个性冲突持续存在，美国人认为德国人"刻板"，而德国人则认为美国人"混乱"。

为了应对这些冲突，戴姆勒－克莱斯勒采取了更多措施。管理层试图将戴姆勒文化强加给克莱斯勒公司，允许独特的商业团体采用其自认为最合适的文化。于是，两种文化在一个合并后的公司得以同时存在，即美国克莱斯勒文化和德国戴姆勒文化。对于那些仅位于美国或德国的公司来说，这种策略行之有效。然而，那些同时辐射到两个国家的商业部门仍然面临挑战，两国公司交流经常被误解，人员配置的方法受到双方高管的质疑。

经过十年的努力，合并最终还是解体了。戴姆勒几乎把克莱斯勒的全部股份出售给了一家美国私人股本集团，仅占其原始投资的一小部分。随后两年，克莱斯勒进入破产程序。几年后，前戴姆勒－克莱斯勒公司公关经理罗兰多·克莱因（Roland Klein）说："也许我们应该请一位文化专家来劝告我们，但是我们希望在没有外界帮助的情况下实现整合。"

百威英博过去的经验

在许多方面，百威英博自己的历史提供了跨国合并的成功经验。2008年，比利时－巴西英博（InBev）公司收购了总部位于美国的安海斯－布希公司，创建了世界上最大的酿造公司。英博公司第一次出价每股65美元，但被拒绝了。最终的价格是每股70美元。随着在每一块大陆上的经营，新合并的公司不得不快速适应多样化的国家和组织文化。由于深深地受到安贝夫（AmBev）的影响，英博的组织文化被认为是"体现体育更衣室文化的工作氛围……这种文化包含了残忍削减和有利可图的激励性薪酬计划"。与此相反，19世纪在圣路易斯成立的安海斯－布希被视为有家庭般友好氛围的公司，更多地强调社区参与。安海斯－布希"因为慈善事业、多样性、社区参与、员工选择获得了无数奖项，并且因豪华的行政办公室和高额的津贴而众所周知。公司拥有6架飞机和2架直升机用来运送员工"。

显而易见，这是两种不同的文化：一个非常有竞争力且低成本，另一个包含了许多昂贵的企业奖励系统，它们在沟通、非正式联系、雇员满意度、师徒制等方面可能存在冲突。作为回应，百威英博公司制订了一个综合性计划——创造新企业。合并后的公司成员包括英博董事会、安海斯－布希总裁兼 CEO，以及其他现任或过去的董事会成员，而管理团队由两个公司现任领导团队中的高管组成。最终，百威英博取得了财务上的成功，EBITDA（税息折旧及摊销前利润）在交易后三年内从 23% 上升到 38%。尽管公司最初面临着挑战，但是对文化差异的充分认知和学习教育以及企业领导者的国际管理经验最终促成了这次合并的成功。

引申

来自同一文化集群的企业自然而然地更加能够理解彼此的价值观、领导期望和沟通方式。只要拥有科学的收购计划，并且不断提高员工教育与培训，来自不同组织和国家文化的两个公司（例如 SABMiller 和百威英博）就可以通过兼并或收购达到成功。尽管来自不同地理区域的公司没有与生俱来的理解优势，但是通过员工培训和强有力的领导，也会取得一定的成功，这一点在完成合并的杜邦与百威英博公司那里已经得到了证明。新合并公司的管理者和行政人员应该在文化差异方面对员工进行教育，并且以合并为契机创建一个强调双方共同要素和价值的新企业文化，必要时保存公司的民族文化。

尽管英国、比利时、巴西、美国的文化存在差异性，但是文化的共同性和沟通理解推动了之前 SABMiller 和百威英博公司的合并。公司必然会面临挑战，但是过去的成功表明，适当的管理和详细的规划可以最大限度地帮助公司取得长期的成功。

开篇案例表明了文化是如何对商业实践产生巨大影响的。对一些像杜邦与百威英博那样的企业来说，早期对公司差异化的重视促成了企业融合的成功。那些意识到不同文化特征中潜在的积极因素和消极因素的跨国公司，无论是在平常还是在艰难的时刻和环境下，都能进行更好的管理。

4.1 文化的本质

"文化"来自拉丁词 cultura，与祭祀和崇拜相关。从最广泛的意义上来说，这一术语是指人与人之间相互交往的结果。从国际管理研究的角度看，**文化**（culture）是可获得的知识，利用这种知识，人类可以解释各种经验和产生社会行为。这些知识构成了人们的价值观，决定了人们的态度，影响了人们的各种行为。该领域的大多数学者都同意文化的如下特征。

（1）学习性。文化不是与生俱来或以生物学为基础的，它是通过学习和经验形成的。

（2）分享性。文化并不属于某个特殊的个体，个体作为群体、组织和社会的一员，可以分享文化。

（3）传承性。文化具有累积性，可以由一代人传给下一代人。

（4）象征性。文化基于人的能力，用来象征某种东西或者用一种东西来代表另一种东西。

（5）模式化。文化拥有某种结构而且是完整的，其中一部分的变化会带来其他部分的改变。

（6）适应性。文化基于人类的改变或适应能力，这一特征与动物被动地适应环境变化有着本质的差异。

由于世界上文化的类别众多，因此，理解文化对人类行为的影响对国际管理研究至关重要。如果国际管理者对其要打交道的国家的文化一无所知，那么结果将是灾难性的。例如，纽约一家领先的私人金融机构的合伙人讲述了如下故事：

我曾经旅行 9 000 英里去会见一位客户并且办了一件错事。为了把事情做好，我记住了要在新加坡会见的关键人物的姓名。这确实是一件很不容易的工作，因为，这些人的名字都由三个字组成。当然，我禁不住要炫耀一下我做了准备。我把最重要的人物陆文豪（Lo Win Hao）简称为 Hao 先生，另外两个人也相应简称为 Chee 先生和 Woon 先生。然而，直到一个我以前在纽约认识的人传给我一张便条时，我才发现自己犯了大错误。上面写道："Long 先生，您实在是太友好了，但也太草率了。"过分小心翼翼容易露怯，虽然我实际上已经像对待贵宾一样对待 Ed 先生和 Charlie 先生，但还是难免出错。原来，我虽然记下了这些人的名字，但是，我忘记了中国人的姓名是姓在前，名在后。

4.2　文化差异

要分析文化差异及其对国际管理的影响，有许多方法可供利用。文化能够影响技术转移、管理者的态度和思维方式，也能够影响企业与政府之间的关系。或许，最重要的是，文化能够影响人们的思维和行为。例如，表 4-1 就比较了美国、日本和阿拉伯国家文化价值观方面的主要差异。仔细分析这张表，就可以发现这三种文化之间的差异之处。

表 4-1　美国、日本和阿拉伯国家的文化价值观的优先性

美国	日本	阿拉伯国家
1. 自由	1. 归属	1. 家庭安全
2. 独立	2. 团队和谐	2. 家庭和谐
3. 自力更生	3. 集体主义	3. 父母指导
4. 平等	4. 年龄 / 资历	4. 年龄
5. 个人主义	5. 团体一致	5. 权威
6. 竞争	6. 合作	6. 妥协
7. 效率	7. 质量	7. 奉献
8. 时间	8. 耐心	8. 耐心
9. 直接	9. 间接	9. 间接
10. 坦诚	10. 调解	10. 热情

注：序号 1 代表最重要的价值观；序号 10 代表最不重要的价值观。

资料来源：Adapted from information found in F. Elashmawi and Philip R. Harris, *Multicultural Management* (Houston: Gulf Publishing, 1993), p. 63.

文化影响着许多商务活动，甚至包括普通的握手。表 4-2 列举了一些比较性的例子。

表 4-2　各地文化对商务活动（如握手）的影响

文化类别	握手的类别
美国	很用力
亚洲	很温柔（在一些国家，握手是不熟悉和不自在的；唯一的例外是韩国，韩国人握手非常用力）
英国	软弱无力
法国	轻而快（不包括与上司握手）；在离开时会重复
德国	有力；离开时会重复
拉丁美洲	很轻柔地抓一下；时常重复
中东	很温柔，经常重复
南非	轻柔；时间长且密切

资料来源：Lillian H. Chaney and Jeanette S. Martin, *Intercultural Business Communication* (Englewood Cliffs, NJ:Prentice Hall, 1995), p.115.

总体而言，文化对国际管理的影响主要反映在人们的基本信仰和行为方面。下面所列举的事例就反映了在一个社会中文化对管理方式的直接影响。

- 集中决策与分散决策。在一些国家，所有重要的决策都由高层领导者决定；在另一些社会中，这类决策被分散在整个企业，中层和基层管理者能够积极参与到决策活动中，并做出一些重要的决定。
- 安全与风险。在一些社会中，组织决策者厌恶风险，难以应付不确定的环境；在另一些社会中，组织决策者鼓励冒险，在不确定的环境下做决策也十分常见。
- 个人回报与团队回报。在一些国家，奖金、佣金等形式的回报主要给予那些做出杰出贡献的个人；在其他国家，文化的规范则要求团队回报，不赞成个人回报。
- 正式程序与非正式程序。在一些社会中，许多工作是通过非正式的方式完成的；在另一些社会中，需要遵守规范的程序并加以严格执行。
- 较高的组织忠诚度与较低的组织忠诚度。在一些社会中，雇员可以依据其所属的组织或雇主加以区分；

在另一些社会中，雇员主要依据其职业类别来区分，如工程师、机械师。

- 合作与竞争。一些社会鼓励人与人之间的合作，另一些社会则更鼓励竞争。
- 短期视野与长期视野。一些文化更强调短期视野，如利润和效率等；另一些文化则更注重长期目标，如市场份额和技术发展等。
- 稳定与创新。一些国家的文化更注重稳定，反对变革；在另一些国家，更强调创新和变革。

这些文化差异影响到国际管理的具体方法。

描述文化差异的另一种方式是将文化的组成部分分离并且可视化。图4-1提供了一个利用同心圆的例子。其中，外层包括一些外在的人造物和文化产品。这一层次是可以观察的，主要包括语言、食品、建筑物和艺术。中间层是社会规范和价值观，这些内容可以是正式的，也可以是非正式的，它们被用来理解人们的行为方式。内层是主宰行为的基础性的、暗含的行为假设。通过对这些假设的理解，文化成员能够以一种方式把它们组织起来，从而提高其解决问题的有效性，并且很好地与他人进行交往。对于如何理解内层的本质，佛恩斯·汤皮诺（Fons Trompenaars）和查尔斯·汉普登－特纳（Charles Hampden-Turner）曾做过如下解释。

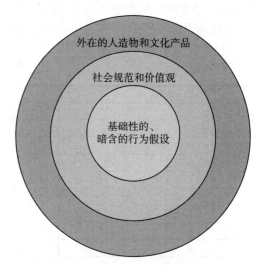

图4-1　文化模型

资料来源：Adapted from Fons Trompenaars and Charles Hampden-Turner, *Riding the Waves of Culture:Understanding Diversity in Global Business*, 2nd ed.(New York:McGraw-Hill, 1998).

测试基础性假设的最好办法是在（情境）引起混乱或者愤怒时。例如，你发现日本人鞠躬时比其他人弯腰弯得更低。如果你问他们为什么如此，他们会回答不知道，只是其他人也是这样做的（规范）或者他们想表示对权威的尊重（价值观）。一个典型的荷兰人会随即问道："你为什么要尊重权威？"日本人最可能的反应是迷茫或者微笑（这可能是掩藏他们的愤怒）。当你想了解什么是基础性假设时，你就向他们提出一些从来没有被问过的问题。这会加深人们之间的认识，但也可能带来烦恼。试一试在美国或荷兰问为什么人是平等的，你就会明白我们的意思。

另一种理解文化差异的办法是像图4-2那样，按照正态分布方式进行比较，然后像图4-3那样，根据其一成不变的印象进行检查。例如，法国人与美国人的文化就有明显不同的价值观和规范。所以，两种文化的正态分布曲线就只有有限的重叠之处。但是，当你观察两条曲线的尾端时，就会发现其中一种文化对另一种文化抱有某些一成不变的看法。在实践中，这种成见经常在一种文化的成员描述另一种文化时被夸大，从而放大两种文化之间的差异，降低了合作和沟通成功的可能性。这也是在国际管理中需要理解民族文化的重要原因之一。

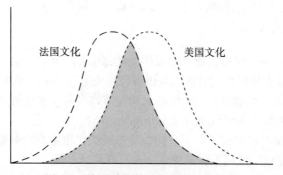

法国文化　　美国文化

图4-2　按照重叠的正态分布比较文化

资料来源：修订并改编自不同的资料来源，包括 Fons Trompenaars and Charles Hampden-Turner, *Riding the Waves of Culture: Understanding Diversity in Global Business*, 2nd ed. (New York: McGraw-Hill, 1998), p. 25.

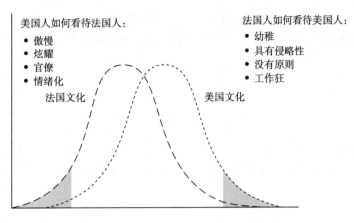

图 4-3　来自文化极端的成见

资料来源：Adaoted from Fons Trompenaars and Charles Hampden-Turner, *Riding the Waves of Culture: Understanding Diversity in Global Business*, 2nd ed. (New York: McGraw-Hill, 1998), p.23.

4.3　文化中的价值观

在文化研究中，价值观是一个主要的维度。所谓**价值观**（values），是指人们对正确与错误、好与坏、重要与不重要所持的基本信念。这些价值观来自人们所扎根的文化，是指导人行为的基本依据。文化价值观的差异往往影响不同的管理实践。

价值观的变迁

价值观会随着时代的变迁而发生变化吗？过去的研究表明，人的价值观是相对稳定的，不会在短时间内发生变化。然而，管理者的价值观正在随着文化和技术的变化而发生改变。一个很好的方法就是观察在美国的日本企业，因为美国文化环境与日本管理模式碰撞而产生了变化。学者们特别将注意力集中在那些主要的组织价值观上，如终身聘用、正式权威、组织导向、工龄和家长式作风。他们的主要发现如下所示。

（1）在日本文化中，终身雇用制被广泛接受。但是，在美国的日本管理者并不认为在一个组织中终身任职是最重要的，他们宁愿相信工作职位安全是最重要的。

（2）在日本，正式权威、服从、与等级职位保持一致是非常重要的。但是，在美国的日本管理者并不认为服从和一致是很重要的，他们也基本抛弃了不应该向上司提意见的观念。然而，他们却支持正式权威的概念。

（3）在日本，群体导向、合作、一致和妥协是很重要的组织价值观。在美国的日本管理者赞成这些观念，但他们也认为个体是重要的，坚持群体导向和个人导向的平衡。

（4）在日本，组织回报个人通常是以工龄为依据，而不是以绩效为依据。支持这种观念的程度高低，与日本管理者在美国的时间长短有直接关系。在美国的时间越长，支持这种观点的程度越低。

（5）家长式作风在日本非常突出，管理者通常干预下属在工作之外的生活。在美国的日本管理者不认同这一观念，其抵制的程度与其在美国工作时间的长短相关。

有更多的证据表明日本的个人主义在增长，这表明日本的价值观正在改变，这些变化不仅仅局限于国外的管理者们。日本经济长期不景气，使许多日本人相信他们不可能依赖大公司或政府来确保他们的未来，他们必须为自己奋斗。因此，今天更多的日本人开始接受这个被称为"个人责任的时代"。不公开指责个人主义是社会的威胁，相反，他们正建议把它作为解决日本经济灾难的必要办法。在一个有关经济变革会议的开幕式上，日本最大的商业游说团的副主席总结了这个思想。他说："通过建立个人责任，我们一定能使经济恢复活力并为社会添加新的活力。"一些已有的研究结论也支持该观点，具有强烈企业家导向的文化对全球竞争力是重要的，尤其是在小企业。这一趋势对于日本经济是有益的，能帮助它与国外的竞争中取得优势。

另外一些国家，例如中国，同样在经历价值观的转变。儒学受到了2 000多年的崇敬，但是儒学教育的强大信息在一个利益优先的世界中被遮盖了。现在，儒学开始再次缓慢地被普及，强调尊重权威、关心他人、平衡、和谐和整体秩序。

4.4　文化维度

理解一个社会的文化内涵，并且对文化差异予以正确对待，这在国际环境下显得越来越重要。在过去的几十年中，一些研究者试图在分析文化的组成部分或维度的基础上，形成文化的构成图。

4.4.1　霍夫斯泰德

1980年，荷兰学者吉尔特·霍夫斯泰德（Geert Hofstede）发现，文化有四个维度，后来他又提出两个维度，可以解释来自不同文化背景的人的行为方式和原因。他的初始数据是通过对全球70多个国家进行两次问卷调查收集的，有超过11.6万人参加了他的调查，这是迄今为止最大范围的研究。该项研究中的每个人都在IBM的各个分支机构工作。霍夫斯泰德的研究因此受到了非议，因为这项研究只涉及一家公司。然而，只要跨国比较的样本在功能上是一致的，就不需要具有代表性。因为他们除了民族外其他方面都是相似的（雇主、工作性质、职业、教育水平等），因此像IBM这样的跨国公司样本就为比较民族特性的研究提供了有吸引力的信息来源。在这样一个人群十分同质的跨国公司中，唯一能够解释系统性和一致性差异的因素就是民族。在这些员工加入跨国公司之前，他们是在不同国家的环境中长大成人的。因此，比较IBM分支机构可以相当清晰地发现民族文化的差异性。尽管研究成果发表于40多年前，但霍夫斯泰德的大样本研究仍然是其他研究的焦点。其中包含了GLOBE项目，这一项目在本章的末尾会加以讨论。

霍夫斯泰德研究发现的四个维度是：①权力距离；②不确定性规避；③个人主义与集体主义；④男性化与女性化。霍夫斯泰德后来提出了另外两个维度：时间导向（1988年提出）；放任与约束（2010年提出）。

1. 权力距离

所谓**权力距离**（power distance），是指组织或机构中权力较少的成员能够接受权力不平等分配的程度。那些盲目遵从上司指令的国家就是高权力距离国家。在许多社会中，低层级的员工趋向于按照程序服从命令。然而，在高权力距离的国家中，即使是较高层级的人员也严格服从命令，墨西哥、韩国和印度就是典型。例如，从美国一所知名大学取得博士学位的印度某高管就讲述过这样一个故事：

对我和我的部门最重要的不是我为公司做了什么或有过什么贡献，而是雇主对我的喜欢程度……我得到的这些都是通过对上司说"是"而取得的……与他发生矛盾就意味着重新寻找工作……我将我的自由思想留在了波士顿。

这一维度的影响可以通过多种方式来进行测量。例如，在低权力距离国家，组织通常是分权式的，拥有更扁平化的结构。这类组织也只拥有少部分的监督人员，低层级的劳动力通常是由高素质人员组成的。相比之下，高权力距离的国家中组织通常是集权式的，拥有金字塔式的结构，存在一大批监督人员，而低层级的劳动力是由素质较低的人员构成的。后一类结构鼓励和增强了不同层级人员之间的不平等。

2. 不确定性规避

所谓**不确定性规避**（uncertainty avoidance），是指人们能够承受模糊不清的情境威胁的程度，以及为规避这些威胁而形成的信念和机制。人们不喜欢不确定性的国家有较高程度的安全需求，他们相信专家和知识，德国、日本和西班牙就是典型。不确定性规避程度较低的文化更倾向于这样的信念：风险是与无知联系在一起的，不管怎样，生活还要继续。丹麦和英国就是这样的典型。

这一维度的影响可以通过多种方式进行测量。不确定性规避程度较高的国家拥有大量成系统的组织活动，较多的成文规则，较少的敢于冒风险的管理者，劳动力的流动率较低，富有野心的员工较少。

在不确定性规避程度较低的社会中，成系统的组织活动较少，成文规则较少，敢于冒风险的管理者较多，员工流动率较高，富有野心的员工较多。组织鼓励个人充分发挥其创造性，并为其行动承担责任。

3. 个人主义与集体主义

所谓**个人主义**（individualism），是指人们只考虑自己和家庭的趋向。霍夫斯泰德用一个两极的连续统一体测度了该维度上的文化差异性。其中，一端是个人主义，另一端是集体主义。所谓**集体主义**（collectivism），是人们归属于一个组织或集体并根据对集体的忠诚度来互相照顾的趋向。

与文化的其他维度一样，个人主义的影响也可以通过多种方式进行测量。霍夫斯泰德发现，富有的国家大都比较倾向于个人主义，贫穷的国家大都倾向于集体主义（表 4-3 的国家或地区会出现在图 4-4 及随后的其他图中）。值得注意的是，在图 4-4 中，美国、加拿大、澳大利亚、法国、英国等国都趋向于个人主义，其 GDP 都相当高；相反，墨西哥以及一些南美洲国家的个人主义倾向较低（高集体主义），其 GDP 也比较低。高个人主义倾向的国家同时也比较赞同新教的伦理道德，强调个人创新，按照市场价值晋升。而低个人主义倾向的国家则不太赞同新教的伦理道德，个人创新也较差，且依据资历来进行提升。

表 4-3 在霍夫斯泰德研究中所使用的国家或地区

	厄瓜多尔	巴拿马
	爱沙尼亚	秘鲁
阿拉伯国家（埃及、伊拉克、科威特、黎巴嫩、利比亚、沙特阿拉伯、阿拉伯联合酋长国）	芬兰	菲律宾
	法国	波兰
	德国	葡萄牙
	英国	罗马尼亚
阿根廷	希腊	俄罗斯
澳大利亚	危地马拉	萨尔瓦多
奥地利	中国香港地区	塞尔维亚
孟加拉国		新加坡
比利时弗拉芒大区（荷兰语区）	匈牙利	斯洛伐克
	印度	斯洛文尼亚
比利时瓦隆大区（法语区）	印度尼西亚	南非
	伊朗	西班牙
巴西	爱尔兰	苏里南
保加利亚	以色列	瑞典
加拿大魁北克省	意大利	瑞士法语区
加拿大	牙买加	瑞士德语区
智利		
中国大陆	日本	中国台湾地区
哥伦比亚	韩国	泰国
哥斯达黎加		特立尼达岛
克罗地亚	卢森堡	土耳其
捷克	马来西亚	美国
丹麦	马耳他	乌拉圭
	墨西哥	委内瑞拉
	摩洛哥	越南
东非（埃塞俄比亚、肯尼亚、坦桑尼亚、赞比亚）	荷兰	西非（加纳、尼日利亚、塞拉利昂）
	新西兰	
	挪威	
	巴基斯坦	

资料来源：From G. Hofstede and G. J. Hofstede, *Cultures and Organizations: Software of the Mind*, 2nd ed. (NewYork: McGraw-Hill, 2005).

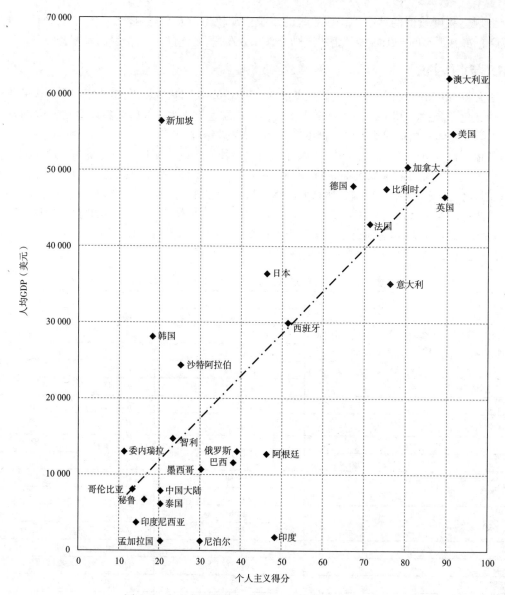

图 4-4　个人主义指数与人均 GDP 的关系（2015 年）

资料来源：Original graphic by Ben Littell under supervision of Professor Jonathan P. Doh based on data from The World Bank and from G. Hofstede and G. J. Hofstede, *Cultures and Organizations: Software of the Mind*, 2nd ed. (NewYork: McGraw-Hill, 2005).

4. 男性化与女性化

按照霍夫斯泰德的解释，所谓**男性化**（masculinity）是指"社会主导价值观是成功、金钱时的情景"。霍夫斯泰德把男性化和女性化当作一个连续变化的序列，并以此来测度各种文化的差异性。与一般的成见和内涵不同，霍夫斯泰德把**女性化**（femininity）描述为"社会主导价值观为关心别人或重视生活质量时的情景"。

男性化指数高的国家，如德国，注重收入、认可、晋职和挑战。社会鼓励个人独立决策，并依据认可和财富来定义成就的大小。工作场所压力大，而且许多管理者相信，他们的员工不喜欢工作，由此对员工进行一定程度的控制。教育体制强调高绩效。年轻人有自己的职业生涯路径，不希望自己是失败者。从历史上来看，几乎没有女性占据高层职位，虽然这种情况在改变。

男性化指数低（霍夫斯泰德的女性化维度）的国家，如挪威，更看重合作、友好的气氛以及雇用安全。社会鼓励集体决策，依据个人关系和生活环境定义成就大小。工作场所压力小，而且管理者信任员工，并给予其充分的自由。从文化上来说，这个群体喜欢规模小的企业，看重环境保护。学校教育体系则更强调社会适应。一些年轻人有自己的职业生涯路径，而另外一些人则没有。不少女性身居高层，不需要经常做决断。

5. 时间导向

时间导向起初被称作 "儒家工作动力"（Confucian Work Dynamism），霍夫斯泰德将其定义为 "如何处理社会对于美德的渴求"。长期导向的社会趋向于重视未来。他们有能力使传统适应变化，偏向于节约并投资未来，重视长远的成就。相比于未来，短期导向的文化更重视过去和现在，这些社会十分崇敬传统，注重短期利益并且很少为未来打算。起初霍夫斯泰德的时间导向研究只包含 23 个国家，这引发了一些批评。然而在 2010 年，这项研究扩大到了 93 个国家。表 4-4 指出了短期导向社会和长期导向社会的十大区别。

表 4-4　短期和长期导向社会的十大区别

短期导向	长期导向
大多数生命中重要的事件发生在过去或现在	大多数生命中重要的事件发生在未来
个人具有稳定性和持续性：一个好的人从不改变	好的人适应环境
有很多判断正义与邪恶的广泛标准	正义与邪恶因环境而改变
传统神圣不可侵犯	传统适应变化的环境
家庭生活以急需处理的事为指导	家庭生活以共同的任务为指导
应该为自己的国家感到自豪	努力学习其他国家
为他人服务很重要	节约和坚持很重要
社会消费	为投资提供大量存款和资金
学生把成功和失败归因于运气	学生成功与否取决于是否努力
贫穷国家经济增长很慢甚至没有增长	国家经济持续快速增长，直到达到一定程度的繁荣

资料来源：From G. Hofstede, "Dimensionalizing Cultures: The Hofstede Model in Context," *Online Readings in Psychology and Culture*, Unit 2 (2011), http://scholarworks.gvsu.edu/orpc/vol2/iss1/8/.

亚洲国家主要显示出长期导向。长期导向指数很高的国家包括中国、日本和印度尼西亚。在这些国家中，个人主义持续存在，他们节约金钱并且对不可预测的环境具有很强的适应性。地位决定人际关系，因为其影响了问题的解决。长期导向的文化相信多种真理而不是只有一种确定的答案。

西班牙、美国和英国都被认为具有低长期导向指数（霍夫斯泰德的短期导向）。短期导向社会中个人主义的好恶观、价值观、休闲时间和金钱花费都比较自由，传统的方法受到尊重并且反馈的过程很短，而且人与人之间给予礼物和问候是相互的。

6. 放任与约束

基于世界范围内相关幸福指数的研究，霍夫斯泰德最新增加的两个维度测量了一个社会满足人内心需要和渴望所需的自由程度。放任的文化鼓励人类自然需求的满足，但是约束的文化根据社会准则来管理和控制行为。这项研究涉及了六个维度的区分，包含了来自 93 个国家的参与者。表 4-5 展示了放任社会与约束社会的十大区别。

放任指数很高的国家多坐落于美洲和西欧，包括美国、澳大利亚、墨西哥和智利。这些社会中的个人能够自由地满足他们的需求，强调活在当下。他们参与更多的运动和活动，自由地表达幸福并且相信自己能够控制自身命运，而且言论自由被看得很重要，警力普遍较小。放任社会中的人把友谊看得很重要，道德准则较少，并且展现出喜爱社交的积极性格。

放任指数很低（霍夫斯泰德理论中约束力很高的维度）的国家多位于亚洲和东欧，包括埃及、俄罗斯、印度。在这些社会中，个人更少地参与运动和活动，更少地表达幸福，并且认为自己无法控制自身的命运。维持秩序被看得很重要，这导致了强大的警力和低犯罪率。人们认为伦理道德比友谊更为重要，展现出内向的性格并且严格遵守道德准则。

表 4-5　放任社会和约束社会的十大区别

放任社会	约束社会
多数人认为他们很快乐	更少的人认为他们很快乐
感觉自我控制生活	感觉无助：我身上发生的事情不由我控制
言论自由很重要	不重视言论自由
休闲有很高的重要性	休闲不重要
更可能记住积极的回忆	不太可能记住积极的回忆
在人口受教育程度高的国家，出生率高	在人口受教育程度高的国家，出生率低
更多的人积极参与运动	更少的人积极参与运动
在食物充足的国家，肥胖率高	在食物充足的国家，肥胖率低
在富裕国家中，性准则宽容开放	在富裕国家中，性准则严格
维持秩序不是优先考虑的事情	每 10 万人中有更多的警察

资料来源：From G.Hofstede, "Dimensionalizing Cultures: The Hofstede Model in Context," *Online Readings in Psychology and Culture,* Unit 2 (2011), http://scholarworks.gvsu.edu/orpc/vol2/iss1/8/.

7. 各种维度的整合

文化最初的四种维度以及后来的两个维度通常用来帮助解释不同国家之间文化的差异性。霍夫斯泰德的研究超越了这一点，阐明了如何通过不同文化维度的组合来认识一个国家。在霍夫斯泰德和后人的研究中，配对和聚类能为国际管理者进行有效的概括。深度理解多文化环境总是最好的，但是总的分群概括出了共同的背景，人们可以把它们作为研究的起点。将个人主义和权力距离结合在一起，在第一次检验群体分布时，数据显得有些杂乱。然而，它们对于描述哪些国家和地区的价值观相似以及与其他文化群的差异程度非常有用。同样的国家和地区在后续维度比较中并不总是集群在一起。这表明当一些信仰在文化间交叠时会产生分歧，因此群体需要独特的管理。

美国人的个人主义倾向较重，权力距离较低。他们愿意为自己做事，当别人比他们更有权力时，他们并不感到心烦意乱。其他国家和地区虽然不是群里的一部分，但是拥有相同的基本价值观。相反，许多欠发达国家或者新兴工业化国家和地区，如哥伦比亚、葡萄牙以及新加坡则呈现出高权力距离和低个人主义的特征，而这些国家和地区的主体文化趋向于集体主义。

根据不确定性规避指数和权力距离指数，国家（或地区）之间又一次分为很多群聚。许多盎格鲁国家呈现出较小的权力距离和较弱的不确定性规避特征。相反，许多拉丁美洲国家、地中海国家及亚洲国家表现出较大的权力距离和较强的不确定性规避的特征。

从两个维度将各个文化因素整合在一起，有助于阐明文化影响行为的复杂性。许多维度的研究还在进行中，有时，这些维度也并不是都在预期的方向上。例如，从表面看，具有较高权力距离的国家会表现出较低的个人主义特征，反之亦然，霍夫斯泰德的研究也确实证明了这一现象。然而，不确定性规避程度较低的国家并不一定会出现较强的男性化特征，即使那些愿意生活在不确定性环境中的人也看重金钱和权力的回报，而降低对工作生活质量的要求和对其他人是否关心自己的关注度。简而言之，关于各个文化维度影响的经验性证据会与人们通常所坚持的信念或成见大相径庭。要清楚不同文化的全面性影响，还需要大量的研究。

霍夫斯泰德的文化维度和国家分布的观点已经在国际化管理领域被广泛认知与接受。他的著作被认为是文化学习和研究的敲门砖。

4.4.2　汤皮诺

1994 年，另一位荷兰人佛恩斯·汤皮诺丰富了霍夫斯泰德的研究，并且发表了他在文化领域 10 年来的研究成果。他向 28 个国家和地区超过 15 000 名管理人员发放研究调查问卷，并从每个国家和地区回收至少 500 份有效问卷，表 4-6 就是他研究的 23 个国家和地区。汤皮诺基于著名的社会学家塔尔科特·帕森斯（Talcott Parsons）

的价值取向和相关导向理论，得出人们处理与他人关系时的五个关系导向，这些被认为与霍夫斯泰德的文化维度相类似。他也考虑对时间和环境的态度，其研究成果有多处解释文化差异的形成原因，提供跨国公司在不同国家和地区经营的实践方法。下面的讨论就是研究五种关系导向的每一项以及对时间和环境的态度。

表 4-6　汤皮诺研究的国家和地区缩写表

缩写	国家和地区	缩写	国家和地区
ARG	阿根廷	JPN	日本
AUS	奥地利	MEX	墨西哥
BEL	比利时	NL	荷兰
BRZ	巴西	SIN	新加坡
PRC	中国内地	SPA	西班牙
CIS	独联体国家	SWE	瑞典
CZH	捷克斯洛伐克⊖	SWI	瑞士
FRA	法国	THA	泰国
GER	德国（不包括民主德国）	UK	英国
HK SAR	中国香港地区	USA	美国
IDO	印度尼西亚	VEN	委内瑞拉
ITA	意大利		

1. 普遍性与特殊性

普遍性（universalism）是指理论与实践不需要更改，在任何地方都适用。**特殊性**（particularism）是指理论与实践应用的方式受环境制约。对于极具普遍性的文化，焦点集中在正式的规则而不是关系上，商业合同被严格遵守，人们相信"一项交易就是一项交易"。对于极具特殊性的文化，焦点集中在关系和信任而非正式规则上。在这个特殊文化背景下，法定的合同经常会被更改，当彼此逐渐熟悉后，人们会改变交易的方式。汤皮诺的早期研究发现，在诸多国家，如美国、澳大利亚、德国、瑞典和英国，存在极具普遍性的文化；而在委内瑞拉、苏联、印度尼西亚存在高度的特殊性文化，如图 4-5 所示。

在后续的研究中，汤皮诺和汉普登－特纳通过向被访问者提出两难问题并要求他们做出决定来进行这项研究。下面是两难问题示例和被访问者的得分情况。

你正坐在一个好朋友驾驶的车里，他撞了一个行人。你知道他至少以每小时 35 英里的速度行驶，而在城区的这个地方，最大限速是每小时 20 英里。没有任何目击者。他的律师说，如果你发誓证实当时他正以每小时 20 英里的速度行驶，则你可将他从严重的后果中解救出来。试问，你的朋友有何权利要求你支持他？

A. 作为朋友，我的朋友有明确的权利要求我证实他以更低的速度行驶。

B. 作为朋友，他有一些权利要求我证实他以更低的速度行驶。

C. 作为朋友，他没有权利要求我证实他以更低的速度行驶。

表 4-7　两难问题的得分情况

普遍性（没有权利）	
加拿大	96
美国	95
德国	90
英国	90
荷兰	88
法国	68
日本	67
新加坡	67
泰国	63
中国香港地区	56
特殊性（有明确的或一些权利）	
韩国	26

高分显示很强的普遍性（选择 C），低分显示很强的特殊性（选择 A），下面是不同国家和地区的得分情况（见表 4-7）。

正如前面所述，来自普遍性文化地区的人（如北美和西欧）感到不管什么情况都应适用规则，而来自特殊性文化地区的人则更愿意背弃规则而帮助他的朋友。

鉴于发现的这些类型，汤皮诺建议，那些来自特殊性文化地区的人在普遍性文化的地区从事商务活动时，应该为理性、职业以及"一切只为商务活动"的态度做好准备。相反，那些来自普遍性文化地区的人在特殊性文化环境下从事商务活动时，应该做好准备为不相干的事而做一些私人的、彼此接近的交谈。

⊖　1993 年 1 月 1 日起，捷克和斯洛伐克联邦共和国正式分成捷克共和国、斯洛伐克共和国两个独立的主权国家。

2. 个人主义与团体主义

个人主义与集体主义是霍夫斯泰德早期研究的关键维度。虽然汤皮诺的这两种关系与霍夫斯泰德相比有所不同，但它们之间仍然有相同的基本含义，尽管汤皮诺在他最近的著作中已更多地使用"团体主义"而不是"集体主义"。对他而言，个人主义意味着人们把他们自己看作是个体，而**团体主义**（communitarianism）则意味着人们把他们自己看作是群体中的一员。如图 4-5 所示，美国、捷克斯洛伐克、阿根廷、苏联以及墨西哥具有高度的个人主义。

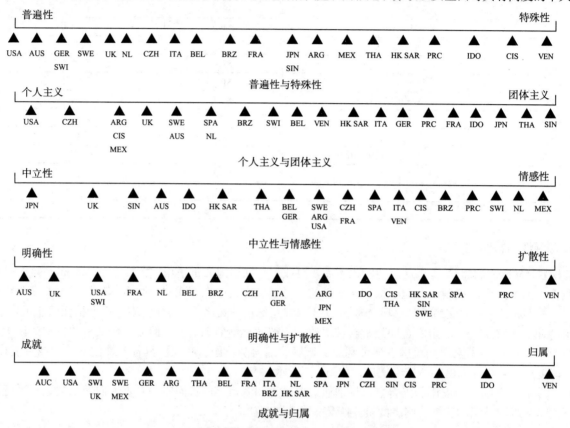

图 4-5　汤皮诺的文化维度的关系导向

资料来源：Adapted from information found in Fons Trompenaars, *Riding the Waves of Culture* (New York: Irwin, 1994); Charles Hampden-Turner and Fons Trompenaars, "A World Turned Upside Down: Doing Business in Asia," in *Monaging Across Cultures: Issues and Perspectives*, ed. Pat Joynt and Malcolm Warner (London: International Thomson Business Press, 1996), pp. 275-305.

在汤皮诺的研究中，他设计了如下的情景：假如你将要得到提升，你最强调以下哪种观点：①将与你一起工作的新的人群；②你承担的工作责任越大，收入越高。表 4-8 报告了与第 2 种选择的个人主义文化价值观相关的最新得分，即较大的责任和更高的收入的最后得分情况。

这些发现一定程度上区别于早前图 4-5 的表述，并且表明文化变革的发生将比人们所能想象的还要快。举例说来，发现显示，泰国是一个高度个人主义的国家（可能预示了一个不断增长的企业家精神/企业文化价值观），然而几年前，泰国人在个人主义特征上还是得分较低的。与此同时，认清高度个人主义文化中的人们和高度团体主义文化中的人们的主要差异是相当重要的。前者强调的是与个人利益相关的问题；后者注重的是与团体利益相关的问题。在典型的高度个人主义文化中，一个代表出现在谈判现场，那么该谈判

表 4-8　个人主义与团体主义的得分情况

个人主义（强调较大的责任和更多的收入）	
加拿大	77
泰国	71
英国	69
美国	67
荷兰	64
法国	61
日本	61
中国内地	54
新加坡	50
中国香港	47
团体主义（重点放在新的人群）	
马来西亚	38
韩国	32

应该由这个代表单独完成，因为他担负着很大的个人责任。而在团体主义文化里，决策由委员会做出，应该由团体完成这项任务，并共同承担责任。

汤皮诺建议，来自高度个人主义文化的人在与那些来自高度团体主义文化的人打交道时，应该在征得同意并且在协商的时间上有足够的耐心，还应该以建立持久的关系为目标。而当来自高度团体主义文化的人在与那些来自高度个人主义文化的人打交道时，也应该准备快速地做出决定并将这些决定提交给组织。另外，团体主义者在与个人主义者打交道时，应该意识到他是在与一个谈判者（而不是与一个团体）打交道，其原因在于此人受到他所在组织的尊重，并拥有自己的权威和尊严。

3. 中立性与情感性

在**中立文化**（neutral culture）中，情感往往被抑制。如图 4-5 所示，日本和英国都是高度的中立文化国家，这些国家中的人们尽可能不表达自己的情感。他们行为坚忍，始终保持冷静形象。而在**情感文化**（emotional culture）中，感情是开放的，是自然流露的。受情感文化影响的人们充满了笑声，兴奋的时候便大声说话，近乎狂热地互致祝福。墨西哥、荷兰和瑞士便是高度情感文化的典型代表。

汤皮诺建议，来自情感文化的人在与来自中立文化的人做生意时，应该尽可能将意见形成书面文件并递交给对方。他们应该意识到情感的缺乏并不意味着无趣或厌倦，而是因为来自中立文化的人不喜欢摊牌。与此相反，当那些来自中立文化的人在与来自情感文化的人做生意时，不应该因对方制造了生机勃勃或喧闹的场景而止住脚步，而且他们应该尝试热烈地响应对方的情绪化反应。

4. 明确性与扩散性

在**明确文化**（specific culture）中，个人拥有较大的公众空间，也乐意让别人进入和分享；同时，他们也有一个很小的严密保护的私人空间，只与亲密的朋友和亲属分享。在**扩散文化**（diffuse culture）中，私人空间和公众空间在规模上是相似的，人们小心地保护着公众空间，因为进入他们的公众空间与私人空间没什么区别。如图 4-5 所示，奥地利、英国、美国和瑞士属于明确文化国家，而委内瑞拉、中国和西班牙则属于扩散文化国家。在明确文化里，人们常被邀请到他人开放的公众空间，这种文化中的人是开放的、外向的，而且公众空间与私人空间有着严格的区分。而在扩散文化里，一般来说人们难以很快被他人邀请到自己开放的公众空间，因为一旦进入公众空间，私人空间也容易进入。这种文化中的人们显得间接、内向，公众空间和私人空间往往紧密结合在一起。

美国和德国就是两种不同文化维度的例子。例如罗伯特·史密斯博士，一位美国教授，在美国的大学里常常被他的学生们称为"史密斯博士"。然而当他购物时，他会被商店的售货员称为"鲍勃"。在玩高尔夫时，鲍勃会投入其中，甚至高尔夫伙伴碰巧就是系里的大学生。个人身份不停变化的原因在于，在美国明确文化的氛围下，每个人都有非常大的公众空间，而且他们常会根据自己的公众角色变化而改变自己的行为。另外，在高扩散文化里，一个人的公众空间和私人空间是类似的。因此，在德国，不管是在大学内、超市里，还是在保龄球馆里，"史密斯教授、先生、博士"都将被如此称呼，甚至在公众场合下他的妻子也要如此正式地称呼他。一大堆礼节被维持着，德国人也因此给人留下乏味或冷淡的印象。

汤皮诺建议，从明确文化中来的人在与扩散文化的人做生意的时候，应该尊重他人的头衔、年龄和背景，也不能因为他人的间接和迂回而失去耐心。与此相反，受扩散文化影响的人在与受明确文化影响的人做生意时，应该试图有效地达到目的，学会明智地使用议程来组织会议，而不要过多在乎他们的头衔、知识水平或技能，因为这些东西与议题的讨论毫无关系。

5. 成就与归属

在**成就文化**（achievement culture）里，人们因履行职责的程度而获得相应的地位。而在**归属文化**（ascription culture）里，人们的地位决定于他是谁或任什么职。成就文化给予获得较高成就的人以较高的地位，就像某个公司里最好的销售人员或发明一种能够治疗某种罕见骨癌药物的医学研究人员。归属文化则不同，它给予某人地位只是根据他的年龄、性别或社会关系。例如，在归属文化里，一个为公司服务 40 年的老员工将得到很好的尊重，这种来自他人的尊敬只是来源于他的年龄和为公司服务的期限；如果一个人的朋友具有较高的地位，他也会因为与此人相识而被赋予一定的地位。如图 4-5 所示，奥地利、美国、瑞士和英国都属于成就文化，而委内瑞拉、印度尼西亚和中国则属于归属文化。

汤皮诺建议，当一个受成就文化氛围影响的人与一个受归属文化影响的人做生意时，他最好确定所在组织有更年长、地位更高、具有正式决策权、能够影响他人的人，并尊重对方组织中这类人的地位和影响力。与此相反，当一个来自归属文化的人与来自成就文化的人做生意时，应该确保他所在组织拥有充足的数据、技术性建议者和博学多识的人，并使对方确信自己精通此道，同时还应该尊重对方的知识和信息。

6. 时间

除去上述五个关系导向外，另一个主要的文化差异是人们对待时间的方式。汤皮诺将其区分为两种不同的途径：连续的和同步的。在连续性流行的文化中，人们倾向于一个时间段内只做一件事，严格遵守会面时间或地点，对遵循计划显示出强烈的偏爱，就像布置好了一样，从不偏离计划。而在同步性较为常见的文化中，人们总想在一段时间内做几件事情，会面时间或地点本身就是大概的，而且常因为一时注意力的改变而改变，进度表总是从属于各种各样的关系。处于同步性途径文化中的人们经常中断正在做的事情去会见或是欢迎别人来到他们的办公室。

在这一差异上，美国、墨西哥和法国形成了鲜明的对照。在美国，人们倾向于受连续性时间导向的引导，总是制定一个时间表并严格执行。墨西哥人的行为受到同步性时间导向的影响，总是显得更富灵活性，制订比较松散的计划且允许被打断。法国人与墨西哥人差不多，当他们制订计划的时候，一般能够确定他们想要达到的目标，但不决定开放的时间安排和其他超出控制的因素。这样，当他们执行的时候，可以随时调整和修改计划。就像汤皮诺注意到的那样：对于法国人和墨西哥人来说，重要的是他们达到了目的，而不是实现目标的特定途径或顺序。

另一个有趣的与时间相关的对照是不同文化中过去导向、现在导向和将来导向的受重视程度。在美国、意大利和德国这些国家，将来比过去或现在更为重要。在委内瑞拉、印度尼西亚和西班牙这些国家，现在才是最重要的。而在法国和比利时，这三个不同的时段大致同等重要。因为给定了不同的重点来区别对待这三个时期，适应这些文化差异将是一种挑战。

汤皮诺建议，当与来自将来文化导向的人谈生意时，一个有效的国际管理者应该强调任意协议具有的机遇和无限的机会，应该确定完成某件事情的最后期限，注意对方所期待的核心竞争力并且将这种愿望带至将来。而与来自过去或现在文化导向的人谈生意时，管理者应着重强调这种文化的历史与传统，确定这种内在的联系能否支持所需要进行的各种形式的变革，原则上同意将来的会面但无须确定完成的最后期限。

7. 环境

汤皮诺也考察了人们对待环境的不同方式。人们是倾向于控制结果（内部控制）还是倾向于任其自然发展（外部控制）是需要特别注意的。他让管理者从下面两个选项中选择一个：

（1）所有发生在我身上的事情都是我自己的事情。

（2）有时候我发现自己无法对生活的方向进行完全的控制。

那些相信能够控制个人环境的管理者往往倾向于选择第 1 个答案，而那些为环境所控制却又无法改变的管理者则倾向于选择第 2 个答案。

表 4-9 是不同国家和地区选择第一个答案的人的比例。

表 4-9 相信能够控制个人环境的管理者的分布

美国	89%	中国香港地区	69%
瑞士	84%	希腊	63%
奥地利	81%	新加坡	58%
比利时	76%	日本	56%
印度尼西亚	73%	中国内地	35%

在美国，管理者强烈地感觉到自己是命运的主人。这一点有助于说明他们对环境的主导性态度（有时候甚至

接近于好斗），而当事情看起来超出控制范围时就会觉得极不舒服。但许多亚洲人并不这样认为，他们相信事物是波浪式变化或自然变化的，每个人都必须"紧随这种变化"。所以，这种灵活的态度，表明主动妥协和维持自然是非常重要的。

汤皮诺建议，在与来自相信支配环境的文化的人做生意时，重要的是开始艰苦的行动，检验对手的耐力，赢取某些目标，面对时不时的失败。例如，美国政府的谈判代表反复推动日本汽车公司购买更多的来自美国供应商的原件，从而部分抵消美国购买日本成品车的巨大贸易差额，因此可见美国在寻找补偿物而不是单纯地树立贸易壁垒。当与那些愿意将事物保持在自然状态的人做生意时，坚持、礼貌、与对方保持良好的关系、创造双赢的局面才是最重要的。

4.5 整合文化和管理：GLOBE 项目

全球领导力和组织行为效力研究（Global Leadership and Organizational Behavior Effectiveness，GLOBE）项目反映出另一种测量文化差异的方式。GLOBE 项目构思于 1991 年，是一项正在进行的研究项目，现在主要包含三个阶段。GLOBE 项目将汤皮诺和霍夫斯泰德对文化因素及变量的研究进行了扩展与整合。三个阶段已经完整阐述了文化和组织行为中多个变量之间的动态关系。

分别发表于 2004 年和 2007 年的第一、第二阶段的研究，主要是针对 62 个国家和地区的 951 个组织的中层管理者，对 9 种不同文化因素进行的研究和评估。170 名学者构成的团队，调查了 3 类产业中的 17 000 名管理者，包括金融服务业、食品加工业和电信业。在开发方案和分析时，他们也对国家和地区经济繁荣、物质和精神财富的档案进行了测量。选择的国家和地区代表占据了全球每一个主要的地理位置，包括类型独特的政治和经济体制的国家与地区，旨在创造一个完整、全面的数据库。这项研究被置于成熟的领域进行数据统计，由霍夫斯泰德和 GLOBE 研究员共同协作完成，有力地影响着对全球文化主要特征的认识。

与前两个阶段关注中层管理者不同，发表于 2012 年的第三阶段研究主要检验上层管理者在文化和组织领导中的作用。他们动用 40 位研究者调查了来自 24 个国家和地区，超过 1 000 名 CEO、5 000 名直接下属。为了进行不同阶段的比较，他们在其中 17 个国家和地区进行了三阶段的全过程研究。第 13 章进一步阐述了主要研究领导者的第三阶段。表 4-10 展示了不同阶段的目标和结果回顾。

表 4-10 GLOBE 文化变量结果

变量	最高	中等	最低
自信	西班牙、美国	埃及、爱尔兰	瑞典、新西兰
未来导向	丹麦、加拿大	斯洛文尼亚、埃及	俄罗斯、阿根廷
两性平等	韩国、埃及	意大利、巴西	瑞典、丹麦
不确定性规避	奥地利、丹麦	以色列、美国	俄罗斯、匈牙利
权力距离	俄罗斯、西班牙	英国、法国	丹麦、荷兰
社会集体主义	丹麦、新加坡	中国香港地区、美国	希腊、匈牙利
群体内集体主义	埃及、中国大陆	英国、法国	丹麦、荷兰
绩效导向	美国、中国台湾地区	瑞典、以色列	俄罗斯、阿根廷
人道主义导向	印度尼西亚、埃及	中国香港地区、瑞典	德国、西班牙

资料来源：From Mansour Javidan, Peter W. Dorfman, Mary Sully de Luque, and Robert J. House, "In the Eye of the Beholder: Cross Cultural Lessons in Leadership from Project GLOBE," *Academy of Management Perspectives* 20, no. 1 (2006), p. 76.

GOLBE 项目非常有趣，因为其提出的 9 个文化维度，得到超过 100 位研究人员的跨文化研究团队的界定、概念化和操作化。此外，每个国家的数据都是由研究文化的本土学者或知道并经历过那些文化差异的学者收集的。

4.5.1　文化和管理

GLOBE 的研究者坚持认为，区分开的不同文化因素可以被用来预测该文化中最合适、最有效和最可接受的组织和领导实践。此外，他们声称社会文化直接影响着组织文化，领导者认同产生于领导者特质和其行为标准。

GLOBE 项目开始回答许多关于形成领导和组织过程的文化变量的基本问题。其后的目标是开发一套实证性理论，描述、理解和预测特定文化变量对领导和组织过程的作用以及这一过程的有效性。总之，GLOBE 项目希望提供全球性标准化的指导方针，使得管理者可以专注于本地专业化。特定目标包括回答以下基本问题。

- 在不同文化中是否有被广泛采纳的、有效的领导者行为、特质和组织惯例？
- 领导者行为、特质和组织惯例是否只在一些文化中被广泛采纳并有效？
- 社会和组织文化将如何影响被采纳的、有效的领导者行为和组织实践？
- 违反领导和组织惯例的文化标准的后果有哪些？
- 根据 9 种核心文化维度，每种文化的相关定位是什么？
- 能否用导致文化不同的系统性差异理论来解释领导者行为、特质和组织惯例的普遍性及特殊性？

4.5.2　GLOBE 的文化维度

GLOBE 项目确定了如下 9 种文化维度。

（1）不确定性规避是指组织或社会成员试图依靠社会标准、仪式和政治实践来避免不确定性，减轻未来事件不可预测的程度。

（2）权力距离是指组织或社会成员期望并同意不平等地享有权力的程度。

（3）集体主义 I：社会集体主义是指组织和社会制度鼓励及奖励资源的集体主义分布与集体主义行为的程度。

（4）集体主义 II：群体内集体主义是指个体在组织或家庭中表现出自豪、忠诚和凝聚力的程度。

（5）两性平等是指组织或社会最小化性别角色差异和性别歧视的程度。

（6）自信是指组织或社会中的个体在社会关系中表现出自信、对抗性和进取性。

（7）未来导向是指组织或社会中的个体参与未来导向的行为（如规划、未来投资和延迟满足）的程度。

（8）绩效导向是指组织或社会鼓励及奖励群体成员改进绩效和表现优异的程度。

（9）人道主义导向是指组织或社会鼓励和奖励个体公正、利他、友好、慷慨、关心和友善地对待他人的程度。

前 6 种维度源自霍夫斯泰德的文化维度（见图 4-6）。集体主义 I 强调社会中的集体主义，低分反映个人主义，高分反映集体主义，强调法律、社会程序和制度。集体主义 II 测量群体内（家庭或组织）的集体主义，如对家庭或组织的自豪、忠诚或组织凝聚力。在霍夫斯泰德的男性化与女性化维度中，GLOBE 项目研究者开发了两种维度，称为两性平等和自信。而未来导向类似于霍夫斯泰德的时间导向维度。同样，未来导向、绩效导向和人道主义导向在过去的研究中也有涉及。因此，这些测量是一体化的，结合了过去的研究基础。

GLOBE 研究的突出贡献是对价值观（代表人们如何认识）和实践（代

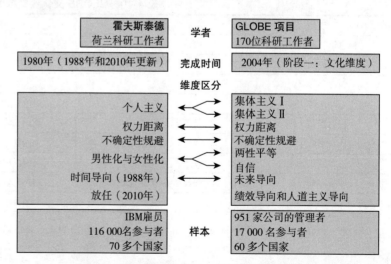

图 4-6　霍夫斯泰德与 GLOBE 项目的研究比较

资料来源：Original graphic by Ben Littell under supervision of Professor Jonathan P. Doh based on data from G. Hofstede and G. J. Hofstede, *Cultures and organizations: Software of the mind*, 2nd ed. (New York: McGraw-Hill, 2005), and the GLOBE project research.

表事物的本质）的整合。图 4-7 所示反映出巴西在价值观和实践上的区别。更多分析与企业社会责任有关，这部分内容已在第 3 章中详细讨论过。

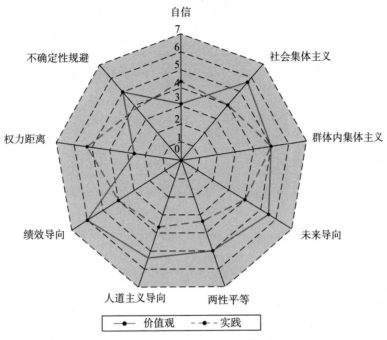

图 4-7　巴西价值观和实践的比较

资料来源：Original graphic by Ben Littell under supervision of Professor Jonathan P. Doh based on data from the GLOBE project research.

4.5.3　GLOBE 国家和地区分析

表 4-11 列出了 GLOBE 分析的最初结果。GLOBE 分析大体上与霍夫斯泰德和汤皮诺相似，但是在变量定义和方法上存在一些差异。霍夫斯泰德批评 GLOBE 分析，指出其研究方法上存在一些重要差异，他本人是其发现的唯一研究者和作者，而 GLOBE 由许多观点组成；霍夫斯泰德主要关注一种制度并调查员工，而 GLOBE 采访了许多公司的管理者；等等。这两种方法之间的差异，使得比较和完全协调这两种方法具有挑战性。其他评论也指出霍夫斯泰德可能介绍了文化心理学，但是在这个不断变化的世界有必要进行进一步的研究。虽然 GLOBE 分析有时被认为太复杂，但是文化和感觉也是如此。深入理解文化的所有方面非常困难，但是 GLOBE 对一般的观点提供了最新的综合总结，有利于对其进行更深入的领悟。

表 4-11　三个阶段的说明

目的	方法	设计策略	主要结果
GLOBE 第一和第二阶段			
· 计划与实施多个阶段、时期的项目来检验国家文化、领导力的有效性和社会现象之间的关系 · 确定对杰出的领导力来说尤为重要的领导力特征 · 设计社会文化问卷 · 设计领导力问卷	· 召集来自 62 个国家和地区的超过 170 名研究员加入项目 · 指导对国内中层管理者的个人采访及焦点小组面谈 · 检查有关相关性和不稳定性的项目 · 调查来自 62 种文化中的 951 个组织中的 17 000 名经理	· 在测量阶段运用严格的心理评估 · 在每个国家实验调查手段 · 在几个国家中试点 · 在研究设计中控制常见错误 · 运用严格的统计程序来确保数据统一和可靠 · 在实践和价值观方面评估文化与组织 · 用 HLM 来测试假设（组织和社会层面的领导力文化）	· 验证文化和领导能力 · 给 9 个文化维度的 62 种社会文化分级 · 将 62 种文化分为 10 个文化群 · 创造了 21 个主要领导力和 6 个全球领导力级别 · 决定了文化维度和领导力维度的关系 · 决定了普遍可取的和文化上特定的领导力素质

（续）

目的	方法	设计策略	主要结果
GLOBE 第三阶段			
• 确定国家文化影响领导过程的方式 • 研究领导期望和 CEO 行为之间的关系 • 研究 CEO 的领导力行为与有效性之间的关系 • 研究哪些 CEO 的领导力行为是最有效的	• 涉及 24 个国家和地区的 40 多名研究员 • 其中有 17 个国家和地区参与了三个阶段 • 访问和调查了每个国家和地区的 40 名 CEO • 超过 1 000 名 CEO 和 5 000 名他们的直接下属成为项目的受访者 • 先前两阶段定义的领导力质量在第三阶段转化为行为领导力	• 每位 CEO 的 6～9 名下属评估了 CEO 的领导行为、个人反应和公司绩效 • 研究设计中排除了普通方法和回应变化 • 高级管理团队（TMT）内部导向结果包括承诺、努力和团队团结 • 公司外部导向结果包括竞争销售业绩、竞争的投资回报率和竞争的行业主导	• 领导者倾向于按照他们国家文化所期望的方式行事 • 文化价值观对 CEO 的行为没有直接影响；这种影响是间接形成的（文化认可的理论，如领导期望） • CEO 的行为（预期）和领导力行为水平的匹配程度预示了有效性 • 同一国家高级和低级的 CEO 表现出不同的行为模式

资料来源：From Peter Dorfman, Mansour Javidan, Paul Hanges, Ali Dastmalchian, and Robert House, "GLOBE: A Twenty Year Journey into the Intriguing World of Culture and Leadership," *Journal of World Business* 47 (2012), p.505.

我们将在第 5 章和第 13 章中深入分析 GLOBE 研究的更多应用。

┃国际管理世界┃回顾┃

本章开篇通过杜邦、百威英博、克莱斯勒跨组织合并的成功和失败案例说明了文化的重要性，以及由文化差异性所导致的全球管理挑战。文化差异对于决策的制定、汇报和解决都产生着积极或消极的影响。阅读完本章，你应该理解文化对于跨国公司行为（其中包括一般管理实践、与雇员和客户的关系以及维护公司声誉）的影响。

回顾本章开篇百威英博和 SABMiller 的合并，根据你对霍夫斯泰德和汤皮诺的文化维度的理解，回答以下问题：①哪些维度造成了巴西和英国员工解决包括业务运营和产品缺陷等问题的不同方式？②通过哪些方式，巴西文化能为公司的卓越经营带来积极的影响？它是如何对产品质量造成损害的？③来自巴西或其他相似文化的经理人在欧美国家投资的时候，如何更好地运用来自这些国家的管理经验？

本章小结

1. 文化是一种可获得的知识，人们常用这种知识来解释个人经历和社会行为。文化具有学习性、分享性、传承性、象征性、模式化、适应性等特征。文化差异有许多种维度，包括集中决策与分散决策、安全与风险、个人回报与团体回报、正式程序与非正式程序、较高的组织忠诚度与较低的组织忠诚度、合作与竞争、短期视野与长期视野、稳定与创新。

2. 价值观是人们对正确与错误、好与坏、重要与不重要所持的基本信念。研究显示在不同文化团体中，工作价值观与管理价值观既有相似之处，也有不同点。工作价值观反映的是文化和工业化程度，而管理价值观更多的是与成功相关。研究也显示价值观将随着时间的推移而变化，有时候则是年龄与经验的反映。

3. 霍夫斯泰德曾经识别并研究了文化的四种主要维度：权力距离、不确定性规避、个人主义与集体主义、男性化与女性化。后来，他又增添了第五种（时间导向）和第六种（放任与约束）。每一种都将影响一国的政治和社会系统。由这六种因素整合而成的两种维度能够揭示文化对行为影响的复杂性。

4. 近年来，研究者试图将不同文化群体的国家（或地区）分成相似的文化团体，来研究其中的相同之处与不同之处。

5. 汤皮诺研究讨论了五种关系导向：普遍性与特殊性、个人主义与团体主义、情感性与中立性、明确性与扩散性、成就与归属。汤皮诺同时也注意到了对待时间与环境的态度问题。这种信息的价值在于，它不但能帮助人们解释不同文化群体的差异，而且能为跨国公司在不同文化群体中有效地从事商务活动提供实践的方式。特别值得一提的是，他的发现更新了霍夫斯泰德的理论，与此同时，还为霍夫斯泰德早期关于文化群体的研究提供了支持。

6. GLOBE 项目进行的研究工作试图拓展和整合文化因素和变量，因为它们与管理和领导实践有关。GLOBE 项目通过对多个国家的 900 多个中层管理者的研究区分了 9 种文化维度。这些分析证实了霍夫斯泰德和汤皮诺的许多研究，但更强调管理者领导风格的差异。GLOBE 项目的独特之处在于既区分了价值观（代表人们如何认识），又区分了实践（代表事物的本质）。

复习与讨论题

1. 术语"文化"的含义是什么？在下列因素下，通过何种方式能够测量对待不同文化差异的态度：集中决策还是分散决策，安全还是风险，个人回报还是团体回报，较高的组织忠诚度还是较低的组织忠诚度，合作还是竞争？通过这些方面来对比美国、德国和日本。根据你的比较，在看待文化对行为产生的影响方面你能得出什么结论？

2. 术语"价值观"的含义是什么？文化价值观是全世界一致的还是有显著的差异？价值观是随着时间变化的还是保持恒定？你的回答是如何与某种文化中价值观的角色相联系的？

3. 霍夫斯泰德的研究成果中文化的四个维度是什么？区分并描述它们。美国文化的外在表现形式是什么样的？亚洲国家、拉丁美洲国家、欧洲拉丁派国家又各是什么样的？根据你的比较，从一个文化群体中的个体与另一个文化群体中的个体相互影响而产生的文化冲突中，你能得出什么结论？为什么霍夫斯泰德考虑增加第五种维度即时间导向？

4. 人们从事国际贸易时，对其他国家的熟悉程度日渐增加，文化差异是否会变成国与国之间理解的障碍？它是否一直会是最主要的障碍？请说明理由。

5. 说明下列源于汤皮诺研究成果的文化特征中的每一个因素各自的特征是什么：普遍性与特殊性、中立性与情感性、明确性与扩散性、成就与归属。请进行比较。

6. GLOBE 项目如何拓展了霍夫斯泰德的分析？GLOBE 项目的独特贡献有哪些？

7. 时间是通过何种方式成为一种文化因素的？对环境进行控制的需要是如何成为一种文化因素的？请各举一例说明。

互联网应用

南非的雷诺 – 日产联盟

雷诺 – 日产联盟成立于 1999 年 3 月，是第一个由法国公司与日本公司组成的工业和商业合作伙伴。该联盟投入了 10 亿南非兰特来升级日产公司在罗斯林的制造工厂，增加日产 NP200 和雷诺 Sandero 两款车型在南非市场的产出。请上雷诺 – 日产的网站（http://www.renault.com）查看每一个工厂的地址。对照和比较在这些市场中两者之间的异同，然后回答下面三个问题：①你认为文化差异是如何影响公司在南非、法国与日本的运营方式的？②文化是通过何种途径来影响汽车销售市场的？③一家汽车公司是否有可能超越民族文化成为国际性的汽车制造商，并被各种文化背景中的人们所接受？为什么？

国际聚焦

南非

南非位于非洲大陆的最南端，三面环海：西边是大西洋，东边是印度洋，与津巴布韦、斯威士兰、博茨瓦纳、纳米比亚、莱索托等国相邻。这个国家的面积比两个得克萨斯州略小，却拥有丰富的自然资源，包括黄金、铬、锑、煤、铁矿石、锰、镍、磷酸盐、锡、铜、钒、盐和天然气，以及珍稀元素如铀、铂。

2012 年，南非的人口约为 5 300 万，并且保持着 1.33% 的适度增长。南非是世界上人口多样性最大的国家之一，大约有 80% 的非洲裔美国人、8.5% 的白人、9%的混血和2%的印度人。主要宗教包括新教、天主教、伊斯兰教和许多本土宗教。大约有90%的人口年龄在54岁及以下，平均年龄是26.5岁。大约有95%的人受过教育。

2014年，南非的GDP约为3 501亿美元，并且人均收入大约为13 100美元。2014年，南非经济仅增长了1.4%。南非2015年的"营商便利度"仅排在第73位，相较之前下降了4个位次。由于经济增长缓慢，因此负债量持续增长。穆迪投资者服务公司预言，在不久的将来，政府负债将超过国家GDP的50%。

不幸的是，种族隔离的印记对这个国家及其社会、经济、环境仍然有着深远的影响。种族隔离是一种被强制实施了50年的法律上的种族间隔离。为了回应种族隔离的终结，南非颁布了黑人经济振兴政策，试图减少种族间的不平等，给予那些不具有先天优势的组织（尤其是南非白人以外的组织）以经济机会。值得一提的是，这个项目包括技能、所有权、管理和社会经济发展，并且在一些情况中还有优先采购权。这个项目的批评者认为这是一种不公平而且粗鲁的做法，会伤害到国家的经济。他们引用了"智囊流失"的案例，即有资质和天赋的白人将因为要避免不公正的对待而离开这个国家。另外，批评者们还说这个项目会使与上层关系密切的非洲裔美国人更加富有，大多数人仍然难以享受这份福利。

如果你是国际管理顾问

南非国内的公司试图寻找国外的市场来寻求稳定和增长。名牌（Famous Brands），南非最大的食品公司之一，正在非洲的其他地区快速扩张，寻求200%的增长。该公司起初的关注点是非洲最大的经济体尼日利亚。其目的是扩张非洲南部的业务，使其多样化。快餐产业链宣布将买下尼日利亚UAC饭店49%的资产，包括了165个特许经营的餐馆。名牌在周边国家有长时间的运营历史，但是有向其他国家加倍投资的趋势。

问题

1. 作为一名在非洲寻求机会的顾问，你将如何推进南非的业务进程？

2. 关于这次行动，你最迫切关注的是什么？

3. 南非的机会中有哪些优点和缺点？

4. 传统的南非国家增加在非洲其他国家的参与度将如何影响你的决策？

资料来源：The Economist Intelligence Unit, *Country Report: South Africa* (Kent, U.K.:EIU,2009).pp.7-10；"Still Everything to Play For." *The Economist*. June 5, 2010, pp.15-16；"The Darkening of White South Africa," *The Economist*, May 20, 1995, pp. 18-20; Tom Nevin, "The World Cup Retail Windfall—Myth or Reality?" *African Business*, March 2010, pp.58-59；"When the Whistle Blows," *The Economist,* June 5, 2010, p.15；"Buthelezi Slams Affirmative Action," Mail & Guardian, February 1, 2007；"Tutu Warns of 'Poverty Powder Keg'"，BBC, November 23, 2004, news.bbc.co, uk.

第 5 章

跨文化管理

| 学习目标 |

以往学者和实践者都习惯性地认为管理是可以通用的，他们喜欢把在母国奏效的管理概念和技术移植到其他国家及其文化中。而现在，跨文化研究和实践都明确表示不能再持这种假定。虽然仍有跨国公司在推行其固有做法，但是已有的跨文化研究成果足以证明美国公司和员工所持有的普适主义假定在其他国家普遍失灵。

本章的主要目的在于探讨跨国公司如何做好跨文化管理。本章将第 4 章关于文化意义和维度的讨论付诸实践，并作为第 8 章、第 9 章讨论战略管理的基础和起点。本章首先介绍过去那种不考虑文化差异而把母国的成功做法进行海外复制的做法，接着关注跨文化挑战，聚焦文化差异如何影响跨国管理，最后探究特定国家和地区的文化表现。学习本章的具体目标包括：

1. 探讨不同文化的独特战略倾向。
2. 讨论不同文化的差异性和相似性。
3. 回顾特定国家和地区的文化差异，并列出在每种文化下开展业务的战略指导原则。

| 国际管理世界 |

分苹果一杯羹的一家中国新创企业与其公司文化

苹果公司自从 2007 年首次推出 iPhone 以来，在智能手机行业收获巨大成功，诸如首次引入触屏等用户友好型创新变革了智能手机市场。2015 年，苹果售出超过 8 亿台 iPhone 手机，成为世界上最受青睐和认可的品牌之一。虽然苹果一直面临着三星、摩托罗拉等老牌对手的竞争，但来自发展中国家黑马般的新对手却正在重构智能手机市场。小米，一家成立于 2010 年的中国新创企业，是智能手机市场中最大、最成功的新进入者。小米在 2011 年才发售第一部手机，从那以后，销量一路飙升。到 2013 年，小米在中国这个全球最大的智能手机市场的销量超过苹果。到了 2015 年，小米就跃升为全球第四大智能手机生产商。

尽管顾客相同，但苹果和小米的竞争模式迥异，它们的创新方式、供应链、产品线以及关于知识产权的观念截然相反。这两家大相径庭的公司是如何取得成功的？小米的企业文化以及相应的经营战略能否支撑其与苹果在智能手机领域同台竞争？

个人主义与集体主义

在苹果，个人成就被高度认可。作为个体，为公司创新做出贡献是一种期许和要求。据传闻，史蒂夫·乔布斯（Steve Jobs）曾在电梯里因一位员工未能回答出"你最近为苹果做了什么"而解雇了他。卓越表现是苹果对每位员工的要求，因此他们需要极度专注于最终结果并超越公司目标。内部竞争、挑战他人是受苹果公司强烈推崇的。尽管层级一直存在，但只要有助于开发出更完美、更创新的产品，苹果公司也鼓励个体大胆建言。

据一位前员工说："为了获得最优产品，你将某个人驳得体无完肤都没问题。"

相反，集体主义和群体成就却渗透在小米的企业文化中。在小米，从最初设计到最终产品，员工与公众之间的协作比个体创造更受推崇。小米并没有进行保密式创新，而是通过众包来进行设计，这是其战略的一个关键要素。终端用户持续为小米提供建议和反馈，指引了产品改良方向。这些反馈促成了产品的持续改进，不是像苹果一样每年发售新手机，小米每周都会推送新的、渐进改良的智能手机产品。

供应链管理

苹果凭借其复杂但设计缜密的供应链体系来最大化利润。为了压缩成本，苹果外包了大部分生产过程。全球范围内有近千家工厂为苹果生产零部件，仅东南亚就逾 600 家。得益于低制造成本，苹果的大部分产品能获得 70% 的毛利率。然而，让渡了生产过程的控制权，为苹果带来一些严重后果。2012 年，苹果因供应链问题导致产量出乎意料走低，致使苹果公司未能满足顾客对于 iPad Mini 的需求。而且，缺乏对供应商行为的控制使苹果不得不面对违背人权方面的责难。高度曝光的童工问题等抹黑了苹果形象，即使这些劣行发生在供应商的工厂。

小米和苹果一样，也是与大量供应商合作，它们遍及亚洲，为小米生产产品。不过，小米模式的一大优点在于其供应链具备调整产品以满足需求的独特能力。为做到这一点，小米与供应商共同坚持了一项严格的政策：需求决定产品数量，这使得供应具有极大弹性。例如，2015 年，小米刷新了开售 24 小时销量的世界纪录，出货210 万台。为保持低供应成本，小米的产品销售期限比竞争者长，这就降低了产品周期内的成本。苹果和其他竞争者几乎年年淘汰产品，但小米会连续两年生产一款手机。这种弹性也降低了库存成本。小米没有长期库房，而是把自己定位为一家互联网厂商。

产品聚焦

苹果致力于保持先行者优势。所以，苹果只专注于核心产品，特性和价格差异都不大。比如说 iPhone，就是苹果公司提供的仅此一款手机。当购买苹果公司的最新产品时，消费者知道他们购买的是市场上的最新技术。凭借持续成为新技术的市场领军者，苹果培养出一批忠实的顾客，他们愿意接受产品设计上的小瑕疵。苹果聚焦于小众产品，为公司树立起时尚的"品牌"形象。不过，仅仅提供单一产品，苹果也丧失了一批不太关心最新技术的潜在顾客。

由于自知在争夺那些追求最新技术的发烧友上没优势，小米就聚焦价格战。它旨在为消费者提供市场上最具性价比的产品，不以牺牲质量为代价来满足消费者的价格需求：硬件配置可与苹果和三星媲美，但成本大幅降低。不同于苹果，小米提供了不同价位的系列产品。其实，小米计划将区域特定机型引入其所进入的每一个新市场。例如，由于有多种手机产品可供选择，顾客可以暂时放弃对于手机某方面的特性及最新技术的需求来满足预算。小米希望快速尝试多种产品，每周发布有细微更新的产品。

知识产权

苹果，这家以创新著称的公司，将知识产权视为一项重要资产。这种文化从领导层开始，然后传导至全公司。史蒂夫·乔布斯堪称一位发明家，获得 300 多项专利。苹果在研发上投入数百万美元来获取新技术、改进设计，还曾控告三星及其他公司窃取其专利技术。苹果对诸多公司都提起过诉讼以保护其知识产权。2010 年，苹果起诉 HTC 侵犯 20 项与 iPhone 硬件和软件有关的专利。仅仅在 2012 年，苹果和三星便相互发起了十几项指控，也主要是关于专利侵权的，争议范围从组件技术到软件设计。苹果认为，保护专利使其得以供应"超凡卓绝的独特产品"。

小米对待知识产权的方式映射出其集体主义的设计方法：排他性和保密性并不是战略要义。事实上，即便小米能够在市场上销售产品，也很难逃脱专利侵权方面的诉讼。大多数大型手机市场上都有严格的知识产权保护条例，小米仅拥有两项美国专利，所以很难抵御苹果和其他手机厂商的诉讼。据估计，如果要在美国销售产品，小米在头两年需要支付高达 1 亿美元的诉讼费。

展望：何种战略奏效

小米最终能否打败苹果尚不好说。苹果自 2007 年以来所占有的先行者优势已显颓势，在 2016 年的第二季度，苹果的收入遭遇了其产品投放以来的首次下跌。不过，尽管小米在中国国内的销售量超过苹果，但全球市场份额仅占 5%，远远落后于苹果（14%）。另外，小米的低成本战略带来的是低收益：2014 年，小米 2% 的利润率仅赚到 5 600 万美元，而苹果同年却获得了 29% 的利润率。

小米和苹果的文化差异显示出同一个产业中两个不同战略的公司是如何取得成功的。本章为揭示不同文化的异同提供了洞见，这有助于建构卓有成效的、适应当地文化的国际管理方式。

5.1　跨文化管理战略

随着跨国公司越来越国际化，它们应该重视不同市场中的文化异同。雷诺，这个法国巨人多年来拥有狭窄的产品线，主要在法国销售。由于有限的市场和产品质量问题，公司业绩平平。但在几年前，雷诺做出的一系列战略决策显著改变了其经营方式。雷诺购买了日本的日产汽车公司、韩国的三星汽车公司和罗马尼亚汽车生产商达西亚（Dacia）公司的控制权，还在巴西投资 10 亿美元，建立工厂生产成功车型梅甘娜（Mégane），并且购买了莫斯科附近一家闲置工厂来为东欧市场生产汽车。

如今，雷诺成为一家在四大洲都有经营业务的跨国汽车制造商。公司所面临的挑战是让这些业务都获利，但这并不容易。日产的经营状况一直起伏不定。在全球经济衰退的这些年里，日产将战略重新调整为压缩成本、提高日本以外市场的销售额。这些变革带来了利润的大幅回升，使日产获得了可观的净收益，2013 年达到 3 890 亿日元，2014 年达到 4 580 亿日元，而 2015 年则高达 5 350 亿日元。类似地，雷诺的净收入也实现反弹，2014 年和 2015 年分别为 1 990 亿欧元和 2 820 亿欧元。雷诺希望扩大全球市场份额的需求也持续获得进展，2014 年在全球的市场份额升至 3.1%，在客车市场的份额占到 3.3%。公司宣布由于梅甘娜和丽人行（Twingo）两款车型的成功，雷诺重新夺回了西欧市场第三的位置。自 1998 年以来，雷诺一直排在轻型商用车（LCV）西欧市场的第一位。

达西亚生产的是所谓的真正的世界性轿车，像知名的 Logan，在 43 个国家出售。在欧洲市场上，这款简单、紧凑的车型售价不高。它还被引进印度市场。为维持创新战略，雷诺汽车允许 Logan 根据市场需求，自主选择达西亚、雷诺或者日产来命名。2014 年，达西亚在罗马尼亚的市场份额为 31%，在法国的市场份额为 5%，在欧洲的市场份额为 2.5%，共售出 50 万辆。雷诺还整合了日产公司在欧洲的销售部门，从而建立起一个高度集成、高效率的销售队伍。雷诺还在巴西工厂生产日产车型，从而更有效地利用现有设施，提高了南美市场的供给。这两个决策带来了销量的持续增长和效率的快速提升。

2015 年，雷诺在印度市场上推出了超低价掀背式车型 Kwid。不同于之前引入印度市场的 Tata Nano 和其他低价轿车，Kwid 的设计类似于一些昂贵车型，包括省油、宽敞的头部和腿部空间以及新颖款式，2015 年的开售价仅 5 000 美元起。在雷诺 – 日产联盟成立 15 周年之际，集团列出了在此期间取得的里程碑式的成绩。

- 销量从 1999 年的 480 万辆增长到了 2014 年的 830 万辆。
- 联盟所持有的 8 个品牌占到所有轿车全球销量的 10%。
- 战略协同的实施仅在 2013 年就节约了 28 亿欧元，不仅削减了成本，还提高了收入。
- 在"金砖四国"的销售额占比从 1999 年的 1% 增长到 2014 年的 30%。
- 零排放技术取得进展，2013 年出售 13.4 万辆零排放汽车。
- 全球扩张，收购了俄罗斯最大汽车生产商 AvtoVAZ 的大量股份。
- 汽车领域最持久、最富成效的联盟。
- 在全球雇用了近 50 万名员工。

雷诺 – 日产联盟一直致力于在所有层级上推行跨文化管理。每年都有 30 多个由不同地区、部门的雷诺和日产员工所组成的团队在一起工作，共同识别协同作用以及最佳实践。自联盟成立以来，一起合作过的有着跨文化经历的员工已达数千人。雷诺的负责人卡洛斯·戈恩（Carlos Ghoshen），同时也是日产汽车公司的 CEO，在雷诺和日产两个公司的运营、战略层面所做出的贡献都得到广泛认可。他的跨文化和跨国成长及职业经历让他对文化多样性的价值及所能产生的创造力深信不疑。

雷诺的经验强调了在制定国际战略时，需要审视国家文化和实践的不同。

5.1.1 战略倾向

大多数跨国公司所具有的文化战略倾向塑造了自己独特的行事方式。归纳起来，共有四种不同倾向：母国中心倾向、多元中心倾向、地区中心倾向、全球中心倾向。

具有**母国中心倾向**（ethnocentric predisposition）的跨国公司以母国的价值观和利益来指导战略决策。具有**多元中心倾向**（polycentric predisposition）的跨国公司根据所在国的文化情境制定出相应的战略决策。具有**地区中心倾向**（regiocentric predisposition）的跨国公司试图将自己与地区子公司的利益协调起来。具有**全球中心倾向**（geocentric predisposition）的跨国公司则试图整合全球体系来进行决策。表 5-1 详细说明了每一种倾向。

表 5-1 跨国公司在不同方面的倾向

	公司的倾向			
	母国中心	多元中心	地区中心	全球中心
使命	盈利能力（生存能力）	公众接受（合法性）	盈利能力和公众接受	与地区中心相同
治理	自上而下	自下而上（每个子公司对本地目标做出决定）	地区和其子公司协商	公司所有层次协商
战略	全球整合	民族性响应	地区整合和民族性响应	全球整合和民族性响应
结构	等级产品划分	等级地区划分，具有自治权的国家单位	通过矩阵联系的产品和地区性组织	组织网络（包括股东和竞争组织）
文化	母国	东道国	地区的	全球的
技术	大规模生产	批量生产	灵活生产	灵活生产
营销	产品开发主要由母国消费者的需求决定	依据本地需求的本地产品开发	地区内标准化，但不跨地区	带有本地化特色的全球产品
财务	利润汇至母国	利润滞留东道国	地区内重新分配	全球内重新分配
人事惯例	培养母国人员担任世界各地的关键职位	培养本地人员在其国内担任关键职位	培养地区人员担任地区内任意地点的关键职位	培养世界各地最优秀的人担任世界各地的关键职位

资料来源：From Balaji S. Chakravarthy and Howard V. Perlmutter, "Strategic Planning for a Global Business," *Columbia Journal of World Business*, Summer 1985, pp. 5-6.

如果一家跨国公司长期依赖某一种方式，这种做法就可能制度化，从而对战略计划产生重大影响。同理，如果一家公司未能跟上经济或政治环境的变化，那么任何一种战略倾向都可能产生问题。比如，一家具有母国中心倾向的公司可能会觉得实施全球中心战略比较困难，因为它不习惯运用全球性整合。通常，成功的跨国公司都是根据当前环境的需要（如第一部分所述）运用混合式的倾向。

5.1.2 迎接挑战

尽管有必要，但许多跨国公司不关心地区差别化的问题，而是一门心思致力于**全球化规则**（globalization imperative），深信用一种通用的经营方式是取得效率和效果的关键。然而，尽管有沿用母公司战略的倾向，但许多卓有成效的跨国公司却在持续关注当地需求。许多因素有助于跨国公司制定出应对不同文化的独特战略，如下所述。

（1）全球产业标准的多样化，如在广播电视产业中，电视必须根据各国的不同要求来制造。

（2）当地消费者对差异化产品的需求持续增加，使消费品必须适应当地偏好。

（3）成为本地产品的重要性，因为消费者偏爱购买当地产品。

（4）管理跨国公司的难度，因为有些子公司想要获取更多授权，有些则相反。

（5）允许子公司运用自身的能力和才智而不受制于总部的要求，因为当地子公司知道如何使产品更适合本地市场的消费需求，并通过有限的产品生产来获得高额回报。

通过对当地运营和顾客的文化需求的响应，跨国公司发现区域性战略可以有效获得和维持世界级利基市场。海尔就是这样一个例子，这一案例将在第 9 章开篇的"国际管理世界"中讨论。另一个例子就是家电制造商惠而浦公司，其制造工厂遍及美国，每个工厂专门为整个北美市场生产一小部分产品，这样就可以集中精力生产满足不同市场独特需求的产品。

当销售化妆品和其他用途广泛的产品时，全球化和民族性响应之间的冲突就更尖锐了。例如，销售员在西班牙和希腊把牙膏作为化妆品销售，而在美国和荷兰却作为防蛀产品来销售。香皂生产商在西班牙将其产品当作化妆品来销售，而在德国却作为功能型商品来销售。另外，营销信息的传播方法也十分重要。

- 德国人需要真实的、理性的广告，他们害怕被"隐藏的说服者"操控。典型的德国情景广告里通常是包括双亲、两个孩子和祖母的标准家庭。
- 法国人避免理性和逻辑性。他们的广告大多是感情丰富、富于戏剧性和象征性的。场景广告被看作是文化活动——为了钱的艺术，而且像电影或戏剧一样进行回顾。
- 英国人最注重幽默，典型的英国报纸或自唱反调的商业片都以嘲弄广告商和顾客来取乐。

然而在有些时候，产品和营销信息在世界范围内都是相似的，高端产品尤其如此。不同国家的生活方式和对利基市场的期望是类似的。比如喜力啤酒、轩尼诗白兰地、保时捷汽车和《金融时报》不管在哪个地区，其消费者利基市场都是同质的。低端产品，像冲动购买型商品、新奇产品、可口可乐软饮料等快餐食品、李维斯牛仔、流行音乐和冰激凌也是如此。不过在大多数情况下，有必要根据地区或当地市场来调整产品和营销手段。一项分析指出，销售人员对某种文化下的情感、乐趣、友谊、幽默、规矩、地位以及其他以文化为基础的行为方式理解得越透彻，他们所创造出的营销信息得到消费者认同的可能性也就越大。

按地区市场来调整全球战略的需要给绝大多数跨国公司带来了三个主要挑战。首先，跨国公司必须了解当地市场的情况，不要想当然地认为所有市场基本都是相同的。其次，跨国公司必须知道子公司的优点和缺点，从而提供必要的帮助以适应当地需求。最后，跨国公司必须赋予子公司更多的自主权以使其能够对当地需求的变化做出反应。国际管理实践 5-1 提供了更多关于跨国公司成功应对这些挑战的方法。

国际管理实践 5-1

跨国公司成功的十个关键因素

为什么有的跨国公司能够获得成功，有的却不能？主要原因有：成功的跨国公司秉持全球视野来运营，支持公司的海外活动，密切关注政治变化，尽可能雇用当地人。这里有一份研究个性化行政教育项目的报告结果。具体来说，成功的跨国公司通常会考虑下面十个因素或指导方针。

1. 把自己看作是跨国公司，并由在世界市场竞争中游刃有余的管理团队来领导。

2. 制定整合性、创新性的战略，使别的公司难以抗衡。

3. 有雄心地、有效地实施全球战略并以大量投资作为支持。

4. 明白创新不再是美国的专利，还要形成利用国外创新的体系。

5. 把世界看作一个大的市场而不是单个小市场来组织经营活动。

6. 设计出合适的组织结构来处理公司的特有问题并迎接挑战，以此获得最高效率。

7. 建立能够让公司及时了解全球政治变化及其影响的体系。

8. 组建国际化管理团队，使其能更好地回应各个市场的多样化需求。

9. 允许公司外部指导人员对公司的运作发挥积极作用。

10. 管理友善，且遵循重要的指导方针，如紧紧跟随顾客，组织结构精益化，以及鼓励员工进行能够锻炼自主性和企业家精神的活动。

资料来源：James F. Bolt, "Global Competitors: Some Criteria for Success," *Business Horizons*, January-February 1988, pp. 34-41; Alan S. Rugman and Richard M. Hodgetts, *International Business*, 2nd ed.(London: Pearson, 2000), chapter 1; Shelda Hodge, *Global Smarts: The Art of Communicating and Deal Making Anywhere in the World* (New York: Wiley, 2000).

5.2　跨文化的差异性和相似性

正如第 4 章指出的，文化在国与国之间可能相似也可能迥异。跨国公司所面临的挑战是如何认识并有效管理这些相似性和差异性。一般说来，跨国公司管理本国企业的方式通常与管理海外企业的方式大相径庭。当意识到不顾文化差异的存在而诉诸狭隘主义和简单化对跨国公司的危害后，本节的讨论就转向既有文化相似性又有差异性的一些例子，以及如何通过权变方式来进行有效的跨文化管理。

5.2.1　狭隘主义和简单化

狭隘主义（parochialism）是指从自己的眼界和视角出发来看待世界的倾向。这对许多国际管理者来说都是一个根深蒂固的邪念，因为他们通常来自发达国家，并且认为以他们一流的知识足以应对在欠发达国家的经营挑战。另外，这些管理者中的许多人都带有由其文化背景所深刻塑造的狭隘主义。兰德尔（Randall）和科克利（Coakley）提供了一个很好的例子，他们研究了文化对苏联成功伙伴关系的影响。苏联刚解体，各加盟共和国就宣称自己为独联体（Commonwealth of Independent State，CIS）。兰德尔和科克利发现外部的跨国公司管理者一般都抱着获得效率和利润的希望与独联体的企业合作，而独联体的企业管理者却常常有着不同的优先考虑因素。

兰德尔和科克利在评论该项研究时指出，独联体的企业管理者经营企业的方式与美国的企业管理者完全不同。独联体的企业管理者的出发点仍然是内嵌于他们历史中的社会文化标准和过去的培训、工作经历，看重的战略价值不是受国际市场驱动所形成的价值。比如，美国的企业管理者为了公司利益可能会裁掉多余的低产出员工，而独联体的企业管理者则关注劳动群体（working community）的利益，允许公司因此承受重大的利润损失。研究者得出如下结论：

由于行为的变化总是落后于结构的变化，因此迫切需要认识到经济需求和文化标准要求之间的不一致性远比单纯的结构变化更能表明存在的问题及其复杂性。简而言之，美国和独联体企业的任何一方都有必要充分理解在技术、劳动力和生产上的不同观点会对将来可能的合作产生深远影响。

简单化（simplification）是指对不同的文化群体采取相同方式的过程。例如，一个美国的企业管理者用相同的方式与英国和亚洲的企业管理者做生意，这种取向反映了一个人的基本文化。表 5-2 给出了一个例子，显示了一些广泛认可的基本文化倾向以及变化范围。很明显，美国的企业管理者的文化价值观与其他文化的管理者不同。因此，美国管理者的简单化做法可能会导致错误行为。下面是一家大型欧洲石油公司采购部员工与一家韩国供应商进行合同谈判的例子：

第一次见面，韩国供应商送给这位欧洲管理者一支银笔作为礼

表 5-2　6 种基本的文化变量

方向	变化范围
人的本性	• 善的（可变或不可变） • 既有善的又有恶的[①] • 恶的（可变或不可变）
人与人之间的关系	• 主宰、支配[①] • 和谐共处 • 屈服
人与人之间的关系	• 直线的（层级的） • 间接的（集体主义者） • 个人主义[①]
人类活动的模式	• 做[①] • 是和变成…… • 是
人类活动的短期目标	• 将来[①] • 现在 • 过去
对空间的概念	• 私人的[①] • 混合的 • 公共的

[①]表示美国人主要的文化倾向。

资料来源：Adapted from the work of Florence Rockwood Kluckhohn and Fred L. Stodtbeck.

物，然而这位管理者因害怕有受贿之嫌（尽管他知道韩国人有馈赠的风俗习惯），礼貌地拒绝了这份礼物。但使这位管理者大为惊奇的是，第二次见面时的礼物是一套音响设备。可能因为更担心有受贿之嫌，这位管理者再一次拒绝了。当第三次见面看到一件韩国陶器时，他才终于明白怎么回事。他的拒绝没有使对方明白"让我们立即开始谈判"，反而让对方认为"如果要开始谈判，你最好拿更好的东西给我"。

跨国管理者对业务所在地文化的了解可使管理更有效。遗憾的是，当处于不熟悉的文化区域时，绝大多数跨国管理者由于文化方面知识的匮乏，常常误解所发生的事情，当所处环境与其原来的环境截然不同时更是如此。马来西亚和美国的文化差异就是一个例子。马来西亚文化被称为高情境文化，有如下特点。

（1）人与人之间的关系相对持久，个人之间有很深的交情。

（2）交流比较含蓄，个人从小就被教育准确地理解这些含蓄的信息。

（3）上级要对下属的行为负责，这使得双方都必须忠诚。

（4）协议通常是口头上的而不是书面上的。

（5）内部人和外部人很容易区别开来，外部人通常很少能进入内部群体。

马来西亚的这些文化特性与美国的低情境文化有着显著的不同。低情境文化有如下特点。

（1）人与人之间的关系相对短暂，一般不是很看重人与人之间的交情。

（2）信息是明确的，个人从小就被教育准确地表达出想要表达的意思。

（3）权力分散在组织结构的各个层次，个人责任很难确定。

（4）协议通常是书面的而不是口头的。

（5）内部人和外部人不易区分，而且鼓励外部人加入内部群体。

马来西亚文化建立在包括印度教、佛教和伊斯兰教等多种宗教混合的基础上，这一事实使得这些差异更加凸显。这给试图在那儿做生意的美国管理者带来了麻烦。

不过，我们也要认识到，文化存在差异的同时也会存在相同点。因此，在进行跨文化管理时，并不是一切都完全不同，一些在国内奏效的方法在其他文化背景下也同样奏效。

5.2.2 文化之间的相似性

20 世纪 70 年代，当全球化进程开启时，许多公司很快意识到，在全球的每个角落都用同样的方法来经营企业是不可能的。尽管很多人希望将在国内使用得非常好的方法和战略可以不加修改地移植到海外公司去，但事实证明这是错误的。不过，研究者也揭示了文化之间的一些相似性。例如，本书的作者之一卢森斯和助手通过对俄罗斯一家大型纺织厂的管理者的直接观察，揭示出他们的行为表现。与先前对美国管理者的研究结果类似，俄罗斯的管理者表现出传统的管理、沟通、人力资源和网络建构行为。这项研究还发现了俄罗斯管理者与美国管理者的另一相似之处，即对网络建构行为的关注增加了俄罗斯管理者的晋升机会，而且沟通行为不管在俄罗斯还是在美国都是高绩效的显著预测指标。

除了发现管理行为的相似性外，在该工厂还进行了另一项研究，旨在考察在美国公司中能提高绩效的组织行为修正（organizational behavior modification，O.B.Mod.）措施对俄罗斯公司能否同样有效。研究结果表明，和在美国实施组织行为修正一样，俄罗斯的管理人员同样接受了社会奖励和管理培训：当工人的行为有助于提高产品质量时，就应及时给予一些社会奖励（关注和认可）以及积极反馈。另外，俄罗斯的管理人员还学习了如何对工人降低产品质量的行为给予纠正性反馈。也就是说，这种在美国很有用的组织行为修正方法在俄罗斯工厂也同样起着积极作用。于是他们总结得出：与组织行为修正有关的干涉措施可能有助于俄罗斯工人和管理人员应对所面临的挑战。研究结果对此予以了初步的证实。

在另一项基于韩国大样本的跨文化研究中，卢森斯和同事们分析了人口统计因素和环境因素是否对韩国员工的组织承诺有影响。研究发现，与美国一样，韩国工人的职级、当前职位的任期以及年龄也都与组织承诺有关。其他相似之处还包括：①随着组织规模的扩大，承诺会降低；②随着组织结构越来越趋向以员工为中心，承诺会上升；③组织氛围感知越积极，承诺越高。于是卢森斯等得出如下结论：

这项研究初步证明，在美国的管理实践和组织行为学文献中广为认可的组成部分不能自然而然地就被误以为是局限于本地文化的。尽管一些组织行为的概念和技术确实是文化专属的……但越来越多的文献也已显示出某些概念和技术的跨文化效度，如行为管理……这项研究也为之前的组织承诺研究提供了跨文化证据。前面所述的韩国员工的组织承诺与美国员工的组织承诺就十分相似。

5.2.3　文化之间的差异性

前面已经强调了文化之间如何不同，以及在跨国公司中理解文化差异如何重要。我们还将从人力资源角度来看待文化的不同，这一主题将在第 14 章中深入探讨。这里介绍人力资源管理（HRM）是为了说明在选拔员工过程中所运用的文化基础能够进一步形成国际管理者的管理文化。换句话说，在成为某一产业的管理者之前，理解人力资源战略能够促进其有效执行任务。在这里，我们更多的是从社会文化视角展开，组织视角将在第 14 章中进一步讨论。

尽管一些研究指出了文化之间的相似性，但是差异性比相似性要多得多。跨国公司已意识到它们必须仔细研究和理解其业务所在地的文化，并适当调整经营方式。有时候，这些文化与美国文化有着天壤之别，而这些文化之间也各有不同。汤皮诺给出了一个人力资源管理的例子，讲的是子公司的管理者如何对其员工进行评估。总部制定了评估标准，但允许子公司自行确定评估标准的优先次序。于是，评估结果可能在国与国之间有很大不同，在一个子公司中被认为是最重要的标准在另一个子公司的评估表上可能被排得很靠后。例如，汤皮诺发现壳牌石油公司使用了 HAIRL 评估体系，五个字母分别代表五种标准：①直升机（helicopter）——有纵览全局的能力；②分析（analysis）——有逻辑、全面地评价情况的能力；③想象（imagination）——创造性和跳出框框思维的能力；④现实（reality）——实际运用信息的能力；⑤领导力（leadership）——有效激励和鼓舞员工的能力。分布在四个国家的壳牌子公司员工对这五个标准的优先次序进行了评估，结果如表 5-3 所示。

表 5-3　壳牌子公司对五个标准的排序

荷兰	法国	德国	英国
现实	想象	领导力	直升机
分析	分析	分析	想象
直升机	领导力	现实	现实
领导力	直升机	想象	分析
想象	现实	直升机	领导力

很明显，在不同的子公司，人员的评估各不相同。事实上，在上述四个国家的子公司中没有哪两个公司所列示出的优先标准是相同的。荷兰子公司的最高标准是现实，而在法国它却是级别最低的标准；法国子公司优先级别最高的标准是想象，这在荷兰子公司级别最低；类似地，德国子公司把领导力作为最高标准而把直升机作为最低标准，英国子公司却正好相反。其实德国子公司的整个优先顺序与英国子公司正好完全相反。

人力资源管理方面的其他差别还体现在工资、薪酬、付酬的公平性和产假等方面。下面是一些有代表性例子。

（1）小时工资制在墨西哥用得很少。该国劳动法规定薪资须以日薪形式呈现，并且全年 365 天均适用。

（2）在奥地利和巴西，有一年工龄的员工可以自动获得 30 天的带薪假期。

（3）加拿大的一些司法机关制定了针对男性密集型和女性密集型工作的工资平等法案——在美国称为可比较工资。

（4）在日本，报酬水平是根据年龄、工龄长短和教育背景等客观因素，而不是根据技能、能力和绩效来决定的，绩效标准只在员工到了 45 岁之后才重要。

（5）在英国，员工有 40 周的产假，而且雇主必须提供政府规定的其中 18 周的工资。

（6）在 87% 的瑞典公司中，人力资源主管都是董事会成员。

这些人力资源管理实践显然与美国的做法不同。美国的跨国公司要想取得成功，在进入这些国家经营时就需要调整策略。特别是薪酬计划，它是对不同文化进行对比的一个很好的突破口。

根据霍夫斯泰德的研究（见第 4 章），文化群体与薪酬战略可能存在关联。不同文化群体，需要不同的方法来建立有效的薪酬战略。

（1）在环太平洋地区，激励计划必须以小组为基础。在高度的男性化文化中（如日本、马来西亚、菲律宾和新加坡），高薪必须支付给高级管理人员。

（2）在欧盟国家，如法国、西班牙、意大利和比利时，薪酬战略应该是相似的。但是，在男性化指数较高的意大利和比利时，高薪应支付给当地的高级管理人员。而在葡萄牙和希腊，两个国家的个人主义指数都很低，利润分享计划比个人激励计划更有效。但是在个人主义色彩浓厚的丹麦、荷兰和德国，个人激励计划则更奏效。

（3）在英国、爱尔兰和美国，管理者很看重个人主义，因此个人受到收入、认可、晋升和挑战机会的激励，薪酬计划也需要考虑到这些需求。

图 5-1 显示了如何以国别为基础权变地分析具体的人力资源管理。以日本为例，与美国实践一对比，就会看到很多不同。日本公司的招聘和选拔常常是为了找到那些能长期在公司高效工作的员工。而在美国，往往是那些能够短期为公司效劳的人员被雇用，因为他们中的大多数最后都会离职或被裁员。同样，日本人会展开很多交叉培训，而美国人则偏爱专业化培训。日本人使用小组绩效评估，并以小组为单位付酬；而在美国，至少传统上是使用上级 – 下属绩效评估方法，并以个人为单位付酬。在日本，工会被视为伙伴；而在美国，管理层和工会互相敌视。只有在工作设计领域，日本人采用的参与管理和自主工作团队的方法，美国人也开始使用。从图 5-1 中还可以看出日本、德国、墨西哥和中国之间有类似的差异性。

	日本	德国	墨西哥	中国
招聘和挑选	• 准备很长的过程 • 确保你的公司就是留下的地方 • 与招聘人员形成信任的关系	• 从政府资助的学徒项目中获得有技能的劳动力	• 很少使用外派人员 • 雇用有美国求学经历的本地人	• 公共政策的变化鼓励使用复杂的挑选程序
培训	• 对培训进行大量投资 • 使用一般培训和交叉培训 • 培训是每个人的职责	• 重新组织和使用学徒人员计划 • 注意政府关于培训的规定	• 使用双语言的培训者	• 认真遵守现行的培训计划 • 使用团队培训
报酬	• 把认可和表扬作为激励因素 • 避免按绩效付酬	• 注意制造业的高劳动力成本	• 考虑劳动力成本的所有方面	• 把技术培训作为一项报酬 • 认识到公平的价值 • 慎用"多劳多得"
工会关系	• 把工会看作伙伴 • 给出协商的时间	• 准备高工资和短的工作周 • 期望参加工会的员工有更高的生产率	• 理解变化的墨西哥劳工法 • 为劳动力加入工会做好准备	• 拥有大量劳动力 • 劳动法可能变得更严厉了
工作设计	• 参与 • 制定合作小组目标 • 使用自主工作团队 • 使用统一、正式的方法 • 鼓励员工合作 • 授权团队进行决策	• 利用工人委员会来提高员工参与度	• 谨慎地进行员工参与管理	• 在实施参与管理前了解员工的激励因素

图 5-1　国际人力资源管理部分权变矩阵

资料来源：From Fred Luthans, Paul A. Marsnik, and Kyle W. Luthans, "A Contingency Matrix Approach to IHRM," *Human Resource Management Journal* 36, no. 2 (1997), pp. 183-199.

这些差异并不意味着哪一种人力资源管理实践更好。事实上，对日本和欧洲的研究表明，这些公司常常比美国公司遭遇到更多人事方面的问题。图 5-1 清楚地表明了跨国公司采用权变方法来进行跨文化人力资源管理的重要性。不仅在不同文化里有不同的人力资源管理实践，即使在同一文化下也会有不同的人力资源实践。例如，一项涉及 249 家美国跨国公司的外国子公司的研究发现，一般来说，子公司在处理等级和文件问题时都严格遵循当地的实践，而在处理高级管理人员的问题时，则倾向于模仿母公司的做法。也就是说，这项研究表明，这些跨国公司都采用了一种混合的方法来进行人力资源管理。

除了在不同国家应该采用不同方法外，我们也越来越清楚地认识到，在某些国家，一些公认的假设和传统的关于人力资源管理活动的认识都不再有效。例如，多年来我们一直认为日本工人不会辞职到其他公司工作，他们对第一个雇主十分忠诚，在日本经营的跨国公司也几乎不可能从日本公司中招募到人才。但是一些证据表明，跳槽在日本员工之间已变得越来越普遍，一项报告总结道：

　　某日本劳动力研究所（一个私人机构）的一项研究表明，不管是失业还是留任的美国工人，都在与裁员进行抗争，而1/3的日本工人在其职业生涯的前十年就愿意离开所从事的工作。根据招聘研究公司的一项调查，超过一半的日本工人愿意转换工作或在时机成熟时开创自己的另一番事业。

　　这些发现明确地揭示出一个重要方面：跨文化管理需要对当地环境进行仔细的了解，因为常识性假设和刻板印象也许已不再适用。必须重视文化差异，这也正是跨文化研究仍将继续对公司的跨文化管理带来重要启示的原因。

5.3　特定国家和地区的文化差异

　　正如本书第一部分和第4章所指出的，跨国公司在世界各地越来越活跃，包括发展中国家和新兴经济地区，这些地区近期出现高速增长并在未来具有巨大潜力。第4章引入了国家群体的概念，指的是世界上一些有类似文化的特定地区。例如，美国人在美国经营企业的方法与英国人在英国经营企业的方法非常相似。但是，即使同是盎格鲁文化，仍会有明显差异。在其他文化簇中，如亚洲，这些差异就更加显著了。接下来，我们将集中讨论特定国家和地区的文化特点与差异，为有效的跨文化管理提供必要支持。

5.3.1　利用 GLOBE 项目来管理差异

　　GLOBE 项目研究得出了管理者行为的宽泛分类，借此可看出不同文化何以让一些地方的管理者意见相同，而让其他地方的管理者意见相异。例如，图 5-2 表明了中国的企业管理者所看重的价值观与美国、阿根廷的企业管理者所看重的价值观之间的对比。这个基于个人主义、社会和专业地位意识、风险行为的网络结构图，可以同时显示多重文化之间的异同，也表明了业务经营时可能造成文化误解的地方。正如在该网络结构图中所看到的那样，中国的企业管理者通常比阿根廷和美国的企业管理者更重视不确定性规避。这说明中国的企业管理者偏好结构化情境、规则以及周密的计划，而美国和阿根廷的企业管理者则更喜欢松散的限制和非计划性情境。倘若美国和阿根廷的企业管理者在高不确定性规避偏好的文

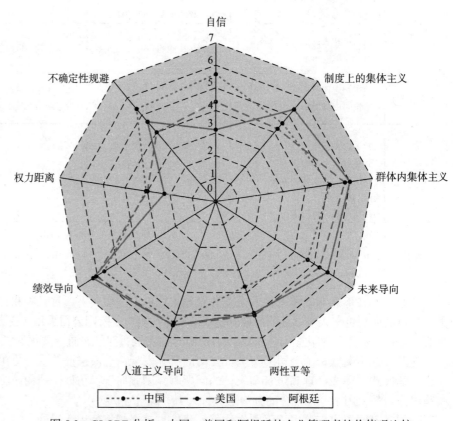

图 5-2　GLOBE 分析：中国、美国和阿根廷的企业管理者的价值观比较

资料来源：Original graphic by Ben Littell under supervision of Professor Jonathan P. Doh based on data from the GLOBE project research.

化情境中开展业务，最好给员工提供一个明确清晰的计划以及一个任务执行的结构化框架。有趣的是，三个国家的权力距离得分都很低，这表明这些文化中的管理者推崇层级少、平等程度高的结构。

如图 5-2 所示，中国的企业管理者比阿根廷的企业管理者更重视自信，意味着商业谈判中的激进或对抗行为不会被中国的企业管理者消极看待，但会被阿根廷的企业管理者如此看待。中国的企业管理者可以摆脱紧张的谈判感觉，认为事情进展得一样顺利，而对坐的阿根廷的企业管理者则可能会将同一个会议视为徒劳且不利的。

一个非常有趣的变化就是，来自地球一端的经理人和管理者开始日益频繁地在地球另一端担任起领导者角色。比如，2015 年，武田制药公司任命克里斯托弗·韦伯（Christophe Weber）为其新任 CEO，这是该公司历史上的第一位非日本籍 CEO。他进入了少数却在不断增加的日企外籍领导者行列，行列中还包括青空银行的布赖恩·普林斯（Brian Prince）、趋势科技的陈怡桦和日产汽车公司的卡洛斯·戈恩。可是，外国的 CEO 们仍然面临着文化差异。在日本 Nippon Sheet Glass，美国人克雷格·内勒（Craig Naylor）在其仅仅担任 CEO 两年后的 2012 年突然辞职。内勒认为"与董事会在公司战略上存在着根本分歧"是其离职的主要原因。第 13章和第 14 章将分别对跨文化中的领导力和人力资源管理展开深入探讨。由于在全球经济中，发展中国家以及新兴国家和地区扮演着越来越重要的角色，因此，对于全球经理人而言，关于这些情境的知识也变得越来越重要。在一项来自中欧国际工商学院"领导力行为研究中心"和"创新研究中心"的研究中，高管识别出那些有助于自己成长为新兴市场管理者的关键特征，如为下属员工树立榜样以及学会在不稳定环境中生存。另外，管理者们还强调，通过正式的课程、师徒制和直接经历学习这些新兴市场的环境及其商业运作是非常重要的。

5.3.2　特定国家和地区的文化管理

下面将针对"金砖四国"、阿拉伯国家以及法国的文化实践展开具体介绍。不过，在讨论之前，有必要先提醒一句：谨防对文化的过度概化。具有不同文化背景的管理者都是具有独特人格和风格的个体，而下面将要讨论的一般性文化特征也总有例外。在跨文化经营中刻板印象是不可取的。在本章中，我们会回顾一般性文化特征，但从你自己的经历出发，你要知道理解跟你打交道的独特个人或情境的重要性。

1. 中国的文化管理

中国长期有着自给自足的传统，但四十多年的改革开放之后，中国正快速缩短与发达国家之间的差距，并努力将自己塑造为一个世界经济强国。有经验的管理人员曾指出，在中国经营业务的主要标准是技术能力。例如，在销售机械的跨国公司案例里，中国的企业管理者想要确切知道机器是如何运转的，它的性能是什么，如何保养和维修，经销商必须准备好对这些问题做出精确详细的回答。这也是成功的跨国公司仅派有经验的工程师和技术人员来中国的原因。他们知道要回答这些问题不仅需要知识，还需要经验，而刚从学校毕业的年轻工程师不可能回答好这些问题。

中国与西方国家的一个主要文化差异在于时间问题。中国文化崇尚守时，因此，正如第 4 章谈到的，与他们谈生意按时出席是很重要的。在会议上，如协商合同，中国的企业管理者会问许多问题，并经常对对方的答复点头。这种点头通常只是意味着他们听明白了或是出于礼貌，可不是说他们对所听到的感到满意，并希望签合同。因此，当与中国人打交道时，你必须牢记耐心至关重要。中国的企业管理者只会在他们觉得合适的时候才做出决定，所以外国商人在最后签订合同前几次往返中国是很常见的。

与中国人打交道，你也必须知道他们是一个集体社会，人们常常因自己是某一群体的成员而感到自豪。中国人对其集体经济所取得的成就感到非常骄傲，且希望与外来者分享，而这与高度重视个人主义的美国和其他西方国家明显不同。因此，你千万不要挑出某一个中国员工，对他的某一特殊品质如智力或友善大加赞扬，这会使他在同伴面前感到很窘迫。避免采用以个人为中心的交谈也同样重要，如避免过多地使用"我"，因为这看起来像是说话人试图把自己凸显出来以得到特别关注。

在谈判时，互惠是很重要的。如果中国伙伴做出让步，他们也希望得到一些回报。另外，他们也常常故意放慢谈判节奏以利用西方人想尽快结束谈判的心理，这种策略的目的就是争取到更多的让步。中国人常用的另一种策略是在谈判最后阶段暗示，如果不这样的话就是对已建立的友好合作关系的破坏，以此来给对方施加压力，这种策略也是为了获得更多让步。由于谈判过程中可能会发生一些丢面子的事，所以中国人常常通过中间人来掌控整个谈判过程，这使得他们的意思能够传达出来而又不必担心遭遇尴尬。在谈判期间不要表示出任何过激情绪，气愤或者沮丧都被看作是不擅社交和不得体的表现。应该以长期眼光来看待谈判，做得最好的人就是那些意识到他们在进行长期关系投资的人。

这些是中国的企业管理者的传统行为，但是经济转型（见第 1 章）也使商业文化发生了变化，这影响着职业经理人的私人生活。比如绩效原来是基于努力的，现在已经以结果来衡量，以便使中国能继续维持利润增长。尽管传统的中国文化将家庭放在首位，但是现在财富和物质的富足已位居首位。绩效导向也增加了压力，导致了倦怠、抑郁、药物滥用和其他一些疾病的增加，一些美国公司试图通过提供咨询服务来解决员工的这些心理问题。然而，效果并不明显。这说明尽管中国文化的一些方面正在发生变化，但国际管理者也必须认识到中国的基本文化，而且要根据当地的观念来处理这些问题。

2. 俄罗斯的文化管理

在俄罗斯开展业务，很重要的一点就是与合作伙伴建立个人关系。商业法律和合同在俄罗斯不像在西方国家那么有用，如果发生合同纠纷，受害方往往很难得到保护，因为法律强制合同生效所费的时间和精力都会相当大。合同细节可以随后慢慢磋商，但一开始，最重要的是交情。

当地的咨询顾问是有用的。由于近几年俄罗斯的商业规则发生了很大变化，所以找一个俄罗斯本地的咨询顾问为公司工作是值得的。外派到俄罗斯的人员常常不能及时地了解所发生的事情，且还经常得不到俄罗斯当地企业管理者的信任，所以咨询顾问最好是一直待在俄罗斯且了解本地商业环境的人。

伦理行为在美国、欧洲和俄罗斯并不总是相同的。例如，在俄罗斯送礼物给有意向进行商业合作的人是一种传统，而这在美国通常被认为是行贿。近年来，一些大公司，比如宜家（IKEA），就因为在俄罗斯开展业务而面临受贿指控，还波及其母国市场（详见第四部分末尾的简要综合案例 P4-1）。

在俄罗斯做生意，西方企业管理者应该警惕合同妥协或敲定得太快，因为这通常是软弱的表现。俄罗斯人现在仍然对任何容易让步的事持怀疑态度。如果协议还不能达成，从他们的角度来看首选策略就是表现出耐心，然后等待结果。但是如果另一方也表现出极大的耐心，他们也可能会放弃这种方法，因为他们会认为自己的这种谈判策略是无效的。

在俄罗斯开展业务需要充分考虑到文化因素，这常常需要花费比预期长得多的时间，但是等待是值得的。当万事俱备时，还必须遵循最后一项文化传统：一起吃一顿丰盛的晚餐来确认和巩固最终协议，并邀请俄罗斯合作伙伴到本国去访问，参观一下你所在的公司。

3. 印度的文化管理

近年来，印度开始引起大型跨国公司的关注。未饱和的消费市场，加上便宜的劳工和生产场所，使得印度成为全球公司的理想市场。印度政府在这一过程中继续起着重要作用，为吸引外国投资并提高经济增长率，许多政策限制被取消了。另外，虽然大多数印度企业管理者都讲英语，但他们的许多价值观和信仰与西方人截然不同。因此，了解印度文化对在印度的成功经营至关重要。

在印度，与男性商业合作伙伴握手一般也可以接受，但是，在印度的美国企业管理者被看作是平等的人，平等的人之间常用的问候方式是双手交叉在胸前说"namaste"，即"欢迎你"。此外，若握手不恰当，则可用合十礼。

对于在印度的西方企业管理者而言，衬衫、长裤、领带和西装是最得体的衣着。印度南部的气候非常炎热，适宜穿薄西装。而在北部，冬天穿一件薄毛衣和夹克就可以了。相反，印度的企业管理者常常穿当地的民族服装。在很多时候，这种民族服装包括一条腰布，就是一条简单的白布（大约 5 码⊖长、3 英尺⊜宽），其一半用来

⊖　1 码＝0.914 4 米。

⊜　1 英尺＝0.304 8 米。

围住腰部，另一半拖到两腿之间并收在腰部，上身穿长衬衫。在有些地方如旁遮普邦，锡克教徒会戴头巾。富裕的印度教徒如首领等，有时会穿长袍。这种长袍叫作 sherwani，是正式场合或举办典礼时所穿的服装。而外国企业管理者不要求像当地人那样穿着，事实上，许多印度企业管理者常常像欧洲人那样打扮，因此，没有必要遵循当地的着装规范。

最后，需要记住的一个要点是，印度人对外国人非常宽容，他们知道多数外国人不熟悉当地的风俗习惯。因此，没有必要假装按照印度文化传统来行事，尽力做到礼貌和谦虚就足够了。

4. 法国的文化管理

许多美国人认为与法国人打交道比与其他欧洲人打交道要困难得多，这种感觉也许反映出法国文化与美国文化的显著不同。在法国，一个人的社会等级非常重要，分为贵族血统、社会上层、中上层、中层、中下层和底层。等级观念影响着人们的社会交往，绝大多数法国人的社会地位一生也不会有多大改变。另外，法国人对地位非常敏感，他们喜欢展示能彰显自己地位的标志，如文学和艺术方面的知识，一栋精心设计、装修得很有品位的房子以及受过高等教育。

在工作场所，许多法国人不会被竞争或赶超同事的愿望所激励，他们常被指责不像美国人或亚洲人那样具有强烈的职业道德。许多法国工人讨厌加班，统计数据表明，平均来说，他们拥有世界上最长的假期（每年4～5周）。同时，不可否认他们在规定的工作时间里非常努力地工作，并具有高生产率。这种现象一方面是源于法国人的手工艺传统，另一方面是因为大多数工人受雇于独立的小企业，在这些企业里只有工作做好了才能得到大家的尊重。法国工人总体上不太会去追求职业成就感，相反，他们认为生活质量才是真正要紧的。所以，他们非常看重闲暇时间，大多数人不愿意为了工作而牺牲享受生活的时间。

绝大多数法国公司倾向于高度集权，有严格的组织结构。因此，执行决策通常需要很长时间。这种安排与美国分权化、扁平的组织结构有很大区别，所以在法国子公司工作的中低层美国外派管理人员常常发现，官僚主义的繁文缛节是导致大量挫折的根源。而且，在高层管理中也存有明显的不同。法国公司高层管理人员的权力比美国公司大得多，却很少对自己的行为负责。美国的高管需要不断地向 CEO 和董事会阐释其决策理由，而法国高管只有在公司绩效很差时才会受到质疑，那些研究过法国管理的人往往会发现法国高管采用的是一种专制的管理方式。

5. 巴西的文化管理

巴西是拉美国家的一员，有必要强调一下这个国家，因为一些独特性使得这个国家的管理与其他拉美国家显著不同。巴西最初是葡萄牙的殖民地，在1865年之前附属于其宗主国。尽管当今的巴西文化也相当多元，但仍然体现出许多葡萄牙的传统特征，包括官方语言。例如，巴西经济曾经也像其他许多拉美国家一样实行完全的中央控制，但也受到了葡萄牙的灵活性、包容性和重商主义的影响。这或许也是巴西经济成功背后的一个重要原因。

巴西人有一个轻松的工作准则，他们大都敬重那些继承遗产以及有很深家庭根基的人，而不太崇尚那些寻求创业机会的人。他们以一种放松的方式看待时间，准时在巴西可不是一个优点。总的来说，人们很和善，会避免对抗，不过也会尝试一些高风险事业。

在巴西，身体接触是一种可接受的沟通方式。巴西商人在交谈时喜欢站得很近，而且会触碰对方的背、胳膊或肘作为问候或尊敬的象征。面对面的互动是受推崇的一种沟通方式，所以要避免仅仅通过发邮件或打电话交流。如果商务会议比预定时间晚10～30分钟，也别大惊小怪，巴西人不喜欢受时间掌控。

外表很重要，这代表着你和你的公司。开展业务时，男士应当穿着保守的深色西装、衬衫和领带。女士应当穿得优雅一些，但是要避免穿得太保守或太正式。巴西的管理者经常感到疑惑，比如，美国人挣那么多钱，为什么穿得像个穷人一样？

在巴西打理生意，耐心是关键。许多过程包括漫长而拖沓的谈判，表现出失望或不耐烦以及试图加快进程都可能失去这桩生意，但缓慢的过程和轻松的氛围并不意味着可以不充分准备。报告应当丰富、有表现力，而且前后一致。巴西的企业管理者经常会带很多人来参加谈判，大多数是来观察和听取意见的。后续的会议还可能有更高层的管理人员参加，这就可能需要复述信息。

6. 阿拉伯国家的文化管理

媒体对阿拉伯战争、恐怖主义行动以及中东地区持续冲突的密切关注表明，阿拉伯文化与盎格鲁文化显著不同。欧洲人和美国人经常发现很难在阿拉伯国家做生意，导致这种困难的阿拉伯国家文化特征有许多。

一个特征是阿拉伯人的时间观念。在美国，人们经常会说"时间就是金钱"。而在阿拉伯国家，人们却喜欢说"Bukra insha Allah"，意指"真主愿意才会有明天"，表明了阿拉伯文化对时间的一种宿命思想。因此，如果阿拉伯的企业管理者约定了会面时间却没有出现，他们也不会有愧疚感，因为他们认为自己没有对时间的优先控制权。

在阿拉伯国家做生意，要知道其文化特有的宿命论，即命运，更多依赖于超人的意愿而不是个人的行为，一种更高深的力量决定着重要事件的结果，个人行为几乎不会产生什么影响。同样重要的是，在诸多阿拉伯国家文化中，社会地位很大程度上取决于家庭地位和社会关系，而不必然取决于个人成就。这种观点可以解释为什么一些中东人安于表现出无助。这种做法与美国截然不同，在美国只有强者才容易得到补偿和回报。如果某人病了，他会暂时被解除所负职责直到完全康复为止。这期间，其余的人会继续工作，他的权力就可能因此而丢失。

在阿拉伯国家，起初的接触通常是为了认识对方。真正与业务有关的洽谈要接触三四次之后才开始。而且，没有必要给对方送礼，这与从未到过阿拉伯国家的大多数西方企业管理者的普遍认识相反。不过，如果要送，也应该是一件恰当的礼物，如来访者自己国家的纪念品或新奇玩意儿。还有，阿拉伯企业管理者十分注重地位和等级。与他们会面时，必须首先对资深人员表示尊重。此外，千万不要公开批评或责骂某个人，这会使他丢面子，即使评论人员时也应如此，任何时候都必须相互尊重。

┃国际管理世界┃回顾┃

在许多国家的许多公司，管理正在向多元文化发展，不过单个公司的文化仍然存在。苹果和小米就是两家持有截然不同的战略和管理方式的公司，但都是极为成功的例子：苹果追求的是突破式创新、个体成就以及卓越表现；小米看重的是创新、应用扩展、群体成就以及集体责任。两家公司的供应链也大为不同，苹果将其生产全部外包，而且新手机的制造时间仅需一年左右；而小米新手机的制造时间要长一些，且只与那些能够按需不断调整生产的供应商签订合同。在产品方面，苹果是先行者，且聚焦一款通用产品；而小米则是"快速跟随者"，且为不同市场提供不同产品。从某种意义上看，这两家公司都将其文化体现得淋漓尽致，现都成了全球贸易的参与者。

中国、印度和其他发展中国家的公司发起的跨国投资，使得那些希望将本地公司和员工整合到全球组织中去的投资公司更加认真地考虑文化问题。这些公司主要来自欧洲和北美。正如我们在第4章中看到的一样，东亚、美国和西欧文化在许多维度上大不相同，这就为那些试图跨地区和跨文化经营的公司带来了挑战。

现在已经学完了本章，那么你应当对跨文化管理的重要性和困难有了很好的了解。接下来，运用所学知识回答下列问题：①苹果文化的哪些方面对其全球增长具有积极作用，哪些方面会带来消极影响？②小米文化的哪些方面对其全球增长具有积极作用，哪些方面会带来消极影响？③基于四种战略倾向，你将如何提炼苹果和小米的特征？④苹果和小米分别应当从彼此那里学到些什么？

本章小结

1. 跨国公司所面临的一个主要问题是试图用它们在国内的方法进行跨文化管理。跨国公司的跨文化管理倾向可归纳为：①母国中心；②多元中心；③地区中心；④全球中心。这些不同策略影响着公司在面

临全球文化压力时的战略选择和调整。

2. 处理跨文化问题所面临的一个主要挑战是克服狭隘主义和简单化。狭隘主义是从自己的眼界和角度来看待世界的倾向。简单化是指对不同的文化群体采

取相同方式的过程。另外一个问题是在国外市场上按照国内市场的方式来运作。研究表明，在某些时候，这种方法是奏效的，但是卓有成效的跨文化管理通常需要采取与国内不同的做法。这在人力资源管理领域特别明显。招聘、甄选、培训和薪酬通常要在不同国家采取不同做法，在美国奏效的方法在其他国家和地区或许就没有太大价值。

3. 在世界各地做生意都必须认识并理解文化差异。这些差异反映出社会对时间、地位、决策控制、个人成就、工作本身重视程度的不同。这些文化差异有助于我们理解为什么中国或俄罗斯的有效管理常常与法国不同，为什么在美国成功的方式在阿拉伯国家行不通。

复习与讨论题

1. 请阐释跨国公司在国际经营中所持有的四种基本倾向。
2. 如果一家销售额为 3.5 亿美元的美国制造企业，决定在法国建立业务以进入欧洲市场，下列哪种倾向是最有效的：母国中心倾向、多元中心倾向、地区中心倾向还是全球中心倾向？为什么？解释你的选择。
3. 狭隘主义和简单化会对跨文化管理的有效性造成什么障碍？每种情况举一个例子。
4. 许多跨国公司倾向于运用与国内相同的方法来处理海外业务。研究结果是否表明在美国有用的方法在

其他国家文化中也一样有用？如果是，举出两个例子并阐释。

5. 在绝大多数情况下，当地的管理方法要经过调整后才能在海外使用。举出支持这种说法的三个具体例子。答案应尽可能完善。
6. 举出使一个国家或地区区别于另一个国家或地区的文化差异的一些具体类别。针对每种情况，描述其价值观和风俗，并解释它们怎样导致了两个或更多国家的不同行为。如果愿意，可用本章讨论的国家作为参考。

互联网应用

海尔的方式

海尔是中国的一家跨国公司，在国际市场上销售种类繁多的商用和家用电器。产品包括洗衣机、烘干机、冰箱，乃至工业加热和通风系统。访问 Haier.com 并了解该公司的最新进展：①海尔在进军全球市场时面临着哪些文化挑战？亟待解决的是这些产品需

求的全球统一，还是如本章所讨论的"民族性响应"所带来的压力？②调查一下海尔在不同国家和地区如何调整它的产品，尤其是新兴市场。有哪些例子？③在对海外公司的管理中，海尔可能面临的两种文化挑战是什么？需要进行怎样的回应？

国际聚焦

波兰

波兰地处欧洲中部，毗邻德国、捷克、斯洛伐克、乌克兰、白俄罗斯以及立陶宛，西北面濒临波罗的海。国土面积比新墨西哥州稍小，地势平坦，南部边界一带分布着低丘陵。其气候较为凉爽，冬无严寒、夏无酷暑。波兰的自然资源丰富，拥有煤、硫黄、铜、天然气、银、铅、盐、琥珀以及广袤的耕地。

波兰人口近年来一直比较稳定，约有 3 803 万，年龄中位数是 40 岁，偏老龄化。该国基本由本土波兰人构成，移民并不多。波兰的公民身份并非与生俱

来，而是需要根据血缘来授予，这要求双亲都必须是波兰公民。此外，波兰人大都是罗马天主教徒。

2017 年，波兰的 GDP 达到 5 264 亿美元。不同于大多数欧洲国家，波兰的经济多年来一直在稳定增长。2015 年，其经济增长了 3.5%。波兰是欧盟唯一在 2008 ～ 2009 年没有出现经济萧条的国家。时任总理唐纳德·图斯克的政府对公共财政进行了巧妙的管控，并实施了一系列有争议的养老金和税收改革，进一步巩固了公共财政，以此稳定了波兰经济。波兰已

从曾经的大型农业国家转型为一个以工业（41%）和服务业（56%）为主导的国家。其有 1 829 万劳动人口，位列全球劳动力规模的第 34 位。波兰的出口伙伴有德国、英国、捷克、法国、意大利、荷兰以及俄罗斯，主要出口机械、运输设备、中间商品、杂货商品、食品以及活体动物等。

波兰政府将大部分中小型国有企业进行了私有化改制，并鼓励外商直接投资。而波兰的主要困境在于不够完善的基础设施、苛刻的劳动法规、烦琐的商法体系、盛行的官僚作风、匮乏的混合经济活力以及繁重的税收体系。

如果你是国际管理顾问

特易购（Tesco）是一家跨国百货零售商，在全球经营着 6 000 多家商店，在波兰有 442 家。特易购在线上也具有很大影响力，承接来自各类市场的在线订单。该公司的全球业务收获了巨大的成功，但在波兰的投资却遭遇到一些麻烦。

波兰政府宣布了一个增税计划，为各种提案提供资金支持，其中就包括向大型零售商征收占总收入 1.9% 的税收。该项税收政策针对的是"外资主导产业"，比如超市和银行，穆迪公司（Moody's）估计新税制会使特易购的支出升至收入的 3.5%。

问题

1. 如果你是特易购的顾问，你会向它提出什么建议来帮助其应对这项新税收政策？

2. 你会因这项新税收政策而建议特易购终止波兰的业务吗？

3. 该政策专门针对外资主导的产业和业务，这一事实是否会引发你对未来政府规制的关心？你应该选择继续留在波兰经营吗？

第 6 章

组织文化与多样性

| 学习目标 |

前面两章重点讨论了民族文化。本章的主要目标是考察民族文化（多样性）与组织文化间的相互作用，并探讨跨国公司如何对民族文化与组织文化之间常存在的固有冲突进行管理。许多时候，文化价值观及其引发的行为可能在某一个国家司空见惯，但在别的国家却不一样。因此，为了成功，跨国公司必须平衡和整合业务所在国家的文化和自己的组织文化。员工关系，它包括组织文化响应民族文化及其多样性的方式，用于处理内部结构和定义如何管理公司。顾客关系，它与民族文化如何应对组织文化有关，反映了当地社会怎样从顾客服务和员工满意的角度来检视公司。

尽管国际管理领域早就认识到民族文化的影响力，但直到最近几年才真正关注管理组织文化及多样性的重要性。本章首先考察了跨国公司普遍存在的组织文化，接着列举并分析了世界一流跨国公司建立多元文化及多样性的方式。学习本章的具体目标包括：

1. 准确定义组织文化的含义，讨论民族文化和跨国公司文化间的相互作用。
2. 明确四种最常见的组织文化类型，并讨论各个类型的特征。
3. 概览当今跨国公司文化多元性和多样性的本质及程度。
4. 讨论团队与组织层面建设多元文化有效性的指导方针和原则。

| 国际管理世界 |

全球团队中的文化和多样性管理

许多国际顾问和经理人都认为，对于任何组织，多元化以及全球团队始终是其竞争优势的重要来源之一。德勤全球（Deloitte Touche Tohmatsu），这家国际化的会计咨询公司在组建团队时，就采用了一种全球心智模式。该公司表示，"文化多样性带来的优势是德勤的共同价值观之一"，公司实行了一种将多元化视为关键竞争优势的企业文化。现今，该公司拥有超过 200 000 名员工，办公地点遍布 150 多个国家。

德勤和大多数跨国公司一样，全球团队都是虚拟团队。根据柯克曼（Kirkman）、罗森（Rosen）、吉布森（Gibson）和泰斯鲁克（Tesluk）的一项研究指出，虚拟团队指的是这样一群人——他们"为了共同的目标相互依赖，跨越空间、时间和组织边界，利用技术进行沟通和协作"。这样的团队通常是跨文化和跨职能的。另外，柯克曼及其同事认为，虚拟团队允许组织将任何地方的专业人才聚合起来。为了管理一个全球团队，国际经理人必须考虑三个因素：文化、沟通和信任。

文化

在德勤，领导力培训是为了应对全球员工的文化差异。利用其中一个全球团队的经验，德勤针对文化动力如何影响绩效和企业成功进行了为期三个月的研究。该团队的员工来自西班牙、德国、澳大利亚、美国和日本。通过这项研究，德勤识别出关于文化和领导力的四个关键因素。

（1）"在旁观者眼中的文化/性格的多样性。"尽管之前假设文化差异会对团队最终结果产生最大的影响，但问题在于团队成员个体是否会因文化或个性产生更大影响。在许多情况下，不论国籍，团队成员的个性特征都表现出差异。

（2）"文化多样性不但可以发展成员的专业性并使其享受其中，还可以促进项目绩效。"纳入该研究中的团队成员普遍表示与不同文化的人一起工作后，获得了自我提高。积极的因素可能包括：对团队成员纯粹的好奇，想要学习如何建立新型关系，以及在此过程中充满挑战从而需要从不同的角度去思考，这些都让员工感到愉快。

（3）"文化多样性能够间接地鼓励团队成员重新反思以往工作的习惯和所要达到的期望，在解决问题时少一些'正确'方法的预设，并提高语言的明晰度。"出乎意料的是，团队成员之间缺乏共同的第一语言，实际上增强了交流。员工们花更多时间来确保团队清楚地理解沟通的内容，团队成员认为自己成了更好的倾听者。

（4）"团队成员中文化多样性占主导，能减少员工只与特点相同之人互动的偏见，并创造一种独特的联系。"每个成员把不同的观点开诚布公，团队成员之间的竞争环境更公平。员工们表现出一种协同感，很多人表示，他们在处理问题的过程中拥有了一系列多样化的技能，可以更好地应对挑战。有点讽刺的是，研究中团队成员之间缺乏相似性实际上引起了更广泛的人际接触，成员之间展现出一种家人的情感。

沟通

缺乏面对面互动的沟通存在一些弊端。要充分意识到自己的沟通方式及队友间的沟通方式可以增加团队成功的机会。

为了帮助团队成员更好地理解彼此沟通的方式，德勤开发了"职场人格"项目，用于识别团队成员偏好的商业行为，以便构建更好、更强的跨文化团队。通过这个项目，可识别出个人包含如下某一种或四种"吸引特质"：自驱者、推动者、整合者或监护者。通过与团队共享他们的"吸引力"，团队成员更好地沟通，调整他们的表达方式。德勤为外部客户和内部团队提供"职场人格"项目，迄今为止，150 个国家有超过 90 000 人使用了该项目。

梅拉妮·道尔顿（Melanie Doulton）在她的文章《在全球团队中工作的建议》（*Tips for Working in Global Teams*）中，对如何在全球团队中进行良好沟通提出了一些有益的建议：

- 当与新的团队一起启动一个项目时，要举行首次会议，请所有成员自我介绍，并对自己要做的工作进行描述。
- 定期举行会议，确保大家达成共识。跟进会议记录，巩固大家讨论的结果，进一步明确每个团队成员的责任。
- 记录项目的细节，尤其是口音不同、使用的成语和俗语都不同的新项目团队。
- 使用最有效的技术进行沟通。比如，要判断何时使用电子邮件比电话更合适，或者何时使用即时信息比电话会议更好（见图 6-1）。另外，尽量去理解每个人的沟通方式。比如说，在高情境文化（如印度）中，人们一般使用被动语态；而在北美，人们则使用主动语态。

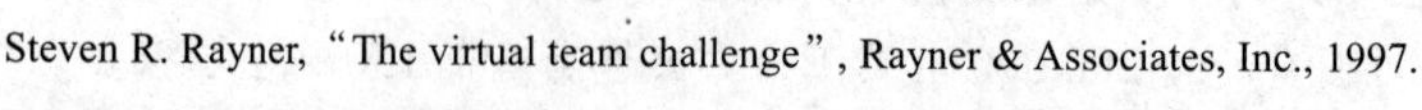

传真/信件　　电子邮件　　电话　　视频会议　　面对面交流

低　◀━━━━━━━━━━━━━━━━━━━━━━━━━━━━▶ 高

图 6-1　信息被正确解释的可能性

资料来源：Adapted from Steven R. Rayner, "The virtual team challenge", Rayner & Associates, Inc., 1997.

此外，承认虚拟团队在沟通中面临挑战的同时，史蒂文·R. 雷纳（Steven R. Rayner）指出，书面沟通有其优势。他说道：在写的过程中，信息发出者必须认真地考虑如何传达信息，这个过程给信息发出者提供了创造精准回答的机会，而不是即兴的口头评论。

信任

柯克曼及其同事强调：与那种能够当面交流的团队相比，虚拟团队面对一个特殊的挑战，即在虚拟团队中，团队成员很少见到对方（甚至从来没有），因此很难建立起相互之间的信任。雷纳指出："有人估计，高级管理人员高达 30% 的时间花在了'偶遇'上（如发生在走廊、停车场和餐厅的临时对话）……而在虚拟组织的环境中，这种关系建设和观点共享的机会则十分有限。"

管理者如何建立虚拟团队成员之间的信任关系？柯克曼及其同事在研究中发现，要建立团队成员之间的信任，必须能够对来自团队成员的电子沟通做出迅速的回应、有可靠的表现且后续一致。相应地，团队领导者必须对虚拟团队的成员做些指导，从而避免长时间的响应滞后、单方面的先行变动或是没能对承诺及时跟进。另外，道尔顿建议，虚拟团队成员应该及时沟通反馈，同时由于不同时区的差异，允许晚一天或两天回应。

团队建设活动同样能够建立信任。根据柯克曼及其同事的研究，作为虚拟团队建设的一部分，所有成员都应该面对面地"设定目标，明确角色，建立个人关系，开发团队规范，并建立群体认同"。选择正确、适合的团队成员能够使团队更加具有凝聚力。柯克曼及其同事访谈了 75 位虚拟团队的领导人和成员。这些被访人认为，比技术技能更重要的是沟通、团队合作、发散思维等方面的能力，并且需要主动地采取措施。这个发现让人感到非常惊讶，因为在选择虚拟团队的成员时，大多数管理者都是在技能的基础上进行考虑的，他们认为要建立一个成功的虚拟团队，具有合适技能的人是必不可少的。

在德勤，从实习期开始就是多样化的团队，以培训员工之间相互信任并驾驭全球化。通过德勤全球项目挑战赛，实习生与德勤全球的员工进行跨界合作，去解决真实的商业问题，其中学习战略的员工也要学习应对运营的挑战，比如时区差异和在虚拟团队工作时出现的文化挑战。

全球虚拟团队的优势

与一般团队相比，尽管存在文化和沟通上的障碍，但全球虚拟团队也具有一些特定的优势。

首先，柯克曼及其同事总结道：与一般的团队相比，工作虚拟化有可能减少因为刻板印象、性格冲突、强权政治、拉帮结派而导致的损失。由于面对面的接触比较少，所以虚拟团队的成员不太会受到不同人口特征的潜在影响。由于必须依赖客观数据，而较少受个人偏见影响，所以管理者能够对团队成员的工作做出较为公平的评价。

其次，雷纳注意到，由于成员来自许多时区，所以项目看起来就像是在日夜不间断地进行，工作就不会中断，它只是被转移到了其他的时区去做。

最后，雷纳认为，虚拟团队可以将不同地区的人聚集在一起，形成一个具有凝聚力的团队。这个团队能够迅速地解决复杂问题，并且做出有效的决策。这一点是虚拟团队很重要的竞争优势。

对于一个全球管理者而言，这些竞争优势使全球虚拟团队为克服国际管理挑战所做的努力变得值得。

从德勤的案例可以看出，对于多民族、多文化的团队而言，它既存在天生的优势，也面临一些挑战。这些团队通常包括不同职能、地域、信仰、文化背景的成员，因此在面对日益多样的商业问题时，这些团队就显得非常有效。同时，这种多样性给团队带来了更大的挑战，特别是虚拟团队。研究已经证实了多样性的优势，同样也为如何有效地克服全球团队包括虚拟团队所面对的固有挑战提供了建议。

因为涉及在全球背景下开展商务活动，所以本章将探索组织文化的性质和特征，此外，还将介绍在多元化中建立强有力的组织文化的策略和方针。

6.1 组织文化的本质

本书第一部分提出了外部环境的背景，而第二部分迄今为止的章节都在关注外部文化。不管这种环境及文化背景是否对跨国公司产生了影响，在个人加入跨国公司时，不仅带来了深刻影响其习得、信仰、观点、价值观及行为的民族文化，同时，他还进入到一个组织文化里。跨国公司期望员工能够"融合"。例如，在百事可乐公司，公司期望员工是愉快的、自信的、热情洋溢的，并有天生的乐观主义。在福特公司，公司希望员工展现自信、有主见、有魄力。不考虑外部环境或者他们的民族文化，管理者与员工必须理解和遵从公司的组织文化以获得成功。在本节中，我们首先定义组织文化，然后分析民族文化和组织文化间的相互作用。人们已经认识到理解这种相互作用对于有效的国际管理至关重要。

定义与特征

组织文化（organizational culture）有几种不同的定义。在其最基本的形式中，组织文化被定义为能够使成员明白其角色和组织规范的共享的价值观与信仰。另一种更具体的定义由组织文化理论家埃德加·沙因（Edgar Schein）提出，他将组织文化定义为一种具有共享的基本假定的模式，一个特定的群体在处理其外部适应性和内部整合性问题的过程中学习、领会这种模式，此模式运行良好并被认为有效，从而作为理解、思考和感觉此类问题的正确途径传授给新成员。

不管这个术语是如何定义的，组织文化伴随有大量重要的特征，现概括如下。

（1）观察到的行为的规律性，典型的包括共同的语言、术语与仪式。

（2）标准，通过要完成的工作量及管理层与员工间的合作程度来反映。

（3）组织宣扬并希望参与者分享主导的价值观，诸如优质的产品质量和服务品质，低缺席率及高效率。

（4）跨国公司信念中阐述的如何对待员工和顾客的理念。

（5）指导员工在诸如生产力、顾客关系及内部团队合作领域中该做什么和不该做什么的规则。

（6）组织氛围或者说是整个公司总体的氛围，这是通过参与者相互影响的方式、对待顾客的方式及感知高层领导对待自己的方式来反映的。

上述特征未能包括方方面面，但它们确实有助于阐述组织文化的本质。主要的问题是有时候一个跨国公司所在国的组织文化与另一国的组织文化有极大的差异。例如，尽管是为同一个跨国公司工作，在英国卓有成效的管理者在德国可能毫无效率，而且英、德子公司的文化可能与美国本部的文化有极大的不同。有效地处理跨国公司在不同地方的多元文化问题是国际企业管理面临的主要挑战。

英国和瑞典合资的阿斯利康公司就是一个很好的例子。它是世界第七大制药公司，在六大洲100多个国家开展业务。阿斯利康高级管理团队由13人组成，成员来自英国、法国、澳大利亚、美国和荷兰。超过23%的员工在北美工作，31%在亚洲。为了在共同的组织文化下整合这么一个多样化员工群体，阿斯利康的全球领导小组将重点放在了三个通用文化核心上：领导力和管理能力、人才管理和职业发展透明度、工作／生活的挑战。此外，公司还推出了一个新的跨文化指导项目，名为"视角互换"（Insight Exchange）。阿斯利康希望通过将不同文化和行业背景的高级与初级员工进行配对，创造一种更为开放的文化。

在一些情况下，公司有意维持两种不同的商业文化，因为它不希望其中一种文化影响另一种。印度大型集团塔塔集团就是一个很好的例子。近年来，塔塔集团进行了多次跨国并购。它的汽车子公司塔塔汽车，购买了韩国汽车制造商大宇的控股权。它采用的策略并不常见，塔塔汽车没有将自身的文化强加其上，而是让塔塔的管理方式退居其后。为了强调这一做法，塔塔集团董事长拉丹·塔塔（Ratan Tata）公开表示，塔塔汽车将像韩国公司一样经营大宇，在韩国，由韩国人管理。塔塔集团保留大宇的品牌，任命一位韩国人担任CEO，将其作为韩国企业来运营。工会副主席甚至说，虽然塔塔是一家外国公司，但是我们能保证它在很多方面承认并尊重韩国。收购后的四年里，公司收入翻了一番，营业利润增长了7倍，工会和管理层之间的信任也得到了改善。

塔塔化工公司在收购英国纯碱生产商卜内门公司（Brunner Mond）和肯尼亚子公司马加迪苏打（Magadi Soda）时也采取了相似的策略。为了保持卜内门和马加迪苏打公司的现有文化，塔塔化工公司没有改变它们的名称或标志，保留了现有的高管层，并明确表示，卜内门、马加迪苏打和塔塔化工公司将共同做出重大决策。为了确保所有权平稳过渡，三家公司的高管共同制定了并购后100天的行动计划。从那时起，塔塔化工公司利用三家公司的资源与外部供应商建立了牢固的关系，扩展了全球增长机会，并协调了销售与运营。

6.2　民族文化和组织文化之间的相互作用

人们普遍认为，组织文化会缓和或消除民族文化的影响。这种传统智慧的逻辑是，如果一家美国的跨国公司在法国开展业务，不久法国的雇员就会"像美国人一样思考"。实际上越来越多的证据表明，事实也许恰恰相反。霍夫斯泰德的研究发现，员工的民族文化价值观对组织绩效有重要的影响，员工带到工作场所的文化价值观不易为组织所改变。例如，一些法国雇员比瑞典雇员有更高的权力距离，一些则有更低的权力距离。与在斯德哥尔摩雇用同样数目的当地人相比，如果一家公司雇用巴黎当地人，总的来说这些人不太可能去挑战等级权威。

安德烈·劳伦特（Andre Laurent）的研究支持了霍夫斯泰德的结论。他发现实际上为同一家跨国公司工作的外国员工间的文化差异比在本土为公司效力的员工间的差异更明显。南希·阿德勒（Nancy Adler）把这些研究成果总结如下：

当他们为同一家跨国公司工作时，似乎是德国人变得更加德国化，美国人变得更加美国化，瑞典人变得更加瑞典化，等等。劳伦特对此结果感到奇怪，他又在另两家跨国公司重复了此项研究，这两家跨国公司均在九个西欧国家及美国设有子公司。同第一家公司相似，第二及第三家公司的组织文化并没有减少或消除民族文化的差异性。所以组织文化非但没有减少差异性，反而维持和加强了这种差异性。

不同的子公司之间的组织文化常常有很大的差异，由此导致协调问题。例如，当新泽西的朗讯科技有限公司与法国巴黎的阿尔卡特公司合并时，双方都没有意识到自己与新伙伴之间的文化差异。由于文化上的误解，从合并一开始就出现了一些领导力方面的问题。法国人瑟奇·谢瑞克（Serge Tchuruk）被任命为董事长，美国人帕特里夏·鲁索（Patricia Russo）被任命为CEO。在法国，董事长是公司的领导者，而在美国，CEO是最高管理者。这种文化上的差异，使人们对究竟谁才是公司真正的统治者感到困惑。此外，更加令人不解的是，帕特里夏·鲁索虽然管理着一家法国公司，却不会说法语。

当合并后的公司面临金融危机时，美国和法国高管的文化反应截然不同，这又加剧了分歧。在美国，当公司财务紧张时，往往削减工作岗位，而在法国，公司会寻求政府帮助。结果是，阿尔卡特－朗讯无法削减成本，也没能获得政府援助。合并前被忽略的地方法规，进一步阻碍了公司的成功，并增加了财务压力。例如，在德国波恩，即使合并后仅有75名员工，还是要求继续保留朗讯和阿尔卡特原有的办公场所。仅仅几年后，两位高管都被迫离职。合并从未给公司带来利润，阿尔卡特－朗讯在2015年被诺基亚收购之前，其独立运营的七年里均是负现金流。

在考察和强调组织文化的差异时，霍夫斯泰提供了早期的数据库，包含一套专有的文化分析技巧和程序，称之为战略实施的组织文化诊断（Diagnosing Organizational Culture for Strategic Application，DOCSA）。这种方法识别了组织文化的维度，对其的概括如表6-1所示。当在同一跨国公司的不同子公司之间做文化比较时，人们发现存在不同的文化。这种存在于跨国公司内部的文化差异可能会降低团队合作能力。图6-2就是一个例证，该图显示了欧洲人所感知的总部位于加利福尼亚州的跨国公司的文化维度及其欧洲子公司的文化维度。对这些感知进行仔细比较，揭示出一些引人注目的差异。

表 6-1　组织文化的维度

激励	
行为	**结果**
保持连贯和精确；努力追求精确及对细节的注意；提炼并使之完美，使之正确	要做开拓者；要追求明确的目标；要创新和发展；全力以赴

关系	
工作	**员工**
把工作的要求放在个人的需要之前	把个人的需要放在工作的要求之前

身份	
公司的	**专业的**
认同和支持雇用组织的期望	追求每一项专业实践的目标和理想化

交流	
开放的	**封闭的**
激发和鼓励完全自由的观点和意见的交换	检测与控制意见和观点的交换与获得

（续）

控制	
严格的	松散的
遵从明晰确定的体系和过程	根据形势的需要灵活地工作
指导	
保守的	灵活的
把雇用组织的专业知识和标准放在首位，做我们认为正确的事	把顾客的需要和期望放在首位，做他们所要求的事

资料来源：Adapted from a study by the Diagnosing Organizational Culture for Strategic Application (DOCSA) group and reported in Lisa Hoecklin, *Managing Cultural Differences: Strategies for Competitive Advantage* (Workingham, England: Addison-Wesley, 1995), p. 146.

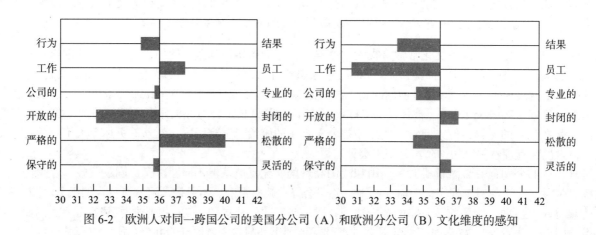

图6-2　欧洲人对同一跨国公司的美国分公司（A）和欧洲分公司（B）文化维度的感知

资料来源：Adapted from a study by the Diagnosing Organizational Culture for Strategic Application (DOCSA) group and reported in Lisa Hoecklin, *Managing Cultural Differences: Strategies for Competitive Advantage* (Workingham, England: Addison-Wesley, 1995), pp. 147-148.

　　欧洲人认为美国公司的文化仅仅是轻微的行为导向型（见表6-1对这些维度的描述），而欧洲公司则是强烈的行为导向型；美国公司是稳健的员工导向型，而欧洲公司是工作导向型；美国人对自己的组织有轻度的认同感，而欧洲人却有很强的认同感；美国人在沟通上很开放，而欧洲人相对保守；美国人喜欢松散的管理，而欧洲人感觉自己在某种程度上喜欢严格的控制；美国人在管理上有点保守，而欧洲人则比较灵活。如果这些感知是准确的，则双方都有必要讨论他们的文化差异并谨慎协调他们的行为以便更好地合作。

　　这项分析与跨国联盟有关。它表明跨国联盟即便可能存在，合作者也会带有不同的组织文化。莱塞姆（Lessem）与纽鲍尔（Neubauer）指出，欧洲（以英、法、德、意的特征为基础）有四种不同的处理文化多元化的方式。他们提供了一个例证，表6-2简要地描述了每一组方式的文化特征。对差异的仔细考察突出了与这个组内两个或更多成员做生意的困难，因为每一组看问题的角度都与其他组不同。另一个例子是各组谈判开始的方式。下面对法国和西班牙的谈判者做了一些比较。

法国	西班牙
寻求一次有思想交流的会议	寻求一次有人员参加的会议
智力竞争十分重要	社交竞争十分重要
应用精心准备的和有技巧的言辞来说服对方	应用情感诉求来说服对方
着重立场的逻辑表达，同时伴有合理的细节化的解决方案	社会性总是先于以伟大思想和总体原则的交换为特征的谈判
合同被视为合理的交易	合同被视为长期的关系
信任基于对所感知的地位与智力的评价，且建立缓慢	信任的发展基于经常的、友好的人员间的联系与交易

表 6-2 欧洲的管理特征

维度	特征			
	西欧（英国）	北欧（法国）	东欧（德国）	南欧（意大利）
公司	商业性	行政性	产业性	家族性
管理特征				
行为	经验型	专业型	开发型	友好型
态度	意识型	思考型	直觉型	感觉型
制度模式				
功能	销售能力	控制能力	生产能力	人事能力
结构	交易型	等级型	系统型	网络型
社会观点				
经济	自由市场经济	计划经济	社会市场经济	社区经济
哲学	务实的	理性的	全面的	人性的
文化形象				
艺术	戏剧	建筑	音乐	舞蹈
文明	盎格鲁－撒克逊	高卢	日耳曼	拉丁

资料来源：Adapted from Ronald Lessen and Fred Neubauer, *European Management Systems* (McGraw-Hill, London, 1994), and reported in Lisa Hoecklin, *Managing Cultural Differences: Strategies for Competitive Advantage* (Workingham, England: Addison-Wesley, 1995), p. 149.

这类比较也有助于解释为什么具有较强组织文化的跨国公司很难进入尚未完全熟悉的不同民族文化的外国市场，国际管理实践 6-1 提供了一个例证。当面临这些挑战时，跨国公司必须努力理解这个国家的本质以及制度性的惯例，缓和及调整其运营，并以适应公司和顾客为基础。

国际管理实践 6-1

沃尔玛的做事方式——德国人说："不，多谢"

全世界沃尔玛的员工都在"沃尔玛欢呼"中开始新的一天，这是表现公司包容性和员工在公司中的自豪感的一种方式，而且这样的欢呼是多种语言的。沃尔玛不但在多于 24 个国家开展业务，而且是工作场所多样性方面的领导者。2015 年，沃尔玛被 *DiversityInc* 杂志评为多样性方面值得关注的公司。2012 年，当时的 CEO 迈克·杜克（Mike Duke）被列入消费品 / 零售行业多样性的名人堂。尽管沃尔玛在多国经营且具有代表性，但它的内部文化对德国市场来说仍然难以令人满意。

在过去的几年中，沃尔玛在公共关系方面的表现很大程度上是负面的，因此听说沃尔玛将进军本国的消息，有些人会表现出敌对的反应也就不奇怪了。在面对这些令人不快的质疑之前，沃尔玛发现即使是抱有最好的意图也会失败。沃尔玛在 1997 年进入德国市场时就强调面带微笑、友好服务的理念，并且奉行顾客永远至上。但是沃尔玛的组织文化引起了德国员工的强烈不满，甚至当他们走进销售现场楼层时，就能很明显地感受到员工的不满。

概述工作场所道德准则的小册子仅仅是从英语翻译成了德语，其中的信息并没有以沃尔玛所期望的方式传达。它警告员工注意可能的上司－员工关系、隐蔽的性骚扰，并且鼓励报告"不恰当的行为"，内容更多涉及的是法律问题。德国人则理解成在工作场所禁止所有的浪漫行为，并且认为告发更多的是一种令同事颜面尽失后惨淡离开，而不是使公司获利的方式。正如我们在第 3 章中看到的，一个国家的伦理价值和另一个国家的并不相同。沃尔玛就亲身体验了这样一种差异。出现的另一种员工关系问题与当地惯例有关。沃尔玛从不欢迎参加工会的员工，因此当德国管理方开始与工人委员会打交道，并坚持共同决定规则，推行以上这种常见的做法时，沃尔玛是极不愿意听取诸如如何改善员工工作条件等建议的。似乎这还不够，不久沃尔玛的顾客关系也出现了问题。

以沃尔玛的方式做事，包括向顾客微笑以及在特大量购物中帮助顾客打包商品。但是在德国，这项政策也出现了问题。受命对顾客微笑的男性员工经常会被看作是对男性顾客调情，另外德国人也不喜欢陌生人处理他们的商品。这些仅是造成顾客购物不满意的部分原因，也并不意味着沃尔玛做出的任何努力都是错误的。沃尔玛用在德国流行的产品取代了在其他国家很普遍的产品，并占据了货架，同时改善陈列的过程，保证了大多数需求的可得性，进而使得效率提高。

尽管沃尔玛的出发点很好，也做了无数的尝试来改善其在德国的运营，但是结果证明沃尔玛文化对于德国市场的适应很糟糕，最终在 2006 年退出德国。经历曲折之后，沃尔玛才认识到在零售和服务行业，当地的习俗通常比一个强大、牢固的组织文化更重要，试图将每个人都融入沃尔玛大家庭这一巨大挑战注定难以如愿。如果沃尔玛文化不变得更加灵活或适应当地实际的话，那么在其继续扩张的过程中，它将受到全球众多市场的惩罚，沃尔玛将会听到除德语外更多语言的"不，多谢"。（参见第二部分深度综合案例 P2-2，进一步了解沃尔玛全球化的细节。）

资料来源：Mark Landler and Michael Barbaro, "Wal-Mart Finds That Its Formula Doesn't Fit Every Culture," *New York Times*, August 2, 2006, http://www.nytimes.com/2006/08/02/business/worldbusiness/02walmart.html.

6.3　跨国公司的组织文化

跨国公司的组织文化受包括企业领导者及员工的文化偏好在内的众多因素的影响。在国际大舞台上，若除去公司的标志和报告流程，有些跨国公司的多家子公司不易辨认出是属于同一家跨国公司的。

许多国际扩张是合并和收购的结果，因此组织文化的整合就成为国际企业管理中的关键事务。纽默洛夫（Numeroff）和亚伯拉罕斯（Abrahams）指出，在此进程中有四个步骤很重要。

（1）双方必须确立合并的目的、目标及重点。

（2）双方必须制定一种机制以确认最重要的组织结构及管理角色。

（3）双方必须决定谁拥有对完成工作所需资源的控制权。

（4）双方必须明确所有相关方的期望并方便此结构中部门间和人员间的沟通。

全世界的公司都发现一宗国际合并或收购远不止分享资源和获得更大的市场份额。工作场所内的文化差异短期内会使新成立的公司在获取长期成功的总目标方面蒙上阴影。当企业具备适当的管理框架和执行机制时，成功整合组织文化不仅是可能的，而且将会是最受欢迎的运营模式。认清创造、维持和支持统一阵线的观念的必要性是出资者和管理者的职责。只有当这种融合发生时，一宗国际合并或收购才可能被贴上成功的标签。

此外，组织功能的三个方面似乎对决定跨国公司的组织文化尤其重要：①员工与其组织的总体关系；②定义管理者及其下属作用的权威等级机制；③员工对跨国公司的目的、前途、目标及他们在组织中的地位所持有的总体观点。

在检验组织文化的这些维度时，汤皮诺建议使用两种连续体。一种能辨别平等与等级，另一种检查员工导向和工作导向。顺着这些连续体，如图 6-3 所示，他确认和描述了四种不同类型的组织文化：家族型、

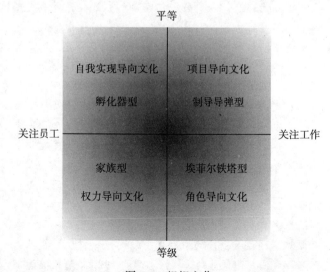

图 6-3　组织文化

资料来源：Adapted from Fons Trompenaars, *Riding the Waves of Culture: Understanding Diversity in Global Business* (Burr Ridge, IL: Irwin, 1994), p. 154.

埃菲尔铁塔型、制导导弹型及孵化器型。

当然，在实践中，组织文化不会恰好符合四种类型中的某一种，但这些分组有助于分析个体如何相互联系，如何思考，如何学习，如何改变，如何被激励及如何解决冲突。接下来讨论分析每一种文化类型。

6.3.1　家族型文化

家族型文化（family culture）的特征是极度关注等级和以员工为导向。家族型环境的结果是权力导向，由一位细心的家长和知道什么对员工最有利的领导来带领。汤皮诺发现这种组织文化在土耳其、巴基斯坦、委内瑞拉、中国及新加坡等国家很普遍。

在这种文化下，员工不仅尊重负责人，还向他们寻求指导与支持。反过来，管理层假定与员工是一种家长式的关系，就会照顾他们，尽力保证他们受到很好的对待，并继续保持雇佣关系。这种文化的特征是将传统、习俗和员工聚集在一起，使外人难以进入团体。家族型文化的有效运作能激发和增强员工的活力，引发他们心灵深处的情感和抱负。可当它运作不好时，组织成员最终只是支持了一位无效率的、耗费他们精力与忠诚的领导者。

这种文化对大多数美国人来说是异质的，他们信奉以能力与成绩来评价人，而不是他们的年龄或在权力等级中的位置。所以，美国跨国公司的管理者无法理解为什么海外子公司的高层管理者任命一位亲友出任一个高层的、敏感的职位，而被任命者可能不是最适合这项工作的。他们没意识到家庭关系是如此强大，以至于被任命的亲戚永远不会做出什么事，使其家庭成员感到尴尬或失望。这里有一个例子：

当巴西一家大型制造公司的老板介绍他一位学会计的亲戚出任一家资产达 1 500 万美元的合资企业的主要负责人时，荷兰代表团对此感到震惊与诧异。荷兰人疑惑为什么刚获得从业资格的会计被授予如此重任，包括管理他们自己的钱。巴西人说在 1 200 名员工中，这个年轻人最有可能被选择，因为他是老板的侄子，还有谁能比他更值得信任呢？荷兰人应该因为他是可用之人而感到幸运，而不是抱怨。

6.3.2　埃菲尔铁塔型文化

埃菲尔铁塔型文化（Eiffel Tower culture）的特征是十分强调等级和以工作为导向。在这种组织文化下，公司恰当地定义工作，员工知道公司期望他们做什么，每件事都是自上而下进行协调。所以，这种文化的结构顶部窄而陡峭，底部宽，埃菲尔铁塔型文化也因此得名。与家族型文化中受到尊敬的领导者被看作是一切权力的源泉不同，在埃菲尔铁塔型文化下，处于最高职位的人在任何时候都能被替换，这对组织成员正在做的工作或组织存在的理由没有影响。在这种文化下，关系是特定的，地位由工作决定。因此，一个埃菲尔铁塔型文化的子公司老板在与下属打高尔夫球时，下属不会有故意让老板赢的压力。此外，管理层很少与员工建立非工作的关系，因为他们相信这会影响其理性的判断。事实上，这种文化运作非常像正式的等级制——客观且有效率。

等级制对每一个职位角色都有详细说明，进而来评定它的难度、复杂性及责任，并有与之相应的薪酬，接着就是要找一个人来适配这一工作职位。在考虑这一职位的申请者时，人事部门会平等中立地对待每一个人，匹配申请人的技能、资质与工作要求，把工作授予最符合这一职位要求的人。在评估与提升中也采用相同的程序。

埃菲尔铁塔型文化在西北欧国家最为常见，例如丹麦、德国和荷兰。在这种文化体制下，人们学习和变化的方式与家族型文化有着极大的不同。学习包含胜任一个职位所必需的技能的积累，组织运用资质来决定如何安排部署和调动人员以满足它们的需要。在人力资源管理上，组织也会使用诸如评定中心、评估体系、训练和开发计划及工作轮换等正规的程序。所有这些程序都有助于确保一个正式的等级制或官僚制的有效运作。但当需要做出改变时，埃菲尔铁塔型文化在处理事务上通常是无效的，组织必须重写工作手册，改变流程，修改工作说明，重新考虑提升并重新评估资质。

因为埃菲尔铁塔型文化不依赖于与大多数美国跨国公司相似的价值观，所以美国驻外的管理者在这些文化中常常难以做出改变。正如汤皮诺提到的：

尽管德方管理者已经深入讨论了新战略并对其正式化做了重要的贡献，但负责在德国公司进行变革的美国管理者还是向我描述了进展过程中遇到的困难。通过非正式的渠道，最后他发现，他的失误在于没有把变革在组织机构与工作说明中正式化。在没有新的组织结构图的情况下，具有埃菲尔铁塔型文化的公司不可能做出改变。

6.3.3 制导导弹型文化

制导导弹型文化（guided missile culture）以强调在工作场所中的平等及工作导向为特征。这种组织文化是工作导向的，工作通常由团队或项目组来承担。不像埃菲尔铁塔型文化，工作的任务是固定和受到限制的，在制导导弹型文化下的员工为完成工作可以做任何事情。这种文化的名称来源于高科技组织，如美国国家航空航天局（NASA），NASA在太空探索上率先采用项目组工作，这与制导导弹型工作安排相似。在这些大的项目组中，由100多个不同类型的工程师负责建造登陆月球的太空舱。团队成员事先通常不知道谁的工作在特定时间会对这个项目产生关键影响，因此，各种类型的工程师必须协调工作，密切配合。

要获得成功，在项目进程中必须使用最佳的协同形式。比如，在一个制导导弹项目中，不考虑正式的等级，最重要的是个人的专业知识。此外，团队中的每个成员都是平等的（至少潜在是平等的），因为还不知道他们对项目的相对贡献。团队之间要相互尊重，因为他们可能需要另一方的帮助。这种人人平等和工作导向的组织文化与英美的民族文化很吻合，这也有助于解释为什么高科技跨国公司常选址在这些国家开展业务。

与家族型文化和埃菲尔铁塔型文化不同，变化在制导导弹型文化中来得很快。目标一旦实现就会重新组合团队，布置新的任务目标。人员在各个小组间调动，因而对个人专业和项目的忠诚度比对组织的忠诚度要高。

汤皮诺发现制导导弹型文化下趋向于内在的激励，而不只是对金钱与福利的关心。团队成员认同要为实现目标付出努力并对此充满热情。譬如，一个为亚洲市场设计和建造新型计算机的项目组可能有很大的动力去生产一台技术前沿的、用户界面友好的计算机，并迅速席卷市场，其他事相对于这个首要目标都是次要的。因此，组内和组间的冲突被最小化，组内成员间的小问题被忽视，每个人都致力于项目的主目标以至于无暇顾及微小的分歧。如汤皮诺所提到的：

这种文化趋向于个人主义，因为它允许一群有很大差异的专业人员在短期内共同工作。人员在不断变化，只有追求特定领域的个人发展才是不变的。团队是其成员分享热情的工具，但其本身是可灵活多变的，项目一旦完成就会被解散。团队成员叽叽喳喳、古怪而聪明。但他们的相互依存是手段，而不是结果。这是享受旅途的方式，他们互相没有必要亲密地了解，他们也许会避免这么做。目标管理是常使用的术语，员工按业绩得到报酬。

6.3.4 孵化器型文化

孵化器型文化（incubator culture）是汤皮诺定义的第四种组织文化类型，以强调平等和员工导向为特征。这种文化严重依赖于已存在的观点——组织本身相对于组织成员的全面发展而言是次要的。这种文化基于这样的前提，即组织的角色是组织成员自我发展和自我实现的孵化器，所以这种组织文化通常很少有正式结构。孵化器型文化下的参与者主要充当证实、批评、发展、寻找资源或帮助实现革新性产品或服务等角色。孵化器型文化常见于加利福尼亚或苏格兰的"硅谷"中那些处于创业初期的企业。孵化器型组织属于典型的企业家型，通常由具有创造力的团队建立和组成，这些团队成员离开了大型的具有埃菲尔铁塔型文化的雇主，他们希望加入不会扼杀天才的组织。

孵化器型文化通常会营造这样的环境：参与者对工作强烈且饱含热情的奉献，以此获得成长。譬如，一个工作组可能正在研究基因分裂，这一研究可能会产生根本性的医学突破从而延长生命。通常，在这种文化下的员工会超常工作，企业一般都会遭遇资金不足。然而，当公司取得突破并获得稳定时，它就开始沿着商业化和获取利润的方向前进，进而需要雇用更多的员工并形成正式流程以确保经营的顺利进行。在成长期和成熟期，孵化器型文化独有的特征开始减少并消失，并被另一种其他类型的文化所代替（如家族型、埃菲尔铁塔型或制导导弹型）。

正如我们所注意到的，孵化器型文化下的变革通常是迅速而自发的。所有的参与者都为同一个目标工作。

然而，因为可能还没有使用最终产品的顾客，所以问题本身也易于被重新定义。典型的解决问题的方案一般是通用的，目标是应用领域。同时，员工的激励保持很高的内在性和强度。他们一周工作 70 小时却还喜爱这样工作的现象是很普遍的。参与者关注逐步显露的创造性的进程多于聚集权力和确保个人收入。与家族型文化形成强烈的对比，孵化器型文化里的领导力是个人努力获得的，并非由职位授予。

汤皮诺所定义的四种"纯"的组织文化类型，在现实中很少存在。相反，如表 6-3 所示，现实往往是几种类型交织在一起，以四种主要类型中的一种文化类型占据主导地位而展开。汤皮诺与他的助手设计了一种问卷，用于确认公司组织文化的民族模式，如图 6-4 所示。

表 6-3　四种组织文化的特征概括

特征	组织文化			
	家族型	埃菲尔铁塔型	制导导弹型	孵化器型
员工之间的关系	组织有机整体中的分散的员工关系	互动的组织机制中特定的角色	为完成共同的目标、表现出明显的控制特征的组织中，每位员工都有特定的任务	在共同创造的过程中形成分散的、自发的关系
对待权力的态度	地位属于亲和的和有权威的家长式人物	地位属于那些遥远但是有权威的高层角色	地位由那些在既定项目做出贡献的群体成员获得	地位属于那些具有创造性和不断成长的人
思考和学习的方式	直观的、全面的、横向的和纠错的	逻辑的、分析的、垂直的和理性高效的	问题导向的、专业的、实际的、跨学科的	进程导向、创造性的、专业的、富于灵感的
待人的态度	家庭成员	人力资源	专业人员和专家	合作者
变革的方式	"家长"主导变革进程	改变规则和程序	随着目标的变化而变化	随机应变
激励和报酬的方式	• 来自受到爱戴和尊敬的内在满足 • 由权威人士进行管理	• 提升到更高职位或更重要的角色 • 根据工作说明进行管理	• 按照绩效和解决问题的能力获得薪酬及得到信任 • 根据目标进行管理	• 参与到创造新事物的进程 • 通过激情进行管理
批评和冲突解决	容忍、给别人留有面子、不要在权力游戏中失败	除非有仲裁冲突程序，否则批评只是一种非理性的指责	批评对于目标的完成具有建设性的意义，并且此后很快地承认错误并且改正	批评不是否定什么，而是对创意的改进并有所帮助

资料来源：Adapted from Fons Trompenaars and Charles Hampden-Turner, *Riding the Waves of Culture: Understanding Diversity in Global Business*, 2nd ed. (New York: McGraw-Hill, 1998), p. 183.

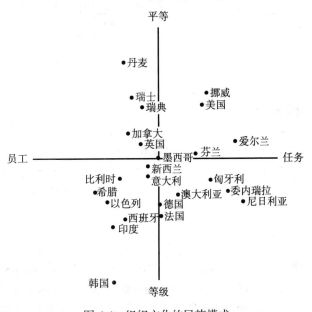

图 6-4　组织文化的民族模式

资料来源：Adapted from Fons Trompenaars and Charles Hampden-Turner, *Riding the Waves of Culture: Understanding Diversity in Global Business*, 2nd ed. (New York: McGraw-Hill, 1998), p. 184.

国际管理实践 6-2

松下的国际化进程

近些年来，越来越多的跨国公司意识到，如果现在不增加世界范围内的势力，不久的将来很可能被甩在后面，所以它们开始积极扩展经营业务。反过来，这也为这些跨国公司带来了许多不同的挑战，包括匹配好本部的组织文化与经营业务所在的不同国家的不同层次的文化。在利用宏观/微观方法应对此类挑战方面，松下提供了一个很好的例证。这家庞大的日本跨国公司已形成了大量的指导方针，用于指导建立和经营它的 150 多家工厂。同时，公司用有助于在子公司建立最合适的组织文化的微观技巧来补充这些宏观指导方针。

在宏观层面上，松下在所有地域均采用六个总的指导方针：①尊重每个国家的文化、习俗及语言，做一个优秀的企业公民；②给海外机构可获取的最好的制造技术；③控制外派领导的数量，培养当地的管理人员；④允许运营工厂制定自己的规则，协调制造流程以与工人的技能相匹配；⑤促进当地的研究与开发以使产品适应市场；⑥鼓励海外优秀公司与国内工厂的竞争。在这些宏观方针的指导下，松下允许每一个当地工厂建立自己的文化。马来西亚工厂就是一个很好的例证。松下在马来西亚建立了 23 个子公司，雇用了约 30 000 名员工。日本员工数量不到总员工人数的 1%。松下在马来西亚的这些工厂每年生产 130 万台电视、180 万台空调，75% 的产品运往国外。当地工厂反映出马来西亚的穆斯林、华人以及印度人的文化融合。为了容纳这种多样性，更好地生产产品，松下的自助餐厅提供马来西亚、中国及印度食品，并且为了适应穆斯林的宗教习俗，松下在每个工厂都设置了专门的祷告室，允许每班有两次祷告时间。

马来西亚的工人为这家日本跨国公司做得有多好呢？在过去，马来西亚工厂的口号是"让我们赶上日本"，而今天，这些工厂在质量和效益上经常比日本同行更出色，它们不再与日本比较。此外，松下公司发现马来西亚的文化很灵活，当地人几乎能和所有的雇主合作得很好。

如今，松下面临大量严峻的挑战，如在低增长、高成本的日本如何继续保持盈利。幸运的是，这家跨国公司在海外做得非常好，这为它保持日本工厂的井然有序争取了时间。成功很大程度上归功于该公司培育和管理既多样又有高生产率的海外公司组织文化（如马来西亚的组织文化）的能力。

资料来源：P. Christopher Earley and Harbir Singh, "International and Intercultural Management Research: What's Next," *Academy of Management Journal*, June 1995, pp. 327-340; Karen Lowry Miller, "Siemens Shapes Up," *BusinessWeek*, May 1, 1995, pp. 52-53; Christine M. Riordan and Robert J. Vandenberg, "A Central Question in Cross-Cultural Research: Do Employees of Different Cultures Interpret Work-Related Measures in an Equivalent Manner?" *Journal of Management* 20, no. 3 (1994), pp. 643-671; Brenton R. Schlender, "Matsushita Shows How to Go Global," *Fortune*, July 11, 1994, pp. 159-166.

6.4 管理文化多元性和多样性

正如国际管理实践 6-2 所说明的，国际领域的成功通常在很大程度上依赖于一个跨国公司管理文化多元性和多样性的能力。无论在国内还是在国外，组织发现核心员工队伍具有各种各样的文化（和亚文化），他们由不同的群体组成，包括男女老少、非洲裔美国人、白人、拉丁人、亚洲人、阿拉伯人、印度人及许多其他类型的人。

6.4.1 文化多元性发展的阶段

文化多元性和多样性的影响将取决于公司在国际扩展中所处的阶段。图 6-5 描述了演变中主要阶段的特征。譬如，阿德勒曾提到国际文化的多样性对国内组织的影响最小，但国内文化的多元性却对组织有着深远的影响。然而，当公司开始向国外出口，成为阿德勒所说的"国际组织"（图 6-5 中的第二阶段）时，它们必须根据当地的市场调整渠道和产品。对这些国际公司来说，文化多元性有着深远的影响。当公司成为阿德勒所称的"跨国公司"（第三阶段）时，它们通常发现价格成为主导其他方面的因素，文化的直接影响可能减弱。然而，对那些继续进行国际扩展，并成为全面发展的"全球公司"（第四阶段）的组织而言，文化的影响再一次变得非常重要。

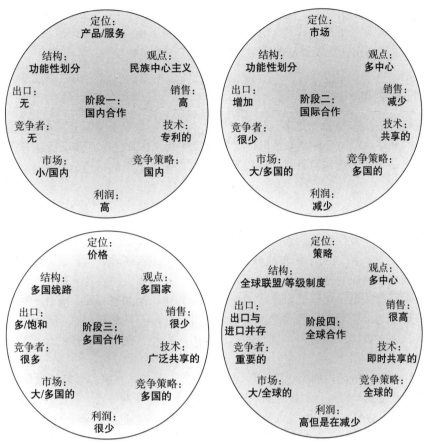

图 6-5　国际合作进化

资料来源：Original graphic by Ben Littell under supervision of professor Jonathan P. Doh based on data from Nancy J. Adler , *International Dimensions of Organizational Behavior*, 5th ed. © 2008 South-Western, a part of Cengage Learning. Inc.

如图 6-6 所示，国际文化多样性传统上既不影响国内公司的组织文化，也不影响它与顾客或客户的关系。这些公司在国内运营，只有国内文化多元化对其自身活力以及与外部环境的关系有直接的影响。

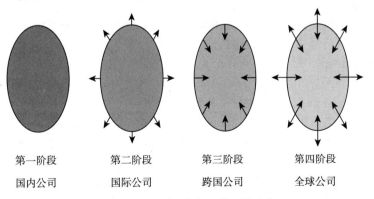

| 第一阶段 | 第二阶段 | 第三阶段 | 第四阶段 |
| 国内公司 | 国际公司 | 跨国公司 | 全球公司 |

图 6-6　国际跨文化相互作用的定位

资料来源：From Nancy J. Adler, *International Dimensions of Organizational Behavior*, 5th ed. © 2008 South-Western, a part of Cengage Learning, Inc. Reproduced by permission. www.cengage.com/permissions.

相反，着眼于出口与国外生产的国际公司，文化多样性对它们与潜在顾客、外国雇员的外部关系有很强的影响。特别是这些公司严重依赖于外派的管理者来帮助运营，结果把对多样性的关注由国内转向国外，这与跨国公司发生的情况相反。跨国公司较少强调管理公司外的文化差异，更多强调管理公司内的文化多样性，这是因为跨国公司在全世界范围内雇用员工。如图6-6所示，这导致跨国公司主要关注内部的多样性。

全球公司需要关注内部和外部的多样性（请再看图6-5）。为了更有效，全球组织中的每一个人都需要发展跨文化技巧，以使他们能和内部员工及外部的顾客、客户及供应商有效合作。

6.4.2　文化多元性的类型

国际管理领域有几种方法来检验文化多元性与多样性，一种是着眼于跨国公司在母国经营时，国内文化的多元性及劳动力队伍的多样性；另一种是除了国内文化的多样性，在其他地点和场所还有多样性的劳动力大军，此外，在当今的跨国公司中，国内与海外员工的混用越来越普遍。下面的讨论分析了国内和群体的文化多元性及其潜在问题与优势。

1. 国内的文化多元性

今天的组织不需要到他国做生意就能够碰到有各种各样文化背景的人，几乎在世界各地的组织中都可以看到不同文化的人群。譬如，在新加坡，有四种显著不同的文化与语言群体：华人、欧亚人、印度人及马来人。在瑞士，有四种不同的民族居民：法国人、德国人、意大利人及拉丁人。在比利时，有两个语言群体：法语和弗拉芒语。在美国，上百万的第一代移民带来了他们的语言文化。比如洛杉矶，有比萨摩亚群岛更多的萨摩亚人，有除以色列之外最多的以色列人，有除墨西哥城之外最多的第一代和第二代墨西哥人。在迈阿密，一半多的人口是拉丁美洲人，大多数居民能讲一口流利的西班牙语。另外，在纽约居住的波多黎各人比在波多黎各的人还多。

甚至在同一个民族内部分析国内的文化多元性也是可能的。譬如，在研究了新加坡的小型华人家族企业后，李（Lee）发现老一代的观点与年轻一代有极大的不同。老一代人往往强调等级、道德规范、集体动力和安于现状，而年轻一代关注员工责任、战略、个人表现以及争取更多的发展空间。这些差异会减缓组织进程，因为一代人认为另一代人的方法是无效的。因此，管理者需要考虑员工独特的个人情况，收集一些技巧来传递同样的信息，既能使生产率最大化，又能使各年龄层的人都满意。简而言之，世界性的组织内往往存在着大量的文化多元性，这种趋势还会继续。譬如，在下一个10年，美国国内劳动力的种族构成将发生剧烈变化。尤其值得一提的是，劳动力大军中的白人男性的比例会大大下降，而女性、非洲裔美国人、西班牙裔美国人及亚洲人的比例正在上升。

2. 群体的文化多元性

多样性群体的分类方法多种多样，最常见的有如下四种。

（1）**同类群体**（homogeneous group），以有相似的背景，常常用相似的方式认识、解释并评价成员为特征，如一群正在预测一项外国投资前景的德国男性银行家。

（2）**标志群体**（token group），组内成员除一个人外都有同样的背景，如正研究在百慕大开公司的利弊的一群日本零售商及一个英国代理人。

（3）**双文化群体**（bicultural group），有两个或两个以上的成员代表两种不同文化中的一种，如对在俄罗斯投资的可行性进行考察的由四个墨西哥人和四个加拿大人组成的团队。

（4）**文化多元性群体**（multicultural group），该组织中的成员拥有三个及以上的种族背景，如一个由美国人、德国人、乌拉圭人和中国管理者各三名组成的考察矿业在智利运营情况的团队。

随着组织多样性的增加，所有组织成员以同样方式认知事物的可能性急剧下降。态度、感知及沟通通常可能成为问题。另外，高效运用文化多元性、多样性的群体也有重要的优势，甚至有时当地法律也要求公司内有一定程度的多样性。现在，越来越多的人移居其他国家寻找与其技能相匹配的工作。国际管理者需要认识到其监管的会是一个代表多种文化，而不仅仅是与所在国相联系的通用文化的团队。接下来的章节分析工作场所文化多样性的潜在问题与优势。

6.4.3　多样性的潜在问题

总的来说，多样性可能导致不团结，这会使组织无力采取协调的行动，无力保持高生产率，也无力营造一种有益于提升效率与效果的工作环境。这些潜在的问题植根于人们的态度中。在多样性的组织中，一个关于态度问题的例子就是对他人的不信任。譬如，许多在美国的日本公司工作的美国管理者抱怨说，日本管理者常抱成一团，用母语讨论事情。美国管理者很奇怪为什么这些日本人不说英语，他们在讨论不愿让人听见的东西吗？事实上，日本人通常认为他们之间用母语交流更容易些，并且因为没有美国人在场，于是日本管理者反问为什么要说英语。如果其他人没有理由了解我们的谈话内容，为什么我们不用自己的语言呢？尽管如此，这些行为确实易于诱发不信任。

另一个潜在问题是知觉上的。当文化上有差异的团队成员走到一起时，他们常会有先入为主的固定模式。譬如，在最初的会议上，人们常认为经济发达国家的工程师比不发达国家的工程师更有学识。进而，这会导致与地位相关的问题，因为开始时一些团队成员会被认为比其他人更有竞争力并很可能以此获得相应的地位。这个多样性的团队在一起工作的过程中，错误的知觉通常会得到纠正，但需要时间。在一个由日本大公司和世界一流的美国公司的工程师组成的多样性团队里，一位日本的工程师由于被先入为主地认为其有技术教育背景而被分配到一项技术性的任务。然而，这个群体不久就意识到，这个日本工程师不能胜任这项工作，因为在过去的四年里，他一直负责协调例行的质量问题，已不再处于技术的前沿。他从东京大学获得的工程学学位使其他成员认为他在技术上有竞争力，有能力完成那项任务，这种看法被证明是不正确的。

一个与此相关的问题是错误的偏见。例如，众所周知，日本公司依赖于群体做出决策，企业家行为、个人主义及创造力不被重视。然而，这种模式化的思维在越来越多的日本公司中被证明是错误的。下面就是一个例子。

内田先生今年 28 岁，是一家小型软件公司的经理。他把头发染成了棕色。他在办公桌旁放一只睡袋，晚上加班用，但偶尔也会休息一天去做风浪板运动。内田管理一家网络接入供应商——Rimnet 公司的技术开发部，他说："有时候我听轻音乐来获得平静，有时候我听重音乐来增强活力。如果我们想要产生想法，经常保持敏感性是很重要的。"这个具有创造力的杰出年轻人，他所具有的商业品质常常受到美国公司的赞赏，但也被日本公司接受了。一个看起来似乎不可能的现象是：在一个以尊重权威和为群体团结献身而著称的国家里，像内田这样的自由思考者在各个工作场所纷纷涌现。不顺从突然流行起来了。

多样性群体存在的另一个潜在问题是无法准确地沟通。造成这一问题的原因有多种，一种是说话者使用的词语在他人看来意思不明确。譬如，在本书作者曾经工作过的多样性群体里，一位英方管理者告诉他的美国同事："我将在两周（fornight）内给你们传真这份报告。"当作者问美国人什么时候会收到报告时，大多数人认为报告会在四天内到达。他们不知道，常见的英国英语"fortnight"（14 nights）是两周的意思。

另一个可能导致误会的原因是人们解读情境的方式不同。许多日本人会在其他人讲话时频频点头，但这并不意味着他们认同对方所说的话，仅仅是表示礼貌与专心。在许多社会，说"不"是不礼貌的，如果听者认为另一个人想要肯定的答复，那么即使是不正确的，他也会说"是"。所以，许多美国管理者发现其他文化背景的人所做的承诺是不能当真的；而在许多情况下，那些人则很自然地假定美国人意识到了这一点。

多样性导致沟通问题的另一个原因是人们对时间有不同理解。例如，很多日本人不会同意就地采取行动。他们会先和自己人进行讨论，再采取行动，因为他们认为无权单独行动。许多拉丁管理者不愿遵守严格的时间表，因为他们没有美国管理者那样的时间紧迫感。下面则是一位欧洲管理者描述的另一个例子。

在一个新项目的筹划过程中，一支由英国、法国和瑞士的管理者组成的三人团队没能达成共识。英国代表似乎不能接受任何系统化的方法，他要在做出决策之前讨论所有潜在问题。法国和瑞士的代表同意在做出决策前检查每一件事，但对操作的次序及时间安排产生了分歧。较悲观的瑞士人给每一个子操作分配的时间比法国人多。结果就是，尽管每个人都对项目的有效性达成了共识，但他们从未开始这个项目。如果项目由三个法国人、三个瑞士人或三个英国人讨论的话，或好或坏，至少会做出一个决策，项目就不会因无法达成共识而搁浅。

6.4.4 多样性的优势

对于当今使用文化多样性的跨国公司，虽然存在一些潜在问题需要解决，但同时会获得很多好处。特别是，越来越多的证据表明，文化多样性能为群体增强创造力，优化决策，带来更高的效率和更高的生产率。

多样性的一个主要好处是产生更多、更好的创意，因为群体成员来自多种不同的文化，他们通常能够产生更多独特的（也因此更有创造性）的解决方案和建议。譬如，一家美国的跨国公司准备针对大众消费市场投放一种新的软件包。该公司希望趁着即将到来的圣诞节，在每个国际市场上展开强有力的广告攻势。一次来自西班牙、中东及日本市场的销售经理会议帮助该公司修正并且更好地定位了其营销策略。西班牙经理建议把广告集中于即将到来的麻吉节（1月6日），而非圣诞节（12月25日），因为在拉丁文化中，一般在麻吉节那天带礼物来并相互交换。中东经理指出他的客户大多数不是基督徒，因此圣诞节的广告攻势在该地区没有太大意义。相反，他建议公司围绕着软件的价值及对顾客如何有用做文章，而不用担心在12月初装船发货。日本经理同意中东同事的观点，并建议销售手册改变一些颜色以更符合日本文化。多亏了这些意见，这场销售活动成为公司历史上最有成效的活动之一。

第二个主要的好处是文化多样性能够防止**群体思维**（groupthink）。群体思维是由社会一致性及群体成员顺从和达成共识的压力造成的。当出现这种情况时，群体参与者相信他们的观点与行动是正确的，与他们意见不同的人要么是无知的，要么是蓄意破坏他们的努力。文化多样性组织常能避免这个问题，因为成员思考方式不同，也不会感到顺从的压力。结果，他们一般会互相发问，提供与他人相反的观点和建议，只有被说服时才会改变主意。因此，只有通过一个深思熟虑的过程才能达到全体一致。不像每个人都有"同一个思想"的同类群体，文化多样性群体达成总体的一致性会较慢，然而决策会更有效并且不会有"群体思维"的缺陷。

工作场所中的文化多样性不单单能够促进组织的内部运作，它也能增强与顾客之间的联系。一种普遍的观点是，来自同一国家或拥有相同文化背景的人能更密切地联系在一起，更深入地了解对方，这往往会使人们快速建立信任并理解彼此的喜好。因此，如果客户群由拥有不同文化的人组成，公司拥有来自相应文化的代理人可能会更加有益。美国雅芳化妆品公司10年前就采用了这种经营哲学。当雅芳公司观察到其美国的一处卖场里韩国顾客有所增加时，很快雇用了韩国的销售人员。这显示了即便是在跨国公司的母国，外部环境仍可以包含很多不同的文化，而这些文化都是需要公司管理者铭记于心的。拓展组织的文化多样性以更好地服务顾客意味着，即使是当地管理者也要有国际视野，这进一步强调了学习多文化环境的重要性。

6.4.5 增强文化多元性团队的效率

文化多元性的团队有极大的潜力，而这取决于它们如何管理。如图6-7所示，研究领导力在管理跨文化群体中的重要性的卡罗尔·科瓦奇（Carol Kovach）博士认为，跨文化群体如果领导得当，确实很有效率；不幸的是，她也发现如果管理不当，也会非常低效。换言之，多元性群体比单一文化群体更有影响力。它们会伤害组织，但如果管理得当，它们也会非常优秀。下面给出了有效管理当今组织中的多元性群体的条件和指导方针。

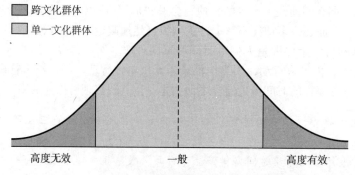

图 6-7 群体的有效性及文化

1. 理解有效性的条件

文化多元性的团队在面临需要创新的任务时是最有效的，而在面对常规任务时，它们的效率就低得多。要从多元性的团队获取最大限度的有效性，行动必须由团队发展的阶段来决定（如进入、运作及行动阶段）。比如，在进入期，重点应该放在建立信任和发展团队团结上，就像我们在本章开篇的"国际管理世界"中看到的那样。这对多样性的团队来说是一项艰巨的任务，因为其成员习惯于以不同的方式工作。譬如，典型的美国人、德国人及瑞士人花很少的时间来互相了解；他们找到任务的本质，便着手独立做事，无须事先建立信任和团结。这与来自拉美、南欧及中东的人把最初的时间都花在相互了解之上形成了强烈的对比。在一个文化多元性团队中，这种任务导向和关系导向的成员间的反差，可能会导致沟通和战略壁垒而延缓进程。为了解决这些问题，在发展的进入阶段通常会找一位有跨文化管理经验的管理者，致力于关注团队成员相对等的专业资格和身份。一旦建立了专业相似性和互相尊重，群体便会成为团结的团队。在发展阶段，注意力可能要更多地放在描述和分析问题或指定的任务上。通常这个阶段对文化多元性团队的管理者来说相当容易，因为他们能利用成员的多样性来产生观点。如前所述，当需要创新的方法来处理情况时，文化多元性的群体最有效。

在行动阶段，重点应该转移到制定决策和执行上来。这是一个困难的阶段，因为它需要在成员间建立共识。为实现这个目标，有经验的管理者着手帮助文化多元性群体识别和促进产生每个人都赞同的想法。这么做，通常十分强调解决问题的技巧，如名义群体技巧（nominal group technique，NGT），即在达成群体互动和共识前，群体成员独立地做出贡献。

2. 使用合适的指导方针

当决定管理一个文化多元性团队时，把一些具体的指导方针作为快捷的参考会很有帮助。下面是一些最有用的指导方针。

（1）必须按与工作相关的能力来挑选团队成员，而不仅仅是基于民族性。如果工作是日常的，通常同类的成员关系更可取；如果工作是创新性的，文化多元性的成员关系最好。

（2）团队成员必须意识到并处理他们之间的差异，目标可以促进人们更好地理解跨文化差异并产生更高层面的绩效与关系。这就要求组织成员意识到自己及他人的固有模式，并以此来理解他们之间的真实差异。这可以作为判断个体成员对团队的总体有效性做出贡献的依据。

（3）因为文化多元性团队的成员在目标与工作方面达成共识比同类群体的成员更困难，所以团队领导者必须帮助群体确认与界定总体目标。当需要成员在执行任务过程中合作并展现互相尊重时，这个目标十分有用。

（4）团队成员必须有同等的权力以便每个人都能参与进程。文化上的控制通常是阻碍生产力的。因此，文化多元性团队的管理者应根据个人对工作的贡献能力而不是根据种族来分派权力。

（5）所有成员相互尊重很重要。要实现这一点，管理者要选择有同等能力的成员，使整个团队认可优先的业绩及与工作相关的技能，最小化基于种族成见做出的初始判断。

（6）因为团队成员通常难以决定什么想法或决策是好的或坏的，所以管理者必须对他们的进程和产出做出积极的反馈。这种反馈有助于成员把自己看作团体的一员，使他们为自身的多样性感到幸运并珍惜自身多样性，意识到个体成员的贡献，信任群体的集体判断。

▌国际管理世界▐ 回顾 ▌

本章开篇的"国际管理世界"讨论了多样性、多文化团队的挑战和优势。由于工作越来越弹性化，地域限制越来越少，所以在全球的各种组织中，这种团队已经非常普遍了。另外，组织在面对一些棘手的问题时，会寻求这种团队形式，给组织带来创新和新的思维方式。运用本章所学的知识回答下列问题：①对于组织而言，如何才能发挥全球虚拟团队的最大优势？②对于全球团队而言，什么类型的组织文化（家族型、埃菲尔铁塔型、制导导弹型及孵化器型）最为有效？③由于多样性的存在，全球团队有什么样的优势和问题？如何克服这些问题？④什么样的多文化团队特征是全球团队合作成功的关键？

本章小结

1. 组织文化是一个特定的群体在处理其外部适应性和内部整合性问题过程中发明、发现和发展起来的基本假定的模式，并且作为正确的方法传授给新的成员。组织文化的一些重要特征包括观察到的行为的规律性、标准、主导的价值观、哲学、规则及组织氛围。

2. 组织文化由许多因素决定，包括员工与其组织的总体关系，定义管理者及其下属作用的权威等级机制，员工对跨国公司的目的、前途、目标及他们在组织中的地位所持有的总体观点。当分析这些差异时，汤皮诺建议使用两个连续体：平等/等级，员工导向/工作导向，由此产生了组织文化的四种基本类型：家族型、埃菲尔铁塔型、制导导弹型及孵化器型。

3. 家族型文化是以集中关注等级和员工导向为特征的；埃菲尔铁塔型文化是以集中关注等级和工作导向为特征的；制导导弹型文化是以集中关注工作场所的平等及工作导向为特征的；孵化器型文化以集中关注平等及员工导向为特征的。

4. 国际领域的成功很大程度上由跨国公司管理文化多元性和多样性的能力来决定。公司的国际扩张进程有四个阶段：①国内公司；②国际公司；③跨国公司；④全球公司。

5. 分析文化多元性和多样性的途径有很多。一种是考察在跨国公司本部运营的劳动力队伍中存在的国内文化多元性和多样性；另一种是通过分析存在于跨国公司中的多样性群体的多样性，包括同类群体、标志群体、双文化群体及文化多元性群体。几个潜在问题和优势与文化多元性和多样性的团队相联系。正如雅芳的案例所示，多样性的团队不仅对内部经营有益，同时可以提升对顾客的销售额。

6. 许多指导方针被证明在管理文化多样性的群体时特别有效，如精心挑选群体成员，认同组织的目标，在参与者之间建立平等的权利和相互的尊重，并且对绩效做出积极的反馈。

复习与讨论题

1. 一些研究者发现，德国人为一家美国跨国公司工作时，会变得更加德国化，美国人为德国跨国公司工作时会变得更加美国化。为什么这些认识对跨国公司很重要？

2. 在比较法国及西班牙谈判者的谈判方式和策略时，大量显著的差异是显而易见的。其中三项是什么？在与另一群体谈判时，跨国公司将如何来改善它们的地位？

3. 在下面的四种组织文化类型——家族型、埃菲尔铁塔型、制导导弹型及孵化器型中，大多数美国人会觉得哪一种舒服？大多数日本人会觉得哪一种舒服？基于你的回答，在理解组织文化对国际管理的重要性方面，你能得出什么结论？

4. 大多数跨国公司未进入外国市场时就可能面临处理文化多元性的挑战。你是否同意这种观点？请做出解释。

5. 当今的跨国公司在使用多元文化和多元性群体时必须解决哪些潜在问题？又有哪些可识别的优势？指出并讨论每类中的两点。

6. 大量指导方针在帮助跨国公司使文化多元性的团队更有效上很有价值，列举其中的五个。正如在国际管理实践6-2中讨论的那样，这些原则与松下制定的指导方针有什么相关性？

互联网应用

联想的国际焦点

联想总部位于中国，是全球最大的计算机品牌之一。几年前，联想收购了IBM的个人计算机业务，如今向零售客户和企业销售的计算机数量比世界上任何一家公司都多。它以中国为基地，大举进军全球市场，特别是印度等新兴国家。

请访问联想的官网（lenovo.com），阅览其最新进展，尤其应密切关注其产品线和国际扩张。点击屏幕右下角国家或地区/语言的图标，选择公司开展业务的三个地区：美国、欧洲、东南亚或印度。（这些网站都是用当地语言呈现的，如果选择印度，其网站使用英语。）首先，与惠普公司在这些地区的网络营销的产品与方式相比，你认为主要区别是什么？其次，根据图6-3和表6-3，为打造一个运营通畅的国际企业，国家文化的差异性如何对联想提出重大挑战？查看显示联想领导力团队的网页，你发现了什么？你认为管理层必须解决的两个关键问题是什么？最后，为了构建多元文化的团队效力，你认为需要依次采取哪两个步骤？以哪两个原则为指导？

国际聚焦

尼日利亚

尼日利亚位于西非东南部，在几内亚湾的贝宁和喀麦隆两国之间。尼日尔河也许是西非最重要的河流，它途经尼日尔流入尼日利亚，并最终汇入几内亚湾。尼日利亚的陆地总面积是格鲁吉亚面积的6倍，比加利福尼亚州的两倍还略大，拥有天然气、石油、锡、铁矿石、煤炭、石灰石、铌、铅、锌和耕地等自然资源。尽管北部地区气候炎热干旱，但该国大部分地区的气候属热带气候。

尼日利亚是非洲人口最多的国家，也是人口增长最快的国家之一，总人口超过2亿，增长率超过2.5%。由于历史上尼日利亚曾是英国的一部分，所以其官方语言是英语。这个国家非常多样化，有250多个民族。宗教上，尼日利亚穆斯林和基督徒的人数几乎相等。这种宗教分歧是该国从独立到近期历史中的重大骚乱和内战的重要原因。

尼日利亚人比其他大多数国家的人更加年轻。其人口中最大的一部分（43%）为0～14岁，第二大部分（30%）为25～54岁。尼日利亚的财富不平等问题尤为突出，贫富差距极大。2014年，该国人均国内生产总值为3 001美元，但60%的人口生活在贫困线以下。2014年，尼日利亚的国内生产总值为5 685亿美元，并且正处于快速增长的10年中。2014年，其经济增长了6.3%。

从19世纪初到第二次世界大战结束，英国控制了非洲大部分地区，特别是尼日利亚。尼日利亚于1960年获得独立，但其政治派别繁多，一直为军事统治，直到1999年通过新宪法为止。新宪法将国家政府转变为民选政府。自这一转变后，其政治环境相对稳定，定期进行合法选举。然而尼日利亚仍受到40年的腐败和管理不善的影响。

如果你是国际管理顾问

Kene Mpkaru拥有Filmhouse Cinemas在尼日利亚的特许经营权，他已宣布公司在尼日利亚的业务将大幅扩张。虽然尼日利亚的电影业目前主要涵盖了在家中观看电影的观众，但Mpkaru认为尼日利亚在影院电影方面存在增长潜力。Mpkaru在电影院业务方面拥有一定的专业知识，在获得尼日利亚特许经营权之前，他曾在欧洲特许经营部门工作并监管公司大幅扩张业务。目前，Filmhouse在尼日利亚有9个影院，并计划再开设16个点。在尼日利亚开展业务的最大挑战是消费者的购买力相对较低，超过60%的人口生活在贫困线以下。在Filmhouse之前，尼日利亚的电影院选择多是高端剧院，能够提供完整的用餐体验，每张票价约为40美元。

尼日利亚近年来建立了自己的电影产业。其电影通常以极低的成本拍摄，多以DVD形式直接发行。这个被称为"Nollywood"的产业为尼日利亚贡献了约1.5%的GDP，即70亿美元。对于Filmhouse来说，这个可以作为在尼日利亚一项极具扩张力的产业。

问题

1. 如果你是Filmhouse的顾问，你会如何建议Kene Mpkaru在尼日利亚的下一步行动？

2. 该国的哪些具体因素对这家公司有利？哪些因素不利？

3. 你将如何应对该国的贫富差距？

4. 你会建议Filmhouse专注于Nollywood的电影制作，还是尝试引进好莱坞电影？

第7章

跨文化沟通与谈判

| 学习目标 |

　　由于在不同文化的组织间传递信息很困难,所以沟通在国际企业管理中就变得异常重要。在国际情境下,表达信息时造成误解和错误的问题很复杂。本章考察了沟通过程发挥作用的一般途径,以及在国际沟通中常用的下行和上行沟通。接下来,本章考察了阻碍国际沟通有效进行的主要障碍,并探讨了解决这些沟通问题的方法。最后,本章考察了国际沟通中的一个重要维度即国际谈判,并着重关注如何在不同文化情境下运用谈判方法和策略。学习本章的具体目标包括:

1. 定义"沟通"的含义,考察几个口头沟通风格的例子,并阐述对信息进行解释的重要性。
2. 分析在国际沟通中通常使用的下行和上行沟通。
3. 考察阻碍有效国际沟通的语言、知觉、文化和非语言障碍。
4. 提出能够克服国际沟通问题的措施。
5. 开发应对不同文化情境的国际谈判方法。
6. 回顾可能会改善谈判结果的不同谈判技巧及讨价还价行为。

| 国际管理世界 |

奈飞的谈判:中国和俄罗斯

　　2015年对于奈飞公司(Netflix)来说是具有突破性的一年。在首次进入数字视频流媒体行业仅仅八年后,该公司已发展成为全球最大的基于互联网的电子信息提供商。仅在2015年,奈飞公司便在130个国家推出了服务,使其服务的国际市场数量增加了两倍。该公司最初于1997年开始提供邮寄租赁DVD服务,到2016年初便几乎在世界上每个国家都建立了视频流媒体业务。在其8 200万用户中,超过40%的人不在美国境内。

　　这一快速扩张的关键是奈飞公司的进入战略。作为一家数字服务提供商,在没有实体商品和货物进出口到其经营所在国家的情况下,奈飞公司已经能够跳过其他大多数公司在进军国外市场时所必须经受的漫长且必需的政府谈判过程。在大多数情况下,奈飞公司的战略似乎很有效:该公司已经能够在没有政府阻碍的北美洲、南美洲、非洲以及欧洲运营。然而,在两个主要市场中,由于谈判和沟通存在困难,奈飞公司面临越来越多的挑战:在中国,该公司需要进行长时间的谈判;而在俄罗斯,似乎是由于在进入该国市场之前缺乏沟通和协商,奈飞公司也面临着来自政府的阻碍。

中国的漫长道路

在四个无法访问奈飞的国家或地区中,中国十分引人注目。克里米亚地区、朝鲜和叙利亚都遭受政治动荡或制裁，因此阻碍了奈飞公司的进入，而中国似乎是视频流媒体的理想市场。中国有 10 多亿消费者，且其中许多人正在步入中产阶级，因此中国很有可能成为奈飞公司最大的订阅基地。但是，为什么奈飞公司没有在这个世界上人口最多的国家开展业务呢？

与其他市场不同，奈飞公司必须获得政府的批准才能在中国运营，而与中国的谈判有时需要很长时间才能完成——苹果公司花了数年时间与中国谈判才获得了在中国销售 iPhone 的许可。此外，中国监管机构对电子信息施加了严格控制。所有节目，包括奈飞公司制作的原创节目，都需要在进入中国的奈飞平台之前进行审查。

虽然中国的流媒体服务缺乏奈飞公司所吹嘘的基础设施和内容选择，但也为奈飞公司的谈判增加了额外的复杂性，因为奈飞公司需要与其中一家本地提供商合作才能获得媒体许可，这会导致奈飞公司失去一部分运营控制权。

为了确保在中国取得成功，奈飞公司首先必须与政府进行沟通谈判，任何误解都可能导致奈飞公司进一步受挫。根据《哈佛商业评论》（*Harvard Business Review*）的数据，在中国进行谈判时文化差异非常大，奈飞等公司应该了解这些差异，其中一些差异包括如下方面。

- 商业交易的正规性在中国至关重要，而非正规性在美国却是司空见惯的。不能按照中国商业伙伴的级别或重要性来对待他们，可能会被视之为侮辱，最终导致谈判恶化。
- 在谈判桌上，像 CEO 这样的高级管理者的出席会被视为公司严肃对待这次谈判，可以显著改善谈判的结果。
- 与美国同行相比，中国谈判代表往往需要更长时间的关系建设。在正式且详细讨论之前，中国进行几个月的审查并不罕见。仓促交易在中国可能会被视为文化上的粗鲁。

奈飞公司似乎做好了和中国进行长期持续谈判的准备。2016 年初，奈飞公司 CEO 里德·黑斯廷斯（Reed Hastings）表示，公司对中国有着"长期的关注"。"这可能是一场持续很多年的讨论，也有可能比预想的时间短些。"

俄罗斯的麻烦升级

2016 年 1 月，由于大力宣传和消费者的热切关注，奈飞公司在俄罗斯成功落地。在首次公布后的几个小时内，外籍人士和俄罗斯人都对奈飞公司的社交媒体表现出极大的兴趣，但其仍然受到来自政府的诸多阻碍。

在文化方面，奈飞公司可能误判了俄罗斯的监管和政府环境。俄罗斯政府资助并控制了本国的大部分媒体服务企业，可能是奈飞公司缺乏对其扩张计划的公开沟通和披露，导致了俄罗斯政府对该公司的强烈抵制。在奈飞公司推出服务后不久，俄罗斯政府坚持，如果奈飞公司希望继续在本国运营的话，则必须与政府进行沟通并商讨。俄罗斯通信部副部长阿列克谢·沃林（Alexei Volin）警告说："在进入市场之前，奈飞公司应该与俄罗斯代表包括监管机构进行磋商。"

2016 年 2 月，在奈飞公司进入俄罗斯市场一个月后，政府提高了要求，直接指出奈飞公司必须获得在国内运营的播放许可证，否则将会面临停业。俄罗斯政府还引入立法，表示将对数字销售征收增值税，这增加了奈飞公司在俄罗斯开展业务的成本。

截至 2016 年 3 月，俄罗斯政府已开始制定针对外国视频流媒体如奈飞公司的新规定。根据新规定，奈飞公司被要求与当地的俄罗斯媒体提供商合作。此外，奈飞公司 80% 的内容必须以俄语提供，30% 必须在俄罗斯制作。

如果奈飞公司完全理解俄罗斯和美国政府之间的文化差异，也许能够避开这些阻碍。虽然其扩张战略在更宽松的国家已有成效，但奈飞公司缺乏与俄罗斯监管机构的沟通导致了进入俄罗斯市场受阻并增加了税收成本。奈飞公司是否继续在俄罗斯开展业务仍有待观察。俄罗斯消费者的兴趣减少，再加上监管机构的额外压力，最终可能导致奈飞公司放弃俄罗斯市场。

开篇的国际管理世界展示了一家美国跨国公司（奈飞公司）与外国政府之间的文化差异如何导致其长期且烦琐的谈判，以及文化的误判如何导致公司试图进入新市场时时受阻。奈飞公司对俄罗斯政府的运营缺乏了解导致其在该国推出服务后遭遇挫折，而它与中国的持续谈判可能需要很多年才能完成。虽然奈飞等公司实现的快速扩张可以带来利润和高成功率，但沟通和谈判中的文化差异可能导致其经济上的失利。

本章我们探讨跨文化沟通和谈判风格，并强调不同的理解方式对有效的国际沟通和谈判策略演化具有相当的重要性。

7.1 沟通的一般过程

沟通（communication）是将信息从发送者传递到接收者的过程。从表面上看，这似乎是一个相当直接的过程。然而分析表明，国际竞争舞台上存在的很多问题可能导致正确传输信息的失败。

在开篇的"国际管理世界"中可以看出，近几十年来，沟通的手段和模式已经发生了巨大变化。例如，电话和互联网的出现，以及最新的个人通信设备（智能手机）已经影响了人们沟通的方式、时机以及动因。这种新趋势是把"双刃剑"。积极的一面是，信息不再被延迟或过滤，人们有更多机会得以迅速沟通，而且交流的方式丰富多彩，如照片、视频以及信息链接等。另一方面，一些人则担心基于这些设备的沟通流于形式，且不够私密。尼古拉斯·卡尔（Nicholas Carr）在他的新书中说道，当人们上网时，"我们进入了一种充斥着粗略阅读、匆忙和三心二意的思考以及肤浅地学习的环境"。他将网络称作"健忘的技术"。我们被来自电子邮件、RSS、Twitter 和 Facebook 账号的各种信息狂轰滥炸，一个个网页将我们卷入浩如烟海的嵌入式链接之中。他认为，获得更多的知识不等于泛泛而知，对那些日益爆棚的所谓真相与数据，我们不能称之为学识。

尽管存在这些担忧，但口头及其他形式的沟通仍然是国际管理中的重要一环。在本章中，我们调查不同的沟通风格，了解沟通如何被处理与解读，以及文化和语言是如何影响沟通（或带来误解）的。

7.1.1 口头沟通方式

一种检验个体如何传递信息的途径是观察他们的沟通方式。特别是如霍尔（Hall）所提到的，情境在解释许多沟通差异时起到主要的作用。**情境**（context）是关于沟通的周遭情况，并有助于传递消息的信息。在高情境的社会中，如日本和许多阿拉伯国家，信息常常被高度编码并很含蓄。结果，接收者的工作就是通过正确过滤和传递信息的方式来解释信息的含义。这种方式与美国、加拿大等低情境的社会差别显著。在这些国家，信息很明确且说话者精确地说明其要表达的意思。在这些差异显著的社会中得到的市场信息必须考虑情境因素。例如，在日本，晋升是很微妙的，并应传递团体感（高情境）。发生在美国等低情境国家的相似事件则应该满足他人对更多明确信息的期望。表 7-1 提供了口头沟通方式的一些主要特征。

表 7-1　口头沟通方式的主要特征

口头沟通方式	主要变化	互动焦点与内容	文化特征
间接 vs. 直接	间接的	含蓄的信息	集体主义、高情境
	直接的	明确的信息	个人主义、低情境
详尽 vs. 简明	详尽的	大量的交谈	中度不确定性规避、高情境
	严格的	适度的交谈	低度不确定性规避、低情境
	简明的	少量的交谈	高度不确定性规避、高情境
情境 vs. 个人	情境的	关注讲话者和角色关系	高权力距离、集体主义、高情境
	个人的	关注讲话者的个人关系	低权力距离、个人主义、低情境
感情 vs. 工具性	感情的	语言是过程导向的，以接收者为中心	集体主义、高情境
	工具性的	语言是目标导向的，以发送者为中心	个人主义、低情境

1. 间接方式与直接方式

在高情境的环境中，信息含蓄而间接。一个原因是沟通方（家人、朋友、同事与客户等）趋向于具有紧密的个人关系和庞大的信息网络。因此，每个人都对沟通网络中的其他人了解甚多，他们不仅仅是依靠言语交流，语音语调、时机选择及面部表情都在信息传递中起作用。

在低情境文化中，人们交流常常仅是为了完成目标。因为相互之间不是很了解，所以他们趋向于直接方式，且关注于沟通本身。

比较高情境与低情境这两种类型文化的好方法是找出人们接触或出席会议时所问问题的典型类型。在高情境文化中，人们通常会问："谁将出席会议？"个体想为如何相互交流做好准备。这与低情境文化中所问的问题形成对比，在低情境文化中，人们常问："会议是有关什么方面的？"个体想为如何参与议程做好准备。在高情境文化中，个体关心会议所发生的环境，而在低情境文化中，个体最关心是会议要完成的议题。

2. 详尽方式与简明方式

沟通数量有三种不同的程度——详尽、严格与简明。在高情境环境中，详尽的方式很普遍，会存在大量的交谈，描述中包含许多细节，个体也会重复其行为。详尽的方式在阿拉伯国家广泛使用。

严格的方式在下列国家更普遍，如英国、德国和瑞典。这种方式注重精确性及使用合适数量的言语来传递信息。如果一个人使用了太多的言语会被认为是言过其实，而使用太少的言语又导致信息的模棱两可。

简明的方式在亚洲国家最普遍，那里人们趋向于说较少的话，并允许用轻描淡写的陈述、停顿与沉默来传递信息。特别是在不熟悉的环境中，沟通方尽量简明扼要以避免丢面子。

研究者发现详尽的方式在中度不确定性规避的高情境环境中更普遍；严格的方式在低度不确定性规避的低情境环境中更普遍；简明的方式在相当高的不确定性规避的高情境环境中更普遍。

3. 情境方式与个人方式

情境方式是一种关注说话者及参与者角色关系的方式。比如，在亚洲文化中，人们使用反映谈话参与者角色与层级关系的言语。因此，在组织环境中，说话者会使用反映他们相对于其他人的地位的言语。吉村（Yoshimura）和安德森（Anderson）注意到日本的白领、中层管理员工（通常被称为"领薪阶层"），他们通过理解另一方所处的环境及关联团体，能够很快学会如何与组织中的其他人相处。

一个领薪者在没有绝对弄清楚双方所属的关联团体时，很少会对另一方讲话……（因为）在社交中，使用不合适的语言是令人尴尬的事，对其他人使用正确的日语形式不仅仅依赖于两者之间的关系，还取决于他们所属的相关团体之间的关系。在日本，下属尊敬上级，但是当下属为一个更有声望的组织（如政府机构）工作时，这种关系就变得很复杂。于是双方都使用礼貌的语言以避免社交尴尬。

个人方式则关注讲话者，以及减少彼此之间的沟通障碍。比如在美国，通常直呼其名，或在平等的基础上与对方非正式地直接对话。

研究人员发现，情境方式通常与高权力距离、集体主义及高情境文化相联系，例如日本、印度和加纳。相反，个人方式在低权力距离、个人主义及低情境的文化环境中更普遍，例如美国、澳大利亚和加拿大。

4. 感情方式与工具性方式

感情方式的特征是需要听者仔细留心信息发送者所说的话并观察他如何传递信息。通常被传递的信息是非语言的，需要接收者用直觉去解读对方所说的话，被遗漏的部分信息可能和所包含的信息一样重要。相反，工具性方式是目标导向的，以发送者为中心，个体可以很清晰地让对方知道他想要对方了解的东西。

感情方式存在于集体主义、高情境文化中，如中东地区、拉丁美洲和亚洲。工具性方式在个人主义、低情境文化中更加普遍，如瑞士、丹麦和美国。

表 7-2 对所选国家使用的四种口头方式做了简要的描述。对该表的仔细分析可能有助于解释为什么日本的管理者会在与美国同行的交流上存在巨大困难，反之亦然——两者的口头沟通方式在任何情境下都不匹配。

表 7-2　所选 10 个国家使用的口头方式

国家	间接与直接	详尽与简明	情境与个人	感情与工具性
澳大利亚	直接的	严格的	个人的	工具性的
加拿大	直接的	严格的	个人的	工具性的

（续）

国家	间接与直接	详尽与简明	情境与个人	感情与工具性
丹麦	直接的	严格的	个人的	工具性的
埃及	间接的	详尽的	情境的	感情的
英国	直接的	严格的	个人的	工具性的
日本	间接的	简明的	情境的	感情的
韩国	间接的	简明的	情境的	感情的
沙特阿拉伯	间接的	详尽的	情境的	感情的
瑞典	直接的	严格的	个人的	工具性的
美国	直接的	严格的	个人的	工具性的

资料来源：Anne Marie Francesco and Barry Allen Gold, *International Organizational Behavior: Text, Readings, Cases, and Skills*, 1st ed. (Upper Saddle River, NJ: Prentice Hall, 1998). © 1998. Reproduced by permission of Barry Allen Gold.

7.1.2 对沟通的诠释

在国际环境中，沟通的有效性常常由信息发送者与接收者对相同信息的理解有多相近来决定。如果对意思的理解不同，就不会存在有效的沟通。有一个很好的例子，一家美国公司想在其日本员工中增加产出，于是实施了一项员工激励计划，即工人将会基于其工作成果获得额外的报酬。这个在美国实施起来很顺利的计划在日本却全盘失败。日本人习惯在团队中工作并且以团队为单位获取报酬。在另一个案例中，一家美国公司为能够提供提高生产力建议的员工提供奖金，结果遭到日本员工的抵制，因为他们觉得没有人能够独自为生产力的提高负责，这应该是集体努力的结果。当该公司改变体系开始为集体生产力付酬时，便成功地获得了日本员工对该计划的支持。

当双方已经就信息的内容达成一致时，一方仍觉得有必要劝说另一方接受信息。下面就是一个例子：

摩托罗拉大学精心准备了一场在中国的展示会。在仔细考虑之后，主持人将之命名为"合作关系不会衰退"。展示会的主旨是：摩托罗拉已经来到了中国并将留在这里帮助中国创造财富。它与中国供应商、分包商和雇员的关系将会对构建中国经济结构并通过外贸获得硬通货做出长久的贡献。中国听众礼貌地听完了展示会，但是当被邀请问问题时，他们相当安静。直到最后，一位管理者举手问道："能不能给我们介绍一下有关按绩效付酬的事？"

很明显，摩托罗拉的展示者认为有必要使听众确信该公司要长期留在中国，而出席展示会的人已经接受了这一观点，他们想要讨论其他的问题。

阿德勒提供了另一个例子，她指出在外国文化环境中做生意的人常常误解信息的意思，结果，他们会得出错误的结论，这从下面的加拿大人在中东做生意的经历中可以看出。这个加拿大人与当地一位高级官员的会面不是在封闭房间里举行的，而且经常被打断，对此他感到很奇怪。

加拿大的文化认为：①重要的人物有大的私人办公室并由秘书来控制进入办公室的人流；②重要的业务优先于次要的业务，因此不会被打断。加拿大人认为开放的办公室以及不断的打扰意味着该官员的地位没有他原先认为的高，且没有兴趣处理他的这项事务。

7.2 沟通信息流

在国际性组织中的沟通既有向下的，也有向上的。然而，世界范围内不同组织中存在着独特的差异。

7.2.1 下行沟通

下行沟通（downward communication）是指信息从上级向下级传递。由上级开始的信息流动的主要目的是传递命令与信息。管理层用这一渠道来让下属知道需要做什么以及做得怎么样，这一渠道有助于信息流向那些因操作目的而需要得到信息的人。

与下属沟通可谓挑战和难度兼具，尤其是当管理者提供的资讯不被采信时。有人认为，管理者可以考虑将此推给自己的上司，来判定这其中是否可以变通。如果你还没有完全明了，那么"你的员工将会模仿你的声调或身体语言来演绎此事，以至于你都不确定自己到底在做什么"。美国内布拉斯加州奥马哈市的一家临床实验室产品制造商 Streck 公司的人力资源主管 Ray Skiba 如是说。总之，无论最终成功与否，发送一个含混的信号是毫无帮助的。

"一旦你完成了你的内部工作，准备好去传递信息。如果有团队参与决策，先让其中的一个团队成员来聆听你打算如何告知你的员工。你准备得越多，结果就会越理想。"Skiba 先生说。下一步，考虑你的沟通策略。纽约一家专注于职场与领导力的咨询服务公司的创始人金伯利·毕晓普（Kimberly Bishop）说："要去解释为什么这个决定对做好当前业务很重要，决策是如何出炉的，为什么必须严格按计划执行。"给你的员工足够的时间来理解这些信息。你自己接受新的信息都需要一个过程，你的员工需要一些时间来"消化"也是理所当然。"当信息被传递时，可以解答问题，从而为个体接受这些信息提供一些看得见摸得着的帮助。"毕晓普如是说。

国际情境中的下行沟通更是面临着特殊挑战。如前面所说的那样，在亚洲国家，下行沟通没有美国直接，命令在本质上相当含蓄。而在欧洲，下行沟通直接而且超出了公事范围。一项早期的研究就下行沟通的性质和管理者对管理权力的感知对 299 位美国与法国管理者进行了调查。研究发现，美国管理者基本上只将下行沟通使用在与工作相关的事务中。随后的研究调查了美国与法国管理者，问他们觉得什么是其权力范围内的事务。主要的差异存在于与工作相关及非相关的活动中：美国管理者觉得仅当人们的社会行为发生在工作中或者直接影响工作时，他们才有权力去沟通或努力影响人们的社会行为。例如，美国管理者觉得有必要调查诸如个人在午餐时喝了多少酒，是否在工作场所使用不敬的言语，以及在招聘他人进入公司时的积极程度等，而法国管理者并不认同这些活动。研究人员最后得出结论："美国管理者发现，他们与法国管理者一样或比他们更难以接受在与工作无关的领域中行使管理权威的合理性。"

7.2.2　上行沟通

上行沟通（upward communication）是指信息从下级流向上级。从下级开始的上行沟通的主要目的是提供反馈、询问问题或者从高一级管理层那里获得帮助。近年来，在美国，人们要求更多的上行沟通，并且用共同的努力促使更多的上行沟通被采用。在其他国家或地区，如日本和新加坡，上行沟通已经成为生活中的一个事实。这些国家或地区的管理者已经广泛地使用建议体系与质量圈以获得雇员的投入，且总能够倾听下属的忧虑。

下面是一些观察到的关于日本松下公司如何处理雇员建议的途径。

松下公司认为员工的建议能改进公司的生产和销售。该公司相信，如果有大量每天都注意改进工作的"小人物"，就能使公司产品比仅由总部所有产品工程师和设计师来完成工作更出色。赞扬和正面强化是松下哲学的一个重要部分……大约 90% 的建议获得奖赏，大部分仅仅是每月几美元，但这一信息却得到不断强化："谢谢您的工作，不断发挥自己的才能并帮助我们改进公司的工作。"最佳的建议可以获得全公司的赞誉，并能获得相当的物质奖励。公司每年都要颁发许多特别奖，如社长奖和各种部门奖。

松下公司在世界各地开设的工厂都采用了同样的方法并且非常成功。公司让所有员工每天上班时背诵摘录在表 7-3 中的基本原则、信念和价值观，来强化员工心目中公司存在的理由，并提供一种精神支持以激发和保持他们的热情。所有员工都认为自己是成功团队的重要成员，他们愿意竭尽全力确保团队成功。

表 7-3　松下公司的理念

基本的商业原则：
意识到作为实业家的责任，鼓励进步，推动社会总体福利的提高，献身于世界文化的进一步发展
员工信念：
进步和发展只能通过公司每一位员工的共同努力与合作来获得，因此我们每个人在献身于公司的持续发展时应将此牢记于心

（续）

七条精神价值观：	
1. 实业报国	5. 礼貌谦逊
2. 公正	6. 善于调整，兼收并蓄
3. 和谐与合作	7. 知恩图报
4. 努力做得更好	

亚洲以外的国家使用的上行沟通较少。例如，南美的许多管理者认为员工应服从指令而不是提出很多问题，德国管理者也较少使用这种沟通方式。然而在大多数情况下，证据表明，员工希望至少有上行沟通作为下行沟通的补充。不幸的是，由于一些沟通障碍，此类上行沟通并不总是发生。

7.3 沟通障碍

大量共性的沟通障碍与国际管理有关，其中较重要的是语言、知觉、文化和非语言沟通。

7.3.1 语言障碍

母国语言（跨国公司总部使用的语言）的知识对分派在海外公司的员工很重要。如果海外管理者不懂得总部使用的语言，就可能会犯很多种错误。另外，许多跨国公司规定英语为内部沟通的通用语言，这就使得管理者向分散在世界各地的同僚传达信息更为容易。尽管有这些改进，语言训练还是显得滞后，其中包括美国，毕竟只有8%的大学生学习外国语言，但是在欧洲国家，懂多国语言的年轻人越来越多。表7-4显示了学习英语、法语和德语的欧洲学生的比例。表7-5显示了美国大学生学习不同外国语言的比例。

表 7-4　2015 年欧洲的多国语言教学（%）

国家或地区	普通中学学生将英语、法语、德语作为外语学习的比例			国家或地区	普通中学学生将英语、法语、德语作为外语学习的比例		
	英语	法语	德语		英语	法语	德语
欧盟	94.5	23.6	20.9	希腊	94.1	4.4	2.1
芬兰	99.6	16.7	24.8	意大利	95.5	18.0	8.0
德国	94.7	26.3	—	罗马尼亚	99.9	85.0	12.0
丹麦	91.1	9.0	33.5	英国	—	27.3	9.4
西班牙	97.7	22.3	1.2	爱尔兰	—	54.5	14.9
法国	99.7	—	22.1	波兰	93.7	8.2	48.8

资料来源：欧洲统计局（2015），http://ec.europe.eu/eurostat/web/education-and-training/data/main-tables。

表 7-5　2015 年美国大学的多国语言教学

学习的语言	学生人数	学习外语的学生占总学生人数的比例	学习的语言	学生人数	学习外语的学生占总学生人数的比例
西班牙语	790 756	4.2%	日语	66 740	0.4%
法语	197 757	1.1%	汉语	61 055	0.3%
美国手语	109 577	0.6%	阿拉伯语	32 286	0.2%
德语	86 700	0.5%	学习外语的学生总人数	1 522 070	8.1%
意大利语	71 285	0.4%			

资料来源：Modern Language Association, Table 4, "Enrollments in Languages Other Than English in United States Institutions of Higher Education Fall 2013," February 2015.

语言教育是一个良好的起点，但必须认识到，仅仅具备听说跨国公司总部所使用语言的能力并不能保证员工胜任工作。斯托特（Stout）指出，世界上许多跨国公司非常注重求职者的英语听说能力，而忽视了考查其是否具备其他必备技能，如与他人交往的能力以及工作所需的技术知识。他还指出，在面试过程中许多考官并未将求职者的文化背景考虑进去。结果，考官曲解了诸如安静、害羞等行为并根据这些行为判断求职者不够自信。另外一个问题是，使用外语者懂得这门语言但使用得不很流利，因此他们最后会问出传递着错误信息的问题或做出传递着错误信息的陈述。斯托特说学习日语仅仅一年后，他就开始用当地语言面试求职者，犯了大量错误。他说："因为我的语言不熟练，一位年轻女性承认有过偷情行为，但这与我问的问题并无什么关系。"

近年来，书面交流越来越受关注，因为书面表达能力欠佳比口头表达能力弱更容易造成沟通障碍。例如，希尔德布兰特（Hildebrandt）发现，在其所研究的驻德国的美国子公司中，当子公司向总部发送书面报告时，语言是一个主要的问题。这个过程包含翻译和修订报告这样一个复杂的程序。典型的步骤包括：①召开员工会议决定写哪些内容；②用德语写初稿；③用德语修改；④翻译成英文；⑤与双语员工商讨翻译问题；⑥多次修改英文稿直到文章达到可以上报的标准。德国管理者承认因为英语水平不高，写作让他们很不自在。希尔德布兰特指出：

> 所有掌握英语口语的德国管理者都认为他们的语法水平还不足以写一篇高质量的英文报告。即使当公司以外的专业翻译将德语报告翻成英文，德国的中层管理者也不能确定该英文报告是否反映了其真实意图或者做出一些编辑上的改动。

舍默霍恩（Schermerhorn）把与信息翻译有关的问题研究得更为清楚。他在中国香港一所重点大学的管理专业的 153 名双语本科生中进行了一项研究，用英语或汉语给这些学生两个场景。一个场景是一名管理者给下属以个人支持或赞扬。这项研究采用如下步骤。

> 采用细心的翻译和反向翻译方法来产生研究内容的中文版。该研究需要由两个英语很熟练并在管理方面有一定造诣的双语香港人共同完成这个过程。每个人先将场景和评估问题翻译成中文，接着他们将对方的中文翻译成英文，以小组咨询的形式与作者讨论并消除翻译差别。最后，一位香港的教授阅读并解释译文，检验翻译的等同性。

参加者被要求回答八个有关这些场景的评估问题。研究发现两类回答有明显的差异——用汉语提问的回答与用英语提问的回答不同。这使得舍默霍恩认为语言在不同文化之间交流信息的过程中起重要的作用。在跨文化的管理研究中，不应该质疑可以讲两国语言的人的第二语言。

语言中的文化障碍

不但地理距离是国际化管理者面临的挑战，文化和制度的差距也是如此。此前的一些研究主要基于二元文化间的差距，已对跨国差异进行了概念化和量化，即将两个不同文化之间的"距离"进行比较。然而，还有一些人指出，这种差距是由多个维度构成的，涵盖了经济、金融、政治、行政、文化、人口、知识和全球连通性，乃至地理上的距离，不能简单将其概括为一个"分值"。没有一种文化差异能够比挑战沟通的准确性来得更突出。

作为这种差异的一个维度，文化障碍有可能会造成国际交流中一些明显的歧义。例如，西姆斯（Sims）和盖斯（Guice）比较了 214 封以英语为母语和不以英语为母语的人所写的询问信，以证明文化因素影响商务沟通的假设。研究人员发现不以英语为母语的人存在过于礼貌、提供不必要的专业和个人信息、向对方提出不适当的要求等问题。在评论研究结果和含义时，研究人员指出，这项研究表明不只是一两个国家与标准的美国商务沟通实践有偏差。这种偏差不局限于特定的国家，而是普遍存在于研究所用的非母语样本中。我们可以反过来推测以英语为母语的美国人在国际环境下也会有同样的困难。换言之，相当数量的美国人可能偏离了其他文化中的标准商务沟通模式。因此，以英语为母语的美国人需要接受世界主要文化中商务沟通方面的特定训练，只有这样才能与这些文化中的人成功地进行商务沟通并被对方所接受。

斯科特（Scott）和格林（Green）扩充了这些研究成果，他们发现即使在英语国家，写信的方式也会有所不同。例如，在美国，当写信告诉对方坏消息时，通常的做法是"写上一段令人愉快的、相关的、中性的、传统的缓冲语句；在告知坏消息之前先说明原因；用积极的方式拒绝对方；在可能的情况下暗示坏消息；解释对对方的拒绝恰恰是符合对方利益的做法；提出积极的变通办法来表示善意"。然而在英国，一般是直奔主题，讨论坏消息的原因，挑明坏消息（一般很直率），最后是致歉或表示遗憾（美国的商业信函专家会对这种写法皱眉头的），以维持双方良好的关系。这里有一个例子。

我今天收到了您2月12日所寄的信件和问卷，汉森先生请求我回复。

正如您所想象的那样，我们收到了无数需要完成的问卷或调查请求，这给我们带来了一些问题。您将意识到，要完成这些请求需要占用全部的工作时间，因此我们不久前决定，除非这些请求会给汉森公司及其股东带来明显的利益，否则一概拒绝。我们相信您会理解，我们的首要责任是维护股东的利益。

我向您致歉，因为这不是您期望的答复，但我祝愿您的研究取得成功。

美国的跨国公司管理者很少会写出这种信件，这会被认为鲁莽而不得体。而美国人所用的间接的方式会被英国人认为太不直接并且明显缺乏诚意。

此外，许多美国人远比亚洲人坦率和直接。例如，帕克（Park）、狄龙（Dillon）以及米切尔（Mitchell）发表的论文提出，美国人和亚洲人写投诉信的方式有明显不同。他们比较了以英语为第一语言的美国管理者与以英语为第二语言的韩国管理者写同类国际投诉信的方式。他们发现美国人使用直接的文章结构模式，并且倾向于先写中心思想，然后围绕中心进行详细的解释。相反，标准的韩国写信模式是间接的，倾向于先不让读者知道中心思想。这些研究人员由此得出结论：亚洲人可能感到美国人写的信比较粗鲁，而美国人则可能认为韩国人写的信比较模糊、情绪化，有些非难对方。

7.3.2 知觉障碍

知觉（perception）是一个人对现实的看法。人们对现实的看法不一，并且这些看法会影响他们的判断和决策。大量的案例能够证明知觉在国际管理中扮演着重要的角色。如日本的证券经纪人认为在美国公司提升自己事业的机会更多，所以他们会投身于美国公司。另外一个例子是中国香港地区的宾馆管理者开始购买美国的物业，因为他们认为，如果他们提供与在本地同样的优良服务，就会在美国市场上占优势。这些例子表明在国际管理中知觉如何发挥重要作用。不幸的是，知觉错误也会成为有效沟通和制定决策的障碍。在国际事件中，知觉至关重要，且误解无可避免。下面的有关章节提供了国际舞台上这种知觉障碍及其影响的例子。

1. 广告信息

知觉成为国际管理沟通中的障碍的一种表现形式是用词被其他人曲解。许多公司沮丧地发现不能正确理解所在国人们的知觉，可能会使广告节目产生灾难性的效果。下面是两个例子。

福特公司……向一些西班牙语国家推出了一种名为Fiera的低端卡车，但是这个名字在西班牙语中是"丑陋的老妇人"的意思。毋庸置疑，这个车名不会促进销售。福特公司用Caliente这个名字向墨西哥推出顶级车"彗星"（Comet）时，也曾销售不畅。当福特公司发现Caliente在墨西哥俚语中是"妓女"的意思时，销售不畅之谜才被最终解开。

一家洗衣剂公司现在认为应该在发起中东地区的广告宣传活动之前接触一下当地人。这家公司所有的广告的左边是脏衣服的图片，中间是肥皂盒，右边是干净的衣服。但是因为在世界的某些地区人们倾向于从右向左读，所以潜在的客户认为广告信息的含义实际上是肥皂弄脏了衣服。

广告失误比比皆是，有一些触及了政治话题。比如，当梅赛德斯－奔驰在加拿大投放豪华运动旅行车和梅赛德斯GST的时候，加拿大人并没有被打动，因为他们用GST来指代加拿大社会主义。另一些情况下，广告具有冒犯性。例如，百加得（Bacardi）在德国为自己起名为Pavian的果味酒打广告，该公司认为此举非常时尚。然而，对德国人而言，Pavian意指狒狒。无须多言，销量不会超过预期。食品和饮料行业可能后果最为严重。银子弹啤酒的广告语是"松开"，这使得西班牙人很不舒服，因为他们认为该啤酒会引起肠道问题。

管理者在转换信息的时候必须非常谨慎。正如本章先前所述，一个国家中一些很平常的词语在他国的意思并不一样。从上面的例子可以看到翻译失误显然是经常发生的，但是细致和坚持还是使许多跨国公司成就斐然，这些公司始终相信知觉能够创造新的奇迹。

2. 对其他人的看法

知觉作用于一个人对其他人的看法。一个很好的例子是将美国人对居住在美国的外国人的知觉和世界其他国家的人对美国人的知觉相比较。大部分美国人认为自己极端友好、外向、善良，并且认为别人也这样看待他们。同时，许多人并未察觉他们给别人带来的负面印象，尤其是考虑到 2001 年的 "9·11" 恐怖袭击和伊拉克战争的影响，它们不时地撼动世界对美国的看法。在这样的环境中，分清真理和谬误是强人所难的。

另一个展现知觉在商业世界中的重要性和错误知觉经常发生的例子是人们第一次会见时应该如何做。国际管理实践 7-1 提供了一些见解，告诉人们在日本做生意时应如何待人待物。

国际管理实践 7-1

从一开始就把事情做好

日本有它自己的商业习俗和文化。如果一个人不能坚守这些传统，就要冒着被认为是无效率或心不在焉的风险。下面我们讨论对给日本同行留下正确印象十分重要的三个因素。

名片

在日本商务礼仪中，交换名片是一个不可缺少的组成部分，日本商人与人第一次会见时要交换名片。此外，那些经常与外国人打交道的日本商人的名片一面是日语，另一面是外语（一般是英语）。这主要是为了提高外国商人对日本人名识别和发音的能力，因为外国人一般对日本人名不太熟悉。反过来，外国商人的名片也应该一面印日语，一面印本国文字。这些名片可在大宾馆的商务中心制作。

接受名片后回送对方自己的名片是通常的礼节。事实上，不回送名片就会给人留下不愿在将来保持商务关系的印象。

递、接名片都应用双手。递名片时应将名字朝着接受者的方向以便于其阅读。接受名片后要小心处理，如果接受名片者坐在会议桌或其他的桌子旁，整个会议过程名片都必须置于自己的前方。在坐下来商谈生意之前将未来商业伙伴的名片装进口袋被认为是粗鲁的。

鞠躬

虽然握手在日本越来越普遍，但在人们问候、告辞、致谢和道歉时，鞠躬仍是最流行的正式方式。然而，尽管鞠躬的形式和方式因双方的关系而异，但是日本人在会晤外国商人时一般仍是握手，或握手与鞠躬并用。但不能期望外国商人熟悉这些复杂的礼节，在大多数情况下深深地点一下头或微微地鞠一下躬就足够了。许多外国商人不能确定到底是握手还是鞠躬。在这种情况下，最好是等一下，看日本同行是伸手还是鞠躬，然后照着做就是了。

着装

大多数日本商人着装保守，一般穿黑色或深蓝色西服，尽管近年来西服在式样和颜色上的变化逐渐被社会所接受。一般来讲，工业化国家普遍接受的商业服装在日本也被认为是合适的。虽然不必完全符合日本的着装式样，但在选择服装时也需三思而行。如果对特殊场合下的着装没有把握，那就最好保守着装。

资料来源：Japan: The Official Guide. Japan National Tourism Organization. http://www.jnto.go.jp/eng/indepth/exotic/lifestyle/bow.html (Accessed October 6, 2016). Alan Rugman and Richard M. Hodgetts, *International Business*, 2nd ed. (London: Pearson, 2000), chapter 17; Philip R. Harris and Robert T. Moran, *Managing Cultural Differences*, 3rd ed. (Houston: Gulf Publishing, 1991), pp. 393-406；Sheida Hodge, *Global Smarts* (New York: Wiley, 2000), p. 76; Richard D. Lewis, *When Cultures Collide* (London: Nicholas Brealey, 1999), pp. 414-415.

对别人的知觉会影响沟通的另一例子表现在一些国际管理者对下属的看法。例如，一项研究调查了德国和美国管理者对他们在欧洲和拉美的同僚（同级同职位者）、管理者及下属的能力的看法。研究结果表明，德国和

美国的被访者都认为他们的下属比自己的同僚能力弱。然而，虽然德国人认为上司比同僚管理能力强，但美国人认为南美的同僚在很多情况下与他们的上级能力相当或更强。很明显的一点是，这种印象将会影响德国与美国海外管理者与南美同僚、下属及自己老板之间的沟通。

另外的一些研究发现，西方管理者比亚洲和沙特阿拉伯管理者对女性管理者的态度要好。根据一次调查，日本管理者认为女职员对组织的有效运转是多余的，并且仍然认为女不如男。这种知觉明显地影响了这些管理者与女性同僚之间交流和沟通的方式。

7.3.3　文化的影响

除了语言和知觉，另外一个主要的沟通障碍是文化，我们已在第4章中详细讨论过这个话题。文化能以多种途径影响沟通，其中一条途径是通过文化价值观来影响沟通。

1. 文化价值观

一位熟悉中东国家事务的专家指出，那里的人不像美国人以一种自由散漫的方式讲话或交流。在中东，人们以一种更密切的方式相处，很多与工作有关的价值观影响中东人做什么或不做什么。

在北美社会，工作不分阶层是普遍流行的观点。例如，学生并不在乎自己处在何种社会阶层，为了挣零花钱可以做各种各样的兼职工作（手工劳动或是其他工作），这种态度是无拘无束的。而中东地区占统治地位的强制观念是十分在乎钱是如何赚的以及通过何种工作赚的。

这些价值观间接地（在许多场合下也会直接地）影响不同文化背景的人们之间的沟通。例如，人们与来自美国和与来自沙特阿拉伯的"富裕的大学生"打交道的方式就会不同。简言之，需具备对文化价值观的理解力才能知道应该如何与来自另一文化的管理者谈判。

另一个例子是人们使用时间的方式。美国人认为时间是一种资产，不容浪费，但这种观念在其他文化中就很淡漠。美国人从幼年起就被一些谚语所教导，这些谚语反映并且强化了美国的各种价值观，有助于规范人们的行为。表7-6列出了一些美国谚语。

2. 曲解

文化上的差异可能会导致别人对外国管理者以及他们对自己的曲解。例如，在澳大利亚工作的美国管理者经常会曲解当地商人，因为当地商人总是以正式的方式与他们打交道。他们认为这表示澳大利亚人没把他们当作朋友或是不喜欢他们。但事实上，这种正式性就是澳大利亚人做生意的方式。美国人的那种不正式、直呼其名的方法与澳大利亚人的风格不同。

表 7-6　美国谚语所代表的文化价值观

谚语	文化价值观
省一文等于挣一文	节俭
时间就是金钱	节约时间
覆水难收	实际
不浪费就不匮乏	节俭
睡得早，起得早，使人健康、富裕、脑筋好	勤奋、职业道德
小洞不补，大洞吃苦	永恒的行动
如果一开始你没有成功，再试一次	坚持、职业道德
照顾好今天，明天就会好起来	为未来准备

资料来源：Adapted from Nancy J. Adler (with Allison Gunderson), *International Dimensions of Organizational Behavior*, 5th ed. (Mason, OH: South-Western, 2008), p. 84.

文化甚至影响组织沟通的日常活动。比如，当向国际顾客传达信息时，美国管理者必须牢记有许多美国独有而海外管理者可能没有意识到的事情。比如，"夏令时"（Daylight Saving Time）对所有美国人来说很熟悉，但是许多亚洲的管理者对这个短语是什么意思没有概念。相似地，对美国管理者而言，给其"国际部门"寄函件很平常，但是他们没有意识到在该部门工作的人认为美国公司的所在地才是"国际部门"。其他的一些对从事国际沟通的美国管理者可能有用的信息包括如下方面。

● 注意在进行国际沟通时，关于福利、薪酬、付酬体系、假期或政策方面不要使用概括性的语言。工作时间、假期安排、一般的经营业务和人力资源问题在国与国之间变动很大。

- 世界上的大多数地方使用十进制，要确保在内外沟通时使用可转换的重量和尺度。
- 牢记即使在讲英语的国家，词语也会有不同的含义。并不是每个人都了解"逆时针"或者"相当好"的含义。
- 记住信头和信纸尺寸在世界各地也不尽相同。美国标准是 8.5 英寸 ×11 英寸，而许多国家使用 A4（8.25 英寸 ×11.5 英寸）的纸张，并配有相应的信封。
- 美元并不是美国独有的。其他一些使用 dollar 的地区包括澳大利亚、百慕大、加拿大和新西兰等。因此，当提到美国美元的时候要用"US＄"。

许多美国人还很难理解国家价值观对工作行为的影响。比如，为什么法国和德国的工人在午餐时间喝含酒精的饮料？为什么欧洲工人不愿意上夜班？为什么海外的子公司要资助员工的工人委员会或者捐款支持当地学校的幼儿园教师？这些行动在有些人看来是浪费，但是对了解这些国家文化的人来说，这些行动有助于促进公司的长期利益。外人会误解这些在特定文化下发生的行为，并且这些误解可能会成为有效沟通的障碍。

7.3.4 非语言沟通

导致沟通和知觉问题的另一个主要原因是**非语言沟通**（nonverbal communication），即通过使用身体语言或物理空间等途径来传递信息。表 7-7 总结了一些非语言沟通的维度。对国际管理中的沟通尤为重要的学科种类有：人体动作学、空间关系学、时间学和色彩学。

1. 人体动作学

人体动作学（kinesics）是研究通过身体动作和面部表情进行交流的学科。研究的基本领域包括目光接触、姿态和手势。比如，在美国，口头沟通时看着对方的眼睛是一种礼貌。通过目光接触和注视进行沟通的领域称为**眼神学**（oculesics）。眼神学是重要的考虑因素，因为一些地方认为盯着对方或保持持续的目光接触是不礼貌的行为。

表 7-7 非语言沟通的常见形式

1	面部表情，例如微笑、皱眉，能够传达幸福、生气、害怕和悲伤等情绪
2	手势，包括摆手、转眼珠、指某物
3	辅助语言，包括非语言行为的部分，如音色、音高、音调变化
4	肢体语言和姿态，例如双手交叉和没精打采地坐着
5	空间关系学，指的是交流双方之间的距离
6	眼神接触，这能够反映交流者对对话的感兴趣程度、开放性、敌意甚至是真诚度
7	体态学，指的是通过触摸来交流
8	外表，包括发型、颜色、衣服和个人卫生
9	人工制品，例如工具、表格、图像和其他物体

资料来源：Adapted from Kendra Cherry, "Types of Non-Verbal Communication," *VeryWell*, December 17, 2015, https://www.verywell.com/types-of-nonverbal-communication-2795397.

人体动作学的另一个领域是姿态，这也可能产生问题。比如，美国人在参加延长的谈判或会议时，他们会放松下来并把脚抬起来放在椅子上或桌上，但这在中东却是个具有侮辱性的行动。下面是课堂上发生的一个例子。

在英语系二年级的诗歌讨论中，一位英国教授主持了讨论，他开始解释某首诗的细微之处，并因此忘形。他背靠在椅子上，把脚放到桌子上继续解释。学生一片暴怒。在那天放学前，爆发了一场由大学的全体学生社团组织的游行。各级领导都收到了学生的请愿书。第二天，这甚至成了报纸的头条。无心的行为导致的后果在外来者看来可能是荒唐的、有趣的、困惑的、不可理解的甚至是难以置信的。然而对当地人而言，学生的行为是合情合理的。这些学生和他们的支持者之所以愤怒是因为该行为方式在本国所暗含的意思。在中东地区，一个人将两只脚放在桌子上被认为极具侮辱性。

手势也得到广泛应用并且有许多不同的形式。比如，加拿大人握手、日本人鞠躬、中东地区的同性相互亲吻面颊。使用身体接触进行沟通被称为**体态学**（haptics），这是广泛使用的非语言沟通形式。

有时，手势也会给外派的管理者带来问题，因为这些行为在不同的国家有不同的含义。比如，在美国，把拇指和食指放在一起形成"O"形表示"OK"的意思；在日本，这个标志表示钱；在法国南部，这个手势意味着零或者无价值；在巴西则意味着无礼或下流。在法国和比利时，把手指节弄得咯咯作响被认为是下流的；在巴西，这个手势被用来表示某件事已经做了很长时间。在英国，手掌全部展开并做出"V"表示胜利，如果手是握着的，则意味着粗鲁地用力推开；在其他国家，这个手势意味着两件事物并且通常在饭店里订餐的时候使用。吉布森（Gibson）、霍杰茨（Hodgetts）和布莱克韦尔（Blackwell）发现许多到美国读书的外国学生存在沟通问题，因为他们没法理解大多数最常见的非语言沟通手势。在对两所大学 44 名来自牙买加、委内瑞拉、哥伦比亚、秘鲁、泰国、印度和日本的学生的调查中，研究者向接受调查者出示了 20 幅常见的文化手势的图片，并要求每个人描述所展示的非语言手势。对于其中 56% 的图片，受调查者要么给出与美国人完全不同的解释，要么说这些非语言手势在他们的文化中没有意思。这些发现有助于强化对外派管理者进行当地非语言沟通方面的培训。

2. 空间关系学

空间关系学（proxemics）研究了人们使用物理空间传递信息的方式。比如，在美国，人们面对面的沟通中存在四种距离（见图 7-1）。**亲密距离**（intimate distance）用于很亲密的沟通。**个人距离**（personal distance）用于和家人及密友之间的交谈。**社交距离**（social distance）用来处理大多数商务事务。**公众距离**（public distance）则在向房间里大声呼唤或对一群人讲话时使用。

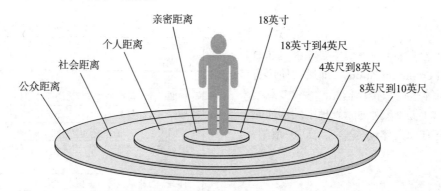

图 7-1　美国人的个人空间种类

资料来源：Adapted from Richard M. Hodgetts and Donald F. Kuratko, Management, 2nd ed. (San Diego, CA: Harcourt Brace Jovanovich, 1991), p. 384.

美国人和来自中东或南美的人进行沟通时遇到的一个主要问题是亲密的或私人的空间被侵犯。美国人在与中东或拉美的同行的交谈中通常倾向于保持距离，而后者则尽力缩短物理距离。美国人不明白为什么对方要站得那么近，而后者不明白为什么美国人这么保守和站得那么远，结果是沟通的中断。

办公室布局是空间关系学的另一个例子。在美国，管理者越重要，办公室越大，且通常有一个秘书审查来往的人流，将管理者不想见的人拒之门外。在日本，大多数管理者没有很大的办公室，即使有，也会花大量的时间在办公室外和员工待在一起。因此，在日本，下属和主管在沟通上不存在问题。待在办公室里的日本管理者被看成是对群体的不信任或怀有敌意的标志。

办公室的空间距离影响沟通的另一个方式是，在许多欧洲的公司，配给高层管理者和其下属的办公室之间没有墙隔开。所有人都在一间大的办公室里工作。这种工作环境对美国人而言是令人困窘的，他们喜欢更多的私人空间。

3. 时间学

时间学（chronemics）是指在一种文化中使用时间的方式。有两种类型的日程表：单一日程表和综合日程表。**单一日程表**（monochronic time schedule）是以直线的方式做事。一个管理者会先处理 A 事，接着处理 B 事。在盛行个人主义文化的美国、英国、加拿大、澳大利亚以及许多北欧国家，管理者坚持线性的日程表。在这些社会里，日程表相当重要，时间被看作是可以控制并明智使用的东西。

这和**综合日程表**（polychronic time schedule）形成了鲜明的对比，综合日程表的特征是人们同时做几件事，并且与按时完成工作相比更注重个人的参与。在这些文化里，日程表会从属于个人关系。普遍使用综合日程表的地区包括拉美和中东等。

当在坚持单一日程表的国家做生意时，准时出席会议很重要。此外，这些会议通常都得按时结束，以便能让与会者准时参加下一个会议。当在认同综合日程表的国家做生意时，我们会发现商务会议迟开晚结束是很常见的事。

4. 色彩学

色彩学（chromatics）是使用颜色来传递信息。每一个社会都使用色彩学，但方式不尽相同。在美国表示一种含义的色彩在亚洲可能有完全不同的意思。比如，在美国凭吊的时候穿黑色的服装很普遍，而在印度的一些地方，人们在凭吊的时候是穿白色的服装。在中国，红色表示幸福或幸运，传统的新娘礼服是红色的；在美国，新娘普遍穿白色的礼服。在亚洲的许多国家，洗发精是黑色的，因为那里的消费者希望洗发精和他们头发的颜色相同，如果颜色太淡的话，他们觉得那会使他们的头发褪色。在美国，洗发精一般是淡色的，因为美国人认为这是清洁卫生的标志。在智利，用黄玫瑰当作礼物表示"我不喜欢你"，而在美国却恰恰表示相反的意思。

了解色彩学的重要性和特殊性十分有用，因为和其他事情相比，这可能帮你避免处于尴尬的境地。一个好例子是一位在秘鲁工作的美国管理者在结束了为期一周的在首都利马的子公司的访问时，想要对指派给他的一位助手表示感谢，他送了助手一束红玫瑰，这个女助手因文化差异可以理解这种失态行为。随后其在秘鲁的同行笑着告诉他："你给她买礼物真好。但是，红玫瑰意味着爱慕。"这令美国管理者感到有点尴尬。

7.4 实现有效沟通

在国际竞争的舞台上，可以采取许多步骤以提高沟通有效性，包括改进反馈体系、提供语言和文化培训以及提高灵活性和合作。

7.4.1 改进反馈体系

改进国际情境下沟通有效性的最重要的方式之一是开放反馈体系。这种反馈在母公司与其附属公司之间尤为重要。反馈体系有两种基本类型：个人的（如面对面的会议、电话交谈和私人电子邮件）和非个人的（如报告、预算和计划等）。这两种类型都有助于子公司使其母公司了解发展进程，反过来也有助于母公司监管与控制子公司的业绩并设立目标和标准。

现在，在跨国公司的总公司和子公司之间的反馈体系差别很大。比如，一项调查评估了 63 家总部位于欧洲、日本和北美的跨国公司的总分公司间的沟通反馈情况，结果发现美国公司在和下属分支机构的沟通方式上与欧洲和日本的公司有显著差异。据一半以上的美国分公司反映，它们能按月收到关于其报告方面的反馈，而欧洲的子公司和日本的子公司收到反馈的比例不到 10%。此外，美国人更趋向于定期召开地区或世界范围的管理会议。75% 的美国公司为其分公司的高层管理者召开年度会议，而欧洲和日本的不到 50%。这些发现有助于解释为什么许多国际子公司和分公司的运行效率并没有达到它们应该达到的水平。这些分公司可能与总部的联系不够，并且没有得到对有效沟通至关重要的持续帮助和反馈。

7.4.2 提供语言培训

除了改进反馈体系，使国际领域的沟通更有效的另一种方式是提供语言培训。许多东道国的管理者不能很好地与总部的同行进行沟通。因为英语已经变成了商务中的国际语言，那些非英语国家的人应该学好英语以使面对面的交谈、电话交谈和电子邮件的沟通成为可能。如果总部的语言不是英语，也要学习这种语言。正如一位为日本的跨国公司工作的美国管理者所抱怨的："公司规定的国际语言是英语。然而，一旦总部的人在场，他们就和日本人抱成一团讲日语，这就是我为什么要学日语。让我们面对这个事实！他们说你所需要知道的就是英语，但是你要真的想知道正在发生的事情，你还得懂得他们的语言。"

书面沟通对于有效沟通也极为重要。如前面提到的，当报告、信函或电子邮件从一种语言翻译成另一种语言时，避免信息的丢失在事实上是不可能的。如果书面函件写得不好，可能无法获得其应该获得的关注。错误的语法和句法会影响读者的理解并影响其随后的行动。而且，如果读者无法和那些将接受他们关于报告的评论和建议的人使用同样的语言，那么他们传递的信息就必须翻译，因此很可能丢失深层的含义。接着，这一进程周而复始，使每一方都不能从对方那里获得完全的信息。当一个外国子公司的员工写了一份报告提交给上司，以便通过他将报告提交到公司总部时，希尔德布兰特描述了这个双向进程中存在的问题：

不能要求总裁或副总裁具有编辑的水平，他们常明知故犯地发出那些书写糟糕、语法不合适或者总体上不清晰的报告。然而，时间不允许他们重新修改。可预见的是，问题从向子公司发出报告时就开始出现，复杂的双语言过程现在要进行一个反向的过程，最终送到原来发出报告的员工那里，他们收到的是经过再次翻译的英语问题。

语言培训有助于减少此类复杂的沟通问题。

7.4.3 提供文化培训

和来自另一种文化的人进行有效沟通相当困难，除非其中至少有一方对另一方的文化有些了解，否则，沟通很可能会中断。这对在世界各地开展业务的跨国公司而言尤其重要。尽管文化在不同的国家间有很大的差异，甚至在同一国家的亚文化间也有差异，但在南美经营的公司发现这些国家的文化有一定的相似性，这些通用的元素也存在于西班牙和葡萄牙之间。因此，这可以证明对拉丁文化的基本理解在世界上的许多地方都有用。盎格鲁文化也是如此，在那里，国与国之间的规范和价值观在某种程度上相似。然而，当一个跨国公司在南美、欧洲和亚洲开展业务时，跨文化培训就是必要的。国际管理实践 7-2 提供了文化差异的一些例子。

|国际管理实践 7-2|

如何在欧洲进行沟通

在欧洲，去邻国是很容易的，因此一个周一在法国做生意的外派管理者，周二可能在德国，周三可能到英国，周四在意大利，周五在西班牙。在社交会议或商务会议上，对于如何问候他人以及自身举止如何，都要入乡随俗。下面就分析了一些外派管理者有必要知道以获得有效沟通的礼节。

法国

和法国的生意人会谈时，迟到 5～10 分钟不算是一个很大的失礼行为，但最好准时。法国人在初次介绍后喜欢相互握手，正确的称呼是在对方的姓前面加上头衔。当会谈结束时，再次握手是一种礼貌。

法国的管理者不喜欢将其私人生活与工作混为一谈。结果，商务性娱乐活动大都在饭店或俱乐部举行。向商务伙伴赠送的礼物应该富有智力性或者美感，而不是那些自己公司生产的在世界市场上销售的产品。在会谈中，应该避免涉及政治或金钱之类的话题。而且，在商务会议中要慎用幽默。

德国

德国的管理者喜欢别人称呼自己的头衔。除非得到允许这么做，否则永远不要直接称呼他们的名字。在自我介绍时，不要使用头衔，只说姓氏就可以了。商务会议事先就应该安排好，准时相当重要。和法国人一样，德国人也不在家里招待客户，因此被邀请到德国管理者家里去做客是一项殊荣，应该给他们寄一封感谢信。此外，和法国的情况一样，在商务会议中应该避免使用幽默，他们在谈生意时非常严肃，因此应该尽量准备对于谨慎的德国东道主来说是抱有善意的玩笑。

英国

在英国，第一次见面的时候握手是很常见的行为，而且在与东道主交谈的时候应该用姓和适当的头衔，直到得到邀请才可以使用名字。"准时"在英国同样重要，因此应该充分准备不要迟到并且快速进入生意的正题。英国人比较热情，与欧洲其他一些国家相比，他们更可能邀请他人到家中做客。每当接到邀请，你都应该给主人带些小礼物，鲜花、巧克力或书籍都是可以接受的。

在商务会议中，穿西装打领带是常见的打扮，然而应该避免带有条纹的领带，因为这看起来像英国大学或中学校友服饰的翻版或者是军事或社交俱乐部服饰的翻版。此外，在社交集会中，不要涉及政治、宗教和关于君主统治的话题，除非英国人先提及此类话题。

意大利

在传统的公司中，对管理者的称呼是头衔加上姓。当被介绍的时候握手很普遍，如果某个人是大学毕业生，应该使用职业头衔 dottore。

商务约会应该事先就安排好，如果你预计自己会迟到，应该向主人打电话做出解释。在大多数情况下，商务谈判是在办公室里进行的。当被邀请到饭店的时候，通常不是为了继续商务谈判而是为了进行社交。如果一位外派的管理者被邀请到意大利人家里做客，一般要给主人带一件礼物，如一瓶酒或一盒巧克力。鲜花也是可以接受的，但是必须保证数量是奇数，并且避免送菊花和红玫瑰，它们分别代表死亡和深深的爱慕。一定要送包装精美的高质量礼物，因为意大利人在送礼物时是非常慷慨的。在谈生意的时候不应该互送礼物，但是应该把礼物准备好。在就餐中可以交谈的话题很多，包括商务问题、家庭问题和足球。

西班牙

在西班牙做自我介绍或者交谈时，称呼名字是很常见的行为。亲密的朋友一般以相互拥抱来表示问候。商务约会应该事先安排，但不一定要准时。

如果应邀到西班牙管理者的家中做客，鲜花或巧克力是可以接受的礼物。如果邀请中包含晚餐，任何商务谈判都应该在咖啡上来之后才开始。在社交集会中，诸如宗教、家庭和工作的话题应该回避。此外，在正式的会议中几乎不使用幽默。

资料来源：Rosalie J. Tung, "How to Negotiate with the Japanese," *California Management Review*, Summer 1984, pp. 62-77; Carla Rapoport, "You Can Make Money in Japan," *Fortune*, February 12, 1990, pp. 85-92; Margaret A. Neale and Max H. Bazerman, "Negotiating Rationally," *Academy of Management Executive*, August 1992, pp. 42-51; Martin J. Gannon, *Understanding Global Cultures*, 2nd ed. (Thousand Oaks, CA: Sage, 2001), pp. 35-56; Sheida Hodge, *Global Smarts* (New York: Wiley, 2000), chapter 14; Richard D. Lewis, *When Cultures Collide* (London: Nicholas Brealey, 1999), pp. 400-415.

如第 4 章所指出的，将国际文化一般化是错误的行为，因为地球上不同的国家和地区存在很大的差异。培训应该基于国别和地区进行。不能做到这一点会导致经常的沟通中断。许多企业不惜重金对高管进行国际沟通方面的培训。自 20 世纪 70 年代，许多曾在"和平队"工作的美国人对于文化差异的感知越来越强烈，这样的培训也变得越来越普遍，且这种培训不仅对在外国工作的人有用，对那些常要和不同文化背景的人共事或交流的职场人士来说也越来越重要。

"无论是在跨国公司还是在初创企业，每个人都身处全球化的大时代，"位于纽约的一家跨文化资讯公司总裁迪安·福斯特（Dean Foster）说，"在当下的经济体制中生存，公司只能成功不能失败。从创业的第一天起，人们就必须懂得身处的文化。"福斯特先生讲述了一则发生在最近几年的例子。一名美国商人用白纸包着四只古董钟，去拜访他位于中国的目标客户，他压根没有意识到，在普通话里，钟和数字"4"都会令人联想到死亡，而且白色在亚洲许多国家常常被用于葬礼。"象征的力量就是如此强大。"福斯特说。这位老兄的生意无疑"泡汤"了。第 14 章将把重点放在文化培训上，并将之作为外派人员选拔和人力资源开发的一部分。

7.4.4　提高灵活性和合作

有效的国际沟通需要各方提高灵活性和合作。为了增进了解和合作，各方都必须准备好做出让步。以国际计算机有限公司为例，该公司是提供计算机主机的公司，在日本有大量业务。该公司鼓励其员工在国际合作和合资公司中努力争取合作，该过程的核心是有效的沟通。正如大前研一所说：

我们必须认识到并接受公司间关系的不可回避的细微之处和困难，这是必要的开端。接着我们必须关心的不是合同或股权问题，而是负责机构之间沟通的员工的素质。最后，我们必须明白成功需要经常的、建设性的关系和谐的会议，这些会议至少是三个层面的：高层领导、员工和工作层面，同时进行由上而下的管理。

7.5 管理跨文化谈判

与沟通密切相关而且又值得特别关注的是对谈判的管理。**谈判**（negotiation）是为了和一方或多方达成一个大家都可以接受的结果而进行讨价还价的过程。据估计，管理者可能花一半甚至更多的时间在谈判过程上。因此，不论是对国际管理者还是国内管理者，谈判技能的学习都是当务之急，因为越来越多的国内业务开始在多文化环境中开展（见第6章）。谈判常常伴随着对政治风险的评估，同时也能作为冲突管理的一种方法。跨国公司通常必须跟东道国政府进行谈判以确保获得可能的最好安排。跨国公司和东道国将讨论跨国公司准备进行的投资以及期望的某种保证或特许权。最初的谈判话题主要包括雇用、直接金融投资、税收以及所有权控制等方面的关键问题。谈判也可以用于和当地公司建立合资企业以及把经营权交给当地管理。公司开始运营以后，常常还有一些其他方面的谈判，如设备的扩充、采用更多的当地管理人员、原材料和产成品的进出口以及利润的返还。

更高层次的国际贸易谈判发生在国与国之间，最近几年，中美间的贸易平衡问题就是一个例子。发展中国家巨大的债务问题、东欧国家的贸易开放问题及新兴经济体问题也是近来的一些事例。

7.5.1 谈判的类型

人们进行谈判出于多种原因，其中目标的性质决定着谈判的类型。这里我们将会讨论两种谈判类型：分配式谈判和整合式谈判。**分配式谈判**（distributive negotiation）发生在拥有相反目标的双方围绕特定价值进行竞争的情况下。设想一下，一个人走过街边小摊的时候，看中一件物品非常喜欢，但是其价格或特定价值又有点高。买方的目标是以最低价格买到该物品，卖方的目标却是尽可能最大化自己的收益。双方都希望收获更多，但是一方的收益对另一方而言却是损失，也就是众所周知的输赢格局。这种关系侧重的是个体并且是建立在短期的互动基础之上的。通常，双方算不上朋友，或者至少是在谈判中将个人关系排除在外。信息也扮演着重要角色，因为你不想过于暴露自己以致展现脆弱而受到攻击。

研究表明，最初的报价是最终结果的良好预测，这也是为什么给出一个强有力的最初报价很重要。这并非意味着贪婪或侵略性的行为是可以接受的，它会使谈判对象感到厌恶，从而导致其离开谈判桌。除了尽量少披露己方信息，了解对方的一些信息也会使自己占据优势。

整合式谈判（integrative negotiation）是指两个群体在整合利益、创造价值、投资中达成协议方面相互合作的讨价还价。双方都努力最大化收益并分配它们。它有时也被称为双赢格局，这并非意味着每个人都完全得到了自己希望得到的东西，而是相互的妥协使得双方都保留了对自己而言最重要的东西并有所收获。这种情形下的关系倾向于长期化，因为双方都花了时间去了解对方，以及了解什么可以激励他们。它侧重的是群体，达到的是每一方都有所收获的最佳状况。它是商务谈判中最有效的策略，因此，从这里开始，我们将会讨论整合式的方法。表7-8总结了谈判的两种类型。

表 7-8 谈判类型及特征

特征	分配式谈判	整合式谈判
目标	获取最大价值	群体合作的收益
动机	个人私利	群体合作的收益
利益	分散的	重叠的
关系	短期的	长期的
结果	输赢格局	双赢格局

资料来源：Adapted from *Harvard Business Essentials: Negotiation* (Boston: Harvard Business School Press, 2003), pp. 2–6.

7.5.2 谈判过程

管理谈判的过程可以划分为几个步骤。无论谈判的内容如何或谈判方的代表人物是谁，谈判过程通常是从计划开始的。

1. 计划

计划始于谈判者确定他们想要达到的目标。然后，他们需要仔细研究实现其目标的可能选择有哪几种。研究表明，可选择的方案越多，谈判成功的机会就越大，这当然是显而易见的。研究还进一步显示，在进行跨文化谈判时，许多谈判者并没有调整他们的策略。接下来便是要考虑谈判者之间的共同点。其他的主要方面包括：

①设立单方面限制，例如工厂投资总额不超过 1 000 万美元，土地投资总额不超过 300 万美元；②把问题分为短期和长期来加以考虑，考虑如何分别解决；③将所讨论的问题排序。

2. 人际关系的建立

谈判过程的第二个步骤涉及对谈判另一方人员的了解。在这个被称为"感情外露"的时期，谈判者需要确定对方哪些人是通情达理的而哪些人不是。和许多国家的谈判者相比，美国人常常不注意这点，他们只想立即开始工作，而这常常是一种无效的方法。大前研一指出：

有效的谈判者一定要把午餐、晚餐、接待、各种仪式以及旅游邀请等作为建立个人间关系的大好时机，这对于谈判过程是很重要的。当美国的谈判者经常被看似无休止的各种各样的形式、仪式以及"小范围的谈话"弄得精疲力竭的时候，他们不禁要问到底还要等多长时间才可以开始正式工作。答案很简单：耐心等待，直到你的谈判对手开始工作（或他们愿意开始工作）。他们必须认识到虽然前期的活动没有涉及工作，但实际上决定谈判成功的工作已经开始了。

3. 针对谈判标的交换意见

在谈判的这一进程中，各方都要表明他们在关键问题上的立场，这些立场通常在后续的谈判中会发生改变。在这一点上，双方都在努力寻找另一方想要得到的和愿意放弃的东西。

4. 劝说

这一步被许多人认为是谈判过程中最重要的一步。虽然谈判各方都不愿意放弃自己的立场，但他们也清楚地知道如果不做出一些让步，就不可能达成最终的协议。成功的协商步骤常常取决于：①谈判者对于对方立场的了解程度；②识别谈判双方的相似点和不同点的能力；③提出一些新的选择的能力；④有达成一个让谈判各方都感觉到实现了目标的意愿。

5. 达成协议

谈判的最后一个阶段是妥协并达成最后的协议。有时，这一阶段是逐渐完成的，妥协和达成协议同时进行。这是一种美国式的谈判，当一个问题解决后，再转向下一个问题的谈判。而在亚洲和俄罗斯，则是希望对每个问题都达成一个最终的协议，在谈判结束前几乎没有妥协。

简而言之，像沟通的其他方面一样，为了在国际舞台上开展有效的谈判，必须了解谈判者之间的文化差异是如何影响谈判过程的。

7.5.3 文化差异对谈判的影响

在国际谈判中，参与者倾向于以有关他们的母国文化、群体需要和目标的方法与利益为导向。这是与生俱来的。为了谈判的有效性，对谈判另一方的文化背景和立场进行全面了解是很重要的。管理者应该考虑的文化因素包括沟通方式、时间取向以及社会行为等方面。在这一过程中，许多有用的步骤有助于谈判，一位谈判专家曾建议如下。

（1）不要太快地对谈判对手的母国文化做出判断。通常的线索（如姓名、外貌特征、语言、口音以及居住地等）可能并不一定可靠，谈判对手也可能有多种文化背景。

（2）西方人更倾向于"做"；在阿拉伯、亚洲和拉丁美洲，人们更倾向于用存在形式（如态度、气味等）、感情、思想和谈话来结成强有力的关系，而不是通过"做"。

（3）努力避免形成简单的、一致的和固定的印象的倾向。

（4）不要假定文化的所有方面都具有同等的意义，在日本，征询有关决策各方的意见远比赠送一件礼物重要。

（5）要认识到与外国人交往的规则可能有别于与同胞交往的规则。

（6）不要过高估计你对对方文化的熟悉程度。一位美国人学着用日语写新年祝词给日本友人，但是他漏了一个字，结果这条祝愿词变成了"祝贺你，死人！"

汤皮诺和汉普登－特纳认为，社会文化常常在决定谈判方法中起到一个主要的作用，他们还举了其他一些有用的例子。尤其是当谈判者来自完全不同的社会文化时，如分别处在归因导向的社会和成就导向的社会，上述的这种看法就特别准确。如第4章所述，在一个归因导向的社会形态中，社会地位取决于个人的出生、亲属关系、性别、年龄以及个人关系网；而在一个成就导向的社会形态中，社会地位则由你取得的成就决定。最终，每一方的文化观念都可能影响到谈判的结果。下面就是一个事例。

派年轻的专家与比其年长10～20岁的人打交道，对来自归因导向文化的人而言不免为一种侮辱，其反应可能是：难道对方认为他们用一半的时间就已经和我们的经验水平相同了吗？一个30岁的美国人优秀到能和一个50岁的希腊人或意大利人谈判吗？成就导向的文化必须理解归因导向的文化，特别是日本人，他们在教育和内部培训投入很大以确保年长者的确更为聪明，因为他们在公司待了更长的时间，具有更加丰富的经验。做任何阻碍自我实现其信仰的事对归因导向的文化来说都是一种冒犯。人们坚持认为年长者是重要的，所以他们得到很好的照顾并受到其他人的尊重，来自其他文化的人应该适应这一点而不是挑战它。

美国的谈判者常有一种不同于许多其他国家谈判者的风格。美国人相信实际的和客观的东西是很重要的。此外，他们常常很早就做出妥协以向对方显示他们是灵活且通情达理的。而且，美国的谈判者通常有权签订协议，所以，即使遇到难题他们也能很快地解决。这就是最后期限对美国人来讲非常重要的原因。他们要做生意，并且想要立即把事情解决。

与美国人相反的例子是阿拉伯人，从他们的逻辑思维来看，在他们的谈判风格中，更倾向于使用感情的感染力。他们主观地分析事情，并把最后期限仅仅看成是代表谈判结束的一般原则。他们倾向于在非常早的阶段就公开谈判立场。但是，阿拉伯人坚信让步的作用，并在整个谈判过程中贯彻实行，他们对于谈判对手的让步总是做出善意的回应。当然，他们也在努力和谈判对手建立长期的关系。鉴于此，美国人发现，和阿拉伯人进行谈判比和世界上其他地区的人谈判要容易得多。

相比而言，中国人提供了另一个有趣的例子。在开始谈判的会议中，中国的谈判者通常试图就会议所要讨论的主要内容达成一致，对特殊细节的追究将推迟到随后的非正式聚会中讨论。对谈判的主要框架达成协议后，中国人再据此进行限定和重点讨论。在这些最初开始的会议中，许多西方人常常没有弄清楚将要发生的事，认为这种会谈大多数仅仅是礼节性的和一般性的谈话。他们全搞错了，并且当中国谈判者利用这个包含框架和原则的协议作为达成目标协议的一个基础，在以后的谈判中坚持所有讨论有关框架的安排都必须和前述达成的目标协议相一致时，他们常常感到相当吃惊。被许多西方谈判者认为仅仅是一般性交谈的东西在中国人看来是必须坚持贯穿在整个谈判过程中的游戏规则。因此，在和中国人进行谈判时，重要的是在一开始就要努力保证其方案、框架以及原则被双方所接受。

在任何谈判开始前，谈判者都应该了解另一方的谈判风格。表7-9对美国人、日本人、阿拉伯人和墨西哥人的谈判风格提供了一些观点。这些观点将有助于回答某些问题，如我们能够预料另一方说什么、做什么，他们可能对某些提议做出何种反应，什么时候应该引入最重要的事情，多快做出妥协并且期望得到什么类型的回报，这些类型的问题将有助于谈判者有效地准备。此外，谈判团队还要形成谈判策略。国际管理实践7-3展示了这样一些策略，随后的讨论将涉及其中的细节。

有时，仅仅熟悉文化仍然不够。在第2章中我们讨论了一个国家的政治、法律环境如何影响跨国公司开展业务的决策，以及在谋求达成协议时应该将哪些外部因素烂熟于心。双方都相信目标已经是很明确的，而且表面看来，一个协议可能会传递积极的结果。然而，其中任何一家公司所采取的后续行动都可能会遇到更多的障碍。以意大利的轮胎制造商倍耐力公司（Pirelli）为例，它收购了其德国竞争对手大陆橡胶公司（Continental Gummiwerke）。倍耐力购买了大陆橡胶的大部分股票，如果是在美国，这项交易将会使倍耐力掌握大陆橡胶的控制权。当倍耐力试图为大陆橡胶制定关键管理决策时，它发现位于德国的公司管理层阻挠这些行动，完全不考虑股东的立场。进而，它发现劳动者有很大权力去选择监事会成员，而这些成员又可以选择管理团队成员。倍耐力的投资事实上是失败了，除非大陆橡胶在现有管理层领导下能够盈利。如果倍耐力料到会发生这样的事，它一定会重新考虑。对倍耐力管理层而言，一个解决思路是开始跟劳动者建立亲密关系以便从内部动摇他们的立场。一个更好的选择是国际管理者应该充分搜集信息从而避免该类事情的发生。

表 7-9　不同文化的谈判风格

因素	美国人	日本人	阿拉伯人	墨西哥人
团队构成	市场定位	职能定位	专家委员会	友情定位
组成人数	2～3 人	4～7 人	4～6 人	2～3 人
距离定位	对抗的、竞争的	表现出和谐的关系	依地位而定	亲密的、友善的
建立关系	短期的，直接针对任务	长期的，直到达到和谐	长期的，直到取得信任	长期的，讨论家庭
信息交换	提供文件，一步一步，使用多媒体	广泛的，集中在接收方	很少强调技术，更多强调关系	很少强调技术，更多强调关系
劝说工具	时间压力，省钱或失去赚钱机会	维持关系的考虑，内部团队的联系	走中间路线，殷勤待客	强调考虑家庭、社会关系，衡量一代人的信誉
语言应用	公开的、直接的；紧迫的感觉	间接的、感激的、合作的	奉承、易动感情的、宗教的	尊重的、仁慈的
首次提议	公平性 ±5%～10%	±10%～20%	±20%～50%	公平性
第二次提议	加上一揽子交易	-5%	-10%	加上一份激励
最终一揽子提议	全部一揽子交易	不会进一步妥协	-25%	全部
决策过程	高层管理团队	集体	团队提出建议	高层管理者和秘书
决策者	高层管理团队	和团队一致的中层	高层管理者	高层管理者
承担风险	适当的个人负责	低层小组负责	宗教信仰为依据	个人负责

资料来源：Lillian H. Chaney and Jeanette S. Martin, *International Business Communication*, 3rd Edition © 2004. Electronically reproduced by permission of Pearson Education, Inc., Upper Saddle River, New Jersey.

国际管理实践 7-3

和日本人谈判

一些人认为，要使日本人向美国开放市场，最有效的方法是使用强硬策略，如把它列入对其采取报复行动的国家名单上。而其他人则认为这种方法不会有效，因为美国的利益和日本的利益是纠缠在一起的，这样做也会伤害到美国自己。如果我们不考虑哪一方是对的，那么有一件事是可以确定的，即美国的跨国公司一定要学会如何和日本人进行更有效的谈判。他们能做什么？研究者已经发现，除了耐心、一点点强硬，还有许多重要的步骤值得考虑。

第一，跨国公司需要通过学习更多有关日本的文化以及采用"正确"的方法指导讨论，从而为谈判做好准备。据报道，在这些方面有经验的公司有两种最好的方法：一是阅读有关日本商业实践和社会习俗的著作，二是雇用专家来培训谈判人员。其他方法还包括模拟谈判，在谈判中雇用日本人，这些都会有助于谈判。

第二，美国的跨国公司必须学会保有耐心和诚意。

谈判是一条双向车道，需要双方的合作与努力。美国的谈判者必须了解到，通常日本的谈判者没有得到可以当场做出决定的授权。由于决定权必须由公司总部授予，因此这种较慢的决策速度不应被理解为日本谈判者一方缺乏诚意。

第三，跨国公司必须有独特的产品和服务。在日本有许多产品在销售，除非跨国公司拥有一些确实与众不同的东西，否则说服另一方购买将是很困难的。

第四，技术知识的拥有通常被认为是很重要的，这也常常有助于赢得日本人的妥协。例如，日本人知道美国人在某些技术领域仍然占主导地位，并且在这些方面日本不可能与其进行有效的竞争。当跨国公司拥有这些技术知识时，说服日本人和美国公司做生意是很有效的。

这四点对于和日本人有效谈判至关重要。据报道，采用这四点策略的跨国公司比其他公司有更多的成功经历。

7.5.4 谈判策略

在国际谈判中，还可以运用许多特殊的策略。下面我们将讨论其中一些最常见的策略。

1. 地点

谈判应该在哪里进行？如果事情非常重要，大多数公司将会选择一个中间地点。例如，美国和远东的公司的谈判将会在夏威夷举行，南美公司和欧洲公司的谈判将会在中点纽约举行。选择中间地点有许多好处。第一，每一方都可以限制对方接近公司总部，因为接近公司总部可以获取大量谈判信息和建议，有可能赢得对另外一方的优势。第二，在中间地区的停留成本相对较高，因此，双方都有尽快达成协议的动因（当然，如果一方很喜欢谈判地点的设施安排，而希望待尽可能长的时间，那么谈判也可能进行很久）。第三，大多数谈判者并不愿意无功而返，这样会显得他们没有尽力，因此，这就促使他们会在一些事情上达成协议。

2. 时间限制

当一方受到时间的约束时，时间限制就是一个重要的谈判策略。尤其当一方已经同意在另一方公司总部所在地进行会谈时，时间限制就更为重要。例如，前往伦敦和英国公司讨论建立合资公司的美国谈判者常常会有一个计划好的返程时间。当英国公司得知对方打算停留的时间后，便可以相应地制定谈判策略。在美国人必须离开的时间之前，"真正的"谈判不可能开始。英国人知道他们的客人将会急于在回家之前解决一些问题，因此，美国人就处于劣势。

即使谈判在一个中间地点举行，时间限制也能被策略性地应用。例如，大多数美国人喜欢在家和家人一起欢度感恩节、圣诞节和新年。碰巧在这些节日之前举行的谈判，美国人就会处于劣势，因为对方知道美国人想要尽早离开。

3. 买方和卖方的关系

买方和卖方应该采取什么样的行动？正如前面所述，美国人相信客观存在和贸易优惠。当谈判结束，美国人带着从另一方得到的东西离开时，他们期望对方也同样如此。但是，在许多国家，这不是谈判者思考的方法。

例如，日本人相信买方应该得到大多数他们想要的东西。另外，他们也相信卖方应该通过互惠互利而得到关照，买方必须确保卖方不至于无利可图。例如，当许多日本公司开始和美国大公司做生意时，它们并没有意识到美国的谈判策略。结果，日本人认为美国人趁机利用他们，而美国人则相信他们是努力进行了一个令人满意的讨价还价。

巴西人与美国人、日本人完全不同。研究人员发现，巴西人比对手更少做出许诺和承诺，并且他们更容易说"不"。但是，巴西人更可能在一开始就妥协。总之，巴西人在试图使其利益最大化时，更像美国人而不是日本人；但是，当他们没有感到有义务用他们的方式公开和直截了当时，他们就不像美国人了。不论是买方还是卖方，他们都想得到最大利益。

7.5.5 为共同利益谈判

如果管理者试图在谈判中赢得对手而又不做出灵活的妥协，那么可能会陷入僵局。毫无进展的谈判会让双方更加紧张并且会制造僵局，在这种情况下，双方会产生挫败感并且会更加具有侵略性，最终无法达成一致。过于关注己方计划而忽视对方的立场会导致机会的丧失。在头脑中及重要事项上保持客观是非常重要的，但它并不能代替建设性的讨论。《谈判力》（*Getting to Yes*）的作者费希尔（Fisher）和尤里（Ury）提出了避免这些灾难的五个一般原则：①将人和事分开；②关注利益而非位置；③在达成协议前提供多个可选方案（正如本节前面所提及的）；④坚持协议应该建立在客观标准之上；⑤立场坚定。

1. 将人和事分开

通常，当管理者花很多时间了解问题的时候，大都会置身其中。因此，对于某个特定立场的回应可能会被解读为对个人的冒犯。为了维持个人关系以及获得对问题的清晰认识，将问题和个人区别对待是非常重要的。

跟他人做生意的时候，阻碍完全理解的一个因素是谈判双方的不同视角。因此谈判者应该换位思考，尽量避免责怪对方，同时还应通过改变提议来增进对目标的理解，从而保持积极的氛围。越是能够参与到过程中，就越能够找到使双方受益的解决方案。

情感因素同样很重要。谈判者在谈判过程中通常会经历不同水平的情绪反应，对方却很难察觉到。识别出你自己的情感，并且倾听和接受对方的情感诉求。不要做出防御性的反应或屈从于强力。忽视无形的压力是不可取的，要设法借助同情的姿态比如道歉来缓和这种场面。

如前所述，沟通是达成一致所必需的。要注重相互交谈，而不应局限于对提案的老调重弹。倾听对方诉求，并且避免在回应对方时还消极地坐在座位上。适当的时候，总结你的要点并向对方解释以保证对方正确把握你的意图。

总之，不要等问题出现了才做出反应，而是应该在现实谈判中就遵循这些指导原则。

2. 关注利益而非位置

一方所在的位置可以通过很简单的概述来表述，但是它仍然无法提供最有用的信息。关注利益使得谈判者可以洞悉对方选择这一特殊位置的背后动机。越是能够认识到己方的利益，越是熟悉对方的利益，积极的合作者就越是处于维护己方提案的有利境地。仅仅说"这个模式可行，而且是最好方案"可能没有太多说服力。通过讨论你的动机，比如"我相信我们的合作将会提高顾客满意度，这就是我采纳该项目的原因"将会使人看到"为什么"，而不仅仅是"什么"。

倾听项目背后的动机会使得双方的合作更和谐，并能保持一致性。确保为对方考虑，但同时保持对己方诉求的关注。

3. 开发多种可选方案

出于多种原因，管理者可能对快速达成一致感到有压力，尤其是当他们来自一个珍视时间的国家的时候。如果跟一个不考虑时间压力的群体进行谈判，可能会促使产生少量的可选方案以便缩小焦点和快速决策。但拥有大量的可选方案被证明对所有人更有利，以防一些提案不能使人满意。

群体应该如何产生这些提案？人们可以采用头脑风暴法以及借助一些创造活动开发创造性解决方案，包括陈述问题、分析问题、思考一般方法和制定行动战略。产生创造性提案之后，群体可以开始评估这些方案并讨论可能的改进之处。尽量避免采用强调对立面的输赢方法。当群体无法达成一致的时候，找出满足双方观点的方案，这可以通过"找出使你成本低而使他们受益高的项目，反之亦然"来实现。通过提出对方将会同意的提议，你可以识别出决策制定者，并给他们提供进一步的建议。你要确保你的提议的正确性并且不能盛气凌人。

4. 使用客观标准

在没有共同利益的情况下，应该寻找客观的方案以避免出现紧张局面。可以借助第三方数据比如合法的惯例来构造合理的、符合实际的标准。如果双方都接受某些条款，就应该从客观标准中提取建议。这里的关键是强调该过程的共有性。调查对方选择其特殊观点的原因，将有助于你了解对方并为你提供阐述己方观点的跳板，而这可能会很有说服力。一般而言，有效的谈判来自灵活的而又不屈服于外部压力的国际管理者。

这只是达成协议应该遵守的一般性指导准则。这些方法对于遵循这些原则并且拥有更多权力的一方会更有效。费希尔和尤里还考察了管理者在对方更有权力的情况下应该做什么。

5. 立场坚定

任何讨论都会存在权力的失衡，但是谈判者可以做一些事来保护自己。可以画条"底线"，或者说是自己能够接受的最差选择方案，但它也许无法达成所有的目标。当谈判者在介入讨论前就做出最终决定的时候，可能很快就发现事情并非如其所愿。这并不是说"底线"可以低于最低要求，而是说他们在没有跟谈判对手交锋之前并不能准确预测将会有哪些方案被提出。那么，"弱势"一方应该做什么？

双方介入谈判的原因是他们都希望达到比之前更好的处境。因此，不管谈判拖了多久，任何一方都不会同意使其处境比达成谈判协议的最佳替代方案（best alternative to a negotiated agreement，BATNA）还要糟糕的条款。清晰定义和理解 BATNA 使你可以清楚地知道何时结束谈判和给予对方权利。更好的一种情况是谈判者了解到了对方的 BATNA。如费希尔和尤里所言："了解你的 BATNA 不仅能够使你决定可以接受的最低限度的协议，而且很可能会提高这一限度。"

即使准备最充分的管理者也可能会陷入拉锯状态。有时候，谈判者会遭遇死板的、易怒的、刻薄的以及自私的对手，这时讨价还价可能会引发紧张局面，并且另一方可能会选择一种原则性强的角度，这就需要一种冷静的态度和对问题的关注。此时重要的不是反击，而是重新定位问题讨论的方向，并且不要进行人身攻击。试着探寻他们的逻辑，并尽量把所有的消极陈述都看作是建设性的。如果还是无法达成一致立场，可以引入一个中立的第三方来评估各方的期望并提出一个新建议。此时每一方都有权利建议替代性的方案，但是只有第三方才有权决定真正的"终稿"是什么。如果双方仍然无法接受，那么就是时候结束谈判了。

费舍尔和尤里总结了应对谈判的一般性原则。虽然没有一种原则百分之百有效，但他们的方法有助于达到双赢的谈判境地。

7.5.6 讨价还价行为

和谈判策略密切相关的是不同类型的讨价还价的行为方式，包括口头的和非口头的行为方式。口头的行为方式是谈判过程的一个重要部分，因为它可以促进最终的结果。研究表明，谈判者在开始时提出很高的要求，提出许多问题，并且直到谈判过程结束都没有做出过多的口头承诺，在这种情况下，谈判者的获利将会增加。总之，口头的行为方式是谈判成功的关键。

1. 极端行为方式的运用

一些谈判者如阿拉伯人会在开始时就提出非常苛刻的条件和要求，而另一些谈判者如美国人和瑞典人则从一开始就表明他们希望的态度。

一种方法比另一种方法更有效吗？研究表明，极端的讨价还价方式有可能产生更好的结果。与极端的讨价还价态度相关的一些理由是：①向另一方表明讨价还价方不会被对方所利用；②延长谈判时间，为讨价还价方得到对手的信息提供支持；③允许更多的妥协空间；④调整对手关于讨价还价方偏好的想法；⑤向对手表明愿意以通常的方式展开谈判；⑥如果在一开始很少采用极端态度，那么，讨价还价得到的可能更少。

尽管极端的讨价还价方式被认为是"非美国式的"，但是许多美国公司已经成功地运用它来对付外国竞争者。在过去的奥林匹克历史上，承办奥运会的国家都亏损几百万美元。1984 年，彼得·尤伯罗斯（Peter Ueberroth）在美国举办的奥运会上赚取了 1 亿多美元，而且那届运动会苏联没有参加，否则将会进一步增加运动会的市场潜力。尤伯罗斯是如何获利的呢？一个方法就是采用极端态度的讨价还价。例如，组委会认为日本应该支付 1 000 万美元购买奥运会转播权，因此，当日本人提出 600 万美元的转播权费用时，组委会则提出 9 000 万美元的价码。结果，双方以 1 850 万美元达成协议。通过有效地使用极端态度进行讨价还价，尤伯罗斯使日本人支付了超过其开始出价 3 倍的费用，这大大超过组委会的预算额。

2. 许诺、威胁和其他行为

讨价还价的另一种方法是许诺、威胁、回报、自我揭露以及其他行为方式，这些行为方式可以影响谈判的另一方。这些行为方式在很大程度上受到文化的影响。格雷厄姆（Graham）对日本、美国和巴西的商人进行了此项研究，发现在进行买卖双方谈判模拟时，他们采用了多种不同的行为方式。表 7-10 给出了这一研究结果。

表 7-10　日本、美国和巴西的谈判者口头行为方式的跨文化差异

行为方式和定义	在半小时的讨价还价中，时间策略应用的次数		
	日本	美国	巴西
许诺：一种意愿性表达，表示信息来源会为目标提供一个令人愉快的、正面的及高回报的强化结果	7	8	3
威胁：除了强化结果被认为是讨厌的、令人不悦的惩罚以外，它和许诺相同	4	4	2

（续）

行为方式和定义	在半小时的讨价还价中，时间策略应用的次数		
	日本	美国	巴西
推荐：预计在一个愉快的环境中将要产生的结果，它的发生不受来源本身的控制	7	4	5
警告：除了结果被认为是不愉快的之外，和推荐相同	2	1	1
回报：被认为为目标创造了愉快的结果	1	2	2
惩罚：除了结果被认为是不愉快的之外，和回报相同	1	3	3
肯定的规范要求：表示目标过去的、现在的和将来的行为方式将来仍然是与社会规范相一致的	1	1	0
否定的规范要求：除了目标的行为方式违反社会的规范以外，和肯定的规范要求相同	3	1	1
承诺：对未来出价的影响不在某一确定的水平之下或之上	15	13	8
自我揭露：提示有关自身信息	34	36	39
问题：询问目标以提示有关自身的信息	20	20	22
命令：建议对目标施以一个确定的行为方式	8	6	14
首次出价：和每一位参与者首次出价相一致的盈利水平	61.5	57.3	75.2
最初的妥协：第一次和第二次之间盈利的差异	6.5	7.1	9.4
说"不"的次数：每半小时中，讨价还价者应用"不"字的次数	5.7	9.0	83.4

资料来源：Adapted from John L. Graham, "The Influence of Culture on the Process of Business Negotiations in an Exploratory Study," *Journal of International Business Studies*, Spring 1983, p. 88. Reprinted by permission from Macmillan Publishers Ltd., *Journal of International Business Studies*, March 1, 1985. Published by Palgrave Macmillan.

表 7-10 显示，美国人和日本人比巴西人更多地使用了许诺的行为方式，日本人也更多地采用推荐和承诺。巴西人则比美国人和日本人更多地应用回报、命令和自我揭露的行为方式。巴西人比美国人和日本人更多地说"不"，在首次出价的盈利水平方面，巴西人也比他们要高。美国人的行为方式介于两者之间，他们比其对手中的任何一方更少地使用命令，同时在首次出价的盈利水平方面也较对手为低。

3. 非口头行为方式

非口头行为方式在谈判中的应用也是很普遍的。这些行为方式是指人们做什么，而不是说什么。非口头行为方式有时被称为"沉默的语言"，通常包括沉默时间、面对面的凝视、触碰以及口头的重复。如图 7-2 所示，在谈判中，日本人比美国人和巴西人更多地使用沉默时间。事实上，在此项研究中，巴西人竟然完全不使用这一方式，他们会更频繁地使用其他行为方式，采用面对面凝视的方式通常比日本人多 4 倍，也几乎是美国人的 2 倍。此外，美国人和日本人不采用触碰的方式，而巴西人则广泛采用这一非口头方式，也在很大程度上使用口头重复，他们对这种方式的使用通常是日本人的 2 倍以上，是美国人的 3 倍。显然，巴西人在谈判时在很大程度上使用非口头行为方式。

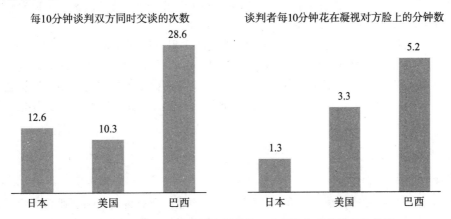

图 7-2　日本、美国和巴西的谈判者非口头行为方式的跨文化差异

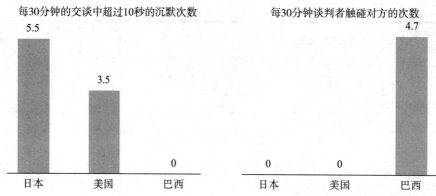

图 7-2 日本、美国和巴西的谈判者非口头行为方式的跨文化差异（续）

资料来源：Original graphic by Ben Littell under supervision of Professor Jonathan P. Doh based on data from John L. Graham, "The Influence of Culture on the Process of Business Negotiations in an Exploratory Study," *Journal of International Business Studies*, Spring 1983, p. 88. Reprinted by permission from Macmillan Publishers Ltd., *Journal of International Business Studies*, March 1, 1985. Published by Palgrave Macmillan.

我们必须知道，在国际谈判中人们广泛采用各种各样的策略，作为谈判的另一方必须准备回击或寻找对付谈判对手的方法。这种反应将取决于情境，不同文化背景的管理者会采取不同的策略。表 7-11 提供了一些有效的谈判者必须具备的文化特性。国际管理者在具备了这些特性后，其谈判的成功率应该会增加。

表 7-11　国际管理者进行有效谈判必须具备的文化特性

美国管理者	准备和计划能力，在压力下的思考能力，判断力和智力，口头表达能力，产品知识，获取和利用权力的能力，诚实
日本管理者	对工作的忠诚，获取和利用权力的能力，赢得尊重和信任的能力，诚实，倾听能力，开阔的视野，口头表达能力
中国台湾地区的管理者	坚持不懈的决心，赢得尊重和信任的能力，准备和计划技能，产品知识，有趣的，判断力和智力
巴西管理者	准备和计划能力，在压力下的思考能力，判断力和智力，口头表达能力，产品知识，获取和利用权力的能力，竞争力

资料来源：Adapted from Nancy J. Adler, *International Dimensions of Organizational Behavior*, 2nd ed. (Boston: PWS-Kent Publishing, 1991), p. 187; and from material provided by Professor John Graham, School of Business Administration, University of Southern California, 1983.

国际管理世界 回顾

本章开篇的"国际管理世界"探讨了奈飞公司在进入俄罗斯和中国时所面临的一些国际交流与谈判挑战。尽管奈飞公司的进入战略已经在欧洲和美国市场取得了成功，但它与中国的谈判进程比预期更长、更复杂。在俄罗斯，奈飞公司缺乏沟通，未能认识到政府官员参与其扩张计划的必要性，导致了其受到政治上的强烈反对。正如本章所揭示的那样，了解不同文化的沟通方式是进入国外市场、管理员工与客户、协调管理者与下属之间关系以及所有业务关系的关键要素。

在当今全球经济的时代，离岸公司成功的秘诀就是能够跨国界进行有效沟通，以及开展有效的跨文化谈判。考虑到它们所面临的沟通方面的挑战，请你联系本章学到的内容，回答下列问题：①与印度人沟通交流，和与欧洲人或北美人有哪些相似之处？又有哪些不同？②你认为美国金融服务公司与其印度雇员之间存在怎样的管理关系？③何种谈判方式会令印度员工感兴趣，且能克服当前的文化难题？在印度员工与金融公司的谈判方式中，文化扮演了怎样的角色？

本章小结

1. 沟通是信息从发送者到接收者的传递。有效沟通的关键是接收者能够精确解读既定信息。
2. 国际商务环境中的沟通包括信息的上行沟通和下行沟通。下行沟通是从上级向下级传递信息，这种沟通在国与国之间差别很大。比如，组织沟通的下行体系在法国要比在日本普遍得多。上行沟通是从下级向上级传递信息。在美国和日本，上行沟通要比南美或者欧洲的一些国家普遍。

3. 在国际领域存在大量的沟通障碍。一些最重要的障碍源于语言、知觉、文化和非语言沟通。语言障碍，特别是在书面沟通中，经常会由于翻译而丢失大量的信息。知觉和文化使人们看问题和理解事物的视角不同，会导致沟通的中断。非语言沟通包括身体语言、面部表情、物理空间、时间甚至色彩等，由于国与国差异很大，运用不当常会导致沟通问题。

4. 可以采取大量措施来改进沟通的效率。一些最常见的方法包括改进反馈体系、提供语言和文化培训、提高灵活性和合作等。这些步骤在克服国际管理领域沟通障碍方面特别有效。

5. 谈判是指一方或多方为了达成一个大家都可以接受的协议而进行的讨价还价过程。有两种类型的谈判：分配式谈判涉及目标相反的讨价还价，而整合式谈判涉及以整合利益为目标的合作。谈判过程包括五个基本步骤：计划，人际关系的建立，针对谈判标的交换意见，劝说，达成协议。在这一过程中，因为存在文化差异，实施的方法常常是不同的，并且理解它们非常重要。

6. 国际谈判中可以使用的策略有很多，包括地点、时间限制、买方和卖方的关系、口头行为以及非口头行为。

7. 为双方利益而进行的谈判的原则包括：将人和事分开，关注利益而非位置，开发多种可选方案，使用客观标准以及立场坚定。

复习与讨论题

1. 清晰的沟通和含蓄的沟通的差别是什么？哪一种文化广泛使用清晰沟通？哪一种广泛使用含蓄沟通？描述在你所定义的两种文化中人们是如何传递下列信息的："你非常努力，但是仍然犯了太多的错误。"

2. 外派管理者在美国做生意遇到困难的一个主要原因是他们不懂美国的俚语。一位管理者最近给了作者三个例子，她不懂这三句话的含义，因为她不懂美国俚语：他拼命笑（He was laughing like hell）；别担心，这是小事一桩（Don't worry；it's a piece of cake）；让我们检验一下这些观点，看看是否能禁得住考验（Let's throw these ideas up against the wall and see if any of them stick）。为什么这位外派管理者理解这些话有困难，换个说法可以是什么？

3. 山本钢铁公司考虑在佐治亚州的亚特兰大郊区设立一个小型工厂。目前，该公司计划派几位高管去就工厂事宜和当地以及州官员进行商谈。知觉错误可能以何种方式成为双方代表的沟通障碍？给出两个例子并加以讨论。

4. 迪亚斯兄弟（Diaz Brothers）公司是巴塞罗那的一家酿酒厂。该公司想把产品打入美国，在芝加哥配送其产品。如果进展顺利，该公司会接着向东西海岸地区扩展业务。在西部的业务中，对于该公司来自巴塞罗那的代表，文化将会如何成为其面临的沟通障碍？给出两个例子并加以讨论。

5. 为什么非语言沟通是有效沟通的障碍？这种障碍对山本钢铁公司（问题 3）或迪亚斯兄弟公司（问题 4）而言会更大吗？说明你的理由。

6. 对于首次进行海外业务的美国公司而言，哪一种形式的非语言沟通障碍更大：人体动作学还是空间关系学？为什么？请说明你的理由。

7. 一家刚刚从事跨国业务的新公司如果将要和一家国外的公司为达成一项协议而进行谈判，它应该准备采取哪些基本的步骤？试确定并加以描述。

8. 谈判过程的哪些要素可以由你方独自完成？哪些又应该由各方去做？为什么？

9. 一位美国管理者决定不再与一位巴西管理者做生意，但是迟迟没有得到对方的回复。这位美国人很焦急，因为他可能会因迟迟等不来对方的回信而丧失其他机会。这位美国人应该做些什么？他该如何告知对方是时候了结生意了？列举一些说明谈判不可能更深入进行的标志。

10. 一家日本公司想要获得韦尔斯顿（Wilsten）公司的一种高新技术产品的销售权，为此，韦尔斯顿公司需要了解哪些有关日本公司讨价还价的行为方式来使自己最大程度地获益？试确定和描述其中的五种。

互联网应用

有效地在丰田工作

丰田凯美瑞连续 11 年在美国的销量排名第一，并且丰田在美国汽车市场上占据着稳固的份额。然而，

丰田并没有因取得的荣誉而停滞不前。丰田已经向世界范围扩张，现在在很多国家都有业务。访问该公

司的网址，看看它至今为止做了什么，网址是 www.toyota.com。接着，浏览一下丰田的产品和服务，包括汽车、航空服务和运动器材等。接下来，去职业分类区域，看看在丰田有什么样的职业机会。最后，找出丰田在你所选择的特定地区及其邻近地区正在做的事。利用这些信息及你在本章所阅读的材料，回答以下三个问题：①如果你替丰田工作，并与日本总部的人保持持续沟通，你觉得会遇到何种沟通和谈判方面的挑战？②你认为公司应该向你提供何种沟通培训，以确保你能够和高层管理者进行有效的往来？③以表 7-1 作为指导，关于和日本管理者的沟通你能够得出什么结论？你会向刚进入该公司的、正在寻求关于如何更有效地进行沟通和谈判的建议与指导的非日本籍员工提供何种指导？

国际聚焦

中国

中国位于亚洲东部，太平洋西岸。陆地面积约 960 万千米^2，东部和南海大陆海岸线 1.8 万多千米，内海和边海的水域面积约 470 多万千米^2。中国与东亚、南亚和中亚的许多重要经济体（包括印度、朝鲜、巴基斯坦、俄罗斯和越南）相邻。中国气候极为多样，横跨北部的寒带到南部的热带地区。中国自然资源广泛，包括煤炭、铁矿石、石油、天然气、汞、锡、钨、锑、锰、钼、钒、磁铁矿、铝、铅、锌、稀土元素、铀、水电能（世界最大）和耕地。

2015 年，中国人口为 13.7 亿，是世界上人口最多的国家，有 56 个民族。中国的官方语言是普通话，此外各地区也有各地区的方言。宗教信仰自由。中国是一个年龄较为平均的国家，最大年龄组由年龄在 25 ～ 54 岁的人组成，约占人口的 50%，年龄中位数为 36.8 岁。中国曾经是一个农业大国，现在城市人口占总人口的一半以上。

在世界银行 2015 年的"营商便利度"调查中，中国排名第 84 位。在文化方面，东西方存在明显的差异，美国管理人员往往更注重灵活性，而中国员工在结构化和分层的工作环境中往往更加自在。

除了环境污染挑战外，中国还面临着一些地缘政治方面的挑战。首先，政府正努力在全球安全和经济问题上发挥更突出的作用。其次，中国在控制房地产和股票市场方面临挑战。在 2010 ～ 2015 年房地产价格大幅上涨以及 2016 年股市波动之后，中国正试图解决有关流动性过剩和市场透明度不足的问题。一些外国投资者已经变得有些冷漠，暂时采取"观望"态度。

如果你是国际管理顾问

2009 年，中国主管部门拒绝了可口可乐收购汇源果汁的提议。作为交易的一部分，除了汇源的收购价之外，可口可乐公司还将在中国业务上再投资 20 亿美元，共价值 23 亿美元。出于对合并后可口可乐公司可能垄断果汁和饮料行业的担忧，中国主管部门否决了这笔交易。拒绝交易导致其他外国投资者怀疑中国政府是否在发出信号，表明中国打算在未来会更密切地审查外国投资项目。

2008 ～ 2009 年全球金融危机期间，中国经济整体放缓，但零售额持续以两位数的速度增长。事实上，当谈到某些耐用和非耐用品时，一些经济学家认为中国不应再被视为新兴市场。中国现在仍是全球最大的汽车市场。肯德基和必胜客品牌 1/3 的收入源自其在中国的销售。中国拥有庞大的市场和持续的经济增长，仍然是一个特别吸引外国投资者的东道主。

问题

1. 如果你是可口可乐公司的顾问，中国主管部门否决该交易将如何影响你在中国的持续投资？

2. 私营企业（如可口可乐公司）还能做些什么来说服政府新企业可以为该国带来积极的经济发展？

3. 中国庞大的潜在客户的前景是否被高估了？或者中国政府的行动和中国的股市波动是否表明应该重新考虑在中国投资？

资料来源："China's Economy: After the Stimulus," *China Business Review*, July 2010, pp. 30-33: Tran Van Hoa, "Impact of the WTO Membership, Regional Economic Integration, and Structural Change on China's Trade and Growth," *Review of Development Economics*, August 2010, pp. 577-591; James Miles, "After the Olympics," *Economist*, December 21, 2008, p. 58; " The Next China," *Economist*, July 31, 2010, pp. 48-50; "China Revises Up 2010 GDP Expansion," *People's Daily Online*, September 8, 2011, english.peopledaily.com.cn/.

简要综合案例 P2-1

可口可乐在印度

可口可乐是举世闻名的品牌。由于在欧洲和北美等市场的软饮料销售停滞不前，可口可乐公司开始积极寻求新的不断扩大的市场，以继续发展其品牌。拥有12亿消费者的印度一直是可口可乐的主要目标：通过收购和巧妙营销，该公司现在覆盖了印度10亿美元软饮料市场的60%。

然而，可口可乐在印度的扩张遭遇了小挫折。2006～2007年，在可口可乐被指控其装瓶厂使用含有杀虫剂的水之后，其在印度喀拉拉邦面临严峻挑战。一家环保组织——科学与环境中心（CSE），发现来自印度12个邦的57瓶可口可乐和百事可乐的产品杀虫剂含量超标。喀拉拉邦卫生部部长 R. Ashok 因此禁止了在该地区生产和销售可口可乐产品。可口可乐随后安排在英国实验室测试饮料，报告认为百事可乐和可口可乐饮料中的农药含量对身体无害。然后，可口可乐公司投放了大量广告，希望重新获得消费者对其产品和品牌的信心，但这些努力并未满足环保组织或卫生部部长的要求。

印度不断变化的市场

20世纪六七十年代，印度经济面临许多挑战，其年均增长率仅为3%～3.5%。印度有许多阻碍外国投资的禁令，而且对经济活动有许多限制，这不仅给印度公司带来了巨大麻烦，也造成了外国投资者的利益损失。多年来，印度在推行改革以及克服官僚政治和政治分裂方面遇到重重困难。经济活动在印度一向得不到重视，人们更加看重休闲而非工作。该国仍存有殖民残余，印度对国外投资者怀有高度质疑。事实上，印度政府和国外投资者之间曾进行过几次公开辩论。

然而，越来越多的西方公司发现在印度做生意变得容易了。1991年，政治条件改变，许多限制得以放宽，经济改革付诸行动。印度因拥有超过10亿消费者而日益成为具有吸引力的市场。2003～2006年，外商投资倍增到了60亿美元。进口商品已经成为新兴中产阶级的身份象征。

因为印度的增长潜力，可口可乐将印度作为市场目标。印度人每年平均消费96盎司⊖的饮料，相比之下，巴西消费者平均每年饮用约240盎司饮料。尽管印度平均消费的饮料数量较少，但印度一直是可口可乐最好的新兴市场之一。2014年，印度超过德国成为可口可乐的第六大市场，2014年1月至3月，可口可乐在印度的销量增长了6%，这一增长与可口可乐在中国（同期增长12%）和巴西（同期增长4%）等新兴市场业务大致相当。作为其投资计划的一部分，可口可乐计划扩大其所有13家瓶装厂的产能，这将有助于扩大公司在印度全国的分销。可口可乐计划到2020年将在印度的收入和销量翻番。

2014年，印度的外国直接投资达到了339亿美元。据英国《金融时报》报道，2015年，印度超越美国和中国成为外国直接投资的首选目的地。日本国际协力银行2015年对日本制造商的调查显示，印度是海外商业运营最具发展前景的国家。

在2003～2008年的六年时间里，印度的GDP以年均8.5%的惊人速度在增长。即便在2008年9月，世界金融危机爆发，也仅将该增速拉低了2～3个百分点。金融危机爆发后的几年，印度经济依然保持年均6%～7%的增长态势。不过，如果要改善3.5亿贫困人口的生活，这个国家还需要更多的面向制造业的投资。

在印度的可口可乐和其他软饮料投资商

可口可乐之前曾与印度政府有过对抗。1977年，当印度政府要求可口可乐提供其机密配方的时候，可口可乐撤出了印度。

近年来印度软饮料供应商所面对的环境已经有了显著改善。这些年可口可乐和百事可乐已经在印度投资了接近20亿

⊖　1英制盎司 = 0.028 41 升。

美元。它们直接雇用了 12 500 名员工，并且通过购买糖、包装材料和运输服务间接养活了 20 万人。印度可口可乐是当地芒果果浆的头号购买商，也是最大的蔗糖和咖啡生豆的国内买家。从 1994 年到 2003 年，可口可乐在印度的销量增加了一倍多。

2008 ～ 2009 年，可口可乐宣布了未来三年将在印度投资逾 2.5 亿美元的计划。这笔钱将用于从罐装扩容到购买送货卡车、为小型零售商配置冰箱等方面，意味着可口可乐在印度的投资总额突增近 20%。截至 2009 年 3 月 31 日，可口可乐在印度三个月内的销量比上一年同期攀升了 31%，创下可口可乐公司有史以来最高的销售增幅纪录。

此外，可口可乐于 2012 年宣布，计划到 2020 年在印度投资超过 50 亿美元。这项投资比 2011 年宣布的计划增加了 150%，并会在未来五年内投资 20 亿美元。尽管在印度投入了大量资金，但可口可乐公司将在这个市场上面对百事可乐的激烈竞争。可口可乐和百事可乐共占印度碳酸软饮料市场的 97%。印度的苏打水总销售额估计为 10.5 亿美元，可口可乐占 60%，而百事可乐获得市场份额的 37%。

皇冠可乐（RC Cola）是世界第三大软饮料品牌。该品牌在 2001 年被考特饮料（Cott Beverages）收购，并于 2003 年进军印度市场。为了在印度生产产品，考特饮料给三家装瓶商颁发了许可证和特许经营权。为了避免受到可口可乐和百事可乐杀虫剂事件的牵连，皇冠可乐立即让检测机构通标标准技术服务有限公司印度分公司（SGS India Pvt Ltd.）对其地下水进行了检测。

针对可口可乐的指控

杀虫剂事件于 2002 年首先在印度普拉奇马达爆发。当地村民反映水位下降而且饮用水被可口可乐的工厂污染了。他们对可口可乐的工厂进行了监视，两年后，可口可乐的执照被吊销。之后的可口可乐杀虫剂事件发端于 Mehdiganj 的装瓶厂。该工厂被指控开采地下水并且使用有毒金属从而对其造成污染。印度喀拉拉邦卫生部部长 R. Ashok 宣称可口可乐和百事可乐饮料所含杀虫剂含量超标，从而颁令禁止销售其产品。

所谓的水污染引发了一系列争论，从被杀虫剂污染的水到印度中产阶级沉溺于不健康的、处理过的食品。"太有趣了，"印度 CSE 经理 Sunita Narin 说，"可口可乐和百事可乐做了我们的工作，现在整个国家都知道了存在杀虫剂问题。"

可口可乐对指控进行了反击。"没有印度的软饮料生产商被检测出类似的违规行为，尽管它们的产品，例如牛奶和瓶装茶也可能含有杀虫剂。如果杀虫剂存在于地下水中，为什么别人没有被检测到？我们一直因我们的身份而受到他人的挑战。"可口可乐印度公司 CEO 阿图尔·辛格（Atul Singh）说道。

一些人认为可口可乐成了曝光消费品杀虫剂问题的靶子。"如果你以跨国公司为靶子，你会吸引更多注意，"有毒物质检测团队的一名研究人员 Arvind Kumar 补充道，"杀虫剂存在于印度的所有物品中。"

印度对辩解的回应

自 CSE 发现了非安全水平的杀虫剂后，一些人暗示高含量的杀虫剂来自糖，它占到了软饮料成分的 10%。然而，实验室发现糖样本中并不含杀虫剂。

喀拉拉邦宣称其目标是进行革命来反对邪恶的资本主义。可口可乐的辩护者认为这正是在可口可乐产品中发现杀虫剂的一个很大原因。在喀拉拉邦针对可口可乐和百事可乐的禁令颁布以后，可口可乐上诉到了国家最高法院以捍卫自己的产品和品牌。该法院裁定州政府无权针对可口可乐的生产和销售颁布禁令。喀拉拉邦随之取消了对可口可乐产品的禁令。

2010 年 3 月，经过多年紧张的交涉，可口可乐公司印度分部被要求为位于印度南部喀拉拉邦的罐装工厂所造成的环境损害支付 4 700 万美元赔偿。一个州政府专门小组说，可口可乐公司的子公司，印度斯坦可口可乐饮料公司（HCBPL），必须为 1999 年至 2004 年期间巴拉卡德工厂消耗的地下水和向周围倾倒有毒废物负责。农民不断抗议，抱怨所谓的污染，迫使可口可乐公司在 2005 年关闭了工厂。可口可乐回应说，巴拉卡德的污染不应由 HCBPL 来承担责任，最终应该由当地政府承担相应的赔偿。

百事可乐在印度的经历

百事可乐在印度同样声名卓著，因而它遭遇到与竞争对手可口可乐一样的指控也就毫不奇怪。除了指责百事可乐用水过度，CSE 于 2006 年 8 月进行的一项研究还指控百事可乐饮料的杀虫剂含量超过"非官方"含量限制水平 30 倍（在这项研究中，可口可乐被指控超标 27 倍）。这些发现，连同最初 2003 年 CSE 的研究抹黑了可乐公司的形象，导致无数人不再消费可乐。一些人甚至在大街上烧毁百事可乐的海报以示抗议。

百事可乐印度裔 CEO 英德拉·诺伊（Indra Nooyi）作为印度本土人氏，对水污染和水源短缺造成的困境已太过熟悉。但是，鉴于针对百事可乐的攻击，她表达了对 CSE 夸大的发现（当地茶和咖啡的杀虫剂含量是证据不足的百事可乐杀虫剂含量的数千倍）和对百事可乐用水的不恰当反应的失望（指出软饮料和瓶装水用水量还占不到印度工业用水的 0.04%）。

为了重塑百事可乐的安全形象和受欢迎度，百事可乐在印度发起了名人云集的广告活动，以及继续发扬公司的社会责任（CSR）传统。百事可乐展现社会责任的努力包括钻探村井、收集雨水以及教授种植水稻和番茄的新技术。百事可乐还在其印度工厂发起了减少水浪费的运动。

尽管百事可乐的销量开始回升，但诺伊意识到应该更加快速地应对 CSE 对百事可乐产品的质疑。从现在起，公司必须更加留意对水的使用，但是诺伊认为：“我们也应该投资于教育人们如何更好地种植作物、集中水源，然后跟同行一道改进工厂以及重复利用。”

可口可乐的社会责任承诺

可口可乐雇用能源与资源研究所（TERI）对其在印度的经营进行了评估。进行这项调查的原因是有人指责可口可乐在印度进行了不道德的生产活动。这些指责包括导致严重的水资源短缺，在干旱地区设立大量用水的工厂从而污染了周围的土地和地下水，以致进一步造成水资源短缺以及不负责任地排放有毒废弃物。美国、英国和加拿大的学院及大学也要求可口可乐对其海外经营活动做出解释，并且禁止可口可乐的产品在校园销售，直到公司提供更加正面的报告为止。然而，批评认为 TERI 的评估无疑是不公正的，因为该机构得到了可口可乐的大额赞助。

可口可乐坚称其产品是安全的。“跨国公司很容易成为众矢之的，”新德里的一位政治分析师 Amulya Ganguli 说道，“这些公司被认为是贪得无厌的，唯一关注的只是利润，对消费者的健康漠不关心。”这里也有一种对大公司尤其是在印度开展业务的大型外国公司的深层不信任（见表 P2-1）。这预示着投资印度的外商仍然会继续面对许多跟过去一样的阻碍。

表 P2-1　可口可乐在印度喀拉拉邦大事记

时间	事　件
1977 年	政府要求可口可乐交出产品秘密配方，可口可乐撤出印度
1991 年	印度对外贸经营活动的限制有所放松
1999 年	印度全国协调研究计划公告称，20% 的印度食品杀虫剂残余含量超过了最高可允许的水平，43% 的牛奶 DDT（滴滴涕杀虫剂）残余含量超过了最高可允许的水平
2002 年	印度普拉奇马达的村民控告可口可乐的装瓶厂污染了他们的饮用水
2003 年	科学与环境中心所做的研究发现，在印度的可口可乐产品中含有非安全水平的杀虫剂
2004 年 1 月	印度国会成立国会联席委员会针对 CSE 的指控进行调查
2004 年 3 月	可口可乐在印度普拉奇马达的一个装瓶设备被关闭
2004 年	印度政府颁布基于碳酸饮料的欧盟标准而制定的新法规
2005 年	可口可乐联合创立全球应对用水问题促进会，发展了全球性的与流域所经社区的关系，建立起道德与履约委员会
2006 年 8 月	CSE 发布另一份报告指出，来自印度 12 个邦的 57 种可口可乐和百事可乐产品含有非安全水平的杀虫剂
2006 年 9 月	印度最高法院取消禁止在喀拉拉邦销售可口可乐的禁令

为了在印度重新赢得消费者，可口可乐和百事可乐分别投放广告坚称自己的产品是安全的。可口可乐的广告说道：“还有更健康的饮料吗？”并且邀请印度人对其工厂以及饮料生产流程进行参观。然而，2006 年 6 月，可口可乐通报其销量下降了 12%。

可口可乐为改善世界各地的饮用水条件进行了诸多创新。可口可乐已经正式表态支持联合国全球契约并且联合创立全球应对用水问题促进会（Global Water Challenge），该机构致力于改善那些水源奇缺国家的水资源供给和清洁状况。可口可乐公司通过在其 98% 的新型制冷设备及市场设备中使用不含氢氟烃的隔热材料而节约了能源，提高了效率。尤其是在印度，可口可乐宣称其“1/3 以上的经营用水是可重新利用的而且重新回到了地下水系统”。在首个水更新项目中，可口可乐公司安装了 270 个雨水收集设备。此后，可口可乐与中央地面水资源管理局（CGWA）、国家地下水委员会（State Ground Water Boards）、中学、高校、非政府组织及当地社区合作，扩大了雨水收集项目的数量，以应对水资源短缺。根据可口可乐的印度 2007 ～ 2008 年的环境报告，公司正在积极参与 17 个邦的 400 项集雨工程，这些努力有助于公司实现其最终目标：在 2009 年底前成为地下水"零消耗"用户。

审视自身用水习惯之后，可口可乐宣誓减少其装瓶流程中的水使用量。截至 2014 年，可口可乐将生产耗水量降低为每生产 1 升可乐使用 2.03 升水（10 年前是 2.70 升）。

于 2007 年 6 月在北京召开的世界自然基金会（WWF）年会上，可口可乐宣布成为该组织的多年合作伙伴"以保持和保护清洁水源"，并在 2013 年扩大了合作伙伴关系以实现新的目标。可口可乐前总裁兼 CEO 内维尔·艾斯戴尔（Neville Isdell）说："我们的目标是重新利用生产我们的饮料中的每一滴水。对我们而言，这意味着减少生产饮料过程中的用水量，回收利用制造流程中所用的水资源，以便这些水可以安全地重新回到环境中，以及通过当地相关项目为社区和自然补充水源。"可口可乐希望将这些实践扩展到其供应链的其他成员，尤其是甘蔗糖业。可口可乐与世界自然基金会的合作关系还致力于气候以及"世界上处境最危险的七大清洁水域"的保护，其中包括中国的长江。尽管过去可口可乐的社会责任已经包括与世界自然基金会合作的其他项目，但它还是希望通过这次官方的合作关系能够为自身带来更大规模的回报。

作为其 2013 年目标的一部分，可口可乐向世界自然基金会承诺实现百分之百的所有用水补给，在发展中市场达到 75% 的回收率，到 2020 年实现 30% 的植物包装，以及到 2020 年提高 25% 的用水效率。图 P2-1 和图 P2-2 显示了 2002 ～ 2005 年可口可乐单位产品耗水量和总耗水量的快速下降。

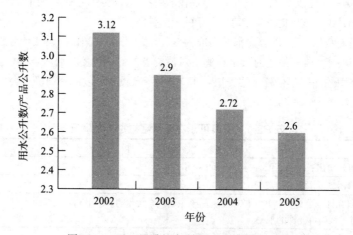

图 P2-1　可口可乐的水利用：工厂平均比率

资料来源：The Coca-Cola Company, 2005 *Environmental Report*, www.thecocacolacompany.com/citizenship/environmental_report2005.pdf.

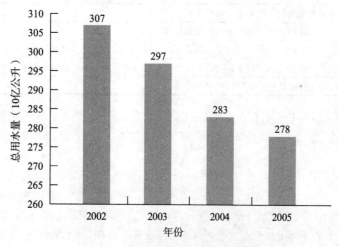

图 P2-2　可口可乐的水利用：总量

资料来源：The Coca-Cola Company, 2005 *Environmental Report*, www.thecocacolacompany.com/citizenship/environmental_report2005.pdf.

可口可乐还设立了道德专线，这是一个全球性的网页，支持电话信息和服务报告，允许任何人向第三方提供机密信息。该服务是 24 小时免费的，而且有翻译器。公司还致力于全球水标准的提高以及改善自身形象包装，以使自己看起来更加环保。它还通过在全球范围内启动一些项目，促进营养和体育教育。例如，2009 年 1 月，可口可乐宣布与 Bharat 综合社会福利机构（BISWA）建立合作伙伴关系，呼吁人们去关心那些生活在印度社会底层的、微量营养元素不足（即"隐蔽性饥饿"）的人们。这两个合作者将通过奥里萨邦的自助团体，建立一套成功的社区创收模式，同时还为他们提供可以支付得起的替代品以缓解"隐蔽性饥饿"。可口可乐为解决印度"隐蔽性饥饿"的议题生产出的第一个产品是 Vitingo，这是一种物美价廉的、富含微量元素的橘子味功能性饮料。

过去 10 年，可口可乐已经在印度投资超过 10 亿美元，成为在印度的最大外国投资商。到 2020 年，可口可乐公司将投资超过 50 亿美元。几乎所有生产和销售可口可乐所需的商品和服务都是在印度生产的。可口可乐公司在印度直接雇用了大约 5 500 名当地人，并且间接为印度创造了超过 150 000 个工作岗位，经营着 22 家罐装工厂，其中有一些坐落在这个国家的经济不发达地区。可口可乐系统还包括 23 家特许工厂，以及一处生产浓缩液或饮料基料的设施。

得到的教训

虽然可口可乐在印度乘胜追击，但该公司还是没能很好地评估当地政客将会以什么速度根据检测结果发起攻击，也没能快速地对消费者的忧虑做出反应。公司没能意识到信息在现代的印度传播速度会有多快。印度仅占可口可乐全球市场的 1%，却处于可口可乐长期成长战略的核心地位。公司需要采取快速行动。

在可口可乐所确认的应该给予尊重和即时反应的时间框架内，它在印度和美国设立了委员会，该委员会负责反驳外界指控并且拥有自己的实验室来进行检测，然后发表详细评论。可口可乐还将报告放在网络博客上，并且全部对可口可乐的支持者开放。评论家认为可口可乐过于关注指控而不是赢回消费者的支持。"这里的人认为沉默代表着有罪。"可口可乐的印度公共关系专家塞思（Seth）先生说。

可口可乐公共事务部经理 Bjorhus 女士说她明白了环保组织是如何利用可口可乐来吸引人们关注印度食品中更广泛的杀虫剂污染问题的。可口可乐坚称自己的产品不含杀虫剂。现在，可口可乐未来成功与否将由印度消费者决定。

尽管如此，可口可乐对其在印度未来的发展仍表示乐观。印度仍然是世界上人均消费可口可乐最少的国家之一。2014 年，印度成为可口可乐世界销量增长速度排名第二的地区。同年，可口可乐全球总销量创造了增长 2% 的纪录，大部分来自印度、俄罗斯、巴西和中国，尽管其产品在世界其他地方正在艰难"过冬"。

全球水资源危机

2007 年，全球 1/5 的人口不能饮用干净的水。2006 年 8 月，在瑞典斯德哥尔摩召开了一次讨论全球水资源问题的国际会议。联合国一项研究指出，许多大型饮用水公司减少了在发展中国家的投资，因为存在政治和财务风险，即使是水源供应充足的国家也是如此。人们将其原因归结为两个方面：降雨的减少以及因全球变暖和湿地消失导致的水分蒸发增加。水影响着每个人每一天的生活，斯德哥尔摩水资源研究所执行董事安德斯·伯恩特尔（Anders Berntell）认为水资源影响着农业、能源、交通、林业、贸易、金融以及社会和政治安全。联合国粮食及农业组织指出："农业是水消耗的第一大户，因此，任何水资源危机都会导致食品危机。"

现在各国已经做了一些改善全球水资源状况的努力。联合国发布了世界水资源发展报告。该报告由 24 个联合国机构完成，它指出，致力于促进水清洁的基金事实上只有 12% 用到了最需要的地方。联合国指出，仍然有超过 11 亿人无法饮用合格的水，其中 2/3 生活在亚洲。公共和环境事务研究所报告说，34% 的外资或合资企业，包括百事可乐，都对造成中国的水资源污染问题负有责任。该机构创始人马骏说："我们不需要谈论高标准，公众都知道这些公司针对环境的承诺。"

根据 2016 年联合国《世界水资源开发报告》，到 2050 年世界人口将增长 33%，生活在城市中的人口将翻一番，导致水资源紧张地区的人口增加超过 20 亿。据估计，全球 1/3 的人口无法获得安全的饮用水或合适的卫生设施。

随着经济活动的全球扩展，水将成为未来几年对工业产生更大影响的关键资源。因为水状况改善的速度落后于经济发展速度，企业不仅应该担负起为这一日渐消失的资源寻找充足供应源的责任，还要确保水对所有的消费者而言都是安全的。这一义务对企业而言是额外成本，但又是防止未来销量下降所必需的。可口可乐在印度的遭遇给所有的全球企业敲响了警钟。

问题

1. 美国和印度文化的哪些方面导致了可口可乐在印度的困境?

2. 在这种情况刚刚发生时,尤其是在应对印度人对可口可乐和其他跨国公司的消极感知的情况下,可口可乐本应该做出怎样不同的反应?

3. 如果可口可乐希望获得更高的印度市场份额,它需要做出哪些改变?

4. 针对与不同的文化合作以及尊重那些社会的文化和自然环境等问题,像可口可乐和百事可乐这样的公司应该如何做出承诺?

资料来源:这个案例是由维拉诺瓦大学的 Jaclyn Johns 在乔纳森·P. 多教授的指导下完成的,是为课堂讨论而准备的。其余的调查由 Courtney Asher、Tetyana Azarova 和 Ben Littell 帮助完成。它既不是为了说明有效或无效的管理能力,也不是为了说明行政责任。

简要综合案例 P2-2

达能集团和娃哈哈集团之争

1996 年，达能集团（Danone Group）与娃哈哈集团联合组建了一家合资公司，成为当时中国最大的饮料公司。然而，这对昔日的合作伙伴因为一场持续多年的商标之争产生了极大的矛盾而导致关系破裂，甚至被上升到国家和组织文化间的冲突，也为那些有意在中国组建合资公司的国外投资人上了宝贵的一课。

合资公司成立于 1996 年，由杭州娃哈哈食品集团有限公司、法国达能集团和百富勤股份有限公司共同创办。1997 年，达能收购了百富勤的股份，合法拥有合资公司 51% 的股权。由于合作企业的成员均有权使用合营的"娃哈哈"商标，2000 年，娃哈哈集团在合资公司之外另行成立公司，出售与合资公司相似的产品，并且使用其商标。达能集团对此表示反对，并且试图对这些非合资公司进行收购。

2007 年 4 月，达能欲出资 40 亿元人民币，收购娃哈哈集团五个非合资公司 51% 的股份。娃哈哈集团拒绝了这一提议。随后，达能集团对娃哈哈提出 30 多项诉讼，称其擅自违约，在法国、意大利、美国、中国等国非法使用合营的娃哈哈商标。

达能集团的背景

达能集团的历史要追溯到 20 世纪初的欧洲。1919 年，艾萨克·卡拉索（Isaac Carasso）在西班牙经营一家很小的酸奶铺，他根据他儿子的名字将其命名为"达能"，即"小丹尼尔"。卡拉索得知位于巴黎的 Pasteur 研究所发现了一种新的牛奶发酵方法，便决定在制作酸奶时将这种新技术与传统的做法结合起来。于是，第一家产业化的酸奶制造商诞生了。

随着他的经营在欧洲取得成功，卡拉索来到美国企图扩大他的市场。他将达能改为达能奶制品公司（Dannon Milk products, Inc.），并于 1942 年在纽约成立了美国第一家酸奶公司。起初销售只在很小的范围内进行。1947 年，达能发布了"下面有水果哦"的广告语，销量直线上升。第二年，他卖掉了公司的股权回到西班牙，打理他最初的家族生意。

到 1950 年，达能的生意版图已经扩大到美国东北部的其他州。卡拉索引进了针对关注健康的消费群的低脂酸奶，并对生产线进行扩容，销量继续增加。在整个 20 世纪六七十年代，达能在全美国扩张。1979 年，达能成为首家能在美国东西海岸销售新鲜乳制品的公司。

1967 年，达能与法国新鲜奶酪生产商领军者 Gervais 合并，改名为 Gervais Danone 公司。1973 年，该公司又和 Boussois-Souchon-Neuvesel（BSN）合并，后者还收购了阿尔萨斯的啤酒制造商 Kronenbourg 以及依云矿泉水。1987 年，Gervais Danone 收购了欧洲的饼干制造商——通用饼干（Général Biscuit），LU 品牌的拥有者，它在 1989 年买断了纳贝斯克（Nabisco）在欧洲的饼干业务。

1994 年，BSN 采用了该集团最负盛名的国际品牌，改名为达能集团。在 CEO 弗兰克·里布（Franck Riboud）的领导之下，公司将重心放在三大产品组上：乳品、饮料和谷物。如今，达能肩负以下使命：为更多人生产健康、营养、廉价的食品和饮料。

达能集团的全球增长

达能集团拥有 160 家工厂和大约 100 000 名员工，业务遍及全球五大洲 120 多个国家和地区。2015 年，达能集团创下 211 亿欧元的销售纪录，相比 2008 年的 152 亿欧元增长了将近 30%，成为健康食品行业当之无愧的领军者：

- 鲜乳制品全球第一；
- 瓶装水全球第二；
- 婴儿营养品全球第二；
- 临床营养品欧洲第一。

其品牌和产品组合包括：碧悠（Activia）益生菌乳品系列、奶油甜点品牌达内特（Danette）、Nutricia 婴儿产品系列，以及酸奶品牌 Danonino、瓶装水品牌依云。

达能集团在巴黎泛欧交易所（Euronext Paris）上市，并被纳入反映社会责任的主要指数，如道琼斯可持续发展全球指数（Stoxx and World 指数）、ASPI Eurozone 指数（Advanced Sustainable Performance Indices）、Ethibel 可持续发展指数（Ethibel Sustainability index）等。2015 年，国际品牌集团评出全球品牌价值 100 强，达能集团排名第 51 位，品牌价值高达 86 亿美元。

2014 年，尽管欧洲经济疲软，达能集团仍创下自然增长 4.7% 的纪录，进一步强化了它的国际地位。达能集团的傲人业绩得益于其建立在国际扩张、不断创新以及加强健康品牌的集团均衡发展战略之上。达能集团在研发方面进行了大量投资，2015 年投资达 2.76 亿欧元，在建项目百分之百关注健康和营养。

截至 2014 年，达能集团是世界瓶装水的第二大生产商。它拥有全世界最畅销的罐装水品牌——Aqua，2014 年创下了 110 亿升的销售纪录。此外，达能集团还拥有依云和富维克这两大品牌，它们均位列全球瓶装水品牌的前 5 名。2014 年，达能集团来自水产品的收入高达 42 亿欧元。在中国、法国、印度尼西亚和墨西哥最为畅销，而在中国、印度尼西亚和阿根廷的销售增长最为强劲，新兴市场销售额占达能瓶装水销售额的 70%。

20 世纪 90 年代中期，达能集团 80% 的生意均分布在西欧。到 1996 年，在 10 多个市场均能看到达能的产品，包括意大利面、糖果、饼干、即食食品、啤酒等。公司意识到，在所有这些市场实现同步增长绝非易事，因此决定专注于其中最具有潜力且与达能集团关注健康的宗旨相符合的几个。从 1997 年起，该集团决定专注于全球三大经营种类：新鲜乳制品、饮料、饼干和谷类制品，除此之外的业务均被放弃。这一举措释放了公司的财力和人力，促成达能快速扩张，并一举打入亚洲、非洲、东欧和拉丁美洲等新兴市场。在不到 10 年的时间里，这些新兴市场对销售的贡献额从零跃升至 40%，而同期的西欧市场销量却下降到了 50% 以下。到 2014 年，新兴市场占所有增长的 60%，超过 60% 的员工在欧洲以外的地区工作。

2007 年，达能集团试图收购娃哈哈集团的 5 家非合资公司 51% 的股份，标志着达能 10 年重新调整战略期的结束。在这 10 年里，集团各项活动被重新聚焦到健康领域中。就在 2007 年，达能集团将几乎所有饼干和谷类制品业务出售给卡夫食品集团，同时，通过收购纽米克（Numico）集团，在产品系列中增加了婴儿营养品和临床营养品。

达能集团的业务目前集中在如下四大领域。

（1）鲜乳制品，约占 2014 年销售总额的 53%。

（2）水产品，约占 2014 年销售总额的 20%。

（3）婴儿营养品，约占 2014 年销售总额的 21%。

（4）临床营养品，约占 2014 年销售总额的 7%。

达能集团的中国战略

20 世纪 80 年代末，法国达能集团进入中国市场。从那以后，它在中国大举投资，建立工厂并扩大生产。如今，达能集团在中国有 70 家工厂，包括达能饼干、乐百氏、娃哈哈以及益力，主要在中国市场销售酸奶、饼干以及饮料。截至 2014 年，达能亚太部门在当地雇用了 28 000 名员工，这个数字几乎占到集团员工总人数的三成。

21 世纪初，达能娃哈哈是中国最大的饮料公司。2008 年，在中国的销量占到达能在亚洲总销量的 57%。2004 年售出 20 亿升娃哈哈饮料，占总份额的 30%，雄踞市场榜首。2007 年，达能集团作为行业老大，将亚洲 340 亿升饮料市场中 20% 的份额收入囊中。相比之下，它的竞争对手可口可乐和雀巢只分别占有 7% 和 2%。依云，达能的一个全球品牌，也和诸如中国的娃哈哈等本土品牌一起上架销售。

在过去的 20 多年中，达能集团收购了中国许多顶级饮料公司的股权，包括娃哈哈集团 51% 的股权、乐百氏集团 98% 的股权、上海梅林正广和股份有限公司 50% 的股权、深圳益力矿泉水公司 54.2% 的股权、中国汇源果汁集团 22.18% 的股权、蒙牛集团 50% 的股权以及光明乳业 20.01% 的股权。这些公司都是各自行业的领军者，均是在中国家喻户晓的品牌。

然而，尽管在中国市场大举扩张，达能集团面临由于缺乏市场知识带来的挑战。2000 年，达能集团收购了乐百氏，当时是中国饮料业第二大公司。1999 年，乐百氏的销量接近 20 亿元人民币，被收购之后，原管理人员被解雇，由达能集团直接接管。由于新的管理层对中国的饮料市场不熟悉，乐百氏陷入了困境，它的茶饮料和乳制品几乎已经从市场上消失。2005 ～ 2006 年，公司足足亏损了 1.5 亿元人民币。

娃哈哈集团

娃哈哈公司成立于 1987 年，由宗庆后一手创办。1989 年，公司建立了其第一家工厂——娃哈哈营养食品厂，生产"娃哈哈儿童口服液"，一种儿童营养饮品。"娃哈哈"这个名字取自逗得孩子哈哈笑，且"娃"字的发音近似笑声。投放市场后，娃哈哈迅速得到公众认可。1991 年，公司的销量增长超过 1 亿元人民币。

1991 年，在杭州市政府的支持下，娃哈哈营养食品厂与国企杭州罐头食品厂合并，成立了杭州娃哈哈集团有限公司。此后娃哈哈又吞并了三家公司，成为当地最大的企业。

1997 年后，娃哈哈成立了许多子公司，其持续扩张帮助创造了新的就业机会，同时新增利润带来了更多税收，因此得到国家和地方政府的许多支持。

1996 年，杭州娃哈哈集团公司与达能集团合资办企业，并成立 5 个新的子公司，这项合作吸引了 4 500 万美元外资，此后又追加了一笔 2 620 万美元的投资。借助投资基金，娃哈哈从德国、美国、意大利、日本和加拿大引进了世界最先进的生产线。达能娃哈哈合资企业的具体条款规定，娃哈哈集团可以保留所有管理和操作的权利，以及"娃哈哈"这个品牌名称。在此后的 8 年里，合资公司在中国成立了 40 家子公司，1998 年投放了其自有品牌"非常可乐"，与可口可乐和百事可乐抗衡。

2000 年，合资公司年产饮料 224 万吨，年销售收入 54 亿美元，占中国饮料产量的 15%。集团成为中国饮料行业最大的企业，总资产达 44 亿美元。

2007 年，达能集团和娃哈哈集团的合资企业年产 689 万吨饮料，销售收入达 258 亿美元。如今，杭州娃哈哈集团有限公司依然是中国饮料生产商中的龙头老大，雇用了超过 60 000 名员工，拥有超过 150 家子公司、超过 100 多大类产品，如乳品饮料、饮用水、碳酸饮料、茶饮料、罐头食品以及保健品，尽管 2003 年以来由于碳酸饮料市场的收缩使其销量有所下降。

据中国饮料工业协会发布的"十强饮料公司"报告，娃哈哈集团的产品占前十强企业总产量的 55.57%，总收入的 65.84%，利税总和的 73.16%。娃哈哈集团总裁宗庆后说："随着中国成为世界上最大的食品和饮料市场，我们也将成为全球市场中的重要角色。"娃哈哈集团实施的是"当地生产、当地经销"的策略，建成了一个出色的生产和配送网络。此外，娃哈哈研发中心及分析中心也为高品质的产品提供保证。

达能集团和娃哈哈集团合资企业的冲突

合资企业成立于 1996 年，由三者共同创办：杭州娃哈哈食品集团（娃哈哈集团）、法国达能集团，以及一家中国香港公司百富勤。达能集团和百富勤并未直接对合资企业投资，而是共同在新加坡组建了金嘉投资集团（Jinjia）。根据合资方案，娃哈哈集团拥有合资企业 49% 的股份，金嘉集团则控股 51%。这种格局即刻造成了直接参与者之间的误会。在娃哈哈集团看来，他们拥有合资企业 49% 的所有权，相对于各拥有 25.5% 股权的达能和百富勤，是当之无愧的第一大股东。图 P2-3 展示了合资企业的最初结构。由于娃哈哈集团自认为控制了合资企业，所以它将商标转移到合资企业也没有过多考虑。

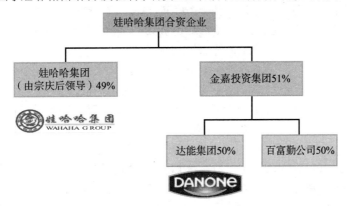

图 P2-3 娃哈哈合资企业初始结构

资料来源：Steven M. Dickinson, "Danone V. Wahaha," *China Economic Review*, September 1, 2007, http://www.chinaeconomicreview.com/node/24126.

1998 年，达能集团买断了百富勤在金嘉的所有股份，成为金嘉投资公司百分之百的股东，持有合资企业 51% 的股份。

由于达能集团获得了选举董事会成员的权利，这使得它实际拥有了对合资企业的合法控制权。娃哈哈集团和宗庆后第一次意识到两个问题：①外方已经完全控制合资企业的商标；②合资企业现在被国外公司控制，从法律的角度看，从一开始合资企业的资本布局就暗示了可能会出现这样的结果。然而，娃哈哈集团的公开声明非常明确地表示，在风险面前，娃哈哈集团并不了解这样的意涵。1998年，达能集团的"接管"使得娃哈哈集团上下怨声载道，无论正当与否，娃哈哈集团都觉得他们从一开始就遭到误导。

在合资企业成立前，娃哈哈集团是隶属于杭州市政府的一家国有企业。合资企业成立后，它转变为一家由宗庆后控股的民营企业，这为娃哈哈集团决定夺回他们认为是被达能通过不正当手段攫取的商标控制权打下了基础。宗庆后和他的员工将被转让的商标视为他们的私人财产。

当合资企业成立时，娃哈哈集团的商标被估价达1亿元人民币（合1 320万美元）。商标是它对合资集团唯一的投入，而金嘉集团则斥资5亿元人民币（合6 610万美元）的现金。娃哈哈集团还同意不得在任何独立的商业活动使用这一商标，或是用于任何实体。然而，商标转让被中国商标局驳回了。中国商标局认为，作为一个国有企业的驰名商标，"娃哈哈"商标属于国有，且娃哈哈集团无权将它转让给一家民营公司。

1999年，合资企业的股东们（如今的达能和娃哈哈集团）决定在商标独占许可协议的批准问题上做文章，而非终止合资经营。因此，他们仅仅注册了一个缩写的许可。这得到了商标局的受理。结果是，娃哈哈集团从未将娃哈哈商标的所有权转让给合资企业，仅仅是独家许可。因此，娃哈哈集团没有为合资企业的资本化履行过义务。这并不意味着合资企业的任何文件应该为应对这一形势变化进行修订。

尽管达能作为大股东在董事会占有人部分席位，但合资企业的日常管理却完全被授权给宗庆后。在宗庆后的管理下，合资企业成为中国最大的瓶装水和饮料公司。

2000年起，娃哈哈集团诞生了一系列公司，它们出售与合资企业同类型的产品，并且使用娃哈哈商标。非合资企业似乎一部分股权为娃哈哈集团所有，还有部分由宗庆后的妻女所经营的位于英属维尔京群岛的一家离岸公司所有。无论是达能集团还是合资企业，都无法从这些非合资企业中得到任何好处和利润。根据中国媒体的报道，非合资企业和合资企业的产品，都由同一家销售公司、相同的销售人员在推销，经营者均为宗庆后。

2005年，达能意识到所处的状况，并坚持自己享有非合资企业51%的所有者权益。娃哈哈集团和此时已经成为中国首富的宗庆后，否认了这一说法。

争论的细节

2006年4月，娃哈哈集团被合资10年的伙伴达能集团告知，它建立非合资企业的行为已经违反双方合约，侵犯了达能集团的利益。达能集团提出要购买娃哈哈集团非合资企业51%的股权。这一提议遭到娃哈哈集团的反对。2007年5月，达能集团正式启动司法程序，向娃哈哈集团建立非合资企业及其非法使用"娃哈哈"商标而严重违反竞业禁止条款进行索赔。娃哈哈集团和达能集团双方在中国以及海外进行了10余场诉讼，所有的裁定均以对娃哈哈集团有利的结果而告终。

2009年2月3日，美国加利福尼亚的一家法庭解除了达能对宗庆后妻子和女儿的指控，并裁决达能集团与娃哈哈集团之间的争端应在中国当地解决。此外，达能集团对娃哈哈集团的诉讼，还被意大利和法国的法庭驳回。达能集团在中国提起的一系列针对宗庆后以及娃哈哈集团非合资企业的诉讼，均以失败告终。

非合资企业存在的合理性，"娃哈哈"商标的所有权，以及竞业禁止条款的问题，是达能集团与娃哈哈集团之争的关键所在。1996年，娃哈哈集团提供了10家子公司的清单给达能，达能在进行评估后选择了其中的四家。金嘉投资集团（达能与百富勤合资成立于新加坡，由达能集团控股）、杭州娃哈哈集团有限公司以及浙江娃哈哈工业控股有限公司共同投资成立5个合资企业，三家公司分别持股51%、39%和10%。1998年，中国香港百富勤公司将其在金嘉投资集团的股份出售给达能集团，使得达能集团成为金嘉集团的唯一股东，并得到对合资企业51%的股权。娃哈哈集团和达能集团的合作是基于合资办企业，而并非由达能完全收购娃哈哈集团，因此，娃哈哈集团一直是独立的，且它的非合资企业自1996年开始存在并发展。娃哈哈集团非合资企业以及合资企业的相关事务在由达能指定的会计师事务所——普华永道的审计报告中得到完整的披露，同时，在11年的合作中，达能集团委派了一名财务总监到娃哈哈集团总部工作，专门负责审计财务信息。

达能集团和娃哈哈集团签署了三份关于"娃哈哈"商标所有权的相关协议。1997年，双方签署了一份商标转让协议，表明将"娃哈哈"商标转让到合资企业的意向。然而，这一方案没有得到中国商标局的批准。为此，双方在1999年签署了商标使用许可合同。根据相关法律，商标所有权不能同步转移，且不允许他人使用同样的商标主体。因此，签署和履行的商标使用许可合同表明，双方均同意转移合同无效。"娃哈哈"商标将属于娃哈哈集团，合资企业仅享有使用权。

2005年10月，双方签署了商标许可合同的一号补充协议，确认甲方（杭州娃哈哈集团有限公司）作为商标的拥有者。此外，补充协议的第二条明确表示，在许可合同附件五中所列出的、由甲方建立的几家娃哈哈集团子公司，或其在所签署的许可合同中下列的附属公司，以及娃哈哈集团的其他子公司（被称为"经授权的娃哈哈企业"），有权被一方授权使用商标。补充协议中提到的"经授权的娃哈哈企业"，指的是非合资企业。根据相关文件，娃哈哈集团拥有"娃哈哈"商标的所有权，且它的非合资企业拥有商标的使用权。娃哈哈品牌是中国最负盛名的国内品牌之一。几年前，上海胡润研究院报告，它在国内品牌中排名第16位，价值22亿美元。娃哈哈集团并未公开披露财务数据。

投资与并购

几年前，当合资企业想要扩大其市场占有率，娃哈哈集团建议增加投资，添加新的联机生产线，而达能集团则要求娃哈哈将其产品加工供应外包。娃哈哈集团认为启用产品加工代工有其弊端，所以建立了非合资企业，以满足生产需求。娃哈哈集团认为，非合资企业的存在和运行没有对达能集团的利益造成不良影响。

在1996年后的11年里，达能集团对合资企业的投资不超过14亿元人民币，但截至2007年，却获利人民币35.54亿元。另外，达能集团收购了许多娃哈哈集团的"劲敌"，包括乐百氏、汇源以及上海梅林正广和。娃哈哈集团将乐百氏视为最大的竞争对手。不过，令娃哈哈集团失望的是，达能集团并没能让乐百氏撑到如合资合同中提出的"共同发掘中国内外的市场"的时候。

在中法两国政府的干涉下，达能集团和娃哈哈集团在2007年达成一个和平解决方案。然而，达能集团将其在合资企业中的股份以500亿元人民币（最终减至约200亿元）出售给娃哈哈集团的建议，遭到拒绝。

谈判僵持后，双方再次转向法律行动。所有的裁决，无论是在中国还是海外，均对达能集团不利。

冲突的解决

2009年9月下旬，法国达能集团同意接受一个方案，放弃对娃哈哈集团名称的索赔。在一份2009年9月30日发布的联合声明中，达能集团宣布了与中国杭州娃哈哈集团有限公司的协议：达能集团在合资企业拥有的51%的股权，生产软饮料和相关产品，将卖给企业在中国的合作伙伴。发言人称："这一协议的达成，将对双方之间争议所涉及的所有法律程序做一个了结。"

许多亚洲国家和外国合资公司的解体，从娃哈哈集团控制权的争斗中可见一斑。法国达能集团公开对抗其合作伙伴的策略，以及娃哈哈集团回应对自己的指控，标志着中国主流商业实践的一个突破，在以往这些问题通常经私下协商得以解决，且双方保全了情面。

分析师表示，这一事实让人们更进一步认识到，和一个中国的合作伙伴打交道该有多么困难。"这是关键的教训：在中国树立一个'品牌'，你必须从头开始干。"国际品牌公司下属咨询公司中国区总经理夏钟森（Jonathan Chajet）说。国外公司，例如宝洁、星巴克、通用汽车等，已经完全或部分在中国建立了合资公司，但相关的高管们表示，在合资公司中，国外和当地合作者双方的愿景往往会起冲突。例如，一家国际化公司致力于高效率及高利润，以匹配其全球总目标，而当地的合作伙伴，有的可能是中国政府的左膀右臂，总是力求就业的最大化或者改进技术。

达能集团曾称，2006年娃哈哈集团的业务占该集团在全球总收入的10%，但随后又改口，称预计和娃哈哈集团之间达成协议不会对集团的收益表产生影响。对于中国，达能集团或许会留下"后遗症"，最终还将在哪里跌倒，就在哪里爬起来。达能集团的CEO里布称："从1987年起，达能集团一直坚守中国市场，我们渴望促进在中国的事业获得成功。"中国市场是达能集团的第四大市场，仅次于法国、西班牙和美国，为达能集团的总收入贡献10亿欧元的份额，占总额的8%。

经验教训

潜在的外国投资者可以从这一纠纷中学到什么？尽管合资企业在中国非常不易，但通过适当的计划和管理，它们也能获得成功。在娃哈哈集团与达能集团合资企业这一案例中，许多合资企业在中国运作的基本原则被违反，事实上导致了企业的毁灭。据 Harris Moure PLC 的律师史蒂夫·迪金森（Steve Dickinson）说，违反的主要规则如下：

（1）不要使用教条的法律手段来维护或获得对合资企业的控制。

（2）不要期望在合资企业中，以51%的所有权权益必然会带来有效的控制。

（3）合资企业的成立基于不牢靠、不确定的法律基础时，必须立即叫停。

（4）外方必须积极监督或参与合资企业的日常管理。

问题

1.达能集团何时以及如何拓展中国市场？它在中国经营时遇到了什么问题？

2.达能集团与娃哈哈集团的合资企业是如何形成的？它的结构是怎样的？为什么达能集团宁愿组建一个合资企业，而不是自建一家拥有百分之百所有权的子公司？

3.达能娃哈哈合资公司的什么问题引发了两家公司之间的冲突？在这一合作项目中，达能集团和娃哈哈集团对于各自的角色和职责的理解有什么不同？哪方面的国家和组织文化影响了两方的观点？

4.达能集团有没有成功通过法庭申诉其权益？两家公司解决问题方法的冲突在哪里？对于达能集团来说，它在中国经营所获得的最主要的教训是什么？

5.达能集团有没有遵循正文所述的合资企业在中国的行事"规矩"？哪些方面做到了，哪些没有？

资料来源：这个案例是由维拉诺瓦大学的 Tetyana Azarova 在乔纳森·P. 多教授的指导下完成的，是为了课堂讨论而准备的。其余的调查由 Kelley Bergsma 和 Ben Littell 帮助完成。它既不是为了说明有效或无效的管理能力，也不是为了说明行政责任。

欧洲迪士尼乐园

1993 年 1 月 18 日，欧洲迪士尼乐园主席罗伯特·菲茨帕特里克（Robert Fitzpatrick）宣布，他将于 4 月 12 日离职，开启自己的咨询公司。他放弃职位的日子恰逢欧洲迪士尼乐园开业一周年，菲茨帕特里克的辞职，也使美国的管理人员不再执掌法国主题公园和度假村。

菲茨帕特里克的接任者是法国人 Philippe Bourguignon，他曾经担任欧洲迪士尼乐园房地产业务的高级副总裁。45 岁的他将面对的是截至 1992 年 9 月，欧洲迪士尼乐园年度财报 1.88 亿法郎的净亏，并且从该年 4 月到 9 月，公园到访的法国游客仅占游客总人数的 29%。而预测认为，这个数字应该接近 50%。

Bourguignon 被寄希望于利用他在当地的人际关系为欧洲迪士尼乐园带来业务量的提升。然而，这个项目从一开始就被公众视为梦魇。最糟的情况之一是在一次乐园开放前的新闻发布会上，示威者甚至向迪士尼公司的 CEO 迈克尔·艾斯纳（Michael Eisner）扔臭鸡蛋。在经营的第一年里，迪士尼不得不对自身的"纯洁"形象做出让步，解除了在乐园内的禁酒令。现在园内各大餐厅都能提供酒水。

欧洲迪士尼乐园 49% 的股权归位于加利福尼亚州伯班克市的迪士尼公司所有。起初预计开业第一年会有 1 100 万游客，但直到 1993 年 1 月，游客数还不到 1 000 万人次。为了吸引更多的法国人在漫长又潮湿的冬季来园游玩，园方将成人票价从 225 法郎（折合 40.91 美元）降至 150 法郎（折合 27.27 美元），儿童票从 150 法郎降至 100 法郎。欧洲迪士尼还降低了其餐厅和酒店的价格，后者登记入住率仅为 37%。

Bourguignon 还面临着其他的问题，例如欧洲迪士尼乐园将从 1993 年 9 月开始进入第二发展阶段，公司计划投入 80 亿～ 100 亿法郎，但这笔钱从何而来，尚未有眉目。眼看公司在一点点耗尽现金储备（截至 1993 年 5 月为 190 亿法郎），且债务不断累积（截至 1993 年 5 月为 210 亿法郎）。欧洲迪士尼乐园对这一点毫不讳言，承认迪士尼公司正在"为欧洲迪士尼乐园寻找潜在的资金来源"。公司还与银行商谈，试图重组其债务。

尽管受尽挫折，艾斯纳对这一项目的乐观态度丝毫未减。"一上来就畅销的产品，多半来得快也去得快，那些缓慢成长的东西，那些有文化内涵的部分，才是我们孜孜以求的。"他说，"我们在法国创建的是美国公司有史以来在国外最大的私人投资，它总有一天会有好的结果。"

开端

迪士尼的发展壮大是一个典型的"美国式"白手起家的故事。它起步于堪萨斯城一家小的广告公司。米奇是一只真正的老鼠，藏匿于当时还默默无闻的沃尔特·迪斯尼（Walt Disney）的地板之下。起初，米奇名叫莫蒂默（Mortimer），直到迪斯尼太太提出异议。沃尔特·迪斯尼到底有多喜爱米奇这个角色，从很多事实中可以窥见一斑。比如，在电影拍摄时，他亲自为这只老鼠配音，直到后来这项工作才移交他人。为了提升这只幸运小老鼠的知名度，迪斯尼本人做出不少牺牲，包括变卖他的第一辆爱车——弯月造型的敞篷车，以及在路易斯·梅耶（Louis Mayer）面前自取其辱。"将那只老鼠赶出银幕！"这位电影大亨公开对这个卡通角色回应道。此后，1955 年，迪斯尼灵机一动，决定将他的电影角色带入"真实世界"，与它的粉丝互动。他排除万难，终于在美国加利福尼亚州的阿纳海姆市建成了世界上第一家迪士尼乐园。

1966 年迪斯尼去世后，公司也从此一蹶不振。它在那个时代最后一次大受欢迎是 1969 年推出的《万能金龟车》电影——以一辆名为 Herbie 的大众牌汽车为主角。如今，迪士尼高管将这个问题追溯到 E. 卡登·沃克（E. Cardon Walker）这位专横的 CEO 身上，他于 1976 ～ 1983 年执掌迪士尼，直到他的继任者罗恩·W. 米勒（Ron W. Miller）上台。沃克总是在公众场合讥讽他的下属，且对别人的观点无动于衷。他每次做决策均基于他认为"如果是沃尔特也会这么做"。高管们发生争论时，引用沃尔特原话的一方往往会取胜。公司后来还印制了一些这位创始人的语录。沃克强调制作适合举家观赏的电影是沃尔特所倡导的。举个例子，在反响平淡的电影《秃鹰人》的海报上，女演员芭芭拉·卡勒拉（Barbara Carrera）身穿一条两边开衩的裙子，沃克却要求将裙缝用颜色涂满。久而久之，制片厂的创作人员渐渐流露出厌倦，越来越少的人愿意花钱去看这些充斥着套话的刻板电影。1983 年中期，一种相似的低耗电视制作方法的出现，导致哥伦比亚公司取消了长达一小时的迪士尼节目，这是公司成立 29 年以来首次未经正规网络播出，这也使得迪士尼公司俨然成为一名隐士，从此与世隔绝。

米勒的短暂统治，只能证明授权要比分权的管理模式英明。人们认为，米勒的发迹是因为他娶了老板的女儿，绝非能力过人。为了支持米勒，董事会任命雷蒙德·L. 沃森（Raymond L. Watson），欧文公司的前负责人，作为兼职主席，不过他很快变成了全职。

米勒意识到制片厂需要注入新的活力，他精心制作出热门电影《现代美人鱼》（Splash），以看上去（但不是真正）裸胸的人鱼为主角。然而，好莱坞的天才自由撰稿人不愿意忍受迪士尼规定的条条框框，以及吝啬的报酬。米勒的出发点虽好，却总是不见成效。"卡恩·沃克会去倾听，但听不进别人的意见，"一位前任高管说，"罗恩也会倾听，但不会付诸行动。"

太多的"票房毒药"导致利润不断被蚕食。1980 年，公司实现收入 9.15 亿美元，利润 1.35 亿美元。到了 1983 年，公司收入为 13 亿美元，而利润仅为 9 300 万美元。更令人不安的是，来自主题乐园的收入，原来约占公司总收入的 75%，而今增长乏力。1983 年 4 月至 1984 年 2 月期间，迪士尼公司的股票从每股 84.375 美元跌至 48.75 美元。

这些年来，小罗伊·迪斯尼（Roy Disney Jr.）眼睁睁看着由他的叔叔沃尔特和父亲老罗伊·迪斯尼一手打造的商业王国一点一点衰落。他一直认为，应该对公司的各个部分进行整合，以互相促进。如果不去振兴电影和电视的制作，不仅会断了财路，还会使整个公司及其活动逐渐淡出公众视线。同时，仅凭借几个点子和卡通角色吸引人们不断涌入乐园，去购买玩具、书籍和唱片的做法也会慢慢失效。如今，他可怕的预言即将成真。他的私人股权已经从 9 600 万美元降至 5 400 万美元。沃克将罗恩·米勒视为光鲜的继承人，而小罗伊·迪斯尼只是他的白痴侄子而已。这促使小罗伊·迪斯尼在 1977 年辞去迪士尼副总裁的工作，创立一家广播和投资公司——三叶草控股集团。

1984 年，小罗伊·迪斯尼与作风强硬的律师以及杰出的战略家斯坦利·戈尔德（Stanley Gold）联手。戈尔德意识到，股票价格下降必然导致集体抛售，这对小罗伊·迪斯尼来说是拯救迪士尼公司命运的良机。他们询问华纳兄弟公司的副主席弗兰克·威尔斯（Frank Wells），如果给他这个机会，他是否愿意去坐公司的第一把交椅。威尔斯，这位律师和罗兹学者的答案是肯定的。紧接着，小罗伊·迪斯尼知道，迪士尼的董事会会限制他擅自对股票进行交易，于是他在 1984 年 3 月 9 日退出了董事会。"我知道公司将被挂上'待售'的招牌。"戈尔德说。

通过辞职，小罗伊·迪斯尼推倒了第一张多米诺骨牌，最终获得了他最想要的结果。公司股票遭到集体抛售，溃不成军，并且遭到讹诈，雪上加霜，到处被起诉。在这紧要关头，一位胸怀大志、富有经验的高管奇迹般地出现，令人看到曙光。小罗伊·迪斯尼推荐由迈克尔·艾斯纳担任 CEO，董事会差点拒绝艾斯纳，他们倾向于更加年长且保守的人选。戈尔德介入进来，并对董事们发表了慷慨激昂的演讲："艾斯纳看上去是有那么一点疯狂……但是这个国家的每一个电影制片厂都是由疯子在做事，你们觉得沃尔特·迪斯尼怎样？这家伙更是个狂人，这里是一个创造性的机构，它依旧需要一名疯子来管事。"

与此同时，艾斯纳和威尔斯上演了一场殚精竭虑的游说活动。他们游说了每一位董事会成员，除了不在国内的两人，解释他们对公司未来的看法。"什么是最重要的，"艾斯纳说，"他们看到我不是来混日子的，我是一个认真的人，我懂得盈亏背后意味着什么，我认识投资分析师，并且我常读《财富》杂志。"

1984 年 9 月，迈克尔·艾斯纳被任命为 CEO，弗兰克·威尔斯成为董事长。33 岁的杰弗瑞·卡森伯格（Jeffrey Katzenberg），这位疯狂的生产总监从派拉蒙电影公司出来，接管了迪士尼公司的电影和电视制作室。"问题的关键是，"艾斯纳说，"要怀揣着一个伟大的想法出发。"

加利福尼亚阿纳海姆迪士尼乐园

长期以来，沃尔特·迪斯尼一直在关注他的两个女儿缺少家庭式娱乐的问题。他看到周围的游乐园大多是肮脏的旅游嘉年华会。这些地方往往不太安全，且有可能发生暴力事件。迪斯尼设想了一个场所，这里能让来自世界各地的人们在清洁和安全的环境中娱乐。1955 年 7 月 17 日，当加利福尼亚州阿纳海姆迪士尼乐园的大门第一次打开的时候，他的梦想终于成为现实。

迪士尼乐园力图创造完美的奇幻世界，但奇迹不会轻易出现。这里是通过现代科技创造奇迹的所在。仔细观察就能看到墙背后、地板下、天花板上有几十台计算机，以及大量的磁带机、电影放映机、电子控制器等在操纵着几十个游乐设施和景点。迪士尼乐园的首席工业工程师迪克·霍林格（Dick Hollinger）说：“我们的理念是：迪士尼乐园是世界上最大的舞台，而观众就在这个舞台之上。保持舞台的清洁和正常工作是一项庞大的工程。”

清洁度是首要关注的问题。在乐园早上8点开门前，清洁人员要清洗打扫并抹干每一条人行道、街道，每个建筑和柜台。乐园里一共有7 400名员工，其中超过350人在凌晨1点就上班，开始每天例行的清理工作，以保证每天步行穿过乐园的成千上万人的脚底不会粘上口香糖，这一直是最令人烦恼的清洁难题。不久前，乐园的管理员发现用90磅[⊖]水压的防火软管也不能完成工作。后来，他们每天使用蒸汽机、剃须刀刮片、库什曼滑板车拖行的拖把来冲刷街道和人行道。

为了给幻想世界旋转木马的黄铜抛光，需要一个工人工作整整8个小时。园方还使用减缓生长的激素喷洒整个园区内经过精心修剪的植被，避免树木和灌木丛恣意生长，超出分配给它们的空间，避免毁坏那些被安置在乐园里精心维护的5∶8比例的模型。每天晚上，马特洪峰滑橇的维修主管亲自乘坐滑橇走过每英尺的轨道，并检查牵引链的每一个环节，坚信自己的眼睛胜过价值超过200万美元的安全设备。

艾斯纳本人极其注重细节。一个星期天的下午，当他走过迪士尼乐园的时候，发现海角乐园树屋上的塑料树叶，他立刻指出，这些树叶会定期磨损，叶片需要逐一更换，而更换成本为50万美元。当他和家人漫步在乐园里，他和他的长子布雷克（Breck）会弯腰拾起清洁员所遗漏的一些垃圾碎屑。这种老式的奉献精神已见成效。自1955年开业那天起，迪士尼乐园就一直财源滚滚。

佛罗里达州奥兰多迪士尼世界

当艾斯纳来到这里时，奥兰多的迪士尼世界已经是它今天的模样——美国最受欢迎的度假胜地。但该公司忽略了其业务中一个利润颇高的领域：酒店。在迪士尼三个现有的酒店中，最赚钱的可能就在美国，与行业平均入住率66%相比，这里的登记入住率达到前所未有的92%～96%。艾斯纳迅速开始了一项雄心勃勃的10亿美元酒店扩张计划。迪士尼的大佛罗里达海滨度假村和加勒比海滩度假酒店两间大型酒店，在1987年至1989年间开业。而由蒂什曼地产建设、大都会人寿保险、青木公司持股和经营的迪士尼游艇俱乐部、海滩度假村、海豚和天鹅酒店，也在1989年至1990年期间开业。3 400个酒店客房和250 000英尺²的会议空间使它成为密西西比河以东最大的会展中心。

1982年10月，迪士尼为主题乐园添加了一个新项目——“未来世界”（EPCOT）。未来世界一系列的建筑旨在展示未来25年的技术进步，还集合了国外“村庄”的世界展示橱窗。这个新园区由两个大的复合式建筑群组成。后来成为该公司总裁的E.卡登·沃克宣布，未来世界将是一个“永久的展示橱窗、工业园区和实验住宅中心”（见表P2-2）。

东京迪士尼乐园

这是东京四年来最令人难受的一个冬日。北风和8英寸厚的大雪无情地抽打着这座城市。道路拥堵，火车速度放缓。然而，如此恶劣的天气也未能阻止13 200名游客前往东京迪士尼乐园的脚步。Mikki Mausu，在日本以外的地方被称为“米老鼠”，它在风暴中俘虏了这个国家。

1983年4月15日，位于东京近郊浦安市填海海岸线边缘的迪士尼乐园向公众开放。在不到一年的时间，超过10万人迈入这个大门，游客人数逐年飙升。1983年8月13日，单日93 000人的游客人数创造了新的纪录，并且很容易就刷新了两个美国迪士尼乐园创造的旧纪录。四年后，伴随着十字转门的咔嚓声，该纪录又被再次推翻，单日游客总数达到111 500人。到1988年，全年游客数飙升至约5 000万人，相当于自开业以来有将近一半的日本人曾到访过东京迪士尼乐园。稳定的现金流推高了1989年的年度财政收入，达到7.68亿美元，比1988年增长了17%（见表P2-3）。

204英亩[⊜]的东京迪士尼乐园由迪士尼公司授权，由东方乐园（OLC）公司拥有和经营。45年的合同给迪士尼带来了10%的门票收入和5%的食品及衍生商品销售收入，还有授权费用。迪士尼选择不持有该项目的任何股份，而且没有在建设中投入任何投资。东方乐园公司总裁高桥政知说：“对于迪士尼乐园在日本的成功，我从未有过丝毫的怀疑。”东方乐园公司对于迪士尼乐园在日本的成功是如此有信心，完全依靠贷款筹建了迪士尼乐园，贷款1 800亿日元（按1988年2月的汇率为15亿美元）。高桥说：“债务对我毫无意义，我们有充分的理由清偿债务。”曾经为东京迪士尼乐园著书的作者之一

　　⊖　1磅=0.453 6公斤。

　　⊜　1英亩=4 046.856米²。

Fusahao Awata 说:"日本人向往的是'美国文化'。"

在 1983 年 4 月东京迪士尼乐园开业后不久,五名日本神道教的萨满在灰姑娘城堡附近举行了庄严的祭祀仪式。到目前为止,在这个庞大的主题乐园里,这是唯一的日本公开仪式。游客看到的都是纯粹的美式乐园,所有的标记都是英文的,只有少量的日文翻译。大部分食物也是美式风格,景点均从美国迪士尼乐园克隆过来。迪士尼公司还坚持两项原则,即不准喝酒,不准外带任何食物进入乐园,这些均令日本民众哗然。

然而,当迪士尼正满腔热情地在东京一砖一瓦地创建阿纳海姆魔幻王国的复制品时,出现了一些小问题。在开幕当天,东京乐园发现近 100 个公用电话摆放的位置太高,以致日本客人难以轻松拿着它们。还有许多饥饿的游客发现,他们够不着乐园小吃摊的桌台面。

"我们在美国使用的一切,现在都引进到这里。"沃尔特·迪士尼景点日本株式会社的董事总经理罗纳德·D.波格(Ronald D. Pogue)说。东方乐园公司宣传部门的一名工作人员秋叶俊晴说:"美国麦当劳的汉堡包和肯德基之类的东西在这里很受年轻人欢迎。我也希望从日本和东南亚来的游客能够感受到他们所体验的都是最真实的东西。"

最终,地缘特征还是为东京迪士尼带来一些变化。例如,园内增加了一间日本餐厅以取悦年老游客,鹦鹉螺号潜艇消失了,很多区域被覆盖起来以防止雨雪。景点线路也必须重新设计,以免人们在乐园散步时,会横穿那些等待体验游乐设施的长队。东京项目的经营董事总经理詹姆斯·B. 科拉(James B. Cora)解释说:"在日本,在别人面前穿行是非常失礼的。"日本和美国之间最大的区别是口号和广告文案。虽然英语是经常使用的语言,但它是"日本化"的英语,即当英语母语人士不知所云时,日本人却愉快地点头称是。"让我们去踏青"就是非常典型的成功的日式广告语之一。

波格常离开他的加利福尼亚州基地,到实地造访,以监督七名常驻在这里的美国迪士尼项目经理。这些项目经理与东方乐园的日本同行一起携手工作,以确保乐园与公司的格调一致。虽然很有美国风范,但东京迪士尼乐园仍体现出一种根深蒂固的日式激情,即整洁、秩序、优秀的服务和杰出的技术。迪士尼详尽的培训手册给日本高管留下了深刻的印象,手册教导员工如何使参观者获得贵宾般的感觉。日本人说,最值得仿效的是,迪士尼能将最卑微的工作做到光鲜亮丽。博报堂研究所的关泽说:"他们改变了不整洁的工作形象。"

在发展东京迪士尼乐园过程中,迪士尼公司确实遇到了一些独特的文化问题:

问题: 如何处置东京迪士尼乐园游客每周产生的约 250 吨的垃圾?

迪士尼的标准解决方案: 垃圾压实机。

日本的提案: 让猪吃垃圾,然后屠宰并出售获利。

詹姆斯·B. 科拉和约 150 名运营专家组成的团队做了一个小小的测算,指出这项工作需要将近 10 万头猪,而且会有臭味。

最终日本人妥协了。

日本人也对东京版本的拓荒世界——外观质朴的西部乐园感到不安。"日本人喜欢所有东西都看上去很新,"科拉说,"他们不停地给木头上油漆,我们不停地说,别这样,这看起来很老土。"最后迪士尼工作人员将日本人带到阿纳海姆,让他们亲眼看看西部世界。

表 P2-2　主题公园成长大事记

1955 年	迪士尼乐园
1966 年	沃尔特·迪士尼去世
1971 年	奥兰多的迪士尼世界
1982 年	未来世界
1983 年	东京迪士尼乐园
1992 年	欧洲迪士尼乐园

资料来源:Stephen Koepp, "Do You Believe in Magic?" *Time*, April 25, 1988, pp. 66-73.

表 P2-3　投资者印象:沃尔特·迪士尼公司(1989 年 12 月)

销售(最近四个季度)	46 亿美元
与去年同期变化	上升 33.6%
净利润	7.033 亿美元
变化	上升 34.7%
普通股股东权益回报率	23.4%
五年平均	20.3%
股票平均价格(过去的 12 个月)	60.50 ～ 136.25 美元
近期股价	122.75 美元
盈利倍数	27
投资者总回报(截至 1989 年 11 月 3 日)	90.6%

资料来源:*Fortune*, December 4, 1989.

东京迪士尼乐园开园之时，正值日元兑美元汇率上升，日本人的收入水平有显著的改善。在这个富足的时代，东京迪士尼乐园引发了休闲的兴趣。它的巨大成功促使人们在全国各地建造"游乐园"，这也激发了日本人的休闲娱乐倾向。人口稠密是东京迪士尼获得成功的真正关键。3 000 万日本人居住在乐园的方圆 30 英里内，这是阿纳海姆迪士尼乐园周边地区人数的 3 倍以上。当乐园游客人数接近乐园负荷上限，已无力接纳更多的游客时，东方乐园和迪士尼马上制订了一个迪士尼 - 米高梅工作室的版本计划。这一次，迪士尼要持有项目 50% 的股份。

创建欧洲迪士尼乐园

1987 年 3 月 24 日，迈克尔·艾斯纳和时任法国总理雅克·希拉克签署了一项合同，在马恩河谷建设一个迪士尼主题乐园。迪士尼与法国政府之间的谈判持续了一年多。在签约仪式上，说着一口流利法语的罗伯特·菲茨帕特里克从法国政府获得两个奖项，他被介绍为欧洲迪士尼乐园的总裁。他被认为是拉拢法国支持建立主题乐园的一个关键人物。正如一位分析家所说的那样，迪士尼选择他创建乐园，因为他"比法国更法国"。

迪士尼在西班牙和法国受到广泛追捧。两国总理命令他们的政府助其一臂之力，为迪士尼寻找合适的建造场所。法国成立了一个五人团队，以外贸和旅游部部长的特别顾问伊迪丝·克雷森（Edith Cresson）为首，西班牙的谈判代表包括旅游促进总干事 Ignacio Vasallo。迪士尼催促两国政府拿出详细的信息。"他们唯一没有问我们的是游客眼睛的颜色。"Vasallo 抱怨说。

政府也尝试了其他激励手段。西班牙提供税务及劳务激励，还有多达 20 000 英亩的土地。法国开出的礼包虽然不是那么慷慨，但也包括了 5 300 万美元的开支，用以改善通往该地点的公路，还花费 7 500 万美元在地铁工程上。很长一段时间以来，所有迪士尼高管都会微笑着说，虽然法国有较大的人口基数，但是西班牙有更好的天气。

高管们解释说他们之所以选择法国而不是西班牙，是因为马恩河谷便于通往附近的世界旅游之都，同时距法国、比利时、英格兰和德国的约 3 000 万人口只有不到一天的车程或火车旅程。另一个提到的优势是良好的运输系统。巴黎地铁系统到马恩河谷中心的托尔西之间的铁路线是一个局域网，法国政府承诺延长此线路到乐园的实际场地。该乐园还受益于编号为 A-4、从巴黎到德国边境的一条现代化高速公路，以及通往戴高乐机场的高速公路。

签署了意向书之后，也就意味着法国政府不希望让计划失败，迪士尼提出了一个又一个要其让步的要求。例如，迪士尼门票收入的协商增值税从正常的 18.6% 削减到 7%，25% 的园区建设投资来自贴息贷款。此外，因合同而产生的任何纠纷将不会在法国的法院裁决，而是由一个特殊的国际仲裁机构审判。但是，合同中有一项条款是有利于法国政府的，那就是需要在其主题公园中尊重和利用法国文化。

该乐园建于马恩河谷的 4 460 亩农田上，这是法国巴黎东部 20 公里的一个农村地区，因为盛产甜菜和布利乳酪而闻名于世。该乐园计划于 1992 年初开业，规划者希望每年吸引约 1 000 万名游客。创建园区需要约 25 亿美元，这使其成为法国历史上最大的单一外商投资。为创建乐园，成立了一家法国的"中枢"公司，起步资金为 30 亿法郎，构成为 60% 的法国资本和 40% 的外资。迪士尼占股 16.67 %。欧洲迪士尼乐园有望每年给法国带来 6 亿美元的外商投资。

合同签署后，个人和企业开始忙于以各种方式插手米老鼠这一赚钱机器，都希望不离开法国，从"美国梦"中获利。巴黎的《解放报》在其头版标志中竟出现了米老鼠的耳朵。

15 亿～ 20 亿美元的一期投资将涉及游乐场馆，包括酒店和餐馆、高尔夫球场，以及在欧洲版本的魔法王国上增加水上乐园。二期计划在 1992 年开业之后启动，要求建造乐园周围的社区，包括体育场馆、科技园区、会议中心、剧院、商场、大学校园、别墅和公寓。1989 年 11 月，菲茨帕特里克宣布，迪士尼 - 米高梅影城在欧洲成立，也将于 1996 年在欧洲迪士尼乐园开业，期望取得类似迪士尼 - 米高梅工作室主题乐园在奥兰多迪士尼世界的巨大成功。该工作室将大大推进沃尔特·迪士尼公司的战略，为欧洲和世界市场增加其在欧洲的实景真人制作和动画电影娱乐。

"自从公布以来，电话一直响个不停，"负责监督马恩河谷地区的政府工作人员马克·伯特霍德（Marc Berthod）说，"我们接到大公司以及小公司——从连锁酒店到翻译人员咨询欧洲迪士尼乐园详情的电话。周围村庄的官员们被寻找工作的人们打来的电话淹没了。"他补充说。

欧洲迪士尼乐园预计将产生高达 28 000 个就业机会，这对上一年度遭受了 10% 以上失业率的地区提供了救济措施。它还有望给法国的建筑业带来生气，建筑业因为上一年度的法国经济问题已受到重创。此外，欧洲迪士尼乐园预计将吸引众多投资者投资经济低迷的巴黎郊区。国际商业机器有限公司（IBM）及巴黎国家银行是该地区建设的项目。此外，拔地而起的一幢新建筑是一家工厂，它将聘请 400 个外来劳工清洗欧洲迪士尼乐园的 14 000 名员工预计每天将产生的 50 吨脏衣物。

房地产市场也感受到了欧洲迪士尼乐园的影响。"在这附近拥有土地的每个人目前都在紧紧抓住土地，至少要等到他们知道即将发生什么事情。"Danny Theveno，马恩河谷西部边缘的维利尔斯镇的发言人说。迪士尼预计在第一年接纳1 100万人次的游客，盈亏平衡点预计在700万～800万人。令人忧虑的是，欧洲迪士尼乐园将蚕食去往佛罗里达州迪士尼世界的欧洲游客流，但欧洲的旅行社表示，它们的客户仍然热切地选择了佛罗里达，因为受到美元贬值和阳光的诱惑。

抗议文化帝国主义

在欧洲迪士尼乐园的建设中，迪士尼面临着法国共产党人和知识分子的抗议。阿里安娜·穆世瑾（Ariane Mnouchkine），一名戏剧导演，形容它为"文化切尔诺贝利"。"我全心希望叛军放火烧掉迪士尼乐园。"一名法国知识分子在《费加罗报》上如是说。"米老鼠，"另一个人嗤之以鼻地说，"令人窒息的个人主义，只会将儿童转化成消费者。"主题乐园不断遭受类似的咒骂，被视为美国"新地方主义"的体现。

马恩河谷地区的农民沿路张贴抗议标语，上面画着米老鼠的低劣形象，传递如"迪士尼滚蛋""停止屠杀"和"不要腐蚀我们国家的财富"等信息。农民生气部分是因为根据合同条款，法国政府将征用必要的土地并将之出售给欧洲迪士尼乐园开发公司，这对他们毫无利润可言。

虽然当地官员同情农民的立场，但他们不愿意让自己陷入所谓"世纪交易"的困境。"多年来，这些农民有幸耕种了被认为是法国最富饶的土地，"伯特霍德说，"现在，他们将不得不另谋职业。"

另一个对在神奇的国度崛起的前景不感冒的是劳工联盟——法国总工会（CGT）。尽管欧洲迪士尼有着创造就业机会的潜力，但法国总工会怀疑其成员能否从中受益。他们竭力去阻止可以让管理人员有权为工人设立灵活工作时间的法案。而灵活的工作时间，正是欧洲迪士尼乐园经营获利的先决条件，尤其在季节变化的时候。

然而，迪士尼被证明对"反美病毒"相对免疫。早在1985年，它与法国三大国有电视网络之一签署了一份合同，每个星期六晚上播放译制的迪士尼节目两个小时。不久之后，迪士尼频道成为法国收视率最高的节目之一。

1987年，迪士尼推出了一项积极的社区关系计划，以解除政治家、农民、村民甚至银行家的担忧情绪，他们一致认为该项目会给农村带来交通拥堵、噪声、污染等问题。这样的公关计划在法国是罕见的，在法国，企业很少为了与当地居民建立良好的关系而做出一点努力。而迪士尼邀请了400名当地儿童参加米老鼠的生日派对，为数十名当地官员和儿童提供去佛罗里达州迪士尼世界的免费旅行。

"他们是诱惑方面的专家，他们不隐瞒试图引诱你的事实。"文森特·瓜迪奥拉（Vincent Guardiola），东方汇理银行的一名官员说。该银行是在奥兰多经营的17家银行之一，随后成为合资企业的金融参与者。"法国人都不会使用这种公共关系，这令人难以置信。"观察家说，善意的努力缓和了对该项目的初步反对。

欧洲迪士尼乐园的财务结构

艾斯纳是如此热衷于欧洲迪士尼乐园，他使迪士尼保持该项目49%的股份，而其余51%的股份分布于伦敦、巴黎和布鲁塞尔证券交易所。根据要约，一半股份将分配到法国，25%到英国，其余的分布在欧共体的其他国家。72法郎的初步发售价大大高于招股书估计，因为乐园的承载量已略有增长。股票稀缺很可能推高价格，预计在1992年开幕当天将达到166法郎。这将实现约21%的复式回报。

沃尔特·迪士尼公司掌控乐园的管理控制权。这家美国公司拿出1.6亿美元自有资金以资助该项目，在欧洲流行的股票发行后，其投资价值飙升至24亿美元。相比之下，法国国家和当地政府提供了约8亿美元的低息贷款，并且在基础设施方面再次投入至少等量的资金。

其他资金来源是园区内的12家企业赞助商，迪士尼会用实际行动来补偿它们。孩子们乘坐名为"autopolis"的汽车，车上印有"风火轮"标志。美泰（Mattel）公司，该游乐设施的赞助商，为迪士尼提升其最大的玩具线之一而深表谢意。

真正的回报在乐园开业之后即刻开始。沃尔特·迪士尼公司将收取10%的入场费和5%的食品及商品收入，跟日本一样的安排。但在法国，它还将收取管理费、奖励费以及49%的利润。

所罗门兄弟公司的一名分析师估计，相比第一年预计的1 100万游客，该乐园将多吸引300万～400万的游客。其他华尔街分析师则警告说，沃尔特·迪士尼公司和欧洲迪士尼的股票价格已经包含了它们可以吸收的所有欧元的乐观情绪。"欧洲人访问佛罗里达州的迪士尼世界是美国体验的一部分。"奥尔顿塔（曼彻斯特附近一家成功的英国主题乐园）的营销总监帕特里克·P.罗珀（Patrick P.Roper）说，他怀疑，他们会跟美国一样急切地到巴黎郊区选址，并预计游客人数将低于迪士尼的预测。表 P2-4 展示了欧洲迪士尼乐园大事记。

表 P2-4　欧洲迪士尼乐园大事记

1984～1985 年	迪士尼与西班牙和法国协商创建一个欧洲主题公园，选址法国
1987 年	迪士尼与法国政府签署意向书
1988 年	选择龙头商业银行为项目高级部分贷款，成立 SNC 公司，开始筹划将必须持有欧洲迪士尼乐园 51% 的股权写入意向书
1989 年	欧洲媒体和股票分析师参观奥兰多的迪士尼世界，开始广泛的新闻和电视宣传，股票开始以超过发行价 20%～25% 的溢价交易

资料来源：Geraldine E. Willigan, "The Value-Adding CFO: An Interview with Disney's Gary Wilson," *Harvard Business Review,* January-February 1990, pp. 85-93.

欧洲迪士尼乐园的布局

欧洲迪士尼乐园在其主题上是鲜明的美国风格，尽管法国人普遍认为进餐时喝酒是上帝赋予的一项权利，但是乐园里还是发布了禁酒令。根据美国在 20 世纪 20 年代的场景，设计师为美国小镇大街提出了一个计划。因为研究表明，欧洲人喜欢禁酒时代。艾斯纳颁布法令，称歹徒和非法经营的酒吧的形象太消极。虽然比沃尔特·迪斯尼理想化的中西部小镇更华丽，也更具有维多利亚的气息，但小镇大街仍然是小镇大街。轮船离开小镇大街，穿越大峡谷西洋景到达拓荒世界。

熟悉的迪士尼未来世界，有着太空时代的过时影像，已经完全被抛弃了。它们被发现世界的闪闪发光的铜器和木制品所取代，这是基于儒勒·凡尔纳和达·芬奇而设计的主题。艾斯纳下令另外追加 800 万～1 000 万美元的费用用于"愿景之乡"的展览，这是一部由法国人在其原始合同中所要求的关于法国文化的 360 度电影。法语和英语是乐园的官方语言，同时还为说荷兰语、德语、西班牙语、意大利语的游客提供多语种导游。

随着美国的狂野西部频繁地出现在电影拍摄中，欧洲人对于过去的生活有自己的想法。拓荒世界加强了那些影像。一列失控矿车带着客人通过峡谷和淘金国家的矿山。一艘桨轮汽船让人想起马克·吐温笔下的印度探险家独木舟和淘金热时期的幽灵庄园。

在幻想世界里，设计人员努力避免与附近欧洲的中世纪城镇、教堂和城堡实景产生冲突。迪士尼乐园的城堡是基于德国的新天鹅堡，迪士尼世界是基于卢瓦尔河谷城堡，欧洲迪士尼乐园（睡美人城堡）被法国人坚持称为睡美人，因为英国手工艺者内置的彩绘玻璃窗户和描绘的迪士尼人物更像卡通形象。

乐园被带屋顶的长廊隔开，显得纵横交错。艾斯纳亲自下令在酒店和餐馆里安装了 35 个壁炉。"人们走在美国佛罗里达州的迪士尼世界，周围的湿度和温度是被设置成 20 世纪 90 年代的环境，他们走进了带空调的游乐设施并说这是最美妙的，"艾斯纳说，"天气不好的时候，我希望他们能走进这些带壁炉的大堂说同样的话。"

欧洲各地的儿童都蓄势待发准备消费。即使是在《费加罗报》撰文抨击过迪士尼的一名知识分子也无奈地承认，他 10 岁的儿子"受到迈克尔·杰克逊的蛊惑"。在欧洲迪士尼乐园，迪士尼很高兴迈克尔·杰克逊能以"EO 船长"的名义在吸引着儿童们。

欧洲迪士尼乐园的食品服务和住宿

迪士尼预计每小时提供 15 000～17 000 份餐饮，不包括小吃。开发的菜单和服务系统使这些餐饮在款式和价格上都有变化。乐园配备了一个有 400 个座位的自助餐厅、6 张餐桌的自助餐馆、12 个柜台的服务单位、10 个小吃店、1 条美食街、8 509 辆爆米花货车、15 辆冰激凌推车、14 辆特色食品车和 2 个员工食堂。餐厅其实是一个展示美国食品的橱窗。唯一的例外是重建了欧洲寓言的幻想世界。在这里，餐饮服务将反映寓言的原产国：德国食品有木偶奇遇记设施，法国的有灰姑娘，意大利的有小姐与流浪汉，等等。

当然，这些食谱都根据欧洲人的口味进行了一些修改。因为很多欧洲人不喜欢非常辛辣的食物，因此墨西哥式的食谱被淡化。为了迎合大众的口味，乐园还调制了一种特殊的咖啡。热狗车体现出美国人口味的地域性，包括有棒球场热狗（温和，蒸熟，牛肉和猪肉的混合物）、纽约热狗（全是牛肉，辣）和芝加哥热狗（维也纳风格，类似于香肠）。

欧洲迪士尼乐园有 6 个主题酒店，它们在开幕当天提供近 5 200 间客房、1 个野营场所（444 辆租赁拖车和 181 个露营站点），以及 27 洞高尔夫球场外围的单户住宅。表 P2-5 概括了欧洲迪士尼乐园的规模和特征。表 P2-6 对比了欧洲迪士尼乐园和奥兰多迪士尼乐园的一日通票价格和住宿价格。

迪士尼严格的着装规定

安托万·格维尔（Antoine Guervil）站在欧洲迪士尼乐园夏延酒店的 1 000 间房间前面，守着自己的岗位上，练习说"您好！"当格维尔这位海地的政治难民说这个词的时候，它听起来更像是"Audi" ⊖。法语为母语的人很难在说"hay"和"Hank"以及"howdy"时发出"h"的音。格维尔从事的工作要求他一直穿着牛仔服并表现出高兴的样子，在客人进入夏延酒店时问候他们，这是西方电影的着装风格。

"Audi"，格维尔说着，脸上显示出努力纠正发音的表情。这显然是一个费劲的过程。除非事情有了更好的转机，否则不难想象来自雷诺这家法国汽车公司的反对，它是园区内的企业赞助商之一。想象法国汽车公司的高管与其家人抵达法国雷诺赞助的欧洲迪士尼乐园时，听见迪士尼酒店的门童在为德国汽车做广告，他该多么生气。

这是迪士尼在雇用约 12 000 名员工以维持和宣传欧洲迪士尼乐园主题乐园时面临的问题。有一本手册详细列出了对得体的服装、发型和首饰的规定，和其他事情一起，使公司卷入了法律和文化争端。批评家们质问无礼的美国人怎么可以对法国文化、个人主义和隐私这么冷血。迪士尼的高管坚持认为，禁止他们实施无可指责的用人标准，可能会威胁到乐园的形象和长期的成功。

"对于我们来说，从产品识别的角度来看，着装规则有着实际的效果，"欧洲迪士尼乐园人力资源副总裁索尔·德格尔曼（Thor Degelmann）说，"没有它，我们就无法向人们展示他们期待的迪士尼产品。"

这些着装规则在一个视频演示中得到详细的说明，在指导手册里也有详细的规定，不仅仅是身高和体重的标准，在着装等方面也有严格要求。乐园要求男人的头发剪短到衣领和耳朵以上，没有胡子或胡须，掩盖任何文身。女性必须保持自己的头发为"自然色"，没有烫发或染发，只能使用有限的化妆品如睫毛膏。假睫毛、眼线膏、眼线笔是完全禁止的。指甲不能超过手指的指尖。至于珠宝，女性一只耳朵只能佩戴一个耳环，耳环的直径不超过 0.75 英寸。无论男性还是女性都不能在手上佩戴超过一个戒指。此外，女性必须穿合适的内衣和肉色的连裤袜，而不能是黑色或任何带花哨设计的其他物品。虽然规则没有要求每天洗澡，但给申请人的视频描述了一个淋浴场景，并通知他们将被期望每天展示"清新、干净的形象"。类似的规则在美国和日本迪士尼的其他三个主题乐园也同样被采用。

在美国，一些迪士尼员工的工会代表时不时抗议公司严格的着装规定，但很少成功。当迪士尼乐园开放其"铸造中心"，并邀请申请人"扮演（他们的生活）角色"，并抓住"独特的机会嫁给工作和魔法"时，法国总工会开始抗议。法国总工会在乐园中心散发传单，警告申请人的着装规定，他们相信这代表"对个人自由的攻击"。一个更主流的联盟，法国劳工民主联合会（CFDT），呼吁劳工部阻止迪士尼侵犯"人的尊严"。法国法律禁止雇主限制个人和集体自由，除非限制可以通过待完成的任务性质得到合理解释。

然而，德格尔曼表示，该公司对美国和法国之间的文化差异"了如指掌"，并且"淡化"了在美国原版指导书中的措辞。他指出，许多企业，特别是航空公司，都是严格执行着装规则。他补充道："我们很乐意将我们的着装规则变成书面文字。"他说，他从没听说过有人因为这些着装规则而拒绝从事这份工作，不超过 5% 的面试者在观看视频后决定不再继续应聘，视频里也有详细的交通和工资说明。

菲茨帕特里克也为着装辩护，不过，他承认，迪士尼如此直接地展示这些东西，可能有点天真。他补充说："在法国还有一个共产党，而在俄罗斯竟然一个都没有。具有讽刺意味的是，我能帮法国总工会向乐园申请门票。"

另一个大的挑战在于迪士尼想要大多数法国"剧组成员"（迪士尼是这么称呼它的员工的），用微笑和一贯的礼貌来招呼乐园的客人以打破他们对古代文化的厌恶。法国个人主义被塑造成道德高尚的迪士尼形象。此地区内的其他主题乐园对手，

表 P2-5　欧洲迪士尼乐园度假酒店

占地 5 000 英亩
30 个景点
12 000 名员工
6 家酒店（拥有 5 184 间客房）
10 个主题餐厅
414 个包厢
181 个野营地点

资料来源：Roger Cohen, "Threat of Strikes in Euro Disney Debut," *New York Times*, April 10, 1992, p. 20.

表 P2-6　"米奇"的价格

	欧洲迪士尼乐园	奥兰多迪士尼世界
4 人间	旺季酒店价格	
	97 ～ 345 美元	104 ～ 455 美元
	野营空间	
	48 美元	30 ～ 49 美元
	一日通票	
儿童	26 美元	26 美元
成人	40 美元	33 美元

资料来源：*BusinessWeek*, March 30, 1992.

⊖　奥迪（Audi）是德国汽车品牌，其发音与此处相同，故下面有法国汽车公司误解之事。

因为对塑造迪士尼公司的系统认识比较零散，所以在保持微笑面孔方面已经遇到了麻烦，这些员工有时候表现出地铁售票员的言行举止。

法国政府和迪士尼公司在长达两年的签约前的谈判中就聘请法国公民而不是其他国家的国民这一微妙问题进行了审查。最终协议要求迪士尼尽最大努力进军当地劳动力市场。与此同时，据了解，对于欧洲迪士尼乐园的工作，其工作人员必须为客人提供多个国家的形象写照。巴黎、伦敦、阿姆斯特丹、法兰克福都设立了"铸造中心"，"我们都集中于当地劳动力市场，但我们也在寻找德国人、英国人、意大利人、西班牙人或其他民族的人，以及有着良好的沟通技巧、性格外向、说两种欧洲语言（法语加上一种其他语言）且被周围的人所喜欢的工作人员。"德格尔曼说。

Stephane Baudet 是一个来自巴黎的 28 岁的小号手，当他得知他将不得不剪短自己的马尾辫时，他拒绝了迪士尼铜管乐队的工作试演。"为了在欧洲迪士尼乐园工作，有些人将自己变成一个任人蹂躏的傻瓜，"他说，"但我不是。"

欧洲迪士尼乐园开幕日

在欧洲迪士尼乐园盛大开幕的前几天，数百名法国游客被邀请参加开业前的派对。他们迷惑不解地看着摆放在他们面前的东西——一个堆满了排骨的大盘子，洞穴状的影院配备了"西部拓荒记"的全套道具，其中包括 20 头进口水牛。迪士尼故意不提供银器。"当时有片刻的惊愕，"菲茨帕特里克回忆说，"然后，他们只有一种说法，'让它见鬼去吧'，然后开吃。"不过有一个问题，客人无法掌握边啃着排骨边鼓掌的方法。因此，迪士尼计划提供更多的餐巾纸并教导游客跺脚示意。

1992 年 4 月 12 日，欧洲迪士尼乐园开幕当天，《法兰西晚报》积极预测迪士尼的痴呆形象。"米老鼠疯了"，其头版标题如是说，警告人们道路上的混乱，告诫人们绕道行走。一份法国政府的调查表明，预计 50 万的人流可能会搭乘 90 000 辆试图进入游乐园的汽车，法国无线电警告人们出行时避开该地区。

但现实情况却是，截至欧洲迪士尼乐园开幕当天的午餐时间，停车场占用不到一半，这表明游客人数还不到 25 000 名，未达到乐园承载量的一半，并低于预期。可能很多人听从了建议留在家中，或者更可能是被欧洲迪士尼乐园到巴黎中心的直达铁路为期一天的罢工所耽搁。人们排队玩主要的游乐设施，如加勒比海盗和巨雷山惊险之旅的时间平均大约为 15 分钟，比在佛罗里达州的迪士尼世界普通日的排队时间还短。

迪士尼的高管装作若无其事的样子，声称游客人数优于在美国佛罗里达州、加利福尼亚州和日本的迪士尼主题乐园第一天的情况。然而，事实无法掩盖，在开业前的庆祝活动上花费数千美元后，欧洲迪士尼已经对一些令人印象深刻的漫长交通堵塞有所领教。

其他运营问题

当法国政府于 1986 年易手时，工作陷入了停顿。美国人墨守成规的做法也使谈判陷入了僵局，这意味着提前规划每一个可以想象的应急方案有多么必要。与此同时，将乐园视为"口香糖工作"入侵的右翼团体和美国流行文化也因"当地文化背景"产生激烈的冲突。

在开幕当天，英国游客发现法国人不愿意排队玩游戏。"法国人似乎认为，如果上帝要让人去排队，就不会让人长出手肘。"他们评论说。不同的文化对个人空间有不同的定义。迪士尼游客面临的问题包括人们靠得太近，或者催促那些在自己前面且和前面排队的人之间留下太多空间的人。

此外，迪士尼在其第一份招标书中使用了英语，这使得法国的中小企业感觉成了外人。最终，迪士尼建立了一个数据库，其中包含超过 20 000 家法国和欧洲企业寻找工作的信息，当地商会与迪士尼共同开发了一个视频文本信息库，法国和欧洲的中小型公司的信息被录入其中。"这项工作会拿到，但许多本地公司必须明白，它们必须通过竞争才能争取到从这项工作中分一杯羹的权利。"商会官员说。

为了确保欧洲国民尽早接管乐园的日常运行，乐园也做出了一些努力。虽然员工当中只有 23 个美国侨民，但他们控制了展示区并担任最高层职位。每个高级经理都有任务选择其欧洲接班人。

迪士尼也被迫帮助 Gabot-Eremco 施工总承包组的 40 个分包商摆脱困境，现在却无法兑现所有的承诺。有些分包商说，如果它们在欧洲迪士尼乐园的工作得不到支付，将面临破产。一位迪士尼发言人表示，款项将不超过 2 030 万美元，而且该公司已经将乐园的施工费用支付给了 Gabot-Eremco。但 Gabot-Eremco 和其他 15 个主要承建商要求迪士尼支付 1.57 亿美元的额外费用，它们说，这些费用是在最初合同签订后添加到项目中的。迪士尼驳回其要求，并寻求政府干预。迪士尼表示，在任何情况下，它都不会向 Gabot-Eremco 支付费用，并指责其官员不称职。诸如此类，各种各样的问题围绕着 Bourguignon：上年度的亏损，本年度再度亏损的预期，加上对公司股价的负面影响，等等。所有这些都令他忧心忡忡。

近年来对欧洲迪士尼乐园的回顾

正如深度综合案例 P2-1a 所述，欧洲迪士尼乐园早期面临重大障碍。1992 年 5 月，约有 25% 的欧洲迪士尼劳动力（约 3 000 人）因其不可接受的工作条件而辞职。因此，欧洲迪士尼公司股票价格下跌，欧洲迪士尼公司在 1992 年 7 月宣布其运营的第一年预计净亏损约 3 亿法郎。从那时起，欧洲迪士尼公司就开始实施了一些重大变革，其中许多变革非常成功。

为了提高客流量，迪士尼于 1993 年 6 月开始在欧洲迪士尼乐园内提供含酒精的饮料。1994 年 3 月，迪士尼向银行提供了一笔交易：如果银行同意重组 10 亿美元的债务，迪士尼将提供额外资金以确保继续运营；如果银行不同意，迪士尼准备关闭乐园并拖欠贷款。迪士尼公开宣布除非债务重组，否则可能关闭乐园，以此来对银行施加额外压力。银行同意了迪士尼的要求，并注销了未来两年的利息支付，设立了延期偿还贷款的三年期限。作为回报，迪士尼公司同意在价值 2.1 亿美元的新乐园上重组自己的贷款安排。

重组后不久就出现了转机。1995 年，迪士尼报告说，客流量从 880 万增加到 1 070 万，同比增长 21%；酒店入住率从 60% 增加到 68.5%。欧洲迪士尼度假区于 1994 年更名为巴黎迪士尼乐园，1995 年 7 月，该公司报告其第一个季度的利润为 3 530 万美元。1995 年巴黎迪士尼乐园的利润为 2 280 万美元。迪士尼于 2002 年 3 月在法国开设了第二个主题乐园。2015 年，两个合并乐园的客流量超过 1 480 万，成为欧洲访问量最大的主题景点。

2015 年 1 月，欧洲迪士尼的股东批准了由沃尔特·迪士尼公司资助的 10 亿欧元的资本重组计划，该计划旨在改善巴黎迪斯尼乐园的长期亏损，结束在其 20 年的历史中困扰欧洲迪士尼公司多次的债务危机。根据交易条款，沃尔特·迪士尼公司持有的现有债务将转换为股权，进一步增加美国公司对欧洲业务的投资。

问题

1. 参照霍夫斯泰德的四个文化维度，美国和法国之间主要的文化差异是什么？
2. 汤皮诺的研究通过何种方式解释了美法之间的文化差异？
3. 请列举公司在管理欧洲迪士尼乐园时犯下的三个错误，并进行解释。
4. 通过这次经历，公司在应对差异时应该吸取哪三条教训？请分别描述。

资料来源：这个案例是由研究助手 Sonali Krishna 在 J. Stewart Black 教授和 Hal B. Gregersen 教授的指导下完成的，是为了课堂讨论准备的。它不是为了说明有效或无效的管理能力或行政责任。

迪士尼在亚洲

自 20 世纪 80 年代东京迪士尼大获成功后，迪士尼公司开始意识到其在亚洲的广阔潜在市场。近年来，整个亚洲的主题乐园产业极其成功，大批本土和国际公司开始涌入该市场。迪士尼公司是其中的一个主要参与者。2005 年，香港迪士尼开园，2016 年，上海迪士尼开园，且迪士尼公司还在讨论其他亚洲城市的相关项目。

继东京迪士尼乐园成功后，中国因其在 20 世纪 90 年代和 21 世纪到来时巨大的人口与经济增长，成为下一个主题乐园的有力候选地。1996 年，迪士尼动画片《狮子王》票房大卖，也证明了中国市场的巨大潜力。然而，在 90 年代后期，中国消费者对主题乐园反应不太积极。1993 ~ 1998 年期间，有超过 2 000 家主题乐园在中国开园，很多项目因竞争者多、市场预期差、成本高以及地方官员的干预而关门大吉。尽管如此，迪士尼的项目计划仍在中国继续，尤其是上海和香港两处。

香港迪士尼乐园

1997 ~ 1998 年的亚洲金融危机爆发后，香港迪士尼乐园建设计划启动，并于 2005 年 9 月盛大开园。尽管在 20 世纪 90 年代后期，香港经济状况欠佳，迪士尼仍然对这处 "城市生活" 中的主题乐园前景持乐观态度。毕竟香港已经是一个国际旅游目的地，可以吸引中国内地和东南亚等地的游客入园。

1999 年 11 月，迪士尼公司决定与香港特区政府组建合资公司。这与东京迪士尼交由外国公司全权负责不同，迪士尼决定对新建的香港乐园采取更直接的控制。香港迪士尼乐园建于大屿山竹篙湾，距离国际机场和市中心各 6 英里远。预计开幕后能创造约 18 000 个就业机会（实际上最终提供了 36 000 个）。乐园第一期工程包括年容纳 1 000 万名游客参观的迪士尼主题乐园、2 100 间酒店客房，以及一个 30 万英尺^{2}的零售、餐饮及娱乐中心。

为了使乐园更具 "文化敏感度"，迪士尼乐园及度假区总裁杰伊·罗思乐（Jay Rasulo）称，香港迪士尼乐园将采用英语、粤语、普通话三种语言。该公园还将提供一处奇幻花园供游客与迪士尼人物拍照（这深受亚洲游客喜爱），以及更多遮雨的地方，以适应当地多雨的气候。

但很快，迪士尼就意识到文化敏感性方面做得还不够。例如，它提供深受当地人喜爱的鱼翅汤的决定，大大激怒了环保主义者，园区最终不得不将这道菜从菜单上删除。2006 年初，中国新年时大量游客从各地涌入乐园。始料未及的管理人员只得拒绝众多持有有效门票的游客入场。这无疑将激怒游客，并且导致大量关于这家新建主题乐园的负面报道。

乐园的其他 "短板" 还包括规模小以及扩展速度慢。与巴黎迪士尼乐园度假区（前称欧洲迪士尼乐园）的 52 个景点相比，香港迪士尼仅有 16 个景点和一个经典迪士尼探险之旅——飞越太空山。不过，政府已规划收购附近土地，以提高园区内现有设施的规模。也许是由于体积小，景点较少，香港迪士尼乐园在开园后 12 个月仅有 520 万名游客，低于预期的 560 万人。在此后的几年里，乐园增加了其他景点以增加客流量，但是面临着财务压力。2015 年，乐园损失了 1 900 万美元。

香港迪士尼乐园扩建之争

将香港的主题乐园在原规模上扩建约 1/3 是迪士尼的长期计划的一部分。自 2007 年以来，迪士尼试图获得香港特区政府的财政支持。然而，在那期间，香港迪士尼乐园的表现远低于预期，这使得持有其 57% 股权的香港特区政府对是否要进一步投入资金产生疑虑。自 2005 年 9 月开园以来的三年半时间，香港迪士尼乐园已吸引了约 1 500 万名游客，约为每年 430 万人。这个数字已经跌破原先预期的 "每年超过 500 万人"。迪士尼并没有向公众披露财务数据，但是据欧睿信息咨询公司（Euromonitor）的评估，乐园截至 2006 年 6 月已经亏损 4 600 万美元，并且这个数字有可能在来年增加到 1.62 亿美元。

一直到 2008 年，迪士尼的管理层都在致力于强调扩建园区对该项目整体发展的重要性。到目前为止，园区占地 126 公顷，仅四大板块——幻想世界、明日世界、探险世界和美国小镇大街，以及两家酒店。香港迪士尼乐园行政总裁金民豪说，扩建对公园成功运营至关重要。2008 年 9 月，金民豪还公开表示，乐园有充足的成长空间，因为它只用了一半的可用土地，"扩张是促进迪士尼在香港成功的战略的一部分"。园区扩建可能将花费高达 30 亿港元，或 3.87 亿美元。2008 年 12 月，香港《星岛日报》称，迪士尼将做出一个"不一般"的让步，可能会给香港特区政府更大的股份，来偿还此前用于扩建园区的近 8 亿美元的现金贷款。

2009 年，由于无法与香港特区政府达成共识，迪士尼公司表示将搁置这个期待已久的乐园扩建计划。迪士尼的伯班克（加利福尼亚州）办公室发布声明表示，由于未能与香港特区政府就资助扩建急需的资金达成共识，该公司将裁员。据迪士尼称，"由于未来难以预料，我们不得不立即暂停该项目的所有创意和设计工作。"30 名从事新乐园规划和设计的香港"幻想工程师"将面临失业。《商业时报》的爆料人称，迪士尼想结束与香港特区政府谈判的原因之一，可能是该公司已经在和上海官员商讨，要开一个更大的主题乐园。可以说，这是一个更大、更令人兴奋的中国项目。上海的乐园便于更多中国家庭前来游玩，然而，据欧睿信息咨询公司估算，一旦迪士尼中国地区的重心从香港转移到上海，便意味着香港乐园的游客人数或将锐减 60%。

2009 年 6 月，迪士尼最终与香港特区政府达成协议：迪士尼将投入约 4.65 亿美元，扩建迪士尼主题乐园。这一时期，这个娱乐巨头将必要的新资金全部投入建设以及维持乐园的运营上。约 3.5 亿美元的贷款也将转换成股权，以提供经费，同时，继续通过信贷融资约 4 000 万美元。此前承担 35 亿美元原始建造成本的香港特区政府将不会增加任何新的资金投入。迪士尼副总裁莱斯利·古德曼（Leslie Goodman）在一份声明中称："迪士尼投资了一大笔钱在这个重要的项目上。"随后，乐园的三个新项目开始动工。"反斗奇兵大本营"于 2011 年开始营业，"灰熊山谷"于 2012 年开始营业，"迷离庄园"于 2013 年开始营业。这三个新项目使香港迪士尼乐园的整体规模增加了 25%，现在公园内有 100 多个景点。这些扩张是否能为香港迪士尼带来盈利尚待观察，未来是否有其他的乐园扩张项目仍然不确定。

中国内地的不确定性

上海被称为"东方巴黎"，因其日益增长的商业化和工业化以及已经存在的交通通道而成为第二个吸引迪士尼管理者在中国建设乐园的地方。上海的迪士尼主题乐园对公司和中国都是有利的。从迪士尼的角度来看，它将进入世界上最大的潜在市场之一（并且还与环球影城的新主题乐园竞争）。

最初的规划者希望在 2010 年世博会之前在上海开设迪士尼乐园。然而，一系列延误阻碍了上海迪士尼乐园的建设。中国政府由于担心上海迪士尼乐园会阻碍新开业的香港迪士尼乐园的成功，有意在 2000 年中期推迟了上海迪士尼乐园的建设。此外，在 2005 年北京对于该项目不可缺少的政府批准陷入停滞。有一段时间，上海迪士尼乐园的计划似乎不会实现，让迪士尼有考虑建设其他新乐园的想法。

为上海迪士尼乐园大开绿灯

几年之后，沃尔特·迪士尼公司重启了在中国上海建立乐园的计划。2009 年 1 月，迪士尼公司向中国政府提出方案，拟斥资 35.9 亿美元共建一家乐园，包括酒店和购物中心。这对迪士尼在上海的扩张是一个绝佳的机会：在全球经济危机中能创造 5 万个新的就业机会，对正在"降温"的中国经济具有特别的吸引力。

初步协议于当年 1 月进行了签署。根据该提案，将由迪士尼控股 43%，上海政府控股 57%，组成一家合资公司。初步协议中提到，一期工程建设期为期 6 年，预计在 2014 年开园。迪士尼将支付 3 亿～6 亿美元的集资费用，以获得公园 5% 的门票收入和 10% 的附带产品收入。上海迪士尼乐园将把中国文化元素与传统迪士尼人物和景点融为一体。此外，其股权结构将包含迪士尼香港合资协议的某些内容。据《华尔街日报》报道，新成立的名为"申迪"的公司，将代表上海迪士尼乐园项目中上海市政府的利益。申迪由上海市政府下属的两个业务实体，以及另外一家隶属于上海市委宣传部的公司共同持股。经过近一年的谈判，迪士尼终于在 2009 年 11 月收到了中国政府同意继续进行其上海乐园计划的批文。

迪士尼迅速采取行动，收集乐园建设所需的其他必要的批准和文件。2010 年 4 月，乐园所需的土地获得批准。2010 年，超过 2 000 户家庭和近 300 家公司搬迁，为第一阶段的建设做好了准备。为了让公众了解乐园，乐园所在地浦东新区的负责人宣布该项目的第一阶段将覆盖 4 公里^2，主题乐园本身占地 1 公里^2。第一阶段的建设，包括上海迪士尼乐园和两家酒店，于 2011 年破土动工。尽管迪士尼在 21 世纪初期申请建立上海乐园时遇到了困难，但五年建设阶段进行得相对顺利。

随着 2016 年开业的临近，公众对乐园愈加兴奋。2016 年 3 月推出后，超过 500 万人涌入乐园官方网站，开放两周的乐园门票提前几个月售罄，并且在 5 月的一个周末，超过 100 000 人前往尚未开放的乐园，只是为了穿过大门，在外围的商店购物。乐园于 2016 年 6 月 16 日正式向公众开放。

分析师将这项举动看作是迪士尼和其他西方媒体公司进入中国巨大且未开发的媒体和娱乐市场的重要一步。纽约 Gabelli and Co. 的高级分析师克里斯托弗·马兰奇（Christopher Marangi）说："多年来，迪士尼不断通过向人们展示其产业，如电影、电视节目和产品等，为其在中国大陆建造迪士尼乐园奠定了基础。"

迪士尼在其上海乐园实施了独特的门票定价方法，以最大限度地提高客流量和利润。与其他主题乐园不同，上海迪士尼乐园的入场费用定价的特点是"需求定价"。在客流量大的日子里，如周末和夏季，会设定"峰值"价格。虽然上海乐园的门票价格低于香港乐园，但高峰定价结构使得入场价格在某些日子里上涨超过 25%。

公众关心的上海迪士尼，作为第六家迪士尼乐园，将不可避免地对香港迪士尼乐园造成影响。目前关注的焦点在于，香港迪士尼乐园的收入难免会被分薄，这将使其原本不佳的业绩雪上加霜。但是，迪士尼公司认为，两家乐园的关系是互补大于竞争。上海迪士尼乐园的目标客户将主要来自南京、苏州、杭州等三小时车程范围内的数千万人口，以及上海当地 1 900 万人口。有分析人士如东亚银行的首席经济学家邓世安对此亦表示乐观，他认为，"来自广东及中国南部的游客仍会觉得去香港迪士尼乐园较方便，而上海迪士尼乐园更能吸引来自中国北部和东部的客户"。事实上，在 2015 年初香港迪士尼乐园的利润增长了 36%。

此外，对上海迪士尼乐园持批判态度者依然深信，该项目对香港迪士尼乐园的威胁无法想象。新加坡欧睿国际主题乐园研究专家帕里塔·奇塔卡塞（Parita Chitakasem）称："上海迪士尼乐园至少具备两大优势，使其能够比香港迪士尼乐园吸引更多客户。一是它能让游客用同样的价钱换来更好的体验，因为上海迪士尼乐园的面积是香港迪士尼乐园现有面积的 4 倍。二是对于中国内地游客而言，由于不涉及签证、跨境等问题，他们能够非常容易地到达上海。"虽然上海迪士尼乐园只开放一个阶段，但它对香港迪士尼乐园的真正影响需要时间来证明：香港乐园客流量增长的停滞证实了许多人的担忧；2015 年，在上海迪士尼乐园开业前一年，香港乐园的客流量仅增加了 1%。

在亚洲的其他机会

沃尔特·迪士尼公司希望在亚洲修建其他主题乐园和景点。基于在美国两个主题乐园的成功运作（阿纳海姆和奥兰多），迪士尼公司相信，每个区域可以有超过一个主题乐园。迪士尼的管理者认为，另一处在亚洲的战略性选址不会与东京迪士尼、香港迪士尼和上海迪士尼竞争，反而还会带来更多的客户。

一个可能的战略性选址是在马来西亚的柔佛。马来西亚的官员希望通过在柔佛引进迪士尼项目，从而与同样作为旅游胜地的邻居新加坡抗衡（2006 年，新加坡开设了两个大赌场）。但是，迪士尼公司称尚未有在马来西亚开设主题乐园的具体想法或讨论。总部在中国香港的迪士尼亚洲区运营中心发言人阿兰娜·高斯（Alannah Goss）表示："我们正在评估全球战略市场，以扩展主题乐园、度假区和迪士尼品牌。我们一直在评估市场，但目前没有在马来西亚开园的计划。"

一直致力于发展旅游业的新加坡，也表达了愿意成为下一个迪士尼主题乐园东道国的意愿。尽管有关新加坡迪士尼乐园的谣言很快散去，但一些迹象表明试探性的讨论仍在继续——新加坡迪士尼乐园建在滨海东，还是实里达？不过，新加坡的居民认为，该主题乐园可能会比香港的那个还要小，压根不具备竞争力，他们担心的内容还包括有限的景点项目（根据其土地面积和当地法规）、炎热的天气和高昂的票价。

迪士尼在亚洲的未来

尽管迪士尼公司希望通过新的主题乐园进入亚洲市场，但是仍然面临诸多障碍，选址便是其一。首尔汉阳大学旅游管理学教授李勋（Lee Hoon）说："通常我们更关注选址是否位于市区，以及能否通过公共交通很方便地抵达。"选址也是与当地的旅游景点，以及由其他国际公司管理的景点的竞争焦点所在。从韩国爱宝乐园和香港海洋公园（2006 年的游客人数高于香港迪士尼乐园）的成功不难发现，亚洲旅客是本地景点的忠实"粉丝"。亚洲主题乐园间的残酷竞争，不仅在于第一年能不能吸引到足够的游客数，还包括能否吸引更多的回头客。

目前，已经初具规模的亚洲主题乐园产业仍有大量发展空间。迪士尼的管理者需要更多的创新和策略方可维持销售业绩。该地区现有的主题乐园已经证明，经过精心策划的策略可以带来更高的销售额，在 2000 年初的游客量下降 20% 之后，日本的环球影城通过引入新的创新景点，包括公园内的哈利·波特主题区和长达数月的动漫活动，在 2015 年实现了反弹，创下历史新高。

虽说一些主题乐园在当下表现不佳，但亚洲仍被看作是最具前景的游乐业区域。也许在其他一些地区，主题乐园的游客数已经停滞不前，但随着中产阶级人群不断壮大，亚太地区成为投资者和主题乐园承办者的主要目标。

人们认为新建成的新加坡环球影城无异于一场赌博。开发商瞄上的是460万新加坡居民以及每年970万游客的钱包（影城临近人口稠密的印度尼西亚和马来西亚南部）。2010年春季开业后，环球影城成为这个岛国第一个真正意义上的主题乐园。除此以外，乐高乐园（2012年在马来西亚柔佛新开的一家主题乐园）、2016年在阿联酋迪拜开设的乐园等其他国外品牌，还有一些本土公司，如马来西亚云顶、中国的OTC等也正密切关注这块位于自家后院的新兴市场。

根据麦肯锡2015年的数据，到2019年，亚太地区娱乐和媒体业的总体支出将增加到7 000多亿美元，比10年前的数量翻了一番。到2019年，亚太地区将占全球娱乐和媒体业支出的40%以上。"这是一块前景很好的市场，增长非常快。"专注于娱乐休闲业的咨询公司AECOM Economics的香港特别行政区主管Christian Aaen说道。米高梅电影公司和派拉蒙也在亚洲观察投资机会。

根据这些乐观的预测，有理由假设迪士尼会考虑向亚洲其他国家扩张，如马来西亚、韩国或新加坡。迪士尼似乎都曾认真考虑过这些地方。考虑到香港迪士尼乐园的扩建和上海迪士尼乐园的建设已经走上正轨，迪士尼公司具备足够的经验和动机继续向亚洲市场进行渗透。就这一点而言，迪士尼在中国开设了英语学习中心。这可能构成迪士尼更广泛的推动，以其业务和品牌建立一个强大的亚洲业务。这一举措毫无疑问将主题乐园运营作为一个中心组成部分。

问题

1. 迪士尼在进行亚洲地区扩张时遇到哪些文化挑战？这与它在欧洲遇到的情况有什么不同？

2. 文化因素如何影响主题公园在世界范围内的选址？

3. 上海迪士尼乐园为何会引来诸多争议？这个项目可能的风险和好处分别是什么？你认为它会"蚕食"香港公园的可能性是什么？

4. 你建议迪士尼下一个亚洲乐园在哪里选址？为什么？

资料来源：这个案例是由维拉诺瓦大学的Courtney Asher在乔纳森·P.多教授的指导下完成的，是为了课堂讨论而准备的。其余的研究由Benjamin Littell帮助完成。它既不是为了说明有效或无效的管理能力，也不是为了说明行政责任。

深度综合案例 P2-2

沃尔玛的全球战略

简介

1991 年，沃尔玛在墨西哥城附近成立山姆俱乐部并成为一家国际化公司。仅两年后，沃尔玛国际成立了。20 世纪 90 年代，沃尔玛借鉴在美国本土的成功做法，向海外推广低价、大包装的销售模式，然而，这一做法并不具备普遍性。例如，在墨西哥、中国和英国，沃尔玛努力向消费者提供最低价的商品，却因一些当地零售商的阻碍而事与愿违。在德国，沃尔玛模式无法迎合当地人的喜好和习惯。在日本，其合资企业遇到一系列挫折，这些都与日本人的购买习惯有关，沃尔玛模式在当地市场没有获得良好的响应。在墨西哥，为了与沃尔玛争夺本土市场，三家国内最大的零售商组建了联合购买和运营联盟。20 世纪 90 年代，沃尔玛进入中国香港市场，仅仅两年后便夭折了。沃尔玛还因在雅加达的暴乱事件结束了其在印度尼西亚的运营。同样，沃尔玛大致在韩国开了 16 家店，在德国开了 85 家店，但由于商品不符合消费者的要求和购买习惯，以及存在配送和再次包装的问题等，使得沃尔玛很难吸引当地消费者，只得于 2006 年廉价出售了这些门店。

此外，劳工权益倡导者以及环保人士也常令这家美国的大型零售商头痛，最终导致沃尔玛的持续扩张变得烦琐且代价高昂。例如，2006 年，因为沃尔玛拒绝其员工加入中国工会，公司不得不面对来自中华全国总工会（ACFTU）的强势公关。也许是因为中国政府在全国范围内为所有外资企业建立工会的努力提供支持，沃尔玛最终被迫让步。尽管与中华全国总工会进行公开对抗，但沃尔玛中国还是于 2014 年获得"中国最值得尊敬的外国企业"的霍华德奖。由于沃尔玛继续在全球扩张其商业版图，分析师们好奇于该公司将如何在市场上取得良好表现，以及在市场被细分的当下，消费者的理念与沃尔玛的低价模式是否相匹配。

尽管沃尔玛国际遇到这些挑战，但在沃尔玛整体运营中，它仍然是快速发展的一个分支。公司在美国大陆之外的 27 个国家有 6 300 家门店和 900 000 多个合伙公司（见表 P2-7）。国际高管 C. 道格拉斯·麦克米伦（C. Douglas McMillon）透露，沃尔玛正"从一家拥有国际部门的国内公司，逐渐发展成为跨国公司"。短短 20 年，沃尔玛国际已经成长为一家业绩达 1 000 亿美元的公司，假如它是一家独立公司的话，可在全球零售商排名中跻身前五（见图 P2-4）。2015 财政年度，沃尔玛总营业额达 4 820 亿美元，其中沃尔玛国际的业务功不可没。

2016 年，沃尔玛市值超过 2 000 亿美元，相当于阿尔及利亚的国内生产总值。美国富豪榜前 10 名中，有 4 个人来自低调的沃尔顿家族，他们如今仍持有沃尔玛 40% 的股份。公司的投资组合涵盖了美国的大型超市、巴西的社区店、墨西哥的杂货店、英国的阿斯达（ASDA）连锁超市、日本的西友（Seiyu）商店以及南非的 Massmart。沃尔玛从中国供应商处采购了很多低价商品。据中国劳工观察组织预测，如果将沃尔玛视为一个国家，它将是中国第七大贸易伙伴，名列英国之前。沃尔玛每年花费约 180 亿美元采购中国商品。

表 P2-7 沃尔玛国际业务（2015 年 6 月）

市场	市场零售单位	进入日期	市场	市场零售单位	进入日期
墨西哥	2 360	1991 年 11 月	哥斯达黎加	225	2005 年 9 月
加拿大	400	1994 年 11 月	萨尔瓦多	91	2005 年 9 月
巴西	499	1995 年 5 月	危地马拉	223	2005 年 9 月
阿根廷	108	1995 年 8 月	洪都拉斯	82	2005 年 9 月
中国	433	1996 年 8 月	尼加拉瓜	88	2005 年 9 月
英国	621	1999 年 7 月	智利	399	2009 年 1 月
日本	346	2002 年 3 月	印度	21	2009 年 5 月

资料来源："Where in the World Is Walmart?" *Walmart*, http://corporate.walmart.com/ourstory/our-locations (last visited March 3, 2016).

沃尔玛	4 760亿美元

1 050亿美元	开市客（Costco）
990亿美元	家乐福
990亿美元	历德（Lidl）
990亿美元	特易购（Tesco）
980亿美元	克罗格（Kroger）
860亿美元	麦德龙集团
810亿美元	阿尔迪（Aldi）
790亿美元	家得宝（Home Depot）
730亿美元	塔吉特（Target）

图 P2-4　2014年度全球最大零售商

资料来源：Original graphic created based on information from Deloitte(www2.deloitte.com/an/en/pages/about-deloitte/articles/consumerbusiness.html).

沃尔玛的早期国际化

沃尔玛在投资大型国内市场之外的市场时，在地区上有多个选择，包括进入欧洲、亚洲或西半球的其他国家（见表 P2-8和表 P2-9）。但沃尔玛当时缺少同时进入多个国家的必要的金融、组织和管理资源，于是，公司选择了按逻辑顺序进入市场。公司用这种方法，可以将从首次进入市场时学到的经验用于以后进入的国家。最终，在其国际化的首个五年（1991～1995年），沃尔玛决定专门致力于占有美洲：墨西哥、巴西、阿根廷和加拿大市场。显而易见，加拿大的商业环境与美国最相似，也是最容易进入的目的地。沃尔玛选择墨西哥（1991年）、巴西（1994年）和阿根廷（1995年）作为国际化的首选国家，是因为这三个国家的人口在拉丁美洲排前三位。

表 P2-8　沃尔玛国际零售单位数（2001～2006年）

国家	2001年	2002年	2003年	2004年	2005年	2006年	国家	2001年	2002年	2003年	2004年	2005年	2006年
阿根廷	11	11	11	11	11	11	墨西哥	499	551	597	623	679	774
巴西	20	22	22	25	149	295	波多黎各	15	17	52	53	54	54
加拿大	174	196	213	235	262	278	英国	241	250	258	267	282	315
中国	11	19	26	34	43	56	韩国	6	9	15	15	16	16
德国	94	95	94	92	91	88	总计	1 071	1 170	1 288	1 355	1 587	2 285
日本	0	0	0	0	0	398							

资料来源：Walmart Annual Reports for fiscal years 2001, 2002, 2003, 2004, 2005, 2006.

表 P2-9　沃尔玛国际零售单位数（2007～2015年）

国家	2007年	2008年	2009年	2010年	2011年	2012年	2013年	2014年	2015年
阿根廷	13	21	28	43	63	88	94	104	105
巴西	299	313	345	434	479	512	558	556	557
加拿大	289	305	318	317	325	333	379	389	394
智利	0	0	197	252	279	316	329	380	404
中国	73	202	243	279	328	370	393	405	411
哥斯达黎加	137	149	164	170	180	200	205	214	217
萨尔瓦多	63	70	77	77	78	79	80	83	89
危地马拉	132	145	160	164	175	200	206	209	217
洪都拉斯	41	47	50	53	56	70	72	75	81
印度	0	0	0	1	5	15	20	20	20

（续）

国家	2007 年	2008 年	2009 年	2010 年	2011 年	2012 年	2013 年	2014 年	2015 年
日本	392	394	371	371	414	419	438	438	431
墨西哥	889	1 023	1 197	1 469	1 730	2 088	2 353	2 199	2 290
尼加拉瓜	40	46	51	55	60	73	79	80	86
波多黎各	54	54	56	56	55	56	55	56	55
英国	335	352	358	371	385	541	565	576	592
总计	2 757	3 121	3 615	4 112	4 612	5 360	5 826	5 784	5 949

资料来源：Walmart Annual Reports for fiscal years 2007, 2008, 2009, 2010, 2011, 2012, 2013, 2014, 2015.

欧洲市场的一些特点对于成为沃尔玛首个进入者方面没有多少吸引力。欧洲的零售业相对成熟，这意味着一个新进入者不得不从现有对手手中夺取市场份额——对沃尔玛来说，这是一项异常艰巨的任务。此外，一些竞争对手在市场上的地位很牢固（如法国的家乐福和德国的麦德龙），它们会积极地对抗任何新进入的竞争对手。与大多数新进入市场的公司一样，沃尔玛规模相对较小，且缺乏强劲的当地消费者关系，这些会阻碍沃尔玛在欧洲市场的发展。拉丁美洲和亚洲市场的增长率很高，就失去的机会而言，如果进入市场的时间比竞争对手晚，则费用极高。相比之下，延迟基于收购进入欧洲市场的机会成本相对较小。

1991 年，沃尔玛努力发展全球化业务时，发现亚洲市场的潜力巨大，但亚洲市场的地理位置与美国市场隔得最远，两个地区的文化和物流截然不同。沃尔玛本应携大量金融和管理资源强势进入亚洲市场。但是，1996 年，沃尔玛感觉可以接受亚洲市场的挑战，并将目标锁定在中国市场。这个选择非常明智，给像沃尔玛这样的零售商提供了很多可能性。尽管如此，中国的文化、语言和地理与美国不同，这给沃尔玛进入中国造成了很大阻碍，因此沃尔玛决定像学开车一样使用两个立足点，以便进入亚洲市场。

1992 ～ 1993 年，沃尔玛同意向日本两家零售商（伊藤洋华堂和八佰伴）销售低价商品，这两家公司会在日本、新加坡、马来西亚、泰国、印度尼西亚和菲律宾销售这些商品。之后的 1994 年，沃尔玛与总部位于泰国的 C.P. Pokphand 公司成立合资企业并进入中国香港市场，在中国香港成立了三家价值俱乐部会员折扣店（Value Club membership discount store）。

在墨西哥和中国取得成功

总的来讲，沃尔玛在墨西哥取得了很大成功。1991 年，沃尔玛与零售巨头西弗拉公司（Cifra SA）成立合资企业，在墨西哥城成立了山姆俱乐部。1997 年，沃尔玛获得主要地位，2001 年将店改名为 Walmart de Mexico，大家都管它叫"Wal-Mex"。除了 256 家沃尔玛超级中心和 161 家山姆俱乐部仓库，Wal-Mex 也经营酒店小吃、商品折扣店、超市和郊区服装店。大部分超市位于墨西哥城里面或附近，但业务范围却超过墨西哥的 145 个城市。2015 年，沃尔玛新开了约 100 家超市并且没有迹象表明 Wal-Mex 的业务在下降。截至 2016 年，沃尔玛在墨西哥运营的超市超过 2 200 家。

沃尔玛在过去 10 多年中的快速增长并非没有问题。2012 年《纽约时报》揭露了沃尔玛公司管理层普遍存在的贿赂行为，因此美国司法部对它进行了长达 3 年的腐败调查。根据《纽约时报》的报道，2005 年 9 月，一位前墨西哥沃尔玛的高管联系了一位沃尔玛高级律师。在电子邮件和后续对话中这位前执行官（后来被确定为负责获得墨西哥沃尔玛建筑许可证的律师）表示，沃尔玛墨西哥公司为取得全国各地的许可证向政府行贿以推动增长预期。作为回应，沃尔玛派遣调查员前往墨西哥城。调查人员发现了大量贿赂证据和数百项可疑付款，总额超过 2 400 万美元。调查还发现沃尔玛墨西哥公司的高层管理人员已采取措施隐瞒证据。调查开始后不久，沃尔玛提醒股东，其声誉可能会受到贿赂丑闻的影响。2015 年 4 月，沃尔玛股价下跌 5%，约合 100 亿美元。沃尔玛指出，媒体和执法部门的询问可能会影响"某些受众对其作为企业公民角色的看法"。在 2012 ～ 2015 年，来自美国司法部、FBI、SEC 和 IRS 的 20 多名代表参与了调查。在调查和贿赂指控之后，沃尔玛创建了一个新的管理职位，以确保所有沃尔玛员工都遵守美国惯例法。

2006 年下半年，墨西哥财政局批准沃尔玛公司成立自己的银行。由于当地银行收费很高，所以 75% 的墨西哥人从来没有一个银行账户，"Banco Walmart de Mexico Adelante"给金融服务业带来必要的竞争，因为它收费比传统银行的收费低。2007 年 11 月，Wal-Mex 在托卢卡建立了第一家消费者银行——Banco Walmart；截至 2014 年 12 月，它已经新开了近 2 100 家分行。Banco Walmart 将目标锁定在低收入市场，与 55% 的智利家庭有储蓄账户相比，这个国家只有 24% 的家庭有储蓄账户。当竞争银行对消费者最小余额要求为 100 美元时，Wal-Mex 最小余额可低于 5 美元且无手续费用。从长远来看，Wal-Mex 计划使用借记卡来促进消费，然后将消费者带到利润更大的服务业，如保险业。仅在 2014 年，信用卡销售额便增长了 50%，总共有超过 50 万个活跃的智能卡用户。同年晚些时候，Wal-Mex 以 2.5 亿美元的价格将业务出售给 Inbursa，实现了 Banco Walmart 的成功。

Wal-Mex 将未来增长的目标放在 16～24 岁的人群，这些人群占整个墨西哥人口的 55%。2016 年，拥有 2 300 家批发超市的墨西哥在沃尔玛的国际目的地中排名第一，远超只有 600 家超市的第二大国际目的地英国。2014 年，沃尔玛墨西哥公司在全球表现最佳，毛利率为 22%，营业收入比上一年增长了 9.7%。

尽管在中国的经历没有在墨西哥那么简单，但沃尔玛还是在中国取得了巨大成功。沃尔玛于 1996 年进入中国市场，在深圳成立了一家超级中心和山姆俱乐部。截至 2016 年，公司已经成立了 433 家超市，拥有超过 10 万名雇员。为了迎合中国购物者的喜好，沃尔玛引进了"零售娱乐"模式，试图打造一个亲身实践的购物经历。

除了自己的超市之外，沃尔玛在中国台湾好又多（Bounteous）公司也持有股份，该公司拥有 Trust-Mart 这家广受欢迎的连锁超市。2006 年下半年，《华尔街日报》报道了沃尔玛和好又多的贸易额达 10 亿美元，沃尔玛计划在 3 年内建成 100 家 Trust-Mart 超市。考虑到沃尔玛在美国的销售额增速放缓且沃尔玛在德国和韩国的运营已经终止，因此公司在中国的扩张显得相当及时。与墨西哥的运营一样，沃尔玛同样与交通银行合作，通过引进借记卡的方式进入中国的金融服务业。

沃尔玛的扩张一直备受关注。为了与沃尔玛竞争，中国国内的竞争对手也建立了各自的业务。10 多年前，上海百联集团股份有限公司收购了 4 家超市竞争对手和百货大楼，目前运营的超市达 6 000 多家，雇用人数超过 20 万。为了提高盈利能力，华润创业有限公司已经从外资连锁企业解雇了一些经理并裁减了一些员工。尽管这些努力意味着沃尔玛将面临更大的竞争，却是国内公司欲在中国这个价值达 4 万亿美元的零售市场生存下来所必须面对的，自中国加入 WTO 并取消对国外零售商的限制之后，这个市场已经变得更具竞争性。

欧洲和日本的混合效果

1998 年，沃尔玛通过收购 21 家沃特考夫（Wertkauf）特大超级商场进入德国，落户欧洲市场。这种一站式购物中心提供各式各样的高质量商品和食品。德国被认为是欧洲最大的独立零售基地。沃特考夫的年销售额大概为 14 亿美元，其运营的特大超级商场与位于美国的沃尔玛超级中心非常相似。沃尔玛执行官们认为沃特考夫"完全适合"沃尔玛，希望可以给公司提供一个进入新市场的理想方式。

但是，沃尔玛在德国的运营很快付出了沉重的代价，它在进入新市场时低估了很多因素。首先，收购的德国零售连锁超市分布很散，且位于贫困地区。其次，沃尔玛也面临一系列文化差异问题，而沃尔玛试图通过一个又一个的错误来消除这些差异。公司最开始时设立了美国经理，而这些经理对当地文化的理解有一点偏差，例如为消费者打包商品（德国人更喜欢自己打包）或者要求收银员对消费者微笑（这让已经习惯享受直率服务的德国人感到不安）。

然而，其他问题却远远超出了沃尔玛的可控范围。两家德国折扣超市——阿尔迪和历德及一些更小的商店支配着杂货超市的业务，这些超市的特点是提供打折但质优的食物。阿尔迪的单周销售额显著提高，以提供折扣较大的商品为特色并吸引着消费者，销售的产品涵盖从酒类到橡胶软管。尽管沃尔玛规模很大，使公司在采购衣服和其他商品时可以产生很大影响力，但沃尔玛不得不为公司在当地的德国超市购买很多食品。沃尔玛在德国的实力不及阿尔迪公司。阿尔迪公司的 4 100 家商店几乎覆盖每个城镇。

"德国是折扣超市的家，"法兰克福 Kepler 证券公司的一位零售分析师马克·约瑟夫森（Mark Josefson）说道，"沃尔玛在价格上没有竞争力，而低价却是国内市场的主要特征。"除了这些竞争压力，还要考虑另一因素，即德国消费者是欧洲最节俭且最在意价格的消费者之一。德国的零售消费利润率在整个欧洲最低。

沃尔玛在德国苦苦挣扎了 8 年。分析师说尽管沃尔玛德国多次试图扭转该商业格局，但每年损失仍达 2 亿欧元（1.37 亿英镑），营业额大概为 20 亿欧元。2006 年，沃尔玛德国最终做出决定，将其 85 家德国超市出售给竞争对手麦德龙公司并退出德国市场。合资经营以失败告终，沃尔玛德国的税前损失达 10 亿美元左右（5.36 亿英镑）。将零售店出售给麦德龙的这一决定是在沃尔玛卖掉其位于韩国的 16 家超市之后做出来的。这是全球最大的零售商在全球快速扩张中的一次罕见撤退。

与此相反，沃尔玛第二个位于欧洲的零售目的地英国，却给公司带来了成功。1999 年 6 月，沃尔玛收购英国阿斯

达公司 (英国第三大食品零售商) 而进入英国市场。沃尔玛出资 67 亿英镑 (108 亿美元)。这笔现金交易在英国零售集团 Kingfisher PLC 竞争对手的竞标中排名第一,预计沃尔玛国际业务将翻番,并在整个欧洲扩张业务。

沃尔玛执行官们希望利用英国阿斯达公司的管理天赋和经验。英国阿斯达超市的面积不到沃尔玛超级中心的一半。沃尔玛在美国的超级中心超过了 200 000 英尺^2 (18 000 米^2),但在大部分美国之外的新市场发展中缺乏空间,这使得将英国阿斯达公司作为扩张的平台更具有合理性。

在达到稳定效果期间,连锁店仅仅取得了部分成功。尽管沃尔玛在与英国超市竞争期间已经学到了很多知识,但扩张时仍遇到不少挫折。虽然如此,英国阿斯达公司目前仍是沃尔玛全球杂货卓越的销售中心。沃尔玛全球营销总监在位于利兹市的英国阿斯达公司总部办公。此外,作为沃尔玛全球卓越销售的例子,《华尔街日报》报道了日本最畅销的葡萄酒是贴有英国阿斯达公司标签的波尔多葡萄酒。

沃尔玛在 21 世纪早期进行全球扩张的第三大战略是进入日本市场。2002 年,沃尔玛在 371 家西友超市参股 6% 并进入日本市场。尽管持续亏损,但沃尔玛逐步增加其所持股份,最终在 2008 年 6 月将西友超市变成一家外商独资的子公司。在日本,沃尔玛不得不面临诸多问题,例如西友公司的经理们一直反对沃尔玛的首创精神,日本购物者倾向于把低价商品和劣质商品视为等同。同样,很多日本人住在较小的城市公寓中,大宗交易在日本的表现并不理想。日本的杂货分销系统有很多批发商,这些批发商在供应商以及零售商之间做贸易来获取利润。竞争对手家乐福放弃了该市场。

沃尔玛日本 CEO Edward J. Kolodzieski 负责扭转西友公司的局面。他大幅度削减开支,关闭了 20 家超市,裁掉了公司 29% 的员工,店内的肉商工作人员被辞退,大部分肉类在中心设施处加工。随着场地被释放,西友公司开始提供可外带的食物。为了绕过中间人,西友公司在 2009 年将直接从生产商进口来的商品数量提高了 25%,并将重点放在增加贴有零售商标签商品的销售量。

然而,最大的变化就是将婴幼儿商品和宠物商品的价格从每周特价变成 "天天低价",最终将遍及整个超市。通过效仿英国阿斯达公司的做法,西友使用美元进行销售,以便与竞争者的价格做出对比。在长期衰退的压力下,日本消费者最终承认了一个事实,即他们可以用较低的价格买到高质量的商品。在花费 1 000 亿日元 (大约合 12 亿美元) 之后,沃尔玛在日本的局势到 2010 年逐步开始稳定,之后两年都实现了盈利。截至 2016 年,沃尔玛在日本已经拥有了 440 家西友商店。

重点放在拉丁美洲

2005 年是沃尔玛战略的另一转折点。由于沃尔玛在德国的发展战略遇到了一些挫折,在一些发达国家 (如加拿大和英国) 的扩张非常缓慢,因此公司将重点转移到拉丁美洲。沃尔玛公司决定将在墨西哥获得的有利经验用于其他南美洲国家。2005 年,沃尔玛公司购买了中美洲零售控股公司 (CARHCO) 1/3 (33%) 的股份并进入该市场。中美洲零售控股公司是中美洲最大的零售商,在 5 个国家开了 363 家超市和其他商店,这些国家是:危地马拉 (120 家)、萨尔瓦多 (57 家)、洪都拉斯 (32 家)、尼加拉瓜 (30 家) 和哥斯达黎加 (124 家),约有 23 000 名合伙人。2004 年销售额约为 20 亿美元。

在此之前的 2004 年 3 月,沃尔玛花 3 亿美元收购了位于巴西东北部的商业巨头 Bompreco 和荷兰皇家阿霍德 (Royal Ahold) 集团下的 118 家超市。这次收购明显地提高了沃尔玛在巴西的竞争地位。2006 年,沃尔玛与总部位于葡萄牙的索奈 (Sonae) 集团又达成一笔交易,用 7.57 亿美元收购位于巴西的 140 家超市。收购索奈集团的这些超市后,沃尔玛有望提升公司在巴西南部这些富裕州的地位。随着这些收购,沃尔玛在巴西的 26 个州中的 17 个州有了 295 个超市。但是,这一举动仅仅使沃尔玛成为巴西第三大零售商,落后于法国家乐福公司和 Companhia Brasileira de Distribuio Po de Acar 公司。

然而,巴西的业务经营得不好。由于经营利润率低迷,沃尔玛在 2010 ~ 2015 年投资了 220 亿美元以刺激在巴西的销售。2007 ~ 2013 年,巴西沃尔玛经营地区的数量翻了一番,但销售增长仍然停滞不前。到 2013 年,沃尔玛在巴西连续第五次出现经营亏损。2015 年 12 月,沃尔玛战略性地关闭了占其运营 10% 的 60 家巴西门店。

沃尔玛在拉丁美洲的最后一个战略是向智利扩张业务。2009 年,沃尔玛花 16 亿美元收购了 D&S 公司下的 224 家连锁店并绝对控股,希望巩固公司在拉丁美洲的支配地位。沃尔玛在拉丁美洲的销售额为 380 亿美元,成为拉丁美洲最大的零售商。市场调研公司行星零售 (Planet Retail) 预计沃尔玛的销售额将比其最大竞争对手家乐福公司多一倍。沃尔玛在智利进入的这些市场,对外资零售商的态度一直都很冷淡。家得宝、家乐福和美国的彭尼百货试图进入并占有这个有 1 700 万人口、在拉丁美洲零售市场排名第六的市场,最终都没有成功。

沃尔玛在 D&S 的扩张预算将从 1.5 亿美元增加至 2.5 亿美元,该预算可以在 2010 财年新开近 70 家超市。为了迎合低收入家庭的购物者，新开的超市大部分是小型超市，沃尔玛拉丁美洲总裁兼 CEO Vicente Trius 曾这样说。D&S 公司的吸引力除了超市之外，在其他方面也表现较好。大约有 170 万名智利人随身携带一张由金融服务机构发行的 Presto Card，2004 年，120 万名智利人持有该卡。"有这样一种说法，大型零售商从超市制造销售额，却用它们的信用卡赚钱。"圣地亚哥波士顿咨询集团的一位名叫罗德里戈·里韦拉（Rodrigo Rivera）的合伙人说道。

的确，分析师们预计南美洲 70% 的零售连锁超市利润来自金融服务行业（在 D&S 公司，该数字仅为 17%）。尽管沃尔玛试图在美国成立银行以失败告终，但公司已经在墨西哥和巴西提供金融服务。零售商希望通过增加更多的低风险服务，比如向外来的供货商销售人身保险，来提高 Presto Card 业务量。

沃尔玛 2016 年的计划

经过几年快速的国际扩张，沃尔玛在 2016 年提出了修订计划，旨在重组其现有店铺，同时继续进行全球扩张。在国际上，公司计划重新关注社区商店和超级购物中心，这将更好地满足市场需求。整个 2016 年，沃尔玛找到并关闭了 115 个表现不佳的国际超市，影响了大约 6 000 名员工。超过一半的巴西商店停业，其余的分布在整个南美洲。

尽管进行了战略性关闭，但 2016 年沃尔玛在全球也开设了 200 多个新店，包括超级购物中心和当地社区商店。这是沃尔玛历史上最大最快的国际扩张。中国、印度、加拿大、非洲市场是沃尔玛未来国际战略的关键。

中国

2015 年，沃尔玛宣布了雄心勃勃的中国市场扩张计划。到 2017 年底，公司希望开设 115 家新店，创造 30 000 个新工作岗位。新店将使沃尔玛中国的总店数增加到 530 家。此外，沃尔玛还将投资 6 000 万美元，对其现有的中国门店进行改造和更新。

沃尔玛的目标是成为中国最值得信赖的零售商，而不是成为中国"最大"的零售商。这个长期目标包括提高销售商品的感知质量。尽管在线零售商阿里巴巴仍然占据在线市场份额的主导地位，但沃尔玛的战略也包括在线销售。2012 年，该公司收购了销售易腐货物的在线零售商一号店。2015 年，沃尔玛发布了一款能为消费者提供家庭或店内运输订货的手机应用程序。

印度

金砖四国中另外一个具有吸引力的成长型市场同样吸引着沃尔玛，这个国家便是印度。人们普遍认为印度是世界上发展最快的零售市场之一，但对外国零售商来说，这也是最令人沮丧的市场之一。尽管印度经济自由化，但外国公司仍被禁止拥有零售店的多数股权。由于进入印度市场的法律和后勤困难，沃尔玛采取了与当地公司合作的战略。沃尔玛最初与印度 Bharti 集团合作，组建一家合资企业，打算以 Best Price Modern Wholesale 为品牌开设店铺。在为期五年的合作期间，沃尔玛和 Bharti 集团在印度各城市中心开设了 20 家门店。虽然合作伙伴关系于 2013 年友好终止，但沃尔玛仍然愿意采用合资方式在全印度范围内扩张。

2015 年夏天，沃尔玛宣布了积极的扩张计划，重新关注批发商店，而不是传统零售。虽然政府的限制阻止了外国人对零售店的多数股权，但对批发商没有任何限制。到 2020 年，沃尔玛计划开设 50 家新店，比目前数量的三倍还多。这些新店作为各种杂货类商品的一站式购物点，以小企业主而不是日常消费者为目标。沃尔玛总共将在印度市场投资 2 400 亿～3 000 亿美元，创造 2 000 个永久性就业岗位。

加拿大

沃尔玛加拿大公司成立于 1994 年，目前运营着 394 家超市，每天为整个加拿大超过 100 万名消费者提供服务。沃尔玛在加拿大有 90 000 多名员工，是加拿大第三大雇主。公司近日被水石人力资本（Waterstone Human Capital）命名为加拿大十大企业文化公司之一。

2015 年 1 月，沃尔玛加拿大宣布将在下一年投入数亿美元用来改善和提高市场水平。计划包括在本财政年度末开设 30 个新的超级购物中心，增加 230 000 英尺^2 的额外零售空间。总体而言，新店将创造约 1 000 个新的永久性店内工作岗位，以及 3 700 个建筑工作岗位。

除商店扩张外，沃尔玛加拿大公司还在其分销网络和电子商务项目上投入数千万美元。沃尔玛加拿大网站每天接待 400 000 名顾客，拥有 150 000 种不同的待售商品。在线订购、店内提货构成了当前电子商务投资的一部分。沃尔玛致力于改善其配送中心，旨在提高公司在新鲜食品和零售店领域的市场份额。通过这些投资，沃尔玛将向业务的分销方添加大约

300 个永久性工作岗位。

沃尔玛加拿大公司利用其他加拿大境内零售商的失败来发挥其优势。2015 年，塔吉特公司宣布退出加拿大市场，并留下 133 个空的大型零售空间。2015 年中期，沃尔玛加拿大公司同意购买 13 个前塔吉特目标地点以及配送中心。

南非

2010 年，沃尔玛首次在南非出现，用 24 亿美元收购了该国第三大零售商 Massmart 51% 的股份。之后，沃尔玛的扩张速度很慢。缺乏基础设施是沃尔玛南非遇到的大问题：南非各地的分销网络不一致，增加了产品送至消费者手中所需的时间。此外，没有足够的购物中心来容纳像 Massmart 这样大的商店。作为回应，沃尔玛正在建立独立商店。2015 年，沃尔玛建造了 19 家新的店铺。沃尔玛还认为南非是迅速崛起的非洲市场的桥梁。2015 年，沃尔玛宣布进入尼日利亚，而 Massmart 品牌计划在安哥拉的战略地点开设几家商店。

沃尔玛 Global.com 挑战 Amazon.com

认识到发达经济体和发展中经济体向数字销售的转变，沃尔玛在建设电子商务基础设施方面投入了大量资金。仅 2015 年，该公司就花费了数百亿美元。

随着智能手机上的商务活动越来越多，沃尔玛于 2015 年推出了一款新的移动应用程序以改善用户界面。与拥有实体店的亚马逊不同，沃尔玛将数字订购看作一个独特的利基市场，具有高增长潜力。需要冷藏的杂货物品不能通过像亚马逊这样的在线零售商轻松实现，但非常适合在沃尔玛进行店内取货。使用沃尔玛的应用程序，顾客可以订购杂货和其他新鲜食品，并快速亲自领取商品。

沃尔玛还在开发和实现其交付和履行系统的现代化。在很大程度上，这意味着模仿亚马逊的战略。为了与亚马逊的"Prime"航运服务竞争，沃尔玛已经开始提供"航运通票"，为用户提供所有在线订单无限制的三天运费。亚马逊的 Prime 航运服务提高了消费者的忠诚度，沃尔玛也希望获得这样的好处。为了提高运输服务的现代化并提高货物在全球各地的可达性，亚马逊正在开发无人机配送服务。2015 年，沃尔玛还宣布在不久的将来使用无人机。

建立广泛的在线基础设施的第二个好处是增加亚马逊和沃尔玛等公司数字产品的种类。具体而言，拥有大规模网络基础架构的公司可以使用它们已经购买的服务器为客户提供在线服务，如云存储。亚马逊首先利用这一优势，为 Prime 会员提供免费存储空间，并对其他客户每月收费。沃尔玛随后推出了一种名为 OpenOps 的开源云服务。

尽管取得了进展，沃尔玛的在线销售仍远远落后于亚马逊。虽然沃尔玛的产品线包含近百万件产品，但亚马逊拥有超过 1 900 万件产品。2015 年，尽管推出了"沃尔玛支付"移动钱包并投资数百万美元，但沃尔玛的在线销售额仅增长了 12%。同期，亚马逊的销售额增长了 20%，进一步提高了其在全球在线销售方面的压倒性优势。截至 2015 年底，沃尔玛共得 137 亿美元的在线销售额，而亚马逊创造了 1 070 亿美元的纪录。这使人质疑沃尔玛能否成为一个令人不可忽视的电子商务挑战者。

企业责任面临的持续挑战

像其他零售商一样，沃尔玛也面临来自新兴及发展中地区生产和销售负面新闻曝光的挑战。在销售方面，如上所述，沃尔玛卷入了墨西哥和印度的腐败丑闻。在生产方面，2012 年底班加罗尔纺织厂发生火灾，2013 年孟加拉国服装厂发生两起可怕事故，这给美国和欧洲服装品牌带来了新的压力，要求它们对生产工厂的工作条件承担更大的责任。孟加拉国发生的事故凸显了将生产外包给可能不可靠及不道德的供应商将产生的困难和脆弱性。

2013 年初，达卡的八层服装厂发生火灾，造成超过 1 000 名工人死亡。不到两周后，一场大火在孟加拉国的另一个地点造成 8 名工人死亡。最初沃尔玛曾否认它在这些地方生产，但沃尔玛最终证实它从这些供应商那里订购了服装。之后，6 月 11 日，在达卡郊区的迪基斯制衣厂爆发了另一场火灾，这进一步引发了人们对孟加拉国工厂安全问题的质疑。

因此，沃尔玛和盖璞公司随后宣布签署孟加拉国工人安全倡议，以确保孟加拉国的工厂安全。该协议有 5 000 万美元的承诺支持，将由位于华盛顿的非营利组织美国两党研究中心监督。作为这项倡议的一部分，多家美国零售贸易集团一直关注与竞争相关的法律责任，因此沃尔玛和盖璞公司将加入欧洲主导的协议。2013 年 6 月 25 日，奥巴马政府宣布暂停与孟加拉国的贸易特权，将该国从拥有最惠国贸易地位的国家名单中剔除。此举是在工会的压力和对孟加拉国政府维持工厂安全工作条件能力的持续担忧下发生的。沃尔玛和其他零售商继续努力解决如何通过多层供应商管理来扩展全球的供应链。

问题

1.沃尔玛早期的全球扩张战略是怎样的？为什么选择先进入墨西哥和加拿大，进而再扩至欧洲和亚洲？

2.沃尔玛在进入一些国际市场时会面对哪些文化问题？它的早期战略有哪些得失？为什么？它从在德国和日本的经历中得到哪些教训？

3.你会如何看待沃尔玛的拉美战略？哪些国家被视为这个战略目标的一部分？这一地区将为沃尔玛未来的全球扩张做出哪些铺垫？沃尔玛在拉丁美洲面对怎样的文化机会和挑战？

4.沃尔玛的未来增长将定位在哪些国家？这些国家的吸引力和风险分别是什么？你认为哪些地区将对沃尔玛未来的全球扩张至关重要？

5.如何评价沃尔玛在其扩张战略和供应链中面对要求提高道德和社会责任的压力时的反应？它的反应是否恰当和适当？

练习

假设你是沃尔玛的全球战略规划小组中的一员，被要求去下表中某一地区了解在当地进行商业扩张的挑战和机遇。请分成 6 组，每组代表一个除北美外的国家或地区。

组别	国家/地区	组别	国家/地区
1	拉丁美洲	4	日本
2	西欧	5	中国
3	中/东欧	6	俄罗斯

请描述你所在国家或地区扩张所面临的机遇和挑战。务必总结其文化氛围，说明那里和美国有哪些不同，以及公司可能会面临哪些挑战。

资料来源：这个案例是由维拉诺瓦大学的 Tetyana Azarova 在乔纳森·P.多教授的指导下完成的，是为了课堂讨论准备的。其余的研究由 Ben Littell 帮助完成。它既不是为了说明有效或无效的管理能力，也不是为了说明行政责任。

PART
3

第三部分

国际战略管理

第 8 章

战略制定与实施

| 学习目标 |

　　战略建立在对内外环境细致分析的基础上，现已为主要的跨国公司所采用。在此过程中，一个跨国公司将识别其产品和服务所处的市场环境，继而评估其能力和竞争优势以占领该市场。战略计划的成功与否很大程度上依赖于对外部环境的准确预测和对自身优势与劣势的清楚评价。近些年来，跨国公司依靠战略计划，通过放弃原来的国内市场和进入新的全球市场来重新整合资源。在获取市场份额、提高获利能力的竞争中，这种全球性的战略计划的实施已成为成功的重要因素，有时甚至关乎企业的存亡。战略可以在管理的任何层面上制定，但是在确保决策实施的过程中，中层管理人员起着关键作用。

　　第 5 章论述了跨文化的全面战略管理。本章将视点集中在国际背景下的战略计划上，并说明其制定和实施的基本步骤。学习本章的具体目标包括：

1. 讨论对于当代跨国公司而言，战略计划的意义、必要性、益处以及方法。
2. 理解全球整合的压力与本国客户响应之间的矛盾关系以及实施全球性战略的四个基本选择。
3. 识别跨国公司战略计划的基本步骤，包括环境扫描、关于跨国公司自身优劣势的内部资源状况分析以及目标制定。
4. 描述一个跨国公司如何实施其战略计划，如怎样选择海外运作的切入点。
5. 回顾在战略计划的实施中，营销、生产和财务三个方面的重要功能。
6. 解释适用于新兴市场和新的国际投资机会的具体战略。

| 国际管理世界 |

大型制药公司走向全球化

　　作为世界上第六大制药公司，美国葛兰素史克公司（GlaxoSmithKline,GSK）正面临着制药环境的快速变化。在"重磅炸弹"药物的基础上产生高利润空间的时代正逐渐结束。随着越来越多的专利即将到期，大型制药公司的传统价格策略被削弱。成熟市场的增长速度显著变缓，这迫使制药公司重新关注它们在不熟悉的新兴市场上的策略。甚至于随着包括仿制药公司、生物科技公司等其他相近产业的公司的进入，制药行业的结构也随之而变。这些改变意味着葛兰素史克与其他大型制药公司的管理者都必须构建一个新的全球性战略以适应这种产业趋势。

新兴医药市场

　　正如多数其他行业一样，对制药行业来说，新兴市场有着惊人的发展潜能。近些年来，葛兰素史克把这些

IMS 称为"新兴医药市场"的市场，作为其长期市场销售策略的中心关注点。截至 2014 年，新兴市场的收入占了葛兰素史克总收入的 1/4。

截至 2017 年底，全球制药市场年度销售额达到 1.20 万亿美元，高于五年前的 9 650 亿美元。新兴市场为这一销售增长贡献了预料之外的比例。西欧和美国则将在需求上经历零增长。此外，在有资金供给的医疗计划的成熟市场，来自支付者们对控制药物开销增长的压力也只会加强。为了持续保持增长，像葛兰素史克这样的制药公司将不得不依赖发展中经济体的消费者们。然而，新兴市场的利润空间可能是有限的，因为低收入个体或许负担不起高额的医药费，而且许多人并没有健康保险。尽管如此，随着新兴经济体中人们生活水平的提高，制药公司从这些市场中看到了潜力。

涉足新兴市场往往伴随着剧烈的成长之痛，葛兰素史克也未能免于这些挑战。2014 年夏，葛兰素史克在中国的经营受到了一场史无前例的贪污受贿丑闻的震动。中国的记者调查发现了医生、医院及药物专家广泛受到葛兰素史克代表行贿的证据。由于指控引起了民众的警觉，葛兰素史克第三季度及第四季度的销售分别下降了 61% 和 29%。2014 年，该公司被中国政府罚款近 5 亿美元。此外，包括当时葛兰素史克在中国的经营负责人马克·雷利（Mark Reilly）在内的四个高管被指控刑事犯罪，遭到公司解雇并被处以三年有期徒刑。

目的地印度

对于葛兰素史克及其竞争者来说，印度是一个极具吸引力的市场。仅在 2014 年，葛兰素史克就投入了 10 亿美元，使其对印度子公司的持有股份从 50.7% 涨到了 75%。2015 年，该公司在印度雇用了近 5 000 人并占有了 4% 的市场份额。

尽管消费者增长的潜力在所有制药市场中普遍存在，但印度仍在制造业上有着独特的地位。具有吸引力的劳动成本，以及熟练的劳动力，使得印度在研发、制药及配送药物上有着得天独厚的优势。将运营场所移至印度已经成为业内司空见惯之事。2015 年，葛兰素史克投入 1.53 亿美元在班加罗尔附近建厂，建成之后，每年能制造 80 亿药片及 10 亿胶囊。

2015 年，印度的制药产业在体量上位于全球第三。雷迪博士实验室（Dr. Reddy's Laboratories）的首席执行官 G.V. Prasad 告诉《纽约时报》，印度药品制造商已经具备了"以较低的成本进行大规模产品开发的能力"。雷迪博士治疗糖尿病的药物已完成三期临床试验，现已是寻求美国食品药品监督管理局（FDA）批准前的最后一步。尽管在制药体量上有着如此高的地位，印度的制药市场在收益上却仅排名第 14 位，暗示着其利润不足。

葛兰素史克及其在印度的竞争者们并非没有这些问题。辉瑞和赛诺菲－安万特都不得不召回由其在印度收购的公司所生产的药品。此外，知识产权保护也是一个问题。《纽约时报》曾报道：

"虽然为了改变其非法仿冒生产的形象，印度在 2005 年加强了其专利法，但众多印度公司和外国公司之间的知识产权诉讼仍在世界各地法庭上演，大型制药公司在印度仍然很难保护自己的知识产权。"

"成本是一个重要的问题，但还存在另外两个关键因素：知识产权、质量和安全问题。"佛罗伦萨一家与印度的实验室、工厂存在竞争的合同研究和制造公司 Irix Pharmaceuticals 的首席营运官 Panos Kalaritis 说。

定价与利润率仍然是一个挑战。2006 年美国的人均药物花费接近 900 美元，而在印度这一数值仅为 33 美元。尽管可以说这显示了该地区未来收益的发展潜力惊人，但这也强调了不同制药市场间存在文化及经济差异。葛兰素史克这样的外国公司同样面临着与国内公司的激烈竞争。1981 年诞生的太阳制药仍持有印度药物销售的多数份额。

葛兰素史克公司一位前高管指出，外包给印度可以在短期内节约大量的成本，获得较高的收益，但随着时间的推移，这些收益可能会逐渐下降。印度工人的工资可能大幅上涨，随着石油价格的上升，运输原料到印度也可能变得更加昂贵。一个优秀的管理者能够从长远角度对所有的风险进行评估，因此，制药公司的管理人员需要对所有这些因素加以考虑。

专利到期：革新仍很重要

除了市场增长转移到新兴经济体，全球医药行业还面临着另一个巨大的范式转变：专利到期。21 世纪初期，葛兰素史克的哮喘药沙美特罗占其全球总销售额的 20%；而如今，随着沙美特罗专利的到期，仿制药显著威胁到其销售。并非只是葛兰素史克，在这个行业，大量专利的即将到期被称作"专利悬崖"。由于许多轰动性的药物诞生于 20 世纪 80 年代末和 90 年代初，在未来几年内专利到期数将达到一个峰值。几家大型制药公司 2016 年专利到期的情况详见表 8-1。

表 8-1　2016 年到期的前 8 种专利

公司	专利到期药品	药品带来的 2015 年收入（10 亿美元）
阿斯利康（AstraZeneca）	Crestor	6.4
第一三共（Daiichi Sankyo）	Benicar	2.6
默克（Merck）	Zetia	2.6
阿斯利康	Seroquel XR	1.3
卫材（Eisai）	AcipHex Sprinkle	1.2
ViiV 医疗保健（ViiV Healthcare）	Epzicom	1.0
雅培（Abbott）	Kaletra	1.0
雅培	Norvir	1.0

资料来源：Dickson Data, 2016.

当企业失去专利保护，它们也就失去了为其产品收取保费的能力，而这些保费在过去被用于投资新产品的研究和开发。在过去的 15 年里，成功开发药物并获批的花费十分惊人，在 2003～2014 年这段时间里，每一种成功的药物所需的平均投资从 8 亿美元上升至 26 亿美元。与此同时，政府向制药公司施加了降价压力。这些价格压力导致许多制药公司选择了降低研究和开发投入，并解雇了数以千计的科学家，特别是在美国和英国。

大多数制药公司的战略重点是针对重大疾病进行"重磅炸弹"药物的开发和营销。20 世纪 90 年代，公司得益于它们的"重磅炸弹"药物，但现在，它们都遭遇了挫折。随着这些"重磅炸弹"药物专利的到期，仿制药的竞争将使制药公司减少上千亿美元的收入。

研发新药仍对葛兰素史克取得长远的成功非常重要。葛兰素史克意识到许多支撑公司收入增长的药物专利即将到期，所以该公司努力通过向市场推出新药来增加它的产品组合。截至 2015 年末，葛兰素史克已经有超过 40 种试验药物进入最后的测试阶段。

新时代的新战略

一些大型行业参与者的战略举措似乎预示着，在相对欠发达的市场中，保护专利或将成为一场不可能取胜的战役。例如，葛兰素史克采取了一项政策，允许专利到期后向仿制药制造商以少量专利使用费发放专利许可。这一新方式影响到了 85 个低收入国家。

其他的制药公司为了克服当前的挑战已经采取了多种不同的战略。一些公司，如辉瑞（Pfizer）正在试图进入被视为最前沿的生物衍生化合物（与那些来自一般"小"的化学物质相对应）方向。这些公司正在进入利润更丰厚、受仿制药影响更小的领域。辉瑞收购惠氏公司（Wyeth）的部分原因是为了获得其生物技术经验，以实现利用生物制剂改善药物的目的，如美罗华（Rituxan），一种治疗白血病和类风湿性关节炎的药物，以及恩利（Enbrel），一种治疗关节炎的药物。罗氏（Roche）对生物制药公司基因泰克（Genentech）（自 1990 年以来，它已经持有多数股权）实现全资控股是由其进一步实现管理整合、产品开发并实现可观成本节约的愿望驱动的。最大的生物制药企业之一健赞（Genzyme），对法国制药商赛诺菲 - 安万特的提议表示出浓厚兴趣。

其他公司则再次强调它们的疫苗业务，疫苗以往一直被视为毛利率较低且创新范围较小，但可以获得较好价格的产品。与此同时，这些企业面对着提供更方便、价格更便宜疫苗的压力，为了这部分收入，它们必须挑战自己的能力。

一些传统"品牌"公司正在将仿制药与更广泛的市场关联起来，以达到降低成本的目的。除了上面提到的在印度进行的交易外，传统制药公司和仿制药公司之间的最新整合还包括辉瑞与印度仿制药生产商奥罗宾多（Aurobindo）扩大了其许可协议，并向印度仿制药公司克拉丽斯生命科学（Claris Lifesciences）授权了 15 种注射产品。赛诺菲 - 安万特公司购买了一些南美仿制药公司，葛兰素史克公司购买了其仿制药合作伙伴南非 Aspen 药物 16% 的股权。2015 年，以色列制药公司梯瓦制药（Teva Pharmaceuticals）以 400 亿美元收购了艾尔建（Allergan）的仿制药组合。这种混合溢价和低成本的方法在 10 年前闻所未闻。

另外一些公司则通过多元化发展进入范围更广的保健品领域，以获得更多的可预测收入，并避免"重磅炸弹"药物"赢家通吃"所带来的相关波动。例如，默克公司与先灵葆雅（Schering-Plough）合并的部分动机，来自平衡默克药物组合波动性与先灵葆雅广泛的人和动物保健产品线的意愿。

医药行业肯定需要具有长期战略眼光的高级管理人员以度过当前行业正面临的变化浪潮。

战略管理——一个战略的制定和实施——在当今的全球商业环境中的作用非常关键。大型制药公司越来越多地被国际市场的增长前景和潜力所吸引。与此同时，在美国和欧洲医疗保健市场所发生的变化，包括专利过期和更高的成本控制要求，正在向传统制药企业施加压力，不但迫使它们不断寻求新的收入来源，也将重塑它们的基本商业模式。强调大量投资于一些潜在的"重磅炸弹"药物的传统药物研究和开发方法，可能让位于替代策略，包括更加重视曾经被认为是"低毛利率"的疫苗，它现在正成为越来越多公司的一个可靠收入流。

本章将探讨跨国公司在全球运营中如何使用战略管理。制定明智的战略并付诸实施，为企业的未来发展指明了方向。它主要回答两个简单问题："我们将往何处去"和"我们该如何到达那里"。一些战略可以通用于全球市场，而另一些战略则仅仅适用于某些区域的特定市场，但是不论怎样，任何一家公司的全球战略都应该支持其所有的主要业务决策。在大型制药公司的困境中，随着行业所经历的巨大变化，这些问题仍然被不断提起，其中大部分涉及全球化，来自新进入者的竞争、环境的改变和这些因素对战略的影响。

当你阅读本章时，把自己想象为一个大型制药公司的管理者。你会怎样着手发展一个战略计划以获取更大的市场份额并增加产品的种类？制定战略有一些基本步骤，但是首先让我们看一下战略管理究竟是什么以及它为什么如此重要。

8.1 战略管理

战略管理（strategic management）是决定一个组织的基本使命和长期目标、实施计划方案乃至完成使命和达到目标的过程。对大多数公司而言，高层管理团队负责制定战略而不管其成员多么分散。人们一度认为，中层管理人员应该对战略的实施过程负主要责任，但是现在各公司逐渐认识到各个层级的管理人员都应该参与到战略管理的全过程。例如，沃尔沃发现当管理者向其团队成员传达新的战略计划的时候，那些最有见解、最积极、最有效的人正是参与战略管理全过程的人。

当公司走向国际化时，战略过程又增添了新的内容。花旗银行（花旗集团的一个部门）是一个很好的例子。花旗银行 1902 年开始在中国设立办公室开展业务，一直到 1949 年中华人民共和国成立。1984 年花旗银行又悄悄回来了，在过去的几十年里缓慢地扩大在中国的规模。花旗银行所采用的方式包括开设新的分支机构、招聘新员工以及不断提高在中国本土企业如上海浦东发展银行中的控股权等。中国的银行业受到政府的严格管制，花旗银行的活动现在仅限于为外国跨国公司及其合资合作者提供本币贷款。结果，花旗银行在中国只做到了在韩国所做业务的 20%。但是，中国加入世界贸易组织（WTO）正在改变所有这一切。在 WTO 条款下，当地精英企业比如个人计算机制造商联想、电子产品制造商康达、消费家电制造商海尔和电信服务商中国电信将能够要求外国银行提供本地货币。2007 年，花旗银行成为最早在中国本土化的外国银行之一。这给了花旗银行一个重要的契机以扩展经营。到 2016 年，花旗银行已在 13 个中国城市设有分支机构，年收入约为 10 亿美元。

另外，在 WTO 规则下，银行被允许向客户提供诸如信用卡和家庭贷款的金融服务。尽管中国政府在最初有所抵制，但是花旗银行还是在 2012 年推行了它独有的信用卡。花旗银行相信（中国）对信用卡的大量需求被压抑，特别是商务人士和怀揣着大笔现金支付账单和购物需求的中产阶级们。花旗银行看到的另一个机会在 B2B 领域，当更多的中国企业在互联网上做生意时，将会出现网络相关服务的增加。花旗银行依托于美国 B2B 网站 Commerce One 运行其网络支付系统，花旗银行相信它能为中国的出口商提供相同的服务。尽管作为全球性金融危机的一部分，花旗银行巨额亏损，开始缩小规模、精简机构，但仍保持着在亚洲的扩张。2015年，超过700个分支机构正在14个不同的亚洲市场运作着。2014年，花旗银行雇用了超过100个银行家来增加其在亚太地区的产品供给。花旗银行亚太地区联合首席执行官卓曦文这样说道："我们对亚洲的投资比以往任何时候都要多。"

尽管本章着眼于从整体上把握战略计划，但是应该牢记，组织变革的每一阶段都应该对战略从计划到实施的全过程进行整合，包括利用新的方法改善产品和扩展跨国运营，这相当重要。

8.1.1 战略管理的需要正在增加

像花旗银行这样的跨国公司需要战略，主要原因之一是为了在不断变化的国际市场环境中跟上步伐。看看最近几年的外国直接投资，就知道这种需要是多么重要。统计表明，FDI增长速度是贸易增长的3倍，是世界国内生产总值增长的4倍。这些发展使得对不同经济活动的协调和统一成为必要。许多公司也正是这么做的。

福特汽车是其中之一，它重新进入了泰国市场，开始构建强大的销售队伍并占据大量市场份额。福特公司的战略计划建立在将定价和对细分市场的消费信贷进行合理组合的基础上。特别是，福特公司设法降低月供以使目标顾客能买得起新车。虽然泰国在2014年发生了政变，但福特公司依然在2015年末调拨了1.86亿美元以扩张其罗永府汽车装配厂。这个在三年前开始运营的工厂快速成长，超过了每年180 000辆汽车这一初始产量。这一扩张意在增加产量以满足对新型福特皮卡的消费需求。福特公司还和其合作伙伴日本马自达汽车公司在小型皮卡货车及小型客车工厂上共同投资了约15亿美元。丰田、本田汽车公司和通用汽车公司在泰国也设有工厂，泰国作为东南亚第二大经济体，税收优惠和国内7 000万人口的需求对汽车生产商有巨大吸引力。泰国的汽车制造商们在2015年生产了超过190万辆交通工具，这使得泰国超越英国成为世界第12大汽车产地。

通用电气提供了另一个例子，反映出管理者在利用衰落、无利可图的业务产生资本以支持更高级的产品方面所面临的挑战。几年前，通用电气公司摆脱了其塑料业务，将它以116亿美元出售给一家沙特公司，且在2016年，通用电气通过将其分公司以54亿美元卖给中国海尔集团从而退出其标志性"白色家电"（家用电器）业务。通用电气在本地积极扩大有关基础设施、医疗保健、环保技术业务，这些业务被认为在新兴市场上能够提供更好的增长机会。另一个例子是大型生物技术公司健赞公司，该公司在2010年表示它正在寻求其遗传检测、诊断及医药中间体业务的"战略替代选择"，可能的备选方案包括出售、分拆或管理收购，原因是这些业务不再适合它的长期战略规划。很多人认为，这一战略在某种程度上是向较大型制药公司做出最终售出决定的一个前奏，很多全球性企业表示有兴趣收购该公司。最终，健赞公司在2011年被法国跨国制药公司赛诺菲以201亿美元收购。

8.1.2 战略计划的益处

我们已探讨了战略计划的必要性，那么它有哪些益处呢？许多跨国公司确信战略计划对它们的成功至关重要，并力图在总部或子公司运用这些计划。一项研究表明，56家美国跨国公司在亚洲和拉美的子公司中，70%有综合性的5～10年计划。另一些研究表明，美、欧、日企业在巴西的子公司皆属计划推动型，澳大利亚的制造业公司则运用跟美国同行类似的计划体系。

这些战略计划是否物有所值，至今尚无定论，不过战略能帮助一家跨国公司协同和管理其长期运作是显而易见的。同样，战略计划在帮助一家跨国公司应对政治危机（见10章）、竞争和货币价值不稳定方面的作用也不可低估。

尽管有一些显而易见的益处，但当跨国公司试图在跨文化背景中运用其国内战略的时候（见第6章），并没有充分的证据表明战略计划总是能带来较高的效益。大多数鼓吹其益处的研究是10年前做的，而且这些研究中的许多发现受到了意外建议的调整。例如，一项研究发现，若决策主要在总部做出，但又需要母公司、子公司之间的紧密协作，则对投资的回报将产生负面影响。简而言之，母公司最终会干涉子公司，并使其利润受到损失。

另外一项研究发现，计划强度（某公司战略计划实施的力度）是决定绩效的一个重要变量。对 22 家德国跨国公司的研究发现，在这些占德国跨国企业 71% 的企业中，只有少数海外机构的公司执行中等计划强度的情况最好。那些高计划强度的公司倾向于过分强调计划的重要性而导致利润受损。而海外销售比例高的公司使用高强度计划流程最好，低强度流程则很差。因此，尽管战略计划似乎总能奏效，但就国际管理的其他方面而言，情况的特殊性将决定这个过程是否成功。

8.1.3　战略的制定与实施

战略制定和实施的方式一般分为四种：①集中于经济规则导向；②立足于政治规则导向；③强调质量规则导向；④实行行政协调战略。

1. 经济规则导向

奉行**经济规则导向**（economic imperative）的跨国公司会运用成本领先、差异化、细分的国际战略。中层管理者是促进公司利润增长的关键，因此提高国际化水平的技术也是管理新手必须学习的。典型情况是这些公司所销售的产品中，有很大一部分价值是在价值链上游加入的。到产品销售时，许多价值已通过研发、生产以及配送创造出来。该群体中的企业包括汽车工业、化学制品、高压电系统、摩托车和钢铁业。因为它们的产品是同质性的，不需要针对不同国家的需要而做出改变，因此管理上运用的是在国与国之间有延续性的国际战略。

经济规则导向战略也适用于不必依赖商标品牌或支持性服务来销售的普通产品，欧洲的 PC 机市场就是一个很好的例子。开始的时候，该市场被诸如 IBM、苹果、康柏等著名企业控制。然而，近年来欧洲本地的制造商已开始占据一定的市场份额，因为影响购买的最主要因素已经发生变化。几年前，顾客主要考虑的是品牌、服务和配置，如今价格成了购买决策的一个主要动因。现在顾客的计算机水平比以往更高，他们意识到许多 PC 厂商提供的产品质量相当，因此当价格较便宜的本土产品一样好用时，就没必要多花钱去买名牌了。于是，经济规则导向主导了计算机制造商的战略计划。随着诸多产品的商品化，这一过程在许多行业重新上演。

经济规则导向的另一个内涵被称为全球采购，最近几年很盛行，并被证实对制定和实施战略十分有用。制造商如何进入供应链和缩短购买周期的例子就是个很好的说明。利丰（Li & Fung）是中国香港最大的出口贸易公司，也是世界上供应链管理的开拓领导者，该公司运用其专业技能把成本降至极低。利丰积极参与全过程管理，而不是（简单地）从某一公司购买布料并让该公司尽量压低成本。它是如何压低供应商的订单成本的呢？举个例子来说，该公司总裁对该公司的经济规则导向战略做了以下阐述。

我们开始关注整个供应链。我们知道某公司将订购 10 万套服装却不知道其颜色或款式，而买方将在交付前五周内告知以上内容。与供应商间的相互信任意味着我们可以让供应商储备相应的未染纱品。我们向工厂承诺将订购具体数量的货物，以便能锁定那里相应数量的纺织和颜染，并在交付前五周内让其知晓我们想要的颜色。然后我通常对厂家说："我不懂生产投机之道，但我能满足你颜色、质地以及裁剪方面的要求；他们将在这一天交付于你方，你们将有三周的时间来生产这么多的衣服。"

当然现在我的工作更加艰难了。工厂很容易担心在布料和裁剪上的安全，所以订单延长约三个月，而非仅五周。为了缩短交付周期，我到上游厂家去组织生产，缩短的生产时间让零售商能赶在时尚潮流的前头。这全是关于灵活性、反应时间、小规模生产经营、小额订单数量以及顺潮流而动的能力等方面的技巧。

2. 政治规则导向

采用**政治规则导向**（political imperative）方法确立战略规划的跨国公司，是具有国家敏感性的，其方法是保护当地市场的地位。跨国公司通常将其所售产品的大部分销售额加入价值链中的下一步活动。以保险和包装类消费品产业为例，它们在生产或服务上的成功主要依靠营销、销售以及服务。通常这些行业应用国家中心战略或者多国战略。

Thums Up，一种被可口可乐公司于 1993 年从一家印度装瓶商那里买来的当地饮料，成了国家中心战略的一个很好的例子。20 世纪 70 年代，可口可乐撤走在印度的投资后不久，该饮料开始崭露头角。在随后的 20 年里，与可口可乐口味相似的 Thums Up 风靡印度市场。但当可口可乐回来收购该公司时，决定把 Thums Up 雪藏起来，开始推广自己的软饮料。然而，当地购买者对此却不感兴趣，他们继续购买 Thums Up，可口可乐被迫做出让步。2015 年，Thums Up 是可口可乐公司在印度销售量第二大的产品，仅次于雪碧，并占有碳酸饮料市场 15% 的市场份额。可口可乐公司在这种软饮料上的投资比其他产品包括可口可乐都要多。正如一位观察家所言："在印度，可口可乐的'实质'是 Thums Up 商标。"虽然可口可乐在印度遇到了一些麻烦，正如第二部分的案例所描述的那样，但是 Thums Up 作为扩张的最佳手段已经得到验证：2015 年，该公司的销量增长了 22% 以上，且净利润增长了 40% 以上，这部分归功于其寻求渗透到农村消费者市场的战略，该战略能够成功推行的基础就是 Thums Up。此外，传统可乐的销售也得到改善，如今可乐已经是这个国家发展最快的软饮料。

3. 质量规则导向

质量规则导向（quality imperative）包括相互依存的两个部分：①转变态度并提高对服务质量的期望值；②实施那些能够使质量提高成为一个持续过程的管理实践。该策略通常被称为全面质量管理，简称为 TQM。该策略采取多种形式，包括交叉培训员工，使之对组内所有工作都很熟悉；重构流程，鉴别和淘汰冗余任务及不经济的劳动；设计奖励制度，以提高质量管理绩效等。

全面质量管理覆盖了从战略制定到实施的全部范围。全面质量管理可以简述如下。

（1）质量应符合或超过顾客的期望。顾客不仅包括购买者、产品或服务的外部使用者，也包括与商品或服务相关的组织内外的全体支持人员。

（2）质量战略在组织最高层制定，然后推广到整个组织。从最高执行长官到小时工，每位成员都在全面质量管理战略的指导下工作，为内部及外部顾客提供优质产品和服务。中层管理人员如果参与到这一过程中，将会更好地理解和执行这些战略。

（3）TQM 技术涵盖了从传统性质的检查和统计质量控制到先进的人力资源管理技巧，如自我管理团队和授权。

许多跨国公司把质量作为整个战略的主要部分，因为它们知道这是扩大市场份额和提高盈利的有效途径。以游戏机产业为例。21 世纪初，任天堂的游戏 GameCube 在跟索尼的 PlayStation 争夺市场份额的时候，一直生存在对方成功的阴影之下。数年之后，任天堂开发出了 Wii，有了比索尼质量更好的游戏机，这时索尼向市场投放的是说不上成功的 PlayStation3。然而到 2016 年，天平再度倾斜，因为索尼成功发布了 PlayStation4，一举远超任天堂的 WiiU 和微软的 Xbox One。

汽车行业也值得一提。美国汽车制造商奇迹般地改进了质量，缩小了与日本汽车质量间的差距，但是日本厂家因安全问题而召回产品的情况仍然比较少。尽管曾召回过产品，但丰田和本田在美国消费者心中依然保持了非常高的排名，尼桑和斯巴鲁的表现也很强劲。但由于美国汽车生产商的持续改善，北美系厂商在市场调研机构 J.D. Power 以及行业组织的 2016 年汽车可靠性评比上超越日本品牌荣登榜首。前 10 名品牌中有一半是北美系，其中 GM 在 19 个行业分部中的 8 个分部生产出了领先车型。

苹果公司的 Mac 产品线 iPod、iPhone、iPad 获得了消费者和电子产品分析师的狂热追捧，好评不断。苹果公司股价的飙升也证明了这些设备在全球市场的吸引力。2015 年，苹果在美国、英国、法国、德国、加拿大、中国、新加坡以及日本同时推出了 iPhone 6s，并在发行后的第一个月内实现了在超过 70 个国家上市，这比过去任何时候的全球上市时间表都更加积极。第一周销售了超过 1 300 万部手机，这创下了一个新纪录。由于 iPhone 5s 和 iPhone 6 上出现过若干质量问题，苹果公司在 iPhone 6s 的模型上对内存、处理器速度以及相机进行了优化。

越来越多的跨国公司发现它们必须不断修正战略并且更新对质量规则导向的承诺，以经受新出现的市场力量的考验。例如，摩托罗拉没能预测到行业正向数字移动技术转型，这让它付出了惨重的代价。1998 年，摩托罗拉还主宰着美国手机市场，它的 StarTAC 风靡世界。五年后，摩托罗拉在价值 1 600 亿美元的全球手机市场中所占的份额已经从 22% 下降到了 10%，并且还在持续下降。而诺基亚、爱立信，特别是三星以更小、更轻和更灵活的产品主导了市场。同时，摩托罗拉的无线网络业务也遭遇了严重挫折，2011 年，摩托罗拉将其无线公司划分为主要经营单位。这一年的晚些时候，Google 以 125 亿美元收购了新生的摩托罗拉移动无线部门。质量规则导向永远不会终结，像摩托罗拉这样的跨国公司必须应对这种战略挑战，否则就得付出代价。

4. 行政协调

在**行政协调**（administrative coordination）手段的战略规划确立及落实执行中，跨国公司是基于自身的优势而非运用预先制定的经济或政治战略来做出战略决策。沃尔玛公司为我们提供了很好的例子，它在拉丁美洲得到迅速扩张。该公司把在北美市场上众多行之有效的观点作为在南半球运作业务的基础，但它很快认识到这是在一个品位不同、竞争十足的市场上做生意。

沃尔玛指望它的国际业务每年以 25% ~ 30% 的速度增长，而拉美对这一目标的实现至关重要。尽管有这样的目标，但当它努力去适应拉美市场时，公司在拉美几个市场出现了亏损并出现了一些问题。例如，公司发现，在诸如圣保罗这样交通拥挤的地方，公司使用卡车运货，货物通常不能及时交付。第二个挑战是找到合适的符合沃尔玛的简易包装和质量控制标准的供应商。第三个挑战是学会适应当地文化。例如，沃尔玛在巴西引进的库存管理设备，却不能用于当地的标准货盘。公司还安装了一个计算机簿记系统，但却难以与巴西复杂的税收系统兼容。这些过失在某种程度上导致了 2016 年沃尔玛在巴西的许多门店的关闭。在第二部分的案例中提供了更多关于国际市场上沃尔玛的成功与挑战的细节，其中包括了关于行政协调的细节。

许多大型跨国公司将经济、政治、质量以及管理手段综合成为一套战略规划，比如 IBM 公司，在它拥有强大的市场力量（尤其是在欠发达国家）时，采用经济性策略；当需要对市场做出适当的回应时（如在欧洲国家），它采用政治以及质量策略；当为了停止销售而进行迅速、灵活的决策制定时，它采用行政协调手段。四种策略中的前三种较为普遍，因为公司渴望在地区及全球范围内对其战略进行适当的协调。

8.1.4　全球性战略和区域性战略

国际战略管理的一个根本问题是何时追求全球性或区域性（本地化）战略，这通常被认为是全球化与国家回应之间的矛盾。在这里，**全球整合**（global integration）指的是在世界范围内生产和销售相同类型、相同质量的产品和服务。跨国公司客户的偏好越来越趋同，而且这已经推动了国际性消费的扩张。例如，在北美、欧洲和日本，人们越来越接受如汽车和计算机这类标准的但是又日益个性化的商品。然而，这种借助全球化和大规模定制战略实现的高效经济表现的目标使得跨国公司饱受诟病，人们批评它们忽略了通过互联网和内联网技术来做出国家回应。

国家回应（national responsiveness）是指需要理解各细分区域市场客户的不同需求偏好并且对各政府、机构颁布的不同标准和规则做出回应。例如，在设计和制造汽车的时候，国际制造商如今都会进行谨慎的修改以满足美国市场的需求。丰田的"全尺寸"T100 皮卡最终被证明太小而无法吸引美国消费者。因此公司重新设计，最终生产出"全尺寸"的通德拉皮卡，这款车由 V-8 引擎驱动，并且其驾驶室可以容纳一名戴超大牛仔帽的乘客。通德拉皮卡于 2016 年首次发布，15 年后，每年仍在美国销售超过 100 000 辆车。本田开发出了更具美国特色的新车型奇骏，包括拥有更多内部空间以便出行者可以在里面吃饭和睡觉。三菱放弃了制造一款全球性汽车的构想，而是在美国市场引入迎合美国人口味的蒙特罗运动型汽车：更强劲的马力、更多内部空间以及更舒适。同时，在 20 年的时间里，美国工程师和产品设计师全面负责尼桑汽车在北美的销售进展。此外，他们还邀请 8 ~ 15 岁的孩子参加"焦点小组座谈"来收集他们有关存储系统、置杯架以及其他改进的想法，以制造出更具吸引力的"全尺寸"厢式旅行车。

国家回应还意味着有必要采用新工具和新技术来管理当地劳动力。有时候，在一个国家有效的方法在其他国家未必适用，正如在下面的例子中所看到的。

一家美国计算机公司在美国和中东都引入了为绩效付酬的系统。该系统在美国运行良好，而在中东则在销售短暂提高之后发生了严重下滑的情况。调查显示，中东的优秀销售人员事实上做得比美国同行还要出色，但大多数则相对较差。同时，希望同事获得成功的愿望被竞争腐蚀了。最终导致道德水平和销售都下降了，敌意开始蔓延。当老板发现某些销售人员比他们挣得还多时，高水平的个人绩效消失了。最终逐渐放弃这个系统的主要原因是客户已经对公司尚未售出的产品失去了兴趣。当 A 试图超过 B 以获得更多奖金时，他们对顾客的关注减少了，如果对顾客的关注延迟，将会产生严重后果。

1. 全球整合与国家回应矩阵

全球整合和国家回应的问题可以通过一个二维矩阵从概念上进行深入分析。图 8-1 给出了一个例子。

图中纵轴测量的是对全球整合的需要，沿着纵轴向上则是更高程度的经济整合。当公司面向世界市场销售其产品和服务时，全球整合会产生规模经济（利用大规模），也会从单位成本的降低中获益（通过经验曲线）。这类经济性是通过积聚具有附加价值的供应链中的特定活动实现的，通过对地区分散的业务进行更多的协调和控制从而导致所获收益增加也可以实现这种经济性。

横轴测量的是对国家回应或差异做出响应的需要，这意味着跨国公司必须关注当地偏好和政府规则，结果是业务的地区分散或减弱对跨国公司各分支的协调和控制。

图 8-1 描述了涉及全球整合和国家回应的四种基本情况。象限 1 和象限 4 是最简单的情况。象限 1 对整合的需要非常高，而对差异化的关注很低。根据规模经济性，这种情境导致了以价格竞争为基础的**全球战略**（global strategies）。索尼是个很好的例子。过去几年，索尼已经对其经营和营销进行了标准化。几年前，索尼、日立、松下、飞利浦、三星及其他公司致力于将蓝光格式下的高清光盘行业标准化。索尼强大的分销网络，以及其在全球流行的 PlayStation 3 游戏机，使得该公司可以在全球市场上推广蓝光格式的使用。最终，蓝光格式光盘的销量超过了竞争对手 HD-DVD，使索尼在高清光盘行业占据了主要优势。在象限 1 的环境中，合并和收购时有发生。

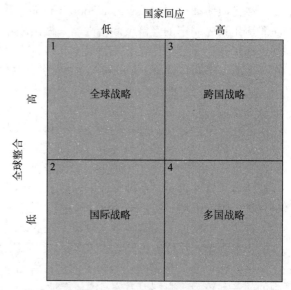

图 8-1　全球整合与国家回应

资料来源: Adapted from information in Christopher A. Bartlett and Sumantra Ghoshal, *Managing Across Borders: The Transnational Solution,* 2nd ed. (Boston: Harvard Business School Press, 1998).

象限 4 代表了相反的情况，它对差异化的需求很高，而对整合的关注较低，这个象限被称为**多国战略**（multi-domestic strategy）。在这种情况下，因为整合并不重要，所以公司会生产能够满足高度差异化需求的产品而忽略规模经济性。飞利浦就是这样的例子，它向全世界的医生提供医疗设备。随着听诊器越来越复杂，飞利浦不得不寻找新的简化医生所使用的这种设备的创新途径，以便医生可以花更多的时间与患者接触。但是各国的医疗系统之间差别如此之大，以至于产品必须适合特定的医疗环境。飞利浦广泛征集董事会成员的意见，甚至邀请时装设计师参与其中，以更好地理解不同的战略方法。通过采用这种多维度的信息挖掘，飞利浦正在提供更多差异化的产品。

象限 2 和象限 3 反映了更复杂的环境状况。象限 2 综合了对整合的需求和对差异化的关注都很低的情况。在这种情况下，获得规模经济性的潜力以及从对差异化的关注中获益的潜力都没有多少价值。象限 2 的战略以产品和服务的国际标准化程度的提高为特点，这种混合的方法通常被称为**国际战略**（international strategy）。

这种情况不再要求经营活动必须适合某一特定国家，从而导致对质量控制和战略决策制定的集中化要求较低。当大多数行业或产品所面对的全球整合和当地回应的压力至少有一个增加时，这种战略就逐渐不再适用。公司可能会在这一象限短暂停留，但是标准的情况是在另外三个象限。

象限 3 对整合和差异化的需求都很高。试图同时实现这两个目标的跨国公司战略称为**跨国战略**（transnational strategy）。象限 3 是最具挑战性的象限，也是成功的跨国公司希望在其中开展业务的象限。然而，对许多跨国公司来说，问题在于将全球关注的焦点进行本地化时遇到的文化挑战。实施跨国战略的一个绝佳的例子是孟山都公司（Monsanto Company）。孟山都为农业提供品种繁多的杂交种子。杂交种子是改变了基因的种子，它们无法结出果实，因此在每种具体作物的播种期一开始必须购买。孟山都的活动包括找到使其产品差异化的新方法以更好地适应周围的市场。该公司向其全球客户提供的产品能够在各种环境和气候中生存，从对除草剂和杀虫剂的免疫到耐旱性。

2. 四种基本战略的总结与应用

跨国公司的特点可以通过四种基本战略的其中一个来定义，四种基本战略包括：国际战略、多国战略、全球战略和跨国战略。每种战略的适用性依赖于成本削减和进行当地回应的压力大小。追逐国际战略的公司拥有东道国竞争对手不具有的宝贵的核心竞争力，并且它们所面对的进行当地回应和成本削减的压力都是最小的。诸如麦当劳、沃尔玛和微软这样的公司一直在非常成功地运用国际战略。当面对较高的当地回应的压力和较低的成本削减压力时，组织应该采用多国战略。改变当地化水平上的供给会提高公司的总体成本结构，但是也增加了其产品和服务响应当地需求的可能性，因而也是成功的。

全球战略是一种低成本战略。具有高成本压力的公司应该采用全球战略以求从生产、分销和营销的规模经济中获益。通过向世界提供标准化的产品，公司可以利用经验并运用侵略性的定价方式。在成本压力高并且对当地化的产品供给要求低的地方，这种战略作用最大。在成本压力高并且对当地回应的需求也很高的情况下应该采用跨国战略。然而，对跨国战略的有效运用是很困难的。成本削减和当地回应的压力向公司提出了相反的要求，因为当地化的产品供给会增加成本。那些能够恰当整合全球公司职能的组织便是有效运用跨国战略的公司。

对跨国公司战略的最新分析证明了这种分析框架的正确性。全球化–国家回应模型，最初来源于九个深度案例研究，现在已经得到大量经验研究的支持。另外，根据特定行业和国家特点对战略进行调整可能会产生积极效果。

8.2　战略形成的基本步骤

战略计划的需求、利益、方案以及特性在战略的形成中是作为基本步骤的出发点。在国际管理中，战略计划可被分为以下几步骤：①扫描外界环境中的机遇和威胁；②分析内部资源、公司的优劣势；③在外部观察和内部分析的基础上设定目标。下面将逐项具体分析每个步骤。

8.2.1　环境扫描

环境扫描（environmental scanning）旨在为已在或将在当地经营的企业提供对外界变化趋势的精确预测，以支持该企业的经营管理。这种变化与能够对公司产生影响的环境因素有关，这些环境因素包括行业或市场、技术、法律、经济、社会以及政治因素。

跨国公司观测并评估大量信息，当收集到各种环境因素的相关数据以后，它们处理每个因素的程序以及每个因素被研究的程度都依赖于跨国公司所处的行业及其目标。其中一个最受关注的因素是行业或市场，包括所有潜在竞争对手的角色以及围绕这些竞争者所形成的各种关系，如与另一家公司的从属关系或公司与其客户和供应商的接触。监控技术变化也有助于公司跟上时代并保持创新。管理人员渴望实施的是那些能够影响经营效率和生产的技术选择。站在竞争对手的角度，使自己熟悉新出现的产品或服务以及现有设施是大有裨益的。

法律环境也经常发生变化，从而改变法律、法规的指导方针。管理人员应该注意某一地区有关所有权和产权的法律以及哪些雇用实践受到禁止。最低工资法律和税率也应该被考虑到，因为它们会影响雇用过程和公司财务。这不同于经济环境，经济环境强调的是各种比率，比如就业率、汇率、通货膨胀率以及一国的 GNP 水平。

对社会环境进行恰当观测也对公司有帮助。认识到诸如年龄、教育程度和收入等人口统计学特征的变化以及对顾客态度进行深入了解，对公司评估其服务在某一地区是否受欢迎是至关重要的。最后，政治环境可能会影响到公司如何开展业务。第 2 章讨论了世界上现行的各种政治体制，理解这些体系和现实状况，可以使公司对可能阻碍其扩张的因素保持警觉。

获得信息之后，跨国公司会分析外部环境的相应特征是因何出现的。通过分析，公司可能会发现在那一地区进行扩张所面对的机会和威胁。在通常情况下，管理人员会就结论进行沟通，然后利用成熟市场的优势制定最好的战略。然而，外部环境并不是唯一需要考虑的因素，在那些步骤付诸行动之前还必须考察其他更多的信息。

环境扫描对于发现公司究竟能否在某一地区生存是至关重要的，但是，只有贯彻始终，环境扫描才会有效。环境变化非常迅速，公司要想适应，就必须评价可能促进或阻碍未来生产率的外部变化。每个国家对于哪些因素造成的障碍最大都有不同的视角，因此，必须始终如一地进行环境扫描。例如，一项研究表明，虽然马来西亚与美国管理者都高度重视竞争对手和市场，但是美国管理者比马来西亚管理者更看重法律问题。这意味着，马来西亚的跨国公司可能没有遭遇过美国跨国公司所面对过的严格限制。

奈飞公司（Netflix）进军欧洲市场给环境扫描过程的运行提供了一个例子。该公司分析了欧洲的无线流媒体环境并得出移动市场适合渗透这一结论。此后，它做出了一系列战略定位的转移。首先，它在 2014 年同英国沃达丰公司（Vodafone UK）签署了一项协议，向新客户提供为期六个月的免费订阅服务。这项协议为用户在其沃达丰设备上提供免费的 4G 流媒体服务，这鼓励了英国客户在旅途中使用奈飞。2014 年晚些时候，奈飞公司扩张到六个主要的欧洲国家，包括法国、德国和比利时等，直接与当地的流媒体供应商争夺现有互联网渗透率最高的国家超过 1 亿的潜在用户。2015 年，奈飞公司开始向未开发的欧洲地区推出订阅服务，这里流媒体竞争对手和高速互联网提供商的渗透率都比较低。结果，2015 年及 2016 年奈飞公司在欧洲遭受了损失。然而，随着互联网连接和移动流媒体在西班牙、意大利及东欧等地的持续增长，奈飞公司希望其投资能带来高额利润并占据欧洲大陆的大部分市场。

另一个例子是，世界上最大的网络设备制造商思科系统公司（Cisco Systems）通过收购实现了迅速增长。20 多年来，收购活动几乎占到该公司业务的一半，而收购初创企业是其战略的关键。2015 年 11 月，思科斥资 7 亿美元收购了英国视频会议初创公司 Acano；2016 年，公司斥资 14 亿美元收购了贾斯柏技术公司（Jasper Technologies），这是一家专注于无线连接与"物联网"的初创公司。在仔细审视过总体的宏观政治经济环境和竞争对手状况后，思科得出了它的中国战略。中国已经是世界上最大的互联网和手机市场，由于该国迅速增长的中产人士对新技术的接触，中国对这家网络设备制造商的成长可能变得更加重要。当思科在中国运营销售时，合资与收购一直是思科的关键思路。例如，2015 年，思科加入了中国初创企业浪潮集团（Inspur Group）以生产计算机服务器来对抗华为和中兴这两大中国竞争者。依靠收购与合资，即使在中美贸易关系持续紧张的大环境下，思科仍能在艰难的规则及政府政策下占据有利地位。2015 年，思科承诺在接下来的几年里将在中国投资超过 100 亿美元。

8.2.2　内部资源分析

在制定战略的时候，一些公司会等到环境扫描完成后再进行内部资源分析，而其他公司则将这两个步骤同时进行。内部资源分析有助于该公司评估当前管理、技术、材料以及资金等资源和能力以更好地对公司优势和劣势做出评估。跨国公司利用这种评估来测定自身抓住国际市场机遇的能力。这种分析的关键在于将外部机会（通过环境扫描获得）与公司内部能力（通过内部资源分析获得）匹配起来。换句话说，这些评估不应被看作环境如何制造进入障碍，而应被看作公司如何运用其资源和能力来更好地把握环境机会。

一项内部分析确认了成功的要素，该要素能够显示该企业运作的好坏。**关键成功要素**（key success factor，KSF）是企业在市场中进行有效竞争的必需要素。比如，对于一家国际航空公司，它的关键成功要素是价格。一家航空公司如果降低票价，那么相对于那些未降价的航空公司，它将获取更多的市场份额。航空公司的另一关键成功要素是安全保障，第三个要素则为服务质量，包括准时起飞和抵达、方便的时刻表以及热情友好的员工队伍。在汽车产业中，高质量是产品驰骋世界市场的第一关键成功要素。日本汽车公司成功侵占美国市场，其原因是它们能证明日本车的质量高于美国车的平均质量。近年来，在美国汽车购买者的眼中，丰田和本田汽车拥有至高的质量。第二大关键成功因素是款式，重新设计过的迷你库珀（Mini-Cooper）汽车正是由于其独特外观而备受顾客青睐。

对于一家跨国公司而言，管理的关键问题是：我们是否拥有有助于我们发展及维持必需的关键成功要素的人才及资源？或者，我们能获得它们吗？如果答案为"是"，建议跨国公司继续进行这样的管理；而一旦答案为"否"，那么管理人员应转移视线到那些拥有或者能够发展必需的成功要素的市场。

在环境扫描和内部资源分析之间取得平衡是很微妙的事情。管理人员应花更多时间审视内部，否则他们可能会错失改变公司建立在市场基础上的优劣势的环境变化。反过来，管理人员也不想花太多时间评估外部环境，因为这会占用他们改进内部系统和利用机会的时间。

8.2.3　战略制定中的目标设定

在实践中，目标设定通常先于环境扫描和内部资源分析。尽管如此，更加具体的战略计划目标源自对周围环境的扫描以及对内部的分析。跨国公司追求这种目标的多样性，表 8-2 列出了最为普遍的目标。这些目标像一把大伞，而其附属公司与其他国际集团则在伞下进行运作。

对于今天的跨国公司来说，效益及市场目标往往主导着其战略计划。如表 8-2 所示，效益之所以如此重要，是由于跨国公司通常需要从国外的运营中获得比在国内运营更多的利润。道理很简单：在国外经营意味着更高的风险与更多的努力。此外，通常来说，一家企业之所以能在国内因其产品或服务而拥有佳绩，是因为它遇到的竞争是最低的和无效率的。有这种优势的企业经常在国外发现其他有利的机遇。而且，一家公司在国内越成功，但若没有很强的竞争性反应，在市场上就越难以提高份额。无论如何，国际市场都提供了一个对快速成长和收益率的强烈渴望的理想替代品。

将盈利性与市场营销置于列表上端的另一个原因是它们更倾向于对外部环境做出回应，然而，生产、财务和人力资源管理则更倾向于内部控制。因此，在战略计划中，盈利性目标和市场营销目标显得更为重要，也更为人所重视。福特公司在欧洲的经营就是一个例子。近年来，汽车制造商在欧洲的市场份额一直在下降。从 2012 年开始，福特对其欧洲业务进行了重大调整，重组并精简了流程。这包括将路虎和捷豹出售给印度塔塔集团（Tata），并将沃尔沃股份出售给中国吉利。为了提高在欧洲的业绩表现，福特正开始从泰国的工厂发运更多的汽车，这样做能够节省成本，提高利润率。福特也开始在欧洲销售更

表 8-2　跨国公司目标设定
盈利性目标
• 利润水平
• 资产、投资、股权、销售回报率
• 年度利润增长率
• 年度每股收益增长率
市场营销目标
• 销售总额
• 市场份额：世界的、地区的、国家的
• 销售增长
• 市场份额增长
• 为（提高）营销效率和效果而进行的国家市场整合
生产目标
• 国内外产量的比率
• 通过国际生产整合实现规模经济
• 质量和成本控制
• 引进降低成本的生产方法
财务目标
• 向国外分支机构提供资金：未分配利润或当地贷款
• 税收：在全球范围内将税务负担减至最低
• 优化资本结构
• 外汇管理：减少由于外汇浮动带来的损失
人力资源管理
• 招募和选拔
• 全球导向管理者的开发
• 培养东道国的管理者
• 薪酬和福利

全球化的车型，而非花钱打造以欧洲为中心的汽车。这次重组使福特得到了回报。在欧洲市场亏损多年之后，福特公布了它在 2015 年和 2016 年的利润。2016 年福特在欧洲市场的份额达到了 7.5%，同时利润率也得到了增长。

一旦设定了战略目标，跨国公司通常会通过一个在子公司或分公司水平上的双向过程来发展具体的经营目标和经营控制。母国公司管理层将设置一定的参数，国外分公司将依照这些准则进行经营。例如，跨国公司总部可以要求定期的财务报告，对涉及少于 10 万美元的事务现场决策做出限制，并要求所有的客户合同须由母公司经手。这些指导方针保证了海外公司的活动紧紧围绕战略计划的目标进行，也有利于各组织间的协调经营。

8.3　战略实施

一旦制订好了战略计划，接下来就进入实施阶段。**战略实施**（strategy implementation）是依据行动计划来提供商品与服务。通常这类计划拥有一整套哲学理论和一系列指导全过程的方针。在日本电子制造公司纷纷打入美国市场的整个过程中，张（Chang）发现了一个共同点：

> 这些公司为了减小失败的风险，先把自己的核心产品及较之当地公司有优势的产品打入美国市场。从这一步骤中所学到的东西能使公司以后顺利打入自己具有次强竞争优势的产品。随着知识的积累，公司就可以克服对外国企业固有的劣势。虽然最初的知识是在"干中学"中得到的，但它们也可以通过其他公司经验的传播和扩散来学习到。这个过程不是自动进行的，它是在一个合作网中各成员的推动下进行的：因水平或垂直联系结合起来的企业比起完全独立的公司，更有可能率先打入他国市场。通过自身经验的积累以及对协作网络其他公司的借鉴，企业拥有了进入外国市场的能力。

在战略实施中，国际管理须考虑三个大的方面：第一，跨国公司必须选定进行生产运作的地点；第二，跨国公司必须实施市场进入战略和所有权战略（在第9章中讨论）；第三，管理中必须实施职能战略，涉及营销、生产、财务等领域。

8.3.1　战略实施的地点考虑

在选址上，今天的跨国公司主要考虑两大因素：国家及在所选定国家内的具体位置。通常，第一个选择比第二个选择来得容易，因为对于具体场所的选择有更大的余地。

1. 国家

从传统意义上来说，跨国公司对高度工业化的国家较感兴趣。研究也显示，对这些国家每年的投资额一直在稳步增长。

在有关日本的案例中，跨国公司积极参与收购兼并。位于加利福尼亚州门洛帕克的Intuit Inc. 用5 200万美元收购了一家日本金融软件公司，并斥资3 000万美元收购了日本销售小型商务财务软件的Nihon Mikon公司。位于爱尔兰都柏林的埃森哲在2016年收购了日本全服务数码代理商IMJ，意欲进入日本的当地市场。这些收购意味着在日本的一个新潮流——小企业收购。此外，也有许多跨国公司在日本完成了较大的收购项目。

外国投资者正纷纷涌入墨西哥，尽管这一投资活动已经在美国引起政治上的争论。原因之一是它有利于通往美国与加拿大市场；原因之二是在墨西哥生产商品的成本效益很高；原因之三是20世纪90年代末墨西哥货币的贬值，极大地冲击了墨西哥的商业，使许多大型跨国公司极易被兼并或收购，这是个不容错过的机会。1996～1997年，英国的英美烟草集团以15亿美元的价格收购了墨西哥烟草业巨头Cigarrera La Moderna。几年前，菲利普·莫里斯国际公司（Philip Morris Cos.）增持了墨西哥第二大烟草公司Cigarros La Tabacalera Mexicana SA的股份，花4亿美元就把股份从原来的29%提高到目前的50%。沃尔玛宣布计划用超过10亿美元取得对墨西哥最大的零售商西弗拉集团（Cifra SA）的控制权，使之最终成为沃尔玛墨西哥子公司Walmex的一部分（深入分析见第二部分深度综合案例）。一个月后，宝洁公司用1.7亿美元收购了一家消费品公司：Loretoy Pena Probre。近年各大企业对墨西哥公司的收购仍在持续。例如，2015年4月，美国电话电报公司（AT&T）以18.75亿美元收购了墨西哥网信通信公司（Nextel Mexico），理由是墨西哥的中产阶级正在迅速壮大。2013年6月，百威英博与墨西哥最大的啤酒制造商莫德罗集团（Grupo Modelo）宣布交易价值达到201亿美元的合并完成。百威英博在其新闻稿中表示，"鉴于百威英博与莫德罗集团在20多年前建立的长期合作关系取得了成功，这次合并是很自然的一步。科罗娜（Corona）等莫德罗品牌在美国以外的全球市场拥有巨大的增长潜力，合并后的公司将从中受益，同时在墨西哥，也有机会通过莫德罗的分销网络引进百威英博品牌"。

跨国公司一般选择先进的工业化国家作为投资地，原因是这些国家能提供最大的商品与服务市场。此外，发达国家和地区为了鼓励本地企业，在法律上对进口做了诸多限制。例如，为了遵守对其出口到美国的汽车所实行的配额制度，并作为对华盛顿方面对美日贸易持续逆差的不满的反应，日本汽车公司在美国建立了组装厂。在欧洲，根据欧盟的排外法规，大多数美国和日本的跨国公司都至少在一个欧洲国家进行投资经营。实际上，美国的一家大型跨国公司 ITT，目前在欧盟最早的 12 个成员国中都有经营活动。

在国家的选择问题上，另一个须考虑的因素是政府管制的程度。从传统意义上来讲，世界各地的跨国公司都不愿与东欧国家打交道。然而，随着东欧国家放松贸易法规，并且开始推行自由市场经济，不少跨国公司也开始重新考虑这些国家的地位。越来越多的企业开始进入这个未曾接触过的巨大的全球性市场。在印度也是一样，虽然它的政治气氛不稳定，但跨国公司仍考虑进入该市场，只不过必须小心衡量投资风险。

在国家的选择问题上，还有一个应考虑的因素是对外资的限制。从传统意义上来讲，中国及印度等国家，要求合资企业的经营控制权掌握在己方手中。不愿接受这种条件的跨国公司自然也就不能在那里开展业务。

除以上所述的考虑因素外，跨国公司还将检验东道国所提供的具体利益，包括低税率、免费租用土地及建筑、低息 / 无息贷款、能源及运输的补贴率，以及能和母国提供一样多服务的良好的基础设施（包括良好的道路、通信系统、学校、保健、娱乐以及住房）。跨国公司需将上述利益与受到的制约及运营上的要求相权衡，诸如创造工作岗位数量、出口创汇最低额、当地市场增长的限制、劳动法规、工资和物价控制、对利润汇回的限定以及对技术转让的控制等。

2. 地区问题

一旦跨国公司选定了投资国，就进入选择具体地点的阶段。影响这种选择的因素有许多，通常应考虑与市场的接近程度、与竞争对手的接近程度、交通及电力的可得性和该位置对外来员工的吸引力等。

一项研究发现，德国与日本的公司在美国选址时，都更看重市场渠道和吸引力，而不是非常看重财务因素。然而后者也十分重要，许多国家试图用提供"一揽子特别金融政策"的方式诱使跨国公司投资。

另一个通常考虑的因素是劳动力素质。跨国公司更愿意在那些劳动力经过了简单培训就可以投入工作的地区进行投资。另有一个通常不被提起的补充因素，即劳工组织的存在及其力量。特别应指出的是，日本公司会有意避开那些工会化程度高的地区。

另外，经营成本也是一个考虑因素。制造商通常在郊区选址，一般称为"绿地选址"（green field locations），这样会降低很多成本，也避免了市区里的诸多问题。相反，银行一般选择大都市地区，原因是它们觉得必须在商业区显示自己的存在。

有些跨国公司的选址逻辑是：在经营小公司比经营大公司成本低的地方投资。在这种方式下，跨国公司在世界各地建立许多小公司而非一两家大型公司，试图分散风险。制造业企业即为很好的例子。一些厂家认为，如果东道国的经济与政治困难因素滋长，一家大型企业产生的规模经济差不多将被潜在的不利因素抵消。所以这些公司的战略是在广阔地理范围内建立一系列子工厂，从而分散（潜在的）风险。这种选址战略也对持股人有利。研究发现，进入发展中国家的跨国公司的市值比那些只在发达国家经营的跨国公司高得多。

3. 前沿市场

前沿市场（frontier market）作为新兴经济体中的一个独特的子集，有时被称为新兴市场（emerging market）。虽然大多数传统的新兴市场与发达国家的经济紧密相连，但相对而言，前沿市场则与全球经济的上下波动关联较小。从投资的角度来看，这些市场提供了潜在的高收益，但也伴随着高风险。最常见的前沿市场位于非洲和亚洲。

前沿市场的商业计划需要细致的战略考量。一个潜在的方法是同在本地市场的文化知识上具有专业性的本地公司合资。例如，玛拉集团（Mara Group）是一个在非洲大陆上经营着各种不相关的业务的非洲公司。玛拉集团给它的国际伙伴们提供营销、物流以及政府方面的协助，而非关注于业务的财务与技术方面。玛拉集团还给外国产品提供可靠、可分辨的品牌名。利用迪拜的一间办公室，玛拉集团可以将国外公司与非洲市场很好地关联在一起。IBM 就是利用与玛拉集团的合作在前沿市场开展业务的一个很好的例子。

8.3.2　将特定国家和企业因素融入国际战略中

国际企业管理学者们开发了一个建立在整合反应系统上的简单框架，以帮助管理者理解在一个给定活动上不同国家的选址优势与企业层面属性具备的特定优势。纵向代表国家特定优势（country-specific advantages），横向代表企业特定优势（firm-specific advantages）。国家特定优势可以基于有形的自然资源（如矿产、能源、森林等）和劳动力，还可以基于不那么有形的教育、技能、知识产权保护制度、创业活力因素，或一个给定市场的其他独特因素。企业特定优势是企业拥有的独特能力或所有权，可以建立在产品或工艺技术、销售或分销技能、管理诀窍上。

跨国公司的管理者可以利用那些综合考虑了国家特定优势和企业特定优势的战略。图 8-2 提供了对这个框架的图形化描述。需要特别指出的是，国家特定优势和企业特定优势的"强"和"弱"是一个相对的概念，它们取决于相关的市场和潜在竞争对手的国家特定优势与企业特定优势。

跨国公司在象限 1、象限 2 和象限 3 可以选择不同的战略。处于象限 1 的企业往往强调成本领先，它们很可能是资源型或成熟型的、生产商品型的、国际化导向的企业。鉴于这些因素，国家特定优势相对于企业特定优势更为重要，这是因为企业所处的位置和能源成本往往是企业竞争优势的主要来源。

处于象限 2 的企业既没有较高的企业效率，也不具有内在的国家特定优势，可以代表那些全球风险不大的国内中小型企业。象限 4 内的企业，一般是那些在市场营销和顾客定制等企业特定优势方面拥有较强能力的差异化企业，它们通常具有较强的品牌，企业特定优势占据主导地位，因此，从长远来看，所在母国的国家特定优势对其在世界市场上的表现并不起决定作用。而处于象限 3 的企业通常既可以选择成本战略也可以选择差异化战略，因为它们可以综合其较强的国家特定优势和企业特定优势。

从业务战略上来讲，处于象限 2 和象限 3 的企业既可以从低成本战略上受益，又可以从差异化战略上受益，它们需要不断地对生产组合进行评估。象限 4 和象限 1 要求不同类型的企业选择不同的具体战略。例如，一个在市场营销方面具有特定企业优势的象限 4 企业，可以不依赖于本国市场或东道国市场的特定优势进行国际化，因此，对于象限 4 的企业来说，国家特定优势常常与其所处国家不相关。与此相反，象限 1 为拥有成熟国际化经验或产品事业部的企业，其竞争优势往往是由国家特定优势而不是企业特定优势决定的。象限 1 的企业可以通过提升市场营销能力、产品创新能力或通过垂直整合能力提高附加值的方法加强企业的特定优势，进而移动到象限 3 内。

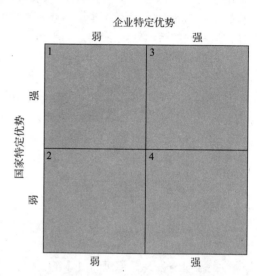

图 8-2　国家特定优势 – 企业特定优势矩阵

资料来源：Alan Rugman and Jonathan P. Doh, *Multinationals and Development*, p.13., Copyright ©2008. Reprinted by permission of Yale University Press.

8.3.3　各职能领域在战略实施中的作用

为实施战略，跨国公司必须利用市场营销、生产和财务等基本职能。下面将研究它们在国际战略实施中的作用。

1. 市场营销

从市场角度来看，战略的实施必须在每一个具体国家的基础上决定。在一个地区发挥作用的市场策略在另一地区不一定能获得成功。而且，市场营销的具体步骤由营销的全局方案支配，而全局方案又大大依赖于市场分析。

德国汽车公司在日本利用市场分析满足消费者的需求就是一个很好的例子。在过去的一二十年中，德国人除了使其汽车迎合日本消费者的胃口，还花了几千万美元在日本设立经销、供应和售后服务网络。大众奥迪日本公司（Volkswagen Audi Nippon）在深水港修建进口设施，耗资 3.2 亿美元。这项工程包括一个检测中心和零件仓库，仅在 2015 年就加工了超过 10 万辆轿车。为此戴姆勒（Daimler）和宝马（BMW）都推出低价车，以赢取更大的市场占有率。同时，德国制造商努力在交易中提供一流的服务，最终德国汽车制造商在最近几年的销售量几乎是日本和美国竞争对手的 3 倍。

在运作营销过程方面，日本人也提供了很好的范例。在很多情况下，日本公司先在本国取得市场份额，赶走进口商品；然后进入新兴市场国家，实施其营销策略；最后挺进发达国家，准备与顶级对手进行较量。这种营销方式已在汽车、照相机、电子产品、家电、石化、钢铁和手表的营销中使用。但是对于一些产品，如计算机，日本厂商从国内市场直接进入发达国家市场，再到新兴发展中国家；有时，因为本国市场太小，日本厂商在一些情况下直接进入发达国家营销其产品，这类产品包括彩电、录像机、缝纫机等。总的来说，一个公司一旦决定在国际市场上出售其产品，就要实施具体的营销战略。

在国际领域营销策略的实施建立在有名的 4P 营销理论上，即产品、价格、促销和渠道。就如在日本的例子中提到的，公司通常先在当地和周边市场销售产品，再扩展到国外大市场。如果产品是为满足国外市场需求而特制的，那么销售过程则更为直接。价格影响市场需求。比如，日本企业发现美国 PC 市场对价格十分敏感，于是它们推出低价的同类产品，从而领导了市场，特别是在笔记本电脑市场。最后两个"P"——促销和渠道，由当地条件决定，并由子公司和附属机构掌握。本土化管理可刺激消费者购买，比如安排销售商和促销人员在当地推广其产品。

2. 生产

虽然市场营销通常在战略实施中占主导地位，但生产也发挥了一定作用。如果某公司想出口产品到国外市场，生产过程通常在国内进行。但是最近几年，跨国公司发现无论向东道国出口产品还是在当地制造产品，考虑国际范围内的生产都是十分重要的。比如，产品可在国外生产，再出口到其他国家。有时，一家工厂可以为跨国公司专门生产特定产品并销售到其所有的市场；还有些时候，一家工厂可以只为特定地区制造产品，如西欧、南美。另外，还有工厂只生产一个或多个零件，再将其运到更大的工厂进行组装。后一种做法已被一些制药企业和汽车厂商（如大众和本田）采纳。

正如在本章 8.1 节所讨论的，如果一家公司在不同国家开办工厂，但不整合其运作方式，这被称为离散式多国生产。近年来的发展趋势渐渐远离这种分散的方式，而是向全球运作协调一致的方向发展。

最后，如果产品是劳动密集型的，如计算机，则发展趋势是将生产转移到成本低廉的地区，比如墨西哥或巴西。那里的劳动力价格相对较低，并且有足够的基础设施（电力、通信系统、交通设施）支持生产。有时要利用复合资源，而在其他情况下，一种或两种资源就足够了。无论如何，实施战略时须小心协调生产，使产品真正在本质上实现全球化。

3. 财务

利用财务职能实施战略的方法，通常先由国内研究得出，然后在海外分支机构加以应用。过去，当一家公司进入国际市场时，海外运营常依赖于当地融资，国际金融的发展结束了这种状况。跨国公司已学会将资金从一处转往另一处，或在国际资本市场上贷款，这通常比依赖当地融资要便宜。不幸的是，在转移过程中出现了不少问题。

这样的问题是跨国公司在使用财务手段实施战略时的典型问题，让跨国公司最头疼的一个问题是货币的重新估价。例如，20 世纪 90 年代后期，美元相对日元升值。美国在日本的子公司发现其手中的日元变成美元后，（以美元计价的）利润减少了。几年前墨西哥比索贬值时，持有墨西哥比索的子公司也是如此。当这种情况发生时，子公司的利润就会减少。自 1999 年开始在市场流通以后，欧元相对美元贬值，但是当美元随后面临压力的时候，欧元重新走强。有关金融问题的一个例子是美国对华贸易逆差的扩大，其中，可能价值被低估的人民币发挥了重要作用。

当处理货币汇率固有的波动性风险时，一些跨国公司以一定价格买入货币期权，以保证在特定汇率下的可兑换性。另一些公司采用逆向贸易手段，接受以产品换货币的方式。例如，百事公司接受伏特加酒作为其在俄罗斯出售商品的支付形式。逆向贸易继续成为国际业务的一种普遍做法，特别是在欠发达国家以及那些货币不可兑换的国家。

8.4 特定战略

除了实施战略需采取的基本步骤，在全球化和国家回应框架下分析哪种战略是恰当的，以及实施战略的具体过程外，可能还存在一些需要特定战略的情况。近年来，备受关注的两种战略是针对发展中的新兴市场的战略以及针对国际创业和新企业的战略。

8.4.1 针对新兴市场的战略

新兴市场在全球经济中扮演着日渐重要的角色，并有望到 21 世纪中叶占据全球经济的半壁江山。部分是源自对这种增长的响应，跨国公司越来越关注这些市场。流入发展中国家的外国直接投资——发达经济体和新兴经济体日益增加的整合和业务活动的一个测量指标——从 1990 年的 237 亿美元增加到 2017 年的 8 500 亿美元。2015 年，外国流入亚洲发展中国家的直接投资达到了接近 5 000 亿美元的历史新高，这与发达国家吸收的外国直接投资总额相当。特别值得一提的是，"金砖四国"经济体成了最大的外国直接投资接受者，2014 年，巴西、印度、俄罗斯和中国总共获得了全球外国直接投资的 20%。

同时，某些新兴经济体也因其政治、经济的波动性和不成熟的制度体系而具有很大风险，表现为腐败、不履行合约、程序烦琐和官僚主义成本，以及法律、政治环境的不确定性。跨国公司必须调整战略以应对这些风险。例如，在这种风险性市场中，进行短线或有限的资本投资以及避免成立合资企业或其他共享式的所有权结构，从而保持对运营的控制权，这样的选择可能是明智的。而在另一些环境中，与当地搭档进行合作则是明智之举，因为当地人能够借助自己的政治关系缓冲风险。与这些情况相关的因素将会在第 9 章和第 10 章中进行讨论。但是，这里要讨论的适用于新兴市场的特定战略受到了特殊关注。

1. 先行者战略

研究显示，考虑到这些市场的变化本质，进入发展中国家市场的顺序是相当重要的。一般而言，在特殊的行业和经济环境中，显著的经济性与先行者或早期进入者（市场最早进入者或最早进入者之一）相伴。这包括获得对提高市场份额有重要作用的学习效应，从占领更大市场份额的机会中获得规模经济，以及与当地最有吸引力的（或者在某些情况下唯一具有吸引力的）合作伙伴建立同盟。在那些正在进行私有化或市场自由化的新兴市场中，可以用来开发的最好机会的时间窗口很短暂。在这种情况下，先行者可以先发制人建立进入壁垒，也可以采取有利于其长期利益和市场地位的方式影响不断变化的竞争环境。

一项研究对中国背景下的这种收益进行了分析，得出的结论是：早期进入者已经获得了巨大回报，尤其是与政府的合作给出了可信的承诺，这就意味着在自由化早期签订的协议今后还将继续执行。在其他一些过渡市场中，比如俄罗斯和东欧，先行者优势并不明显。另外，过早进入，也就是在开展业务的基本法律、制度和政治框架还没有建立起来的时候进入，可能会冒巨大风险。

自由化为支持先行者所获得的竞争优势提供了很有说服力的例子。成功地接管诸如电信和能源企业等刚刚进行私有化的国有企业的先行者，尤其是当市场自由化被延迟而东道国政府又保护新近完成自由化的企业的时候，它们相对后进入者拥有显著优势。这样的一个例子出现在 1998 年的墨西哥。当时，由卡苏集团（Grupo Carso）、西南贝尔（Southwestern Bell）和法国电信的子公司 France Cable et Radio 组成的国际财团出价 17.57 亿美元收购墨西哥电信公司（Telmex）少数（20.4%）但是具有控股权的股票，墨西哥政府接受了。虽然墨西哥后来开放了其市场，但是 Telmex 和其外资合作伙伴（先行者）垄断了市话网络，并且能够把市话和长途业务捆绑在一起，跨越市场以及提供交叉补贴，从而使 Telmex 具有强大优势。另外，墨西哥政府答应保护 Telmex 的国际财团，并且为其基础设施投资提供财务支持，墨西哥政府也的确这样做了，部分是通过向新的运营商收费以帮助 Telmex 支付为了改进长途网络而产生的费用。此外，Telmex 能够向入网用户收取更高费用，而最初的私有化和市场开放之间的长时间时滞也使 Telmex 的优势得以保持。到 2016 年，墨西哥电信公司 Telmex 仍控制着该国 80% 的电话线路，并持有 70% 的无线市场份额。

2. 针对"金字塔底部"的战略

跨国公司越来越重视的另一个领域是全球不少于 60 亿的潜在客户。一直以来，他们都被国际运营所忽略，即使在新兴经济体中也是如此，在那里，跨国公司仅仅关注最富有的客户。虽然外国直接投资在新兴经济体中增长迅速，但是它们大部分流入了先前所提到的大规模的新兴市场中国、印度和巴西，而且，即便是在这些国家，大多数实施新兴市场战略的跨国公司也仅仅是关注精英阶层和新兴中产人士，而忽略了那些被认为太穷、不能成为现实客户的大部分人。因此，立足于调整现行实践和产品以更好地满足新兴市场客户需求的跨国公司的战略，没能提供面向发展中国家巨大市场的产品和服务，而这个市场拥有 40 亿人口，他们位于"经济金字塔"的底部，代表着世界上过半的人口。图 8-3 描绘了世界人口和收入的分布情况。

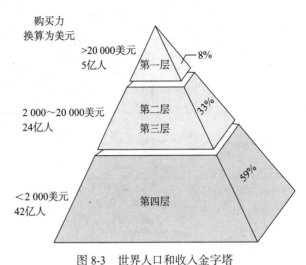

图 8-3 世界人口和收入金字塔

资料来源: Original graphic by Ben Littell under supervision of Professor Jonathan P. Doh based on data from the World Bank.

一些研究人员和公司已经开始运用"**金字塔底部战略**"（base of the pyramid strategy），以开拓这一潜在市场。他们发现，对现有技术和产品进行调整对"金字塔底部"并没有多大作用，而且"金字塔底部"迫使跨国公司从根本上重新思考自己的战略。跨国公司必须考虑小规模战略，与当地政府、小企业和非营利组织建立关系，而不是依赖于已经发展起来的伙伴，比如中央政府和当地大公司。与当地直接建立关系有助于提高声望和培育信任感。缺乏正式制度，如知识产权制度和法律，会带来很多麻烦，信任是克服这些麻烦所必需的。"金字塔底部"也许是酝酿新的、跨越式技术的理想环境，包括降低环境影响和增加社会福利的"破坏性"技术，比如可再生能源和无线通信。最后，在"金字塔底部"运行成功的经营模式有潜力在更高收入客户的市场上获利，因为，与在高成本模式基础上减少成本和特征相比，在低成本模式基础上增加成本和特征较容易。最后一项发现在前面所介绍的全球整合与国家回应框架中的那些真正希望实现跨国战略的跨国公司中有重要应用。

一些研究者提出普通企业与非营利性的非政府组织（NGO）之间的协作和联盟可以成为快速进入"金字塔底部"市场的一种有效手段。Dahan、Doh、Oetzel 和 Yaziji 记录了如何与非政府组织合作形成互补能力——既包括诸如知识、声誉、品牌等无形资产，又包括人力资本、生产能力、市场准入等有形资源——这些能力分布在价值链的不同阶段，影响到商业模式的许多方面。这些举措使得参与公司可以在以新颖的方式创造和实现价值的同时，还能最大限度地降低成本和风险。尤其是，他们特别指出了非政府组织能够为合作伙伴带来的能力和资源，包括市场专业知识（某些特定细分市场的识别需求和知识需求）、非政府组织品牌对顾客的价值、顾客关系、在民间社团和政府间的合法性、本地配送系统和本地采购能力的所有权或访问权限。在与非营利性的非政府组织之间的跨部门合作中，Dahan 给出的例子是雀巢在非洲的可可倡议。雀巢与其他几个主要的巧克力制造商，一起与非政府组织和地方政府在改善劳动条件和促进非洲可持续农业实践发展方面设立了合作方案。在后一个目标上雀巢公司走在最前沿，它在象牙海岸（Ivory Coast）发起了"农民田间学校"，在获得更高质量可可（确保了雀巢对劳动和生产的可获得性）的同时，保证了该生产能够为当地社会产生福利。表 8-3 总结了本研究的结果，展示了非政府组织和跨国公司如何建立一个既可以创造经济价值又可以造福社会的商业模式。

表 8-3 非营利组织在不发达市场中对商业模式的贡献

商业活动和例子	市场限制和非营利组织的贡献	新模式与企业或非营利组织原有商业模式的关系	商业模式的潜在收益	社会和经济利益的分布
市场研究：Ashoka/FEC 在非洲为少数农民提供灌溉的项目	市场约束：缺乏知识，克服信息不对称 非政府组织的贡献：确定当地独特的环境和市场条件，开发创新技术，识别和聚集客户群	共同创造的新商业模式，既为农民提供了灌溉服务，使他们的收入增加了 1～2 倍，也使私营部门企业获得了以前无法访问的新客户	新型商业模式的产生	社会的和经济的 ·

（续）

商业活动和例子	市场限制和非营利组织的贡献	新模式与企业或非营利组织原有商业模式的关系	商业模式的潜在收益	社会和经济利益的分布
研发：Cemex 公司的今日资本（Patrimonio Hoy）项目	市场约束：缺乏适当的价格，缺乏自我建设住房和融资所需的设计施工材料 非政府组织的贡献：产品的市场测试，收集客户的反馈意见，利用内部小额贷款系统为购买新开发的材料提供方便	共同创造的新商业模式，使Cemex公司能够通过重新配置业务模式扩大市场，并且使今日资本扩大低收入家庭房屋需求成为可能	新型商业模式的产生 创造价值成本最小化	社会的和经济的
采购和生产：雀巢的可可种植计划	市场约束：欠发达地区的人力资本，本地网络和供应链的访问需求 非政府组织的贡献：与当地社区和东道国政府建立关系	扩展了雀巢现有的商业模式（供应链），使得当地的非政府组织促进了居民就业和其他社会福利	价值创造 价值传递 成本最小化	主要是经济的
营销：宝洁和PSI的安全饮用水联盟	市场约束：缺乏有关分销和如何在发展中国家使用水的知识 非政府组织的贡献：产品开发方面的投入，品牌联合，客户教育	通过扩大市场和负担得起的净水器产品的可用性，扩展了宝洁和PSI现有的商业模式（宝洁的产品开发；PSI的分销网络）	价值创造	社会的和经济的
分配：HSBC Amah 和 IslamicRelief	市场约束：本地网络和供应链的可访问性 非政府组织的贡献：提供一些必要的服务	扩展了 HSBC Amah 的现有业务模式	价值创造 价值传递 成本最小化	主要是经济的
综合：AtoZ 的蚊帐创业	市场约束：没有一个组织能够开发和分配经济实惠的蚊帐 非政府组织的贡献：从整体和根本上对产品/工艺量身定做的新模式进行了重新思考	在共享技术和专业知识的基础上创造出了新产品，世界卫生组织的参与让产品的可用性更广，创造了很多经济价值和社会价值	—	社会的和经济的

资料来源：Nicolas Dahan, Jonathan P. Doh, Jennifer Oetzel, and Michael Yaziji, "Corporate-NGO Collaboration: Creating New Business Models for Developing Markets," *Long Range Planning* 43, no. 2, pp. 337-338.

达能集团是另一家通过创新战略和市场营销瞄准贫困消费者的公司。它在世界各地的多个发展中国家市场上销售一种单份的酸奶饮料，在某些每人每天的食物预算只有 1 美元的市场上，达能销售的酸奶饮料的价格仅为 10 美分。2015 年，达能过半的销售额来自新兴市场——比起 15 年前的 6% 大大提高。其他跨国公司也采取了类似的战略，其中包括阿迪达斯（adidas），它在孟加拉国向赤脚者推出了"1 欧元运动鞋"体验项目，欧莱雅在印度以几便士的价格销售样品大小容量的洗发水和面霜，联合利华（Unilever）专门针对贫困市场开发了 Cubitos，这是一种小块调味料，每块售价仅为 2 美分。达能集团已经在多个市场上利用这一战略推出了各种产品。婴儿食品市场在新兴市场中发展得很快，2014 年，达能集团宣布了在中国进一步扩张的积极计划，几乎完全基于婴儿产品。达能集团自称酸奶饮料之所以能在塞内加尔创造不错的成绩，是因为酸奶作为一种可以随身携带的小吃，很好地适应了当地消费者的习惯，他们一天只有一顿主餐，却有三顿到四顿零食。十多年以前在印度尼西亚首次亮相的达能酸奶一经推出就大受欢迎，头三个月就在这个市场上卖出了 1 000 万瓶。达能酸奶成为达能在印度尼西亚最畅销的产品之一，而印度尼西亚的人均收入大约是每天 11 美元。而后，达能集团与孟加拉人穆罕默德·尤努斯（Muhammad Yunus）进行合作，共同成立了 Grameen Danone 食品有限公司，此人后来因在微型金融上的开创性工作获得了诺贝尔和平奖。该合资企业出售一种叫作 ShoktiDoi 的 7 美分酸奶产品，该名字寓意为"强大的酸奶"，其富含维生素和多种矿物质，当地妇女挨家挨户地销售，从而赚取佣金。

当然，达能集团与 Grameen（格莱珉）的合资企业也遭遇了挫折：牛奶价格猛涨，工厂开工延误，销售人员无法依靠单独销售酸奶谋生。该合资企业进行了战略转移，在市区门店而不是偏远农村销售大容量的 Shokti Doi。通过这些经验所获得的知识对跨国公司来说必不可少。达能继续保持在孟加拉国的项目，认为它能够为其他业务提供有益的经验和见解，随后还在泰国仿照孟加拉国的工厂设施建立了新工厂。

"金字塔底部"战略在实施过程中会面临诸多挑战。跨国公司所提供的产品价格必须能让乐意接受这些产品的人负担得起。最重要的是，跨国公司必须让大多数人注意到其产品。在此二者之间取得平衡并不简单，因为广告和有效的分销网络成本高昂，而基础设施不完善、腐败和没有现成的分销渠道通常与社会贫穷相伴，这使得跨国公司在进行投资的时候望而却步。尽管存在许多障碍，但是跨国公司仍然可以获得成功。

Smart Communications 公司在菲律宾发现了有利于其扩张的大好机会，该国大约半数人口生活贫困。2002年，市场预测到 2008 年菲律宾将有 30% 的人使用移动电话。Smart 推出了"即用即付"手机，这款手机可以通过内置于手机中的微型芯片再次充值，从而实现了通过无线再充值。然后，公司开始试行稍高一些的定价策略，以便低收入顾客也能从这个机会中获益。Smart 获益良多，越来越多的人开始使用这项服务，手机行业 2004 年的利润率达到 30%，2008 年，手机普及率达到令人吃惊的 70%。2004 年 Smart 母公司收入与 2003 年相比增长了 10 倍以上，这主要归功于公司对"金字塔底部"的关注。想了解移动技术如何打开贫困国家的大门，请看国际管理实践 8-1。

｜国际管理实践 8-1｜

互联网和移动接入革命可以改变"金字塔底部"的贫穷经济体吗

发达国家在信息和通信技术（ITC）方面已经取得了巨大的进步，特别是，互联网和无线手机网络的渗透实现了大幅增长。而有些发展中国家，特别是南亚和非洲最贫穷的国家，至今尚未从这些信息技术趋势中获益。但是，一些企业家却认识到了这些"金字塔底部"市场所蕴藏的巨大潜力，虽然直至今日，企业家在金字塔底部市场的努力仍面临着艰巨的挑战：低识字率、基础设施落后、腐败和其他的政治干扰，以及不完整的商业模式等多种因素导致了许多努力胎死腹中，但他们依然坚持下来了。

尽管非洲一半以上的人口每天生活支出不到 2 美元，但很多人还是认为非洲是无线服务及互联网服务的下一个伟大前沿市场。从 2000 年到 2015 年，非洲的互联网普及率增长超过了 7 000%，用户量从 2000 年的刚刚超过 400 万增至 2015 年的 3.27 亿。2015 年，非洲的移动用户总数为 3.86 亿，这意味着一年间增长了约 4 000 万用户。非洲大陆近 90% 的人口已经被移动电话服务所覆盖。

移动电话用户在过去几年的增量使所有预言都黯然失色。从移动电话与固定电话之间的比率到移动式蜂窝通信的增长率，非洲在从固定电话到移动电话的全球转变中都处于领先地位，这是不可阻挡的趋势。此外，尽管作为非洲人主要上网方式的、每台售价数百美元的智能手机对许多人来说仍然难以买得起，并且数据套餐对非洲普通消费者来说也太过昂贵，但非洲的互联网用户数量的增长比其他地区更快。

非洲国家在提高信息技术与通信服务方面正面临许多挑战，包括缺乏全面开放的市场和诸如国际标准互联网带宽等必要的基础设施。根据国际电联的一份报告，信息技术与通信服务的成本仍远超平均工资水平。报告指出，非洲大部分地区几乎没有有线网络，

许多国家正面临着国际互联网带宽的短缺。国际电联数据显示，南非以外的非洲其他国家的移动通信和互联网市场应该在不到十年时间里加速增长。尼日利亚的增长一直非常强劲，坦桑尼亚、肯尼亚、加纳和科特迪瓦也已在移动连接分布上发生改变。

欧美公司是最早积极探索非洲手机市场的企业。爱立信（Ericsson）、阿尔卡特（Alcatel）、摩托罗拉（Motorola）已经成功进入该地区，英国的沃达丰和法国电信旗下的 Orange 部门都在非洲地区开设了业务。但是其他地区的企业家也开始认识到非洲地区的移动服务和互联网服务是赚钱和获得个人成功的捷径。

Terracom，一家由美国高科技企业家格雷格·怀勒（Greg Wyler）创建的互联网企业，进入卢旺达并被授予了一份合同，合同规定 Terracom 要帮 300 所学校连上互联网。随后，Terracom 还以 2 000 万美元的价格购买了卢旺达国家电信公司 99% 的股份。但非洲的基础设施条件较差，唯一能连接到世界计算机网络的，是价值 6 亿美元从葡萄牙开始一直延伸到非洲西海岸的海底电缆。该电缆铺设于 2002 年，理论上应该提供更便宜和更快的网络访问，但实际上它并没有做到。再加上大部分非洲卫星服务是近 20 年前推出的，大都已老化或即将不能再运行。电源也是一个问题，因为卢旺达间歇性的停电难以提供稳定电力来源。同时，Terracom 公司在合作方面也屡遭挫折，双方都指责对方未能兑现承诺。"问题在于 Terracom 承诺了很多事情却没有做到。"卢旺达国家电信部部长 Albert Butar 说。

另一家合资公司非洲在线（Africa Online）是肯尼亚（1995）和科特迪瓦（1996）两个国家的第一个互联网服务提供商。随着自身不断的成长，它现在在非洲的八个国家运营。该公司是由三个肯尼亚人于 1994 年成立的，当时他们还是麻省理工学院和哈佛大学的

学生。公司最初的创意是为肯尼亚人提供在线新闻服务，早期是从麻省理工学院称为 KenyaNet 的一个在线社区发展而来的，该社区是 20 世纪 90 年代网络发展前期最狂热的几个虚拟社区之一。随着互联网商业化，非洲在线将其焦点从提供在线新闻服务转移到将非洲大陆连接到互联网上。1995 年，波士顿国际无线公司收购了非洲在线，但创始人仍然继续掌控着公司的运营，并在此期间大有作为。非洲在线迅速扩大，运营范围从肯尼亚扩展到科特迪瓦、加纳、坦桑尼亚、乌干达、赞比亚、津巴布韦和斯威士兰。作为肯尼亚和科特迪瓦的第一个商业化的互联网服务提供商，非洲在线在 2007 年又被南非的 Telkom 公司收购了。

是什么让非洲移动通信和互联网革命具有如此重大的意义？答案是它潜在的经济影响。世界银行已经成为非洲部署无线和互联网通信以提高粮食生产及其他发展的坚定支持者。对一些人来说，手机已成为获取经济权力的一种手段。例如，塞内加尔的农民使用他们的手机为其种植的茄子找到了达喀尔买家，这些买家愿意付出高于当地中间收购商 3 倍的价格。这些例子表明，跨国公司和本地公司，以及其他可能通过使用这些新沟通机会提高他们经济状况的使用者们，可以从信息技术和通信革命中获取巨大的收益。

资料来源：Mike Powell, "Culture and the Internet in Africa, a Challenge for Political Economists,"*Review of African Political Economy,* June 2011, p. 241; "The Digital Gap," *Economist,* October 20, 2007, p. 64; "The Mobile Revolution in Africa," *Global Finance,* December 2009, p. 49; "Reasons to Cut Off Mr. Mugabe," *Economist,* April 13, 1996, p. 339.

8.4.2 创业战略和新企业

为应对新兴经济体的特殊需求和环境，企业需要有特定战略。另外，在创业型企业或新企业的国际管理活动中也需要特定战略。大多数国际管理活动发生在大中型跨国公司之中，但是，通常以新企业形式出现的中小型公司，也越来越多地介入国际管理中，电信和网络技术的进步，以及运输效率更高而成本更低，使原来局限于当地或国内市场的公司可以进入国际市场。这种新的进入通道，意味着战略必须适合小型创业型公司有限的资源和独特的处境。

1. 国际创业

国际创业（international entrepreneurship）曾被定义为："以为组织创造价值为目的的、跨越国界的、主动性的、前摄性的风险寻求行为的总和。"市场的国际化与全球经济中创业型企业的不断增多为小企业和新企业加快国际化提供了新的机会。即使是在最小的和最新的组织中也能发现这种国际创业活动。事实上，20 世纪 90 年代中期对 57 家法国私人所有的电子公司进行的一项研究发现，在成立国内公司之后再进行国际化的企业必须克服许多国际扩张的障碍，比如企业的国内取向、国内政治联系和国内的决策制定刚性。相反，更早进行国际化的企业在学习国际环境时面对的障碍更少。因此，越早进行国际化的企业，其国内外市场增长就越快。

然而，尽管存在这样的新进入通道，对国际创业活动的限制仍然存在。在另一项研究中，研究人员发现，开发国际性的技术学习优势并不是一个简单的过程。他们在过去对大型多国公司的优势的研究基础之上，对美国 300 多家独资企业以及合资的新企业进行研究，从 12 个行业中得出的结论是：国家环境多样性程度的提高伴随着技术学习机会的增加，这对于新企业同样适用，虽然人们通常认为它们的国际化受到限制。另外，在组织范围内努力整合知识可以显著提高在变化的国际环境中习得技术的广度、深度和速度，比如跨职能团队对成功和失败项目的正式分析。研究还发现，在国际市场获得的技术学习可以提高企业绩效（增长率和资产回报率）。

2. 国际新创企业和天生全球化企业

国际创业活动增长的另一个维度是出现了越来越多的国际新创企业或**天生全球化企业**（born-global firms），这类公司在创立后很快就介入国际活动之中。在一项对挪威和法国小企业的经验研究中，研究人员发现，两国 1990 年以来建立的出口公司半数以上可以归为天生全球化企业。对涉及出口业务水平高低不同的新创立企业的差异进行检验之后，人们发现决策制定者的全球导向和市场状况是重要的因素。

另一项研究突出了主动性文化、知识和能力在孕育国际创业企业中的重要作用。对一项案例研究的分析揭示出了这些新创企业获取国际成功所采用的关键战略。成功的天生全球化企业采用的是能够允许它们在不同的国际市场中取得成功的混合定位和战略，拥有国际创业导向和国际营销导向所需关键能力的企业会开发出组织战略的特定组合。天生全球化企业所采用的最重要的运营战略有：全球技术竞争力、独特的产品开发、质量导向和利用国外分销商。

正如一项研究所揭示的，天生全球化企业和天生国际化企业之间存在着差异。天生国际化企业向邻近市场出口产品，而且来自这些外部市场的收入不会超过总收入的 25%。然而，真正的天生全球化企业倾向于向多个较远地区的市场销售产品，而且国际业务收入一般会超过总收入的 25%。研究发现，真正的天生全球化企业倾向于比那些貌似实非的全球公司存活时间更长。在加速国际化进程的时候，很容易发现天生全球化企业的存在。另一项研究对天生全球化企业何以建立合资企业和进行收购（见第 9 章）进行了对比。结果显示：当市场对合资企业或"合作关系"反应积极的时候，天生全球化企业能在多大程度上获得成功高度依赖于它所进入区域的发达程度。换句话说，当市场因为熟悉已建立企业而更加看重它的时候，如果天生全球化企业没有资本与知名组织进行合作，并且如果国际市场是开放的，那么天生全球化企业可能在开始时表现出较低的回报率，但这并不是能否生存下去或能否取得最终成功的指示器。

天生全球化企业的一个明显例子是加利福尼亚州的亚马逊公司。像大多数美国网络公司一样，亚马逊一经创立就向全世界销售产品和服务。尽管文化相似水平和技术熟练程度的不同影响了亚马逊获取国际成功的潜力，但是网络作为一种媒介，已经消除了历史上阻碍快速进入市场的某些障碍。另一个例子是纽约在线贸易和投资服务商 E*Trade。该公司仅仅在 3 年内就从 33 个国家获得收入，这显然使其成长为一个全球品牌。允许客户积极参与其投资活动，提供多种语言的、专业的客户支持，使得 E*Trade 整合了多国的业务。公司简洁的网站没有向客户轰炸太多无用的信息，它允许顾客根据自己的意愿选择交易额度，这使其实现了客户定制化。然而，它的全部历程并不是一个成功的传奇。当无法扭亏为盈的时候，公司面临着出局的危险，但是公司在 2005 年实现了盈利，这归功于其网络交易的低成本和广泛的客户基础。然而，在接下来的几年，E*Trade 又进入跌宕起伏的状态，不过，与其他投资服务商相比，它存在的问题还较小，最终在金融危机中幸存了下来。

网络是企业快速走向全球化最简单、最有效的途径，但是需要时刻对业务保持警惕，否则就会被淹没在互联网的数字海洋中。现在，天生全球化作为一种公司战略已经越来越有吸引力，并且风险更小。在第 11 章国际企业管理的开放世界特征中，我们将详细讨论在线零售企业的全球化以及两家在线零售商的策略。

|国际管理世界| 回顾 |

回顾本章的开篇案例，我们很容易发现制药公司为什么会扩展全球业务并相应地重塑它们的企业战略。大而传统的制药公司正面临着来自四面八方的前所未有的压力，包括那些来自新兴市场强有力的竞争。这些大型制药公司试图通过与其他公司的合作或合并来降低成本，通过产品组合的差异化来获得更稳定的利润流，通过与生物科学家的深度合作来投资新的更具附加值的药品，实现跨地域和跨产品研究开发价值的最大化。这是一种真正以全球化作为转变动力的行业转变。

根据你对利用战略管理的必要性和益处的理解，回答以下问题：①在未来十年，相对来说哪种规则导向对跨国公司最重要：经济、政治或质量？②在扫描环境时，哪两个关键领域是跨国公司必须考虑的？③关于开篇案例中所提的制药公司葛兰素史克，你如何在全球化－国家回应框架下定义该公司的战略特征？④这家制药公司主要依靠国家特定优势还是企业特定优势？在多大程度上采用了"金字塔底部"战略？如果低收入者构成的市场最终被证明是失败的，将会对它产生怎样的影响？

本章小结

1. 跨国公司对战略管理的需求日益增加，主要原因包括：外国直接投资增加；需要从全局考虑来协调计划并结合日益多样化的运作方式；日益凸现的国际挑战需要战略计划。

2. 战略计划可以以经济、政治、质量或行政协调为中心，或者是以上四个方面的结合。全球整合与国家回应框架定义了跨国公司所采用的四种基本战略：国际战略、全球战略、多国战略和跨国战略。虽然跨国战略最受推崇，但它也是最难实施的。

3. 战略实施由以下几步组成：首先，跨国公司进行外部环境扫描，以确定机会和威胁；其次，公司对自身优势和劣势进行内部资源分析；最后，对这些外部和内部分析进行综合后，制定战略目标。

4. 战略实施是根据事先决定的行动方案生产产品、提供服务的过程。实施过程要考虑以下几点：决定在哪儿进行生产；实施市场进入和所有权战略；实施职能战略，它着重于营销、生产和财务。

5. 新兴市场和国际创业企业／新企业需要采取适合它们独特环境的特定战略。

复习与讨论题

1. 本章讨论的四个动因——经济、政治、质量和行政——你认为哪一项在 IBM 进军环太平洋地区市场时是最重要的？这一项在美国市场也同样重要吗？IBM 是否应该重视其他规则导向策略？请解释。

2. 全球整合被定义为可适用于国际战略管理情境。对于一家打算进行国际化的成功的国内企业来说，全球化在什么情况下会成为一个问题？请举例说明。

3. 一些国际管理专家认为全球化和国家回应是完全相反的两股力量，对于一家多国公司来说，考虑到一个方面就不得不忽略另一方面。这种论述在什么情况下是正确的？在什么情况下又是不全面的或不正确的？

4. 如果一家零售连锁店和一家制造企业都想在海外扩张，哪些环境因素对它们的影响最大？应该如何分配花费在环境扫描和内部分析上的精力？哪些关键成功要素可以把二者区别开来？

5. 安海斯－布希试图在印度扩张，该市场上啤酒几乎没有销量，而烈性酒却备受青睐。哪些领域可以成为战略目标？哪些市场策略可以在印度市场实施？

6. 跨国公司在新兴市场面对的哪些特殊状况需要采用特定战略来应对？什么战略可能是最适合的？公司应该如何在"金字塔底部"（如低收入市场）识别机会？

7. 哪些条件使一些公司成为天生全球化企业？天生全球化企业的例子有哪些？

8. 梅赛德斯公司改变了在美国的战略，它宣布将开发价位为 3 万～4.5 万美元的轿车（以及传统高档轿车）。是什么原因促使它进行战略改变？从营销、生产和财务观点出发加以讨论。

互联网应用

印孚瑟斯的全球战略

　　印孚瑟斯技术有限公司（Infosys）是世界上最大的 IT 服务提供商之一，它创立于印度但在全球迅速扩张。它为几乎所有行业提供咨询服务、外包服务、数据存储服务及其他信息管理服务。请你访问印孚瑟斯的网站并查看它所提供的各种服务，然后回答下列问题：

你认为国际战略管理如何反映在你在网站上所看到的内容中？印孚瑟斯需要采取哪些重要的战略规划步骤以保持其多元化产品服务的全球领先地位？对于印孚瑟斯来说，最具灾难性的潜在威胁是什么？该公司又能够做些什么来应对这种负面发展的可能性？

国际聚焦

沙特阿拉伯

　　沙特阿拉伯是中东地区疆域达 856 000 英里² 的大国，它东靠波斯湾，西临红海，国土面积近美国的 1/4，所拥有的自然资源包括石油和天然气资源、铁矿石、黄金和铜矿。同时，沙特阿拉伯拥有伊斯兰教两个主要的圣地：麦加和麦地那。

　　2010 年，沙特阿拉伯人口超过 2 700 万，几乎全部是穆斯林（其中大约 90% 是逊尼派，10% 是什叶派）。该国的人口增长率约为 1.46%。此外，该国 90% 左右的人口是在 55 岁以下。根据联合国报告，该国 30% 的人口构成为移民。

沙特阿拉伯 2014 年的 GDP 为 7 460 亿美元。从 2011 年到 2013 年，它的 GDP 年增长率从 10% 断崖式下跌到 2.7%。受全球低油价影响，沙特阿拉伯的 GDP 增长仍然停滞在 3.5% 左右的水平。

沙特阿拉伯实行君主政体，国王负责所有重要的官方决策，国王任命大臣作为他的顾问。女性在 2011 年被授予投票权和被投票权。很多年来，沙特阿拉伯与许多西方国家保持了良好的关系。由于沙特阿拉伯是能源输出大国，西方国家一定程度上还是依赖于维持与它的外交关系。但是，近年来沙特阿拉伯国王和王室被欧美怀疑帮助恐怖分子，导致了在一定程度上与欧美交恶。

沙特阿拉伯对高度依赖石油和天然气开采和生产的国家经济保持着强有力的控制。它是最大的石油出口国，是石油输出国组织（OPEC）的领导者，其石油存储量约占全球已探明石油总量的 16%。外国工人对其经济有重要影响，超过 600 万派遣劳工受雇于各个行业，特别是建筑业和制造业。政府正致力于通过增加私营部门来促进经济多样化并雇用更多本国公民来平衡劳动力结构。

多种因素导致油价暴跌，因此保持较高输出水平的沙特阿拉伯和其他石油输出国遭受巨额亏损。尽管沙特阿拉伯可以暂时弥补赤字，但长期的低石油需求可能会对该国的经济健康造成毁灭性影响。

如果你是国际管理顾问

由于油价持续下跌，沙特阿拉伯积极寻求交通、医疗、旅游和建筑业的外国投资者来本国投资。同时，沙特阿拉伯也已经对那些希望独资而非合资的公司开放零售业。沙特阿拉伯官方希望吸引外国投资者，对其声称尽管油价还在下跌，但该国的其他行业仍然正在不断发展并且提供大量的投资机会。此外，沙特阿拉伯政府宣称将会讨论修改部分可能妨碍外国公司到该国投资的法律法规。

问题

1. 鉴于沙特阿拉伯正在积极寻求外国投资，看起来也正在为之创造有利的外部环境，你认为哪些非石油生意最适合到沙特阿拉伯发展？

2. 如果你是一名外国投资者，你会考虑哪些在该国投资的影响因素？你是否会在沙特阿拉伯投资？

第 9 章

进入战略和组织结构

| 学习目标 |

一个国际公司的成功与否，在很大程度上受到它进入新市场的方式以及总体结构和运营模式的影响。公司要想从众多的选择方案中选取最恰当的进入战略和组织结构设计，需要考虑一系列因素，诸如母公司如何控制国际运营、东道国市场和工作人员的需要等。

本章首先讨论了一些进入战略和跨国公司在进入海外市场时可供选择的所有权形式。而对于组织本身，本章介绍并分析了几种有利于跨国经营有效运行的传统组织结构，然后探讨了一些从兼并、合资公司及日本的经连会（Keiretsu）概念中衍生出的、比较新颖的、非传统的组织结构设计。学习本章的具体目标包括：

1. 描述一个跨国公司是如何开发和实施进入战略与所有权结构的。
2. 识别跨国公司常用的进入战略和组织结构。
3. 分析各种组织结构的优势和劣势，以及它们各自的适用条件。
4. 描述从兼并、合资公司及日本的经连会概念中衍生出的、非传统的新型组织结构设计，以及其他比较新颖的设计形式，如电子网络结构和产品开发结构。
5. 解释组织特征，如规范化、专业化和集权化是如何影响组织的构建和运行的。

| 国际管理世界 |

建立全球品牌：海尔的战略与结构一致性

海尔公司创建于 1984 年，其前身为青岛电冰箱厂，现已成为中国最大的应用家电制造商。作为部分国有控股的公司，海尔数年来一直在不断扩充产品线，其生产和经营的产品范围包括计算机、手机、洗衣机和其他厨房家电。从 20 世纪 90 年代上市以来，海尔一直在迅速发展。2015 年，海尔的销售额达到 320 亿美元，利润高达 27 亿美元。海尔已经占据了 10% 的全球家电市场，并且连续五年以上维持了全球家电行业领导者的地位。

尽管海尔获得了巨大的成功，其产品仍然主要销往中国市场。这使得海尔特别容易受到中国经济波动的影响。例如，由于 2015 年中国的经济增长速度放缓，海尔的销售额首次出现下跌。此外，越发激烈的国内家电行业竞争和互联网销售的普及削弱了海尔的利润空间，严峻的形势迫使海尔通过扩展海外市场实现销售增长。全球领域的扩展对于海尔来说是一个既困难又必要的转变，这需要海尔仔细地制定战略规划和市场定位。

第一，海外并购使得海尔能够进入崭新的、利润空间更大的市场。尽管海尔有成功地将小型空调销往发达国家的经验，但大型电冰箱和其他家电的市场仍然主要被本土品牌占领。2012 年，海尔用 7.7 亿美元收购新西兰家电制造商斐雪派克（Fisher & Paykel）90% 的股权。这次收购使得海尔能够拿到斐雪派克的专利清单，同时打开了澳大利亚、新西兰和美国的家电市场。在发达国家，消费者往往会购买更昂贵的家用电器。相比于中国市场，海尔在发达国家的市场上可以获得更大的利润空间。海尔最大的海外收购发生在 2016 年，当时它以 54 亿美元的价格收购通用电气（GE）的家电部门，这场收购使得海尔直接剑指美国市场。过去中国品牌经常被美国消费者看作信誉较差的品牌，所以它们难以赢得消费者的信心。通过收购口碑良好的美国品牌，海尔将能够在信任度高的品牌下销售自己的产品。作为此次收购的一部分，海尔被授予为期 40 年的通用电气商标使用权并保持通用电气在肯塔基的家电总部。

第二，海尔战略性地将它的制造工厂分散在全球各地，这使得它的产品能够符合当地市场的需求。例如，为了迎合东南亚逐渐增长的对智能手机的市场需求，海尔 2014 年专门在印度尼西亚建了一个手机工厂。为了使其生产的产品能够最好地满足规模虽小但仍在增长的非洲中产阶级的需要，海尔在非洲维持了五个制造工厂的运营。另外，海尔在尼日利亚每年制造和销售超过 50 万台的空调、电冰箱和冰柜，成为该国顶尖的厨房电器生产商。为了最好地迎合尼日利亚消费者的需要，海尔开发了能够冷藏食物超过 100 小时的电冰箱，在频繁的供电中断情况下减少了食品损耗。2000 年，当南卡罗来纳州的海尔工业园落成的时候，海尔成为第一个在美国建厂的中国公司。该园区占地超过 100 英亩，耗资 4 000 万美元，主要生产针对美国市场的电冰箱。2015 年，海尔又花费 7 200 万美元扩展工厂。今天，海尔在海外已经拥有超过 20 个生产工厂。

第三，通过对当地市场的聚焦研发，海尔已经能够更有信心地面对新的海外市场。利用市场调研和精心设计的销售网络，海尔能够快速地根据消费者的反馈对产品进行修改，实现了将消费者放在第一位的理念。在美国，海尔创建了专门修改产品设计使之符合当地文化习惯的研发中心。此外，公司积极寻求经销商和消费者的反馈，经常采访在商场购物的居民。海尔的研发方法也延伸到了互联网，公司通过互联网征求不同用户的意见。海尔将这种战略称为"开放式创新"战略。通过在社交平台询问开放式的问题，例如"您想要哪种空调？"海尔能够获得数以百万计的全球活跃用户的想法，并以此来全方位修改产品设计。

通过收购有价值的外国品牌，在消费者附近建立制造工厂、产品线定制化以及直接寻求消费者反馈，海尔正以最好的姿态征战新市场。

在"国际管理世界"中，关于海尔案例的探讨很好地说明了一个公司在寻求海外市场、进行全球运营时，可能会面临进入战略和组织结构方面的挑战与选择。海尔将品牌形象和产品线当地化以更好地迎合顾客需求，同时保持低成本和强设计的战略。在本章中，我们将重点介绍一些企业在全球业务扩张过程中所用到的进入战略和组织结构。

9.1　进入战略和所有权结构

在国际运营中，有很多进入战略和所有权结构可供选择，最常见的进入方式包括独资子公司、兼并和收购、联盟和合资企业、许可证经营、特许经营和进出口等。在实施跨国战略时，公司应根据具体情况选择最有效的方式。其中，进出口不仅是最早的进入方式，而且是所需投资最少的方式，因此我们先考虑进出口战略。

9.1.1　进出口

对于那些想进入国际市场的小公司来说，出口和进口通常是唯一的选择。这样的选择也可以为那些想要以最小投资和风险开始海外扩张的大公司提供一条新的渠道。公司可将证明文件和外币兑换等书面工作移交给出口管理公司处理，也可自己设置一个出口部门自行管理。此外，公司还可以向主要银行或其他专业机构寻求帮助，给予其酬劳，使其提供包括信用证、货币兑换和相关金融协助在内的各种服务。意图出口的公司还面对一些潜在问题，例如，一些国家有十分严格的规定，如果国外销售商业绩不佳，可取消其销售资格。因此，与经销商签订了协议的跨国公司的利益可能与经销商密切相关。如果公司想更积极地参与到海外经销中，它可进行营销设施的直接投资，比如仓库、销售办公室和运输设备，而不必进行生产设施的海外直接投资。

当进口商品时，许多跨国公司都会与那些来自全球各地的可提供各种商品的海外供应商进行交易。美国公司购买韩国、中国台湾和中国香港的设备与零件已变得十分平常。在欧洲，欧盟各国间的贸易如此之多，以至于跨国公司根本不将整个交易过程看成是"国际性"的。

出口和进口为进入海外市场提供了捷径，但这种策略在本质上是过渡性的。如果某公司想继续进行国际业务，必须更积极地进行投资并承担新的风险。

9.1.2　独资子公司

独资子公司（wholly owned subsidiary）是一家跨国公司的海外单位，它为跨国公司完全所有并受其全权控制。这种策略一般为比较小的公司所采用，特别是当交易费用（如谈判和传递信息的费用）很高的时候。跨国公司在海外其他国家进行初始投资时采用独资子公司的形式，有时又被称为"绿地投资"或"新创投资"。

跨国公司采用独资子公司形式的主要原因是其希望获得对子公司的完全控制，并且相信没有外来合伙人的企业管理将会更高效。由于公司的所有权是唯一的，这种形式往往能够带来更高的收益，而且有利于清晰地沟通和形成共同的愿景。然而，独资子公司也存在一些缺点。首先，独资子公司需要跨国公司在某个地区进行很大规模的投资，这会使跨国公司面临很高的风险，而且对于希望进入多个国家或市场的跨国公司来讲也是不明智的，同时还可能导致国际整合度较低，或参与的国家较少。此外，东道国往往认为跨国公司拒绝吸纳当地合作伙伴在本地经营，是为了获得经济控制权。有些国家担忧跨国公司会把本土企业赶出去，而不是帮助它们发展，为了解决这些问题，许多新兴发展中国家禁止跨国公司在其境内成立独资子公司。另一道障碍是跨国公司的母国联盟有时也反对成立外国独资子公司，它们认为成立外国独资子公司意味着"出口工作"，特别是当跨国公司向他国出口商品后决定在那里建立制造工厂时。鉴于以上原因，现在许多跨国公司更倾向于选择兼并、联盟或合资公司，而不是独资子公司。

9.1.3　兼并 / 收购

兼并 / 收购（mergers/acquisitions）是指涉及两个或两个以上公司跨国界的资产购买或交换。近些年来，越来越多的跨国公司通过兼并 / 收购的方式（完全或部分）获取了子公司。当跨国公司希望在新市场上快速扩充资源或获得高利润产品时，可能会选择这种方式。购买另一个公司的主要业务是进行扩张的一种有利方式。关于大规模跨国并购的一个例子是巴西电信公司 Oi SA 收购葡萄牙电信巨头 SGPS SA。这项业务使 Oi SA 能够在葡萄牙市场占据一席之地，并在全球通信市场变得更有竞争力。2013 年，收购发展中国家的组织实体占跨国收购的 56% 以上，首次超过了发达国家所占比例。到 2016 年第一季度，超过一半的兼并和收购案是跨国操作。表 9-1 展示了 2016 年第一季度区域间交易的总体价值。

文化差异（参见第 6 章）和时间约束是兼并 / 收购面临的两个最主要的障碍。即使在达成一致协议之前，也要充分考虑时间的约束。当管理层不希望在谈判时施加压力或者仓促地进行子公司的投资决策时，可能会由于等待的时间过长而导致公司因为其他竞争者的报价或市场快速的变化而错失良机。一旦兼并或收购事项达成，管理层可能会发现很难和国外的子公司就新的经营目标进行清晰的沟通，这不仅会放大文化差异，还会增加公司采取行动的时间和风险。

转型成本对于并购后的公司来讲也是一个重要问题。2014 年，美国微软购买了芬兰诺基亚的设备和服务部

表 9-1　2016 年第一季度区域间跨国并购案中购买者的选择区域

国家或地区	成交量	价值（10 亿美元）
世界总体	711	225.7
北美	245	66.9
中东	25	1.2
欧洲	267	56.7
欧盟	196	51.6
其他	71	5.1
拉丁美洲	5	8.9
亚洲－环太平洋	157	91.0
非洲	12	1.1

资料来源：Adapted from Baker & McKenzie," Cross Border M&A Index"，Q1 2016.

门，试图以此进入手机市场。当时，这桩 70 亿美元的交易包括诺基亚手机设备专利的 10 年使用权，被当时的微软首席执行官史蒂夫·鲍尔默（Steve Ballmer）称为能够创造"两家公司的员工、股东和消费者共赢"的收购。但是，整合新公司遇到了前所未有的困难。2015 年，微软被迫承担 76 亿美元的减值调整来摆脱诺基亚资产。在收购后的头两年，超过 20 000 个工作岗位被削减。此外，2015 年末，微软宣布计划花费额外的 8 亿美元重组整个电话硬件部门。后来，微软只保留了 2.7% 的全球手机市场份额，并且其在手机行业的前景不明。这些困难在大规模的跨国并购中并不罕见。因此，管理者需要更加谨慎地对待并购后的并发症，并尝试通过增加交流和更有效的运营来改善目前的状况。

9.1.4　联盟和合资企业

联盟（alliance）是指两家或两家以上不同公司之间的任何一种合作关系。跨国联盟则是由两个或两个以上来自不同国家的公司组成的。有些联盟是临时性的，而有些则比较稳定。**合资企业**（joint venture，JV）可以看作联盟的一种特定形式，是允许两个或两个以上的合伙人共同拥有或控制一家企业的协议。一个国际合资企业是由两个或两个以上来自不同国家的公司组成的。联盟和合资企业可以采取很多形式，包括跨市场协议、技术共享协议、生产合同协议以及股权协议等。在有些情形中，双方可能会创立一个独立的实体，特别是当它们希望在其核心业务之外发展合作关系的时候。联盟和合资企业，类似于兼并和收购，会产生公司控制权的问题。我们将在本章结尾以及第 10 章中讨论相关内容。联盟和合资企业有两种类型。第一种类型是非权益合资（nonequity venture），其特点是一合伙人仅仅为另一合伙人提供服务。通常来说，提供服务的一方更加活跃主动。这种类型的例子包括：①咨询公司，为另一团体提供分析、评估服务并提出建议；②工程或建筑公司，为合作国家的落后地区设计、建造在那里被认为是复杂工程的水坝或公寓楼；③拥有在他国开采自然资源许可的矿业公司。

第二种类型是权益合资（equity joint venture），涉及跨国公司的金融投资。在这种形式中，随着各方对合资企业在资金、专业技术以及专门管理投入上的变化，双方对该公司的控制程度会进行相应的调整。

大多数跨国公司更感兴趣的是控制权的多少，而不是利润的多少，而当地合伙人也采取相同态度时，这势必导致矛盾的出现。尽管如此，由于联盟和合资企业能给双方都带来利益，近年来它正越来越多地受到欢迎。其主要优势包括如下方面。

（1）提高效率。建立联盟或合资企业有助于合作方实现规模经济和范围经济，这是一个单独经营的公司难以实现的。此外，合伙人能分散风险，并从互补资源产生的协同效应中获利。

（2）互相学习。在联盟和合资企业中，合作的任何一方都能向另一方学习知识与技术。一方可以为该企业提供资金和技术资源，而另一方则可以提供顾客和市场渠道方面的知识。

（3）政治因素。当地的合作方有助于处理诸如不友好的政府和限制性法规之类的问题。

（4）克服竞争中的结盟或限制。联盟和合资企业能帮助其合伙人克服那些针对外来竞争而出现的地方结盟或限制的不利影响。通过成为集团的"内部成员"，外国合伙人力图跨越这些屏障。

正如前面所提到的，联盟和合资企业各方通常在优势互补的条件下从事生产，从而减少各种运营风险和新进入市场的风险。欧洲的卡车制造业及汽车零部件行业即为一个很好的例子。两个行业的企业都发现通过合资能降低开发和生产的高额成本。

跨国联盟一直非常活跃的一个行业是航空业。某些市场增长缓慢，全球竞争加剧，国内和全球运营商之间的竞争态势都促进了这些联盟的形成。2014 年，英国航空公司（British Airways）、西班牙伊比利亚公司（Iberia of Spain）和美国的美国航空公司（American Airline）通过总部在巴西的巴西天马航空公司（TAM）的加入扩张了原有的联盟。这种联盟方式的提出，部分得到了智利国家航空（LAN Airlines）收购巴西天马航空公司的启示，这一收购合并了南美两个最大的航空公司。每个运营商都将在新的由智利国家航空和巴西天马航空公司共同控股的国际航空公司内保持其各自的品牌身份。这种结构在法国航空公司和德国汉莎航空公司（Lufthansa）的欧洲收购中也常常用到。在一般情况下，航空公司往往对正式联盟望而却步，这是因为怕被监管部门戴上共谋和操纵价格的帽子，但在这一点上现在许多航空公司都已经被豁免，因为监管当局认识到航空公司的生存可能依赖于整合。更广泛地说，全球航空业的结构已经演变成三大联盟，在联盟内，成员公司可以进行飞行常客计划的代码共享和互惠。表9-2显示了主要的航空联盟和现任成员，以及它们的地理范围和覆盖面。

表9-2　主要航空联盟的市场数据和现任成员（截至2015年12月）

	Star Alliance （27个成员，成立于1997年）	Sky Team （19个成员，成立于2000年）	One World （13个成员，成立于1999年）	Rest of Industry （特定的非联盟运营商）
每年乘客量	6.54亿	5.88亿	5.12亿	
目的地	1 312	1 052	1 010	
收入（10亿美元）	177.42	186.33	143.23	
主要航空公司及入会年份	Air Canada（创建者） Air China（2007） Air New Zealand（1999） Air India（2014） ANA（1999） Avianca（2012） Copa Airlines（2012） Lufthansa（创建者） SAS（创建者） Singapore Airlines（2000） United Airlines（创建者）	Aeroflot（2006） Aeroméxico（创建者） Air France（创建者） Alitalia（2001） China Airlines（2011） Delta（创建者） KLM（2004） Korean Air（创建者） Middle East Airlines（2014） Saudia（2012）	American Airlines（创建者） British Airways（创建者） Cathay Pacific（创建者） Iberia（1999） Japan Airlines（2007） LAN Airlines（2000） Qantas（创建者） Qatar（2013） TAM Airlines（2014）	JetBlue Southwest Aer Lingus Icelandair Virgin Atlantic Emirates Air India Gulf Air Qantas（创建者） China Airlines Jet Airways
地理范围的网络能力				
北美范围内	23%	28%	15%	34%
南美范围内	1	2	14	83
欧洲范围内	20	16	11	53
中东范围内	2	0	3	95
非洲范围内	23	10	4	63
亚洲范围内	35	11	9	45
大洋洲范围内	11	0	32	57
北美和欧洲之间	27	34	21	18
北美和南美之间	9	29	40	22
欧洲和南美之间	20	28	22	30
北美和亚洲之间	41	29	10	20
欧洲和亚洲之间	36	22	19	23

资料来源：Adapted from Wikipedia, based on airline website,https://en.wikipedia.org/wiki/Airline_alliance.

在新兴市场经济中，作为一种经营方式，联盟和合资企业势必越来越普遍。但在合作之前必须进行仔细的分析，从而确认所希望的商品和服务有足够大的市场，同时也要确保合伙人都知晓其责任，并同意关注合作的整个运作过程。如果上述问题都解决了，该合资企业将有成功的大好机会。国际管理实践9-1举例说明了一家合资企业为获得成功所必须克服的部分问题。研究者为战略联盟中的参与问题提供了其他一些建议，如下所述。

（1）在结盟之前，充分了解你的合伙人。

（2）预计来自不同国家的潜在合作者在结盟目的上的差异。

（3）认识到合伙人拥有所期望的资源不能保证对你公司的资源起到补充作用。

（4）积极、迅速领会合伙人的需要。

（5）选定最佳合伙人后，在互相信任的基础上发展彼此的关系，在某些文化中是一个特别重要的因素。

国际管理实践 9-1

俄罗斯的合资企业

合资越来越多地成为进行国际经营所采取的战略。俄罗斯对此产生了浓厚的兴趣，因为这种方式能吸引外资，并能帮助国家开发自然资源。然而投资者发现，在俄罗斯建立合资企业伴有诸多问题。例如，荷兰皇家壳牌（Royal Dutch Shell）迫于压力放弃了它在库页岛的主要股份，并把它转让给俄罗斯天然气公司（Gazprom）。英国石油公司（BP）也被迫重新与它的俄罗斯合资伙伴俄罗斯秋明石油公司（TNK）重新协商。新法律要求外国投资者将其对俄罗斯能源项目的兴趣点聚焦在克里姆林宫批准的组织上，增加对俄罗斯的公司和政府的授权。合资企业投资者在俄罗斯遇到的问题还不只是克里姆林宫的施压，其他问题如下。

（1）许多俄方合伙人把企业合资看作出国以及获取外汇的良机，而生意本身是考虑的次要问题。

（2）找到一位适宜的合伙人进行协商，签订合资协议通常需花一年时间，主要原因是俄罗斯不习惯商务合作中的一些基本步骤。

（3）俄方合伙人通常喜欢将合资企业扩张到一些不相关的领域，而外国投资者却更倾向于最大限度地减少风险和不过分扩大经营领域。

（4）俄方不喜欢宣布盈利，因为在首次宣布盈利之后，有 2 年的利润免税期。

（5）政府有时允许利润以反向贸易的形式流回本国。但是由于俄罗斯政府一直控制着那些在世界市场上畅销的资源，因此，大部分从国内拿出的是价值有限的资源。

以上几个典型问题说明了为什么一些跨国公司越来越不乐意去俄罗斯建立合资企业。

资料来源：Keith A. Rosten, "Soviet-U.S. Joint Ventures: Pioneers on a New Frontier," *California Management Review*, Winter 1991, pp. 88-108; Steven Greenhouse, "Chevron to Spend $10 Billion to Seek Oil in Kazakhstan," *New York Times*, May 19, 1992, pp. A1, C9; Louis Uchitelle, "Givebacks by Chevron in Oil Deal," *New York Times*, May 23, 1992, pp. 17, 29; Craig Mellow, "Russia: Making Cash from Chaos," *Fortune*, April 17, 1995, pp. 145-151; Daniel J. McCarthy and Sheila M. Puffer, "Strategic Investment Flexibility for MNE Success in Russia," *Journal of World Business* 32, no. 4 (1997), pp. 293-318; R. Bruce Money and Debra Colton, "The Response of the 'New Consumer' to Promotion in the Transition Economies of the Former Soviet Bloc," *Journal of World Business* 35, no. 2 (2000), pp. 189-206.

联盟、合资和兼并/收购：以汽车工业为例

全球汽车行业是联盟、合资和兼并/收购都频繁发生的行业之一。当然，结盟和合资经常是兼并/收购的第一步。20 世纪 70 年代，美国和欧洲的本土生产商开始面对来自海外的竞争，汽车厂商开始适应不断变化的全球环境并为此做出调整，特别是对善于开发高质量的小型汽车的日本厂商，结盟和合资就应运而生。经历了 90 年代初期、90 年代末期以及 21 世纪初期的经济萧条，生产商迫于压力进行了整合，以此作为一种精简生产和削减成本的方式。近年来，一系列因素包括持续的产能过剩、新兴市场的扩张，以及对混合动力和电动汽车等新型机动车的市场需求都刺激了汽车行业的结盟、合资和兼并/收购。正如在第 1 章中讨论的那样，雷诺和尼桑保留了一个基础广泛的结盟，其中就包含股权合资配置。克莱斯勒（Chrysler）的破产宣告了菲亚特（Fiat）在长达五年的时间内通过两场交易正式收购了这家美国汽车生产商，先是在 2009 年收购了克莱斯勒 20% 的股份，然后在 2014 年收购了其全部剩余股份。

通用与中国上海汽车有限公司（SAIC）一直保持了成功的合资状态。菲亚特与广汽集团（广州汽车集团）成立的合资公司，又被称为广汽菲亚特汽车有限公司，其总部设在中国长沙。2015 年，为了迎合中国市场逐渐增长的对 SUV 车型的需求，广汽菲亚特在中国开设了一家吉普车生产工厂。奇瑞（Cherry）和塔塔（Tata）等汽车品牌的成长以及几年前的两起重大收购案例，都清楚地表明了中国和印度在全球汽车行业日益崛起的实力。2010 年，中国汽车公司吉利花费 18 亿美元收购了福特旗下的沃尔沃汽车子公司。英国路透社（Reuters）宣称这场买卖将成为"中国最大的海外汽车收购""凸显出中国已成为全球汽车业的一支重要力量"。早在几年前，印度汽车公司塔塔汽车就购买了福特的路虎和捷豹品牌。沃尔沃、路虎和捷豹都是福特先前收购的欧洲品牌。

混合动力汽车和电动汽车的发展也经常以合资的方式进行。这是因为：①先进技术常常不存在于传统汽车公司；②混合动力汽车和电动汽车的市场前景与监管的不确定性很高，这两个因素促使企业想要与合作者分担风险。

所有的这些合作，无论联盟、合资还是兼并/收购，都是通过整合市场知识和途径、技术和管理能力、规模经济和效率，以及政治和法律要求等方面的某种组合所创造出的机会来促成的。

9.1.5　许可证

另一种进入市场的途径——在特定地域内获得制造/销售特定商品的排他许可，也可以看作联盟的一种形式。**许可证**（license）是一种协议，协议的一方通过向另一方支付费用的方式，获得后者产业产权的使用权。在通常情况下，许可人允许被许可人通过支付费用来使用它的专利品、商标或者专有资讯。使用费用的大小通常建立在销售额的基础上，比如在亚洲，销售工业发动机的许可费是其销售收入的1%。通常，许可人会将被许可人的销售范围限定在特定的地域内，同时在销售期限上也做了限定。如某企业也许在未来五年内拥有在亚洲销售发动机的独家授权，这种协议允许许可人在其他地理区域（例如欧洲、南美洲和大洋洲）内寻找其他被许可人。

许可的运用以许多一般条件为前提。例如，当产品处于生命周期的成熟阶段时，竞争十分激烈、盈利率下降。在此情况下，许可人不太愿意花钱打入外国市场。可是，一旦这家公司能找到一家已经进入当地市场的跨国公司，并且该跨国公司也乐意接受它的产品，那么，双方都能从中受益。许可的第二个一般条件是外国政府要求那些新近进入的公司在当地进行大量的直接投资。通过对当地公司的经营许可，被许可人避免了这种进入成本。第三个一般条件是许可人缺少资金及管理资源。把总收入中的相当一部分投入研发的公司很可能成为许可人，而在研发上投入较少的公司则更可能成为被许可人。事实上，一些小型研发公司每年通过开发新产品并向拥有多种产品线的大公司提供各种生产许可，可以获得很高的收益。

一些许可人利用其产业产权权利在某个特定区域开发和销售商品，同时也许可其他公司在其他地区开展业务。这能给许可人带来附加收入，然而长期许可是不利的，这是许可的一大缺点。尤其是，如果一种产品非常出色，那么竞争将带动改进专利的产生，改进专利允许类似商品的销售，甚至会淘汰目前的产品。然而，在协议的有效期内，许可可能通过较低的成本进入并开发外国市场。

在大企业寻求新技术以加强现有产品的过程中，许可证也很常见。例如，微软宣布已与ARM技术持有公司达成许可协议，允许这家软件巨头基于ARM的技术设计芯片，该种芯片是手机和平板电脑的基本构件。

9.1.6　特许经营

特许经营（franchise）是一种类似于许可的商业协定，它允许一方通过付费的形式，获得在经营运作中使用另一方的商标、标志语、生产线以及生产方式的权利。特许经营在快餐业和酒店业中得到了广泛的运用。这一概念被广泛运用于国际市场，并且对于当地市场只要稍做调整，便能带来高额利润。在快餐业中，麦当劳、汉堡王、肯德基已通过使用特许经营的方式来开拓新的市场。在酒店业，包括假日酒店在内的许多家酒店已经通过特许经营使其遍布世界各地。

特许经营协议由被授权方预先支付一定费用，再以其利润的一定百分比作为回报，而授权方将提供支持，比如，购买物资与原料以保证世界范围内商品和服务质量的一致。特许经营对双方都有好处：它为授权方提供新的收入渠道，为被授权方提供一个已被时间证明的能够很快打入市场的品牌、产品或服务。

9.2　组织面临的挑战

总体战略的构建和实施以及寻找进入国际市场的最佳途径带来的一个问题就是，如何设计组织结构来适应国际运营的需要。很多跨国公司都在反思其组织结构能否适应国际运营的需要。

可口可乐公司提供了一个在全球范围内进行组织结构重组的好例子。可口可乐公司改变了其组织管理理念，对其地区机构进行了较多的经营授权。这种改变增强了其在各地的分支机构对当地市场的应变能力。这样，各地分支机构的管理者就可以根据各自区域的情况决定有关广告、产品和包装的事宜。例如，土耳其事业部推出了一种梨子味的饮料，而德国事业部则推出了一种草莓口味的芬达。尽管公司的新管理层因为成本增加的压力而在重新考虑这种管理方式，但这种本土化的方式极大地提升了可口可乐公司的国际声誉。可口可乐公司甚至决定继续增加产品的多样化程度，即使这会显著地增加成本。例如，在巴西，因为当地的苏打饮料公司推出了低价的碳酸饮料，可口可乐公司正在丢失市场份额。起初，可口可乐瓶装饮料只有 3 种型号，而仅仅降价似乎并没有给公司带来任何好处。后来，可口可乐在巴西提供 18 种不同型号，包括很多可以循环利用的玻璃瓶。这虽然没有增加公司的市场份额，但增加了收益。在印度，可口可乐公司早先为它的经典"可口可乐"品牌赢得市场份额经历了非常艰难的过程。相比于继续在印度推销其标志性产品，可口可乐公司 1993 年选择了购买当地品牌"竖起大拇指"（Thums Up）。到 2015 年，包括"竖起大拇指"在内的可口可乐公司的产品已经在印度占领 49% 的市场份额，远超过老对手百事可乐公司 30% 的市场份额。

通过企业重组迎接全球化挑战的第二个例子是中国香港的利丰。利丰是该地区最大的从事出口贸易的跨国企业集团，也是发展供应链管理的创新者。利丰在全球拥有许多供应商，为其提供包括玩具、时尚饰物到旅行用品在内的各种消费品。近年来，利丰进行了重组，由一批产品管理者在其各自的领域开展日常业务管理，这是利丰通过摸索逐渐形成的管理模式。20 世纪 70 年代末期，利丰公司还仅仅是一家区域代理商。当时，由于利丰对亚洲地区的制造商和复杂的政策规定非常熟悉，它能够在亚洲地区的贸易中与各种势力进行成功的协调，因而众多国际采购商乐意与其合作，进行各种原料和产品的采购。此后，利丰将自己的经营模式调整到更高的水平，开始为买主提供从产品设计、生产到装货付运的整个业务流程的服务。到 80 年代后期，当地过于昂贵的生产成本促使其再次调整经营模式，开始通过名为"分散生产"的方式组织生产，即将生产的价值链进行分割，并协调不同地区供应商的经营运作。例如，当利丰接到欧洲某零售商的大宗服装订单后，利丰将决定在世界的何地购买纱线，让哪家企业来织布和染色，所需要的纽扣和拉链从何处购买，最后在哪里制成成衣并交付给客户。利丰公司总裁在评论这一整体业务流程时特别指出：

这是一种新的价值增值过程，是从未有过的真正的全球化生产。商品上显示的或许是"泰国制造"，但其实它并非完全的泰国产品。我们将生产过程进行了分割，寻求每一个生产过程的最佳解决方案。我们不要求某个企业把每个环节都做得最好，相反，把价值链分开后，我们反而能调动每个环节的积极性。这就是我们的全球化经营方式。这种方式不但可以获得高于库存和运输成本的收益，而且由于生产各个过程更高的价值增值，使我们有理由提高服务的价格。我们交付先进的产品，并且行动快捷。如果与国际大型的消费品生产企业沟通，你会发现它们都在往这个方向努力——在全球化层次上追求完美。

9.3　基本的组织结构

以上有关可口可乐和利丰的例子说明，跨国公司正在大幅变革其原有的运作方式，以求在国际舞台上更加有效地参与竞争。对于那些准备遵循这样的战略路线的跨国公司而言，许多基本的组织结构形式是值得考虑的。在许多情况下，跨国经营的组织设计是与其国内原有的组织结构较为相似的，而产生显著差别往往是由其行业特点、跨国经营的范围和母公司对跨国经营的控制方式造成的。在理想状况下，设立一个海外分公司或子公司总是出于某些特殊的考虑，诸如生产技术或是对专业化人才的需要。而整体的目标是要符合当地市场与母公司的全球化战略两方面的要求。

图 9-1 说明了全球化和适应当地特点这两种压力对不同行业所产生的影响程度。当一个跨国公司要在这些因素中寻求平衡时，往往会根据不同因素出现的可能性采取应对方法。如果公司战略需要对当地市场的变化做出快速反应，那么其组织结构就必须具备适应变化的能力。若不是为了满足那种灵活的、快速变化的、顺应不同可能性的方法的需要，大部分跨国公司在跨国经营中某些基本的组织结构安排上的变化会非常缓慢。下面就从最初的国际化模式开始分析这些组织结构。

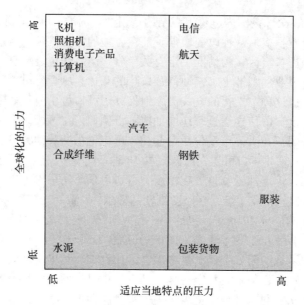

图 9-1　国际化对组织的影响

资料来源：Adapted from Paul W. Beamish, J. Peter Killing, Donald J. LeCraw, and Harold Crookell, *International Management: Text and Cases* (Homewood, IL: Irwin, 1991), p. 99.

9.3.1　早期的分部组织形式

许多公司最初是靠建立子公司或出口本地的商品、服务进入国际市场的。子公司是处理有财务关联性的业务或处理那些需要在创建之初就现场直接参与的经营业务的最为常见的组织形式。近年来，许多服务型组织开始出口专业技术，如建筑服务、法律服务、广告制作、公共关系、会计和管理咨询。研发型公司也采用这样的方式出口其在本国成功开发并投放市场的产品。

在制造企业中，特别是那些产品技术含量较高的企业，出口通常是首选。因为几乎没有竞争，出口企业可以制定一个最高的价格，通过一位出口管理者来管理其销售。如果公司的产品线比较窄，出口管理者通常直接向营销部负责人汇报，国际经营由营销部协调管理。如果该公司拥有较宽的产品线并试图向国际市场出口多种产品，出口部管理者将掌管一个独立的部门，并定期向总裁直接汇报。如果公司面临的竞争很少，而且只需要略加重视就能实现国际销售，这两种安排就都能有效地运作。此外，出口使公司在重要的国际经营中可以减少风险和投入，还可以测试国际市场的规模。

如果海外销售持续增长，当地政府往往会对这类增长的市场施加压力，促使在当地建立起从事这一经营活动的企业。通用汽车公司在华的合资企业就是一个很好的例子，该企业大部分零部件是当地生产的。此外，许多公司发现它们正在国外市场上面临不断增加的竞争，而在海外设立制造型子公司既能帮助跨国公司应付当地政府的压力，又能通过向当地政府展现希望成为当地合法公民的姿态使其更好地适应竞争。同时，这些企业还能帮助跨国公司大幅降低运输费用，使产品更具有竞争力。这种新的组织结构常采取类似于图 9-2 的形式。每个国外子公司在所属地区对自己的经营活动负责，子公司的领导者既向管理协调国际业务的高层管理者汇报，又直接向公司首席执行官汇报。

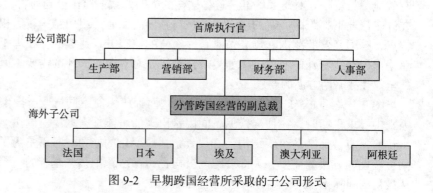

图 9-2　早期跨国经营所采取的子公司形式

9.3.2 国际分部结构形式

随着跨国经营业务的进一步增长，多个子公司通常会被组合成为一种**国际分部结构**（international division structure），这种形式能够处理那些超出单个海外分部创建时所确立的目标范围的各种跨国经营活动。简单地说，就是在原有的组织结构保持不变的情况下，增设一个部门来专门处理国际问题。这种分部结构可以为首席执行官分担监控国际分部运营的职责，由国际分部领导者协调和监督海外经营活动，并直接向首席执行官报告这些事务。图 9-3 提供了一个范例。百事可乐公司将其国际软饮料分部划分为六个地区业务单元：三个北美地区单元（北美饮料单元、菲多利北美单元、桂格北美单元）和三个国际单元（拉丁美洲单元，欧洲和撒哈拉以南非洲单元、亚洲、中东和北非单元）。这六个单元覆盖了百事可乐公司拥有业务的 200 个国家。这些地区业务单元在地理位置上是彼此分离的，拥有一定的经营自主权和较大的地区权威。

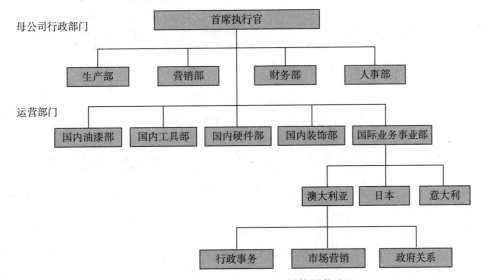

图 9-3 国际分部结构（组织结构图节选）

跨国经营活动尚处于发展阶段的公司最有可能采用国际分部的组织结构。另外，国际销售额较小、地区跨度差异性不大或缺乏从事跨国经营的专业管理人才的企业一般也采用这种组织结构。

采用国际分部的组织结构具有诸多优点。一个高级管理人员管理一系列跨国经营活动能确保国际业务得到最高管理层的重视。这种结构安排能使公司在跨国经营中推行整体的、统一的策略，还能为公司培养一批具有丰富国际化管理经验的管理精英。

当然，采用这种组织结构也有较多弊端。这种结构将国内管理者和国际管理者分离开来，会形成目标存在分歧的两个不同阵营。而且，随着国际业务的不断壮大，母公司很难以全球化的眼光进行战略性的思考、行动和资源分配，于是国际分部往往遭到冷遇。最终，大部分研发活动仅仅以国内市场为导向，国际分部关于新产品和业务流程的创意常常得不到优先考虑。

9.3.3 全球化的组织结构形式

当跨国公司基于国际机遇和威胁获取及分配资源时，就必然会向全球化的组织结构转变。全球化组织结构与国际分部结构的区别在于，当同时面临一个国际机遇时，前者更加注重更大范围的扩张和整合。这一国际趋势显示了管理战略的一个重大变化，而组织结构的调整正是这种变化不可或缺的基础。组织结构的选择是在公司的基本战略构建之后进行的，而不是反过来。全球化的组织结构通常有三种类型：产品型、地区型和职能型。

1. 全球产品分部

全球产品分部（global product division）是指国内事业部被赋予在全球范围内对系列产品进行管理的职责。

图 9-4 例证了这一形式。如图 9-4 所示, 产品分部 C 的管理者对产品线 C 具有全球范围内的管理权限, 同时还能得到与这一产品线相关的内部职能支持。例如, 所有产品分部 C 的营销、生产、财务活动都在这位管理者的控制之下。

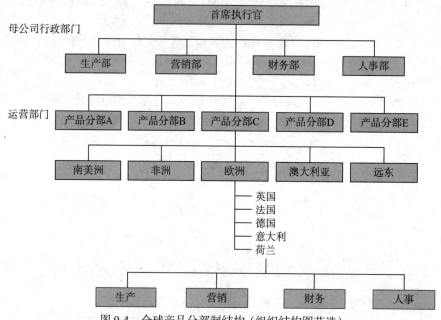

图 9-4 全球产品分部制结构 (组织结构图节选)

全球产品分部是作为利润中心运营的。因为这些产品通常处于产品生命周期中的成长期, 所以需要进行周密的推广和营销。为了达到这一目的, 全球产品分部的管理者在其掌管的经营活动中通常拥有相当大的自主权, 有权做出许多重要决定。而公司总部仅仅以财务预算控制的形式对产品分部进行控制, 总部对某些决策进行核准, 其中主要是对一些 "底线" 做出要求 (例如利润)。

全球产品分部结构具有许多优点, 特别是当产品差异化的需求较高时, 这种结构的优点更加明显。这种情况经常发生在公司提供各种各样的产品、客户群非常多样化, 或者根据当地的特点调整产品组合 (如食品或玩具) 时。此时, 全球产品分部制就显得特别有效, 它能在全球范围内把生产、营销、财务等经营管理职能按不同产品的特点组合协调起来。而且, 如果某种产品在不同区域处于不同的生命周期, 全球产品分部可以保证做出恰当的定位。全球产品分部结构的其他优点可以概括如下。

这种组织结构形式能够继续保持对产品的重视并在全球范围内促进对产品的规划, 能为顾客与企业中掌握产品技术的专家之间提供一个直接的沟通渠道, 从而使企业的研发工作与全球顾客对产品需要的发展变化相适应, 能使事业部内的行政主管与业务主管方便地获得与其专长相对应的技术和营销方面的专业知识。

遗憾的是, 这种模式也存在一些缺陷。其一是必须在每一个分部中重复设立分支机构、雇用人员; 其二是分部管理者很可能会过于关注当前经营比较好的地区而忽略其他一些长期发展潜力较大的地区; 其三是许多分部管理者把过多的时间花在本地而不是国际市场上, 因为本地的工作更为方便, 况且他们在本地也更富经验。

2. 全球地区分部

与全球产品分部相比, 一些跨国公司更倾向于采用**全球地区分部** (global area division) 的组织形式。如图 9-5 所示, 在这种结构中, 全球化经营活动不是按产品而是按一定的区域组织起来的。这种方式往往意味着公司战略的一个重大改变, 因为现在的国际经营活动已经被提升到与国内业务同样的高度。换言之, 对于公司来讲, 欧美或亚洲业务与北美地区业务是同等重要的。例如, 当英国石油公司并购了俄亥俄州的标准石油公司 (Standard Oil) 后, 公司就改变了其原有的组织结构, 采用了全球地区分部制的组织结构形式。在这种结构下, 全球各分部管理者在他们所辖的区域内对所有经营活动负责。首席执行官和公司最高管理层的其他成员通过系统化的战略规划进行管理，确保所有全球分部的协调运作。

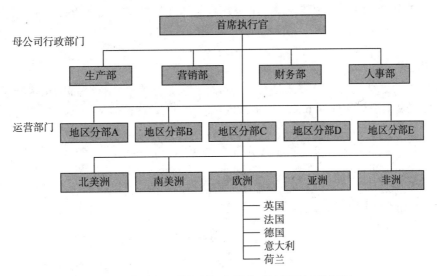

图 9-5　全球地区分部制组织结构（组织结构图节选）

　　全球地区分部结构常常被那些业务处于成熟期、产品线比较狭窄的企业所采用，这些产品线通常因为地区的不同而有所差别。例如，一种产品在欧洲地区有较大的需求而在南美洲却没有，或者某种产品在法国提供的类型和其在英国销售的差别很大。全球地区分部和全球产品分部的区别在于，前者的每个部门只关注一个地区的特点并在该地区提供特定的产品，而后者则是关注某种产品以及该产品能够在哪些地区生存，然后把产品销往该地区。此外，跨国公司通常会通过对一定的地区内生产、营销、资源采购的高度整合，获取规模经济效应。因此，企业往往倾向于在当地生产，而不是从其他地区把产品运来，因为这样能降低产品的单位成本并提供非常有竞争力的价格。这种地区性的结构便于分部管理者按适合当地市场的方式开展经营，并能根据环境的变化做出快速决策。食品业就是很好的例子。在美国，软饮料中的含糖量低于南美地区，所以两地的产品生产过程就必须有所区别。同样，在英国，人们偏爱清淡的汤，而法国人则更喜欢略带辣味的汤。全球地区分部能使食品公司各地区的业务部门按各地消费者的口味提供不同的产品。

　　全球地区分部结构的主要缺陷是在协调产品导向和地区导向两者间关系时面临着巨大困难。比如，一个产品是在全球范围内销售的，却由许多不同地区的分部负责销售。集中化管理与控制的缺乏，会造成管理费用的增加和多个地区的重复劳动。第二个缺点是，由于销售的是接近成熟期的产品，因此地区分部常常会忽视新产品的研发工作。它们的关注重点不是那些技术上最先进的、从长期看可能会赢得市场的产品，而是那些已被证明是成功的、目前能比较容易地在全球营销的产品。

3. 全球职能分部

　　全球职能分部（global functional division）的结构在组织其全球范围的经营活动时，主要是根据职能来进行部门划分，其次才是按产品划分。这种模式很少被采用，而仅仅被石油公司、矿业公司等一些从事采掘、提炼的企业所采用。图 9-6 提供了这样的例子。

　　全球职能分部结构具有一些很重要的优点，其中包括：①对专家型职能的重视；②紧密的集中控制；③相对精练的管理机构。其缺陷在于：①生产与营销之间的协调较为困难；②由于生产和营销活动被分属不

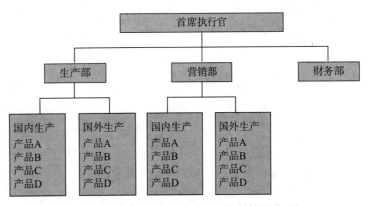

图 9-6　全球职能分部结构（组织结构图节选）

同的部门，因此很难管理多元化的产品线；③只有首席执行官才能够对利润负起责任。因此，青睐全球职能分部结构的是那些特别需要紧密集中协调与控制、业务流程整体性强以及需要对产品和原材料进行跨地域运输的企业。

4. 混合型组织结构

有些公司发现，不管是全球产品分部或是全球地区分部，还是全球职能分部的结构安排都不能令人满意。于是，它们选择一种**混合型组织结构**（mixed organization structure），这种结构将三种不同的结构纳入一个跨国公司，在一个基本的组织结构形式中，附加上第二种甚至是第三种部门划分方法。例如，一个公司采用全球地区分部的结构，职能管理者组成的委员会可能为多个地区分部提供帮助和支持。反之，如果一个公司采用全球职能分部的结构，产品委员会可能会负责对跨部门范围的行动过程进行协调。在另一种情况下，组织可能会采用一种矩阵制的结构形式，使得管理者接受两个或更多上级的指挥。图 9-7 说明了这样的结构。在这种安排下，跨国公司通常采用矩阵制组织结构来协调地区分部和产品分部。

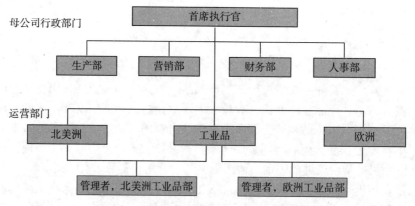

图 9-7 跨国矩阵制结构（组织结构图节选）

近年来，混合型组织结构正变得日益流行。例如，索尼公司在 2010 年左右对其经营活动进行了重组。在新的安排下，包括个人计算机、手机、有线电视机顶盒业务在内的所有电子商务业务将整合到一个名为"一个索尼"（One Sony）的新管理结构下。这个安排使得电子产品和服务被归于索尼的三大核心支柱之一：游戏、移动或数字图像。这个新的管理结构的设计目的是将决策流程去中心化，使得单个业务组能够快速做出决策。公司非常清楚地意识到，为了管理好全球业务，有必要采用混合型组织结构。也有许多其他公司采用混合型组织结构，在一项调查中，超过 1/3 的被访公司表明它们采用了混合型组织结构形式，只有约 1/5 的公司采用全球产品分部的形式，只有 1/10 的公司采用了早期的分部组织形式。混合型组织结构能够融合其他结构的许多优点，尤其是它能使企业创造出独特的组织设计方式，最大限度地适应企业的需要。然而，矩阵制也存在一些缺点，其中最大的问题在于，随着矩阵结构复杂性的上升，协调员工队伍以使他们向共同目标努力就会变得非常困难，因为很多团队和组合往往各行其是。因此，许多跨国公司没有采用矩阵制的结构形式，它们开始意识到，简单化的、精简的结构可能才是最好的组织设计。

9.3.4 跨国网络型结构

除了矩阵制结构外，另一种可供选择的国际组织结构形式是近年来新出现的**跨国网络型结构**（transnational network structure）。这种组织结构既能使跨国公司获得全球规模经济的优势，又能保持对当地顾客需要的适应能力。这种组织结构模式综合考虑了职能、产品和地区等多种因素，并依靠网络型的安排，将全球范围的各个子公司联系起来。这种结构和矩阵结构非常相似，但是更加复杂。矩阵结构可能要使用多个战略来弥补运营效率的不足，并采用集权的方式进行管理，在总部和全球分部间进行协调。跨国网络型结构中的地区部门虽然有权做出决策，但是必须及时与总部或相互之间进行沟通。跨国网络型结构的中心是一些节点，这些节点是协调产品、职能与地区信息的部门。不同产品线部门和地区部门以最能适合其运作的方式拥有各自不同的内部结构。飞利浦公司提供了跨国网络型结构运作方式的最好例子，它在 60 多个国家从事经营活动，拥有超过 10 万名员工，生产从灯泡到防御系统的极其丰富多样的产品。2015 年，飞利浦拆分为两个不同的公司：皇家飞利浦和飞利浦照明。前者专注于健康、科技部分，后者专注于 LED 和照明方案。但是，飞利浦仍然包含三个分部且每个分部都有数个不同的子公司。这些子公司的业务范围也有很大差异，有的专门从事生产，有的负责销售，有的处于总部的严密控制之下，有的则高度自治。

　　跨国网络型组织的基本结构框架由三个方面构成：分散的下属部门、专业化的运作方式和相互依存的关系。分散的下属部门是指能为公司创造利润的分散在全球各地的子公司。有的是为获得低成本的优势而设立的，另一些则负责提供最新技术和有关消费者倾向的各种重要信息。专业化的运作是由下属部门开展的一系列业务，这些下属部门分别专注于特定的产品线、研究领域和营销领域，从而促进专业技术的开发和对全球范围其他子公司资源的利用。相互依存的关系能使所有分散的专业化的下属单位实现信息与资源的共享。

　　由于其极大的复杂性和持续变化的特点，跨国网络型结构很难以组织结构图的形式绘制出来。然而，图 9-8 还是提供了飞利浦公司的网络型结构的概貌。通过观察和分析在这些模式中企业分别实施其控制的方式，可以将这一复杂的网络结构与本章前面介绍的其他形式做比较，表 9-3 列出了对比的结果。

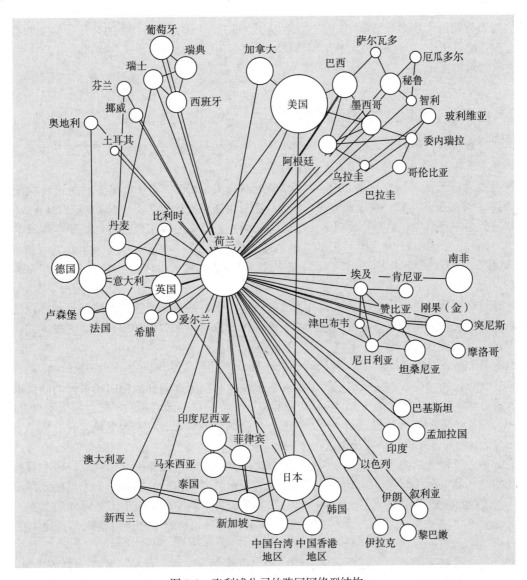

图 9-8　飞利浦公司的跨国网络型结构

表 9-3　跨国组织结构中采用的控制结构

跨国结构的类型	对产出的控制	官僚控制	决策控制	文化控制
国际分部结构	利润控制	必须遵从公司各项政策	典型的集权化	与其他分部同样对待
全球地区分部结构	利润中心	有些政策和程序是必需的	当地部门被授予自主权	当地分公司的文化通常最为重要
全球产品分部结构	以单位产出约束供应，以销售总额刺激销售	以严格的过程控制保证产品的质量和稳定性	在产品分部的总部层次上实行集中控制	有些公司中存在文化控制，但并非总是必要的
矩阵制结构	产品与地区的两类部门共同承担盈利责任	不太重要	平衡全球地区与产品部门的关系	文化必须支持共同的决策制定
跨国网络型结构	适用于供应部门和一些非独立的利润中心	不太重要	总部几乎不做出决策；大部分决策集中在关键的网络节点上	组织的文化超越单个国家的文化，支持共享与学习是最重要的控制手段

9.4　非传统的组织设计方式

近年来，跨国公司越来越多地采取不同于过去的方式来拓展经营业务，这样的公司包括并购型企业、合资企业、经连会和战略联盟企业。这些公司的组织结构并非采用传统的科层制，因此很难用图形的方式表示出来，下面将描述它们的运作方式。

兼并／收购、合资企业和联盟的组织结构设置

跨国公司通过对其他公司的兼并和收购，将其纳入自己的组织结构，这种方式是最近几年的发展趋势。在最近几年内，全球兼并和收购的交易总额高达 6 万亿美元。

其中，规模较大的跨国并购交易是 2015 年阿特维斯制药（Actavis）以 700 亿美元的价格收购美国艾尔建（Allergan）。阿特维斯是爱尔兰的一家制药公司，在没有牺牲财务状况的情况下将保妥适（Botox）的生产商——美国艾尔建制药公司顺利整合进自身的公司结构。阿特维斯长久以来习惯于靠裁员来削减收购成本，2013 年收购华纳奇考特（Warner Chilcott）时裁掉了其 30% 的销售人员。作为阿特维斯－艾尔建收购协议的一部分，将近 1 500 个岗位被裁掉来增加利润空间。2015 年 1 月至 9 月，阿特维斯的股价增长了 17%，分析师和投资专家都大力称赞这个新方法。

合资企业和战略联盟是近年来组织形式发展演变的另一个很好的例子，这样的组织形式可以将合资各方的力量协调起来为合资企业的整体利益服务。这样的组织结构设置可以采取多种形式，而这些形式在后续的公司设立和经营步骤中有许多相似之处。

一个典型的例子是美国洛克希德马丁（Lockhead Martin）和西科斯基飞机公司（Sikorsky），与阿联酋国防工业公司通过成立合资公司为中东地区提供军用飞机。这家合资公司成立的部分原因是帮助阿联酋发展民用飞机和航空电子设备行业。它为西科斯基飞机公司在中东建立一个立足点的同时帮助阿联酋的黑鹰直升机升级换代。2015 年，西科斯基公司在阿布扎比设立了一个办公室作为与阿联酋国家投资基金继续开设合资公司的基地。这个新公司旨在为这片区域未来的经济增长提供资金支持。

长期合资的另一个例子是通用汽车公司和上海汽车集团（SAIC）所成立的合资企业，该合资企业专门针对中国农村市场生产五菱卡车和面包车。2010 年，这两个合资伙伴共同宣布，将推出一个新的乘用车品牌——宝骏（Baojun），它的含义是"珍贵的马"。该产品线将目标锁定为中国主要大城市市区以外的买家。如今，宝骏出产了包括小型面包车在内的一系列汽车。2015 年，这家合资公司销售了 204 万辆汽车，比上一年销量增加了 13%。

所有这些合资企业都需要建立规范严谨的组织结构，以确保股东各自优势的发挥和各方力量的有效协调。为了实现这些目标，各个组织结构也必须清晰地列出各方的职责，明确界定各自的权限。

发展合资企业组织结构的一个主要目的是促使投资各方发扬和融合其不同的价值观、管理方式、业务导向和组织偏好。表 9-4 解释了西方公司和亚洲公司在四个领域的不同取向，该表对世界同一地区跨国公司在管理中需加以探讨的类似行为模式的分析也很有价值。以日本松下电器和日立电器有限公司为例，这两家公司达成长期协议，成立合资企业以发展在以下三个领域的新技术：智能卡、家用网络系统和可循环使用、高效能的电子消费产品。两家公司仔细设置其组织结构，以确保合资企业的各方能高效和谐地发挥各自的作用。

在这些例子中，跨国公司并购造就了一种结构安排，在促进协同作用的同时鼓励被收购公司的自主性。这种组织设计不断借鉴了较为传统的结构安排，还针对合作双方企业的需求设置了特有的结构安排。

事实上，战略伙伴对于跨国公司的成功经营是如此重要，以至于给予这些合作伙伴直接访问自己计算机系统的权限成为一种很常见的情形。通过这种方法，外部供应商可以很快确定跨国公司的需要并及时根据这些需要调整其产品生产计划。同样类型的紧密合作也采用 B2B 的形式，例如，IBM 公司与法国大型跨国企业汤姆逊多媒体公司（Technicolor SA）密切合作，为其提供数据分析、车队管理和其他服务。

许多公司发现，在兼并/收购不能顺利进行或是因为高昂的价格使

表 9-4　亚洲与西方的管理特征比较

	西方	亚洲
基本价值观	独立 合法 直接 分析	团队 信任 妥协 中庸
组织	正式 零散 层级 竞争	非正式 一体化 整合 合作
行动	短期 控制 冲突 服务导向	长期 人力资源 合作 顾客导向
管理风格	理性 结构化 直接 行动	关系 灵活 适应 理解

资料来源：Based on Frederic Swierczek and Georges Hirsch, "Joint Ventures in Asia and Multicultural Management," *European Management Journal*, June 1994, p. 203.

其承受了巨大的财务风险时，建立合资企业和战略联盟是一个更好的选择，它们可以为跨国公司提供各种各样参与竞争的机会。为了成为一个值得信赖的供应商，跨国公司必须降低成本。此外，合资企业和战略联盟还有助于企业的合作。

9.5　网络组织形式的出现

在过去的几年里，电子自由职业者（electronic freelancers）的数量呈现不断上升的态势。电子自由职业者是指通过国际互联网为某个公司的某一项目工作的个人，当这项工作完成后，他们会转向其他临时雇佣关系。在某种程度上，这些个人代表了新型的电子网络型结构的组织形式，即为了某个特定的短期目标而组成临时性公司，完成任务后再转向其他任务。下面列举了许多这样的事例。

如今，许多制造商正在追求激进的外包战略，将越来越多的传统活动委托给外部代理人。例如，芬兰诺基亚公司的美国计算机显示分部选择了以仅仅 5 名雇员的规模进军美国显示市场，而将技术支持、后勤、销售和营销全部转包给遍布全国的专业人士。随着网上市场的普及，许多公司甚至没有接触过自己生产的产品。整个供应链，从初始的产品生产到仓储和运输都是外包的。与传统工业模式相比，诺基亚显示分部这样的公司，使用分散化的经营方式，与网络型组织结构更为相似。

许多跨国公司开始越来越多地利用电子自由职业者（简称 e- 职业者）来为公司完成一些关键工作。以通用汽车公司为例，外包者通过计算机网络紧紧地围绕公司要求来提供设计和工程辅助。跨国大学的兴起是另一个例子。如今，在欧洲和北美洲，通过互联网来提供本科生、研究生课程和一些资格等级项目教育的学术机构的数量不断上升。在为这些课程配备师资时，各大学主要雇用那些拥有博士学位的电子自由职业者，由他们来负责在线授课。在大多数情况下，大学很少会与那些电子自由职业者进行面对面接触，所有的手续都通过计算机完成。

现在，这些电子网络组织的作用正变得越来越突出。众多跨国公司意识到，外包的职能可以在线完成，这样的例子包括设计清单、分析计算和咨询报告。因此，从某种意义上来说，这种新的结构是本章前面所讨论过

的矩阵制结构的另一个版本。两者的主要差别在于，这种结构中的许多成员只是临时的、非固定的雇员，相互之间往往素不相识，却经常在电子环境之中单独沟通。

产品一体化的组织方式

跨国公司组织形式的另一个最新的发展是促使这样一种组织设计思路的出现：将产品开发活动推向全球化运作，促进产品的全球一体化。在过去的一段时间里，采用跨职能协调对于公司目标的实现很有帮助。然而，跨国公司同时也发现，这样的安排导致员工在自己的专业职能方面投入的时间变少，从而导致他们对专长领域发展动态的了解日益匮乏。这种跨职能方式的第二个缺点是造成各产品部门的各自为政，从而不能很好地将各自的业绩与组织的整体相融合。

丰田公司创造了一种结构，将高度标准化的系统与结构的创新结合起来，这种结构创新确保项目得到灵活的管理，项目本身又因从其他项目获取知识和经验而受益。为了达到这样的效果，丰田采用了六种组织机制。

第一种机制被称为双向调节。在大多数公司，这种效果的实现是通过任命专门的项目工作人员，使他们进行面对面的合作，按部就班地执行新产品设计方案。而在丰田，不必委任设计工程师加入某个特定的项目，他们只要留在各自的职能领域，通过书面信息进行交流。这种方式确保所有成员保持对各自主要职能领域的专注，并使他们相互之间的沟通直接而简洁，以节省时间。

第二种机制是利用直接参与的、技术娴熟的督导。在典型的结构安排中，设计工程师由某位不直接参与技术工作的，主要负责监督别人工作的个人来领导。而丰田的督导却保持着对项目技术的娴熟掌握，并且负责指导、培训和开发相关的工程师。所以，如果任何人有设计技术方面的问题，督导所具有的更为熟练的技艺能为其提供帮助。

第三种机制是采用一体化的领导方式。在典型的产品设计结构中，主管经理具有充分的权力，在此基础上，他要求工程技术人员根据时间、成本和质量参数的要求完成任务。而在丰田公司，这样的管理者只负责协调各职能专家的工作。他们在整个项目中所起的作用更像一位领头的设计师。从这个意义上来讲，他们的作用就好像是把整个流程粘起来的胶水。

第四种机制是，在典型的设计工作中，工程师是企业从大学或其他公司雇用的，在那里，他们曾经获取相关经验，但未必会在目前的工程技术岗位上干很长时间。在丰田公司，大部分的技术培训是由公司内部提供的，而且员工的岗位轮换也只在同一职能领域之内。例如，车身工程师的大部分（如果不是全部的话）职业生涯是在有关车身的职能部门中度过的。这样，他们就能以更快的速度完成工作任务，因为他们不必与同事就所从事的工作内容进行持续不断的沟通协调。他们对自己的工作很熟悉，知道自己该做些什么。

第五种机制是，在典型的设计工作中，每个新产品都需要一个新的开发流程，并要采用复杂的形式和官僚程序，才能确保各项工作准确无误地完成。而丰田公司具有里程碑意义的做法是由项目负责人运用简化的形式和流程促使各项工作完成得简洁高效。

第六种机制是，许多企业的组织设计标准是绝对化的、僵化的，而丰田的这些标准则是由直接从事工作的员工来保持的，并能根据新的设计需要不断进行调整。

现在，其他一些世界级的汽车制造商正在仔细研究丰田所采用的组织形式，因为它们开始意识到，旧的产品设计组织方式在面对新世纪的竞争挑战时已不那么有效了。特别是，组织的新重点已转移到如何更好地实现人员与工作的匹配上。一些专门研究丰田模式的专家对上面所概括的这些方面做了以下评价：

丰田方式的成功取决于其员工的努力。成功的产品开发需要能力强和技艺精湛的人员，这些人员拥有丰富的工作经验、深厚的技术知识以及全局性的眼光。当我们观察丰田的所有成功之处时，就能发现其产品开发系统的两个基本点：凭借技术专长赢得领导力的首席工程师，凭借自身专长减少工作流程中沟通与监督的烦琐、错误及混乱的职能工程师。所有其他的协调机制和做法都是为技术工程师更有效地工作而服务的。相比而言，其他许多公司却好像是要发展"天才设计，白痴领导"的系统。丰田倾向于依靠其职员的技术来发展，而且其重塑产品开发流程的核心观念是："是人，而不是系统在设计汽车。"

9.6　跨国公司的组织特点

尽管跨国公司具有相似的组织结构，但其运作方式不尽相同。很多因素被证明可以解释这些差别，包括总体战略、员工态度和当地条件。规范化、专业化和集权化这三种组织特点对我们的讨论有特别的意义。

9.6.1　规范化

规范化（formalization）是指采用经明确界定的组织结构和系统来进行决策制定、沟通及控制。有些国家和地区偏重于采用规范化模式，反过来，这种模式又会影响组织的日常运作。一项针对韩国公司的大型调查研究表明，与美国雇员不同，韩国工人在被要求更严格与规范地对待工作时，反而会更加喜欢他们的工作环境。简言之，韩国人更适应规范化。韩国公司比较倾向于规范化，但并非整个亚洲都是如此。例如，在一项旨在研究日本的组织是否较美的组织更倾向于规范化的调查中发现，尽管日本公司在诸如簿记以及办公室工作人员使用方面比美国更多地采用劳动密集型方式，但没有统计数据可以支持日本公司更加规范化这一论点。

另一项关于在中国台湾地区的美国和日本公司的调查将规范化分为两类：客观的和主观的。客观规范化是用一些事物来衡量的，如分配给员工的不同文件的数量、组织图示表、信息手册、操作指南、成文的工作描述、程序手册、成文的公司政策以及工作流程计划等。主观规范化是由目标的模糊性和非具体性、非正式控制的使用以及利用涉及文化的价值观念来解决问题的程度衡量的。

通过比较美国和日本公司在采用规范化的方式中的区别，专家得出了以下结论：美国和日本的公司似乎在下列问题上水平相当，如为下属划定目标，绩效评估标准的制定，成文的日程安排和工作规定，成文的责任、权利和义务。然而，日本公司的管理者并不像美国的管理者那样认同规范化。日本公司相比之下并不依赖正式的规定和机构，而是采用面对面的或身体力行的控制模式，这一点从子公司中外国雇员占总雇员的比例就可以看出来。

研究还表明，美国跨国公司过分依赖预算、财务数据和其他规范化工具来控制子公司的运作，这一点与善用面对面管理等非标准控制方法的日本公司形成对照。这些发现表明，尽管海外子公司的外部结构设计大体相同，但像规范化这样的内部运作特点却相差甚远。

近年来，组织的规范化/非规范化的特征吸引了越来越多跨国公司的注意。其中一个原因是，跨国公司现在已经意识到，必须考虑规范化/非规范化的两个维度：内部和外部，而且这些规范化/非规范化关系在很大程度上需要有效的不同类型的网络来支持。正如吉野（Yoshino）和兰根（Rangan）所阐述的：凡是需要参与全球竞争的公司，包括大部分的重要公司，都采取两种方法来获得竞争优势：①通过建立国际子公司这种广泛的内部网络来参与国内或地区内的市场竞争；②采取与全球其他公司建立战略联盟这种外部网络的方法。这两种方法并不矛盾，越来越多的公司设法使两种网络并行不悖。

很有意思的是，两种网络关系对跨国公司提出了一系列不同的要求。与合资企业合伙人建立的外部网络通常会造成组织意志的不明确，更偏重于人而不是系统，并且权力界限模糊。这与内部网络特点区别明显，内部网络的规范化特征显著且企业更依赖于大家的共识（共同的愿景）、清楚的组织要求（清晰的组织授权）、完备的系统和权力界线。表 9-5 总结了内部网络和外部网络的特点。

表 9-5　内部网络和外部网络的对比

管理尺度	内部网络	外部网络	管理尺度	内部网络	外部网络
大家达成共识	是	否	把重点放在系统上	较多	较少
鼓舞士气	合作	合作并竞争	更重视人	较少	较多
组织意志	明确	不明确	权力界限	明确	最不明确
组织目标	全球最优化	力争双赢			

资料来源：Information drawn from Michael Yoshino and N. S. Rangan, *Strategic Alliances* (Boston: Harvard Business School Press，1995)，p. 203.

9.6.2　专业化

作为组织特征之一，**专业化**（specialization）是指安排员工从事专业化的、经明确定义的任务。根据国际惯例，专业化又被分为水平专业化和垂直专业化两类。

水平专业化（horizontal specialization）的分工方式使每个员工拥有各自履行职责的范围，每个员工都专注于自己的职责领域。例如，这些工作有客户服务、销售工作、招聘、培训、采购和市场研究等类型。当水平专业化达到一定程度时，员工都会在各自的领域内发挥职能专长。

垂直专业化（vertical specialization）将任务分配到小组或部门，员工对绩效负责。垂直专业化的典型特征是等级森严，整个机构通常十分庞大。

在早期对 55 个美国生产企业和 51 个日本生产企业的比较研究中发现，日本雇员的专业化程度相对低一些。具体来说，美国企业中 3/4 的职责进行了专业化分工，而日本则不足 1/3。后来关于规范化的研究也印证了有关专业化的这一发现。

相比之下，研究表明日本人更重视垂直专业化。他们有较复杂的组织结构，而美国同行则较为简单。日本公司的部门或小组之间的区别也比美国公司大得多。垂直专业化可以通过集体行动的数量来衡量，比如质量圈数量。日本公司中的质量圈数量比美国公司多出许多。垂直专业化也可导致工作规范化。由于每个人都对工作负集体性责任，所以每个人都把重点放在按预定方法完成工作，而不是临时准备，这就促使每个员工只需进行短期培训便可上岗。同样，日本公司的工作规范化程度也大大高于美国公司。

9.6.3　集权化

集权化（centralization）是指管理系统中的重要决策均由高层做出。从国际范围来看，集权化的价值会根据公司当地的环境和公司的目标而变化。很多美国公司倾向于**分权化**（decentralization），即让底层员工参与决策制定。德国的跨国公司采用集权化的方式由总部做出战略性决策，而把因地制宜的决策分权化。国际管理实践 9-2 描述了很多规模不大的德国跨国公司如何成功运用分权化战略。在一些情形中，大公司很成功地使用了分权化这一管理方式。例如，诺基亚公司被认为"是世界上等级制度最少的大公司之一，人们甚至弄不清这个公司到底谁在负责"。这种放手的方法促进了企业员工的创新、进取心和个人责任感。同时，为了避免权力失控，公司必须执行严格的财务制度。

┃国际管理实践 9-2┃

德国的组织管理

与世界其他地区相似，欧洲地区特别是德国在经历了经济起伏之后，前途未卜。欧洲最强大的工会德国工会也不得不承认一些主要企业的商业运作出现了滑坡并亏损。但同时，德国的一些中小型企业却可以继续成为世界上最成功的企业。究其成功的原因，部分源于这些企业精心设计的分散型组织结构，这是企业努力保持贴近客户的结果。这些德国跨国企业的目标是在海外建立运作平台，这样它们可以向客户及时提供服务。此外，这些子公司一般都是总公司的全资企业，并对利润进行集中控制。

德国跨国公司的惯用做法是向市场提供超值服务。例如，当宝马公司进入日本市场时，其启动资金数倍于所需，但是，它较高的透明度和对市场的承诺立即得到了客户的认同并在当地建立起了声誉。

另一个战略是尽可能延长派驻海外的管理者的在职时间，这样，他们会更加熟悉当地的文化以及市场，能更好地发现顾客的需求和存在的问题。同时，顾客也可以逐渐了解公司并且愿意成为公司的回头客。

德国跨国公司的第三个战略是充分挖掘员工迎合顾客需要的才能。例如，大量证据显示，多数顾客较重视产品质量，喜欢那些有亲和力的雇员，（希望他们）能提供周到的服务，并能迅速地解决问题，而且也注重技术上的领先和创新等。德国公司在这些最重要的领域都表现出色，从而将自己和客户牢牢地绑在一起。

最后一个战略是发展自身强有力的技术，以便在问题出现时，可以派内部员工去解决问题。这来自德国公司对专业化和集权化努力的高度推崇。它们倾向于自己研究并掌握生产和服务上的问题，以摆脱对外依赖。

那么，这些德国公司的努力得到了怎样的回报呢？其中很多规模不大的公司拥有了全球 70% ~ 90% 的市场份额，而这些公司人们以前闻所未闻，诸如博德公司（Booder，生产捕鱼设备）、格林公司（Gehring，生产珩磨机）、考博／豪尼公司（Korber/Hauni，生产烟草设备）、Maklin & Cle 公司（生产铁路模型）、斯蒂尔公司（Stihl，生产小型机器锯）以及韦伯斯特公司（Webasto，生产汽车天窗），但它们却成为欧洲乃至世界市场的领导者，在某些时候，它们的相对市场力量相当于最接近的竞争对手的 10 倍。

资料来源：Hermann Simon, "Lessons from Germany's Midsize Giants," *Harvard Business Review*, March–April 1992, pp. 115-123; Carla Rapoport, "Europe's Slump Won't End Soon," *Fortune*, May 3, 1993, pp. 82-87; Robert Neff and Douglas Harbrecht, "Germany's Mighty Unions Are Being Forced to Bend," *BusinessWeek*, March 1, 1993, pp. 52-56.

一项比较调查发现，日本公司与美国同行相比没有很强的权威意识，日本公司允许较低级别的员工更大程度地参与决策制定。但同时，日本公司通过限制授予低级别员工权力，以及仔细控制参与质量圈操作人员的方法来进行控制。其他研究也得出了类似的结论。在通过调查日本公司给予子公司自治的程度来评估集权化的存在时，一项研究得出以下结论：

在工作自主权方面，美国公司雇员比日本公司雇员拥有更大的自由度去做他们自己的决定，制定他们自己的原则……结果表明，美国公司的管理者比日本同行拥有更高的责任感，并且美国的管理者觉得他们最大限度地参与了与其他单位的合作，并最大限度地影响着公司政策的制定，无论这些是否与他们的工作有关。

这些关于影响力的发现在表 9-6 中得到了更详细的解释。在中国台湾地区子公司工作的美国管理者比日本同行更觉得他们有着巨大的影响力，而且这些数据在经过统计分析后被证实是有意义的。

表 9-6　中国台湾地区美资及日资企业管理者的影响力

管理者涉及工作的行为	美国公司平均数	日本公司平均数
向下级分配工作	4.72	3.96
训练下属	4.07	3.82
控制下属工作（质量及步骤）	3.99	3.82
控制下属的薪水和晋升	3.81	3.18
雇用并任命下属	3.94	3.24
为自己的部门做预算	3.45	3.16
与其他单位合作	3.68	3.52
影响与自己工作相关的政策	3.22	2.85
影响与自己工作无关的政策	2.29	1.94
权力界限	3.02	3.00

注：平均值最高为 5 分（影响极大），最低 1 分（几乎没有影响），所有分值的 T 值被设定到 0.01 的标准。

资料来源：Adapted from Rhy-song Yeh and Tagi Sagafi-nejad, "Organizational Characteristics of American and Japanese Firms in China Taiwan," *National Academy of Management Proceedings* (1987), p. 114.

9.6.4　未来组织特点的展望

跨国公司越来越倾向于在国际化时采用与总部相似的组织管理方式。如果一个跨国公司的总部趋向于高度的规范化、专业化和集权化，那么这些组织特点很可能会很快出现在其海外子公司中。日本和美国的公司是很好的例子。在中国台湾地区进行比较调查的研究人员得出这样一个结论："样本中 80% 的日资公司和超过 80% 的美资公司已在中国台湾地区开展业务达 10 年之久，尽管处于相同的环境这么久，但外资公司依然保持了母国文化根源的特质。"

　　这些发现也显示了很多跨国公司将其国际业务视为其国内业务的延伸，这驳斥了人们普遍认为的海外运作与当地习俗之间存在融合的观点。换句话说，"国际管理熔炉"并不像很多人认为的那样明显。欧洲国家发现，当它们试着联合并互相开展贸易时，文化差异（包括语言、宗教和价值观）是很难克服的。当前，摆在跨国公司面前最主要的挑战是如何使子公司的组织管理特征与当地的传统和文化相融合。

|国际管理世界| 回顾 |

　　本章讨论了一系列不同的进入战略和组织结构形式，其中一些是跨国公司常用的标准形式，另外一些则是混合的或者灵活的组织安排。逐渐地，进入战略和组织结构开始包含协作关系——共同控制并共担失败。回顾本章的开篇案例，海尔同时强调全球和区域业务来整合全球战略的方法，然后结合本章的主题——进入战略和组织结构，思考并回答下面的问题：①海尔"顾客导向"式的结构与本章中所描述的哪种组织结构形式最为相似？②这种组织结构如何帮助或阻碍其进入新市场？③矩阵式或顾客导向式组织结构是否更有利于形成合资企业或战略联盟？

本章小结

1. 跨国公司在国际运营中可以采用一系列进入战略，包括全资子公司、兼并/收购、联盟和合资企业、许可和特许经营以及进出口等。总的来说，强调合作的进入战略（联盟、合资企业、并购和许可）的使用在逐步增加。

2. 在国际商业运作中存在着一些不同的组织结构。在起步阶段，很多跨国公司会任用出口经理或成立子公司来处理海外业务。随着业务量增长或公司进入更大的市场后，总公司通常会选择国际分部的组织结构。随着公司的进一步发展，总公司将采用全球化的结构安排，例如全球产品分部结构、全球地区分部结构、全球职能分部结构或多种结构的混合。

3. 尽管跨国公司仍然在使用多种不同的等级式的组织

结构设计，但由于它们开始并购其他公司或收购那些公司的部分股权，导致了组织结构与过去大不相同。现在全球的很多跨国公司都在进行垂直整合和合作，这个变化来自日本的经连会概念。另外一个跨国公司组织结构发生变化的例子是电子网络的兴起，这种新方法能够组织生产发展，以及更有效地利用信息技术。

4. 许多因素有助于揭示跨国公司运作方式的差异。三种特别重要的组织特征是规范化、专业化和集权化。这些特征往往因国而异，例如日本公司与美国公司的运作方式就不同。当跨国公司建立国际子公司时，通常运用与总部相同的组织形式，而不是采用与当地情况更匹配的形式。

复习与讨论题

1. 跨国公司最常见的进入战略之一是合资企业，为什么这么多公司选择这一策略？一个独资子公司是不是一个更好的选择？

2. 一家小型制造公司认为，为当地市场精心制作的手持工具是有市场的。经过在欧洲为期两个月的调查后，该企业经理相信，他的公司可以为生产这种工具建立一条通用的生产线。在这个公司国际化的初期，哪种类型的组织结构对其最有价值？

3. 如果第2题中的公司发现其产品市场主要在欧洲，

同时也决定拓展亚洲市场，你建议对该公司的组织结构做调整吗？如果是，做哪些调整？如果不，请解释原因。

4. 如果同一家公司经过三年的国际化运作，将其50%的产品销往海外，你对该公司未来的组织结构有何建议？

5. 规范化、专业化和集权化如何影响跨国公司的组织结构？请在你的答案中以一个著名公司诸如IBM或福特公司来说明这三种方式的作用。

互联网应用

组织效率

每个跨国公司都想通过最有效的方法使其产品和服务进入市场，以降低成本。像福特汽车公司和大众汽车公司这样拥有全球商业运作的公司就是很好的例子。近年来，福特汽车公司把业务拓展到了欧洲，而大众汽车公司则把触角伸向了拉美。这些公司希望通过生产出更贴近市场的汽车来降低成本并满足当地市场需求。同时，这种战略的实施需要大量的组织和协调工作。访问这两个公司的网址并研究其运作范围。福特汽车公司的网址是 www.ford.com ，大众汽车公司的网址是 www.vw.com。在研究的基础上回答下列问题：这两个公司采用的是哪种类型的组织结构来协调其全球运作的？哪个公司的安排更先进？你认为这种方式是增进了公司的效率，还是有碍于成本的节约和竞争力的提高？为什么？

国际聚焦

墨西哥

墨西哥位于北美洲南部，其北部与美国接壤。全国占地 75.6 万英里^2，并盛产石油、银、铜、金、铅、锌、天然气和木材。墨西哥也是一个迅速崛起的国家，人口以每年超过 1% 的速度增长，2014 年总人口超过 1.2 亿，其中 1/3 年龄在 14 岁以下。罗马天主教是墨西哥占主导地位的宗教，西班牙语为其母语。

2014 年，墨西哥国内生产总值为 1.29 万亿美元，并且每年都持续增长。在过去的 20 年中，墨西哥的人均国内生产总值提高到 17 881 美元，通货膨胀率在 4% 左右，失业率在 5% 左右。基于《北美自由贸易协定》（NAFTA），墨西哥的经济与美国紧密地联系在一起，其经济表现和增长往往追随北方的大邻国。

墨西哥面临着严重的污染问题、贩毒集团带来的腐败问题以及市场缺乏竞争的问题。政府已做出一些努力来解决这些问题，并取得了一定的成功。此外，司法系统也发生了转变，以遏制人们对法院腐败的看法。更值得注意的是，墨西哥总统恩里克·培尼亚·涅托（Enrique Pena Nieto）甚至在教育、能源和电信领域进行了宪法改革。2013 年，涅托签署了一项宪法修正案，改变了政府在电信行业中的角色。在新政策下，政府将作为一个监管机构，专注于反垄断问题，并将向非营利组织关于如何最有效地管理电信行业来改革以往的垄断结构寻求意见。

同时，政府正在积极打破石油垄断，努力向外国投资者开放石油勘探权。这种结构性变化意味着自 1938 年墨西哥政府建立国有垄断以来，来自世界各地的石油公司将首次有机会投资墨西哥的石油行业。该国已经开始拍卖墨西哥湾地区的石油勘探储量。这项改革也将在电力行业中创造新的竞争。

如果你是国际管理顾问

美国国家橄榄球联盟（NFL）宣布将"美式"橄榄球打造成一项全球性运动的目标已经引起了人们的注意。美国国家橄榄球联盟过去曾在伦敦、多伦多和墨西哥举办过比赛。另外，伦敦现在每年举办两场比赛，所以 NFL 已经考虑过把球队迁到那里。2005 年，美国国家橄榄球联盟在墨西哥举办了一场比赛，吸引了 10.3 万名球迷。2016 年，联盟同意连续五年中每年至少有一场常规赛会回到墨西哥。"把我们国际赛事的常规赛扩展到墨西哥，这是我们继续保持国际发展的重要一步。"美国国家橄榄球联盟总裁罗杰·古德尔（Roger Goodell）在 2016 年超级碗（Super Bowl）前的一个新闻发布会上这样说，"我们在墨西哥有大批热情的球迷，我们知道在比赛当天气氛会很好"。墨西哥似乎适合新的特许经营权，因为它靠近美国的主要城市，时区相似，有额外的电视广播选择和热情的球迷基础。

问题

1. 如果你是美国国家橄榄球联盟的一名顾问，你会向联盟专员建议增加每年在墨西哥举行的比赛数量吗？在墨西哥开展一个新的特许经营怎么样？

2. 这个国家的哪些方面会引起管理者的担忧？

3. 墨西哥政府对电信和能源的监管历史是否会影响你的决策？你还有其他的担忧吗？

第 10 章

管理政治风险、政府关系和联盟

| 学习目标 |

企业国际化之后将更具竞争力和盈利能力，但是许多风险也随之而来。其中，最大的风险之一就是跨国公司从事商业活动所在国家的政治形势。引起全球关注的恐怖主义也是阻碍跨国公司进入或生存的一大因素。跨国公司必须能够评估政治风险并进行有技巧的谈判。第 2 章已选择性地概括了全球一些地区的政治环境。本章将具体考察政治风险对跨国公司的影响以及跨国公司如何应对这种风险。其中一个主要的方法是有效评估和降低风险。这一过程从风险的识别和量化扩展到适当应对措施的制定，如整合性、保护性与防御技术（措施）等。

本章也考察了如何与政府发展有效关系以及同国外合作伙伴管理联盟的问题，这些问题都会受到本国和东道国政府的影响。学习本章的具体目标包括：

1. 分析跨国公司如何评估政治风险。
2. 阐述当前管理和降低政治风险的常用方法。
3. 讨论降低风险和同政府发展有效关系的战略。
4. 阐述有效管理联盟的挑战及应对策略。

| 国际管理世界 |

俄罗斯轮盘赌：风险与政治不确定性

2013 年夏天，英国石油公司（BP）的投资者有理由感到兴奋，因为在一笔历史性交易中，英国石油公司将其在俄罗斯合资企业秋明英国石油公司（TNK-BP）的股份卖给了能源巨头俄罗斯石油公司（Rosneft）。作为回报，英国石油公司获得了超过 120 亿美元的现金和近 20% 的股票。对于英国石油公司的高管来说，这似乎是一笔双赢的交易：英国石油公司多年来花费了数十亿美元独自应对俄罗斯的政治不确定性。通过持有俄罗斯石油公司（俄罗斯政府拥有其大部分股权）的少数股权，英国石油公司不仅可以消除一些政治风险，还可以继续利用俄罗斯不断增长的能源产业。

然而，仅仅一年后，英国石油公司就向投资者发出了强烈警告。在俄罗斯政府对克里米亚采取令人愤怒的外交政策行动之后，国际社会对俄罗斯的许多企业和个人进行了制裁，其中就包括俄罗斯石油公司的董事长伊格尔·谢钦（Igor Sechin）。英国石油公司在俄罗斯石油公司持有的 20% 股份突然变得像以前持股俄罗斯独立企业一样冒险。

长期以来，政治不确定性一直是外企在俄罗斯从事商业活动风险来源的一部分。二十多年来，英国石油公司和其他跨国公司经常因俄罗斯无法预测的外交政策行动而间接导致在俄罗斯的财务困难。此外，俄罗斯政府的内部行动，轻率地改变（商业）企业的"规则"以最大限度地满足其需求，导致在该国投资的外国公司面临风险和令人沮丧的局面。

外部风险：国际制裁与俄罗斯

如上所述，早在 2014 年初，俄罗斯从乌克兰合并克里米亚半岛的行动就激怒了西方社会。2014 年 2 月，在政治上和文化上都亲俄的乌克兰总统亚努科维奇（Yanukovynch），在乌克兰民众持续数月的抗议活动中被驱逐，因为他们一直倾向于与欧盟而不是俄罗斯建立密切关系。亚努科维奇随后逃到俄罗斯，俄罗斯在克里米亚大楼上空升起俄罗斯国旗。3 月中旬，克里米亚最高委员会授权就克里米亚半岛加入俄罗斯的问题进行全民公投。这次合并在一次非常可疑的公众投票中通过。这次投票基本上解除了克里米亚与乌克兰的关系，并允许俄罗斯于 3 月 18 日完成合并。

国际政治的影响传播非常迅速。2014 年 3 月，G8（八国集团）暂时取消了俄罗斯的成员国资格（重新将该集团恢复为七个成员国），欧盟委员会公布了在年底前与乌克兰签订自由贸易协定的细节，美国制裁了俄罗斯商界和政界中的多位关键人物。这些行动旨在迫使俄罗斯屈服，然而也间接影响了在俄罗斯开展业务的所有人。

许多外国公司如英国石油公司发现，亏损的业务和冻结的资产使其遭受了巨大的损失。2013 ～ 2014 年，英国石油公司从其在俄罗斯石油公司的现有股份中取得的第三季度利润下跌了 7 亿美元。2014 年的第四季度，英国石油公司宣布在俄罗斯石油公司的股份中损失近 5 亿美元。另外，英国石油公司和俄罗斯石油公司的交易也被搁置到 2015 年。

法国汽车制造商雷诺通过雷诺 – 日产（Renault-Nissan）联盟控制了俄罗斯汽车制造商伏尔加（AvtoVAZ）近一半的股份。在 2014 年初的制裁后，雷诺在俄罗斯的销量下降了 8%。随后，俄罗斯石油公司也由于经济疲软和汽车市场低迷遭遇了重大亏损。由于经济制裁，再加上全球天然气价格的下降，俄罗斯已被推向近 20 年来最严重的衰退期。2015 年，雷诺公司在俄罗斯的销售额下降了 32%。俄罗斯汽车工业整体销量下降幅度达到 30% 以上。

制裁还针对了一些基础设施和发展项目。这类项目由于其复杂性，在历史上大都是通过外国企业和俄罗斯政府合资的企业完成的。因此，制裁使许多外国公司的项目陷入停滞。例如，总部位于美国的埃克森美孚公司（ExxonMobil）在俄罗斯与俄罗斯石油公司合资，一直在努力扩大俄罗斯海岸的石油钻井。然而，在制裁下，来自欧盟的高科技设备不允许出口到俄罗斯，没有这种设备，埃克森美孚公司也就没有了勘探和开发石油所需的工具，导致项目不得不停滞。

2014 年，经济制裁仍未完全起作用，很大程度上取决于俄罗斯政府未来的行动。如果俄罗斯和欧盟之间的政治对话发生变化，在俄罗斯拥有合资企业的外国公司可能会在俄罗斯的投资中获得延迟的利润，但如果政治分歧持续或恶化，则很可能会导致损失扩大，最终迫使雷诺等外国公司退出。

内部风险：当俄罗斯改变规则

一家外国公司在俄罗斯开展业务，不仅仅是出于外部政治原因而面临风险，俄罗斯政府内部规则的改变也可能导致其面临重大的损失和挫折。近年来，总部位于荷兰的皇家壳牌公司就亲身经历了这一风险。21 世纪初，荷兰皇家壳牌的投资者很兴奋。壳牌拥有库页岛 II 能源项目 55% 的股份，获得了世界上最大的油气项目的大部分份额。这个耗资 220 亿美元的项目有望生产数十亿桶的石油和巨量的天然气。

随着在必要的基础设施上的投入加大，壳牌公司的成本估算开始膨胀。1996 年，壳牌和俄罗斯政府签订的生产 – 分享协议允许壳牌在支付任何专利费之前收回所有费用（成本），然而费用超支对俄罗斯政府来说意味着资金的延迟和损失。此外，随着俄罗斯经济的显著改善，该国现在可以使用自己的石油天然气公司来获得化石燃料。

随后，俄罗斯政府决定改变规则。俄罗斯自然资源部宣布将撤销库页岛 II 的环境许可证。对完成工程非常重要的两条 400 英里长输管线的建设工作因此停滞了。整个库页岛 II 计划和壳牌的巨额投资岌岌可危。尽管政府声称是因鲸鱼迁徙模式受到该项目的威胁而要求撤销许可证，但许多分析人士认为此举是俄罗斯政府想要迫使壳牌重新就 1996 年的协议进行谈判，从而给俄罗斯带来更大的利润。鉴于已在库页岛 II 项目上投入 130 亿美元的股东资金，盈利仍需要几年，壳牌被迫接受俄罗斯政府开出的新条件。2006 年 12 月，重新谈判达成的协议包括将壳牌股份的一半以折扣价出售给俄罗斯天然气工业股份公司。外国合作伙伴三菱和三井也被迫出售股份给该公司。由此，壳牌仅剩下 27.5% 的份额，而俄罗斯天然气工业股份公司获得 50% 以上的股份，掌握了多数控制权。壳牌也同意承担超过 30 亿美元的成本超支，这意味着俄罗斯政府将在未来利润中再增加 30 亿美元。对壳牌股东而言，这项新政似乎没有任何好处。2006 年协议达成之后，环境限制就取消了，工程也才得以继续。

无独有偶，英国石油公司与俄罗斯 AAR 财团的前合资企业秋明英国石油控股公司也受到过类似挫折的困扰，最终导致其在 2013 年被出售给俄罗斯石油公司。合资企业的目标是将 120 亿桶俄罗斯石油推向市场，这占英国石油公司石油储量的 1/4。然而，从联盟开始，英国石油公司几乎在每一个转折点都面临障碍。2008 年，当英国石油公司和 AAR 财团之间针对未来战略出现分歧时，英国石油公司的高管们突然遇到了签证问题，其首席执行官罗伯特·杜德利（Robert Dudley）成为俄罗斯刑事调查的对象。由于谈判陷入僵局，罗伯特·杜德利被迫离开，英国石油公司被迫将其在联盟中的大部分影响力拱手让给 AAR 财团。罗伯特·杜德利被迫退出该项目后，AAR 财团安插了一位新 CEO。2011 年，英国石油公司又在建立第二个俄罗斯合资企业时受阻，这次是与俄罗斯石油公司。2013 年，英国石油公司非常挫败地把 50% 的股份卖给了俄罗斯石油公司。

那些试图进入俄罗斯或者其他新兴市场的国际管理者，必须对其政治风险及同当地伙伴一起创建合资企业的成本收益进行彻底评估。世界银行是评估政治风险的极好机构。在世界银行报告《2016 年营商环境报告：俄罗斯联邦》中，俄罗斯在"获取施工许可证"的类别中排名 119 位。这个报告表明，在俄罗斯需要经过 42 道手续和至少 244 天（近一年的 2/3）才能获得所有的许可证。

俄罗斯是商业投资最富挑战性的国家之一，外国能源公司需要面对挑战，且在发展和扩大产业时会面对更多更大的问题。起初，这些风险似乎是可控的，值得企业冒险来获得丰厚的回报，但随着时间的推移，环境对其增长计划的威慑作用太大，会使得风险变得不可控。

跨国公司必须能够在全球范围内评估和管理政治风险，并考虑潜在的结盟及与其他长期合作伙伴的关系，从而帮助其缓解危机。在本章中，我们将探索评估政治风险的策略，管理政府关系，发展和管理与私人企业、政府的合作联盟。

10.1 政治风险的特性及其分析

国内和国际政治形势的发展都会对跨国公司的战略规划产生重要影响。政治和政府体制的变化以及不可预测性会使跨国公司面临风险。国家及其附属机构通过税收或监管政策的变动、征收全部或部分财产或者允许当地公司剥夺其资产等措施来对跨国公司施加压力。当政府政策做出改变时，跨国公司必须调整其战略与实践来适应新的政策和实际需要。而且，越来越多的地区和国家政府似乎也开始不稳定起来，因此这些地区的风险要比以往更大。在国际管理中，**政治风险**（political risk）是指跨国公司的对外投资受到东道国政府政策约束的不可预测的可能性。随着中东、欧洲和北美洲恐怖袭击事件的增多，政治风险评估对跨国公司尤为重要。现在，几乎所有的国家都致力于吸引和留住跨国公司的投资。目前，特别是在某些新兴经济体国家，持续的政治风险使这些国家的政治和机构开始变得不稳定。跨国公司所面临的风险因素包括东道国资产的流动被冻结、对涉及利润或资产的汇款施加限制、货币贬值、征收资产以及否认先前与跨国公司签订的合约条款等。随着全球化的继续，跨国公司必须意识到在国外进行商业活动的政治风险因素，并准备相应的策略来应对。

10.1.1 政治风险的宏观和微观分析

公司采用多种方法来评估政治风险，一种是**宏观政治风险分析**（macro political risk analysis），即评估可能影响该国所有商业活动的主要政治决策。例如，由于会对所有跨国公司产生影响，中国对外汇交易的限制政策就是一种宏观政治风险。**微观政治风险分析**（micro political risk analysis）是政府的政策和行动仅仅影响经济的某些因素或是某些国外公司，如东道国政府对电信产业投资的政策就属于微观政治风险。下面我们将深入阐述宏观政治风险和微观政治风险。

1. 宏观政治风险问题及案例

近年来，跨国公司越来越关注宏观政治风险分析，因为许多国家的经济和东南亚国家一样陷入困境，有些甚至更糟，其市场化转变难以为继。一个很好的实例就是俄罗斯，正如我们在国际管理世界专栏中所看到的，它近年来一直在严格控制外币的流动。这表明俄罗斯以往遵循的自由市场准则发生了变化，而这些准则正是它继续获得国际货币基金组织帮助的前提。

在宏观政治风险的领域中，还有一些其他的事例，如印度，其法律体系是由错综复杂的法律和繁杂的公事程序构成的。2015 年，印度高等法院已经积压了约 3 140 万件案件。印度每 100 万居民对应着 15 个法官，远远少于美国每 100 万居民对应 100 个法官。此外，在这些积压的案件中，大约 1/4 的案件已经在法律体系中迂回曲折地审理了五年多。因此，尽管政府大肆宣扬印度法律为外国公司提供了强有力的保护，使它们免受仿冒品的侵害，但现实情况会让那些认为印度的司法体制一定会保障其财产权利的跨国公司非常失望。鉴于此，许多跨国公司把这种风险作为其在印度经营的一种成本并形成了管理这种风险的策略。俄亥俄州坎顿市制造轴承和合金钢的铁姆肯公司（Timken）就提供了一个很好的案例。当该公司发现印度市场上假冒该公司产品的现象很猖獗时，铁姆肯起初的反应是起诉造假者。然而，在意识到这种解决方式需要花费很长时间以后，该公司选择了一种不同的策略。它加强了对产品包装盒的管理，将原来的纸箱换成用八种颜色打印的热密封塑料盒和无法仿制的全息图。最终，经过几个月的时间，假冒产品销声匿迹。在印度，反应迟缓的司法体系助长了违法事件的发生，所以存在许多造假行为，铁姆肯公司并不是特例。事实上，一些造假者利用有利的诉讼条件，可以在许多年里在法庭上成功阻止该案件的审理。

除俄罗斯和印度这样的大国以外，一些其他的新兴经济体对跨国公司而言也存在着宏观政治风险的问题。例如，在越南，由于外国投资者必须面对各种陷阱，他们给越南政府打了差评。直到今天，越南政府还要求所有外国投资者都必须和当地的公司建立合资企业。即便如此，政府许多层级上的官僚主义使得工作进展非常缓慢。一家跨国公司的管理者曾这样描述他在这方面的经历："谈判沿着一条迂回的道路在进行，在一个阶段中的突破常常在下一个阶段被抹去。"尽管政治不稳定的风险很小，但是越南的宏观政治风险依旧很高。投资者发现在投资过程中需要加倍小心，特别是在那些阻碍全球市场一体化的地区。

另一种宏观政治风险是要考虑如果反政府的领导人获取了政权，公司的投资会不会打水漂。20 世纪 70 年代，许多在伊朗投资的美国公司就没能预见到伊朗国王的失败和霍梅尼的崛起，导致投资失败。有了伊朗的前车之鉴，考虑到在萨达姆·侯赛因控制下的伊拉克现状和他退位之后的不稳定，以及在巴黎和纽约的恐怖袭击，还有"伊斯兰国"（ISIS）在叙利亚和伊拉克的发展，许多跨国公司均不愿意在中东地区的国家进行大规模投资。近年来，伊朗政府曾表示过对吸引外国投资很感兴趣，但是，在这个政治过于敏感的地区投资仍然有很多令人担忧的问题。

中欧现在则是一个值得投资者冒险的地区，跨国公司已将数百万美元投向了诸如匈牙利和波兰这些正处在转变过程中的国家。当然，这一地区也被认为是有政治风险的，如克里米亚半岛的持续冲突事件、捷克斯洛伐克的分裂以及苏联解体的遗留问题等，整个地区的政治还是不够稳定的。所以，许多跨国公司一直在调整它们在这些新兴经济体地区的扩张计划。左倾政府对资本主义和外国投资在某种程度上的敌视开始在很多拉丁美洲国家出现，包括玻利维亚、厄瓜多尔和委内瑞拉等。在某些情况下，这些政府已经有效地迫使跨国公司撤资，比如委内瑞拉的石油化工行业。

宏观政治风险需要考虑的另一个问题是政府的腐败行为，常见的例子包括行贿和利用政府规定允许某些当地人参与利润丰厚的商业交易。事实上，在印度尼西亚，近年来最常见的一个经济问题就是政府的腐败行为。在前总统苏哈托（Suharto）的统治下，每一个重大的经营活动都牵涉到其家族，许多贷款和主要的项目得到银行和政府机构的批准仅仅因为其家族成员参与其中。当这些贷款和项目遇到困难时，需要有更多的资金投入其中，对此，没有人敢提出异议。2014 年上任的新总统维多多（Widodo）曾承诺要与之前的腐败行为彻底决裂，但是许多问题依然存在。

世界上哪一个国家或地区腐败问题最严重，哪一个腐败现象最少？表 10-1 提供了 2015 年对各国或地区腐败感知的部分调查结果，采用较为广泛的标准对 168 个国家或地区进行了排名。美国最终排在了第 16 位，这说明即使是美国也需要采取行动改善其商业环境。

表 10-1　2015 年透明国际的清廉指数

排名	国家 / 地区	排名	国家 / 地区	排名	国家 / 地区	排名	国家 / 地区
1	丹麦	18	日本	76	泰国	139	肯尼亚
2	芬兰	23	智利	88	印度尼西亚	147	缅甸
3	瑞典	30	波兰	88	埃及	150	津巴布韦
4	新西兰	32	以色列	95	墨西哥	150	柬埔寨
7	瑞士	36	西班牙	99	尼日尔	154	叙利亚
8	新加坡	37	韩国	107	阿根廷	158	委内瑞拉
9	加拿大	48	沙特阿拉伯	112	越南	158	海地
10	卢森堡	61	南非	117	巴基斯坦	161	伊拉克
10	德国	61	意大利	119	俄罗斯	163	安哥拉
10	英国	76	巴西	130	伊朗	166	阿富汗
16	美国	76	印度	136	尼日利亚	167	索马里

资料来源：Transparency International，http://epi.transparency.org.

2. 微观政治风险问题及案例

微观政治风险问题常常表现在产业规则、商业活动中的特殊税收类型以及不同地区的法律约束等方面。微观政治风险问题的本质是东道国对跨国公司的区别对待问题。一个很好的例子是跨国公司向美国市场出口钢材的案例。

1992 年，美国钢铁业制造商在一天内向 20 个国家提出了超过 80 宗投诉提案，控告外国钢铁制造商人为地以低价向美国倾销产品。1998 年，该产业再次要求采取行动反对外国制造商，这些制造商在当年前六个月里向美国市场出口了成倍的产品。美国国内制造商投诉巴西、日本和俄罗斯的钢铁制造商以不合理的低价向美国市场倾销钢材。自从钢铁价格由于所谓的"倾销"而大幅下降以来，美国公司就希望终止那些几乎毫无利润可言的合同。美国钢铁制造商一直坚持要求政府迫使外国制造商提高产品价格。布什政府曾对钢铁强制征收高关税，但是该政策随后被部分废除了。这件事充分说明了微观政治风险问题的不确定性和波动性。

世界贸易组织和欧盟对美国跨国公司的监管催生了新的微观政治风险。例如，世界贸易组织裁定美国 1916 年的反倾销法违反了全球贸易规则，不能被美国公司用来抵制进口。同时在欧洲大陆，欧盟委员会受理了百事公司和其他公司对可口可乐公司不正当竞争行为的申诉。欧盟还审查了所有主要的兼并 / 收购行为，并且有权禁止该类事件的发生。例如，欧盟禁止通用电气公司和霍尼韦尔公司（Honeywell）合并，这是体现全球化（欧盟可以终止可能是最强势的美国企业的行为）和政治风险（通用电气公司需要更好地评估和管理由布鲁塞尔的政治家们和政府机构所造成的风险）的最好案例。

其他的案例还包括欧盟拒绝沃尔沃公司和斯堪尼亚公司（Scania）的合并，以及阻止世界上最大的三个铝制品企业——加拿大阿尔肯铝业公司（Alcan Aluminum of Canada）、法国普基铝业公司（Pechiney of France）和瑞典铝业公司（Alusuisse Lonza Group of Switzerland）的合并。微软也面临着欧盟的挑战，在过去 15 年里它被罚款超过 10 亿美元。2004 年，欧盟委员会发布了对微软反竞争行为指控的决定，指出微软已经实施过此类行为，对其处以严厉的惩罚措施，包括向其征收最大罚金 6.13 亿美元。欧盟委员会还表示，将要求该公司为欧洲的计算机制造商提供两个版本的 Windows 操作系统，一种带有 Windows Media Player，允许用户观看视频和听音乐，而另一个没有。微软必须与竞争对手共享技术信息以使它们的服务器软件与 Windows 兼容。欧盟竞争委员会成员马里奥·蒙蒂（Mario Monti）说，"我们只是确保任何开发新软件的人都有公平的机会在市场上竞争"。尽管微软在因一系列涉嫌反竞争行为而引发的旷日持久的诉讼中基本上毫发无损，但欧盟的这一决定对该公司造成了重大挫折，反映了欧洲对这些做法的独特看法。2007 年，微软输掉了上诉，法院维持了原判。 2013 年，微软又被罚款 7.31 亿美元，因为它忽视了以前的承诺，没有为客户提供选择网络浏览器的机会。这些监管行动是跨国公司遭遇行业监管这类微观政治风险问题非常好的例子。

在某些情况下，尚不清楚是宏观还是微观政治风险在起作用。黑莓智能手机制造商 RIM 受到了来自多个市场的威胁，包括沙特阿拉伯、阿拉伯联合酋长国、印度等，因为其专有的加密技术使这些国家难以访问电话和信息，有些人认为这是保护国家安全所必需的。关注点聚焦于使用高级别的加密和专有技术并以手机和即时通信进行传输的公司电子邮件上。通过设备发送的消费者电子邮件被轻微加密，并且可以由本地无线电话公司解码。政府之所以关注 RIM，是因为它运行自己的服务器网络，游离于法律管辖和监控范围之外。RIM 还提供高度加密的企业电子邮件服务，只有企业客户可以访问。这种安全性使得 RIM 在公司和政府中很受欢迎，却也成为政府攻击的目标。在这个例子中，一个公司之所以成为攻击的目标，是因为其独特的产品特性及其对政府安全的影响。

10.1.2 恐怖主义和海外扩张

恐怖主义在几个世纪之前就已经出现了，但在过去几年里，鉴于巴黎、马德里、伦敦和纽约发生的恐怖袭击事件，恐怖主义在世界各地引起越来越多的担忧，特别是在美国和欧洲。**恐怖主义**（terrorism）是指使用武力或暴力来迫使其他国家和地区接受其某种政治或社会观点。恐怖主义的最终目的是使政府和民众改变政策并屈从于恐怖主义集团的信念。恐怖主义有三种类型：经典的（传统意义上的恐怖行为）、无组织的和宗教驱动的（宗教动机下的恐怖行为）。经典的恐怖主义需要训练有素，专业的地下成员追求一个具体、明确的目标。无组织的恐怖主义往往只发生一次，而且往往目标不明确，因此成员并没有那么投入。宗教驱动的恐怖主义是由持有非常强大核心信念的个人进行的，这些人尽管缺乏统一的目标，却极为热衷。

跨国公司在寻求海外扩张时要对该地区的斗争气氛非常敏感。例如，基地组织曾经袭击过也门、巴基斯坦、科威特、突尼斯和肯尼亚等地区，而这些只是清单的一部分而已。巴勒斯坦自杀式炸弹袭击曾在以色列引爆过多辆公共汽车；澳大利亚游客在巴厘岛的一次大型袭击事件中遇害；菲律宾的一家餐馆也成为一次类似袭击事件的目标。而且，美国入侵阿富汗和伊拉克的举动也影响了美国与那些反对国的关系。非洲的暴力冲突仍在继续，英国发生了几起爆炸事件，法国也受到多次袭击事件的影响。2015 年 1 月，恐怖分子袭击《查理周刊》（Charlie Hebdo）总部，致 17 人丧生。2015 年 11 月，在巴黎的一系列 ISIS 恐怖袭击中，超过 130 人丧生。由此可见，这个清单很长，而且很可能会变得更长。很明显，一个国家境内的恐怖主义会在宏观上对跨国公司产生重大影响。如果在一个国家内经常发生针对商业活动的恐怖袭击事件，公司在运营时就应该非常警惕。通常恐怖分子的目标是具有较高地位或对变革具有重大影响的商业领域或企业。现在，恐怖主义开始采取一系列广泛的袭击手段，并且开始避开那些安全性较高的机构部门。大多数针对私营企业的攻击要么是无组织的恐怖行为，要么是宗教动机下的恐怖行为。没有办法能够保证跨国公司完全避免损害，但政治风险分析和准备工作可能起到预防的作用。因此，跨国公司必须对政治环境进行全面的评价，建立现代安全防御体系，编纂一个危机手册并让员工随时准备好应对可能出现的情况。

10.1.3 财产征收的风险分析

财产征收（expropriation）是指在任何情况下对财产所有者几乎毫无补偿的掠夺。在过去，发展中国家对外国企业的这种征收是相当普遍的。此外，有些征收是根据当地的**国有化法律**（indigenization laws），要求国家拥有企业的大多数权益。在多数情况下，财产征收通常发生在非西方国家，它们一般是贫穷、相对不稳定和对外国跨国公司持有怀疑态度的国家。

有些公司比其他公司更容易受到财产征收的打击。风险最大的是采掘业、农业以及如公用事业和交通业等基础产业，主要是因为这些产业关系到国计民生。此外，与小公司相比，大公司更易成为征收对象，因为征收大公司的财产能够获得更多的利益。

跨国公司可以采取广泛而多样的战略来使这种风险的发生概率降到最低。它们可以引入当地的合作伙伴；可以限制高技术的使用，这样即使公司被征收也不至于使技术泄密；还可以建立一个在经营的主要领域如金融、研究和技术转换等方面依赖于母公司的分公司，这样即使分公司被征收也没有多大实用价值。

10.2 管理政治风险和政府关系

在过去的几十年里，企业一直在寻找管理政治风险的方法。通常，这一过程是从详细分析跨国公司将面临的各种各样的风险开始的，包括开发可以识别不同风险的综合性框架，而后进行风险评级和量化分析。

10.2.1 制定政治风险综合性框架或量化分析

政治风险管理的综合性框架应该考虑所有的政治风险并识别其中哪些是最重要的。施密特（Schmidt）曾经提出了一个包括政治风险、一般性投资和特殊性投资在内的三维框架图。图10-1就反映了这一框架，我们将对框架中的每个维度进行详细的解释。

1. 政治风险

政治风险可以分为三种基本类型：转移风险、经营风险以及所有权控制风险。**转移风险**（transfer risks）是指政府限制资本、报酬、产品、人员和技术在国内外进行转移，如进出口关税和对出口、股息汇款以及撤资等方面的限制。**经营风险**（operational risks）是指政府政策和办事程序直接限制了外国投资企业的管理和绩效，如价格控制、金融管制、出口承诺、税收以及本地采购需求等方面。**所有权控制风险**（ownership-control risks）是指政府政策或行为对跨国公司在当地经营实体的所有权和控制权的限制，包括限制外方的所有权、对本地合伙人施加压力、征用、财产征收。例如，俄罗斯政府取消了与埃克森美孚公司之间的一项允许其开采位于俄罗斯北部地区广大油田的协议，俄罗斯自然资源部部长对此的解释是"合法的特殊情况"，结果导致15亿美元的项目就这样无奈地停了下来。一位在俄罗斯的西方投资银行家这样评论俄罗斯政府的行为："人们不禁要质疑在俄罗斯的交易到底能否算数，因为埃克森美孚公司在守法经营上已经极尽小心能事。"无论如何，这是所有权控制风险的一个很好的例子。此外，国际管理实践10-1和国际管理实践10-2也给我们提供了很好的借鉴。

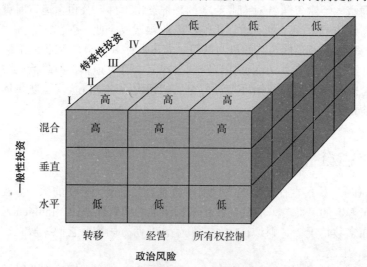

图 10-1　政治风险评估的三维框架图

资料来源：David A. Schmidt, "Analyzing Political Risk," *Business Horizons*, August 1986, p. 50. Elsevier, 1986.

国际管理实践 10-1

有时这纯粹是政治问题

在国际商务活动中，最大的问题之一是一份昨天和政府签订的协议，可能今天就被不同意该协议的当权政治家所取消和延缓。现已破产的安然公司（Enron）是一家以休斯敦为基地的美国能源财团，它发现其在印度达博尔的能源项目成了政治博弈的焦点。印度的经济民族主义者开始发起一场运动，要求废弃这项有美国背景的能源项目，尽管这样做有损于外国投资者对该国的投资信心。这些政治家想要放弃这笔 28 亿美元的交易以及在该国所有根据政府的"快车道"条款批准的其他电力项目。在达博尔所在的马哈拉施特拉邦现任政客掌权之前，该两阶段 2 000 兆瓦电厂的合同已经签署。

这一政治举措将对外国在印度的投资产生什么影响？许多外国投资者指出，如果安然公司的项目被终止，他们将重新考虑其在印度的投资计划。位于夏威夷的东西方中心（East-West Center）提供的一项关于国际能源公司的调查显示，在亚洲的 13 个经济体中，印度在能源投资领域的投资环境列名倒数第 5。这一情况似乎对那些要求终止这一项目的政治家毫无影响。支持该项目的政治反对派成员指出，这只是一种政治伎俩，目的是在即将到来的选举中吸引选民；同时，他们极力要求外国投资者安心等待，平稳度过政治风暴。显然，许多外国投资者对这种建议忧心忡忡。安然公司宣称要将此案提请国际仲裁，要求退还 3 亿美元的项目前期投资费用和 3 亿美元的赔偿。

最终，情况有所好转，但好转只持续了一段时间。近来，马哈拉施特拉邦电力部拒绝支付 6 400 万美元的电力账单，辩称安然公司要价过高。于是，安然公司宣称它将终止电力供应合约并撤出。到 2002 年秋天，随着安然公司的倒闭，电力购买合约被改写，而外国投资者——安然公司的债权人通用电气公司和美国柏克德工程公司（Bechtel）开始逐渐剥离它们在合资公司中的股份，并争先恐后地从该项目中收回它们所能得

到的一切。

无独有偶，俄罗斯也常常令投资者紧张不安，特别是那些在戈尔巴乔夫时代成立的许多合资企业现在已经出现问题。莫斯科的 Radisson-Slavjanskaya 合资酒店就是一个很好的例子，美国加利福尼亚州尔湾市的美国商业中心拥有该酒店 40% 的股份。美国商业中心管理着该酒店的几层行政办公楼层，现在该合资酒店已经开始盈利，但是酒店的俄方合伙人和酒店的管理人员却想赶走美国合伙人。美国商业中心的总裁公开指出俄方合伙人感到他们已不再需要他了。

像美国商业中心面临的这种困境在俄罗斯日渐成为普遍的现象。如总部位于西雅图的 Radio Page 公司在 1992 年和莫斯科公共电话网络公司以及另一家俄罗斯公司一起成立了一家合资企业以提供寻呼服务。它们一起在莫斯科地区建立了一套电话寻呼系统，Radio Page 公司拥有 51% 的股份。当年收入达到 500 万美元，但当企业利润即将达到 100 万美元时，双方开始出现分歧。俄方合伙人要求控制经营权，甚至威胁关闭关键的无线频段。

在高风险国家从事商业活动的外国合资企业除了与合伙人进行谈判以外别无他途。跨国公司寻找国际合伙人的主要原因是出于经济考虑，但似乎每件事归结起来都是政治问题，以及在这种政治环境下与交易活动相关的风险。

资料来源：John Stackhouse, "India Sours on Foreign Investment," *Globe and Mail*, August 10, 1995, sec. 2, pp. 1-2; Peter Galuszka and Susan Chandler, "A Plague of Disjointed Ventures," *Business Week*, May 1, 1995, p. 55; Marcus W. Brauchli, "Politics Threaten Power Project in India," *The Wall Street Journal*, July 3, 1995, p. A14; "Enron, and On and On," *The Economist*, April 21, 2001, pp. 56-57; Saritha Rai, "Enron Unit Moves to End India Contract for Power," *New York Times*, May 22, 2001, pp. W1, W7; "Enron Properties Outside the U.S. Hit Auction Block," *The Wall Street Journal*, January, 22, 2002, p. A6.

国际管理实践 10-2

优步的国际扩张和政治策略

在短短几年时间内，2009 年成立于旧金山的出租车替代品优步（Uber）在全球范围内打破了传统的"出租汽车"交通模式。一个典型的出租车公司可能会购买一批汽车，并雇用司机开车，优步却为用户创建乘

坐共享网络。乘客和能够使用其私人车辆的司机通过这个公司的手机应用实现连接。通过使用这项技术，乘客和司机能够在短短几秒钟的时间内取得联系，从而大大增加了司机能够完成的计费乘坐次数，与传统出租车相比，这也减少了乘客的等待时间。优步为乘客和司机都提供了许多优势，包括更高效的服务、更有竞争力的定价、为那些想成为司机的人增加进入市场的机会、乘客更容易地为服务付费。自 2011 年以来，优步的业务呈指数增长。截至 2016 年，优步已在全球 66 个国家运营。

拥有巨大的政治影响力的传统出租车公司，试图阻止优步的破坏性扩张。因为优步非常依赖市场的放松管制以实现有效运作，所以传统出租车公司游说对所有的乘坐共享计划施行广泛的管制和许可证制度。然而，由于优步以互联网为基础提供服务，很少涉及国家基础设施，因此大多数国家在试图对其施加限制时遇到了前所未有的困难。

许多城市和国家曾试图完全取消优步的服务，但都没有成功。2014 年，布鲁塞尔市彻底禁止了优步的 App。每次优步向未持有执照的"出租车司机"支付车费时，政府会向优步处以 13 500 美元的罚款，甚至十多辆优步司机的私人车辆遭扣押。然而，不断增长的消费需求迫使当局做出让步；到 2015 年初，布鲁塞尔政府开始重新审议像优步这样的营利性乘坐共享计划的合法化。

2014 年和 2015 年，法国法院针对提供非法、无许可证的服务对优步进行了多次罚款，并对超过 100 个优步司机开出了罚单。尽管会遇到这些威胁，优步依然继续运营自身的服务。随着乘客和司机数量的不断增加，法国当局停止了对司机的法律行动。同样地，2015 年，在巴西的法律系统中，优步的服务是非法的，手机服务提供商奉命阻止优步 App 的下载。然而，在短短几周的时间内，法院撤销了这项法律，并取消了限制应用程序使用的政策。

优步知道客户需求最终将迫使政府许可其服务，所以它在布鲁塞尔、法国、巴西等地的政治策略一直是反抗。为了建立足够的客户支持，并有效地实施这一策略，优步花费了数百万美元在全球范围内宣传其服务。优步在运用这种政治策略方面处于独特地位：其他公司必须在这些国家持有硬资产，优步依靠拥有自己汽车的当地人来维持运营。虽然政府可以很容易地关闭一家零售商店或没收财产，但基于网络应用的 App 在自由经济中几乎是不可能被禁止的。优步在其运营的许多国家虽仍然是非法的，但消费者的需求使管制和惩罚最小化。这种策略虽然有效，但不便宜，仅在 2014 年，优步在国际业务上就损失了 2 亿多美元。

随着优步继续进军新市场，它仍要面临巨大的政治风险。在印度，优步由于几起涉及乘客安全（包括暴力犯罪）的事件而遭遇了临时禁令。

作为一家致力于为市场需求提供差异化解决方案的公司，优步在未来开发新技术时可能会面临持续的政治压力。例如，2015 年，优步在宾夕法尼亚的匹兹堡进行了无人驾驶汽车的街头测试，在美国多个城市和州引发了监管讨论。然而，该公司应该对过去采取的策略抱有信心。优步的案例已经证实，无论在哪个地区或哪个国家，消费者的购买可能是面对政治风险和困难时最有力的工具。

资料来源：Douglas MacMillan, "Uber Spends Big on International Expansion," *The Wall Street Journal*, March 3, 2016, www.wsj.com/articles/uber-spends-big-on-international-expansion-1456960083; Joanna Sugden, Aditi Malhotra, and Douglas MacMillan, "Uber under Attack around the Globe," *The Wall Street Journal*, December 9, 2014, www.wsj.com/articles/india-advises-all-states-to-ban-uber-andother-car-hailing-services-1418119647; Leila Abboud and Jeremy Wagstaff, "Legal Troubles, Market Realities Threaten Uber's Global Push," *Reuters*, October 5, 2015, www.reuters.com/article/us-uberglobal-insight-idUSKCN0RZ0A220151005.

2. 投资的一般类型划分（一般性投资）

投资的一般类型是指混合投资、垂直投资或水平投资（见图 10-1）。在**混合投资**（conglomerate investment）中，跨国公司生产的产品和提供的服务不同于其在本国生产的产品和提供的服务，这一类型的投资通常是高风险的，因为外国政府会认为这种投资为该国带来的收益较少，而跨国公司可以从这种类型的投资中得到比其他类型投资更多的收益。**垂直投资**（vertical investment）包括原材料的生产和中间产品的生产，这些产品将被加工成最终产品。这种类型的投资由于是以出口为目标的，所以存在被当地政府接管的风险，当地政府对那些能够创汇的企业非常感兴趣。**水平投资**（horizontal investment）是指跨国公司生产的产品和提供的服务与其在本国生产的商品和提供的服务相同。这类投资通常是为了满足东道国市场需求而实施的，所以不太可能成为接管的目标。

3. 投资的特殊类型划分（特殊性投资）

外国直接投资的特殊类型与经济活动领域、技术复杂性以及所有权类型有关。经济活动领域涵盖三个方面：①基础性产业，包括农业、林业和采矿业；②工业性产业，包括制造业；③服务性产业，包括交通、金融、保险及其相关产业。技术复杂性包括以科学技术为基础的产业和以非科学技术为基础的产业，这两者的区别在于前者需要不断地推出新产品或新工艺。所有权类型则与企业是独资还是合资有关。

在图 10-1 中，外国直接投资的特殊类型可以分为五种：第 I 种投资类型的风险最高，第 V 种投资类型的风险最低。这种风险因素是根据产业的领域、技术和所有权来确定的。基础性产业通常风险最高，其次是服务性产业，工业性产业最低。技术不易被政府获取的公司被接管的风险要小于那些技术易于被政府获取的公司。独资子公司比合资子公司的风险要大。

应用类似于图 10-1 提供的框架有助于跨国公司管理其政治风险。补充该框架的一种方法是根据各种标准给出具体的风险评级，并进行最后的汇总。

4. 量化管理政治风险

一些跨国公司希望通过一种量化过程来同时分析一系列政治风险变量，从而对给定地区的政治风险水平做一个整体的判断。这样，跨国公司就可以比较在阿根廷和俄罗斯经营一家企业的风险哪个更高。

通常被量化的因素反映了政治和经济环境、国内经济条件以及外部经济条件。每一个因素都有一个最大值和最小值，对这些数值的计算形成了对风险的总体评估。表 10-2 提供了一个政治风险标准量表。

表 10-2　确定政治风险的标准

主要领域	标准	得分	
		最小值	最大值
政治和经济环境	1. 政治体制的稳定性	3	14
	2. 即将到来的内部冲突	0	14
	3. 外部世界对稳定的威胁	0	12
	4. 经济体制的控制程度	5	9
	5. 国家作为贸易伙伴的可依赖度	4	12
	6. 宪法保障	2	12
	7. 公共行政系统的有效性	3	12
	8. 劳工关系和社会稳定	3	15
	9. 人口规模	4	8
	10. 每一单位资本收入	2	10
	11. 前五年的经济增长	2	7
	12. 未来三年的经济增长预测	3	10
	13. 最近两年的通货膨胀	2	10
国内经济条件	14. 国内资本市场对外国的开放程度	3	7
	15. 高素质的本地劳动力的可得性	2	8
	16. 对外国提供就业岗位的可能性	2	8
	17. 能源供应	2	14
	18. 关于环境保护的法律要求	4	8
	19. 交通系统和通信	2	14
国内经济条件	20. 对进口的限制	2	10
	21. 对出口的限制	2	10
	22. 对外国投资的限制	3	9
	23. 建立或雇用合作伙伴的自由	3	9
	24. 对商标和产品的法律保护	3	9

		得分	
主要领域	标准	最小值	最大值
外部经济条件	25. 对货币兑换的限制	2	8
	26. 在前五年对母国货币的再评估	2	7
	27. 支付平衡的发展	2	9
	28. 由于进口石油和其他能源消耗的外国货币	3	14
	29. 国际金融的地位	3	8
	30. 本地货币和外国货币之间的兑换限制	2	8

资料来源：From E. Diehtl and H. G. Koglmayr, "Country Risk Ratings," *Management International Review* 26，no.4,（1986），p. 6.

10.2.2　应对政治风险的策略

当跨国公司采用综合性框架、量化分析或结合两种方法来分析和管理政治风险时，它们希望通过形成相应的策略来使风险最小化或控制风险，从而达到进一步管理风险的目的。跨国公司也可以通过改善与政府的关系，依靠前瞻性的政治策略来避免风险的出现，主要有以下三种相关的办法可以使用：①相对谈判权力；②整合性、保护性与防御性技术；③前瞻性政治策略。

1. 相对谈判权力

相对谈判权力背后的理论是相当简单的，跨国公司的任务就是在与东道国谈判时保持强有力的地位。例如，当跨国公司拥有东道国尚未掌握的专利技术时，即使经营权被收回或公司被迫遵守其不能接受的政府规定，也不会受到很大的影响。当然，在一段时间以后，这一技术可能会普及，这时跨国公司将失去其谈判权力，但是跨国公司可以开发新的技术以保持在谈判中的有利地位。在东道国意识到其所失大于所得，转而采取不利于跨国公司的行动之前，跨国公司已经成功地通过建立一个有利的谈判地位而使其政治风险最小化。由图10-2可知，只要跨国公司的谈判权力在斜线或以上，政府就不会干预。在图中的 E 点，谈判权力下降了，在这种情况下，东道国将开始干预。

有很多因素会影响跨国公司获取谈判权力，比如东道国对跨国公司规模、经验和合法性的感知，而且获取谈判权力和安全地位并不意味着跨国公司一定要采取积极的行动或"权力交易"。跨国公司可以用能够在较短时期内带来收益的产品或服务来吸引东道国，但是如果跨国公司不能持续创新或东道国对缺乏控制权感到不满，可能会导致东道国采取报复行动。

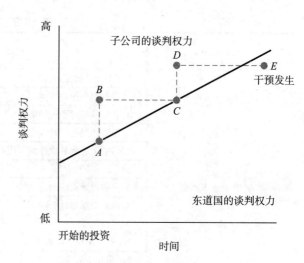

图 10-2　随时间变化的相对谈判权力

资料来源：Adapted from Thomas A.Pointer, "Political Risk: Managing Government Intervention," in *International Management: Text and Cases*, ed. Paul W. Beamish, J. Peter Killing, Donald J. LeCraw, and Harold Crookell (Homewood, IL: Irwin，1991），p. 125.

2. 整合性、保护性与防御性技术

在跨国公司的经营中，它们还采取另一种方法来保护自己免于被征收或者使政府的干预最小化，这种方法就是实施整合性、保护性与防御性技术。所谓**整合性技术**（integrative techniques）就是使跨国公司的海外经营成为东道国经济基础结构的一部分。这样就可以使东道国不把它们当作国外公司对待，也就不会成为政府采取行动的目标。常用的整合性技术包括：①发展同东道国政府和当地其他政治团体的良好关系；②尽可能多地采用东道国当地的供应商和承包商来生产所谓"国产化"的产品；③建立合资企业，雇用当地人员来管理和经营企业；④尽可能多地在当地从事研究和开发工作；⑤发展有效的劳资关系。

与此同时，跨国公司必须清楚地认识其在东道国市场上的融合程度。普遍的看法是，管理者应该积极寻求维持母公司与子公司紧密关系的途径，而不是完全融入东道国市场中。因为很难保证东道国像对待本土公司一样对待跨国公司，也就很难保证市场上的完全竞争。因此，更多地采取远程技术是比较有利的。

保护性与防御性技术（protective and defensive techniques）是用来防止东道国政府干预经营的一种方法，主要通过避免与东道国公司形成复杂的联系来实现。与整合性技术相较而言，它实际上是鼓励在当地环境下保持相对独立性，包括：①尽可能少地在当地生产，同时把所有研究和开发工作放在东道国以外进行；②限制当地人员的权力，仅雇用经营所必需的当地人员；③既从当地和东道国政府那里筹集资金，也从外部筹集资金；④在许多国家从事产品的多样化生产。

如图 10-3 所示，跨国公司更倾向于在使用保护性与防御性技术同完全融入东道国之间达成均衡。强调技术创新的公司如微软，会倾向于使用保护性技术来避免盗版等行为的出现。跨国公司的产品如果是劳动密集型和高价值权重型，即使已经存在一定程度上的一体化，也偏爱使用保护性技术。在这里，跨国公司需要强大的全球营销系统来销售产品，这也是在更多的成本领先方法（如在母国制造产品或在低工资地区进行外包生产等）出现的情况下，仍然会产生一定程度的一体化的原因。

发展中国家并不像发达国家那样重视高级管理技巧，而在销售某些产品（如食物）时需要先进的营销和管理技巧，因此这时最好使用混合战略（见图 10-3）。也就是说，一体化是为了能够使跨国公司的产品和广告适合当地的特点，但是对母公司的远程运营来说则是没有必要的。对于那些不需要应用太多技术的产业，比如钢铁制造业，在经营的时候就采用了很强的整合性技术，同时也使用防御性战略。这类公司需要通过一体化来保证项目的长期生产，但为了避免东道国要求分享更多利润等事件的发生，它们并不想完全融入东道国中。

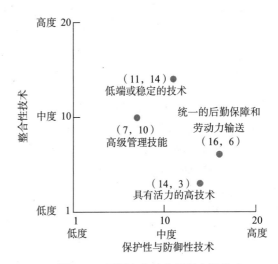

图 10-3　不同产业的公司整合性技术、保护性与防御性技术的应用

资料来源：Adapted from Ann Gregory, "Firm Characteristic and Political Risk Reduction in Overseas Ventures," *National Academy of Management Proceedings* (New York, 1982), p. 77.

3. 前瞻性政治策略

正如本章开头所说，尽管发展中国家大都在积极寻求跨国公司的投资，但它们仍然可能会颠覆或否认以前达成的交易。例如，2011 年后，突尼斯、埃及和利比亚的政府领导人的替换，导致外国投资者取消或重新商谈投资项目的条款。

埃及穆巴拉克总统 30 年的长期执政，让外国投资者面临一个极富挑战的环境。例如，随着埃及法院裁定穆巴拉克总统无权将墨西哥西麦斯公司（Cemex SAB）私有化，这家前上市公司被剥夺了对埃及 Assiut 水泥公司逾 20 年的所有权；在政府接管一家由沙特人拥有的果蔬公司后，投资者在国际法庭上以 2.5 亿美元的价格进行起诉；甚至连土地所有权也受到挑战，总部位于迪拜的达马克地产公司（Damac Properties Company）提出投诉，该公司曾在近 10 年前买下 3 000 万米^{2}的土地，现在却被新政府征用。总的来说，政府共查封了价值 100 多亿美元的土地，影响面积高达 5 400 万米^2，涉及多个土地所有者。不确定性的增加对埃及吸引外国直接投资的能力产生了负面影响，投资者为了在政局比较稳定的国家进行风险较小的投资而逃离埃及。

通常，政府的倾向会增加重新拟定项目投资原则和合约的难度与复杂性。在印度和巴西，地方政府拥有很大的权力，这在电力、水力和交通项目的发展与投资上一直是一个比较特殊的问题。在里约热内卢的 Linha Amarela 公路项目中，据官方估计，1993 ～ 1994 年，大约每天有 55 000 辆汽车从这条由居民区直通市区的高速公路上通过。然而，当项目完工并在 1998 年投入使用时，交通流量超出了原先的估计，在 2001 年早期达到了每天 80 000 辆。里约热内卢的新市长恺撒·玛雅（Cesar Maia）在 2001 年 1 月 1 日上任时，颁布了多条法令来替换上任市长的政策。其中一条就是单方面将通行费降低了 20%，这迫使外国所有者做出了让步。

除了上面提到的方法之外，跨国公司还可以采取什么措施来应对这些不可预测的政府政策呢？因为政府政策会对商业活动产生重大影响，而且很多政府会面临一系列利益相关者的竞争压力，跨国公司需要采取多种**前瞻性政治策略**（proactive political strategies），既要对政府政策产生影响，也要对竞争者采取的影响政策的行动做出回应。综合策略在动荡和政策转变的环境中显得尤为重要。这种策略的设计，部分是为了发展和维持同政府政策的制定者之间的关系，从而在形势变得难以控制之前降低风险。此外，这种策略可能会对双边贸易、地区性贸易以及国际贸易和投资协议产生杠杆作用，吸收双边和多边的金融支持并利用项目融资结构将项目从公司的整体风险中剥离出来。它们也可以在私有化 – 自由化循环（第 8 章讨论过的先行战略）的初期将进入市场包含进来，设立一个当地的代表并和当地公司合作，采用积极的管理策略来维护与各利益相关者的关系。

前瞻性政治策略还包括诸如正式的游说、赞助竞选活动、通过本国的大使馆和领事馆寻求保护，以及其他一些正式的公共关系和公共事务活动，如基层宣传和公益广告等。公司的策略应该依据特定的政治制度（议会制与非议会制）、权力分配（中央集权和地方自治）以及其他一些政治因素进行变动。当然，跨国公司也可以选择购买政治风险保险，这可以使其在跨文化和跨体制的前提下规避固有的不确定性。这种选择在很久之前就已经存在了，不过因为风险的评估主观且难以预测，并没有得到广泛的应用，大部分公司选择放弃保险。那些关注货币汇兑问题、政治动荡或者出口问题的跨国公司可能需要仔细地研究保险条款。保险期限在 3 ～ 15 年甚至更久，每个风险的理赔金额可以达到 8 000 万美元。当跨国公司开始增加出口业务或海外运营时，保险范围内的收益可能超过保险费用。

跨国公司同政治家（包括当权官员和反对派官员）以及一系列的利益相关者（包括非政府组织等）发展并维持一个持久的关系，能够缓冲东道国的政治行动给跨国公司的战略和计划带来的限制或破坏。在先前的例子中我们可以看到，投资者和反对派达成一些小的合作，虽然会在一定程度上损害公司同政府的关系，但是可以在将来得到一些保护。了解在何时、怎样建立这种关系很困难，但对公司来说又是必需的。

跨国公司该如何选择恰当的战略呢？对于这个问题并没有一个简单的答案，因为战略选择依赖于多个因素的影响。行业性质、公司的技术能力、东道国的背景条件、管理技巧和哲学、物流以及劳动力转化等都只是影响决策制定的部分因素。没有任何战略能够一直有效，但是和所有的相关方建立关系能够帮助跨国公司对战略做出改进。

┃国际管理实践 10-3┃

危机管理：亚航

2014 年末，低成本航空公司亚航（AirAsia）遭遇了首起重大悲剧事件：从印度尼西亚飞往新加坡的 8501 航班坠入爪哇海，机上 162 名乘客和机组人员全部遇难。客机坠毁是重大的国际新闻，对于一家来自新兴市场并不断壮大的公司来说，管理好在欧洲和美国等地未来潜在客户中的声誉至关重要。对于亚洲以外的许多人来说，这场悲剧将使他们第一次听说亚航。为了缓解这场旷日持久的公关噩梦，亚航采取了一种简单而有效的危机管理策略：在危机过后的几天或几周内，尽可能多地提供开放的信息沟通。

社交媒体在这方面占了很大一部分。亚航首席执行官托尼·费尔南德斯（Tony Fernandes）在 Twitter 上分享了飞机失事的最新信息，同时表示哀悼，并发动他的员工更新媒体的信息。此外，在媒体报道和谣言进一步损害公司声誉之前，该公司还能对其进行纠正。例如，在飞机坠毁几天后，亚航被曝在当天进行飞行并没有获得必要的许可证，因此面临着额外的审查。尽管缺乏必要的许可并不一定导致此次事故，但这一意外发现让人质疑该公司发布信息的真实性。费尔南德斯立即在 Twitter 上承认了亚航的错误。通过公开承认他的航空公司的失败，费尔南德斯能够阻止消费者的信任水平进一步下降。

一场悲剧发生后，这种即时、公开的沟通方式在航空公司中并不常见。2014 年 3 月 8 日，马来西亚航空公司（Malaysia Airlines）的一架航班消失，该公司没有发表任何公开评论，而是完全保持沉默，直到它能够准确地确认所接收到的信息为止。该公司在当年因反应不佳而付出了沉重代价，公司因巨额亏损而重组并被国有化。然而，在 8501 航班危机发生后的几天内，亚航成功地避免了与其竞争对手遭遇类似的悲剧。亚航的股价保持稳定，表明投资者仍然信任该公司。在飞机失事后的一年中，乘客数量增加了 11%，公司

的盈利能力两年来首次恢复。

虽然很难计划，但危机在航空行业是不可避免的，处理不当可能会导致重大的财务损失。亚航以开放和诚实的沟通进行危机管理作为一个范例，鼓励了其他航空公司开始规划一个框架，以确定如何应对一场不可预测的悲剧。

资料来源：Bruce Einhorn, "AirAsia CEO Turns to Twitter for Crisis Management," *Bloomberg*, January 5, 2015, www.bloomberg.com/news/articles/2015-01-05/airasia-ceo-tony-fernandes-manages-crisis-withsocial- media.

10.3　管理联盟

有关政治风险和政府关系的管理战略的另一个维度是管理同合作伙伴的关系。一些合作伙伴可能是或曾经是国有企业，另外一些则可能受到政府的控制或影响。例如，在中国，大部分外国投资者和中国的国有企业有某种联盟或合资关系。此前未能进军中国卡车市场的沃尔沃集团（AB Volvo），在 2013 年与国有汽车制造商东风汽车（Dongfeng Motors）结成战略联盟。这笔交易不仅扩大了沃尔沃在中国的重型卡车业务，还使沃尔沃成为全球最大的卡车制造商。此外，西门子多年来一直将合资企业作为其在华经营战略的一部分。其一些战略行动包括：2014 年与北京汽车达成有关动力传动系统部件制造的协议；2012 年与威胜集团（Wasion）达成协议，为其仪表数据管理解决方案扩大市场；2011 年和上海电气达成协议，打入全球最大的中国风电市场。如第 9 章所述，联盟和合资可以显著提高跨国公司在许多国际市场，特别是新兴经济体的进入和运营的成功率。管理联盟固有的关系，特别是当政府介入时，尤其具有挑战性。

10.3.1　联盟的挑战

大量的文献已经检验了通过国际战略联盟（international strategic alliances，ISA）的形式来进行集体行动的动机。学者们已经开始关注构建国际战略联盟的具体初衷、影响国际战略联盟的绩效和持续时间的条件以及激励公司建立这种关系的主要因素。激励因素包括更快地进入一国市场和取得回报、规模经济和合理化配置、互补的技术和专利以及阻止竞争。

在战略联盟的相关文献中，有些学者强调知识可以成为促使国际战略联盟成立并最终成功的重要因素。某几种当地知识不能国际化就可以使跨国公司必须选择在当地经营；如果获得当地的知识需要当地公司的经验，也可以通过合作关系或联盟的形式来实现。合作可以通过共担成本和风险、联合产品和市场优势以及减少营销的时间来更迅速地进入市场。

双方谈判的目的之一就是如何发展联盟关系。联盟是双方进行价值索取活动（竞争的、分配的谈判）和价值创造活动（合作的、一体化的谈判）的舞台。为了获取对联盟收益的更多分享权，公司往往致力于寻求一项超越其合作伙伴的优势。公司通过占有联盟内部的优势资源或其替代品来实现这一目的。然而，为了通过整合各合作伙伴的资源和活动来创造更多的价值，公司需要平衡各方的权力分配，允许每个公司在联盟内根据需要各行其事，并在每个公司发挥特定决策作用的基础上承诺共享利润、互惠互利。在这些事例中，联盟伙伴可以通过合理分工以增强各自的绩效水平来创造价值。

联盟运作的一个主要挑战就是如何管理和协调来自不同国家及文化背景的公司（如第 5 章所述）。文化差异可能会给合作管理带来很大的不确定性以及沟通上的误差，进而导致冲突甚至合作关系的解除。事实上，联盟可以视为在特定时期内解决特定问题的临时性结构，但大部分联盟在解决问题之后往往还要存续一段时间甚至

发展为一种长久关系。

合作伙伴之间的文化背景差异会给联盟和国际合资企业带来问题。一项研究试图确定是否（文化背景的）某些差异比其他（文化维度）差异的破坏性更大。研究人员发现，在不确定性规避和长期导向这两个维度上的差异更可能导致问题的出现（参看第4章的"文化维度"部分）。这些差异对联盟的存在会产生消极影响，而且会减少跨国公司在进入国外市场时采用联盟形式而不是独资子公司形式的可能性。很明显，这些差异会转化成合作伙伴感知与适应环境中的威胁和机会的能力，比其他文化维度上的差异更难解决。其他文化维度包括权力距离、个人主义和马基雅维利主义，这些差异则相对比较容易应对，因为它们只是反映了在管理个体时的态度差异，公司层面则没有这种影响。

管理联盟还会受到情境条件、管理技术以及绩效标准等因素的影响。成功的因素包括合作伙伴的选择、合作协议、管理层结构、社会化进程以及知识管理。合作伙伴的选择和业务选择标准被认为是影响联盟成败的关键变量。进行尽职调查、选择合适的合作伙伴、确定联盟的规模和范围是决定联盟成败的最重要因素。

成功联盟管理的一个困难但同时也很重要的方面是要为联盟关系可能的终止做好准备。很多公司在其合作伙伴为联盟关系的终止问题做好准备的时候却没有做好准备。（当其合作伙伴比它们更愿意终止联盟关系时，许多公司措手不及。）在研究了大量成功的联盟"离婚"案例后，研究者总结了一些对成功脱离联盟关系至关重要的法律和业务问题。法律问题包括终止条件、资产和负债的分配、争端处理、剩余索取权安排、双方信息的保密、销售地域的产权以及对消费者的责任问题等。业务问题包括退出的基本决策、相关人员问题以及和东道国政府的关系问题等。联盟与单独的商业活动一样，有其生命周期，如图10-4所示。了解联盟所处的生命周期有助于通过前瞻性战略的制定来维护合作关系并为共同的目标而努力。

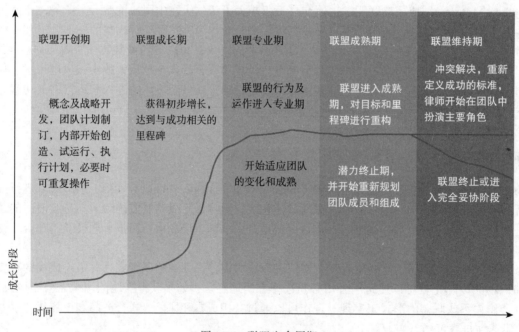

图 10-4　联盟生命周期

资料来源：From Larraine Segil, "Metrics to Successfully Manage Alliances," *Strategy & Leadership* 22, no. 5 (2005), p. 47.

10.3.2　东道国政府在联盟中的角色

如前所述，东道国政府乐于同外国投资者建立合作关系，这会给跨国公司的管理和运营带来挑战。大部分东道国政府会要求外国投资者与当地的公司对合资企业进行共同管理，有些时候会是国有企业或国有控股企业。这种关系包括投资者要选择当地国有企业作为合作伙伴（如中国）或要求外国投资者根据当地的法律来组建合资企业（如中东和东欧）。

在进入国外市场时，即使东道国政府没有建立联盟或合资企业的要求，跨国公司也会发现，寻找联盟伙伴或建立合资企业对于进入和扩张是有利的，特别是在进入受到高度监管的行业如银行业、通信业以及健康护理行业时。在一项由国际通信联盟进行的研究中发现，跨国公司建立联盟主要是为了获得市场准入和应对当地的监管政策。另一项研究是关于新兴市场中的通信项目的，跨国公司选择当地合作者的目的是应对新兴市场中的独断和腐败现象。

即使联盟解散，东道国政府的作用仍不可忽视。特别是当东道国政府作为合作伙伴时，它是不希望联盟解散的。它会采取一些公开的措施来阻止联盟解散，比如不允许外国投资者变卖在联盟中的资产。有时候政府也会采取一些比较微妙的措施，比如阻碍外国投资者收回其在联盟中的投资。在终止联盟关系的时候，跨国公司还要考虑以后继续在该国从事商业活动的影响。

总之，东道国政府会对联盟建立时依据的条款、联盟的管理方式以及联盟的终结产生重要影响。跨国公司必须意识到这种影响，并谨慎地采取相应策略来管理这种关系。

10.3.3　联盟管理面临的挑战和机会方面的相关案例

跨国公司以联盟和合资企业的形式进入外国市场变得越来越普遍。下面这些近年发生的案例描述了管理联盟所面临的挑战和机会。

福特汽车公司和马自达汽车公司就是一个很好的例子，多年来，两家公司一直保持着战略联盟关系。根据福特公司提供的指导，马自达公司得以削减成本，并在亚洲推出了一系列受欢迎的新车型。同时，马自达公司开始进军北美和欧洲市场。马自达的成功部分要归因于福特公司的管理者对马自达公司工程师自由散漫作风的控制，促使他们共享汽车平台并从海外采购更多的零部件。马自达公司也开始根据福特公司的建议使用顾客诊断来帮助公司开发低价位的小型运动汽车——这种车型在日本市场很受欢迎。尽管在 2010 年，福特公司剥离了马自达的大部分股份并切断了生产联系，但这两家汽车制造商仍在继续分享技术并在互利的合资公司中进行合作。

位于美国华盛顿州西雅图的星巴克公司在中国各省建立了许多合资公司，其中之一是与北京的美达咖啡公司合作，目标是开设咖啡馆。这家合资公司面临的主要挑战是使当地消费者由喝茶转向喝咖啡。然而，这家合资公司的重点是对当地将要经营咖啡店的管理者进行培训。新员工被送到华盛顿州的塔科马市学习如何调制不同口味的星巴克咖啡并亲身感受公司的文化氛围。正如美达公司的一位高管所说的："人们去星巴克并不是为了喝咖啡，而是为了体验。关注员工的发展，使他们能够提供这种体验，这是我们目前的首要任务。"星巴克战略的一部分就是要让这些新员工明白，在这家新的公司中他们会有自己的职业生涯和个人发展机会。这是公司必须强调的一个重要方面。星巴克公司鼓励新员工承担责任和风险、质疑管理体系以及为塑造顾客的忠诚度做出改变等。尽管两家公司最初是合资，但星巴克最终买下了这个合资伙伴。中外合作伙伴开始更紧密地合作，并实现完全整合。云南省爱伲集团（Ai Ni Group）组建了一家合资公司，将为星巴克提供当地产的咖啡，并在中国国内销售。这一协议符合星巴克在全球各地开设数百个新门店的远大目标。在其他亚洲国家，这些合资公司正在为星巴克工作。在印度，星巴克已与涉及汽车生产、信息系统和饮料的塔塔集团成立了一家合资公司。

如上所述，跨国公司现在和将来都会做出许多与合资公司有关的决定。在俄罗斯，目前的趋势是重新商讨旧的协议并拟定一些小的协议以避免过多的官样文章（官僚主义的繁文缛节），从而可以更方便地取得成果。同时，美国政府试图制定一个援助东欧地区的计划，国际合资企业的使用将可能得到更大范围的推广。

除了东欧地区以外，其他国家和地区也在积极引进外国投资，越南就是其中之一。20 世纪 90 年代早期，大量的投资者开始关注越南。在这期间，日本出光石油开发公司（Idemitsu）同越南政府签订了一项协议，允许该公司开发北部湾的油田和天然气田。很多美国公司也开始将越南作为投资目标，花旗银行和美国银行都得到了越南政府在当地开办分行的许可。它们的主营业务就是大规模的银行信贷，比如美国银行就建议越南政府贷款改建其破旧的电力体系。其他公司也开始对越南表示出了极大的关注，包括美国电话电报公司、可口可乐公司、通用电气公司、埃克森美孚石油公司以及 Ralston Purina 公司等。截至 1996 年，越南平均每年吸引外国直接投资超过 80 亿美元。然而，在 20 世纪 90 年代末期和 21 世纪初，外国直接投资数量直线下降。近年来，外国直接投资总额又开始上升。

有时官僚的政府经常向外国投资者发出复杂的信号。福特汽车公司 2000～2015 年在越南的经验提供了一个很好的例子。福特汽车公司斥资超过 1 亿美元在河内附近建立了一家工厂，但是由于当地竞争对手——越南汽车公司的压力，福特公司整整用了 16 个月的时间才获准销售汽车。到 2000 年末，该公司才销售了不到 1 000 辆汽车，远远低于初始计划的 14 000 辆。其他许多公司也有过类似的经历。此后，越南政府试图通过推行国内经济改制、加入国际贸易组织以及鼓励外国投资特别是合资公司等途径来改变现状。与此同时，该国的咖啡产业取得了迅猛发展，越南 20% 以上的咖啡出口到美国，因此对越南来说开放市场是件好事。于是，越来越多的跨国公司开始重新考察越南的潜力并寻求在该国建立战略联盟的机会，以期能够在亚洲新兴国家中站稳脚跟。几年过后，事实证明当年的决策是明智之举。越南已经通过了企业法和投资法，明确了跨国公司在该国投资和经营适用于合资企业的规章制度，和美国签订了贸易协议并在 2005 年加入了世界贸易组织。随之而来的是外国投资总额开始再次上升，2015 年达到了 145 亿美元。2015 年，福特汽车公司销售了 20 740 辆汽车，创下了其在越南的最高纪录。

▌国际管理世界▐ 回顾▐

跨国公司在国外的经营会面临一系列政治风险问题，故应采取各种形式的策略来降低风险并改善同政府的关系。英国石油公司和壳牌公司在俄罗斯都面临着一些挑战，它们试图采取一系列策略来克服这些挑战。英国石油公司同国有的俄罗斯石油公司交易了股份，这减轻了俄罗斯政府与英国石油公司之间存在的内部政治风险，但在俄罗斯合并克里米亚并因此受到制裁后，英国石油公司又面临一些额外的外部政治风险。而壳牌选择继续其正在进行的业务，但推迟了进一步的投资，最终壳牌被迫退出。当你读完本章并思考了在俄罗斯从事商业活动所面临的挑战以后，请回答以下问题：①当跨国公司评估在俄罗斯从事商业活动的政治风险时，应该主要关注哪两个方面的问题？②跨国公司如何保护自己不受政府行为的影响？③跨国公司要避免未来的政治变动对公司运营的影响，应该采取何种前瞻性政治策略？④联盟和合资企业是如何降低风险并帮助公司同政府及其他利益相关者建立友好关系的？

本章小结

1. 政治风险是指外国投资的企业可能会被东道国政府政策约束的可能性。在应对这一风险时，跨国公司将进行宏观和微观的政治风险分析。具体关注了东道国政府不断变化的政策、财产征收以及经营获利难以顺利转出的风险。

2. 跨国公司希望用两种基本的方法来管理政治风险，一是开发一个综合性框架来确定和描述这些风险，它需要考虑转移、经营和所有权控制风险；二是量化构成风险的变量。

3. 一般的风险管理策略包括使用相对谈判权力、整合性、保护性与防御性技术以及前瞻性政治策略。

4. 有效的联盟管理包括谨慎地选择合作伙伴、定义联盟的业务和范围、解决跨文化差异以及响应东道国政府的要求等。

复习与讨论题

1. 一家进入俄罗斯的公司将面临什么类型的政治风险？试确定并描述其中的三种。一家进入法国的公司将面临什么类型的政治风险？试确定并描述其中的三种。这些风险有哪些相似之处及不同点？

2. 大多数公司尽管没有给各自的标准分配具体的权重，但是它们都想使其政治风险定量化。为什么这一方法很普遍？公司给每一种假定的风险分配权重是较为明智的吗？说明你的理由。

3. 考虑到伊朗和沙特阿拉伯拥有巨大的石油储备，恐怖主义是如何影响外国投资者对伊朗和沙特阿拉伯的兴趣的？恐怖主义袭击事件又是如何影响不同国家比如美国和俄罗斯间的政治关系的？

4. 如果一个高科技公司想要在伊朗建立工厂，为确保工厂不会被征收，可以采取哪些措施？试确定并描述三种特别有效的策略。前瞻性政治策略如何有助于保护企业免受未来政治环境变化的影响？

5. 管理联盟的挑战包括哪些？东道国政府又是如何影响这些挑战的？

互联网应用

诺基亚在中国

亚洲为跨国公司提供了巨大的商机，然而，在该地区从事商业活动也存在着一些风险。诺基亚是芬兰的一家大型跨国公司，它看准了亚洲的商机，认为值得冒这个风险，便把中国纳入了其主要的投资范围并作为其在亚洲新兴市场的一个主要合作伙伴。访问诺基亚公司的网页（www.nokia.com），注意了解这家著名的跨国公司现在正在亚洲做什么。从其网页、本章内容以及你近期看到的新闻中寻找一些信息回答下列问题：诺基亚在亚洲尤其是在中国面临的政治风险是什么？诺基亚将如何应对这些风险？在亚洲，对于希望在减少政治风险的同时提高竞争优势的公司而言，有效的国际谈判技巧会有多大的价值？

国际聚焦

巴西

巴西位于南美洲东部的大西洋沿岸，国土面积略小于美国，拥有丰富的自然资源，包括铝土矿、黄金、铁矿石、锰、镍、磷酸盐、铂、锡、稀土元素、铀、石油、水电、木材等。巴西还拥有多家具有全球竞争力的制造企业，如巴西航空工业公司（Embraer）和 Odebrecht 公司。前者是世界上领先的中程客机和军用飞机生产公司之一，后者是一家多元化企业集团，开发和安装大量的座椅系统、体育场馆、化工生产设施和其他基础设施。

1822 年，巴西脱离葡萄牙独立，采用了联邦制的共和政体。该政体对 18～70 岁的人有强制性投票的要求。巴西是世界上人口最多的国家之一，超过 2 亿人，年增长率约为 1%。在过去的 50 多年里，这个国家已经走向了城市化。如今，巴西近 20% 的人口居住在圣保罗及里约热内卢。巴西在文化和种族上都是一个多元化的地方，主要语言和官方语言是葡萄牙语，但是西班牙语、德语、日语和英语也有一定的使用范围。这个国家以基督教为主，2/3 的巴西人是罗马天主教徒。2015 年，像大多数增长的发展中国家一样，其绝大多数人口的年龄在 55 岁以下，平均年龄只有 31.1 岁。

巴西是南美洲最大的经济体，也是世界第八大经济体。尽管如此，巴西经济在近期和历史上都面临着严峻的挑战，包括多重衰退、高通胀和汇率波动。2014 年，巴西国内生产总值为 2.347 万亿美元，但经济增长一直不稳定。在经济急剧扩张的 2010 年，其国内生产总值同比增长 7.6%，之后保持平稳下滑态势，2014 年仅增长 0.1%，2015 年为负增长。2015 年，近 10% 的通货膨胀成为一个主要问题，高失业率也是如此。

巴西的主要农产品包括大豆、小麦、大米、玉米、甘蔗、可可和牛肉。纺织品、鞋、化学品、水泥、木材、铁矿石、锡、钢、飞机和汽车构成其主要工业产品。在全球工业和制造业领域，巴西受到的影响很大程度上来源于其对大宗商品出口的依赖，而大宗商品出口的需求已有所下降。巴西经常被评为经营不善的国家，在世界银行 2015 年的"营商便利度"调查中，巴西排在第 116 位。2015 年 9 月，巴西的债务评级被下调至"垃圾级"，使得它更难吸引外国投资者和国际信贷。

巴西被选为 2014 年世界杯和 2016 年夏季奥运会的主办国。这给了该国一个机会去吸引全世界的关注并展示其所能提供的最好的东西。此外，如果管理得当，由于门票销售、赞助和电视广告等因素，这些国际赛事在经济上可能是净盈利的。尽管 2014 年世界杯在没有任何重大干扰的情况下举行，但在 2016 年奥运会举办前的几个月里，巴西面临着许多问题。关于基础设施不足、建筑工人安全以及水污染引发严重疾病的负面报道在 2016 年春季的新闻报道中占据了主导地位，公众对寨卡病毒蔓延的担忧导致门票销售低于预期，游客减少。

　　尽管面临这些挑战，巴西仍是南美洲最大、最重要的经济体，并将继续对全球环境施加影响。

如果你是国际管理顾问

　　2009年，巴西经济蓬勃发展。它曾得到了发展中国家和发达国家的大量外国投资，成为最受密切关注和增长的新兴市场之一。所有迹象都表明，巴西及其经济发展正朝着强劲的方向发展。然而，在2015年低油价和经济衰退之后，外国投资者开始怀疑。此外，2015年，巴西国家石油公司（Petrobras）被爆出贿赂丑闻，公司倒闭，并最终导致总统下台，投资者纷纷逃离该国。该公司仅因该丑闻就损失了近20亿美元。

　　已经退出的一个组织是比尔及梅琳达·盖茨基金会，该基金会不仅决定停止在该国的运营，还将石油公司告上法庭，指控其在丑闻和各种投资中扮演的角色。此外，美国的几个州向巴西投资了养老基金，并要求赔偿近1 000亿美元。

　　问题

　　1. 作为一名国际管理顾问，你对打算将业务迁往巴西的外国公司有什么建议？

　　2. 你认为巴西还能保持未来增长的潜力吗？

　　3. 作为一名投资者，你认为"低买"心态适用于巴西吗？如果不适用，在对这个国家投资之前，你希望看到什么变化？

第 11 章

管理决策与控制

| 学习目标 |

虽然决策与控制并不与国际化直接相关，但它们作为管理的两个重要职能，在国际企业管理中扮演着重要的角色。所谓决策，就是指管理者在一系列备选方案中选定其中一种的过程。而控制就是指管理者根据计划或目标对可能的结果进行评估，并决定将采取何种行动的过程。这些职能的执行受到国际环境的影响。一个组织采用集权还是分权的管理系统取决于许多因素，例如企业理念以及当地市场的竞争程度等。同样，公司还拥有一系列可以用来评估公司绩效和重组方案的措施与工具。同大多数国际因素一样，文化在其中发挥了至关重要的作用，这种重要性体现在其决定了什么是决策过程和控制的重点，同时文化还会影响到跨国公司与其子公司之间的关系。

本章考察了跨国公司所采用的不同决策和控制职能，指出可用于解释这些差异的主要因素，同时指明了跨国公司未来要应对的主要挑战。学习本章的具体目标包括：

1. 举出在不同国家进行决策的对照实例。
2. 提出影响向国外子公司授权程度的一些主要因素。
3. 比较和对照直接控制与间接控制。
4. 叙述跨国公司控制海外子公司所用方式上的一些主要差异。
5. 讨论控制国际运营的子公司的具体业绩指标。

| 国际管理世界 |

全球线上零售：亚马逊与阿里巴巴

在过去的 20 多年里，互联网改变了全球消费者的购物方式。在美国，亚马逊是最成功的电商。这家电子商务网站成立于 1995 年，起初是一家图书销售商，如今它向整个北美销售各种品类的商品。尽管美国一直是电子商务领域的领头羊，但世界各国的线上零售一直在快速增长。

可能最令人惊讶的是中国的线上零售巨头——阿里巴巴集团的突然崛起。阿里巴巴集团旗下拥有多家电子商务网站，2015 年的交易总额达到了 4 620 亿美元，超过了 eBay 和亚马逊的总和。作为亚马逊的直接竞争对手，阿里巴巴的天猫（Tmall）预计将在 10 年内成为最大的个人电子商务网站，总营业收入将超过亚马逊。尽管在电子商务市场取得了类似的成功，但亚马逊和阿里巴巴的管理者对市场却采取了不同的方式。这两家公司分别采用了什么样的竞争战略？哪家公司更有可能获得长期成功？

集团化与专业化

阿里巴巴集团是由超过六家独立的电子商务网站组成的企业集团，它在一个单一的所有权结构下，将B2B、B2C、C2C的交易结合在一起。阿里巴巴集团通过其多样化的网站，几乎能够满足任何类型的交易需要，不论是小型的个人购买还是数百万美元的商业交易。另外，阿里巴巴集团除了提供传统的电子商务服务，还将业务拓展到了基于网络的业务解决方案领域。阿里巴巴利用其现存的基础设施，给各种规模的公司提供云计算和数据服务，甚至创建了自己的移动操作系统。阿里巴巴还运营支付宝（Alipay），这是一种安全的支付转账服务，可以对整个购买过程进行控制。在中国，超过一半的网购使用支付宝。总体来说，阿里巴巴集团占据了中国境内60%的运送包裹以及80%的线上销售。

与阿里巴巴不同的是，亚马逊主要专注于B2C销售。因此，亚马逊的目标市场比阿里巴巴小得多，但其顾客更加忠诚。亚马逊主要专注于个人购物，已经成长为世界上最大的线上零售商。然而，亚马逊也在努力扩大所销售的产品种类。借助其传统商业运营而建立的信息基础设施，亚马逊可以提供视频流、云储存和其他网站服务。为了进入日益增长的平板电脑市场，亚马逊发布了Kindle Fire。这是Fire的第7版，发布于2015年底，零售价低于50美元，是市面上最便宜的平板电脑之一。然而，亚马逊的核心收入仍来源于其专业化的B2C交易。

零售商与服务商

亚马逊不仅有第三方卖家，公司自身也直接参与零售业务。亚马逊的买卖商品、运输产品和仓库存储等环节都由自己完成。该公司目前在美国有100多个分销中心，每个分销中心大约有100万英尺^{2}的储存空间。这种直销方式让亚马逊能够迅速地适应需求的变化。公司可以直接控制大部分在售产品的及时性和质量，提供无与伦比的服务，比如当日送达。到2016年，超过30%的美国人和亚马逊超过50%的常客住在距离亚马逊仓库20英里以内的地方。此外，通过第三方零售商入驻平台，亚马逊能够产生额外的收入。然而，亚马逊的商业战略需要大量固定资产投资，这导致公司的利润微薄。虽然没有传统实体店的费用水平高，但因劳动力和仓库等必要的投入，亚马逊的利润还是缩减了。

另外，阿里巴巴只是作为第三方销售的服务商。该公司没有库存，并不直接销售商品和控制配送。只是为进行这些活动提供线上空间，它得以将固定资产保持在最低水平。展望未来，阿里巴巴集团将这种"高效"视为一项关键的业务优势。亚马逊的运营规模是资本密集型的，而阿里巴巴的方法具有了额外的财务灵活性，因为它不需要建设、管理和维护区域性的仓库。不过，阿里巴巴一个主要的缺点是，它放弃了对零售商配送和分销业务的控制权，这意味着第三方的错误可能会对整个公司产生负面的影响。此外，该公司还错过了直接面向顾客销售可能带来的财务收益。

增长潜力

虽然两家公司都是线上的，并且是"全球性"的，但亚马逊和阿里巴巴的地理位置影响了其未来的增长潜力。亚马逊成立20多年，能够成长为世界上最大的线上零售商，这得益于其优越的地理位置。目前，北美的电子商务市场占全球线上销售的比重超过了30%，而这一地区被亚马逊以压倒性的优势占有。实际上，因为亚马逊的优势，阿里巴巴甚至没有试图进入北美市场。虽然亚马逊可能在北美地区B2C销售这一市场继续占据主导地位，但其未来的增长潜力受到了限制。北美互联网的普及率接近90%，并且这一地区的人口增长速度已经大大减缓了，这意味着亚马逊在北美地区的用户数量不会有太大增长。2014年，亚太地区的线上销售总额首次超过了北美地区。未来的几年，北美在全球电子商务的市场份额将下降到25%左右，而亚太地区的市场份额将增长到40%左右。除非亚马逊积极向全球其他地区扩张，否则其收入可能会停滞。

阿里巴巴在亚洲的业务具有极大的增长潜力。中国互联网的普及率有很大的增长空间。而且，世界上近40%的人口居住在亚洲，东南亚的人口增长率远远超过了北美。随着财富在这一地区不断积累，互联网普及率也会增加，电子商务规模很可能会扩大。如果阿里巴巴集团能保持在亚洲的强大地位，那么在接下来的10年里，其收入会迅猛增长。

无论是亚马逊作为专业化的直接零售商战略，还是阿里巴巴作为第三方服务商的战略，能否取得长期性的成功都有待观察。随着互联网普及率的增加和电子商务扩张到了北美以外的地区，诸如亚马逊和阿里巴巴这些公司的管理者需要实行新的战略来适应市场的变化。毫无疑问，线上零售时代的到来，已经对所有电子商务公司管理层决策的某些方面提出了挑战。

11.1　决策过程与挑战

　　决策（decision making）就是指在一系列可选方案中选择行动方案的过程。随着全球化日益深入，决策作为一种常见的管理实践，越来越与跨国公司的管理者息息相关。通常来说，决策的过程是直线型的，但迂回曲折的情况也比较常见。决策过程一般包含如图 11-1 所示的 9 个阶段。子公司管理者参与决策的程度取决于子公司的结构和决策的层面。如果采用集中的决策方式，重大决策就由公司最高管理层来决定；如果使用分散的决策方式，决策权就被下放给具体的管理者。决策被用于解决各式各样的问题，其中包括帮助子公司对东道国在经济和政治上的要求及时做出反应。有时，这些决策很大程度上着眼于经济范畴，集中于海外公司的投资回报率这类事情上。此外，决策过程和结果也受制于文化的差异。

　　例如，福特汽车公司专为印度市场设计和制造了一款便宜的汽车——Ikon。工程师将福特嘉年华（Ford Fiesta）车拆解，并根据购买者的需要重新制造了汽车。其中的变化包括：增加后排头上空间以使头巾不被弄乱；增加开门幅度以免挂住女士的长裙；调整进气口以免雨季被堵住；强化减震器以应对坑坑洼洼的城市街道；调整空调设施以应对夏季强烈的炎热。这一决策的结果使这款车在印度销售得非常好。通过复制 Ikon 成功的战略，福特又推出了嘉年华标志第四代（Fiesta Mark Ⅵ）。桑坦德（Santander）作为欧洲市值第一的银行，给予每一个分公司在国外市场越来越多的自主权，这提高了各子公司不依靠西班牙总部而独立经营的能力。许多欧洲银行，包括桑坦德和汇丰控股（HSBC Holdings PLC）（见第四部分末尾的深度综合案例），建立海外附属公司，而不是直接的分支机构。桑坦德银行的 CEO 阿尔弗雷多·萨恩斯（Alfredo Saenz）说，我们认为这对当地的管理团队有好处，因为有当地少数股东紧盯着他们，让他们保持警惕，这是将特许经营权本地化的一种好方法。而且，首次公开发行（IPO）提升了银行在巴西的知名度，使其更容易获得本地的资本，使得特许经营的价值比上市前分析师评估得更高。当桑坦德出售了巴西分支 15% 的股份时，这个分支单独的价值为 340 亿欧元，比欧洲的竞争对手德意志银行（Deutsche Bank）和法国兴业银行（Société Générale）要高。

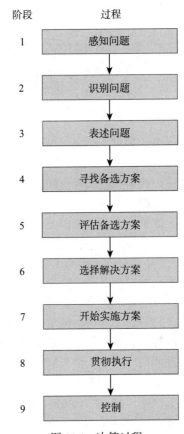

阶段　　　过程

1　感知问题

2　识别问题

3　表述问题

4　寻找备选方案

5　评估备选方案

6　选择解决方案

7　开始实施方案

8　贯彻执行

9　控制

图 11-1　决策过程

资料来源：Jette Schramm-Nielsen, "Cultural Dimensions of Decision Making: Denmark and France Compared", *Journal and Managerial Psychology* 16, no.6 (2001), p. 408.

　　决策的方法受到很多因素的影响。我们先来找出这些因素，再通过比较案例来阐释其中的差异。

11.1.1　影响决策权的因素

　　国际企业的管理者会将决策权予以保留还是授予子公司，这种决定受多种因素影响。表 11-1 列出了一些最重要的因素，下面我们依次进行详细讨论。

表 11-1　决定对子公司决策采用集权还是分权的因素

集权制	分权制
大型组织	小型组织
资本投入多	资本投入少
对跨国公司重要性较高	对跨国公司重要性较低
高度竞争的环境	稳定的环境
产量－成本关系密切	产量－成本关系松散
技术水平高	技术水平一般或较低
品牌名称、专利权相对重要	品牌名称、专利权相对不重要
产品多样化程度低	产品多样化程度高
产品线相似	产品线庞杂
母公司与子公司相距较近	母公司与子公司相距较远
各业务部门之间依赖程度较高	各业务部门之间依赖程度较低
东道国缺乏能力较强的管理人员	东道国富有能力较强的管理人员
国际业务经验丰富	国际业务经验缺乏

　　决策过程的效率是公司关心的主要问题之一。公司的规模对决策有重要影响。大型跨国公司会在很多重要决策上集中决策权，目的是通过运营的协调和整合来保证效率。在那些存在高度依存关系的公司中，协调统一非常必要，因此集中决策权也同样适用。跨国公司资本投入越大，就越有可能集中决策，公司总部倾向于对投资保持密切控制。这样，子公司的管理者会被要求定期上交报告，来自总部高级职员的视察也十分频繁。以上情况说明，如果子公司对跨国公司非常重要，那么在这种情况下，子公司的管理者只有在清楚地了解总部的决策后才能实施具体的行动。实际上，在管理重要的海外子公司时，公司总部通常会委派一名会对其指令做出响应的管理人员，并把他看作核心管理团队的组成部分。

　　当竞争加剧时，另一个检验效率的标准就出现了——跨国公司管理层将会决定分权，授予当地管理者更大的决策权，以缩短对竞争威胁的反应时间。然而，有时在国际环境下，决策方法恰好相反。当竞争加剧、利润率下降时，公司总部管理层经常试图通过标准化产品和营销决策，以降低成本、保持盈利性。尽管在一些情况下，如当推行产品多样化成为必要时，公司也会采取分权的经营模式，但是大多数更高级别的经营决策还是由总部的管理部门制定，子公司只负责执行。卡夫亨氏公司（Kraft Heinz Company）就尝试使用集权化来提高效率和竞争力。2015 年，亨氏收购了卡夫食品集团，集团的七个制造部门被关闭，约 2 600 个生产岗位因此被裁撤，这占了该集团劳动力的 6%。而且，为了消除冗余，管理层的 2 500 个办公室岗位也被裁撤了。合并是为了增加全球产值和降低成本，在这次合并后，该公司最终节约了 15 亿美元。卡夫亨氏公司计划投资数百万美元升级现有的制造设备，以满足日益增长的产品需求，加强对已收购公司的控制，精简合并的公司，更好地定位全球化。产量高的企业的产品单位成本低于那些产量低的企业，在这种情况下，公司总部管理层通常会集中进行决策，并且把有关供应和营销的决策权也看作总体战略的一部分，这样就有助于确保子公司的产品保持低成本。

　　当母公司和子公司之间的差异增加时，有效的决策过程就变得更加重要。这些差异不仅包括不同的产品和服务（由于地域的不同从而有针对性地提供不同的产品和服务），同时也包括企业所在各国的社会经济、政治、法律以及文化等环境的不同。在这种情况下，子公司更愿意使用在制造和销售产品方面日益熟练的当地优秀员工与资源。母公司与子公司之间物理距离的远近和环境差异的大小，与分权化程度之间存在直接联系。换句话说，公司母国与子公司所在国的环境和文化差异越大，跨国公司分权化的程度就越高。

　　经验被证明是衡量效率的一个简单指标。举例来说，如果子公司有能力较强的当地管理者，分权的可能性就会增加，因为这时公司总部更有信心放权给当地管理层，而自己负责所有的重要决策是得不偿失的。反之，如果当地管理者缺乏经验或表现不佳，跨国公司很可能会在总部制定多数重要决策。此外，如果企业富有国际经验，其经营管理就很可能会更为集权化，因为企业已经具备了较高的效率，而将权力授予子公司也许会降低这一效率。

对产品和服务的保护对跨国公司而言也同样非常重要，如果在研发上投入了大量的时间与金钱，却让竞争对手成功模仿从而迅速抢占市场份额，这种举措是不明智的。基于以上原因，再加上其他一些原因，跨国公司通常在总部制定先进技术方面的决策。对诸如计算机公司和制药公司这样高新技术、研究密集型组织更是如此，因为它们根本不希望自己的技术被当地公司所控制。此外，如果品牌名称、专利权等诸如此类的东西很重要，跨国公司将很可能会集中决策，从而最大程度地保护这类知识产权。在经营管理的一些领域，跨国公司倾向于把决策权保留在最高管理层（集权制），其他领域则将权力下放给子公司管理层（分权制）。一般而言，财务、研发以及战略规划等方面的决策由跨国公司总部制定，子公司必须在母公司设定范围内工作。如果子公司在成长型市场销售新产品，则更有可能采取集中决策。不过，当产品线成熟且子公司管理者有了经验时，公司将开始更多地依靠分散决策。这些决策包括计划和预算体系、绩效评估、子公司管理人员的安排以及运用协调委员会，以便子公司的经营与跨国公司在世界范围内的经营紧密配合。选择一个合适的决策权的集中或分散的程度对跨国公司的成功至关重要。

会计师事务所德勤（Deloitte）描述了关于分权和集权的企业在并购后的整合中面临的一些挑战。

由两家欧洲发动机公司组成的联盟就是一个很好的例子，这两家公司有着截然不同的结构——一个较大公司的业务部门和一个独立的公司。这个较大的业务部门具有较分权的管理方式，责任被分散到各个职能部门，如采购部门和信息技术部门。相反，这个独立的公司具有较为集中化的方式，公司的总部对信息技术、财务、采购、人力资源具有较强的控制。将这两个公司合并，而并没有进行调和，几乎毁掉了这个新企业。由于不能适应新的企业结构，合并后销售额下降，关键人员离职。三年后，这家企业倒闭了，很快被另一家竞争者铲除。

11.1.2　文化差异和决策的实例比较

不论是企业内的文化还是企业外的文化（见第 4 章和第 6 章），都会对个人和企业在认识环境并对之做出反应时造成影响。这就引发了一个疑问：决策的宗旨和惯例是否会因为国家的不同而有所不同？尽管有证据表明，许多跨国公司，不管外资控股还是国有的，都遵循相同的决策标准，但是研究结果证实，从某种程度上来讲，决策的宗旨和惯例是有差异的。

一项研究表明，法国管理者与丹麦管理者的决策方式是不一样的。法国管理者倾向于将大量的时间用于理智地寻找与评估备选方案。然而当法国管理者在用逻辑和创造性的思维去寻找答案的过程中遇到困难时，他们会很快变得相当情绪化。中层管理者会向那些最终做出决策的高层管理者汇报。因此，在个人主义导向的法国，形成了中层管理者竞相争得上级认同和赞赏的局面。此外，中层管理者在决策的贯彻执行阶段更加缺乏耐心，因为这个阶段的工作显得乏味，而且不能通过工作来树立管理者希望获得的威信。因此控制（这个概念将会在本章的后半部分进行介绍）的力度在法国公司相当高，在执行的过程中哪里出现了问题，哪里就有相应的控制手段。

与法国管理者不同，丹麦管理者在决策过程中对其他几个阶段更加重视。他们不像法国管理者那样花费大量的时间用于寻找与评估最优的方案，而是寻找那种能被快速启动和执行且能带来相对理想结果的方案。在面对出现的问题时，他们表现得更加坦率，而非情绪化。丹麦人不强调控制在管理中的作用，因为对高控制的"需求"显得他们对该领域的管理没有信心。集体主义与结果导向的社会环境使得丹麦人在决策时更加迅速，且其中层管理者被赋予更多的自主权。

总体而言，推崇实用主义的丹麦人和注重逻辑及创造性的法国人，在决策过程的每个阶段各有所长。法国人在第 4、第 5 和第 9 阶段上做得更好，而丹麦人在第 6、第 7 和第 8 阶段上更加擅长（见图 11-1）。一位在法国工作的丹麦管理者说：

他们（丹麦人和法国人）分析和归纳的思路并不一样。法国人认为丹麦人想问题太简单了，而丹麦人觉得法国人思考问题太复杂了。法国人在办公桌上不停地工作。他们不仅考虑到自己的因素，还注意周围的环境因素。这就是说，他们在分析一个案例并得出结论后，还会不断地重复琢磨。我认为法国人的思维方式更加具有整体性……也许他会说："嗯，是的，但是这个问题还能以更好的方式解决。"而这实际上是在浪费时间，而不是改进他的方案。

相对于海外公司的管理问题，德国管理者更为关注生产效率及产品和服务的质量问题，这经常被解读成公司为追求长期发展而采取的方法。另外，管理教育是高度技术性的，一个叫作**共同决策**（codetermination）的法定系统要求工人和他们的上级管理者共同商讨重大决策。由此看来，德国跨国公司倾向于集权化、专制且等级分明。斯堪的纳维亚人也有共同决策系统，但瑞典人更强调工作、生活质量和组织中个体的重要性，因此，瑞典的决策具有分散性和参与性。

日本人与欧洲人有些不同，尽管他们也关注长期的发展，但是他们大都使用一种被称为**共识决策**（ringisei）的决策过程，或通过达成共识来进行决策。这种方法可描述为：在这一体系下，有关公司程序、日常惯例、策略甚或战略方面的变化，由那些直接涉及这些事务的员工进行协商和决定。在提案经过较高的各管理层的详细检查并顺利通过后，最终决定由最高层做出。一个决策的接受和拒绝取决于管理结构各个层级是否能达成共识。

有时，日本人通过达成共识制定决策的方法很费时。不过，在实践当中，大部分日本管理者知道如何回应来自高层的"建议"，并据此采取相应行动，这样就节省了大量时间。不过，许多外国人还是误解了日本管理者做决定的方法。在日本，应该做的事情叫**规范行为**（tatemae），而与此可能截然不同的，一个人真正想要做的事情叫作**理想活动**（honne）。由于在日本在特定情境下按他人的期望做事很重要，这常常使得西方人一头雾水。在日本，每个人依照他所理解的众人的期望来做事是非常重要的。

另一个文化上的差异是管理者在决策过程中是怎样对待时间这个因素的。正如我们之前看到的法国人和丹麦人的例子，丹麦人比法国人更看重时间的价值。法国人希望得到的是最佳的行动方案，而丹麦人希望的是快速行动并占领先机。这是许多跨国经营决策的关键，当全球化开启了激烈竞争的大门时，全球的管理者都需要认清环境并为自己创造商机。

在另一个关于决策制定的研究中，研究者考察了瑞典人团队、德国人团队，以及两种人混合组成的团队的表现，发现瑞典人团队具有较高的团队导向，更扁平化的组织层级，以及更加开放和非正式的工作态度。在这个研究中，德国人团队在决策速度上更快，个体的职责更加清晰，更加愿意接受一个变化的或非常规的决策。在瑞典人团队中，决策似乎更透明，也不是那么正式。在德国人团队中，决策主要由该领域的权威专家主导。这种决策风格与瑞典人团队相反。

11.1.3　全面质量管理决策

为了达到世界一流的竞争力，跨国公司发现全面质量管理至关重要。**全面质量管理**（total quality management，TQM）是一种组织战略，也是一种向消费者提供高质量产品或服务的技术。本书在第8章中曾提到，全面质量管理的概念和技术既与战略规划相关，也与决策和控制相关。

制造业是全面质量管理产生重大影响的主要领域之一。大量的全面质量管理技巧被成功地用来改进制成品的质量。其中一种是运用工程学、跨部门团队，让设计人员、工程师、生产专家以及客户一起开发新产品。这种方法包括所有必要的参与者，并且代替了原有的很常见的生产程序：设计人员会告诉制造小组生产什么产品，后者将成品发送给零售店以销售给客户。今天，跨国公司实施了一种客户导向的全面质量管理，使用全面质量管理技术，根据客户需要定制产品，同时它们也这样要求自己的供应商。如今，联想已将其设计程序从工程师导向转变为客户导向。2016年，联想开发并开始使用一种把来自各种渠道的非结构化的顾客反馈组织在一起的应用，这些渠道包括YouTube评论、在线论坛和传统的电话中心。这种应用以一种有效的方式组织数据，以便于联想设计出最能满足顾客需求的产品。

一个尤为重要的问题是将多少决策权授予子公司。全面质量管理采用向雇员**授权**（empowerment）的方式，鼓励个人和团队提出和实施改进质量的想法，并授予他们实现这些想法的决策权和必要的资源及信息。许多跨国公司在授权上已卓有成效。比如，通用电气为了适应市场需求，利用向员工授权的方法，对洗碗机产品进行改良，使产品组合的生产时间缩短了一半。

另一种被跨国公司成功使用的全面质量管理技巧是奖赏和认可，包括提高工资、津贴、绩效工资、差别奖金、技能工资，还有培训计划、奖章及公众的认可等。重要的是，要认识到适合一国的奖赏或认可的方法在另一国未必有效。例如，个人认可在美国是合适的，这样的激励机制受到工人们的高度评价，但在日本，奖励团队更为合适，因为日本人不喜欢受到单独表扬。同样，在墙上贴一张照片或奖章以表扬员工在美国是很平常的，但这种奖励方式在芬兰却行不通，因为这会使工人联想到其邻国俄罗斯为了鼓励人们增加产出（未必一定提高质量）而使用了这一体系。第三种全面质量管理方法是运用持续培训以达到持续改进的目的。这种培训采用了各种形式：从统计学的质量管理手段到为了产生合理化经营和消除浪费的主意而举行的团队会议。所有手段都是为了运用一种被日本人称为**持续改善**（kaizen）的方法。通过采纳全面质量管理的观点，并运用前面所提及的技巧，跨国公司发现它们发展并保持了全球竞争力。美国办公用品公司赫曼米勒（Herman Miller）就是一个很好的例证。赫曼米勒生产一些全球销量最好的办公椅。过去的一二十年里，赫曼米勒运用持续改善的思想将品质提升了 10 倍，产量增加了 5 倍。最初，赫曼米勒在产品线上生产一把椅子大概需要花 82 秒，后来只需花 17 秒。表 11-2 给出了当前关于质量的一些新见解。

表 11-2　关于质量问题的新见解

传统说法	新见解
质量是质量控制部门的责任	质量是所有人的工作
培训会增加成本	培训不会增加成本，而是节约成本
质量计划在实施初期成本很高	好的质量计划实施初期成本不会高
较高的产品质量会使公司花费大量资金	产品质量上升，成本随之下降
应当把数据度量限制在最低限度	一个组织手中不会有太多的相关数据
人无完人	应当尽力追求完全的顾客满意
那些重要缺陷可以指明，而大多数不重要的缺陷可以忽略	只要有缺陷，不论重要的还是次要的，都是不能容忍的
质量改进是循序渐进的	质量改进中，小改进和大改进都很必要
质量改进要花费时间	质量改进不但不花费时间，还节约了时间
仓促行动会造成浪费	深思熟虑能加速质量改进
质量计划最好定位于产品或制造等领域	质量意识在所有的管理和服务领域都至关重要
产品经过大量改进后，消费者不会再注意进一步的改进	消费者能察觉包括价格、送货、性能在内所有方面的改进
好主意能够在组织内部发现	随处可以发现好主意，从竞争对手或提供类似服务的组织运作中也可以发现
选择价格具有竞争力的供应商	选择质量具有竞争力的供应商

资料来源：Reported in Richard M. Hodgetts, *Measures of Quality and High Performance* (New York: American Management Association, 1998), p. 14.

福特汽车公司能在全球经济衰退的环境中蓬勃发展，部分原因就是实施了持续改善的方法。艾伦·穆拉利（Alan Mulally）是波音公司（Boeing）的前副总裁，福特公司现任 CEO。2006 年，他来到了福特公司，也带来了持续改善的方法。因为专注于执行更有效的流程，福特公司 2014 年为美国创造了 5 000 个新岗位。

与全面质量管理间接联系的是 ISO 9000，即国际标准化组织（ISO）认证体系，这是一种确认产品和服务质量的评价体系。ISO 认证小组考察的领域包括设计（产品或服务详述）、过程控制（制造或服务职责的指导）、采购、服务（例如引导售后服务的训练）、检验和测试，还有培训等。ISO 9000 认证成为在欧盟达成交易的必要先决条件，且日益成为美国及其他国家和地区用于竞标或获取业务的筛选标准。

11.1.4　应对竞争的决策

另外一些关键的决策关系到应对竞争并赢得市场地位的行动。例如，福特汽车公司决定挑战其他汽车生产商，比如在亚洲、非洲等新兴市场已成为主要生产商的塔塔集团。这个决策的结果就是，福特公司一直在将生产重心从停滞不前的美国本土市场转移到更接近消费者的地方。2015 年，福特公司宣布计划在尼日利亚的拉各斯为其皮卡车 The Ranger 开设一个制造厂。这是福特公司在南非以外的第一个非洲工厂，新的拉各斯工厂的目标是给福特公司未来的增长提供必要的基础设施和生产能力。福特公司在中国和泰国也开设了工厂，有能力每年为当地市场生产超过 100 000 辆车。

又一个应对竞争的决策的例子是全球豪车行业。德国汽车制造商奥迪、梅赛德斯－奔驰和宝马都有着共同的目标，即引领国际豪车市场，但各公司采用不同的方法来应对挑战。奥迪已经决定在既定市场中瞄准更年轻的专业人士。这一战略体现在该公司时尚的车身设计。尽管豪车市场的人口统计显示年长的消费者占多数，但奥迪的方法已经相当成功。在美国，奥迪每年的销量超过了 90 000 辆，在当地市场排名第四。相反，宝马试图通过专注于为消费者提供更多的选择和个性化来应对竞争。凭借多种发动机和车身选项，宝马为其在美国的豪车提供了上百种不同的组合。梅赛德斯占有豪车市场最大的份额，采取了低成本战略。其 CLA 250 起步价低于30 000 美元，这一款豪华轿车价值高，价格却低于在美国豪车的平均售价。

11.2 决策与控制的联系

决策与**控制**（controlling）是两个重要且常常相互关联的国际企业管理职能。例如，加拿大黑莓有限公司（Blackberry Limited）出现了控制问题，由于对市场反应迟缓，最终在智能手机市场败北。在短短的 6 年时间里，黑莓从最有前途的手机制造商变成一个垫底的公司。2009 年，黑莓是世界上增长速度最快的公司之一，收入增长了 84%。到 2010 年，黑莓手机估计占有美国智能手机市场 41% 的份额，比苹果公司的 iPhone 更受欢迎。然而，随着苹果和三星相继推出触摸屏，并且不断创新以满足客户的需求，黑莓却在继续生产全键盘手机。在高科技领域，技术更新的速度快得令人难以置信，黑莓未能充分考虑客户的期望，致使其市场份额快速下降。当黑莓适应了不断发展的移动手机市场时，已无力回天。2015 年，黑莓的市场份额跌至仅 1%。

控制职能发挥作用的另一个例子是日本环球影城（Universal Studios Japan）。为了吸引观光者到其大阪外景拍摄场地，日本环球影城在基于日本游客对奥兰多和洛杉矶的环球影城反馈的基础上，专门新建了一个主题公园。公司想要知道这些观光者喜欢什么或不喜欢什么，然后把这些信息运用到大阪公园的设计建造中。一个主题清晰地浮出：它想要为游客提供真实的美国式公园的感觉，同时又期望这个公园能迎合日本自己的文化偏好。在此过程中，公司做出了成千上万个关于应该包括什么和应该删除什么的决策。例如在食物方面，海鲜比萨和秋葵汤列入了菜单，而煎虾拌米饼则被拒之门外。在电影《阴间大法师》的背景音乐中，决定主角应当讲日语，而其伙伴应当用英语说或唱。在一家名叫 Shakins 的旅馆里播放《1906 年旧金山大地震》的背景音乐则不是一个好主意，因为大阪曾经发生过导致成千上万人丧生的可怕地震。

其他决策也致力于使这个“美国”公园具有独特的日本特色。日本人爱买可食用的纪念品，于是一家占地6 000 英尺^2 的糖果店应运而生，店里摆满了恐龙形状的豆饼等日本糖果。房间里设有日本风格的蹲式盥洗室。甚至公园的布局都迎合日本人有序的顺时针流动，与美国人的自由流动相反。在侏罗纪公园（Jurassic Park）的水滑道上，公司投资上百万美元拓宽着陆池，重新设计船体，安装水下波浪控制器以减少飞沫。为什么？因为许多挑剔的日本人不喜欢被弄湿，即使面对的是世界上投资最多的水上滑道。

设计一个具有美国感觉的日本主题公园的努力似乎是值得的。在开放的 15 年后，日本环球影城已成为全球第五大游客最多的游乐场，在 2015 年吸引了超过 1 300 万游客。日本环球影城是唯一在消费榜单排名前十的非迪士尼公司。该公司发现，应当在消费者和公园之间建立情感联系，而不是关注鼓励人们频繁光顾公园的好莱坞的吸引力。日本环球影城在整合日本和美国文化方面取得的成功，鼓励了公司进一步拓展亚洲市场。实际上，该公司已经计划于 2020～2022 年在俄罗斯莫斯科、中国北京和韩国某城市开设环球影城（见第二部分结尾深度综合案例 P2-1b 的相关讨论）。

11.3 控制过程

正如本章之前所说的，控制包括根据计划和目标评估结果，并决定采取哪种行动。康菲石油公司（Conoco Phillips）在俄罗斯投资战略的变化是对这一过程的一个很好的解释。苏联解体后不久，美方公司与俄罗斯石油公司（Rosneft）联合组建了极光灯公司（Polar Lights Company）。投资最初看起来是个明智的决定：与俄罗斯石油公司合作将允许康菲石油公司进入俄罗斯庞大的油气田，从而使后者成为俄罗斯境内最大的外国竞争者之一。然而，到了 21 世纪初，高税收和未实现的回报让高管与股东们忧心忡忡。经过多年的亏损，康菲石油公司于 2015 年 12 月出售合资公司 50% 的股份，将资本用于更有利可图的市场和项目。

在快速发展的个人计算机（PC）业务中，控制的过程对跨国公司来说也是至关重要的。直到 20 世纪 90 年代中期，PC 业务才使用图 11-2 中展示的传统模式构建起来。如今，直销模式和混合模式是最常见的。PC 公司发现，由于技术变革的无情步伐，它们必须比其他任何产业保持更大的优势，这就是为何控制职能对成功变得那么重要。例如，严格的控制使系统中的库存尽可能达到最少。个人计算机的生产采用的是准时制生产方式（客户订购该单位，并说明规格）或用几乎是准时制的生产方式（零售商订购 30 个单位，并在几周内全部售出）。由于 PC 行业的技术变化如此之快，任何 60 天内不在零售网点售出的产品都有可能过时，必须大打折扣，并以市场能承受的价格卖掉。反过来，这些成本通常由制造商承担。PC 制造商非常倾向于按订单销售或按数量快速售出。以这种方式，企业的控制体系有助于确保货物在体系内顺畅流动而盈利能力不会下降。

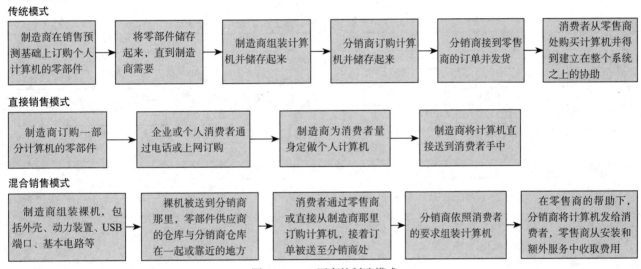

图 11-2　PC 厂商的制造模式

特别令人感兴趣的是企业如何控制其海外业务，从而使它们成为一个统一协调的整体。这可能会出现许多控制问题：①海外运营的目标与公司相冲突；②合资公司合作伙伴的目标与公司的管理相冲突；③海外子公司的管理者在计划方面的经验和能力参差不齐；④本国与东道国的管理者在文化上的差异造成公司目标和国外子公司的基本价值观冲突。下面的讨论阐述了各种应用于国际经营的控制类型以及经常被用来处理各种问题的方法。

11.3.1　控制的各种类型

跨国公司有两种常见的控制经营方式：第一种方式是通过判断该企业在制定总体战略时是否选用了内部或外部控制的方式进行研究；第二种方式是通过观察该组织是否使用直接或间接控制的方式进行研究。

1. 内部控制与外部控制

从内部控制的观点来看，一家公司应该集中精力从事最精通的业务；同时，管理层要确信公司提供的产品和服务是有市场的。这样公司首先要发现消费者需求，并准备做出适当的响应，这就要求有一个外部控制中心。当然，每个跨国公司都会考虑同时采用内部控制和外部控制，而往往会偏重其中一个方面。在解释这一点时，汤皮诺和汉普登 – 特纳总结了管理者关于控制战略的制定和执行的四种观点。

（1）没有一家企业会在没有战略规划的情况下面对消费者。我们的任务是分清这些战略中哪些有效以及哪些无效，并找出原因。抽象地设计战略并强制实施只会使人们迷惑不解。

（2）没有一家企业会在没有战略规划的情况下面对消费者。我们的任务是找出这些战略中有效的部分，通过对其进行改进并结合最好的战略，从那些成功的战略中形成公司总的战略。

（3）领导是战略的主要制定者。尽可能运用我们所有的经验、信息资源和才智，制定一个革新的战略，并沿着管理层级传达下去。

（4）领导是战略的主要制定者。尽可能运用我们所有的经验、信息资源和才智，制定一个总体框架，让子公司据此改进成适合消费者需要的战略。

汤皮诺和汉普登－特纳让管理者给这四种观点排序，把"1"标在他们认为自己所在公司最为适用的观点之后，"2"标在第二种最适用的观点之后，依此类推，直到"4"标在最后一种观点之后。这种方法有助于管理者进一步了解其使用的究竟是外部控制还是内部控制的方法。上面的观点 1 代表主张集中于外部监督而反对内部控制的观点，观点 3 则代表与此相反的观点；观点 2 认为外部监督和内部监督有一种联系，而观点 4 与 2 相反。

文化上的差异存在于管理者使用的控制方法中。例如，美国跨国公司的管理者普遍采用内部控制的方法。而在亚洲公司，外部控制更为典型。表 11-3 给出了两者的比较。

表 11-3 控制过程中着眼于内部或着眼于外部所产生的影响

主要差别	
内部控制	**外部控制**
常常对环境采取雄心勃勃的支配态度	常常采取折中或保持平和的灵活态度
某人冲突和反抗意味着他犯了错误	和谐、有所响应和具有敏感性是受到鼓励的
关注自己、自己的职责、自己所在团队或组织等方面	关注顾客、合作者和同事等方面
当环境看起来"失控"或要发生改变时，会带来不安	波动、转变、周期性变动被当作"自然而然"的事情，不会带来不安
处理业务时的建议	
内部受控（对外部而言）	**外部受控（对内部而言）**
最重要的是"达到目的"	最重要的是保持同他人的联系
有所得，也有所失	合作会带来成功，分离会导致失败

资料来源：Adapted from Fons Trompenaars and Charles Hampden-Turner, *Riding the Waves of Culture: Understanding Diversity in Global Business*, 2nd ed. (New York: McGraw-Hill, 1998), pp. 160-161.

2. 直接控制

直接控制（direct control）包括面谈或私下会谈以监督业务经营状况。举例来说，国际电话电报公司每月都要在其纽约的总部举行管理层会议，这些会议由公司首席执行官主持。报告由世界各地子公司的管理者递交上来。会议中，问题得到探讨，目标得以确定，评估得以进行，并会拟定使各部门效率得到改进的措施。

直接控制的另一种形式是高管视察国外分公司或子公司。在视察中，对于各下属公司面临的问题和挑战，高管能够及时获取第一手资料，从而提供适宜的协助。

第三种形式是跨国公司配备人员的习惯做法。公司通过决定派往国外公司担任管理者的人选来直接控制其经营。公司希望这位管理人员进行经营决策和处理日常事务，但是他也应知晓哪些决策应当与母公司商议。实际上，这种直接控制的方法有时会造成管理人员只对公司总部的要求及时响应，而忽略当地下属公司的需要。

第四种形式是组织结构本身。设计一个使下属公司对母公司的要求和传达的信息反应高度灵敏的组织结构。这样，跨国企业就能确保所有的海外子公司根据公司总部的意愿来进行管理。这种结构通过正式的报告体系和指挥链（由谁向谁报告）建立起来。

3. 间接控制

间接控制（indirect control）是指采用报告或其他书面联系方式来控制业务经营，最普遍的一种是采用向母公司递交月度经营报告的方式。其他方式通常用来补充月度经营报告，包括财务报告。通过资产负债表、利润表、现金预算表以及财务比率等财务报表，可以深入了解国外子公司的财务状况。母公司运用这些经营和财务数据评估经营状况，并决定是否有必要进行变革。通常子公司要提供三套财务报表：一套是为了符合东道国会计标准和法律或其他专业机构所规定的程序的要求；一套是为了符合本国的会计准则和会计标准的要求；还有一套是为了符合本国合并报表的要求。

由于直接控制花费巨大，间接控制在国际企业管理中显得尤为重要。通常，跨国企业对经营业绩实行按月管理的间接控制，每年一次或每半年一次的直接控制来进行监督。这种二合一的办法使跨国公司能以较低的成本对其海外业务经营进行有效的控制。

11.3.2　控制方法

国际企业的管理者可以采用不同的方法进行控制。这些方法通常依据跨国公司的控制理念、海外公司所处经济环境以及为公司配备人员的管理者的需要和愿望而定。跨国公司规范其子公司的经营过程，使其在控制范围内运作，从而使这些过程尽量高效。通常，这些工具赋予子公司管理人员以适应市场变化和吸引人才的自主权。同样，这些工具也使跨国公司的海外公司的经营与母公司的经营相协调，从而保证各子公司的运作与跨国公司的整体战略规划一致。

一些控制工具的使用范围很广，比如，早在 40 年前，所有的跨国公司都采用财务工具来监督海外子公司的经营。正如下面所报告的：

在国际企业管理中，财务控制领域跨越文化的相似性与其他领域控制方法的多样性形成鲜明的对照。在美国、意大利或斯堪的纳维亚的子公司独立地行使市场营销、生产、研发等管理职能，受母公司干涉较少，而德国或英国公司的子公司在这些领域只有有限的自由。但是，所有国家的子公司在财务问题上几乎没有任何自主权。

1. 一些主要区别

跨国公司用许多不同的方式控制经营，这些方式通常因国家不同而有所差别。像英国公司控制海外经营单位的方法就与德国或法国公司不同。同样，美国跨国企业大都采用与欧洲企业和日本企业不同的方法进行控制。霍洛维茨（Horovitz）在考察英国、德国、法国公司高层的管理控制时，发现英国式控制有四个共同特征：①财务记录是精密详尽的，并且受到高度重视；②高层管理者倾向于关注主要问题，而不牵涉具体细节问题的控制；③控制是通过总的指导而不是监督来进行的；④各经营单位有很大程度的营销自主权。

这种模式与德国管理者所用的控制方式形成鲜明对照。德国管理者使用细节控制，事无巨细都纳入管理，同时也强调生产的严格控制和经营效率。为达到这种集中控制，管理者要用大批总部员工来衡量绩效、分析差异、为首席执行官编写定量分析报告。从总体上来讲，德国公司的控制过程被用作一种管理和监督手段。法国管理者使用的控制体系更接近于德国而非英国。控制主要是用来监督而不是指导经营，控制过程被集中管理。即便如此，法国控制体系还是不太系统化和复杂化。

美国跨国公司与欧洲跨国公司的区别何在？一项比较研究发现，两者的区别主要在于美国公司倾向于高度依赖报告和其他与业绩相关的数据。美国人更多使用产出控制，欧洲人则在很大程度上依赖行为控制。在评论这两者的差异时，研究者指出："即使考虑到许多可能会影响控制的普遍因素，这种模式也表现出很强的生命力并会继续存在下去。"从这项研究中得出的结论是：

（1）美国跨国公司的控制偏重于考察国外子公司的一些可量化的、客观的方面，而欧洲跨国公司的控制偏重于考察一些定性的方面。美式控制能够对国外子公司和国内经营单位进行比较分析，欧式控制则要灵活得多，可以对不同经营单位分别施以控制。

（2）美国跨国公司的控制要求更为精确的计划和预算，以便制定合适的比较标准。欧洲跨国公司的控制要求在关于什么构成合适的行为以及这些行为如何支持子公司和母公司的目标这类问题上，达成全公司高度的理解和共识。

（3）美国跨国公司的控制要求具备大量的中心工作人员和集中信息处理能力。欧洲跨国公司的控制要求一大批能够长驻国外的能干的管理人员，这一控制特征反映在各跨国公司不同的事业发展途径上。美国跨国公司并不鼓励管理者在海外管理职位上长久滞留，欧洲跨国公司却常常将这些职位作为员工晋升的必由之路。

（4）与美国跨国公司相比，欧洲跨国公司的控制要求在经营决策方面更多地放权。

（5）欧洲跨国公司的控制方式偏爱扁平式的结构，也推崇在国外子公司向母公司报告时有着更为直接快速的报告渠道。

正如前面谈论决策时所指出的那样，这些差异有助于解释为何许多研究者发现欧洲跨国公司的子公司比美国跨国公司的子公司拥有更大的自主权。首先，欧洲人相信从总部派出的管理队伍能够正确地管理国外经营单位。美国则更多地倾向于雇用当地管理队伍，并通过报告或其他客观的、与业绩有关的数据来控制经营。这种差异导致欧洲人更依赖于社会控制体系，而美国人则选择任务导向目标控制体系。

2. 控制方法的评价

是不是一种控制方法要优于另一种呢？就目前而言，每种方法都很适用于使用它的组织。然而，一些研究预计，随着跨国公司规模的扩大，大部分跨国公司采用的控制方法会向美国跨国公司的目标导向方法转变。在评论从德国大型跨国公司和美国跨国公司收集的数据时，两位研究者推断：

控制机制不得不与公司结构的主要特征相一致，以便成为全球组织观念的一部分并满足具体情况的需要。为了解释二者控制观念的差异，我们不得不考虑到所观察的美国公司比德国公司规模更大也更多样化。相应地，它们采用不同的公司结构，将众多经营单位组合成一个更大的经营单位，主要是通过集中的、间接的和任务导向控制方法来实现一体化。德国公司还没有达到这种规模和复杂程度，所以采取行为控制模式更为适宜。

所以在决定采用哪种控制方法时，跨国企业必须决定是采用更官僚还是更有文化色彩的控制方式，而且从文化的角度来看，必须牢记控制方法会因子公司的情况而发生改变。

11.4　作为控制手段的绩效评估

有许多业绩度量标准被用来进行控制，最常见的三种是财务业绩、质量业绩和员工业绩。

11.4.1　财务业绩

评估一家国外子公司或分公司的财务业绩通常是基于利润和投资回报这两项因素。**利润**（profit）是总收入减去所有消耗后所剩余的价值总额。**投资回报率**（return on investment，ROI）是通过用利润除以资产来衡量的；一些企业用利润除以**所有者权益**（returns on owners' investment，ROOI）作为投资回报的业绩度量标准。总之，投资回报计算最重要的部分是利润，但它常常被管理层所操纵。因而，直接用利润的数值对经营单位的业绩进行判断是不充分的。假设一家跨国公司在 A 国和 B 国都有经营单位，但 A 国的税收较低，如果这两个经营单位有机会进行业务往来，这家跨国公司就可能从中获利。具体做法是，A 国的经营单位将产品以比通常更高的价格卖给 B 国的经营单位，从而使跨国公司获得更多的净利润。简言之，利用税率的差异能使跨国公司的总体利润最大化。同样的巧妙处理也可用于从一国向另一国转移现金的情况，这可以通过下面来解释。

转移价格是抬高还是降低，取决于母公司是想对一家子公司注入资金还是取走资金。一家子公司从其关联子公司进口产品，进口产品的价格在跨国公司想将资金从买方向卖方转移时会上升，但如果想把资金保留在进口产品的子公司，价格就会降低……众所周知的还有跨国公司利用转移价格将位于低通货价值的国家的子公司的多余现金转移到硬通货国家，以保护其流动资产的价值。

子公司所谓的底线收入（利润）也会受当地货币贬值或升值的影响。例如，如果一国使其货币贬值，那么位于该国的子公司出口量会增加，这是由于出口产品对于外国购买者而言，商品的价格相对变低，他们手中的货币现在有了更强的购买力。假如该国使其货币升值，那么位于该国的子公司出口量会下降，因为对外国购买者而言，商品的价格相对升高，他们手中的货币在出口商品国的购买力下降。同样，货币贬值也提高了子公司进口材料和供给品的价格，而货币升值会降低这类成本。这些变化也源于当地货币购买力的相对改变。因为当地货币的贬值和升值并非跨国公司海外经营单位所能控制的，因此有时其利润是外部条件变化的结果，这时就不能正确反映经营单位的实际运作状况。

当然，并不是所有利润都是管理层操纵或外部环境作用的结果，有时还有其他的原因。例如，大众汽车公司近年来一直难以实现利润率目标。有如此糟糕表现的一个原因是下萨克森州的劳动力成本高昂，而大众大约一半的工人来自该地区，并且他们都是工会成员。这里工人的效率仅仅是人均年产 40 辆汽车，而与此相比，大众公司在西班牙纳瓦拉的工厂人均年产 79 辆汽车。为什么大众公司不把工厂迁往制造成本低的地区呢？最主要的原因是下萨克森州当地政府拥有大众公司 19% 的股权，因此工人的职位得以保留。就在 2014 年，大众管理层还提出要大幅削减成本以提高盈利能力。但由于担心当地的失业，下萨克森州的工会代表反对这个提议。简而言之，仅仅使用财务业绩去评价经营表现有时会产生误导。

11.4.2　质量业绩

正如在前面全面质量管理中所提到的，质量已成为决策的主要关注焦点，它同样也是跨国公司现代控制过程的重要范畴之一。"质量管理"（quality control，QC）流传已久，它是生产与运作管理的主要职能之一。除了在决策中谈到的那些全面质量管理技巧（并行工程 / 跨部门团队、员工授权、奖赏 / 认可系统、培训等）之外，另外一种直接与控制职能有关的技巧是质量圈的使用，这种技巧目前已被日本人普遍采用。**质量圈**（quality control circle，QCC）是指定期集中开会，讨论改进工作质量方法的一组工人。这种技巧已帮助很多跨国公司显著地改进了其产品和服务。

为何日本制造的产品质量要优于其他国家制造的呢？答案不能仅限于技术，许多跨国公司有着同样的甚至更优良的技术，或有经济实力购买这些技术。一定还有别的原因。国际管理实践 11-1 在解释这些原因时给出了一些细节。一项研究试图通过考察日本和美国空调制造商来回答这一问题。在这项研究中，人们发现那些通常被用来解释日本产品为何质量优良的理由竟然是不正确的。那么，产生质量差异的根本原因是什么呢？

原因之一是日本人着重保持车间清洁并确保所有的机器与设备得到彻底维护。相较美国企业而言，日本企业在对待零部件和原材料、在制品以及制成品上更为认真仔细。为了保证零部件在最后装配时能正确定位，日本制造企业比美国制造企业更多地使用了设备固定装置。

为使工人失误减少至最低，日本人安排新员工到现有的工作小组或为每人配一名督导。这样，在一名随时能够纠正其错误的人员的监督下，新员工获得了重要经验。

另一个有意义的发现是，日本人充分有效地利用质量圈。一旦质量目标确定下来，实现目标的责任就由质量圈来承担，这时管理层仅给予扶持协助。研究者的叙述如下：

为了支持质量圈的工作，日本企业定期收集所在行业的广泛的质量数据，还要每天编写缺陷资料，并对缺陷趋势进行分析。也许最为重要的是，这些资料通常被制作成公开张贴的图表——一种一线工人易于见到的形式。更多的详细资料则应质量圈的要求为他们所用。

国际管理实践 11-1

日本人做事如何不同

日本公司很多事都做得非常好。其中一项就是仔细地训练它们的员工，这是许多成功的美国公司也采取的策略。另一项是努力保持技术上的领先优势。第三，由于日本的独特性，对开发保持高度重视并且带来具有市场竞争力的商品变得越来越重要。

与其他西方公司不同，许多日本公司采用"目标成本法"。与其他跨国公司一样，日本公司通过进行市场调研和检验所要生产的产品的特性，来开始新产品的开发过程。然而，在这一点上，日本人采取了不同的方法。世界范围内的跨国公司使用的传统方法是先开始工程设计和供应商定价，然后确定成本是否有足够的竞争力以推进制造。相比之下，日本制造商首先确定消费者最有可能接受的价格，然后与设计、工程和供应人员合作，以确保产品能以这种价格生产。另一个主要区别是，在大多数公司生产产品后，它们会定期降低成本。然而，日本使用的是一种努力持续降低成本的方法，名为持续改善。

这两个系统的关键区别在于日本人在规划和设计阶段不是从产品角度计算成本。具体来说，日本公司从整个产品线而不是单个产品的角度来看待利润。某个消费产品可能会因其盈利能力太弱而被美国或欧洲公司拒绝生产，日本公司却有可能接受它，因为该产品将吸引额外的顾客购买同一个产品线的其他产品。索尼就是一个很好的例子，它决定制造一款紧凑型个人立体声系统，并把它销售给老年消费者。索尼知道，该单位的盈利能力不会像往常一样高，但它仍然会给公司带来发展，因为该产品将为该公司提供另一个市场利基，并打造更好的公司口碑。另一个带来的好处是，一旦产品推出，它可能会吸引一个意想不到的市场。这就是索尼的紧凑型个人立体声系统的案例。这家公司吸引了年轻人，并且索尼的销售额比预期的要

高出 50%。如果索尼将其制造业决策完全建立在"独立的盈利能力"之上，那么该公司就永远不会生产这些产品。

这些方法并不是日本公司独有的。在日本经营的外国公司也在使用。可口可乐日本公司是日本软饮料市场的龙头企业，每年都会推出 1 000 多种新产品。大多数产品不会持续很长时间，并且成本会计很可能会认为生产这些产品是不值得的。然而，可口可乐每月推出一种新产品。大多数苏打水、软饮料和冷咖啡的存活时间不会超过 90 天，但可口可乐并没有让短期表现决定公司的方向。该公司不仅仅关注快速盈利能力，还着眼于整体形势。结果可口可乐继续成为日本领先的软饮料公司，虽然竞争比在美国更为激烈。

资料来源：Ford S. Worthy, "Japan's Smart Secret Weapon," *Fortune*, August 12, 1991, pp. 72-75; Brenton R. Schlender, "Hard Times for High Tech," *Fortune*, March 22, 1993, p. 98; Ronald Henkoff, "Companies That Train Best," *Fortune*, March 22, 1993; Jim Carlton, "Sega Leaps Ahead by Shipping New Player Early," *The Wall Street Journal*, May 11, 1995, pp. B1, B3; Jeffrey K. Liker and Yen-Chun Wu, "Japanese Automakers, U.S. Suppliers and Supply-Chain Superiority," *Sloan Management Review*, Fall 2000, pp. 81-93.

这一发现指出了美国人和日本人的重要差别。日本人把质量方面的资料提供给质量圈中的工作人员，而美国人则大多将质量方面的资料整理成总结报告，将其上交给中层或高层管理部门。

另一个重要的区别是，日本人大多有早期预警系统，这就便于他们在问题出现时能够及时侦知。例如，采购件的资料会立刻被质量部门查验，其中的问题则被记录在日常和紧急这两个类目中的相应位置。紧急问题由员工尽全力以最快的速度解决。某个常见的问题会因其较高的失败率而被辨认出，并以远快于美国企业的速度得到解决。还有一个原因是，日本人与供应商紧密配合使得后期生产的质量提高。实际上有研究表明，在同时与美国和日本企业有业务关系的供应商中，日本供应商获得了更好的绩效。这是因为日本人与供应商紧密合作并帮助其建立精干的生产能力。以下是日本制造商为此所采取措施的一部分：①协调自己的生产计划以避免需求的巨大波动，从而使供应商保持较少的存货；②鼓励供应商在特定时期只根据装配厂的需要来配送，尽管这意味着将花费更多的运输能力；③制定一个关于运送时间窗口的严格系统，所有的运输工作都必须遵照执行。表 11-4 显示了同时为日本和美国的汽车公司提供服务的 91 家供应商为其日本客户提供了更高效的服务。

表 11-4　为美国和日本汽车公司服务的供应商的表现

表现指数	克莱斯勒的供应商（26 家）	福特的供应商（42 家）	通用的供应商（23 家）	本田的供应商（22 家）	尼桑的供应商（16 家）	丰田的供应商（37 家）
存货周转	28.3	24.4	25.5	38.4	49.2	52.4
生产耗时	3.0	3.9	7.2	4.0	3.8	3.0
产成品储存时间	4.8	5.4	6.6	5.3	4.9	3.2
存货运输时间	2.1	4.5	2.6	2.8	2.08	1.61
存货在顾客端停留的时间	3.5	4.8	3.1	4.0	2.8	2.3
制造成本相对于上一年的变化率（%）	0.69	0.58	0.74	-0.9	-0.7	-1.3

（续）

表现指数	克莱斯勒的供应商（26 家）	福特的供应商（42 家）	通用的供应商（23 家）	本田的供应商（22 家）	尼桑的供应商（16 家）	丰田的供应商（37 家）
交货晚点百分率（%）	4.4	7.70	3.04	2.11	1.08	0.44
上一年突发运输成本（每百万美元销售额，美元）	1 235	446	616	423	379	204

资料来源：Adapted from Jeffrey K. Liker and Yen-Chun Wu, "Japanese Automakers, U.S. Suppliers and Supply-Chain Superiority," *Sloan Management Review*, Fall 2000, p. 84.

两国管理层在对待质量的态度上也截然不同。日本人遵循"任何在质量领域值得做的事情都值得做过头"的观念。他们培训工人使其能够适应生产线上所有的工作岗位，尽管工人最终只是被安排到某一个岗位上。这种"过度培训"的方法确保每位员工能够完整地完成每项工作并带来两个重要结果：①如果某人被调换到另一个岗位，他无须额外帮助就可马上处理工作；②能够使工人认识到管理层对质量的高度重视。当被问及他们对待质量的方法是否要花费更多的资金时，日本管理者否认了这一点，他们认为质量改进在技术上是可能的而在经济上也是可行的。他们不能接受美国人生产质量"不错"的产品的战略。

不过，这些管理者谈及的只是对他们所在的企业而言较为合适的情况。有证据表明，至少在短期内过分注重质量是不经济的。即使如此，企业也必须考虑到，就长远来看，高品质的产品和服务会带来源源不断的业务，从而使公司获得利润和增长。但是，从控制的观点来讲，主要问题是尽可能有效率地找出质量问题并加以解决。一种由品质管理方面的世界权威专家之一——田口玄一（Genichi Taguchi）所设计的控制方法已被美国人所接受。田口玄一的方法不需要过于复杂的统计手段。图 11-3 比较了在判断给微型厢式货车喷漆时出现失误的原因这一应用场景下，使用田口玄一的方法和传统方法这两种不同思路的差异。这种解决质量控制问题的方法经证明是十分有效的，因此大量跨国公司在使用这种方法，它们认识到日本人并不是不顾成本地纠正质量问题。正如田口玄一所言："更为有效的方式是识别出那些可以用合理的成本有组织地加以控制的问题，而忽略那些过于昂贵而难以控制的问题。"美国跨国公司如果能做到这一点，那么就能在质量的基础上进行竞争了。

传统方法：保持其他要素不变，只改变某一要素，对所有可能的原因逐一进行研究

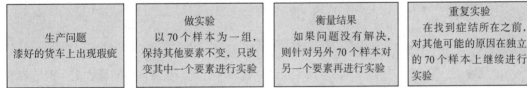

田口玄一方法：集体研讨和大胆实验以尽快找到问题所在

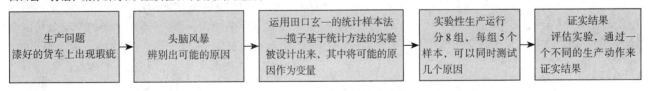

图 11-3　解决一个质量问题：应用传统方法与田口玄一方法

资料来源：From information reported in John Holusha, "Improving Quality, the Japanese Way," *New York Times*, July 20, 1988, p. 35.

11.4.3　员工业绩

除了财务手段和强调质量，另一个关键的控制领域是员工绩效评估。虽然企业对衡量标准的看法大体一致，但员工绩效评估却可以采用多种不同形式。表 11-5 列出了声誉研究所（Reputation Institute）与《福布斯》（*Forbes*）杂志联合计算出的最有声誉的公司名单。"声誉脉冲"（reputation pulse）评估方式包括一系列标准，如信任、崇拜和股东对公司的尊重。

表 11-5 2016 年全球最受尊敬的公司

公司名称	母国	排名	声誉脉冲得分	公司名称	母国	排名	声誉脉冲得分
RepTrak™100：世界上最受尊敬的公司，排名与脉冲得分				RepTrak™100：世界上最受尊敬的公司，排名与脉冲得分			
劳力士	瑞士	1	78.4	米其林	法国	15	75.7
沃尔特迪士尼公司	美国	2	78.2	强生	美国	16	75.2
谷歌	美国	3	78.1	三星电子	韩国	17	75.0
宝马集团	德国	4	77.9	费列罗	意大利	18	74.8
戴姆勒（梅赛德斯－奔驰）	德国	5	77.7	任天堂	日本	19	74.7
乐高集团	丹麦	6	77.4	李维斯	美国	20	74.3
微软	美国	7	77.0	亚马逊	美国	21	74.3
佳能	日本	8	76.9	雀巢	瑞士	22	74.0
索尼	日本	9	76.7	飞利浦电子	荷兰	23	73.8
苹果	美国	10	76.6	欧莱雅	法国	24	73.7
英特尔	美国	11	76.4	罗伯特博世	德国	25	73.7
阿迪达斯集团	德国	12	76.1	松下	日本	26	73.6
耐克	美国	13	75.9	宜家	瑞典	27	73.6
罗尔斯罗伊斯航天	英国	14	75.8	高露洁	美国	28	73.6

资料来源："Global RepTrak™100," *Reputation Institute* (2016), https://www.reputationinstitute.com/global-reptrak-summary-2016.

是什么促成了这些企业的成功？"全球最受尊敬的公司"——合益咨询公司（Hay Group）的咨询顾问对全球最优秀的企业进行分析，重点放在了这些企业的人事和人才管理系统上，并推断出七个共同的主题，如下所示。

（1）这些最受尊敬的公司的高层管理者都非常认真地对待公司使命，并且要求每位员工也这么做。

（2）成功的公司会吸引最优秀的人才，而最优秀的人才也为公司带来成功。

（3）顶尖公司明确知道自己的追求。

（4）这些企业视职业发展为一种投资，而不是琐碎小事。

（5）这些企业尽量从内部提拔人员。

（6）有业绩就有奖励。

（7）这些企业关心其员工的想法并经常全面细致地衡量工作满意度。

员工绩效评价最常用的方法之一就是对工作绩效进行周期性的评价。尽管国与国之间的目标类似，但绩效考核的方式却不尽相同。例如，在一个国家有效的员工绩效在另一个国家并不总是判定为有效。当外派管理者以母公司的标准为基础对当地的管理者进行评价时，国际差异意识就尤其重要。一项调查显示，在美国的日本制造公司的日本管理者会给日本员工更高的评价。研究结果让研究者得出这样的结论："似乎不同国籍的跨国公司的文化差异和管理方法的多样性总会在绩效考核中产生一定的偏差。"应对这些偏差是跨国公司面临的一大挑战。

另一个重要差别是员工绩效控制实际进行的方式。一项关于在日本的日本管理者和在美国的美国管理者对员工控制方法的比较研究发现了二者的显著差别。比如，在日本，当某位员工的行为使其所在的工作团队获得成功时，日本管理者一般会把荣誉赋予整个团队。但是，当团队由于某位员工的行为而失败时，日本管理者会让这位员工独自承担责任。而且，越是意想不到的失败，这位员工越有可能承担责任。相比而言，在美国，员工通常会在成功时获得荣誉，而在失败时承担责任。

另一个差别与员工绩效的奖励和监督的执行有关。对于有成功业绩的员工，不管工作团队对该员工业绩是否产生过影响，美国和日本的管理者都会对其给予较高的奖赏和更少的监督。然而，在奖赏方面，美国人比日本人更倾向于这么做，包括给"特立独行的人"（lone wolf）很高的奖赏。

对这两种绩效评估方法的比较表明，日本人讲求社会化或团队化，美国人则更讲求个性化（更多的内容请见第 4 章）。不过，研究者发现，总体上这些方法还是颇为相似的，也就是说日本人和美国人对员工绩效的控制方法同大于异。

在评估员工的评估中心同样能发现这种相似性。**评估中心**（assessment center）是一种评价工具，用以确认可以选用或晋升到更高职位的有潜力的员工。评估中心多年来为美国大型跨国公司所采用，在全球也广为使用。一个典型的评估中心应有以下模拟练习：①需要管理加以注意的篮内（in-basket）练习；②候选人以决策小组的形式工作的委员会练习；③与其他参与者在同一个市场上相互竞争的商业决策练习；④商业计划的准备练习；⑤函件写作练习。这些评估形式开始获得支持，因为比起面试中那些简单的列清单或测试，它们更具有综合性，从而更有利于识别出那些在被雇用或晋升后最有可能成功的管理者。

‖国际管理世界‖ 回顾 ‖

本章主要集中讨论两个领域：管理决策和控制系统。这两个领域对任何想参与在线零售竞争或发展生产合作关系的公司来说都是必不可少的。在线零售的快速增长对管理决策和控制领域造成了巨大的挑战。例如，许多公司会依赖广泛而复杂的互联网基础设施来进行市场营销和完成订单。这些系统的任何故障都可能对业务的顺利进行和公司的整体声誉产生重大影响。它们这些公司控制过程的影响是显而易见的。此外，许多公司，甚至是大公司，都将这些功能外包给亚马逊等大型在线零售商，这进一步加剧了管理层与顾客之间可能存在的沟通不畅。

在回顾了开篇案例的内容和跨国管理中决策与控制的相关知识后，请回答下列问题：①在线上零售现有的和潜在的竞争者中，当地的文化和企业的文化在阻碍决策与控制过程的及时性上有什么不同？②在建立网上零售业务或与另一家公司签订合同时，应在多大程度上运用全面质量管理和品质管理？③有哪些具体的决策和控制系统或工具将有助于监督在线表现（内部自主经营还是外包）？

本章小结

1. 决策包括在各种方案中进行选择。一些国家倾向于比其他国家更为集权化，以至于更多的决策是由跨国公司的高层做出，而不是放权到子公司或经营单位管理层。
2. 对决策权集中还是分散的选择产生影响的因素有很多，包括公司规模、资本投资的数量、对跨国企业而言国外经营单位的重要性、产量与产品单位成本的关系、产品多样化水平、母公司距子公司的远近、东道国管理者的能力，等等。
3. 现在，跨国公司面临着许多决策问题，包括全面质量管理、联合其他企业对付竞争的战略和决策等。
4. 控制就是评估计划或目标的结果，然后采取行动纠正偏差。跨国公司应用许多方式来控制其国外企业，其中大多数混合使用直接和间接控制。只不过有的偏重定量的方法，有的偏重定性的方法；一些偏重分权的方法，另一些偏重集权的方法。
5. 控制子公司的三个最常见的业绩衡量措施在财务、质量和员工领域。财务业绩通常用利润和投资回报率来衡量；质量业绩通常用质量圈来控制；员工业绩通常用绩效评估技术来判断。

复习与讨论题

1. 一家英国计算机企业欲收购位于法兰克福的一家较小的竞争企业。这两家企业在决策方式上最有可能的不同是什么？这些不同对收购方会带来什么问题？请举例解释。
2. 什么样的文化更注重外部控制？什么样的文化会认为直接控制比间接控制更加重要？
3. 怎样解释一个公司同时运用集权的决策方式和分权的控制过程？这两者是如何相互联系的？举出一个用此类模式运营的企业的例子。
4. 美国跨国公司是怎样试图在其经营管理中引入全面质量管理的？请举出两个例子。一家在德国开设分支机构的美国跨国公司是更容易将这些理念引入德国子公司，还是在国内更易被接受？为什么？如果这家美国跨国公司将这些理念引入日本的子公司又会如何？
5. 简化决策的过程在什么情况下会对企业造成危害？在图 11-1 中，你认为忽略哪个步骤对企业的危害最大？
6. 一家公司用财务业绩的度量标准，尤其是用投资回报率来评价其人员的业绩，这样做的好处是什么？这样做会忽视哪些方面？什么样的文化适用这种方式？什么样的文化不适用这样的方式？

互联网应用

走近世界顶尖企业

表 11-5 中列出了全球最受尊敬的企业。每家企业都利用决策和控制来确保其在世界市场中的成功。请访问其中两家企业宝洁和松下的网址，认真考察这两家企业在做什么。例如，它们的目标市场是什么？提供哪些产品和服务？现在正进入什么样的新市场？

这样，在你尽可能地熟悉这两家企业的运作后，再回答下面两个问题：①哪些因素会影响这两家企业未来的管理决策？②你认为在评估经营单位和确定经营状况时，它们应采取哪种控制标准？

国际聚焦

日本

日本远离亚洲东部大陆，由 3 000 多个岛屿组成，陆地总面积略小于加利福尼亚州。该国大部分是山地，自然资源极少。实际上，日本是世界上最大的煤炭和液化天然气进口国。

日本是世界上人口密度最大的国家之一。2015年，该国约 1.3 亿人生活在城市，超过了人口总数的90%，仅东京就有大约 3 800 万人；日本人的年龄比其他许多国家都要老得多，25 岁或以上的人口接近80%，平均年龄为 46.5 岁。在可预见的未来，日本人口将持续缓慢下降。

2014 年，日本 GDP 为 4.85 万亿美元，为世界第三大经济体，之前仅次于美国。该国平缓甚至偶尔下滑的经济增长速度，使得快速发展的中国在总体经济规模上超过了日本。自 20 世纪 80 年代以来，日本经济一直难以获得动力，这可能与其公共债务有关。2014 年，日本的公共债务是年度 GDP 的 200%以上。

日本是君主立宪制的政体，其法律制度在很大程度上是建立在西方模式的基础之上的，带有日本传统文化的一些元素。因许多大公司与政府的亲密关系，日本的企业文化经常受到批评，许多外部人士称这种关系为"日本公司"。这种文化也非常抗拒变化，力求稳定，往往导致重大损失。例如，许多专家指出，紧密的政企关系是 2011 年奥林巴斯丑闻的起因。在政府审计人员的帮助下，奥林巴斯在 20 年里隐瞒了 10

多亿美元的损失。日本政府也因封锁经济表现不佳的私人部门的解决方案而备受指责。例如，政府不允许外国投资者收购破产或表现不佳的日本企业，而是寻求以现金或贷款的形式支持这些国内企业。

如果你是国际管理顾问

日本最大的公司之一正在寻找外国买家。夏普股份有限公司（Sharp Incorporated）是一家电子消费产品制造商，但它与东芝（Toshiba）、日立（Hitachi）和索尼（Sony）一样，近年来也经历了重大的困难。实际上，这些日本公司的销售情况非常糟糕，以致日本政府不得不提供财政支持。夏普正承受着来自高昂的制造成本的压力和来自中国低成本产品的竞争压力。由于政府未能成功找到日本买家，目前夏普正在寻求海外帮助。尽管夏普是电子消费品领域的主要参与者，但外国投资者发现很难对日本公司完全收购。挑战包括文化问题，以及更具体的相关管理和保护性管理问题。夏普已经收到了外部投资者的一些报价，也收到了日本政府支持的公司的报价。

问题

1. 如果你是一位外国投资者，你会投资日本的消费电子公司吗？

2. 公司曾出现过需要政府干预的问题这一事实会影响你最初的决定吗？

3. 在投标过程中，与一个有政府支持的公司竞争，这将如何影响你的决定？

塔塔 "Nano"：人民的汽车

2008 年 1 月在印度新德里的车展上，塔塔汽车发布了自己的廉价微型汽车 Nano，售价仅为 2 500 美元，这大概是雷克萨斯 LX470 运动汽车上的一台 DVD 播放器的价格。这引起了大众前所未有的关注，因为塔塔这款新车型在汽车工业上属于创举。

塔塔汽车闯入全球汽车市场，标志着印度成为全球微型汽车生产中心，并昭示着那些提倡为处在新兴市场"金字塔底端"的潜在客户制造廉价商品的人的成功。最重要的是，这种车可以给数百万没有很多出行选择的人提供了驾驶汽车的机会。2009 年，印度每 1 000 个人中大约有 18 个人有汽车。而那个时候，中国的汽车拥有率已经达到了 4.7%，美国则为 80.2%。更多的印度中产阶级选择了购买摩托车并靠摩托车出行。

根据分析，塔塔公司的主席拉丹·塔塔（Ratan Tata）希望可以利用 Nano 成为印度新兴汽车市场的亨利·福特，毕竟 Nano 的价格仅为竞争对手的几分之一。公司打赌这种廉价微型汽车可以吸引那些以摩托车代步的消费者。

2007 年，印度的人口已经超过了 10 亿，而这一年只卖出去 100 万辆汽车，销售量仅为中国的 1/10。但与此同时，却有超过 700 万辆摩托车售出。塔塔先生说，这种微型汽车的目标直指印度不断发展壮大的中产阶级，把他们从旅行时一辆摩托车最多坐四个人的境况中解放出来。

在新德里第九届汽车展览会上，塔塔先生发言道："我观察到一家人坐在两轮车上——父亲骑摩托车，他的孩子站在前面，太太坐在后面且怀里还抱着一个孩子。这让我想到是否可以为这样一个家庭设计一辆安全、实惠，且所有天气都可以用的交通工具。塔塔汽车公司的工程师和设计师用了大约四年的时间来实现这一目标。今天，我们创造了人民的汽车，一台让人们买得起，也满足安全和排放标准的汽车，既节能又低排放。我们很高兴给印度带来了属于人民的汽车，也希望为很多有出行需求的家庭带来欢乐、荣耀和满足。"

印度中产家庭的收入大约为每年 6 000 美元，所以一辆 3 000 美元的汽车相当于一种创新，因为它可以带来数百万的新司机。孟买的评估机构 Crisil 估计，2015 年大约有 800 万印度人拥有自己的车，而另外 1 800 万人则有意愿购买车辆。然而，Nano 将潜在的消费者增加了 65%，即大约 3 000 万人。塔塔汽车的总裁拉维·坎特（Ravi Kant）说："这已经超越了经济和阶层，也没有了城乡差别。现在拥有一辆车对于很多人来说已经不再是梦想了。这对我们公司来说是创举，对印度来说也是。"

为家庭用心设计

尽管 Nano 的设计引发了大众的争议——有人认为这很酷，也有人称之为蛋壳，但是所有的塔塔人都为其感到骄傲，因为这是为家庭用心设计的。塔塔公司将 Nano 的关键要素设定为低价、舒适、马力足以及安全，这是印度家庭最看重的。

据塔塔所说，Nano 的空间足够多人在其中舒展身体，即使四个人坐也很舒适。四开门的高位设计也很贴心。斜顶的设计让这台世界最便宜的汽车可以坐下五个人——如果他们挤一挤的话。Nano 的尺寸为长 3.1 米，宽 1.5 米，高度则为 1.6 米。塔塔认为这样的尺寸无论是在拥挤的都市还是乡村都很方便。它的发动机后置，使得 Nano 将空间和可操作性完美结合。10 英尺长的 Nano 比迷你宝马还要短 2 英尺。

这款汽车有奢华版和标准版两种可供选择。据公司所说，两种版本的 Nano 都拥有多种色彩和零配件可供选择，因此客户可以根据自己的品位加以挑选。然而，评论者认为这缺少一些标配：没有收音机，没有气囊，没有乘客侧视镜，而且只有一个风挡刮水器。如果在印度的盛夏想使用空调，还需要购买豪华版 Nano。

据公司所言，Nano 依靠精简设计战略将发动机重量最小化，并在尽可能的范围内最大化能效比，从而使其获得更高的能量效率。这款车的最终重量为 1 322 磅，比本田的同款要轻 528 磅。为了给它提供动力，工程师们在后座安装了一个 33

马力、623 厘米 ^{3}、两个气缸的发动机；为了维修它，技工必须在 5.4 英尺 ^{3} 的缸中拆下一组螺栓。最终这款汽车最高时速可达 65 英里，并且有着每加仑 47 英里这样非比寻常的油耗。但这并不意味着 Nano 车主无须经常加油，因为油箱容量仅为 3.9 加仑。

人民之车在安全性能方面也超过了印度要求的标准。全金属车身，乘坐空间大，并有多重安全保护如缓冲区、防火门、安全带，其座椅和刹车都很稳固，并有与车身相连的后挡板玻璃。同时，无内胎也提高了安全性能。塔塔还强调了它的环境友好性。公司测评显示，人民汽车的尾气排放完全符合要求标准。在环境问题日益严重的今天，它的环境污染度甚至低于摩托车。

关于塔塔汽车

塔塔汽车是塔塔集团的一员。塔塔集团被誉为印度的通用电气公司，在媒体、通信、外包、零售和不动产业都有所涉猎，是一个庞大的集团。始建于 1868 年的塔塔集团，最初以纺织品批发起家，之后涉足豪华旅游业。缘由就像传闻中的那样，塔塔集团创始人 Jamsetji Tata 由于他的肤色曾遭到高级饭店的拒绝。1945 年，在英国军队离开印度前，Jamsetji 创建了塔塔摩托并开始生产火车头和汽车。1998 年，塔塔汽车设计出了印度第一辆属于自己的汽车。这台土生土长的汽车 2015 年售价 6 000 美元，主要作为出租车使用。

同时，塔塔集团也开始了全球化。它于 2000 年收购了 Tetley 茶叶公司，并于 2007 年接手了钢铁业巨头康力斯（Corus）公司。它在 54 个国家设立了自己的咨询服务办事处，并在波士顿、纽约和旧金山经营自己的旅馆。2008 年 3 月，塔塔汽车从福特汽车手中收购了捷豹和路虎。

2004 年，塔塔汽车在纽约证券交易所上市。经过不懈的努力，2006 年 12 月，塔塔的净利润为 1.16 亿美元，全年收入为 15.5 亿美元。现在，塔塔汽车已经是印度最大的汽车公司，2015 年其综合收入为 390 亿美元。它在各个细分市场的商用车领域都处于领先地位，跻身紧凑型、中型和多用途汽车领域的三甲。该公司是世界第五大卡车制造商和世界第二大巴士制造商。塔塔汽车公司奉行的"用最好的管理方法，生产最好的产品，保持最好的价值体系和道德观念"，一直激励着该公司的 60 000 名员工。

塔塔汽车建立于 1945 年，其出现后横扫印度。在 1954 年生产出第一辆车之后，现在已经有超过 400 万辆塔塔车奔跑在路上。该公司在印度的制造基地横跨詹谢普尔（Jamshedpur）、浦那（pune）、勒克瑙（Lucknow）、潘特纳加尔（Pantnagar）和达尔瓦德（Dharwad）。2005 年，塔塔汽车与菲亚特结成了战略联盟，在马哈拉施特拉邦建立了一个合资公司来生产菲亚特汽车、塔塔汽车和菲亚特传动系统。公司还在古吉拉特邦的萨纳恩德兴建新的厂房。合资公司的经销、销售、服务和零配件网络拥有超过 3 500 个点，这意味着塔塔汽车也在为菲亚特在印度开拓着市场。

塔塔汽车也通过子公司和合资公司向全球市场迈进。塔塔汽车在英国、韩国、泰国和西班牙都有业务开展。其中一家公司是捷豹路虎（jaguar land rover）——一家由 2008 年收购的两个标志性英国品牌组成的企业。2004 年，韩国第二大卡车制造商就曾被这家英国公司兼并。在韩国，塔塔与这家英国公司合作开拓了新的市场，也将这些产品推向了国际市场。如今，韩国 2/3 的国外品牌车来自塔塔公司。

2005 年，塔塔汽车公司收购了 Hispano Carrocera 21% 的股份，这是一家备受推崇的西班牙公共汽车和客车制造商。随后在 2009 年，塔塔汽车公司收购了其剩余的股份。该制造商在其他市场也得到了扩张。2006 年，塔塔汽车公司与位于巴西的马可波罗公司（Marcopolo）成立了一家合资公司。马可波罗公司在公共汽车和客车的车身制造领域是全球的领先者，为印度生产全套的公共汽车和客车，并有选择地进军国际市场。2006 年，塔塔汽车公司与泰国的吞武里汽车装配厂（Thonburi Automotive Assembly Plant Company）合资，在泰国制造和销售该公司的皮卡车。塔塔汽车（泰国）的新工厂已经开始生产 Xenon 皮卡车，而 Xenon 皮卡车于 2008 年在泰国发布。

自从 1961 年公司开始出口之后，塔塔汽车就走上了国际化之路。公司的客户开始遍布欧洲、非洲和中东、东南亚、南亚和南美等地。在肯尼亚、孟加拉国、乌克兰、俄罗斯、塞内加尔和南非，塔塔也以联营的方式进行营销。通过建立分公司，塔塔在工程和汽车解决方案、制造建设设备、汽车零部件生产和供应链、机器工具和工厂自动化解决方案、汽车和计算机配件的高精度仪器与塑料电子设备等领域都有涉猎。

对于经济刺激和客户需求的深入理解，并且将其通过研发转化为产品，这是塔塔在过去 50 年来发展的基础。塔塔成立于 1966 年的工程研究中心有超过 3 000 名工程师和科学家，掌握着最先进的技术和产品。如今公司在印度的浦那、詹谢普尔、勒克瑙、达尔瓦德,以及韩国、西班牙和英国都有了自己的研发中心。塔塔汽车公司开发了印度第一辆自主研发的轻型商用车,印度第一辆运动型多用途车(SUV),并且在 1998 年又开发了印度首款完全自主研发的乘用车——塔塔 Indica。塔塔 Indica 在推出的两年内,便成为其细分市场最畅销的印度车。2005 年,塔塔汽车通过发布塔塔 Ace 创造了一个新的细分市场。塔塔 Ace 是印度首辆自主研发的迷你卡车。2008 年 1 月,塔塔汽车展出了人民之车——塔塔 Nano,并于 2009 年 3 月在印度发售。

塔塔汽车专注于环境保护技术,使用清洁型燃油,为个人和公共交通开发了电力汽车和混合驱动汽车。同时,塔塔在制造业等方面也明显节约了能源的使用。

塔塔汽车在延长公司寿命方面做了四个方面的努力:可雇用性、教育、健康和环境。公司的经营关系着超过 100 万市民的生活。公司对于教育和可雇用性的支持重点在于妇女与青少年,范围从学校到技术教育机构,专注于对其收入的实际性增长。在健康方面,塔塔专注于预防和治疗疾病。在环境保护方面,塔塔的目标是通过树木种植、维持水源来创造出新的水源。最后,同样重要的是,不断引进合适的技术从而加强环境保护。

塔塔汽车里程碑

在成为印度汽车制造业领头羊之前,塔塔经历了一段漫长而又迅速增长的时期。这里记录了该公司走向卓越和领先的一些重要的时刻。

1945 年　塔塔工程车辆有限公司成立,致力于生产机车和其他工程产品。

1948 年　与 Marshall Sons(英国公司)合作推出蒸汽压路机。

1954 年　与西德的奔驰公司合作,生产中型商务车。在合同签订后六个月后,第一辆车正式出厂。

1959 年　在詹谢普尔成立研发中心。

1961 年　通过海运开始向锡兰(今斯里兰卡)出口卡车。

1966 年　在浦那成立工程研究中心为汽车研发提供动力。

1971 年　推出 DI 发动机。

1977 年　在浦那生产出第一辆商务车。

1983 年　开始生产重型商务车。

1985 年　和日立合作生产出第一台液压挖掘机。

1986 年　塔塔 608 之后,塔塔生产出第一辆本土设计的轻型商务车——塔塔 407。

1989 年　推出第三辆 LCV 模型——塔塔 206。

1991 年　发售第一辆客车塔塔 Sierra;TAC20 吊车投产;卖出 100 万辆汽车。

1992 年　发售塔塔 Estate。

1993 年　与康明斯发动机公司(Cummins)签订合作协议,合资生产高马力、环保的柴油机。

1994 年　发售塔塔 Sumo——多功能汽车;发售 LPT709——全自动轻型商务车;与奔驰公司签订合作协议,合资在印度生产奔驰客车;与塔塔 Holset 英国有限公司合资生产涡轮增压机,主要用于康明斯发动机。

1995 年　发售奔驰 E220。

1996 年　塔塔 Sumo 豪华版上市。

1997 年　塔塔 Sierra Turbo 上市;塔塔 Sumo 销售达到 10 万辆。

1998 年　发售塔塔 Safari——印度第一辆运动型轿车;汽车销售达到 200 万辆;Indica 作为印度第一辆客车上市。

1999 年　印度一周内有 115 000 辆 Indica 被全款预订;Indica 商务型发售。

2000 年　160 辆塔塔 Indica 运往马耳他;使用 Bharat 2 型发动机的汽车上市;使用 Bharat 2 型发动机的轻型卡车上市;使用喷射发动机的 Indica2000 上市;CNG 公交车面世;1109 中型商务车面世。

2001 年　IndicaV2 上市;Indica 销量达到 10 万辆;CNG Indica 上市;塔塔 Safari EX 上市;IndicaV2 成为印度汽车第一品牌;与戴姆勒克莱斯勒建立合资企业。

2002 年　塔塔 Sedan 在 2002 年汽车展览会上亮相;IndicaV2 汽油版问世;EX 系列商务车上市;塔塔 207DI 上市;Indica 销量达到 20 万辆;客车销量达到 50 万辆;塔塔 Sumo 1 系列上市;塔塔 Indigo 上市;塔塔发动

机与英国的 MG 路虎签约。

2003 年 塔塔 Safari 限量版上市；塔塔 Indigo 货车在日内瓦汽车展上展出；7 月 29 日，塔塔成立周年庆，塔塔发动机成为塔塔汽车的限量版；汽车生产 300 万辆；第一辆城市路虎面世；塔塔 Safari EXi 汽油款（135 马力）面世；塔塔 SFC407EX 增压涡轮面世。

2004 年 塔塔汽车新品在 2004 年汽车博览会展出；新塔塔 IndicaV2 面世；塔塔汽车和大宇汽车公司签订投资协议；Indigo Advent 出现在日内瓦汽车展上；塔塔汽车完成对大宇商用汽车公司的收购；塔塔 LPT909EX 面世；塔塔大宇（TDCV）在韩国发售重型卡车 NOVUS；Sumo Victa 面世；Indigo Marina 面世；塔塔汽车公司在纽约证券交易所（NYSE）上市。

2005 年 塔塔汽车公司在浦那的汽车工厂生产出第 500 000 辆乘用车；塔塔 Xover 在第 75 届日内瓦汽车展示会上展出；Starbus 和 Globus 品牌客车发售；塔塔汽车收购西班牙汽车公司 Hispano Carrocera 21% 的股权；塔塔 Ace，印度第一辆迷你卡车面世；塔塔汽车因其卓越的商业表现赢得了 JRD QV 大奖；Safari Dicor 面世；IndigoSX 系列——塔塔 Indigo 奢华版上市；塔塔汽车推出 Indica V2 涡轮增压柴油机；生产和销售了 100 万辆客车；在詹谢普尔的新工厂开幕；印度第一辆运动型卡车（SUT）塔塔 TL4×4 面世；塔塔 Novus 上市；在韩国，由塔塔大宇推出 Novus 的中型卡车。

2006 年 塔塔在印度销量超过 400 万辆；塔塔新款中长型 Indigo&X-over 汽车在 2006 年汽车展览会上展出；IndicaV2 Xeta 面世；塔塔客车在印度的销量超过 100 万辆；塔塔汽车和巴西的马可波罗公司宣布为印度和国外市场合资生产公共汽车和客车；塔塔汽车在西孟加拉邦建成第一家工厂；塔塔汽车在舱门式汽车和商务车上使用压缩天然气提供动力；TDCV 开发了韩国第一辆液化天然气动力牵引式挂车；塔塔汽车和菲亚特集团第三次合作开始；塔塔汽车展出了 Indigo 的新款车型。

2007 年 1 月 21 日，在西孟加拉邦的辛格尔建立小型汽车工厂；2007 年新款 IndicaV2 展出；塔塔汽车推出了印度第一辆豪车 IndigoXL；在 Indigo 大轿车和商务车中使用通用的轨道柴油发动机（DICOR）；塔塔汽车和泰国吞武里汽车装配厂合作在泰国生产敞篷卡车；Ace 销售达到 10 万辆；塔塔菲亚特工厂在 Ranjangaon 创立；其入门级、新升级的多用途车塔塔 Spacio 发售；CRM-DMS 计划跨越了 1 000 个地点的里程碑；在 Ace 的基础上推出了神奇、舒适、安全、四轮的公共交通工具；印度唯一的大型厢式货车 Winger 面世；塔塔和菲亚特在印度合资办厂；其入门级多用途车的新升级——Sumo Victa Turbo DI 面世；使用 Indica V2 涡轮和双向气囊 ABS 系统的汽车面世；推出新的 Safari DICOR ［由一个新的 2.2L 直喷共轨（DICOR）发动机驱动］；Indica 客车销售达到 100 万辆。

2008 年 潘特纳加尔的 Ace 工厂开始运作；Indica 的最新型号 Indica Vista 开始发售；塔塔汽车在古吉拉特邦的 Nano 新工厂开始运营；最新的共轨柴油车 Indica V2 DICOR 面世；Indigo CS（紧凑型轿车），世界上第一辆长度在 4 米以下的轿车上市；推出了新的 Sumo-Sumo Grande，它将 SUV 的外观和家用汽车的舒适相结合；塔塔 Nano 于第九届汽车节面世；在泰国推出了 1 吨重的皮卡车——Xenon；塔塔汽车公司与福特汽车公司签署了明确的协议购买捷豹和路虎；塔塔汽车完成了对捷豹和路虎的收购；塔塔汽车开始研究新型 Super Milo 系列公共汽车；塔塔汽车成为 2008 年第三届联邦青年运动会青年接力赛的官方用车；Indica Vista 二代问世；塔塔客车和新型小卡车在刚果特区问世。

2009 年 塔塔汽车开始发售 Prima 卡车；塔塔汽车全线发售 Indigo MANZA 新型车；路虎神行者 2 在印度发售；塔塔与马可波罗汽车合资的达尔瓦德工厂开始生产；塔塔汽车开始发售 Nano——人民汽车；推出新世界标准卡车系列；高档轿车捷豹 XF、XFR 和 XKR 以及路虎发现 3、揽胜运动版和揽胜系列在印度问世。

低价背后的秘密

为何塔塔可以用如此低的成本来生产汽车呢？这始于用被某些分析师称为"甘地工程"（Gandhian engineering）的原则分析事物，从小事看待每一件事物。这一原则以节俭的意愿向传统的习惯挑战。西方有很多理所当然的习惯，如空调、动力刹车、收音机等，这些在入门级的车型中都是没有的。

为了成功打造出低价的、让人可以接受的车，塔塔开始学习并尝试理解消费者的习惯。消费者需要什么？他们真正想要的是什么？他们能为此付出多少？每一位消费者对于 Nano 的发展来说都至关重要。塔塔并没有通过计算产品成本然后以增加利润率的方式来为 Nano 设置一个价格边界。与之相反，首先它把售价定在 2 500 美元，这是一个它认为消费者可以接受的价格，然后根据这个价格开始设计汽车，在愿意一同迎接挑战的合作伙伴的帮助下，制造一辆 2 500 美元的汽车，由此产生能够奖励所有相关人员的一笔小利润。

具体而言，就是让工程师少花钱多办事。塔塔要求工程师和供应商重新设计汽车中的某些部件以达到降低成本的目的。举例来说，速度计在仪表盘的中心位置，通风口之上，而不是位于方向盘之后，所以它可以用更少的部件组装。为了节省 10 美元，塔塔的工程师重新设计了悬架来减少车头灯的制动器个数，而调整光束角度的水平器取决于汽车如何装载。该公司在德里的首席运营官 Kiran Deshmukh 说供应商用空心管代替了通常使用的连接方向盘和车轴的实心钢梁。

同时，Nano 也比与其相似但价位更高的铃木风神汽车（Maruti）体积更小，但由于设计上的改进，Nano 的内部空间却比风神要大 20%。Nano 也比同款车型要轻，因为汽车的用钢量减少（包括使用铝发动机），并在可能的情况下使用了轻型钢材。

但是，Nano 的工程师和合作伙伴也不会像现在很多制造商那样放弃现有车型的特点转而去创造一款新型廉价车。塔塔看重自己客户的需求，从而尽量降低价格。因此，Nano 的发动机更小从而不会在印度拥挤的都市里浪费马力，因为在这里平均时速只有 10～20 英里。虽然 Nano 最高时速只有 65 英里，但是它符合印度的排放标准和安全标准。其动力对于经济一族来说也很实惠——大约每加仑 50 英里。

Nano 开始成为创造力和创新力的标杆。例如，塔塔汽车为 Nano 相关设计申请了 34 项专利，尽管有些人认为仅从专利数量不能评判一件产品的创新性高低。其中一些最有价值的创新将现有的专利融合在一起，创造出更有价值的产品从而为广大消费者服务。Nano 的最佳创意是它的模块化设计。Nano 由多个模块组合而成，这些模块分别在不同的地方制造、运输，最终组装在一起。Nano 可以分成模块售卖、配送和组装，当地企业可以提供这些服务。

塔塔集团董事长拉丹·塔塔在接受《泰晤士报》采访时说："一群创业者可以建立一个组装部门。塔塔会训练员工、监督质量并监控操作过程，所以我们可以成立跨国企业并生产汽车。我们可以生产零部件再通过运输使其拼装起来。这就是我分散财富的理论。服务人员就像保险代理人，他们会被培训，有一部手机、一辆摩托车并且将被分配一组客户。"

这是印度市场新出现的创新营销模式的一部分，从柴油机到农产品再到金融服务，这样的模式在很多领域都有体现。事实上，塔塔走得更远，它为当地技术工人在现有的汽车商店甚至在新的车库提供组装汽车的工具区，以此来满足偏远农村客户的需求。

生产的斗争

尽管塔塔为满足印度的贫穷人口对价格低廉的汽车的需求做出了巨大的贡献，并且承诺这辆车的价格不会超过 2 500 美元，但它在西孟加拉邦的辛格尔却遭遇了很多意想不到的困难，这可能会阻止整个 Nano 项目的开始。

2006 年 5 月，塔塔汽车宣布它将在西孟加拉邦的辛格尔生产 Nano。塔塔计划购买土地，建立工厂，其中购买 600 多英亩土地据报道花费了塔塔汽车 3.5 亿美元。

而在购买了西孟加拉邦的土地之后，问题随之而来。因为事实上政府并不享有土地，而需要向当地农民申请使用权。西孟加拉邦政府对于塔塔汽车的到来很感兴趣，因为 Nano 项目对西孟加拉邦的产业化发展有关键作用。西孟加拉邦是一个贫穷的地区，传统上以农业生产为主。然而政府在将 1 000 英亩（400 公顷）土地卖给塔塔用作厂房后，问题接踵而来。政府向农民提供了补偿，然而农民拒绝接受补偿，要求将土地归还给他们。被要求归还的土地大约有 400 英亩。

抗议者们指责塔塔公司强迫农民从他们的土地上离开，而提供的补偿并不足以抵销他们失去土地的损失。Mamata Banerjee，崔纳木国大党（Trinamool Congress）的主席，要求塔塔汽车公司将环绕着 Nano 工厂的 400 英亩土地归还给这些农民。塔塔宣称这些土地对于 Nano 60 个部件的供应商来说至关重要。该公司认为，保持部件供应商靠近工厂，对于保持 Nano 极低的成本是至关重要的。

2008 年 9 月抗议到达顶峰，超过 30 000 名激进分子和农民冲击了西孟加拉邦的辛格尔，反对建立工厂，宣称土地被强行夺走，而补偿也只是杯水车薪。通往辛格尔的高速公路被关闭，塔塔汽车的员工也被迫从工厂疏散。作为回应，公司威胁说如果抗议不能很快解除，塔塔公司将撤出西孟加拉邦。

根据 2008 年 9 月塔塔汽车的声明，项目那时已经接近尾声。超过 4 000 名工人，其中包括"几百名当地工人"都在工程期间有了工作。然而持续的抗议却让他们陷入困境。在抗议者威胁之后，员工无法正常工作。抗议也对这一地区的交通产生了影响。运输食物的卡车被堵在高速公路上，食物在太阳下渐渐腐烂。

塔塔集团主席拉丹·塔塔宣布辛格尔的工厂陷入困境。塔塔发言人称，"Nano 工厂的局面依旧混乱。除非环境改变并转而支持我们，否则工厂效率无法提高。我们到西孟加拉邦是希望可以为当地带来财富并创造工作岗位，而非对抗"。

这种冲突也反映了印度工业和农民之间的立场，毕竟一个超过 2/3 人口都依赖农业的国家对土地是十分依赖的。由于争端没有达成共识，2008 年 9 月 2 日，塔塔汽车宣布由于暴力抗议而暂停工厂项目。塔塔汽车正在为工厂和机器的搬迁制订一个详细的计划，也表示将考虑在其他地方为 Nano 选建工厂。

到了 10 月，辛格尔抗议的规模和激烈程度进一步加大。工厂附近的高速公路仍然受阻，工人也面临威胁。塔塔最终放弃了辛格尔工厂，尽管已经投入了 3.5 亿美元。然而，与此同时公司也收到了来自其他地方的建厂邀请。2008 年 10 月 7 日，古吉拉特邦政府和塔塔汽车签订了 MoU（理解备忘录），并将 Nano 项目带到此处。古吉拉特邦首席部长莫迪宣称把艾哈迈达巴德附近的萨纳恩德的 11 000 英亩土地分配给塔塔汽车，并承诺塔塔享有税务折扣和高速公路的畅通。此外，公司宣称没有罢工⊖或者至少工期不会延后。

尽管古吉拉特政府保证安全和友好的商业环境，但是在新的邦建立一个工厂并不是那么容易。2008 年 12 月，许多农民抗议本邦政府和塔塔汽车，要求对用于支持古吉拉特工厂的土地支付更高的补偿。塔塔被迫尽快提出解决方案。最终，它在获得北阿坎德邦政府额外分配的土地后，决定 Nano 将在现有的北阿坎德邦的工厂进行生产，并扩大该厂的规模。很明显，Nano 在印度的销售于 2008 年 10 月就开始计划，但是直到 2009 年初才正式开始。

成功面世，但销售困难

即使塔塔期望解决成千上万印度人的交通问题，并且 Nano 的面世也得到了广泛的关注，然而由于抗议示威，Nano 还是延迟了至少六个月面世。但是 Nano 一宣布其 2009 年的生产计划，就很快收到了远超预期的订单。2009 年 5 月，根据彭博社（Bloomberg）的分析，塔塔汽车收到了 203 000 份 Nano 订单，是其销售计划的 2 倍之多。据塔塔汽车发布的数据，公司在 4 月 9 ～ 25 日接受预订，总价值超过 250 亿卢比（约合 5.01 亿美元）。计划 2009 年 7 月开始运送，期望在 2010 年末完成销售。

对比美国和欧洲因为失业和经济衰退所造成的消费抑制，印度人却因为首次购买汽车和长期骑摩托的经历激发了对 Nano 的需求。孟买的 K. R. Choksey Shares & Securities Pvt. 的分析师 Gaurav Lohia 认为，"Nano 有潜力成为游戏中改变局势的玩家。一旦掌握了局势，它就是国王"。

据印度汽车制造商协会的数据，在截至 2010 年 3 月的财年里，在印度（亚洲第四大汽车市场）售出的 122 万辆乘用车中，Nano 的预订量约占 17%。铃木印度有限公司（Maruti Suzuki India Ltd.）销售了 636 707 辆，现代（Hyundai）汽车公司销售了 244 030 辆，塔塔汽车销售了 160 446 辆。

由于制造能力的限制，塔塔无法迅速满足市场的需求。第一批 Nano 是在潘特纳加尔工厂生产的，该工厂一年只能生产出 60 000 辆汽车。而西印度的 Nano 工厂一年的产量则超过了 35 万辆。因此，塔塔汽车公司宣布将挑选前 10 万名顾客来购买 2 500 美元的 Nano，从而给公司留下至少一年时间作为产品储备期。2010 年夏天，Nano 汽车生产转到了萨那恩德，但该工厂仍然无法生产足够的 Nano 车来满足初始需求。

然而，2010 年底，围绕 Nano 的热议开始降温，因为小的缺陷被广泛地传播，塔塔汽车宣布销售额有着让人失望的下降率。2010 年夏天和早秋，该公司每月销售近 10 000 辆汽车，在此之后销售量下降了。有传言称，一些 Nano 起火，而另一些则是服务和性能欠佳。2010 年 11 月，较昂贵的车销售情况良好，而 Nano 只卖了 509 辆。约从 2014 年起，Nano 销量稳定在了每月约 2 500 辆车，远低于预计的每月 20 000 辆。低于预期的销售应该部分地归咎于利率和燃油价格的上升，但卡尔·彼得·福斯特（Carl Peter Forster，塔塔汽车公司的负责人）讨论了一些围绕 Nano 改进的其他方面，即分销计划、营销、广告和有效的消费金融体系。为了应对令人失望的销售情况，塔塔汽车宣布将在六个新的邦开始销售，这些地方是塔塔 Nano 还没进入的市场。塔塔汽车还与 26 家银行开展了一个新的金融计划，其利率在 8% ～ 20%。2015 年初，Nano

---

⊖ bandh，最初为印地语，意为"关闭"，是东南亚一些国家比如印度和尼泊尔的政治活动家使用的一种抗议形式。

总共只销售了 260 000 辆。这一数字明显小于最初预计的每年 250 000 辆的销售量。尽管 Nano 表现不佳，但塔塔汽车公司在 2014～2015 年的报告显示，其固定收入增长了 12.9%。这意味着虽然在销售方面表现不佳，但 Nano 证明了低成本的微型车在印度的确有市场潜力。

廉价车的全球竞赛

Nano 是全球廉价车竞赛的一员，旨在为数百万的新兴发展中国家的消费者制造入门级汽车。随着西方国家市场的萎缩，汽车制造商开始将目光放在了那些快速发展的国家，如印度、中国、巴西等，在这里廉价车是最畅销的。铃木印度有限公司是日本铃木汽车旗下分公司，已经占领了印度市场将近 20 年；它最便宜的车售价为 5 000 美元。

现在塔塔公司杀出了一条血路，广大竞争者纷纷推出自己的经济型汽车。例如，福特公司计划在 2010 年将 Figo 引入金砖国家市场，其售价仅为 7 000 美元。2016 年，尼桑公司在印度市场推出了其售价为 5 000 美元的汽车——the Datsun Redi-Go。现代在 2011 年推出了 Eon，雷诺－日产在 2015 年推出了更大但仍是超低成本的 SUV 车型——Kwid。到了 2020 年，数百万辆经济型小车将遍布世界各地。因此，在西孟加拉邦发生的事预示了在拉各斯、里约热内卢和布达佩斯即将到来的变化。

低价车的全球市场是巨大的——世界银行分析有超过 8 亿人的年收入在 3 600 美元到 11 000 美元。在印度，新型车可以改变出租车夜晚的生意，并通过改变可移动性、汽车容量和社会地位激励着企业家。

除了对廉价车的高需求之外，一些分析也对经济型汽车的盈利模式提出了质疑。随着廉价车市场竞争的不断加剧，成本压力不断增加，利润率也越来越低，这些新型车能否弥补研发的投资并创造盈利呢？举例来说，Nano 发售前夕，塔塔先生在一个访问中谈及，开发新型汽车的成本在 3.8 亿美元到 4.35 亿美元。他说，除非对未来的成本和需求有更好的想法，否则他无法预测公司何时能盈利。如果钢材价格持续走高，汽车价格可能还要调整。

然而，如此低的价格和远低于预期的销售量，使得塔塔公司还要等待很久才能收回在开发这款世界上最便宜的汽车上的投资。盈利率仅为 5%，这意味着公司要超过 5 年才能盈利。孟买的天使投资机构分析师 Vaishali Jajoo 预测，"这取决于盈利点如何定，现在这个价格太低了"。

尽管廉价汽车市场的竞争已经白热化，但是印度和中国的专家安尼尔·K. 古普塔（Anil K. Gupta）和王海燕在《商业周刊》的一篇文章中表示，塔塔 Nano 不仅仅是今天市场上的一辆汽车，更可能是明天市场的平台。要站在这个平台上赢得明天的比赛，关键就在于将产品视作功能的集合，而不是囿于现在的特点、品牌、分销渠道或目标客户，从而丧失发展的机会。无论是单独的还是组合的，都是要灵活充分地利用不同的市场而不是过于重视终端产品或服务。它们可以升级或与其他新产品组合，从而去创造全新的产品或服务（就像 iPod 之于 iPhone 和 iPod Touch）。

塔塔汽车登陆美国

塔塔汽车于 2010 年 1 月携 Nano 登陆美国底特律汽车展，并从潜在的美国客户那里得到了第一次反馈，而评价也从一开始的强烈质疑到最后的一致赞叹。有人建议 Nano 需要做出很大改进以适应美国人对安全性等的要求。例如，阿灵顿公路安全保险机构主席阿德里安·伦德（Adrian Lund）说：大多数美国车，在安全性能上大约要花费 2 500 美元。这一预测最终证明是正确的。2014 年，根据德国测试机构的安全评测，Nano 只获得极低的安全等级评价，这证实了如果 Nano 要进入更发达的市场，就需要进行重大设计修改的猜想。

就美国消费者的喜好而言，塔塔公司的代表对绿色汽车博客（Autoblog Green）这样说："一辆美国 Nano 需要在内涵上加以改进以吸引客户。"该博客的代表们在亚拉巴马州的贾德森学院附近驾驶这辆车，他们得出结论，塔塔公司需要显著提高车内的舒适度。学生也询问 iPod 连接口在哪里以及为什么没有放水杯的地方。如果塔塔真的可以在美国通行，那这些都是必备的条件。欣慰的是，塔塔的设计师还有时间就这些细节进行改进，因为 Nano 美国的发售日期还遥遥未定。而乐观主义者则认为，美国消费者中有很大一部分人不会在意这些细节。例如，大众花费数百万美元去生产甲壳虫给那些只是因为不想走路而需要一辆车的人，这种车在市场上非常成功的原因是大部分人要的就是一个代步工具。进入美国市场的 Nano 很便宜，它可能不仅会挑战新车市场，还会挑战二手车市场，因为美国消费者将有能力以二手车的价格购买一辆新的 Nano。而随着经济危机的蔓延和油价的上涨，Nano 的潜在客户可能会越来越多。

问题

1. 为何塔塔汽车要生产 Nano？为何印度有廉价汽车的市场？

2. 塔塔设计 2 500 美元的汽车采取了哪些创新的方法？你认为低价代表着低质量吗？塔塔汽车在开发其廉价汽车时应如何处理质量问题？

3. Nano 为何延时面世？印度经济环境的哪些重要特征是导致问题的关键所在？印度的这个故事告诉了我们什么风险？

4. 你认为低成本车的问世会带来新的趋势吗？可能会重塑这个行业吗？塔塔汽车在领导和创新方面给了其他汽车制造商什么启示？

5. 你认为未来像 Nano 这样的汽车在印度以外的市场有发展空间吗？你认为塔塔公司在欧洲和美国开发廉价汽车市场的战略正确吗？你如何评估 Nano 在美国市场成功的可能性？塔塔未来该如何做从而吸引美国客户？

资料来源：这个案例是由维拉诺瓦大学的 Tetyana Azarova 在乔纳森·P. 多教授的指导下完成的，是为了课堂讨论准备的。其余的研究由 Ben Littell 帮助完成。它既不是为了说明有效或无效的管理能力，也不是为了说明行政责任。

PART

4

第四部分

组织行为和人力资源管理

第 12 章

跨文化激励

| 学习目标 |

在现代组织中，激励和人力资源绩效之间高度相关。尽管在不同的文化氛围中激励过程可能是一致的，但鉴于文化差异，不同的文化氛围中有效的激励方式明显不同。在美国能激励员工的方法到了日本、法国或者尼日利亚，效果可能微乎其微。因此，尽管激励是刺激员工提高绩效的有用方法，但国际环境要求管理者因地制宜地审视激励方式的差别。

本章将激励视为一个心理过程，研究怎样运用激励来理解和提高员工绩效。本章定义和描述了在国际范围内研究的工作激励理论，并讨论它们和跨国人力资源管理之间的相关性。学习本章的具体目标包括：

1. 定义激励并将其作为一个心理过程加以解释。
2. 研究需求层次激励理论、双因素激励理论和成就激励理论，并评价它们对跨国人力资源管理的价值。
3. 探讨在跨国人力资源管理中理解员工满意的重要性。
4. 描述过程理论在世界范围内激励员工的价值。
5. 理解工作设计、工作重要性以及报酬在国际环境中起到的激励员工的作用。

| 国际管理世界 |

在跨文化的环境中激励员工：来自新兴市场的见解

根据 *PROMO* 杂志的帕特里夏·奥德尔（Patricia Odell）的观点，"美国公司正在进行持续的全球性扩张，目前已雇用超过 6 000 万名海外人员。激励并奖励这些多元化的劳动力，对组织来说是一项具有重要意义的挑战"。《1 001 种奖励员工的方法》的作者鲍勃·尼尔森（Bob Nelson）博士告诉 *PROMO* 杂志记者，"当涉及员工激励时，一种方式并不适合所有的员工，对员工精准投放奖励才最具激励效果"。

根据《商业周刊》的报道，许多知名企业已经接受了一家爱尔兰公司 Globoforce 的帮助，该公司专门为它们设计企业认可项目。Globoforce 的企业认可项目让员工自己选择他们想要的奖励，例如一张音乐会的门票或者他们喜欢的商店的 50 美元购物卡。这样一来，Globoforce 就将奖励与具体的员工偏好结合到了一起。这种个性化的激励方法似乎很有效。2016 年的一项研究发现，获得表彰奖励的员工更可能投入工作，并为自己的工作感到自豪。

员工的偏好通常与文化密切相关。例如，在澳大利亚的某家公司，通过"月度最佳员工"这样的项目表彰特定的员工，可以有效地激励员工。个人主义文化下的澳大利亚员工，会因特定的个人贡献受到奖励而感到舒适，因此，许多人会更加努力工作以获得这种认可。然而，如果是在日本的某家公司，这种做法实际上可能会降低员工的积极性。日本员工倾向于集体主义，他们可能会因为获得个人奖励或奖金而感到尴尬。在这种文化背景下，对整个工作组的认可可能会更有效，会使整个团队更有活力，而不是造成团队分裂。

而且，管理者必须意识到不同文化下员工看待奖励的方式千差万别。鲍勃·尼尔森讲了一个制药公司为其全球范围内的 44 000 名员工定制带有公司标志的手表作为奖励的故事。当尼尔森把这个故事告诉另一家公司的中国台湾地区员工时，他们说这样的礼物在他们的文化里是不起作用的。钟表在中国某些地区的文化中与"送终"联系在一起。

因此，作为一名管理者应如何激励员工？有几条管理原则能够适用于大多数文化环境。但是，在每一种文化中，仍有几条原则特别需要注意。下面，我们介绍几个已经被证实非常有效的基本概念，并特别讨论如何激励中国员工。

激励员工：基本原则

在如何激励员工的原则中，《华尔街日报》概括出了几条：创造员工愿意尽最大努力的情境；促进员工通过自我引导与自我控制来达成共同目标；奖励取得成就的员工；下放权力鼓励员工迎接挑战；释放员工的想象力、创造力与创新力。

另外，尼尔森指出，今天的员工"期望工作只是他们生活的一部分，而不是生活的全部"。因此，管理者可以通过提供更有弹性的工作时间来激励员工。随着技术的发展，员工在家里工作变得越来越容易。尼尔森同时强调，在组织中商讨职业生涯选择和提供学习与发展的机会通常能够激励员工。

管理者经常将重点放在如工资等外在奖励上，而忽视内在奖励。肯尼斯·托马斯（Kenneth Thomas）对《商业周刊》记者谈道，"研究表明，管理者低估了内在奖励的重要性"。《商业周刊》将内在奖励视为"员工在工作时所得到的心理鼓励"。内在奖励包括员工完成工作时获得的成就感。在集体主义的文化环境中，例如阿根廷，内在奖励可能是帮助团队完成一个项目的满足感；在一个个人主义的国家，例如英国，内在奖励可能是个人超额完成销售目标或效率的满足感。

在中国激励员工

一项对中国 67 家公司、总共 10 000 名员工的意见调查显示，薪酬在激励中国员工方面的作用有限。华信惠悦咨询公司的吉姆·莱宁戈（Jim Leininger）写道：

通过增加工资来提升员工的满足感可能导致短期留职，但是留在组织中的员工也可能因为更高的工资而离开。因此，薪酬有时被称为"保健因素"，除非员工流失否则不会被注意到。一个非竞争性的薪酬体系很容易被员工"注意"，并且会恶化员工流失现象。然而，高工资并不会催生忠诚的员工或较低的员工流失率。一旦员工对平均工资感到满意，其他东西就成为明显的影响因素。

研究发现以下因素会提升员工的忠诚度。

● 管理的有效性。当管理者拥有较强的决策能力，能够成功地吸引、重视员工时，员工就会被激励。
● 积极的工作环境。员工在一个健康安全、信息渠道通畅的工作环境中生产效率才更高。
● 客观的绩效管理体系。华信惠悦 2003 年的薪酬调查表明，对于典型的员工来说，员工的月工资应当与员工本身或公司的绩效相关。管理者必须确保绩效管理体系是客观的、公平的和清晰的。
● 清晰的沟通。管理者要能通过确保员工了解公司目标、他们自己的工作及工作与顾客之间的联系，来增加员工对公司的承诺。

与之相反，费希尔（Fisher）和袁（Yuan）对中国上海一家大型饭店的中国员工的案例研究表明，工资和工作条件是激励员工的最重要的因素。他们发现，与西方文化中的员工相比，特别是年龄较大的中国员工，他们对工作的兴趣、个人成长及参与度等的内在需要较低。根据费希尔和袁的案例，在中国投资的跨国公司的管理者应该特别注意，中国员工更偏好增加工资、增加住房补贴及分享股权。当管理者对员工忠诚时，中国员工也会很感激他们。这种忠诚通过更新雇用合同以及关心员工的家庭体现出来。

在全球的工作场所激励员工

桑德拉·塞德曼（Sondra Thiederman）在她的文章《激励来自其他文化环境的员工》（*Motivating Employees from Other Cultures*）中，提供了一种适应跨文化环境的管理模式。第一，她强调准确识别环境的重要性。例如，许多管理者错误地将在工作场所说外语理解为懒惰、粗鲁及不尊重的表现。实际上，"使用其他国家的语言是为了准确地交流与工作相关的信息，可以视作极端压力或疲劳的信号，也可以理解为加速交流过程的努力"。第二，塞德曼指出，管理者需要以员工能够理解的方式向员工说明他们的期望，特别是对那些非美国文化环境中成长的员工。例如，许多文化认为向主管进行抱怨是不忠诚的一种表现。而对美国管理者而言，抱怨提供了一个发现问题的机会。管理者需要向员工说明好的员工能够为管理者提出问题。第三，管理者能够通过提供积极的强化措施来激励员工。在任何文化环境下，善意的话语对强化人们的价值观都是行之有效的。

很明显，激励对于世界各地组织中的管理者都是至关重要的，人们对此进行了大量的讨论，无论是在相近的还是在有差异性的文化中，激励都被认为是一种有效的刺激和奖赏。在跨文化环境中，有一些共同的因素被认为是有效的激励措施，但薪酬（与其他形式的激励）的作用有些不同。而且，经济性奖励在不同文化中的作用差别是很明显的。例如，在"国际管理世界"中澳大利亚和日本的案例表明，在澳大利亚这样的个人主义文化背景下，个人奖励是如何发挥作用的；而在日本这样的集体主义文化中，这种做法是不恰当的，甚至会产生让人尴尬的局面。内在奖励的作用（员工从他们所重视的工作中获得的心理报酬）在世界各地都很重要。然而，在不同的文化环境中对什么是有意义的报酬的认识是有差异的。当跨国公司将注意力从简单地寻找廉价劳动力转移到寻找新的方法以提高员工满意度上时，许多重要的问题就浮出水面了。为什么与员工家庭的关系非常重要？在不同的文化中要运用什么样的方式去激励员工？他们认为还有哪些因素和员工满意度一样重要？员工通常寻求更多的并不仅仅是公平的报酬，他们更希望自己正在创造卓越。有效的跨文化激励方式能够创造出其他竞争者难以模仿的竞争优势。本章将讨论跨文化激励的相关背景、研究成果，并探讨如何在不同文化中去激励员工。

12.1 激励的本质

激励（motivation）是未被满足的需求和欲望驱使人们朝着预设的目标不断努力的一种心理过程。有需求未被满足的人会采取目标导向行为来满足需求。图 12-1 描述了激励的过程。在这个过程中有三个基本的要素：需求、努力以及目标的达成。激励可划分为**内在激励**（intrinsic motivation）及**外在激励**（extrinsic motivation）。内在激励是指通过完成某事和帮助他人来获得自身的满足感，外在激励则是指

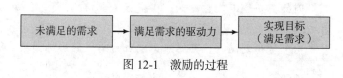

图 12-1 激励的过程

通过制定竞争机制和奖惩计划来使外部环境与行动结果更受重视。在跨国人力资源管理中，激励是一个重要的问题。因为有许多跨国公司的管理者主观地认为他们能够把在母国运用的激励方法用在东道国，这对吗？或者说我们需要因地制宜地制订激励方案吗？如在以前的章节（特别是第 4 章）中所描述的，文化差异导致了明显不同的激励方式。主要问题是：激励的不同十分重要吗？是否有一个全球适用的激励理论？许多国家已经在开展大量关于人力资源激励问题的研究，但是在回顾这些研究成果之前，必须先提出两个在跨国人力资源激励领域普遍接受的前提假设。

12.1.1 普遍性假设

第一个假设是，激励的过程是普遍的，所有的人都被激励去追求他们认为重要的目标——工作激励理论学者称之为有高效价值或偏好的目标。尽管过程是大体相同的，但特定的内容以及所追求的目标都将受到文化的影响。例如，分析表明，对许多美国工人来说，有效的激励是金钱；对日本的员工来说则是赢得尊敬和权力；对拉美工人来讲，它们将有一系列的考量，包括家庭的因素、尊敬、工作状态和幸福的个人生活。相似的是，美国工人最关心的是自身利益，对日本人来讲是集体利益，对拉美雇员来讲是雇主的利益。简单来说，激励是

普遍的，但不同的文化有不同的特性，所以，没有一个激励理论可以适用于不同的文化。

在美国，个人成功和专业成就是重要的激励因素，个人晋升和收入增加对他们而言是重要的目标。然而，在中国，员工需要集体归属感，社会和谐是一个重要的目标。显然，美国员工可能也重视团队合作，而中国员工也希望得到高薪。然而，很明显，对美国员工的激励方式与对中国员工的激励方式有很大的不同，但激励过程可能是一样的，具体的需求和目标的不同是两国文化的差异造成的。这个结论是由韦尔什（Welsh）、卢森斯（Luthans）和萨默（Sommer）在考察了对俄罗斯工人运用外在奖励、行为科学管理和参与技能激励后得出的。前两种激励方法能有效地提高工人的绩效，但第三种方法不行。研究者对此做了如下说明：该研究至少开始表明，行为科学理论和技术，可能对快速变化的、不同的文化环境中的人力资源管理所面临的绩效挑战有所裨益。他们发现有两种行为科学技术对俄罗斯工人的绩效提高有显著的作用，即对工人的绩效提高进行适当奖励，以及对有用的行为进行强化和反馈，并对破坏的行为给予纠正的反馈。同样，研究表明，认为美国的理论和技术在全球普遍有效的意识也是十分危险的。需要特别指出的是，第三种方法的失败并不表明它不能适用于其他文化，而只是因为，我们要认识和克服历史与文化带来的价值及规范的差异，才能让这一相对复杂的理论技术成功适用。

同时，由于越来越多的国家开始走向自由市场经济，经济奖励的方式也越来越多元，所以必须记住在这些国家的激励方式也在不断变化。以中国为例，萨金特（Sergeant）和弗伦克尔（Frenkel）指出，新的劳动法允许国有企业和外资企业制定自己的工资标准，然而，公司不要轻易认为，只要在劳动力市场上出高价就可以雇用到士气高昂的员工。

因此，一些跨国公司为如何才能有针对性地激励中国员工感到困惑。对日本员工也是这样。许多人认为所有日本员工都是终身雇用的，这种制度激励了员工，是雇主和员工之间强劲的纽带。事实上，这在很大程度上还是一个谜。不超过 28%（并且逐步在减少）的公司有终身雇用的保证。近年来，越来越多的日本公司雇员发现，尽管公司尽力给他们提供工作保障，但如果公司的情况太糟的话也不能保证。正如西方的公司一样，一家日本公司有了危难时，通常会解雇员工。近年来，日本经济停滞，失业率创下新高，这一点是显而易见的。

在检验发展中国家的普遍性假设时，研究者测量管理者参与特定技术活动的频率，例如谈判、规划、激励及决策。研究的样本包括来自匈牙利和塞内加尔的管理者，他们发现，来自一个国家的一个阶层的管理者参与各种技术活动的频率相近，来自同一个国家的不同阶层的频率也相近，并且来自不同的文化环境下的不同国家的管理者也参与到同样的技术活动中，此案例为普遍性假设提供了一些基本支持。

12.1.2 关于内容和过程的假设

第二个前提假设是，激励的理论可以分为两个类别：内容和过程。**内容理论**（content theories）从员工行为受何种因素影响来解释激励问题，而**过程理论**（process theories）则从员工的激励行为怎样开始、进行和中止的过程来解释激励。大多数跨国人力资源管理的研究是内容导向的，因为这种理论能够以更普遍的方式分析激励问题，而且在为某个特定的国家和地区设计整合的激励方案计划时，内容理论更加实用。过程理论相对而言比较复杂，它主要研究在特定环境下的个体行为。因此，尽管也有一些关于它在国际环境下对员工激励问题的研究，但是总的来说价值不大。迄今为止，大部分跨国人力资源研究是内容导向的，但是本章将从内容理论和过程理论两方面进行讨论研究。

下面通过三个广泛认可的内容理论来研究国际环境下的激励，它们是需求层次理论、双因素理论和成就激励理论；另外三个过程理论也受到广泛的关注，包括公平理论、目标设定理论和期望理论。每一个理论都为跨国人力资源管理提供了重要的分析方法。

12.2 需求层次理论

需求层次理论主要基于著名的人本主义心理学家亚伯拉罕·马斯洛（Abraham Maslow）的研究。这个理论引起了美国管理和组织行为学领域与跨国管理研究者的极大关注，他们正努力发掘它对于理解在世界范围内员工激励方式的价值。

12.2.1　马斯洛需求层次理论

马斯洛假定每个人都有五种基本需求，这五种基本需求构成了需求的层次结构。最下面的是最基本的，从下往上依次是：生理需求、安全需求、社交需求、尊重需求和自我实现需求。图 12-2 描述了这一层次结构。

生理需求（physiological needs）包括对水、食物、衣服以及住所等的需求。马斯洛认为一个人对满足生理需求的驱动力大于满足任何其他需求的驱动力。在工作激励中，这些生理需求一般通过工资和薪水得到满足。

安全需求（safety needs）包括对安全、保障、稳定以及没有痛苦这些状态的追求。组织一般通过安全程序和装备来保障安全，并以医疗保险、失业保险、退休方案和一些相关的方案来提供保障。

图 12-2　马斯洛需求层次理论

社交需求（social needs）包括要与其他人交往，觉得自己被别人所需要。这种"归属感"的需求，常常由工作团队中的社交得到满足，社交过程中人们相互给予并接受友谊。除正式的工作团队外，非正式的群体也是常见的满足社交需求的途径。

尊重需求（esteem needs）包括对权力和社会地位的追求，这导致人们想要感觉自己重要并想得到他人的承认。晋升、奖励和老板对其工作的反馈，使其感到自信、有威望和重要。

自我实现需求（self-actualization needs）是通过发挥人的全部潜能使每个人都成为自己所希望的那种人。关于这种最高层次的需求现在了解得很少，最接近的可能是关于人的潜力的看法。在组织中，这种需求可能不是通过晋升满足的，而是通过对环境的控制，以及设定并达到目标。

马斯洛需求层次理论包括一系列基本假设。首先是低层次需求必须首先得到满足；其次是一旦某种需求得到了满足，它将不再构成激励因素；最后是高层次需求比低层次需求有更多的满足方法。这些假设部分来自马斯洛的原著，部分来自其他人的工作，还有一些后来经马斯洛本人进行了修改，这些假设促发了关于该理论的国际性研究。

12.2.2　马斯洛需求层次理论的国际性研究成果

世界上所有人都有类似于马斯洛所提出的各层级需求吗？研究结果显示这基本是成立的。例如，在海尔（Haire）、吉塞利（Ghiselli）和波特（Porter）主持的一个经典调查中，样本涵盖了 14 个国家的 3 641 位管理者。尽管这项调查进行得较早，但它仍是关于不同的文化对员工激励影响的最广泛和相关的调查。调查的国家包括美国、阿根廷、比利时、智利、丹麦、法国、德国、印度、意大利、日本、挪威、西班牙和瑞典。各国的调查只有细微的改动，研究者调查了马斯洛需求层次理论中的四个高层次需求的满足程度和重要性。尊重需求被分为两类：尊重和自主。前者是关于自尊和威望的重要性，后者是关于权力和自主权的重要性。

海尔团队的研究结果表明，在不同的文化中，所有的需求都是很重要的。然而，切记被调查者是管理者而非普通员工。更高层次需求对这些管理者而言非常重要。对于一些国家群（拉美国家、美国、英国、北欧）而言，自主和自我实现是最重要的需求。有趣的是，这些被调查者觉得自主和自我实现需求是最少得到满足的，这使海尔及其同事得出了以下结论：

很明显，从组织的角度来讲，不管哪个国家的公司都应考虑管理者的自主和自我实现需求。这两种需求是管理者认为比较重要的。但是至少在现在，这两种需求的满足程度没有达到管理者的期望。

各国或地区有自己的满足需求的方式。这样，在激励管理者时，跨国公司最好考虑其国家或地区因素，从而相应调整激励的方法。

一些学者认为马斯洛的层次划分太西方化了，从东方的集体主义视角去划分也是有必要的。奈维斯（Nevis）认为，马斯洛需求层次理论反映的是西方文化，是从人的内在需求来考虑的，当然不是每种文化都这样，东方文化强调社会的需求。因此奈维斯建议中国的需求层次应划为四层，如图 12-3 所示，从低到高依次为：①归属

（社交）需求；②生理需求；③安全需求；④在为社会服务的同时实现自身价值的需求。如果这是正确的话，要在中国做生意的跨国公司必须考虑这个修正过的层次结构，并由此决定怎样修正其保障方案以及工作安排来适应这些激励需求。不管怎样，奈维斯的观点是有价值的，它让跨国公司在激励时考虑到具体文化因素，而不是用普遍的方法。

迄今的讨论表明，尽管各种文化内的需求不同，需求层次理论仍是在国际环境中研究和应用工作激励的好方法。但其他人，如著名的荷兰研究者霍夫斯泰德认为，在运用需求满足框架进行激励时并非十分有效，因为在一个国家或地区内部有许多亚文化，在一个特定的工作环境里你很难确定是哪种需求层次在起作用。海尔及其后续研究只涉及管理者，但霍夫斯泰德发现根据工作分类来激励会更有效。霍夫斯泰德认为在工作种类、层次与需求结构之间存在相关性。根据对 60 000 多位来自 50 个国家的员工的调查，每个员工对 19 个工作目标打分（见表 12-1 和表 12-2），他发现：

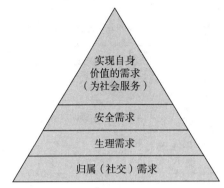

图 12-3　集体主义需求层次

资料来源：A. Gambrel and Rebecca Cianci, "Maslow's Hierarchy of Needs: Does It Apply in a Collectivist Culture?" *Journal of Applied Management and Entrepreneurship* 8, no. 2 (April 2003), p. 157.

- 专业人员打分最高的四个目标是马斯洛需求结构中的高层次需求。
- 办公室人员打分最高的四个目标是马斯洛需求结构中的中层次需求。
- 非熟练工人打分最高的四个目标是马斯洛需求结构中的低层次需求。
- 管理人员和技术人员的目标比较模糊，但至少有一项是马斯洛需求结构中的高层次需求。

表 12-1　50 个国家专业技术人员对目标的评价排序

名次	目标	问卷问题	名次	目标	问卷问题
1	培训	有没有培训机会（提高现有技能或学习新技能）	11	私人时间	有足够的工作之外的时间满足个人和家庭生活需要
2	挑战	有没有挑战性的工作，即令人有成就感的工作	12	工作氛围融洽	在友好和合作的氛围中工作
3	自主	有足够的自由去选择工作方法	13	工作贡献	有机会为公司的成功做出实质性贡献
4	紧跟时代	跟进与工作有关的最新技术	14	高效率部门	工作部门的效率高
5	技术运用	工作中充分运用技术和能力	15	安全保障	只要好好干，公司不会解雇你
6	晋升	有晋升的机会	16	合适的地区	住在让你和家庭满意的地区
7	认可	做好工作后得到承认	17	福利	好的福利
8	工资	有涨工资的机会	18	物质条件	好的物质条件（好的通风、照明和足够的空间等）
9	合作	与合作精神强的人一起工作	19	成功的公司	公司在你的国家被认为是成功的
10	管理者	与上司工作关系融洽			

资料来源：From Geert H. Hofstede, "The Colors of Collars," *Columbia Journal of World Business*, September 1972, P. 74.

表 12-2　各职业群体评分最高的四个目标以及与需求层次理论的关系

在需求层次中的目标评分	专业人员（研究院）	专业人员（分支机构）	管理人员	技术人员（分支机构）	技术人员（工厂）	办公室人员（分支机构）	非熟练工人（工厂）
高——自我实现和尊重需求							
挑战	1	2	1	3	3		
培训		1		1			
自主	3	3	2				

（续）

在需求层次中的目标评分	专业人员（研究院）	专业人员（分支机构）	管理人员	技术人员（分支机构）	技术人员（工厂）	办公室人员（分支机构）	非熟练工人（工厂）
紧跟时代	2	4		4			
技术运用	4						
中——社交（归属）需求							
合作			3/4			1	
管理者			3/4		4	2	
工作氛围融洽						3	
高效率部门						4	
低——生理和安全需求							
安全保障					2	1	2
工资						2	3
福利							4
物质条件							1

资料来源：From Geert H. Hofstede, "The Colors of Collars," Columbia Journal of World Business, September 1972, p. 78.

霍夫斯泰德的研究显示：自我实现和尊重需求是专业人员和管理人员评价最高的；相反，安全保障、工资、福利和物质条件对低层次的非熟练工人来讲最为重要。这些研究表明，工作种类和层次对激励有巨大影响，甚至可能抵消文化的影响。正如霍夫斯泰德所指出的："从员工激励角度而言，工作类别之间的差异远大于国别之间的差异。"

当决定在不同国家如何激励员工和帮助他们满足需求时，研究者（如霍夫斯泰德）建议跨国公司对待低层人员时注重考虑其物质奖励，对中高层注重考虑培养一种有挑战性、自主性、发挥其才能和合作性的氛围。许多公司开始通过改变其人力资源战略，寻找新的办法从而激励整个组织的所有成员。国际管理实践12-1告诉我们一个公司应怎样通过关注员工，做到在增加销售额的同时降低其国外员工的流动率。

国际管理实践 12-1

麦当劳的新拉丁模式

在拉丁美洲的食客眼里，麦当劳曾经是"迅速友好"服务业的领导者。但随着时间推移，麦当劳面临着利润快速下降的局面，并且在拉丁美洲的一些地区，竞争者正在后来居上。当地麦当劳的管理层员工的流失率为40%，更加令人惊诧的是16～18岁的员工流失率竟达90%～100%。我们看到对于一个正常的工作环境而言，这里的士气和对员工的激励都太低了。显而易见，一些东西必须改变。

过去，组织的管理运作主要以各个国家为单位，麦当劳以一种叫作"受限自由"的方式来根据各地情况调动员工的自主性。销售的停滞以及员工的不满预示着，麦当劳如果想从存活走向成功，必须进行自主性方面的变革。麦当劳的人力资源部门意识到了自身在这次变革中的重要性，变革的计划于是迅速诞生了。首先，麦当劳对其海外的人力资源部门进行了改制，新的部门包含每一个国家的成员，这使得分散在拉丁美洲各国的麦当劳能够有效地联系、合作与协调。一份三年期的计划随后被制订出来，计划强调要持续提高员工的思想积极性，从而确保改革的过程和员工的满意度都在掌控之中。但是，计划在执行之前是没有任何作用的，除非真正得以实施。

麦当劳开展了一项积分奖励制度，各个分店根据销售业绩来获得一定的积分。一项竞争性的政策也随后实施，它使得底层员工可以通过撰写工作报告的方式来获取积分。这项措施不仅提高了员工的技能，也使产品的性能得以提高。这些分数积攒到一定程度后便可以兑换背包甚至是iPod这样的奖品。除此之外，国际奖励计划是对表现最好的员工的最高奖励。例如，麦当劳曾派遣300名最优秀的员工参加都灵冬奥会。在那里，这些员工参加了麦当劳各式各样的广告活动，当然也少不了奥运会的比赛。管理者可以通过其行动来获得奖励，同时公司也很强调创新。区域经理的例会使得每位经理通过分享其"最好的实践经验"来帮助其他店面的经营，而且公司的战略计划也被带到例会上讨论，从而促使管理层更好地去执行。麦当劳为拉丁美洲专门设立了一个奖励——Ray Kroc 奖，该奖项奖励那些表现在前 1% 的区域经理可以去麦当劳的总部，在那里他们有机会见到高层领导者并参加论坛。为了取得更进一步的成功，公司还鼓励管理者去当地大学设立的商学院学习并取得文凭。除此之外，如果管理者参加过自由发言培训课程（课程内容是将管理的重点从行政管理转向客户与员工交流），那么他们将会更好地理解并实现使公司与个人都满意的目标。

麦当劳似乎让所有的权利都流动了起来。许多数据都证明，各个层级的员工都拥有了很高的主动性。在执行了新的人力资源政策后，麦当劳在拉丁美洲的销售额增加了 13%，并在第二年保持了 11.6% 的增长。

多数员工继续留了下来，员工和管理者层的流失率也分别下降至 70% 和 25%。除此之外，调查显示，有 9% 的员工签订了全职合同，远远超过了公司制订的 3% ～ 4% 的计划。

拉丁美洲向麦当劳发出了无言的警告。原来的员工因为没有很好的激励，所以转向其他有利的目标努力（跳槽）。麦当劳的全球战略显然不是普遍适用的，想要达到成功的整合，各地的回应至关重要（见第 8 章）。公司平衡其标准化的全球人力资源政策和当地文化的决策被证明对各方都是有益的。奖励机制激励员工为目标奋斗，大家士气高涨，而且员工留职率的提升也为公司节约了大量的成本，并减少了培训新员工的成本。经历了这次人力资源政策的改革后，员工很喜欢现在的拉丁模式。

资料来源："Putting the Front Line First: McDonald's Commitment to Employees Bolsters the Bottom Line," *Hewitt*, vol. 9, issue 1.

总而言之，需求层次理论在跨国人力资源管理中确定激励因素时是有用的，但是单单运用这一理论还不够。了解其他理论如双因素理论，将使我们对激励员工有更深的理解和更有效的实际运用。

12.3 双因素理论

双因素理论是由著名的激励理论家弗雷德里克·赫茨伯格（Frederick Herzberg）和他的同事提出的。与马斯洛需求层次理论相似，赫茨伯格双因素理论也得到跨国人力资源管理界的长期重视。双因素理论和需求层次理论有紧密的联系。

12.3.1 赫茨伯格双因素理论

双因素理论（two-factor theory）认为有两种因素影响工作满意度：保健因素和激励因素。该理论创建的资料来源于事件评论方法，即要求访谈者回答两个基本问题：①什么时候你对工作觉得特别满意？②什么时候你对工作觉得特别不满意？对第一个问题的回答常常和工作的内容有关，包括成就、认可、责任、晋升和工作本身，赫茨伯格称这些与工作内容有关的因素为**激励因素**（motivators）。对第二个问题的回答常常与工作外在方面有关，包括工资、人际关系、技术指导、工作环境、公司政策及管理，赫茨伯格称这些与工作的外在方面有关的因素为**保健因素**（hygiene factors）。表 12-3 列出了这两类因素。对这两类因素进行细致观察可以发现：激励因素主要是心理方面的，和马斯洛需求层次结构中的上层需求相关；而保健因素主要是有关工作环境、外在方面的，和马斯洛需求层次结构中的低层需求相关。表 12-4 描述了这些关联。

表 12-3 赫茨伯格的双因素理论

保健因素	激励因素
工资	成就
技术指导	认可
公司制度及管理	责任
人际关系	晋升
工作环境	工作本身

表 12-4　马斯洛需求层次理论和赫茨伯格双因素理论的关系

马斯洛需求层次理论	赫茨伯格双因素理论	马斯洛需求层次理论	赫茨伯格双因素理论
自我实现	激励因素	社交	保健因素
	成就		工资
	认可		技术指导
尊重	责任	安全	公司制度及管理
	晋升		人际关系
	工作本身	生理	工作环境

双因素理论认为这两类因素与员工的满意度有关。这种关系比以往员工只有满意和不满意两种状态更为复杂。根据双因素理论，如果保健因素得不到满足，员工将会不满意（见图 12-4），然而，更重要的是，如果保健因素得到了满足，将不会有不满意，但也不会有满意。只有当激励因素得到满足时，才会有满意。总之，保健因素的满足能抑制不满意（因此才用了一个健康领域的词"保健"），只有激励因素的满足才能带来满意。因此，根据该理论，要激励员工，必须认可他们，给他们成功和成长的机会，予以晋升并提供有趣的工作。

在国际维度上讨论双因素理论之前，必须先说明该理论受到了一些组织行为学者的批评。其中有一点就是，金钱是保健因素而非激励因素，这一点没有得到普遍认同。一些研究者认为，工资对某些群体来讲是激励因素，如蓝领工人，或那些由于心理原因重视钱的人，就像为了权力和成就的需要而采用计分的方法。

另一个质疑就是双因素理论是不是一个完整的激励理论。一些人认为它的成果确实是关于工作满意的理论。换句话说，如果一个公司满足了员工的激励因素，员工将满意；不满足的话，员工将不会满意；如果保健因素未得到满足，员工也不会满意。后续对双因素理论的国际研究大都关注满意 / 不满意方面而非复杂的激励需要、动力和目标。

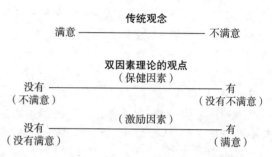

图 12-4　对满意 / 不满意的观念差异

12.3.2　赫茨伯格双因素理论的国际研究成果

双因素理论的国际研究主要分为两类。第一类主要把双因素理论的研究放在某一特定国家开展，即在某国中，管理者的激励和保健因素与赫茨伯格的最初研究是否相近。第二类是对工作满意度的跨文化研究，即什么能带来工作满意，为什么会出现国家与国家之间的差异。第二类研究并非双因素理论的直接扩展，但提供了在跨国人力资源管理领域中有关工作满意度的重要启示。

1. 双因素理论的直接运用

许多研究直接运用双因素理论的方法，总的来说，这些研究者赞同赫茨伯格的成果。如乔治·海因斯（George Hines）调查了新西兰 218 位中层管理者和 196 位员工，他让他们给 12 个因素评分并对总的工作满意度评分。根据这些调查，他得出结论："赫茨伯格的模型在公司各层都适用。"

另一个相似的研究在希腊进行，研究者调查了 178 位希腊籍管理者。总的来讲，该研究肯定了双因素理论。调查者对他们的成果做了如下阐述。

没有激励因素会导致不满意，对参加调查的希腊管理者来讲，只有保健因素才是不满意的原因……而且……激励因素对工作满意比对不满的作用更大……（66.8% 的传统激励因素与满意有关，31.1% 与不满有关），传统的保健因素对工作不满的影响要比激励因素大（64% 的保健因素与不满有关，而 36% 与满意有关）。

另一个检验双因素理论的研究在以色列的集体农场开展。激励因素是满意的原因，保健因素是不满意的原因，尽管作为保健因素的人际关系更多被看作是满意的原因而非不满意的原因。研究者认为这可能是集体农场独特文化的表现。在这里，人际关系是工作本身或是工作的外在因素，并不能清晰地界定，因此不能判定它是激励因素还是保健因素。研究者对研究结果的评价是："结果支持双因素理论的假设，满意来源于工作本身，而不满意来自工作的周围环境。"

关于双因素理论的相似结论在发展中国家也得到了证明。例如，有一项研究考察了赞比亚的工作激励，运用了一系列激励变量，得出激励来源于六大因素，分别是工作本身、成长和晋升、物质条件、人际关系、组织中的公平与不公平以及个人问题。这些因素列在图 12-5 中。该研究表明，总的来讲，双因素激励理论也适用于这个非洲国家。除此之外，一项罗马尼亚的研究指出，尽管保健因素（工资、工作环境和监督）很重要，但并不是决定接受一个高级管理职位的关键因素。对罗马尼亚人而言，工作中最重要的因素是他们得到了多少认可与赞赏。尽管对知识和技能的需求以及融入团队、提高能力和自身发展都很重要，但这些因素都位列对工资的期望之后。

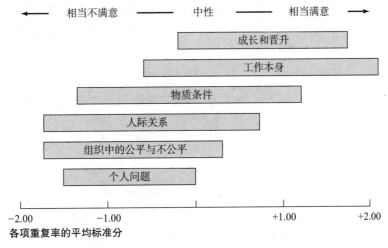

图 12-5　赞比亚的激励因素

资料来源：Adapted from Peter D. Machungwa and Neal Schmitt, "Work Motivation in a Developing Country," *Journal of Applied Psychology*, February 1983, p. 41.

2. 跨文化工作满意度研究

许多与工作满意度有关的跨文化研究纷纷开展。这些比较研究表明，赫茨伯格的激励因素与保健因素相比，前者对工作满意度有更大的重要性。图 12-6 抽取了一些赫茨伯格的研究成果，并对比成图。它说明了保健因素与导致不满意（或回避）的因素紧密相关，激励因素与导致满意的因素相关。这些成果在研究中也是成立的，如对四个国家的 MBA 学员的工作目标取向表（JOI）的研究表明（见表 12-5），保健因素列在表的下端，而激励因素列在表的上端，而与其他三个国家处于不同文化环境的新加坡学生也具有相似的反应。这些研究结果表明，与工作满意度有关的因素在不同的文化环境中可能有相似性。

另外，更为广泛的关于管理者工作态度的研究，调查了不同文化环境下管理者最期望的工作成果。研究资料来源于在加拿大、英国、法国和日本参加管理开发教程的中低层管理人员。研究者想确知他们心中 15 个工作结果的重要性以及这些工作结果之间相互促进的关系。结果表明，工作内容本身比工作之外的因素更重要。对组织可控制的因素［**工作外部条件因素**（job-context factors），如工作条件、工作时间、工资、保障、福利和晋升，等等］在大多数情况下不如对工作的内容本身［**工作内容因素**（job-content factors），如责任、成就和工作本身］的评价高。

资料表明四个国家的管理者对于工作结果认知的重要程度与对这些结果所感受到的满意程度差别很大。这些差异有助于理解在各国什么因素激励着管理者，就跨国公司而言，还有助于发展各国具体的人力资源管理方法。最显著的差异出现在法国和英国，如要将该研究结果应用于人力资源管理实践的话，研究者认为：

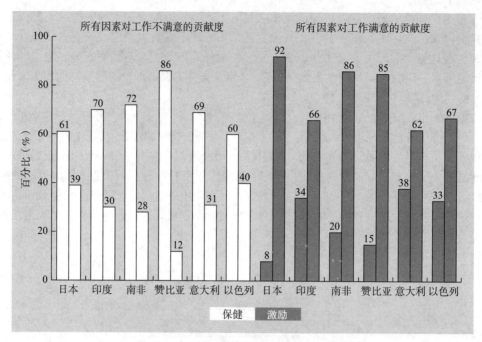

图 12-6 被选国家和地区的保健与激励因素

资料来源: Frederick Herzberg, "One More Time: How Do You Motivate Employees?" *Harvard Business Review*, September–October 1987, p. 118.

表 12-5 四个国家工作目标取向表调查结果

调查项目	相对等级评定			
	美国（n = 49）	澳大利亚（n = 58）	加拿大（n = 25）	新加坡（n = 33）
成就	2	2	2	2
责任	3	3	3	3
成长	1	1	1	1
认可	10	10	8	9
工作地位	7	7	7	7
关系	5	5	10	6
工资	8	8	6	8
保障	9	9	9	10
家庭	6	6	5	5
爱好	4	4	4	4

资料来源: From G. E. Popp, H. J. Davis, and T. T. Herbert, "An International Study of Intrinsic Motivation Composition," *Management International Review* 26, No. 3 (1986), p. 31.

　　研究结果表明，在英国要提高管理的绩效，应着力于工作内容本身而非工作外部条件因素。工作本身的改革或许比组织和人际关系的变革更有价值，允许员工自己设计目标和任务的工作方案将降低正式规章的作用。作为一个内在导向的社会，英国人倾向于从工作本身获得满足感。而法国对工作的外部条件如保障和福利的评价很高。结果表明，改变工作外部条件因素能给法国的管理者更有效的激励，只要这些变化和绩效之间存在明显的联系。

　　总之，双因素理论在国际范围的研究更加证实了马斯洛需求层次理论。在运用马斯洛需求层次理论的同时，跨国公司最好因地制宜地运用双因素理论。尽管有例外，如法国，但在大多数情况下，如霍夫斯泰德所指出的，在世界上不管是激励管理者还是低层次员工，工作内容因素比工作外部条件因素更为有效。

12.4　成就激励理论

除需求层次理论和双因素理论外，在世界范围内，成就激励理论也引起了很大的重视，而且成就激励理论也更适用于实际的管理实践，并已成为一些有趣的国际研究的焦点。

12.4.1　成就激励理论的背景

成就激励理论（achievement motivation theory）认为个体有向前、成功以及达到目标的需要。正如马斯洛需求层次理论中的上层需求和赫茨伯格双因素理论中的激励因素，成功的需要是习得的。因此，将此理论应用于国际范围内，我们可以发现，美国激励企业家精神，推崇个人成功，因此有更多的人有成功的需要；而在俄罗斯和其他东欧国家，传统文化不提倡个人成功和企业家精神，于是有成功需要的人就少一些。

哈佛大学著名心理学家戴维·麦克利兰（David McClelland）对高成就动机者的性格做了一个概括。首先，他们喜欢能让自己承担寻找解决方案的责任的工作，他们想靠自己的努力成功而非运气和机会。其次，他们是中度风险喜好者，而非高度或低度的风险喜好者。如果决策有高风险的话，他们将尽量了解情况来降低失败风险，从而将高度风险转化为中度风险。然而，如果决策是低风险的，通常也是低收益的，他们倾向于避免激励不足的情况。再次，高成就动机者需要对其工作结果的具体反馈。他们喜欢了解自己干得怎样，并运用反馈来修正行动。高成就动机者喜欢能给他们迅速、客观反馈的工作，如销售。最后，这一点对人力资源管理有许多启发，高成就动机者往往是独行侠，他们不喜欢或不能和其他人相处融洽。他们不营造温暖、密切的人际关系，对他人的问题漠不关心。最后一个特点也许会掩盖他是一个有效管理者这一事实。

研究者已经发现了培养成就需要的方法，包括教员工做以下事情：①得到工作反馈，运用反馈来投身于容易成功的领域；②与成功者进行竞争；③激发内在的成功及挑战的欲望；④以积极的方法做白日梦，梦想自己在追求一个重要目标时成功了。换言之，对成就的需要可以教育并习得。

在考察成就激励理论的国际研究成果之前，应该认识到该理论仍有很多不足。其一是它几乎仅依赖投射人格的主题统觉测试（Thematic Apperception Test，TAT）来计量个人成就，一些研究质疑了该方法的有效性和可靠性。另一个问题是成就激励建立在个人努力的基础之上，但在很多国家，组织协调和合作对于成功是非常重要的。简而言之，最初的理论并不能令人满意地解释在个人成就并不被重视和奖赏的文化中个人对成就的需要。

12.4.2　成就激励理论的国际研究成果

许多国际研究者已经研究了高成就需要在人力资源管理中所扮演的角色以及重要性。

早期研究表明，波兰企业家中许多人有强烈的成就感，其平均成就感得分达 6.58，这和美国管理者的得分 6.74 很接近。这使许多人认为差别很大的国家如美国和中欧国家的管理者都有强烈的成就感。然而，近来研究者未发现中欧管理者有较强的成就感。例如，在捷克的一项调查发现，工业企业管理者的平均成就感得分为 3.32，比美国管理者的得分低了很多。因为成就感可习得，因此这一差异可归因于文化差异。同样，考虑到中东欧的剧变，伴随着中央计划经济的结束，一旦东欧人可以自由表现，他们也能在今天表现出高成就感。然而，重要的一点是，由于成就感可习得，因此它在很大程度上取决于主流文化，而主流文化却非全球一致且不断变化。

最理想的高成就社会符合第 4 章所刻画的文化特点，特别是霍夫斯泰德在第 4 章用两个基本的文化特点——不确定性规避和男性化与女性化来描述高成就的社会（见图 12-7）。第一，这些社会的人有较低的不确定性规避倾向，他们至少可以承担中度的风险和不确定性；第二，他们表现出中度和高度的男性化与女性化，看重金钱和其他物质财富的取得，而不太关心他人以及不注重工作生活的特点。两者的结合（见图 12-7 的右上方）几乎只有在英美国家以及通过殖民或条约与英美国家有密切联系的国家或地区才会出现，如印度、新加坡、菲律宾（曾经与美国有关联）。

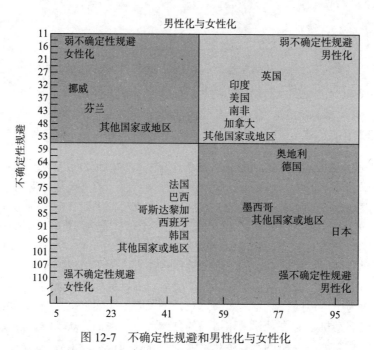

图 12-7　不确定性规避和男性化与女性化

资料来源：Adapted from Geert Hofstede, "The Cultural Relativity of Organizational Practices and Theories," *Journal of International Business Studies*, Fall 1983, p. 86.

在图 12-7 中，其他三个象限的国家或地区则不拥有高成就需要的条件，在这些国家或地区的跨国公司要么改变环境，要么适应它。如果选择改变环境，就必须设置符合员工需要的职位，或是进行成就激励培训，培养高成就需要的管理者和企业家。

几年前，麦克利兰证明了在发展中国家高成就需要培训计划的成功。比如在印度的培训计划就很成功，在培训后的 6～10 个月中，他发现 2/3 的人在成就导向的活动中非常活跃。他们开展了新的业务，考察了新的产品线，增加了利润或是扩大了原有的组织，如一个经营无线电百货的小老板在完成了培训后开了一家油漆店。麦克利兰得出结论："培训让成就导向的活动翻了一番。"

如果跨国人力资源管理者不能改变环境或培训员工的话，就必须适应当地的特定条件并据此制定激励战略。在许多情况下，这要求将需求层次结构和成就激励方法相结合。霍夫斯泰德针对图 12-7 中的各象限国家或地区提出以下建议：

> 在偏女性化的国家……要注重生活的质量而非绩效，注意人际关系而非钱和其他。这就是社会激励：生活质量加保障和生活质量加冒险。

如果是喜欢变革的国家将其价值观与图 12-7 的其他象限的价值观相整合的话，那么挑战将更大。

总之，成就激励理论为如何在全球激励员工提供了新的启示。然而和需求层次理论以及双因素理论一样，它也必须适应当地特定的文化。虽然许多国家的文化不提倡高成就感，但是英美体系的国家以及推崇企业家精神的国家的文化高度崇尚高成就，这些国家的人力资源就可以据此激励。

12.5　过程理论

虽然内容理论在解释跨国人力资源管理中的激励时是有用的，但过程理论也能很好地帮助我们理解。如前所述，过程理论是解释员工的行为怎样开始、改变和中止的。许多这样的理论已被用来分析跨国背景下的激励，最广为接受的理论包括公平理论、目标设定理论和期望理论。下面简要分析这三个理论及其与跨国人力资源管理的相关性。

12.5.1 公平理论

公平理论（equity theory）关注人们对公平的感知如何影响激励。该理论认为，如果人们感到他们是被平等对待的，就会对工作表现和满意度产生正面的影响，没必要去追求公平。相反，如果人们感到没有获得公平待遇，尤其在与相关人员对比时，他们就会不满意，对工作表现也会产生负面的影响，会力争公平。

有相当多的研究支持西方工作组内的基本的公平原则，然而当该理论在国际范围内检验时，结果却是不清晰的。例如，Yuchtman 研究了以色列集体农场工作组里管理者和非管理者的公平感觉。在这个工作组里，每个人都被同样地对待，而管理人员表现出了比工人更低的满意度。这是因为管理人员认为他们的贡献是高于非管理者的，然而得到的工资却与价值和努力不匹配。这些发现支持了公平理论的基本观点。

一项假定西方都是个人主义而东方都是集体主义的研究表明，不同的文化在看待公平的原则时既有相似之处，也有不同的地方。公平原则包括员工的投入、随后的回报、用来对比的对象和改变在对比中可能存在的不公平待遇（如同事或在类似岗位上工作的员工）的动机。表 12-6 展示了对比的主要内容。

表 12-6　个人主义和集体主义下的公平原则

内容	西方（个人主义）文化	东方（集体主义）文化
投入	努力	忠诚
	智力	支持
	教育	尊敬
	经验	在组织内的任期
	技能	组织地位
	社会地位	团队成员
回报	工资	与组织关系融洽
	自治	社会地位
	资历	赞同
	超额收益	组织团结一致
	职位	凝聚力
	权力的象征	
对比对象	情境	团队
	周围的事物	类似企业
	工作方面	组织内类似的产品 / 服务
	个人方面	地位
	性别	工作
	年龄	任期
	岗位	年龄
	职业水准	岗位
改变不公平的动机	改变个人的投入，通过抗议来改变回报	组织团队改变对比的对象
	心中故意扭曲投入产出比	心中故意扭曲组织内的投入产出比
	离职	改变个人投入
	改变对比对象	心中故意扭曲投入产出比

资料来源：Adapted from Paul A. Fadil et al., "Equity or Equality?...," *Cross-Cultural Management* 12, no. 4 (2005), p. 23.

另外，很多研究质疑公平理论在解释国际范围内激励时的相关性，也许该理论最大的缺点是其受文化的约束。例如，公平理论假定当人们认为没有被平等对待时，他们会采取措施减少不公平，典型的方式包括做更少的工作，向上反馈不公或到另一部门去。然而在亚洲和中东，雇员会欣然接受这种不公平以保持组织和谐。在日本和韩国，男性和女性做相同的工作却得到不同的报酬，但由于多年的文化环境影响，这些女性并没有感到不公平。一些研究者解释，这些文化环境中的女性只是和其他女性相比较，所以在这点上她们感到是被公平对待的。这也许是正确的，但上述结果仍旧表明，公平理论在解释激励和工作满意时不是普遍适用的。简而言之，该理论有助于解释为什么"同工同酬"在美国和加拿大等国家是一个指导性的激励原则，而在世界其他地方比如亚洲和拉丁美洲作用就有限，这些国家的传统文化让人们可以接受工资上的性别歧视。

12.5.2 目标设定理论

目标设定理论（goal-setting theory）关注个人怎样设定目标并实施，以及这个过程对于激励的整体影响。目标设定理论的一些特定方面比较受关注，包括目标设定的参与程度、目标难度、目标特征、目标重要性以及向目标迈进过程中的定期反馈等。与很多激励理论不同的是，目标设定理论一直在完善和发展。相当多的研究证据表明，当员工参与到目标设定过程中，并被分配到具体的、有挑战性的目标时，他们就会表现得极为优秀。然而，大多数研究是在美国进行的，极少数在其他文化背景下进行。一项在国际背景下分析目标设定的研究着眼于挪威员工在目标设定中的参与度。他们发现挪威的员工回避参与，宁愿让组织的代表与管理层在决定工作目标时进行合作。研究者因此得出结论：对于目标设定而言，个体决策与组织代表决策各有千秋。在美国，目标设定时的员工参与是激励性质的，然而这对挪威员工没有任何价值。

厄利（Earley）报告了与挪威研究相似的结果，他发现相对于管理层主导的目标设定程序，英国的员工更倾向于由组织中的管理者所主导。据此厄利得出结论，目标设定中的参与等管理观念在不同文化背景下的可转移性会受到主流工作规范的影响。为了更深入地检验该命题，艾雷兹（Erez）和厄利研究了美国与以色列的情况，发现在两种文化中，组织参与比高层管理者直接分派能带来更高水平的目标赞同和工作表现。换句话说，目标设定理论的价值是由文化决定的，例如在亚洲和拉丁美洲工作组的案例中，集体主义观念很强，因此该理论在特定国家对跨国公司管理人员的价值可能较为有限。

12.5.3 期望理论

期望理论（expectancy theory）假定一个人认为：①努力会带来好的绩效；②好的绩效能够带来特定的产出；③这些产出对个人而言是有价值的。激励在很大程度上受到个人上述信念的累积综合影响，而且该理论预计，好的绩效产生的高回报会带来高满意度。该理论是不是广泛适用的？伊登（Eden）运用它研究了以色列集体农场中的工人并发现了一些支持证据。Matsui及其同事认为该理论在日本能够成功应用。另外，重要的是期望理论建立在员工对其所处环境能够实施相当控制的基础上，这种情况在世界上的许多文化中是不存在的，特别是在人们认为大多数发生的事情会超出他们控制的社会中，该理论的价值就更小了。看起来期望理论最能够解释内部集中控制较强的文化中的员工激励，如美国。简而言之，该理论似乎是受到文化约束的，国际管理者将该理论运用于人力资源激励时必须注意到这一点。

12.6 激励理论的运用：工作设计、工作重要性和报酬

内容和过程理论对于跨国管理中人力资源激励的洞察与理解具有重要意义，工作设计、工作重要性和报酬等概念也是如此。

12.6.1 工作设计

工作设计（job design）包括设计工作内容、工作方法以及此工作和组织中其他工作之间的关系。典型的工作设计表现为设计要干的工作以及管理者所希望的工作执行方式。这些因素表明，为什么在不同的国家同样的工作对人力资源的激励会产生不同的影响以及导致不同的工作生活特性。

工作生活特性（quality of work life，QWL）在全球是不同的。例如，日本的装配工人会长时间紧张工作且对工作没有自主权；而在瑞典，装配工人工作不紧张且有大量的自主权；美国装配工人的工作介于日本工人和瑞

典工人之间，他们常常不会太紧张，同时自主权也没有瑞典工人高。

是什么造成了这些不同？答案就是文化。工作生活特性和文化直接相关。表12-7运用了第4章使用的四个文化维度比较了美国、日本和瑞典。我们可以简单地看出，每个国家各有其不同的文化结构，这解释了为什么不同国家对相同工作有不同的设计，装配线工作就是一个很好的可比的例子。

表 12-7　日本、瑞典和美国的文化维度

文化维度	维度等级		
	高 / 强 X ←	中等 —X—	低 / 弱 → X
不确定性规避	日本		美国　　　瑞典
个人主义	美国	瑞典	日本
权力距离		日本　　　美国	瑞典
男性化	日本	美国	瑞典

资料来源：From Geert Hofstede, "The Cultural Relativity of the Quality of Life Concept," *Academy of Management Review*, July 1984, pp. 391, 393.

在日本，人们有较强的规避风险心理。日本人喜欢固定的工作任务，如何干和怎么干都是清楚的；个人主义倾向较低，因此很强调保障，不提倡个人冒险。其权力距离很高，因此日本人习惯于听从上级的指挥；日本的男性化较高，这表明他们重视金钱和其他成功的物质表现。在设计工作时，工作要结构化，这样工作可以在文化的约束下完成。在日本，管理者对下级非常严格。尽管通过质量圈的广泛使用，日本工人贡献了许多有用的主意，但他们在组织内很少有发言权（这和大部分媒体描述的误导画面相反，在媒体的描述中，日本公司是高度民主的、自下而上的管理），并且日本公司十分依赖金钱奖励，正如事实所表明的，日本员工重视金钱激励的程度超过了其他任何发达国家。

然而瑞典人风险规避心理不强，因此工作描述、政策手册以及类似与工作有关的材料更加开放和通用，这一点和日本详细的规程资料正好相反。另外，瑞典工人被鼓励去决策和冒险。瑞典人表现出一种中到高的个人主义，这反映在他们对个人决策的重视上（这与日本的集体决策形成对比）。权力距离较低表明，瑞典管理者用参与的方法来领导。瑞典人男性化得分较低，表明在瑞典，人际关系、人际交往能力以及讨论与工作有关的事情是重要的。这些文化因素导致了其工作设计与日本有极大不同。

美国的文化特征相对日本而言与瑞典更为接近。另外，除了个人主义，美国其他各项指标都介于日本与瑞典之间（再看表12-7）。这表明美国装配线工作设计比日本更为灵活和不固定，而比瑞典严格。

在这三个国家中，其他工作设计也是这样。所有工作设计都反映着国家的文化。跨国公司面临的挑战是调整工作设计使其与东道国文化相适应。例如，日本的公司进入美国后，常会惊奇地发现人们反对太严格的控制。事实上，有证据表明，在美国获利最多的日本公司是那些大量放权给美国管理者的公司。同样，在瑞典的日本公司发现，工作生活特性是员工的一个主要关注点，要想取得成功，就必须有宽松的环境和高参与的管理风格。社会技术工作设计提供了一些好的例子。

12.6.2　社会技术工作设计

社会技术设计（sociotechnical design）是使人力和技术得到综合体现的工作设计。这项设计的目标是将新技术应用于工作，这样工人会接受和应用新技术，使整体生产效率提高。因为新技术常常要求工人学习新的方法，有时候还要加快工作速度，所以这时员工的抵制是意料之中的。有效的社会技术设计能克服这些问题。这里有许多好例子，最著名的是瑞典汽车制造商沃尔沃。

在卡尔玛工厂，沃尔沃引入了反映工人文化价值观的社会技术变革。他们组建了自治工作小组，自治工作小组可以自主选择监管者并自主规划和检查自己的工作。尽管有每周的整体目标以及每组的期望目标，但每组还是可以按照自己的节奏工作。结果非常好，并且沃尔沃还用更复杂的社会技术工作设计概念组建了另一个工

厂。然而近年来，沃尔沃工厂的这种设计仍然没有避免问题的滋生。日本和北美的汽车制造商都能在更短的时间内造出汽车，这使沃尔沃处于成本劣势，它不得不裁员并采取措施提高效率。

在不牺牲效率的情况下，为了更好地融合人力及技术，许多公司引入了社会技术设计。比较著名的例子就是美国通用食品公司（General Foods），它在堪萨斯建立了自治小组，生产佳乐滋宠物食品。和沃尔沃一样，通用食品允许工人共担责任和风险，并让他们在高度民主的氛围中工作。其他的美国公司也选择了设立自我管理小组的方案。事实上，研究表明，自主多功能团队概念在美国、日本和欧洲的成功运用，比其他理念更为有效而广泛。然而，使用时必须根据文化进行调整。即使是引起广泛注意的美国通用食品的方案也有一些问题。一些员工指出这个方案在逐步遭受侵害，因为方案缩小了管理者的权力、权威以及决策的灵活性，一些管理者公开反对。最理想有效的局面是工作任务和文化价值观念相辅相成。对跨国公司而言，挑战就是使设计和文化相适应。

同时我们必须认识到，在许多跨国公司里，工作流程定义正在代替功能性定义，由此产生的水平化结构尤其强调沟通和团队协作。这个方法同样有助于建立和保持与其他公司的联系。

12.6.3　工作重要性

工作重要性（work centrality）可以被定义为，工作与个人生活中的其他兴趣（如家庭、宗教、空闲）的相对重要性。它为在不同的文化中激励员工提供了重要的启示。通过文献回顾，Bhagat 及其同事发现日本人工作重要性最高，南斯拉夫 ⊖ 和以色列人的工作重要性中偏高，美国和比利时中等，荷兰和德国中偏低，英国最低。换句话说，这些结果表明，在日本的跨国公司想要成功，必须意识到日本员工将工作排在第一位，但是美国员工除工作外还有其他的兴趣。不幸的是，日本的低出生率造成劳动力短缺，这使日本公司运作日益艰难。于是，越来越多的公司正在努力将法定退休年龄从 60 岁延期到 65 岁，并且除了美国劳工之外，日本工人付出了最多的时间。

1. 工作的价值

尽管工作对大多数人来说是生活的重要部分，但这里面仍有许多错误的观念。例如，美国人和日本人进行长时间工作是因为生活费用昂贵和打短工者没有机会拥有闲钱。大多数日本管理者要求下属加班却没有加班费，这已经是常规操作。另外，也有资料表明，日本工人在工作日的工作量远远少于外界的猜测。

许多人没有意识到这些事实，而误解了为什么日本人如此努力地工作以及工作对于他们的重要性。德国人和美国人也是一样的道理。最近几年，当美国人的年工作时间在增长的时候，德国人反而在下降。产生这种趋势的原因是什么？一些观察者试图从文化角度来解读，他们认为德国人更注重生活方式，相对于工作而言，他们宁可选择休闲，而美国人则相反。事实上，研究也显示了文化可能一点作用也没有。美国国家经济研究局（NBER）的一项研究表明，美国公司的薪金差异幅度比德国公司更大，这种巨大的薪金悬殊对美国工人努力工作形成了激励。表 12-8 比较了美国和德国的起薪水平。特别是一些美国工人相信，如果更加努力地工作，酬劳与晋升机会都会增加，并且有历史数据支持这种观念。通过分析美国工人与德国工人的历史，国家经济研究局的研究员估计，美国工人每增加 10% 的工作时间，比如从每年 2 000 个小时到 2 200 个小时，将增加 10% 的未来收入。

表 12-8　2016 年起薪水平：美国和德国

工龄	美国（美元）	德国（美元）	工龄	美国（美元）	德国（美元）
1	18 343	25 405	6	31 504	30 518
2	20 623	25 405	7	35 009	31 072
3	22 502	26 268	8	38 771	33 114
4	25 261	27 448	9	42 823	35 318
5	28 282	29 260	10	47 158	39 794

⊖　已解体。

（续）

工龄	美国（美元）	德国（美元）	工龄	美国（美元）	德国（美元）
11	51 811	41 295	14	87 263	56 966
12	62 101	42 701	15	102 646	71 691
13	73 846	51 571			

资料来源：https://www.opm.gov/policy-data-oversight/pay-leave/salaries-wages/salary-tables/pdf/2016/GS.pdf and calculated from http://oeffentlicher-dienst.info/beamte/land/.

很明显，除文化因素之外，性别、行业及组织特征等其他因素也会影响一个国家内工作重要性的程度和类型，这些因素反过来也会与国家文化特征相互作用。研究者曾以工作家庭各自的重要性和投资为指标，检验了以色列高技术行业中男性和女性所扮演的父母角色的影响（例如，一方面是家庭中心型的以色列社群，另一方面是工作中心型的以色列社群）。研究发现男性和女性的结果迥然相异。有孩子的男性比没有孩子的男性表现出了更高的工作重要性。有孩子的男性比没有孩子的男性在每周有偿的工作上投入了更多的时间。女性比男性更重视家庭的重要性。女性与男性相比，在照顾孩子及做家务方面投入了更多的时间。一个很重要的发现是女性期望有更多的工作时间，以减少她们的家庭事务时间，这种对比在高科技行业是很普遍的。

另外，许多人认为工作是生活不可缺少的一部分。但是以日本工人为例，他们过度工作对身体健康的影响越来越受到人们的重视。日本政府的一份报告称，在上班族中有 1/3 的人群遭受长期疲劳的折磨。由日本首相办公室所主持的调查表明：被调查者中大部分觉得长期疲劳，精神紧张，其中一些人还抱怨工作环境不好。幸运的是，伴随着日本**过劳死**（karoshi）的出现，过度工作的影响正逐渐成为社会问题的焦点。其他致力于发展的亚洲国家的劳动者同样在承受着工作的压力。筋疲力尽、滥用药物、饮食没有规律、抑郁、顾不上家庭，部分亚洲的劳动者正在重演典型的西方式过度工作并承受着由此带来的工作压力。但当人们变得虚弱和困窘时，有些人却碍于面子而不去寻求心理咨询。同日本人一样，中国人已经发现了问题，并在寻求缓解压力的方法。

|国际管理实践 12-2|

过劳死：日本式的压力

在日本工作可能真的很要命。根据 Hiroshi Kawahito 律师的统计数据，在日本艰辛、竞争的经济社会中，每年有 10 000 人处于过度工作或者过劳死的状态。

其中一个例子是日本三井公司的 Jun Ishii。Ishii 是公司唯一的俄语发言人。在他去世之前的那一年，Ishii 去了俄罗斯 10 次，累计 115 天。每次他一回家，公司的派遣就又来了。艰辛的步伐敲响了警钟。在派遣途中，Ishii 死于心脏病突发。他的遗孀起诉了三井公司，认为其丈夫死于过度工作，并要求赔偿。东京劳动监管部门认定 Ishii 死于过度劳累，政府现在每年支付工人赔偿金给其遗孀。公司也同意一次性支付 24 万美元的赔偿金。

这件事之所以引起如此大的公众注意，是因为这是为数不多的一起政府裁定一个人死于过度工作的事件。现在劳动监管部门正在扩大过劳死的赔偿范围，正式员工和临时工都能得到保障。这引起了许多日本跨国公司的注意，一些日本跨国公司开始采取措施以防止过度工作。例如，三井公司现在评估管理人员的基础，是他们如何设定加班时间、保证下属健康、鼓励员工度假。松下电器公司已经将员工的年假由 16 天延长到 23 天，并要求所有的员工在这段时期休假。日本电报电话公司发现压力使员工易怒、生病，因此公司建议员工抽出时间沉思冥想。其他公司也纷纷效仿，但仍然有许多公司的员工处在水深火热中。

不过积极地看，Ishii 案例为许多日本员工带来了工作条件的改善。然而专家认为，很难决定过劳死是由于工作要求还是与工作相关的深夜应酬。其他可能的原因包括高度紧张、缺乏锻炼、不健康饮食，但无论是何种原因，有一件事是很清楚的：越来越多的日本家庭不再愿意忍耐过劳死是员工必须接受的风险。工作可能是杀手，但是这种结果可以通过认真进行工作设计及工作流程来预防。

与此同时，研究报告表明，这还有很长的路要走。例如，在日本的佐久（Saku）这座城市的主要医院中，有32%的患者因为慢性疲劳综合征正在接受内科和精神科的治疗，这是一种持续六个月或以上时间，严重持续疲劳，未发生任何器质性病变的疾病。日本医生将这种慢性疲劳综合征归因于压力。此外，在漫长的经济低迷期，越来越多的商人发现自己正遭受这种症状的折磨。更糟糕的是，越来越多的职员出现了酗酒的问题。在过去的40年里，大多数国家的人均酒精消耗量都在下降，日本却上升了4倍。日本的人均酒精消费量与美国相当。即使这样的对比也有误导性，因为研究人员发现，大多数日本女性根本不喝酒，但日本50多岁男性的饮酒量是同等年龄段美国男性的两倍多。此外，年轻的日本员工认为饮酒是必要的，他们中一部分人也有酒精的烦恼（强迫饮酒）。

对于日本企业和政府来说，应对过度工作任重而道远。长期以来，除了压力会导致酒精消费外，商业文化将喝酒作为一种经商和融入社会结构的方式，也会刺激酒精消费。

资料来源：Michael Zielenziger, "Alcohol Consumption a Rising Problem in Japan," *Miami Herald*, December 28, 2000, p. 10A; Howard K. French, "A Postmodern Plague Ravages Japan's Workers," *New York Times*, February 21, 2000, p. A4; William S. Brown, Rebecca E. Lubove, and James Kwalwasser, "Karoshi: Alternative Perspectives of Japanese Management Styles," *Business Horizons*, March-April 1994, pp. 58-60; Karen Lowry Miller, "Now, Japan Is Admitting It: Work Kills Executives," *BusinessWeek*, August 3, 1992, p. 35.

2. 工作满意度

除了对工作评价的研究能在世界范围内用于激励员工外，另一个有趣的对比就是各国的工作满意度不同。例如，研究发现日本办公室职员的工作满意度要比美国、加拿大、欧盟的办公室职员低得多。在研究中，美国是工作满意度最高的国家。美国人对工作挑战、团队协作的机会、在工作中有重大贡献的能力等很满意。然而，日本员工对这三项最不满意。卢森斯及其同事也在跨文化研究中得出相似的结论：美国员工比日本和韩国员工有更高的组织承诺。更有趣的是，被调查的大部分日本和韩国的员工是管理人员，他们被期望比非管理人员有更高的组织承诺，同时这些日韩员工中大部分是终生雇用的。这项研究也表明，在跨国研究中，与工作满意度相关的经验研究结果和期望的不一样。

常识在跨文化研究中往往不那么正确。研究发现，当日本工人原来的工资就比较高时，如果获得更高的工资，其工作满意度、士气、组织承诺和留在公司的意愿却在下降。这和美国工人形成强烈对比，美国工人没有这种负面情绪。这些研究表明，在某种文化中行之有效的激励方法在另一种文化内可能作用有限。

卡卡巴德斯（Kakabadse）和迈尔斯（Myers）的研究同样说明常识的错误。这些研究者调查了英国、法国、比利时、瑞典和芬兰的管理者的工作满意度。我们常常认为高层的满意度最高。然而研究发现，国家不同，管理者的满意度也不一样。研究者认为：法国和芬兰的高层管理者的工作满意度比其他国家要高。就满意度和组织承诺而言，英国、德国和瑞典管理者的组织承诺最高。同样，英国和德国管理者强调其工作最紧张，但是法国的高层管理者认为他们的工作缺少挑战和激励。再看和工作相关的其他要素，法国管理者因为对工作环境、条件不满而有离职的愿望。

研究者还发现一些在美国能建立员工组织承诺的因素在其他国家也起作用。例如，对韩国员工（来自8个主要行业、27家公司的1 192名员工）的大规模调查发现：与美国的调查结果相似，韩国雇员在组织结构中的位置、当前职务的任期和年龄都与组织承诺有很大关系。同时与美国的调查结果还近似的是，当韩国公司规模变大时，其员工责任感就下降，而对公司内部氛围感觉越好，其组织承诺越强。换句话说，这至少验证了对组织承诺进行预测的理论方法在许多国家都有用。

同样，与激励相关的是对工作生活品质的意见。研究表明，欧盟员工认为工作成果和自身能力有强联系。美国员工则不然，而日本员工更不这样认为。

这个发现提出了一个和激励有关的有趣的问题：日本、美国和欧洲的员工在一起的话将如何有效合作。一些研究者提出，如果工作观念不同，日本公司如何与欧美公司建立有效的战略联盟。Tornvall开展了一个有关五家公司的细致研究后得出结论：各公司运用的方法都有长处。这五家公司是：Fuji-kiku（日本汽车备用零件商）、丰田汽车公司、沃尔沃、萨博汽车公司和通用汽车。他建议合作伙伴要寻求一种"协同的平衡"。表12-9是他的一些建议。

表 12-9　合作伙伴如何达成"协同的平衡"

应回避的	努力的方向
以逻辑和理性为中心，以个人为本位的思考	用更神圣、理想化、集体思考的方法来解决问题
将工作看作是必要的负担	将工作视为挑战性的和有助于个人发展、成长的活动
不愿承担风险，对其他人有不信任感	对合作、信任以及个人对他人关心的强调及重视
对事件过分的追究，从而在调查中使正常工作受阻	建立在自觉和实用基础上的方针
对控制的强调	对灵活性的强调

在很大程度上，这些变化都需要三方——美国人、欧洲人、日本人改变其工作方式。

总之，我们必须记住，在每一个社会中工作都是重要的。然而，其重要的程度不同。我们所知道的工作激励的大部分知识与具体的文化有关。跨国管理要注意的是，尽管激励的过程是一样的，但激励的内容在文化与文化之间并不一样。

12.6.4　报酬系统

除了内容和过程理论，激励当中一个重要的组成部分就是报酬。管理者随时随地用报酬来激励自己的员工。有时候是财务上的报酬，比如增加工资、奖金、股票期权；有时候也可以是非财务的，比如反馈和认可。对国际管理者而言，报酬系统在不同国家的巨大差别是其面临的主要挑战，很可能这种报酬系统在一个国家是最好的，在另一个国家别的报酬系统才是最有效的。这种差别可能部分是由于竞争的环境以及政府的立法，这些立法规定了诸如最低工资、养老金、奖金的要求。另外，这种差异可能更多地应归因于文化。例如，许多美国公司乐意运用以贡献为基础的报酬系统，而在日本、韩国的公司里个人主义并不是很强，它们认为这种报酬系统是对公司文化以及传统价值观的严重破坏。

12.7　激励和文化

运用财务因素来激励员工是非常普遍的，特别是在个人主义盛行的国家。在美国，一部分 CEO 一年有超过 1 亿美元的收入，而这些收入来自奖金、股票期权和长期性的支付。这种报酬系统在那些试图将报酬和绩效联系起来的公司中是非常普遍的。这种系统包括了从基于个人因素的支付（比如工人直接的产量）到基于系统因素的支付（比如个人的奖金建立在组织业绩之上，诸如销售成长、年收入或者整体的利润）。这样的报酬系统是为了强调公平，然而它们并不能被普遍接受。

在许多文化中，报酬应基于团队的努力。在这种情况下，如果报酬系统强调平等，员工就将抵制个人激励计划的实施。美国的一家跨国公司对其丹麦子公司的销售代表实行一项基于个人的奖金系统，但是销售的压力使这项提案搁浅，因为它仅仅使一个小组获得好处，而员工普遍认为大家应该获得相同的奖金。万斯（Vance）和他的伙伴还告诉我们另外一个例子，印度尼西亚的石油工人拒绝一项与业绩相联系的支付系统，因为这个系统将导致一些团队比其他团队获得更多的金钱。

虽然财务报酬诸如工资、奖金、股票期权都是重要的激励因素，但在许多国家，许多其他因素也激励着员工。西洛塔（Sirota）和格林伍德（Greenwood）研究了一个拥有 40 个国家业务的大型跨国电器制造商的操作工人，他们发现在所有地方，最重要的报酬包括认同和成就；第二重要的就是包括工资和工作时间在内的工作条件及环境的改善。除此之外，尚有的差异在于对报酬类型的偏好不同。比如，法国和意大利的员工更看重工作的安全性，但美国和英国的员工基本不重视这一点。斯堪的纳维亚半岛的员工注重其他人对其工作的重视、个人的自由和自治权，但他们并没有把领先看得很重。德国工人把安全、边际利益以及领先看得很重要，但日本员工则注重好的工作条件和舒适的工作环境而不太注重个人的提升。

很简单,对激励的评价受到文化的影响,更有甚者,文化还影响到整个激励系统的成本。在日本,试图引进西方风格的报酬系统将导致劳动力成本的整体增加,因为管理者无法减少对低工作效率工人的支付,唯恐这样会使他们丢面子,从而破坏团队的协调。这样的结构就使每个人的工资都增加。文化同样也影响着利润,因为人们会倾向于在一个有利于自己的管理系统下表现得更好。Nam 研究了两家在不同管理系统下的韩国银行。一家是与美国银行合资的,另一家是与日本银行合资的。美国银行照搬自己的管理实践和人事政策,日本银行则将日本和韩国的人力资源管理政策进行了一个综合。Nam 发现,与日本合资的银行员工相对于与美国合资的银行员工对组织有更强烈的承诺,并且日本合资银行有更高的财务业绩。

报酬系统有时也能被移植得很成功。韦尔什、卢森斯和萨默研究了一家俄罗斯纺织厂中普通的西方式激励系统的有效性。他们发现偶尔给予的附加报酬以及来自管理者的积极肯定与注意都明显提高了工作业绩,然而参与式技术几乎对工作行为和业绩没有影响。非常相似的是,许多人一直认为大型的年度财务一揽子计划和"金色降落伞"(golden parachutes)仅仅在美国公司发生,事实上,这是错误的。许多跨国公司的高层管理者都能获得巨额收入,特别是在欧洲,由于到期和收购的存在,执行总裁运用财务一揽子计划的行为正变得越来越普遍。也就是说,选择何种报酬方式是没有文化界限的。

然而,总的来说,文化对各式各样的报酬系统的有效性产生了巨大的影响,在一个国家有效的措施也许在另一个国家就无效。比如,研究者发现,瑞典工人如果表现好的话,他宁愿选择休假而非金钱;但如果一个日本工人业绩比较好的话,他就倾向于选择财务激励。当然这种激励是建立在团队而非个人基础上的。意识到工人选择某种激励形式而非其他形式的原因也是很重要的。比如,选择休假而非要求更多金钱并非立即就表现得很明显,或者说很难直接观察到。例如,日本工人倾向于每年只休一半的假期,而法国、德国工人则会休完全部的假期。许多人认为这是因为日本人想赚很多钱,但本质原因是他们认为一次休完所有的假期就显示了对工作团队缺少责任感。过度工作也是同样的道理,那些拒绝加班的人被认为是自私的。这种文化价值观所造成的结果之一就是过劳死。

|国际管理世界| 回顾|

开篇案例告诉我们,了解激励员工的潜在因素和员工满意度的来源对跨国公司而言非常重要。本章还讨论了导致员工满意或不满意的各种因素,以及这些因素在不同国家和文化中的区别与联系。如果忽视了这些至关重要的问题,公司将承担失去大量优秀员工的风险,并将花费大量的成本去进行新的招聘、培训和安置新手。

某些国家的劳动者曾被跨国公司承诺的诱人的薪酬和灵活的晋升机制所吸引,但是对于这些承诺,跨国公司缺乏制度上的跟进,所以现在许多员工已经变得没有耐心。跨国公司在刚进入其他国家的时候也许会通过支付基本的工资来节约成本,但也要考虑到为留住核心人才所必须支付的成本。直到现在,这些公司吸引员工的手段还只是简单地提供有竞争力的薪酬,但也有越来越多的公司认识到工作环境、和谐的家庭关系和继续教育机会这些无形因素的价值。尽早识别当地的文化环境能够帮助跨国公司发展,这也许是跨国公司的长青之道。

跨国管理者的挑战是在公司开展业务的每一个地域,提供与当地员工或团队需求相符的一系列激励措施。为了应用这些观点,请回答以下的问题:①跨国公司运用了哪些方法成功有效地激励了欧洲的员工?中国呢?东南亚(印度尼西亚)呢?②哪些因素可以激励知识技术型员工(也许这些因素对其他员工而言并不奏效)?③什么优势让员工更愿意为真正意义上的全球性跨国公司工作(较之于一家业务区域只在北美的跨国公司而言)?

本章小结

1. 解释激励的理论基本分为两种类型:内容和过程。由于内容激励理论提供了在特定国家和地区激励人力资源的复合方法,它们在跨国人力资源研究中受到了更多的重视,而且内容激励理论可以更直接地用于实践以提高人力资源的绩效。

2. 马斯洛需求层次理论在许多国家开展过研究。研究者发现不管在哪个国家,管理者都必须关心其员工这些需求的满足程度。

3. 一些研究者认为在研究国际环境中的激励时，满足程度并不十分有效，因为一个国家甚至一个组织中有许多不同的亚文化。这些研究者认为根据工作类别来研究激励更有效，因为工作层次（管理者和操作工人）和需求层次结构之间存在已确立的联系。

4. 和马斯洛需求层次理论一样，赫茨伯格双因素理论也在国际范围内引起了广泛关注。他在美国的研究结果被运用到其他国家。与工作满意度相关的跨文化研究也开始开展。资料显示，工作内容与工作外部条件相比对工作满意度有更强的作用。

5. 第三个在国际领域受到高度重视的内容激励理论是成就激励理论。研究表明，成就需要并不像以前认为的那样广泛存在。然而，在英美体系的国家中，文化支持人们成为高成就者。需特别指出，荷兰研究者霍夫斯泰德认为两个有关文化的指标，即不确定性规避和男性化，可以帮助判断社会文化是否提倡高成就。我们可以再一次得出结论：不同的文化中有不同的激励需要，国际管理者必须先确知文化的差异，再设计人力资源激励战略。

6. 过程理论也有助于在国际视角上理解激励理论。公平理论聚焦于员工的公平性认识对激励的影响，大量关于西方工作组的研究支持这一基础性的公平理念。但是，当这种理论在国际上被检验的时候，结果却是不清晰的。这个理论最大的缺点可能就是文化界限。比如，在日本和韩国，男性和女性即使做完全相同的工作，其收入也会不同。但这一点至少在两国女性看来，并不算不公平待遇。

7. 目标设定理论把焦点放在个人如何设定目标、如何反应以及这个过程对动机的整体影响方面。有证据显示，当人们负责确定的具有挑战性的目标，并且自己也参与该目标的设定的时候，其表现会非常积极。另外，目标设定理论大部分已经在美国施行，但在其他文化的国家中几乎很少看到。目标设定对

于个人影响的有关研究结果非常有限，而文化能够很好地说明这些结果。

8. 期望理论假设动机在很大程度上受到一个人信念的多重组合的影响，这个信念是：努力会有好的绩效；好的绩效能够带来特定的产出；这些产出对个人而言是有价值的。人们对这一理论的看法褒贬不一。许多研究者认为，该理论最好地解释了以内部控制点为特征的国家中员工的动机。

9. 尽管内容理论为激励人力资源提供了重要的启发，但我们也必须提及三个在激励时广泛应用并受到大量重视的方面：工作设计、工作重要性和报酬系统。工作设计意在团结员工整合工作，它受到文化和具体方法的影响。工作重要性用来解释和其他兴趣相比工作在个人生活中的重要程度。研究发现，工作逐渐成为一般美国人生活中相对重要的部分，而在一般日本员工生活中的重要性或许有所下降。研究结果显示，日本的办公室工作人员与美国、加拿大、欧盟的员工相比对工作最不满意。这些研究表明，跨国公司的激励方案必须照顾到不同文化下的特定需要。在报酬方面，这个观点也是正确的。研究显示，货币和非货币报酬所产生的动机价值受文化的影响。个人主义非常强的国家比如美国、英国倾向于个人激励；集体主义非常强的国家比如亚洲国家倾向于基于集体的激励。

10. 本章的重点是一些激励措施可能具有普遍的吸引力，但在更多的情况下，它们需要根据跨国公司所处的文化进行调整。研究显示美国的一些激励方式已经在俄罗斯成功运用。但对于已有的方式方法，还需要进一步创造性地调整。对国际管理者来说，关注员工激励的重要性是毋庸置疑的，而如何将激励理论恰当地运用到特定的文化中，是跨国管理者面临的严峻挑战。

复习与讨论题

1. 世界各地的人们的需求都和马斯洛需求层次理论中所描述的相似吗？激励问题具有一个普遍的假设或前提，你对这个观点怎么看？

2. 赫茨伯格双因素理论适用于全球的人力资源管理，还是只适用于英美体系国家？

3. 高成就者的主要特征是什么？以图12-7作为你的参考，选择一个可能有最高比例高成就者的国家。为什么会这样？你的回答对跨国管理有什么价值？

4. 一个美国生产商要在瑞典开设一家工厂，这家工厂必须了解瑞典的哪些工作生活特性？这些工作生活特性将对工厂的工作设计产生直接的影响，请举一个例子说明。

5. 一个美国企业在日本进行经营，它需要对日本的工作重要性有哪些认知？哪些信息对跨国公司是有价值的？相反，如日本公司在美国经营需要做哪些功课？请解释。

6. 在欧洲的管理操作中，过程理论、公平理论、目标设定理论或者期望理论中的哪种理论对美国管理者最有价值？为什么？

7. 在报酬因素对激励员工的作用方面，国际管理者需要了解些什么？文化在其中扮演了什么角色？

互联网应用

激励潜在的员工

跨国公司为了继续扩展，必须能够吸引、留住许多国家的高素质人才。能否成功做到这一点，激励方案有很大的关系，包括财务机会、利益、额外所得、有意义的工作、能够提高生产率以及工人积极性的工作。汽车行业是一个很好的跨国公司的例子，它们尽力增加其世界市场份额，所以对它们而言，员工的激励正引起越来越多的关注。到雀巢、联合利华和宝洁公司网站（nestle.com、unilever.com、us.pg.com）看一下职业机会。这些公司都提供了有关其公司的职业机会的相关信息。基于这些信息，回答以下三个问题：①激励新员工的哪些事项是三家公司都提供的？②以上三家公司哪一个有最好的激励方案？为什么？③宝洁公司与其欧洲竞争对手之间存在重要的不同吗？你能从这一点得出什么结论？

国际聚焦

印度尼西亚

东南亚千岛之国印度尼西亚坐落在赤道附近，横跨印度洋和太平洋，属典型热带雨林气候，多火山地震，拥有超过 14 000 个独立的岛屿，全国 60% 以上的地方降雨丰沛。印度尼西亚的国土面积相当大，大约是三个美国得克萨斯州，在生物产业方面也仅次于巴西。印度尼西亚的自然资源丰富，包括石油、锡、天然气、镍、钛、铝土矿、铜、肥沃的土壤、煤、金、银等。

2013 年，作为世界第四人口大国的印度尼西亚有 2.52 亿居民，每年人口增长率大约是 1%。统计发现这个国家的年轻人很多，超过 25% 的印度尼西亚人年龄都在 14 岁以下。在不同的人口分布区域，民族文化差异性较大。在宗教方面，大约 90% 的印度尼西亚人信奉伊斯兰教，这使印度尼西亚成为世界上穆斯林人口最多的国家。

荷兰在 17 世纪的早期殖民者，直到第二次世界大战日本占领该国之前一直控制着印度尼西亚。据估计，多达 400 万印度尼西亚人在占领期间死亡。"二战"之后，荷兰人一直控制着这些岛屿，直到 1949 年才最终将主权归还印度尼西亚。从 1949 年到 1968 年，这个国家基本处于苏加诺总统的独裁统治之下。直到苏哈托将军发动政变，"新秩序"政府时代由此开启。新政权开放了印度尼西亚和西方的贸易，但也深陷腐败。在亚洲金融危机之后，苏哈托于 1998 年辞职，并在 1999 年举行了民主选举。2014 年，印度尼西亚的 GDP 为 8 885 亿美元，人均 GDP 为 3 475 美元。在过去的几年中，印度尼西亚的经济每年保持 5% 的速度增长。

如果你是国际管理顾问

2016 年，印尼最大的电信公司 Indosat Ooredoo 与 IBM 合作，设计开发专门针对印度尼西亚企业需求的软件服务。这项价值 2 亿美元的五年协议最终目标是帮助企业简化业务流程，增加产量，促进创新。在过去的 20 多年中，现代技术在印度尼西亚应用得越来越普遍，而这一伙伴关系将继续推动企业增长。在与 IBM 合作之前，该电信公司试图开发和实施自己的云服务，但收效甚微。

这家电信公司是卡塔尔电信组织的成员。据报道，2015 年第三季度末，它有 6 900 万名订阅者，客户的数据使用量同比增长 55%，同期收入增长 10.5%。与 IBM 的合作使该电信公司能够利用 IBM 的基础设施进行服务。例如，IBM 全球技术服务将通过一个无与伦比的全球交付网络，提供端到端 IT 咨询和业务服务支持。

问题

1. 作为国际管理咨询人员，你如何看待印度尼西亚这家电信公司的这种合作关系？

2. 这种合作关系如何帮助 IBM？如果你是一位与该公司不相干的顾问，你会对扩大印度尼西亚国际贸易感兴趣吗？

第 13 章

跨文化领导

| 学习目标 |

领导力通常被认为是跨国经营成功与否的关键因素。如同管理的其他方面一样，在一种文化中行之有效的领导模式和实践，在另外一种文化中却不一定奏效。例如，美国的管理者所使用的卓有成效的领导方法，与世界其他地方的方法不一定相同。即使是同一个国家，有效的领导方法也会随着具体的情况而变化。不过，正如你在本书中所学习的其他国际管理领域一样，有一些领导模式和做法已经超越了国界。本章将对这些跨文化领导模式和做法的异同之处进行介绍。

首先，我们将回顾关于领导力的理论基础。其次，将比较世界上不同地区，包括欧洲、东亚、中东的领导实践，其中也包括发展中国家。最后，通过最新的关于跨文化环境中领导力的研究，分析几种不同类型的领导方式。学习本章的具体目标包括：

1. 描述管理中领导力的基本哲学观念和模式。
2. 考察欧洲管理者对领导实践的看法。
3. 分析和比较日美两国的领导风格。
4. 回顾中国、中东地区和其他发展中国家的领导方法。
5. 掌握关于跨文化环境中领导共性问题的最新研究和发现。
6. 探讨有效的领导实践行为与文化群的关系，进而解释为什么越来越呼吁负责任的全球性领导行为。

| 国际管理世界 |

全球领导力开发：新兴的需要

企业正在推进领导力开发计划，以解决未来管理者短缺的问题。正如《华尔街日报》2010 年 8 月的报道，由于经济低迷时的裁员和削减培训，潜在管理者的数量正日益减少。安利公司全球领导力开发部的经理拉里·卢克（Larry Looker）告诉报纸："我们已经多次身陷窘境：当公司试图开辟新市场时，找不到胜任之人。这是一个真正的弱点。"当安利公司需要一个国际部经理前往拉丁美洲进行市场扩张时，在其本土找不到合适的求职者。在经济不景气时，安利公司曾提出两个领导力开发计划。在 2011 年时，它准备重新开启培训未来管理者的项目。这释放了一个积极的信号。全球领导力开发计划是什么样的？在这些计划中，公司正在寻找的候选人应具备什么素质？参与此项计划对于个人来说有什么益处？为了回答这些问题，跨国公司应该进行详细研究。

聚集罗氏

全球医疗保健公司罗氏（Roche）拥有广泛的全球领导力开发计划。罗氏在全球 150 个国家拥有 81 507 名员工。罗氏对员工的培训包括语言课程、人际交往技巧培训及个别辅导、领导及变革管理计划。

罗氏在其网站上称："每一个罗氏的分支都有根据其地区需要及资源制订的培训和发展计划，并符合当地的法律规定。"例如，其上海地区的发展计划是"人力和领导力开发计划"。上海罗氏为其管理者提供了一个特别的培训计划，以强化其领导技能，例如战略领导，而且每一个员工都有个人发展计划。以罗氏 3E（经验、教育、展示）发展模型为基础，每一个员工都与其经理合作以定制一个发展计划。

针对未来的领导者，尤其是管理者，罗氏提供了两个清晰的领导力计划。

（1）领导影响。通过该计划，管理者能够构建：

- 人际管理技能（发展、辅导等）；
- 职能管理技能（专业知识和服从）；
- 领导技能（建立愿景、领导团队等）。

（2）卓越领导。通过该项计划，高层管理者能够：

- 根据自身角色保持诚实和坦率；
- 通过对等网络为其他人提供支持；
- 通过应对共同挑战加强集体合作。

而且在其母国瑞士，罗氏还有一个特别的全球领导力开发计划。其中一个计划已经在领英（LinkedIn）上卓有成效。下面的描述来自罗氏的全球人才加速开发计划。

我们的成功建立在创新、好奇、多样化的基础上，我们把彼此的差异视作一种优势。巴塞尔总部是罗氏最大的工厂之一，有来自 80 个国家的超过 8 000 名员工在那里工作。

全球人才加速开发计划旨在为罗氏的两个部门（药品、诊断）之一提供"快速入门"的经验。其目标对象是那些在职业生涯早期对公司做出卓越贡献的优秀人才。罗氏正在寻求精力充沛、来自全球的未来商界领袖。

意识到体验式学习和发展的核心重要性，该项目创造性地建立起宏大的全球化网络，让员工轮岗，进而积累各领域的经验和技能，这将是在快速变化的环境中进行一般性管理的职业所必须具备的培养过程。

开发计划的特征包括如下方面。

- 两年（短期合同）四次时间达六个月的外派（三或四次的国际外派）；
- 兼顾罗氏和员工自身发展需要，并考虑员工兴趣领域，量身定制开发计划；
- 多样化的经历：不同区域的商业、职能、国家、场所、市场、领导风格、商业和伦理文化；
- 提升领导力的培训；
- 个人发展辅导：开发前后详细的高级管理支持。

在这个计划中，罗氏正在寻求具有硕士学位和全球化思维，精通两种语言，有很强的领导潜力和商业头脑，以及出色的沟通技能的候选人。

员工开发所产生的结果

罗氏两名员工的经历说明了罗氏的培训项目的结果。

24 岁的卢西亚娜是罗氏诊断公司在巴西圣保罗的子公司的一名员工，她参与了罗氏的一个计划。作为该计划的一部分，她有机会在瑞士和英国的罗氏诊断公司工作。罗氏员工相信，"不同的工作经历及思考方式能够激励员工的创造力，促进他们的职业发展以及公司的发展"。

卢西亚娜非常认同。谈到自己的经历，卢西亚娜说："我无法用言语来描述它是如何改变我的人生观的，在罗氏公司两年半的时间里，我感觉自己获得了五年的成长。每天我都有机会成长，伴随着挑战性的方案，周围都是优秀的专业人士，我能够自由地表现自己，并且学会了如何更好地表现自己。"

泰甘·古柯尔已经在罗氏公司工作了 30 年了。他的职业"很少是安定的，每隔三到四年就会有职责的变化或国际流动"。他在罗氏公司的伊斯坦布尔、印度尼西亚以及瑞士总部工作过。现在，他主管中欧、东欧、中东、非洲、印度次大陆等地区的业务。目前他的工作是扩大市场，包括巴西、俄罗斯、印度、中国、韩国、墨西哥及其祖国土耳其。作为一名国际化经理，泰甘已经学会了适应。"一路走来，我不得不扩大定义成功的方式。有时，与前一个岗位相比，一个新角色的视野或预算变小了，然而员工数量及间接责任则变得无限广大。"

罗氏认为成功的关键在于："把有最先进技能和贡献的优秀人才放在合适的位置上，同时关注优先顺序。"而这需要优秀的领导力。因此，优秀的领导力对公司成功发展是至关重要的。当公司投资于全球领导力开发计划时，即是在投资公司的未来。

有效的全球化领导是跨国公司成功的关键竞争力，因此公司投资开发计划以确保有效的全球化领导。拥有能够帮助公司进入并运营新兴市场的领导者，对于公司来说是尤为重要的。在安利、罗氏及其他的跨国公司，这类领导者的短缺会限制其全球化增长的速度。如同许多跨国公司一样，罗氏为全球的员工开发了一系列正式的、结构化的方案。这些方案致力于提升员工的技能及能力，以增强公司在全球化环境中的文化敏锐性、适应性及效率性。在本章中，我们通过研究不同的领导风格来探索跨文化的有效领导。

13.1 领导力的基础

越来越多的学术研究更加关注领导力课题。许多历史、政治科学和行为科学中的问题都直接或间接与领导力有关。尽管多年来人们一直关注领导力问题，但是它至今仍没有一个被广泛接受的定义，更不用说让一个公司来回答哪种领导方法在国际舞台会更有效。尽管如此，就我们当前的目的而言，**领导力**（leadership）可以被定义为引导人们调控他们的行为，进而为达到某个或某些特定目标而努力的过程。领导力被公认为国际管理研究中非常重要的问题，这也引出了一个问题：做一个管理者和做一个领导者有什么不同？对于这个问题，目前没有确切的答案，由此也衍生出一些有趣并有益的观点。

13.1.1 管理者－领导者范例

虽然"管理者"和"领导者"这两个词在商业环境中经常互换使用，但很多人认为这两者在特质上和行为上都存在着区别。有些人认为领导者是天生的，而管理者是可以后天培养出来的。跨国公司仅通过适当的技术体系来挑选员工，这在目前已经不太适用了，它们应当阐明管理者与领导者这两个看上去不同的角色之间各自独特的部分和相互联系的部分，以确保形成长远的整体视角。

假定管理者拥有领导力，同时假定领导者具备管理者的素质，但管理者不具备领导者的特定素质。管理岗位往往包含着全部的责任。成功管理者所必需的特质可以通过学术学习、观察活动和训练习得。管理者的行为会相差很大，但是从最基础的角度来说，当他们面对变化，尝试保证工作的稳定性时，他们都是在遵从公司的目标和规则。从本质上来说，管理者是努力以正确的方式做事（而不是做正确的事）。很不幸的是，因为要一直关注哪些地方需要得到改进，这样做的结果往往是导致注意力集中在失败的事情上，从而忽视了成功的事情及对自己和他人的赞扬。

领导力很难说清，因为不同的研究表明，领导力的形成是不一致的。成为领导者并不是通过学习就可以，而是要不断地获得别人的尊重才能成为领导者。换句话说，领导者不是通过招聘而成为领导者的，而是要得到下属们的认可才可以。领导者需要指导和激励团队成员，这些努力是充分可见的。管理者往往更注重财务上的目标，而领导者则一直关注选贤举能、人尽其能，赚钱对他们来说是第二位的。积极主动的行为对领导者来说很重要，因为他们会创造变化并带来对未来的展望。总而言之，领导力就是做正确事情的动力。领导者关注的重点是团队成员的成功，激发并建立他们的士气。因为对于公司而言，实施和执行正确的战略是关键。

许多公司正开始寻找一套包罗万象的技能组合，而对于一个公司来说，管理者和领导者必不可少，但是要找到一个符合两种角色的包容性标准的人，即便不是不可能，也是极其困难的。尽管如此，仍有很多人希望寻找到一个拥有管理者－领导者共同特质的人，这些人可能通过特定的训练方法，最大限度地开发这种共同特质。管理者和领导者都应该发展有效沟通、计划、组织与解决问题的能力，才能胜任他们的角色。管理者－领导者应当能稳定当下，着眼未来，这样产生的号召力才能赢得下属的支持和尊重，毕竟领导者是否成功取决于下属的看法。

　　关于领导行为和管理行为是相互独立的，还是一方附属于另一方的讨论，都是值得商榷的。表 13-1 为我们展示了两者显著区别的要点。当一个不具备领导和管理复合能力的人去尝试同时担当这两种角色时，结果可能很糟。更糟糕的是运营中角色和行为的不匹配，会让下属觉得领导者不能胜任。然而，在本书我们关于国际管理的讨论中，有一点很重要：文化观点或许能够解释为什么管理者和领导者的角色有时有交叠部分，有时看上去一模一样。在一些文化中，尤其是那些具有高权力距离特征的文化中，无论管理者是否准备好，领导者的光环都会投射到他们身上。与此同时，全球化和国际运营正在演变，因为没有其他人或者其他选择，管理者可能会被迫扮演领导者的角色。今天，那些试图在预算收支平衡之外做更多事情的管理者，可能会通过适当的培训而成为未来的领导者。

表 13-1　管理者和领导者的区别

管理者	领导者	管理者	领导者
学习必要的技能	天生拥有一些特质	关注效率	关注效果
关注员工所处的状态	把员工带到新起点	被赋予权威	通过行动赢得尊重
站在较高的角度监督	激励员工	遵从公司目标	建立新的标准
对流程的改进进行指导	对良好的工作表现进行认可	从当下的观点看问题	以未来的观点看问题
处理复杂事务	处理不确定事件	以正确的方式做事	做正确的事
是各种真实情况的发现者	决策的制定者		

　　为了达到本书的研究目的以及面对国际背景下管理的多重挑战，我们可以假设两者在特征上有高度的重叠，这样国际管理者就会经常被要求扮演管理者－领导者或领导者－管理者的角色。实际上，在国际背景下，"监督者""领导者"和"管理者"这几个词是通用的。

　　领导力的定义可能并不是通用的，也很少有人对世界意义上的领导力进行系统研究或对比。大多数针对领导力的国际性研究囿于个别国家或是地域。通过研究两个比较性较强的区域，我们可以得到在国际视角上理解领导力的基础：①领导者看待下属的哲学观点；②领导者采用的领导方式：独裁式还是参与式。在美国使用的哲学观点和领导方式往往会与国外组织中的领导者采用的不同，虽然这种差异往往没有人们普遍认为的那么大。接下来我们首先回顾一下各种传统观点，之后将探索领导力研究领域新的发现。

13.1.2　理论背景：X 理论、Y 理论和 Z 理论

　　对于如何指导下属才最有效的认识是领导者行为的依据。认为下属天性懒惰，并且只为钱而工作的管理者，与认为下属是自发的、喜欢挑战、愿意承担更多责任的管理者相比较，采用的领导风格完全不同。领导理论研究的先驱道格拉斯·麦格雷戈（Douglas McGregor）将这两种观点假设分别称为 X 理论和 Y 理论。

　　X 理论管理者（theory X manager）认为人们本质上是懒惰的，必须采用惩罚作为强制和威胁他们工作的手段。信奉 X 理论的管理者或领导者相信：

（1）人们天性不喜欢工作，因此只要可能就将逃避工作。

（2）员工很少有抱负，总是试图逃避责任，并且喜欢被指导。

（3）员工的首要需求是工作安全。

（4）为了使员工实现组织目标，有必要采用惩罚作为强制、控制和威胁的手段。

　　Y 理论管理者（theory Y manager）认为在合适的工作环境中，人们不仅将努力工作，而且将寻求更大的责任和挑战。此外，员工大量的创造潜能基本上还没有被发掘，如果这些能力被开发出来，他们将提供更高质量和更多数量的产出。信奉 Y 理论的领导者相信：

（1）对于人们来说，在工作中付出体力和脑力就像休息或者玩耍一样，是十分自然的。

（2）外在的控制和威胁不是让人们为组织的目标而工作的唯一途径，如果员工投入其中，他们将自我引导和自我控制。

（3）人们对目标的投入程度取决于相关业绩的报酬丰厚程度。

（4）在正常的情况下，一般人不仅知道要接受责任，而且还寻求承担责任。

（5）在解决组织问题的过程中，对于较高水平的想象力和创造力运用的能力将在公司全员中广泛传播。

（6）在现代工业社会中，一般人的智力潜能仅仅得到部分发掘。

尽管如此，支撑上述信念的理由因文化而异。美国管理者相信要激励员工，必须满足他们较高程度的需求，这最好通过 Y 理论的领导方法来实现。俄罗斯的管理者同样如此。由 Puffer、McCarthy 和 Naumov 开展的一项调查询问了 292 名俄罗斯管理者对工作的信念。表 13-2 显示出了六组不同的回答。研究者指出：西方人越过俄罗斯管理者的成见，并更多地了解后者的信念是十分重要的，只有这样才能更有效地与其雇员及合资伙伴一起工作。很明显，认为俄罗斯管理者会强烈地坚持 X 理论，这可能是一个常见的假设，但也可能是一个错误的看法。

表 13-2　俄罗斯管理者关于工作的信念

A. 人本主义信念	一个人必须能忍受能独自工作才能出众
工作应该是很有意义的	人们只有通过依靠自己而不是他人的建议，才能对工作了解得更多
工作应当给予人们尝试新主意的机会	只要可能，就尽量避免依赖他人
工作场所可以是充满人情味的	人们应当尽可能不受他人的约束而生活
工作可以变得令人满意	**D. 关于员工参与管理决策的看法**
工作应当允许人们发挥自己的能力	在社会运作过程中，工人阶级应当有更多的发言权
工作可以成为一种自我表达的手段	如果工人能够在管理中发表更多的意见，工厂应会运行得更好
工作应当让人们不断学习新事物	在关于生产、财务和投资的决策中，工人应当更加积极地参与
组织工作时应当考虑到人性的自我满足	工人在公司董事会中应当有代表其意见的人
工作应当是有趣的而不是无聊的	**E. 关于闲暇的看法**
工作应当是获得新经验的源泉	倾向于更多的休闲不是一件好事（R）
B. 组织观念	更多的闲暇时间对于人们是有利的
允许团体在组织中的存在是非常重要的	闲暇时间增加对社会来说是不利的（R）
团队工作比单独工作好	闲暇时间的活动比工作更有趣
即使得不到个人荣誉，能够在一个组织内和大家一起工作并成为其中一员也是最好的选择	当前对于更短的工作周的趋势应当予以鼓励
一个人应当积极参加集体的所有事务	**F. 有关马克思主义的信念**
在任何组织内，团队是最重要的实体	工人得到了公平的社会经济报酬（R）
对团队的贡献是个人工作中最重要的事情	富人为了自己的利益而剥削工人阶级
工作是培养团队忠诚的一种手段	富人承担了这个国家生活负担中公平的份额（R）
C. 职业道德	最重要的工作是由工人阶级完成的
只有依靠自己的那些人才能在生活中获得成功	

注：1. 反映程度从 1（强烈反对）到 5（强烈赞同）。

　　2. R 表示反向打分项。

　　3. 六个信念集群中包含的 45 个独立项目以混合的方式呈现给受访者。

　　4. 在 Buchholz 最初的研究中，"参与"是马克思主义相关价值观的一个子集，但在他后来的著作中，"参与"被单独列示。

资料来源：Adapted from Sheila M. Puffer, Daniel J. McCarthy, and Alexander I. Naumov, "Russian Managers' Beliefs about Work: Beyond the Stereotypes," *Journal of World Business* 32, no. 3 (1997), p. 262.

X 理论或者 Y 理论的假设通常在管理者下达命令、获得 / 做出反馈以及营造贯彻上下的工作气氛之类的行为中显现出来。

威廉·大内（William Ouchi）提出了一个新的观点，他称之为"Z 理论"，这个理论将 Y 理论和现代日本管理技术联系起来。**Z 理论管理者**（theory Z manager）认为员工会主动寻找机会参与管理，并且会因为团队合作和责任分担而受到激励。信奉 Z 理论的领导者相信：

（1）人们作为总体（他们工作所在的组织）中的一员，有着强烈的使命感，并会因此受到激励。

（2）员工愿意承担责任，并且寻找机会在组织中得到提高。通过团队合作和对共同目标的努力，员工实现了自我满足并对组织做出了成功的贡献。

（3）学习不同业务内容的员工可以在组织中处于更好的位置，为更广泛的目标做出贡献。

（4）通过长期雇用员工，满足员工对安全的需求，组织可以使员工更加忠诚，进而使组织更有生产效率、更加成功。

总之，X、Y、Z这三个理论都提供了有用的见解，揭示了不同的领导方法和风格如何吸引不同的支持者，并解释了人们某些方面的行为。X理论已经不再流行了，管理者和领导者越来越意识到非金钱激励与奖励的重要性。Y理论和Z理论都假设员工有内在动机，因此在某种程度下存在互补关系。

13.1.3　领导行为和风格

领导行为可以被解释成三种公认的风格：①独裁式；②家长式；③参与式。**独裁式领导**（authoritarian leadership）采取以工作为中心的方式，目标至上。如图13-1所示，这种领导行为采用的是由管理者到下属的自上而下的单向交流，其焦点通常放在工作的进展、步骤和达成目标的障碍上。因为最终决定权由管理者掌握，这种管理方式缺少下属的参与。这种距离上的疏远也导致管理者和员工关系上的疏远，相对于员工的需求，管理者更关注任务的完成。有时，组织领导者的行为也是周围政治环境的反映，这在一个针对罗马尼亚的个案研究中得到了反映。该国的领导人有轻微的独裁倾向（55%）。这种领导方式通常在处理危机时是有效的，但是某些领导却不加考虑地将它作为主要的领导方式。此外，独裁式的领导方式还被X理论管理者广泛采用，他们相信与下属打交道的重点就在于对任务的持续关注。

家长式领导（paternalistic leadership）在以工作为中心的同时结合以员工为中心，关注于对员工的保护。可以用这样的一句话来归纳这种领导风格："只要你努力工作，公司就会关照你。"家长式领导期待每一个人都努力工作；作为回报，公司将为每一位员工提供雇用保证并给予诸如医疗和退休保障等安全福利。通常情况下，这种领导行为会满足员工的一些需求，而员工也相应表现出忠诚感和认同感。

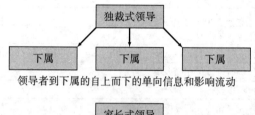

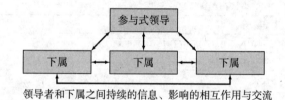

图 13-1　领导 - 下属的互动图

资料来源：Adapted from Richard M. Hodgetts, *Modern Human Relations at Work*, 8th ed. (Ft. Worth, TX: Harcourt, 2002), p. 264.

研究发现，这种领导行为被整个拉丁美洲所采用，包括阿根廷、玻利维亚、智利和墨西哥，同时在中国、巴基斯坦、印度、土耳其及美国等国也存在。墨西哥拥有较高比例的家长式领导价值观，其原因一是墨西哥文化价值观的影响，即等级观念极强，重视家庭和人际关系；二是由于墨西哥福利或雇用利益缺失的事实。有研究表明，家长式领导在大中华区是一种普遍的领导方式，这源自儒家文化在社会关系中的影响，例如"君使臣以礼，臣事君以忠""父慈子孝"。在马来西亚，家长式领导被认为是一种积极的领导方式，因为家长式领导有助于员工任务的完成。从更广泛的意义上来说，在集体主义文化中，家长式领导被认为对员工态度具有积极的影响，因为家长式领导所提供的关心、支持及保护，能够满足员工对于频繁的接触及密切的人际关系的需求。

参与式领导（participative leadership）同时采用以工作为中心和以人为中心的方法。参与式领导通常会鼓励下属积极承担工作责任，并且权力是高度分散的。领导者激励员工的方式包括与员工商议、鼓励参与决策、委派责任等。无论哪种方法，当领导者采取这种方式管理时，员工会自觉地变得更具创造力和创新性。在许多技术先进的国家，参与式领导非常普遍。这样的领导方式在美国、英国和其他英联邦国家已经被广泛采用，并且开始在斯堪的纳维亚国家流行起来。例如，通用电气鼓励其管理者采用参与式方式，使员工获得归属感和认同感。研究揭示了参与式领导是如何改进员工绩效的。当下属本身就是管理者时，他们对主管有心理授权；而当下属不是管理角色时，他们对领导非常信任。

描述参与式领导的一种方法是管理网格法，这是一种传统的、众所周知的识别领导风格的方法，如图 13-2 所示。领导者的观点和偏好在方格中的位置受到文化的影响。后面将会更深入地研究这些管理理念。

13.1.4　管理网格法示例：以日本为视角

管理网格法是一个有用的可视化方法，用图表来对一个人的领导行为和另外一个人的领导行为进行比较。参与式领导在管理网格的（9，9）位置，这与趋向于（9，5）位置的家长式领导形成对比，而独裁式领导位于（9，1）位置。表格中的位置是如何在实践中反映出来的呢？这些不同类型的领导风格在激励员工方面效果如何呢？一个较早但仍然相关的研究检验了不同类型的领导风格是如何影响日本员工目标完成度的。将参与研究的日本员工分为八组，四个由高成就者组成，四个由低成就者组成，然后每一个小组都分配了领导。第一个小组的领导者强调业绩（在本研究中称为"P 型管理"），代表独裁式领导。在这个小组中，工作是中心，领导会将员工与其他小组的员工进行比较，如果他们落后了，就会要求他们赶上进度。这位领导者采用了在

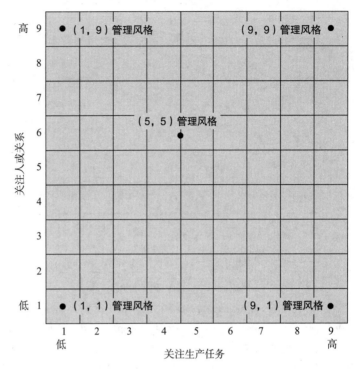

图 13-2　管理网格

注：（1，9）：为建立令人满意的关系，充分考虑人们的需要，并形成轻松友好的组织气氛和工作节奏。（9，9）：工作成就来自献身事业的人们；通过基于组织目标的"共同利益"形成相互依赖，进而建立彼此信任和尊敬的关系。（5，5）：通过将工作与员工士气之间的关系平衡在一个令人满意的水平，高校的组织业绩是可能的。（1，1）：只有花费最小的努力将要求的工作完成，对于组织来说才是适当的。（9，1）：公司运作的高效率来自人为接触面最小的工作条件安排。

资料来源：Adapted from Robert S. Blake and Jane S. Mouton, "Managerial Facades," *Advanced Management Journal*, July 1966, p. 31.

管理网格上（9，1）的风格类型（高度关注任务，对人关心少）。第二组的领导者关注保持和加强本组的凝聚力（在本研究中称为"M 型管理"）。这位领导者采用了在管理网格中（1，9）的领导风格类型（对任务关心少，高度关注人）。这类管理者乐于听取各类建议，绝不将个人意见强加于员工，并致力于建立一个温暖、友善的环境。当事情进展不顺时，他们也体现出很大的同情心，并努力通过缓解紧张和增加组织内交流的方式来改善人际关系。

第三组的领导者同时关注业绩和凝聚力（在本研究中称为"PM 型管理"）。他们在施加压力让员工工作的同时，也会鼓励和支持员工。他们采用的是参与式领导，即管理网格中（9，9）位置的领导风格。而第四组的领导者会经常缺位，他们既不关注业绩也不关注凝聚力（在本研究中称为"pm 型管理"）。无论是任务本身还是下属，他们都很少关心。也就是说，他们属于网格中（1，1）的领导风格。

图 13-3 和图 13-4 分别反映了上述四种不同领导风格对高成就组和低成就组的影响。在高成就组中，同时强调任务和人两方面的 PM 型或（9，9）型管理在整个试验中最为有效；P 型或（9，1）型这种高度关注任务而对人关注少的领导风格，在早期和中期仅次于 PM 型，但是在最后阶段却落后于 M 型或（1，9）型这种对任务关心少而高度关注人的管理方式。这有可能说明，领导者与员工越熟悉，个人关系高于任务目标的作用就越明显。而 pm（1，1）型管理始终无效。

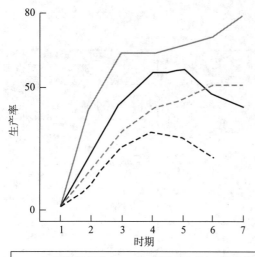

图 13-3 不同领导风格下高成就动机组的生产率

资料来源：Jyuji Misumi and Fumiyasu Seki, "Effects of Achievement Motivation on the Effectiveness of Leadership Patterns," *Administrative Science Quarterly* 16, no. 1 (March 1971).

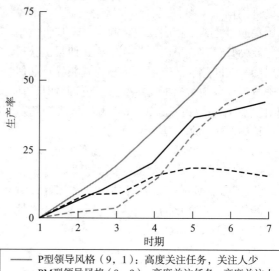

图 13-4 不同领导风格下低成就动机组的生产率

资料来源：Jyuji Misumi and Fumiyasu Seki, "Effects of Achievement Motivation on the Effectiveness of Leadership Patterns," *Administrative Science Quarterly* 16, no. 1 (March 1971).

在低成就组中，P 型或（9，1）型管理最有效；M 型或（1，9）型管理在早期位居第二，但其有效性在后期很快下降并产生负的结果；PM 型或（9，9）型管理在前三个时期不是很有效，但迅速改善，并到第 7 阶段结束时仅次于 P 型管理；pm 型或（1，1）型管理在第 5 阶段前始终有效，此后效率不再提高。

这项研究说明了什么呢？我们从研究结果中可以发现，如果一个员工是高成就者，那么他可能受内在因素驱动。通过参与式领导在此项试验中的成功，我们可以发现，当所处的环境具有创新性和支持性时，员工所受的激励最大。高成就者喜欢接受挑战，当面对不参与管理的领导者时效率会变得低下。此外，低成就参与者看上去是受外在因素驱动的，例如领导者对员工的行为，但独裁式领导的成功表明，这种类型的员工偏向于接受指令，鼓励参与的创新性和支持性的环境对他们来说不是成功的激励因素，除非员工和领导者之间很熟悉。这种小组更倾向于自我激励，因为刚开始领导者缺位带来的却是比较令人满意的生产成果，虽然这种好的结果没有在研究的整个阶段持续。这可能表明，员工比较积极是因为刚开始领导者是否参与还不确定，但是当明确领导者不会参与工作时，员工的努力程度就下降了。

这项研究结果并不仅仅适用于日本社会，在其他高成就型社会中的研究结果也支持这一结论。例如，韩国企业更多地采用（9，9）型领导风格，即参与式领导。Sang Lee 及其同伴的研究报告指出，在韩国的大型企业中，挑选员工时有一系列个性标准要求，这些要求中的大多数与（9，9）型领导风格有关：和谐的人际关系、创造力、对完成目标的激励、未来导向以及责任感。这些研究都暗示了在不同的文化中，什么样的人是领导者。下面将更详细地介绍国际范围内的领导方式。

13.2 国际环境中的领导力

其他国家的企业领导者是如何指导和影响下属的呢？他们的方法与在美国所用的方法相似吗？研究表明两者之间既有相似之处，又不乏差异。国际上大多数关于领导力的研究集中在欧洲、东亚、中东以及诸如印度、秘鲁、智利和阿根廷等发展中国家。

13.2.1 欧洲管理者对领导力实践的看法

许多研究把目标指向欧洲公司的领导方法，并主要集中在前面章节已讨论过的决策、风险承担、战略规划和组织设计等方面，其中有些就涉及对欧洲领导力实践的理解。例如，英国管理者倾向于采用工人高度参与管理的领导方法，有两点理由：①英国的政治背景倾向于这种方法；②大多数英国的高层管理者并不过多过问日常业务，他们宁愿下放权力，大量的决策由中低层管理者做出。这种倾向与法、德两国的管理者形成鲜明的对比，这两国的管理者更偏好于在工作中发号施令。为了应对欧洲日益激烈的竞争，大众汽车等公司试图大幅削减监督和管理费用。事实上，如果法律没有规定董事会中必须有工会的席位，德国的工人参与管理的现象可能不会像现在一样如此普遍。尽管如此，斯堪的纳维亚国家却广泛地采用工人参与管理的领导方法，董事会中有工人代表，在设计和改变工作场所等问题上，管理层与工人之间有频繁的交流。

总的来说，大多数证据表明，欧洲的管理者倾向于采用工人参与管理的领导方法。然而，由于适合 X 理论思想的环境仍然存在，所以他们并不完全接受 Y 理论的观点假设。海尔、吉塞利和波特对来自 14 个国家的 3 641 名管理者进行的研究证明了这一点（这一研究关于激励问题的结论已经在第 12 章中做了阐述）。此研究中与领导力相关的部分试图去探索管理者究竟是传统的（X 理论，或系统 1/2），还是民主 – 工人参与管理的（Y 理论，或系统 3/4）。这些研究者就以下与领导力相关的四个方面进行了特别调查。

（1）领导能力和主动性。领导者是相信员工很少有抱负并且更愿意接受指导（X 理论），还是相信无论各人与生俱来何种个性和能力，进取心、主动性之类的品质都是大多数人所具备的（Y 理论）？

（2）分享信息和目标。领导者是认为应当给下属详细、完整的指示，下属只需按照它来工作，还是认为仅仅有一个大致的指导就足够了，下属能够通过其主动性来解决具体的细节问题？

（3）工人参与管理。领导者是否支持工人参与管理的做法？

（4）内部控制。领导者是认为通过奖励与惩罚来控制员工有效，还是通过员工自我监督更好？

1. 研究的总体结果

管理者对海尔、吉塞利和波特研究中四个方面的回应（如在第 12 章中所提到的）是相当过时的，但是这些回应仍然是目前能够获得的最为全面的，同时也是与当前对跨文化领导异同的讨论极为相关的。尽管研究中各国的具体情况在多年来可能会有些变化，但是其中所展现的领导过程并不过时。这些研究者所研究的国家类型如表 13-3 所示。结果表明，总的来看，世界各地的领导者都不是十分相信员工个人有领导能力和主动性。研究者这样归纳道："在研究的所有国家中，每一个国家，国家中的每一个群体，对于一般人的能力都只有相对较低的评价，但同时对于民主型管理做法的必要性具有相对积极的看法。"

对比分析国家群体和其他国家群体的标准得分可以看出，与其他国家的领导者相比，英美国家的领导者对下属的领导力和主动性有更多的信心，他们还认为分享信息和目标是十分重要的。可是，

表 13-3 海尔、吉塞利和波特研究中的国家类型

北欧国家	西班牙
丹麦	**英美国家**
德国	英国
挪威	美国
瑞典	**发展中国家**
拉丁系欧洲国家	阿根廷
比利时	智利
法国	印度
意大利	**日本**

当涉及员工参与管理和内部控制等问题时，除了发展中国家以外，英美国家又比其他所有类型的国家表现出相对较多的独裁倾向。有趣的是，研究发现，除了发展中国家以外，英美国家的领导者比其他任何国家更相信外部奖励（工资、晋升等）的价值。这些发现清楚地说明，不同的国家或地区对领导力实践的看法是有很大差异的。

2. 职位等级、公司规模和年龄的影响

海尔及其同伴的发现为各类欧洲国家的研究补充了重要的细节。这些发现表明：在某些国家，高层管理者比基层管理者表现出更多的民主思想；在另外一些国家，结果却恰恰相反。例如在英国，高层管理者在上述四个与领导力相关的方面都回应以较民主的态度；而在美国却相反，职位等级较低的管理者在这四个方面给予更

多民主的响应。在斯堪的纳维亚国家，高层管理者的看法更加民主；而在德国，这一结论却相反。

公司的规模也影响员工参与管理或是管理者有独裁倾向的程度。小公司的管理者比大公司的管理者对员工的领导能力和主动性更有信心；然而，大公司比小公司更支持分享信息和目标、员工参与管理以及采用内部控制。

此外，研究结果还发现，年龄也会影响管理者对员工参与管理的态度。年轻的管理者对下属的领导能力和主动性更有信心，同时也更重视分享信息和目标；但在上述四个问题的另外两方面，年长的管理者和年轻的管理者的看法几乎相同。尽管如此，某些国家仍然表现出与其他国家不同的重要差异。例如，在美国和瑞典这两个国家中的年轻管理者，比他们年长的同行更信奉民主的价值观；在比利时，情况却截然相反。

13.2.2　日本的领导方式

日本企业一向以家长式作风的领导方式而著称。如第 12 章所述，在日本文化中，人们对于安全感或保障的需求十分强烈，这种需求同时存在于在本土工作的员工和在海外工作的日籍员工中。例如，在一项针对美国 28 家日资公司中 522 名雇员的文化取向的考察中，研究者发现，比起美国同事，日籍雇员通常会给予家长式领导的公司较高的评价。另外一项研究发现韩国员工也给这种家长式领导较高的评价。可是，与其他国家或地区的企业采用的领导方法相比，日本企业还是表现出了重大差别。

例如，海尔、吉塞利和波特的综合研究发现：比起其他大多数国家，日本的管理者更相信其下属的领导能力和工作中的主动性。事实上，在该研究中，只有英美国家的管理者在这方面有更强的感受。相比其他国家的管理者，日本管理者在更大程度上倾向于采用员工参与管理的态度。在分享信息和目标以及采用内部控制上，日本管理者的反应均在平均水平以上，但是并不突出。然而总的来说，这个经典的研究发现，日本的领导者在这四个问题上的综合得分最高。换句话说，尽管这些发现已经相当过时，但是它们的确证明了日本的领导者对下属的综合能力具有相当的信心，他们采用的是一种能够让下属积极参与决策的风格。

此外，日本的管理者在领导过程中通常不设置具体的目标，下属通常不能确定其管理者想要他们做什么，结果他们花费大量的时间过度地为任务做准备。有些观察家认为，这种领导方法十分耗时且不经济。可是，这样做有许多明显的好处：第一，因为下属不确定领导者到底希望他们做什么，所以他们必须为每一件可能发生的事情做准备，这样就能够保证领导者对他们进行强有力的控制；第二，下属不得不收集和分析大量信息，如此领导者就能确保员工为处理某个问题及所有意外做了充分的准备；第三，这种方法能够帮助领导者维持秩序和提供指导，即使领导者并不像其下属那样了解情况。

两位研究日本领导行为的专家提到，日本企业的中层管理人员必须能够预测意外情况，并做好应急方案。因为当领导者提问时，他们必须提供缜密的思考和必要的研究。这样，中层管理人员就能表现出自己的可靠性。所以，领导者不需要告诉这些中层管理人员要做些什么，因为他们清楚自己该做什么。

日本的管理者之所以如此行事，是因为他们的下属通常对其所在部门的日常业务具备更多的专业知识。管理者的职责是维持公司运作的协调，而不是成为一名业务专家。因此，高层管理者不需要知道某业务的 E、F、G 有多重要。他只需给下属以方向性的指示，下属除了看到眼前的 A、B、C、D，还要凭卓越的技能，感悟到 E、F、G。一位中层管理者这样解释道："当老板让我写一份报告时，尽管他没有提出具体的要求，但我会推断他想知道什么以及他需要知道什么。"另一位受访者补充道，能干的下属是不必告诉他就能知道老板想要什么的人。可是在面对非日本雇员时，日本管理者通常会发现上述方法行不通，如果告诉某人他们想要通过 D 得到 A 时，就绝对不会通过 H 获得 E，他们只会分毫不差地按要求来做。推断老板想要什么，对于只知道等待具体指示的人来说的确很困难，但是作为一名中层管理人员必须做到这一点。

一些研究人员认为，这种家长式领导可能阻碍和限制了丰田对汽车质量安全问题的快速反应能力，这直接导致了丰田 2010 年、2012 年和 2014 年的大规模召回事件。根据《金融时报》的报道，丰田公司提拔了北美及欧洲等非日本管理者经营海外工厂。丰田官方认为当地管理者与其上级的沟通不畅导致了这次危机。特别是在美国，当地管理者对抗议的警告反应太慢，甚至根本没有反应。

13.2.3 日本和美国领导风格的差异

日本和美国的领导风格在很多方面存在差异。海尔及其同事的研究发现，除了内部控制之外，美国的大公司比小公司更趋向民主，而在日本却恰恰相反。第二个差异是，在前述的四个领导维度中，年轻的美国管理者比老一辈表现出更多的民主态度，但是年轻的日本管理者只在分享信息和目标及采用内部控制上可归于此类。简言之，研究证明，日本和美国的领导风格存在着某些共性，但是也存在重大差异。

我们已经列举了许多理由来论述差异的存在。最普遍的认识是，日美两国管理者对待管理问题具有根本不同的理念。表 13-4 对这两者在七个重要因素上进行了比较，这个比较取自 Z 理论的作者威廉·大内，他综合考察了日美两国管理者的观念和方法。如表 13-4 所示，日本的领导方法表现出强烈的集体导向、家长式作风，并且关注员工的工作和个人生活的特点，而美国的领导方法却几乎相反。

表 13-4 日本和美国的领导风格比较

比较要素	日本	美国
雇用	通常是终身雇用，极少解雇	通常是短期雇用，解雇是常有的
评估和升职	非常慢；头十年不可能有大的升职	非常快；没有被迅速提拔的人经常到别处去求职
职业道路	非常全面；通过从一个部门转到另外一个部门，从而对所有的运营领域都有了解	非常专业化；人们倾向于在整个职业生涯中只专注于一个部门（财会、销售等）
决策	由集体决策	由管理者个人做出
控制机制	非常含蓄和非正式；人们十分依赖于信任和信誉	非常清楚；人们确切地知道控制什么和如何控制
责任感	集体承担	指定给个人
对雇员的关心	管理层关心员工生活的全部，包括工作和社会等各个方面	管理层基本上只关心员工的工作

资料来源：Adapted from William Ouchi, *Theory Z: How American Business Can Meet the Japanese Challenge* (Reading, MA: Addison-Wesley, 1981).

日美两国领导风格间的另一个差异在于高层管理者处理信息和学习的方式。日本管理者倾向于采用**可能性放大**（variety amplification）的做法，它为未来的行动考虑各种不确定性，并分析多种替代方案；相反，美国管理者倾向于采用**可能性缩小**（variety reduction）的做法，即在有限的范围内考虑未来的不确定性，并仅对有限的选择方案进行准备。通过文化适应、模仿、教导以及正规培训，美国管理者趋向于缩小所面临问题的范围，重点突出所面临问题的一两个中心方面，并让特定的员工去解决这个问题，并且会关注一个最近可以达到的目标。日本管理者却相反，他们趋向于把所面临的问题的所有方面都考虑进去，搜集大量对解决问题有帮助的信息，鼓励所有员工都参与到问题的解决中去，并且会关注长期的未来目标。

当考察日美两国高层管理者的领导风格时，上述研究发现，日本人非常关注问题本身，而美国人则强调机会。日本人情愿让不佳的工作情况持续一段时间，这样与之有关的人便可以从他们的错误中吸取教训；但是美国人则会尽快停止不佳的工作情况。因此，日本人会寻求业务管理中的创新方法，并避免过于依赖经验；而美国人则寻求自身的经验积累。

此外，还有一个说明日美两国领导风格差异的主要原因，即日本人比美国同行表现出更多的民族优越感。日本人认为自己是在海外工作的日本管理者，大多数人并不把自己看作是国际管理者。结果，即使他们表面上调整领导方法以适应业务所在国家，骨子里却仍然相信日本的那一套而不愿放弃。

尽管有这些不同的地方，但管理实践表明，日美两国管理者可能有比以前认为的更多的共同点。例如，在位于美国的 Google，员工被赋予创新的自由，并在开发产品方面处于领先的地位。公司采取了 "20% 的工作时间" 的政策，员工能把这些用于他们最感兴趣的项目。管理者允许员工以任何理由直接给他们发电子邮件，鼓励跨职能团队在项目之外进行互动和建立关系。而像索尼这类日本公司也采用类似的方法，鼓励员工接受权力，承担责任，积极主动地进行团队合作。此外，他们还十分重视建立管理层和员工之间的交流并鼓励人们努力工作。

另一个共同的趋势就是团队合作逐渐取代个人主义，国际管理实践 13-1 就说明了这一点。

国际管理实践 13-1

全球团队

企业过去常常需要大批员工在工厂车间工作，这就让与国际子公司的会议必须仔细计划。随着技术的不断发展和决策的窗口期迅速关闭，及时与区域或跨国办事处联系和协调的能力，对于保持竞争力至关重要。但这是如何实现的呢？跨国管理者现在越来越重视发展全球性的团队合作以克服文化上的障碍，并以一种高效率、和谐的方式在一起工作。YPF是阿根廷最大的公司，而达拉斯的Maxus Energy则是YPF的全资子公司。Maxus Energy的员工来自美国、荷兰、英国和印度尼西亚，这个多样性团队的目标是：最大限度地提高石油和天然气产量。通过利用这一团队每个成员的专业知识以及合作的愿望，公司实现了这一目标并使石油储备不断增长——这是前所未有的成就。有很多全球性团队建立之后攻坚克难的案例，这个故事仅仅是其中的一个。

在建立有效的全球性团队的过程中，许多公司归纳了四个阶段。第一阶段，团队成员带着各自的期望、文化和价值观走到一起；第二阶段，在成员经历了一个自我意识时期以后，他们学会了尊重其他团队成员的文化；第三阶段，团队成员之间信任不断增加；第四阶段，团队开始以一种合作的方式工作。

跨国公司该怎样为这种转变创造环境呢？以下提供了管理层可以采用的几个具体步骤。

（1）认真确定团队的目标并与成员进行交流。

（2）认真挑选团队成员，用必要的技能和人员赋能团队，相互提升补充。

（3）强化成员贡献意识，促进自尊和相互依赖的氛围。

（4）讨论文化差异，深化成员的相互了解，促进有效的合作。

（5）鉴定可计量的成果，了解团队进展及效率。管理层通过不断地强调目标和结果，避免团队的行动偏离目标。

（6）量身定制培训计划以帮助员工发展人际间及文化间的技能。

（7）打通沟通渠道，让每个人都清楚如何与团队中的其他成员交流。

（8）赞扬和鼓励成员创新的观念和行动。

跨国公司现在发现，全球性的团队合作对于在全球市场上的竞争力十分关键。因此，跨国公司将越来越需要这种能够创建并领导跨领域和跨文化团队的经理人。

资料来源：Jitao Li, Katherine R. Xin, Anne Tsui, and Donald C. Hambrick, "Building Effective International Joint Venture Leadership Teams in China," *Journal of World Business* 34, no. 1 (1999), pp. 52–68; Charlene Marmer Solomon, "Global Teams: The Ultimate Collaboration," *Personnel Journal*, September 1995, pp. 49–58; Andrew Kakabdse and Andrew Myers, "Qualities of Top Management: Comparison of European Manufacturers," *Journal of Management Development* 14, no. 1 (1995), pp. 5–15; Noel M. Tichy, Michael I. Brimm, Ram Charan, and Hiroraka Takeuchi, "Leadership Development as a Lever for Global Transformation," in *Globalizing Management: Creating and Leading the Competitive Organization*, ed. Vladimir Pucik, Noel M. Tichy, and Carole K. Barnett (New York: Wiley, 1993), pp. 47–60; Gloria Barczak and Edward F. McDonough Ⅲ, "Leading Global Product Development Teams," *Research Technology Management* 46, no. 6 (November/December 2003), pp. 14–18; Michael J. Marquard and Lisa Horvath, *Global Teams* (Palo Alto, CA: Davies-Black, 2001).

13.2.4　中国的领导方式

在过去的几年中，越来越多的研究聚焦于中国的领导风格。最为明显的是，国际研究人员希望知道，随着中国经济的发展，是否产生了新的、不同于以往的领导骨干。在迄今为止最为完整和全面的一次研究中，拉尔斯顿（Ralston）教授和他的同事发现，中国新一代的管理者的确正在日渐崛起，这些人与他们的前辈在工作方式和对问题的理解及看法上有一些出入。

研究者从大量参与开发计划的专业人员和管理者（869个样本）那里收集到了数据。这些样本来自研究者称之为"新生代"的中国经理人。研究者希望确定中国新一代管理者与"主流一代"和"上一代"管理者在工作标准上是否相同。在这项调查中，研究人员注意到三个重要的方面：个人主义、集体主义和儒家思想。个人主义通过自给自足和自我实现的重要程度来衡量。集体主义通过个人是否愿意使自我目标服从于集体目标，以达到集体内部融洽和信息共享来衡量。而儒家思想则是通过回答以下三项的重要性来衡量：和谐社会、君子之交以及个人与他人间的融洽。

研究人员发现，与前两代人相比，"新生代"管理者在个人主义上得分较高，而在集体主义和儒家思想上的得分明显低于他们的前辈。这反映出，新生代管理者成长的时期是一个更加开放和自由的时期，即所谓"社会转轨期"，他们深受西方思想影响，因此领导风格与西方管理者类似。

这些研究发现表明，领导风格深受文化影响。然而随着中国经济的发展，管理者的工作价值观也在发生改变。最终的结果可能是，新一代中国管理者的领导风格会受到西方同行的影响，同样的情况也发生在日本管理者的身上，如图 13-3 和图 13-4 所示。

13.2.5　中东的领导方式

为了确定管理层对领导问题态度的异同，学者在中东国家也进行了相应研究。例如，海尔及其同事的后续研究对来自阿拉伯国家的中层管理者进行了调查，发现他们对领导能力和创新精神的态度的得分比表 13-3 中的其他国家更高。可是，对于分享信息和目标、员工参与管理和内部控制这三个方面，阿拉伯管理者的得分又全都低于表 13-3 中其他国家的管理者。研究者认为这一结果可以用中东地区的文化来解释。表 13-5 不仅归纳了中东和西方管理者在领导方面的差异，还涵盖了组织与管理等方面的差异。

表 13-5　中东和西方管理的差异

管理方面	中东管理	西方管理
领导力	高度独裁的腔调，生硬的指示，太多的管理指令	不太强调领导者的个性，更重视领导者的风格和业绩
组织结构	高度官僚主义，过分集中权力在顶层；含糊的关系；不明确的也难以预测的组织环境	较少官僚主义，权力较分散，组织结构也相对分散
决策	最高管理层经过特别计划后做出决定；天生不愿在决策中承担高风险	复杂的规划技术，现代的决策工具，富有弹性的管理信息系统
业绩评价和控制	不正规的控制机制，对业绩进行例行考核；缺少有力的业绩评价体系	相当先进的控制机制，专注于组织的有效性和降低成本
人事政策	非常依赖个人接触以及从"恰当的社会阶层"寻求担任主要职位的人	健全的人事管理政策，候选人资质通常是决策的基础
交流	交流的方式取决于交流者本人的社会地位；权力和家庭的影响是始终存在的影响因素；必须严格遵守层级命令传达体制；人们之间存在着紧密的特定联系，友谊深厚并具有约束力	通常强调平等和最小化差别，相互关系松散而平淡，友谊不深也没有约束力

资料来源：From M. K. Badawy, "Styles of Mideastern Managers," *California Management Review* 22, no. 3 (Spring 1980), pp. 51–58.

研究数据表明：中东管理者和西方管理者之间可能存在着更多的共性。尤其是在阿拉伯海湾地区，西方管理方式的运用非常普遍，显然这是因为西方国家与这个盛产石油的地区有着极为密切的商业联系。不断提高的教育水平也是原因之一，因为许多中东管理者是从西方国家的大学毕业的。一项在阿联酋的关于决策制定风格的研究显示，在当地环境中，组织文化、科技水平、教育水平和管理职责能够很好地对决策制定风格进行预测。这一发现与在西方的类似研究结果一致。同时，研究结果也显示，年轻的阿拉伯中层管理者和所有年龄段的高文化程度的管理者，都有采用参与式领导的偏好。

13.2.6　印度的领导方式

在跨国公司增加投资的同时，印度的经济也在飞速发展。印度的劳动力在高科技领域很有口碑，其社会教育水平也正在往更高的层次迈进。然而，由于没有充分时间进行转变，印度仍然被旧传统束缚着。这引出了一个问题，即立足在传统的根基上，印度需要采用什么类型的领导风格来发展其高技术的未来。一项研究表明，当管理者采取同时重视员工和任务的领导风格（参与式）时，印度员工会变得更有效率。同时，工作效率较低的员工受相对而言更重视人力导向而轻视任务导向的管理者管理。这个发现指出，在印度重视员工很重要，但为了更有效率并取得更好的生产成果，管理者需要时刻清醒地认识到需要完成的工作内容。

由于印度长期隶属于英国，因此其领导风格比中东或其他发展中国家显得更偏好参与式管理。海尔及其同事发现，印度和英美国家的领导风格之间存在某种程度的相似，但是这种相似并不显著。他们提出，印度在领导能力和创新精神、员工参与管理和内部控制上与英美国家相似，而在分享信息与目标上却有所差别，在这一点上印度管理者的反应与其他发展中国家的管理者比较一致。来自印度的这些研究结果表明，在发展中国家，参与式领导风格可能比在前面提到的国家更为普遍和有效。经过一段时间后，发展中国家（如海湾国家的情况那样）可能会向员工更多地参与管理的领导方式迈进。研究者们认为，印度多元庞杂的人口和独特的商业挑战，孕育出了一些独一无二的管理和领导方式。例如，一些人认为印度领导者能够转变思维，做出改善，迅速克服障碍，这个概念在此指的是"节俭创新"（jugaad）。

13.2.7 拉丁美洲的领导方式

关于拉丁美洲的领导风格的研究指出，随着全球化的加快，这一地区的管理者也在进行转变。一项对比过去的研究显示，拉美的领导风格有一种共同点。在墨西哥，领导者趋向于采用独裁式和参与式结合的领导行为，而智利、玻利维亚表现为独裁式领导。在墨西哥，一个接受下属思想的管理者常常被认为是软弱的、没有竞争力的，这也许就是在墨西哥和智利，管理者会与其下属保持一定的社会距离的原因。Remero 发现，与美国靠得比较近的国家的管理者，表现出强烈的参与式领导风格，并且这种趋势随着全球化加快而发展。总的来说，该项研究表明，墨西哥在向现代领导风格发展，而其他拉美国家仍然延续着传统领导风格。当然，这不是唯一的观点。

由于地理和文化上的类似，我们几乎可以确信，秘鲁管理者对于领导问题的看法与海尔及其同事对其他南美国家的调研结果一样，而与美国的领导风格存在差异。他们发现这两个发展中国家的研究结果与印度的也很相似。然而，一项研究却表明，秘鲁的领导风格比原先所认为的更接近于美国的领导风格。

正如对中东管理者的研究一样，这些在南美进行的研究表明：在国际领导问题上，各国可能比原先所认为的有着更多的趋同性。在一个国家经济不断发展的过程中，参与式管理会变得日益重要。当然，这并不意味着跨国公司在世界各地都采用同样的领导风格，有时仍然需要因地制宜，特殊情况特殊处理。但是不管怎样，在美国和诸如日本等经济发达国家所采用的许多开明的让员工参与管理的方法，即使在发展中国家以及新涌现出来的东欧国家的国际经营管理中也是有价值的。

13.3 关于领导行为共性原则的新发现

近年来，研究者纷纷开始提出领导行为共性原则的问题。首先，所有有效的管理者，无论各自的国家文化或工作如何，其行为是否具有某些共性？其次，在前一个问题的基础上，研究者期望获得的结果集中在这个问题上：是否有一套包括行为、态度和价值观的特定准则，能让众多领导者在 21 世纪获得成功？迄今为止尚未得到统一的答案。有些研究发现的确存在一种体现为领导共性原则的趋势；而另一些研究却提出，文化仍然是一个决定性的因素。一位在瑞典卓有成效的领导者如果将其方法运用到意大利，却不一定会有效，导致这一问题最可能的原因是激励因素不同（见第 12 章）。在研究中，最有意思的要数巴斯（Bass）及其同事针对变革型和交易型领导的普遍性与有效性的研究。

13.3.1 变革型领导者、魅力型领导者和交易型领导者

变革型领导者（transformational leaders）富有远见并带着一种使命感，能够激励下属接受新的目标和新的行事方式。对变革型领导者的研究变量是其个人魅力和能力。**魅力型领导者**（charismatic leaders）已然成为关

于个人魅力和能力的研究焦点，这些研究主要探索个人的管理能力是如何鼓舞和激励下属的。**交易型领导者**（transactional leaders）通常认为什么样的报酬就换取什么样的努力和业绩，工作就是在这样一种交换的基础上进行的。这三种领导方式是否在世界范围内广泛存在？在管理实践中的有效性如何？巴斯通过分析在加拿大、印度、意大利、日本、新西兰、新加坡、瑞典以及美国进行的研究所获得的数据，发现各地领导行为的差异能够归因于文化的很少。事实上，在很多情况下，他发现国家差异能够解释的部分不到结果的10%。因此，他建立了一个领导模型，并总结道："虽然在跨越不同的文化，尤其是进入非西方国家时，我们可能需要对这个模型进行微调或者稍大的调整，但总的来说，它能为大家所接受，因为它具有明显的普遍适用性。"

简言之，巴斯发现领导问题中存在着远比过去所认为的多得多的共性。另外，在研究了成千上万个国际案例后，他发现最有效的是变革型领导者，他们表现出四个相互关联的特点。为了方便起见，我们将这些因素称为"4I"，并进行如下的描述。

（1）理想的影响（idealized influence）：变革型领导者具有超凡的感召力，并受到下属由衷的钦佩。他们通过提出让下属期待的共同目标或远景而将其团结在一起，并不断增强他们的自豪感、忠诚和信心。

（2）精神的鼓舞（inspirational motivation）：变革型领导者非常善于清晰地表达他们的远景、使命和信念，从而使下属清晰地理解工作和目标。

（3）智力的刺激（intellectual stimulation）：变革型领导者鼓励下属对工作中的旧模式提出怀疑并接受新的观点。

（4）个性化考虑（individualized consideration）：变革型领导者能够通过因人制宜的方法分析和提升每一个下属的需要，进而带动团队整体的发展。

巴斯发现还有另外四种有效程度（或无效程度）各有差异的领导者类型，但都不如变革型领导者有效。其中最有效的是意外奖励型（contingent reward），简称为CR型领导者，这种领导者会清楚地阐明需要做什么，并对那些遵从指示的人给予精神和物质奖励。接下来最有效的要数MBE-A型领导者，即通过例外来积极参与管理（active-management-by-exception，MBE-A），这种领导时刻监控下属的工作情况，并在出现差错时采用纠正措施。然后是通过例外被动参与管理（passive-management-by-exception，MBE-P）的MBE-P型领导者，他们仅在工作要求无法完成时才采取行动进行干预。最后一种是自由放任（laissez-faire，LF）的LF型领导者，他们总是避免对下属的行动进行干预或承担责任。

巴斯建立了一个领导模型来说明上述五种类型领导者的有效性：I型（变革型）、CR型、MBE-A型、MBE-P型和LF型，如图13-5所示。图中的方块位置越高，越往右，领导就越有效、越积极。如图所示，4I的方块在图中位置最高，最靠右；CR方块在这两个维度分别位于第二位，LF方块最低，也最靠左边。

巴斯还发现：4I之间彼此正向关联，但是与CR型管理的关联却较少，与MBE-A和MBE-P之间几乎没有关联，而与LF型领导风格负相关。

这是否意味着有效的领导行为无论在哪个国家都相同？巴斯认为这种说法并不完全正确，但是有效的领导风格比人们原先所认为的存在着更多的共通性。纵观他的发现，巴斯的结论是：国与国之间的领导行为肯定会有差异。例如，他注意到洪都拉斯的变革型领导者要比挪威的同类型领导者发出更多的指令。此外，在诸如日本（额外奖励制度不像西方应用得那么广泛）这样的国家使用通用的领导概念时，文化的差异会带来一些问题。这些奖励制度在阿拉伯和土耳其文化中甚至可能变得没有意义，因为那里的人们坚信"只要真主愿意，任何事情都可以发生"，而不是由领导者决定执行与否。然而，即使考虑到这些差

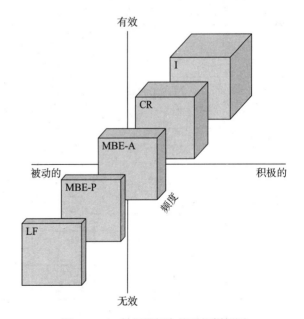

图 13-5　一般领导行为的理想剖析图

资料来源：Adapted from Bernard M. Bass, "Is There Universality in the Full Range Model of Leadership?" *International Journal of Public Administration* 16, no. 6 (1996), p. 738.

异，巴斯还是坚持认为：领导行为的普遍性远比许多人认识到的更为常见。

13.3.2 成功领导者的素质

在国际领导问题研究中所采用的方法是，调查各个公司在寻找新的管理者时所提出的必备素质。是否所有的公司都在寻找相同风格或资质的管理者？还是说瑞典公司寻找的与意大利公司寻找的是具有不同素质的管理者呢？这类问题能帮助我们更加清楚地了解国际领导问题，因为它们关注各类组织最看重的要素。这有助于我们研究文化对领导风格的影响（如果有的话）。

托尔格特－安德森（Tollgerdt-Andersson）在欧盟调研了数千个经理人招聘广告。她开始是通过研究瑞典的报纸和杂志来发现各个公司所寻觅的管理者所必备的素质、性格及行为。后来她把研究范围扩大到包括丹麦、挪威、德国、英国、法国、意大利和西班牙在内的其他欧洲国家。表13-6反映了其研究结果，在此基础之上，她得出如下结论。

总的来看，欧洲各国在对管理者的要求方面的差别似乎很大。不同的国家强调不同的特点，而每个国家所要求的各种特性的频度也是不同的。斯堪的纳维亚国家比其他欧洲国家更多地提到某种个人或社会素质，在它们的广告中，你会经常看到有许多素质方面的要求。这在其他欧洲国家中虽然也可以看到，但是频度要小得多。其他欧洲国家的广告中提到的任职特性一般不会超过三个，特别是地中海国家（在46%～48%的广告中），常常根本不提个人或社会素质。

表 13-6　欧洲管理者招聘广告中要求最多的品质

素质	瑞典 (n = 225)	丹麦 (n = 175)	挪威 (n = 173)	德国 (n = 190)	英国 (n = 163)	法国 (n = 164)	意大利 (n = 132)	西班牙 (n = 182)
合作能力（人际关系能力）	25	42	32	16	7	9	32	18
独立性	22	22	25	9			16	4
领导能力	22		16	17	10		22	16
主动性	22	12	16				10	8
目标－结果导向	19	10	42		5			2
激励和鼓舞他人的能力	16	11				9	26	20
业务导向	12							8
年龄	10	25		13		12	46	34
外向性格 / 交际能力	10	8	12	11				
创造性	9	10	9	9	5			4
发展顾客的能力	9							2
分析能力		10					10	
交流能力		12	15		23			8
精力充沛 / 动机强烈			12		8			20
热情和投入			14	14				
组织能力				7		6	12	12
团队建设					10	5		
自我激励					10			
灵活性								2
严谨						7		
性格活跃						6		6
责任感								10

资料来源：Adapted from Ingrid Tollgerdt-Andersson, "Attitudes, Values and Demands on Leadership—A Cultural Comparison among Some European Countries," in *Managing Across Cultures*, ed. Pat Joynt and Malcolm Warner (London: International Thomson Business Press, 1996), p. 173.

与此同时，托尔格特－安德森发现这些国家间也存在某些相似之处。例如，意大利和西班牙之间就在理想的领导特性方面有着共同的模式。在她调查过的这两个国家的广告中，有 52% ~ 54% 提到候选人必须具备特定的个人和社交能力。德国和英国的模式也是如此，它们在 64% ~ 68% 的广告中提出了工作中所需要的个人和社交能力。而在斯堪的纳维亚国家，这个数字为 80% ~ 85%。

诚然，要确定不同国家（或文化群体）间广告的类似程度也许是很困难的，因为人们未必能够读出各类广告信息中所隐含的所有意思，或者有些国家通常并不在广告中提到某些能力，而是假定候选人都知道这是在最后的雇用决定中必然考核的因素。此外，托尔格特 – 安德森发现，所有的国家都期望候选人具有良好的个人品质和社会素质，而这是在上述领导共性原则中没有包括的内容。另外，这些要求随着国家的不同而不同：在北欧，有效的领导者可能无法将其技能转用在南欧国家的公司。因此，托尔格特 – 安德森的结论是：21 世纪，对多元文化的理解将继续成为有效领导的要求。她归纳道："只要未来的领导者具有国际竞争能力和对其他文化的理解力，那么他们之间就很有希望形成更具竞争力的合作，这对于欧洲在工商业领域与诸如美国、亚洲等对手的竞争是必不可少的。"

13.3.3　文化群与领导的有效性

上述讨论表明，有些研究认为领导行为中存在普遍性，也有研究显示有效的领导行为正受文化群体的影响而趋于变化。布罗德贝克（Brodbeck）和他的同事们进行了一次大规模调查，调查样本是来自 22 个欧洲国家共计 6 052 位的中层领导者。部分调查结果按文化群分类（见表 13-7）。通过观察可以发现，不同文化群的观点会有某些相似之处，但没有完全相同的。例如，来自英联邦国家的管理者认为，对于一个成功的管理者来说，重要的五种品质是指导性的行为、积极向上的作风、敏锐的洞察力、很强的协调能力和果断的抉择。来自北欧的管理者也选择了这五种品质，只是先后顺序不同。此外，来自北欧和西欧的文化群的评价大体是相似的，却与拉丁文化群、南欧和东欧文化群大相径庭。来自东欧国家的被调查者分为中心文化群和近东文化群，并且俄罗斯和格鲁吉亚被单独列出。

表 13-7　不同国家和地区最重要的领导品质排名

西欧和北欧地区				
盎格鲁文化 （英国、爱尔兰）	北欧文化 （瑞典、荷兰、芬兰和丹麦）	日耳曼文化 （瑞士、德国和奥地利）	捷克	法国
绩效导向	整合性	整合性	整合性	参与性
激励性	激励性	激励性	绩效导向	非专制的
远景	远景	绩效导向	管理技能	
团队整合	团队整合	非专制的	鼓励性	
决策	绩效导向	远景	非专制的	

南欧和东欧地区				
拉丁文化（意大利、 西班牙、葡萄牙和匈牙利）	中心文化 （波兰、斯洛文尼亚）	近东文化 （土耳其、希腊）	俄罗斯	格鲁吉亚
团队整合	团队整合	团队整合	远景	管理技能
绩效导向	远景	决策	管理技能	决策
激励性	管理技能	远景	激励性	绩效导向
整合性	公关	整合性	决策	远景
远景	决策	激励性	整合性	整合性

资料来源：Adapted from Felix C. Brodbeck et al., "Cultural Variation of Leadership Prototypes Across 22 European Countries," *Journal of Occupational and Organizational Psychology* 73 (2000), p. 15.

13.3.4　领导行为、领导有效性和领导团队

文化同样有助于解释领导怎样做才会比较有效。汤皮诺的分类（见第 4 章）就是一个很好的区分有效领导风

格的例子，他将群体划分为激进式（情绪化的）及平和式。激进式群体例如美国，领导倾向于表现情绪；而平和式群体例如日本和中国，领导并不愿意表现自己的情绪。此外，在一些群体中，人们被要求表现情绪的同时不影响其理智决策，而另一些群体则将两者混在一起。

研究者同时还发现，管理者同下属交流的方式也会影响产出。例如在英美族群，管理者提高音量以唤起雇员注意是很平常的，但亚洲的管理者一般在交流时会保持同样的语调以显示对他人的尊敬。拉丁文化的管理者则不断改变语调，他们以这种夸张的形式显示他们对自己所说的很感兴趣并赞同这一观点。知道怎样去交流对跨文化领导风格有很大影响，下面是一个例子。

一个英国管理者被外派到尼日利亚工作，他发现每当说到重要的事情时，提高说话的声音是非常有效的。他的尼日利亚籍下属认为一个通常比较自制的管理者突然提高声音讲话，标志着这是一个非常特别的重点。在尼日利亚获得成功后，这位管理者被派到马来西亚，但是在那里大喊大叫是非常丢脸的，他的同事不拿他当回事，后来他被调职了。

了解在特定的文化背景下行为风格该如何统一并进行有效的沟通，是实现成功的全球领导的方法之一。例如，在激进式与平和式的文化中，汤皮诺和汉普登 – 特纳在表 13-8 中分别提供了一些有效的提示。

表 13-8　激进式与平和式文化中的管理和领导行为

在以下文化中，被管理或者进行管理时	
激进式文化	**平和式文化**
避免分离的、含糊的和冷漠的行为，因为这些行为将被认为是负面的行为	避免过度热情的行为，因为这些行为都被看成是不能够控制自己的情绪与个人身份不相称的
找出那些带着热情工作的人，这样你就能够欣赏他们的活力和对工作的忠诚	对你自己需要做的事情做好充分准备，然后坚持，不要轻易放弃
让人们保持感情，而不要被他们的行为抑制或控制自己的感情	寻找人们是高兴还是生气的线索，然后放大它们的重要性

在以下文化中，与其他人做生意时	
激进式文化（对那些来自激进式文化的人而言）	**平和式文化（对那些来自平和式文化的人而言）**
不要在别人制造场面或装腔作势时拖延时间；暂停一下进行冷静的思考和艰难的评估	在会议和谈判之间留出时间，这样你就可以稍做休整并做出补充
当其他人表示友好时，热情地回应	在谈判时，立刻用笔记下所讨论的事情
记住，当别人热情或者愉快地赞同或者否定时，并不表示他已经做出了决定	记住，其他人缺乏热情并不表示他不关心或者乏味，只是表示他不喜欢表达他的意见
记住，协商通常是基于个人的，很多不是从你们所讨论的事情出发的	记住，整个谈判或者协商通常集中于讨论的事件或者条款，而不关心你个人

认识人们在以下文化中的行为方式	
激进式文化	**平和式文化**
他们使用语言和非语言的方式表达思想	人们通常不表露自己的想法和感情
感情表露而不掩盖	尽管人们偶尔表露自己的情感，但通常是掩饰的
热烈、生动和形象的表达方式受到人们的认同	冷漠和自我控制的行为受到人们的认同
触觉、手势和面部表情非常普遍	身体接触、手势和强烈的面部表情使用较少
人们通常比较流利和激烈地表达	人们通常并不用富有感情的语言表达

资料来源：Adapted from Fons Trompenaars and Charles Hampden-Turner, *Riding the Waves of Culture: Understanding Diversity in Global Business*, 2nd ed. (New York: McGraw-Hill, 1998), pp. 80-82.

13.3.5　跨文化领导：GLOBE 研究中的观点

如第 4 章所讨论的，作为一个为期 20 年的多方法、分阶段的研究项目，GLOBE 研究项目检验了社会与组织文化、社会与组织成效跟领导方式之间的关系。除了第 4 章定义的文化的九个主要维度，GLOBE 项目还给出了六种全球性领导行为的分类。通过对领导方式进行质量和数量上的分析，GLOBE 的研究者认为，领导行为可以归纳为六种文化认同的隐性领导（CLT）维度：魅力型 / 基于价值的领导方式、团队导向的领导方式、员工参与领导方式、人性化导向的领导方式、自治型领导方式和自我保护式的领导方式。如同给文化维度进行的分类一样，这些对领导行为的分类拓展延伸了本章前面介绍的早先对领导风格的分类。

- 魅力型 / 基于价值的领导方式具有在核心价值的基础上，鼓励、激励他人取得高绩效的领导能力。
- 团队导向的领导方式注重建立高效团队以及与团队成员一起为共同目标工作。
- 员工参与式领导方式反映领导者参与他人决策和行动的程度。
- 人性化导向的领导方式包括支持性和全面的领导行为。
- 自治型领导方式代表独立和自主的领导行为。
- 自我保护式的领导方式"关注于通过提高状态和保全体面来保证个人与团队的安全及稳定"。

就像文化维度的分类一样，这些类别建立在本章前面描述的领导风格的分类之上并加以扩展。

GLOBE 研究的第一阶段和第二阶段与其他早先的研究一样，发现领导方式的某些特质是共有的，而有些特质只在特定的文化中才被视为是有效的。在跨文化环境中，有效的领导特质包括信任、公平、诚实（包含正直）；有预见性和能够提前计划；积极、灵活、鼓励他人、激励他人并帮助他人建立自信；高效的沟通能力和获取信息的能力，能够成为团队的组织者和协调者。人们还发现，领导才能中普遍存在一些不受欢迎的品质。在所有文化中，易怒、恶毒和无情等特质的人被认为是坚强领导能力的阻碍因素。

通过将 GLOBE 研究中的文化维度和之前讨论过的领导风格联系起来，研究者研究了文化价值、文化行为与领导特质之间的联系。对于文化价值和领导特质之间的关系，GLOBE 研究者给出了以下结论。

- 集体主义价值观，如在瑞典以及其他北欧和斯堪的纳维亚国家发现的，认为员工参与式领导方式和自我保护式领导方式是最好的，而否定自治型领导方式。
- 团队集体主义价值观，如在菲律宾及其他东亚国家发现的，倾向于魅力型 / 基于价值和团队导向的领导者特质。
- 性别平等主义的价值观，如在匈牙利、俄罗斯和波兰等国发现的，倾向于员工参与式和魅力型 / 基于价值的领导者特质。
- 绩效导向的价值观，如在瑞士和新加坡发现的，倾向于员工参与式和魅力型 / 基于价值的领导者特质。
- 未来导向的价值观，如在新加坡发现的，倾向于自我保护式和人性化导向的领导者特质。
- 规避不确定性的价值观，如在德国、丹麦和中国发现的，倾向于团队导向、人性化导向和自我保护式的领导者特质。
- 人性化导向的价值观，如在赞比亚、菲律宾和爱尔兰发现的，倾向于与参与者积极联系的领导者特质。
- 独断主义价值观，如在美国、德国和奥地利发现的，倾向于人性化导向的领导者特质。
- 权力距离价值观，如在摩洛哥、尼日利亚和阿根廷发现的，倾向于自我保护式和人性化导向的领导者特质。

未来导向是最有影响和最可能普遍存在的领导特质之一。GLOBE 的一项扩展研究比较了目标国家的未来导向程度，并惊奇地发现"社会的未来导向程度越高，其人均 GDP 越高，创新水平、国民幸福水平、自信水平……竞争力水平等也越高"。加拿大、丹麦、芬兰、荷兰和新加坡在未来导向程度上都相对较高，也都是世界上竞争最激烈的国家之一。世界经济论坛发布的一项国家排名显示，它们大都是世界上最具创新精神的国家之一。图 13-6 描述了国家分布，横轴是竞争力排名，纵轴是未来导向得分。新加坡和瑞士等未来导向和竞争力都较高的国家以及埃及和委内瑞拉这两个指标都较低的国家显示了这两个变量之间的密切关系。

2012 年完成的 GLOBE 项目第三阶段通过探索 CEO 的领导行为与公司效率之间的关系，扩展了第一和第二阶段的中层管理研究。理论假定（但未经证实）：成功的高管行为和领导方式与特定文化中偏向的领导风格一致。第三阶段旨在填补研究中的这一空白。

通过对 1 000 多名 CEO 和 5 000 名直接受访者的调查，第三阶段证明了 CEO 倾向于以一种符合该社会文化的领导方式来进行领导。比如，在偏好参与式领导的社会（如德国），CEO 更多地展现出参与式的姿态。在南亚，当国家文化倾向于更人性化的领导时，CEO 就以更人性化的方式做事。如果一个社会的理想领导类型是已知的，那么在这个社会中 CEO 的行为很可能是可以预测的。此外，研究还发现，CEO 倾向于按照他们所期望的社会文化风格来领导，这不仅是因为他们成长在那种特定的文化中，还因为只有按照社会所期望的方式领导才能获得成功。在最成功的公司中，领导者超越了社会文化的期望。在生产力和效率最低的公司中，CEO 没有遵循理想的领导风格。在所有文化中，表现出魅力、基于价值观和团队导向领导特质的 CEO 更可能展现出社会所期望的领导特质。

总结一下 GLOBE 研究的发现，研究者认为，文化价值观影响了人们对领导方式的偏好。详细而言，除了一些特例，分享特定价值观的社会偏好于那些与其价值观相符或支持其价值观的领导方式和领导特质。这项研究也得出了一些出乎意料的结论。例如，独断主义价值观的社会倾向于人性化导向的领导方式。有一种解释是，这种矛盾反映了社会对于补偿或者减少文化价值观中与人性化对立的方面的愿望。在独断主义价值观的例子中，对于人性化导向领导特质的偏好可能反映出人们在高竞争的社会环境中对于支持架构的渴望。

研究还利用 GLOBE 数据来探索偏好的领导风格及对于不同性别的领导者的有效性。正如第 4 章及第二部分其他章节所言，虽然有一些证据表明许多不同的文化具有趋同性，但是性别角色在全球文

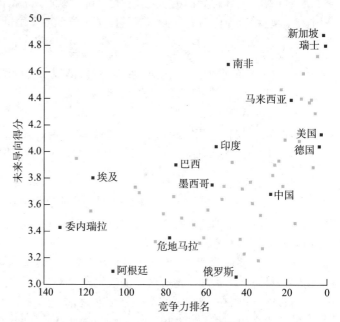

图 13-6 跨国比较：未来导向和竞争力

资料来源：Original graphic by Ben Littell under supervision of Professor Jonathan P. Doh, based on the World Economic Forum's 2016 Competitiveness Rankings and Geert Hofstede's "Dimensionalizing Cultures: The Hofstede Model in Context," *Online Readings in Psychology and Culture*, Unit 2, 2011.

化中的差异仍然较大。一项研究表明，女性领导者与男性领导者所偏好的领导方式存在很大的差异，这些差异存在于不同的国家、文化以及行业中。总之，相比于男性领导者，女性领导者更偏好参与型、团队导向型及魅力型领导风格。与流行的观点相反，男性和女性对人性化导向的领导风格的看法是一致的。性别平等主义和行业类型在性别与领导风格的关系中是非常重要的调节变量，性别增加了女性管理者对参与式领导的看重，而性别差异在金融业和食品行业中被扩大了。有意思的是，性别差异在多数国家的研究中出人意料地一致。这些研究包括：

我们的研究表明，性别及行业类型是领导者角色预期的重要决定因素。这些因素很可能会影响女性在组织领导中的成功。某些行业及国家的文化不那么严格，因此可能允许女性管理者自然表达她们对领导类型的偏好，而其他行业和国家可能需要一种单一的有效的领导方式。

13.3.6 积极组织学的领导

积极组织学（positive organizational scholarship，POS）是关注正面结果、过程、组织及其成员特性的一种方法。这是以动态的观点来研究那些强调人的积极潜能的基本概念因素，这些因素有着明显的相关性，因为跨国公司不断号召员工对社会做出更多贡献。积极组织学模型包括三个部分：组织环境、动机、结果。组织环境包括组织的能力、运作过程或方法以及环境的结构，这些都是外在因素。动机主要是指内在方面，包括慷慨、利他以及无私奉献的能力。最后，这一模型中的结果或效果主要指活力、有意义、愉快以及高质量的关系。

积极组织学与领导方式的联系包含在这一概念的名称中。积极组织学理论承认人具有的积极潜能。结构化行为会产生预期的结果。在获得赞赏和创造持久的关系方面，那些能够做出有意义的行动的人和那些相对而言

比较灵活的人会更容易获得成功。这些都是对领导者有帮助的个人特质，因为对于促进领导力提升来说，未来导向的视角和保持与员工的关系都是积极有效的驱动力。另外，这一分析方法指导了积极组织行为。例如，如果一家企业因为精简规模而在财务方面有很好的表现，那么积极组织学会强调财务收入及其可开发的潜力，而不是去喋喋不休地谈论缩小规模带来的不利方面。如在本章前面谈到的，领导者喜欢奖励好的行为，而不强调通过指出问题来保持激励的总体方向。有效的领导者看上去就是按照积极组织学模型来处理事务的，因为他们一直在改革创新，培养人际关系，努力使组织达到新的高度，最终通过自身的改进来为全球利益而奋斗。尽管积极的内在和外在因素为回答"什么造就了领导者"提供了一个大体的框架，但我们如何知道一个拥有权力的人是一个名副其实的领导者呢？

13.3.7　诚信领导

什么会使一个领导者有"诚信"？研究者试图解释什么会使领导者有诚信，以及为什么领导者对当今的组织而言是重要的。

如在本章讲述的，领导者趋向于动态化，喜欢提前思考问题并成为制定标准的先行者。因此，那些迟钝的或是没有更高目标的人，会被认为是不成功的或是不诚信的领导者。正如具有积极组织学意义的领导方式一样，诚信领导强调积极性。诚信领导的定义包括很多因素，比如特质、风格、行为和信用。对于是什么使一个领导者有诚信，有很多种说法。例如，诚信领导者可被定义为"深刻地知道自己是如何思考及行动的人，在别人看来是能够知道自己和他人的价值观、道德观、知识能力和优势的人；这种人自信、充满希望、乐观、会变通，具有很高的道德修养"。沙米尔（Shamir）和艾拉姆（Eilam）认为，诚信领导者有四项独特的特质：①不会做出虚假的行动，他们能面对真实的自己并且不会被外界的观点所左右；②受内在因素驱动，而不是外在奖励；③比较独特，他们受自己的想法指导，而不是他人；④基于个人的激情和价值观行动。然而，这一解释没有强调个人道德的驱动，而这一点却被认为是对诚信领导者至关重要的。

诚信领导者必须具有一些相关的品质。首先，他们必须具备积极的心态，比如自信和乐观。其次，领导者在领导的过程中需要有积极的道德感来指导他们。然而，这些品质只有在领导者有自知之明的时候才会起作用。对于领导者来说，认清自己的任务和真实地了解自己是至关重要的。这意味着领导者要定期检查自己的行为，与最终目标保持一致，没有偏离内在的标准和预期的结果。诚信领导者被期望通过树立榜样来进行领导，因此其领导过程和行为应该是善良的，可以反映领导者内在的积极的道德观。但是，领导者是相对于下属而言的，没有下属，也就没有领导者，如果领导方法是有效的，那么开放的沟通及其起到的作用将会鼓励下属表现出同样的品质。换句话说，下属将会认清自己，在价值观、道德观和驱动力方面，他们也将会有一个更清晰的定义。由于激励的有效作用，这将逐渐表现为，下属间接地模仿领导者。深入而言，下属会产生一种对领导者的信任感，积极地参与到工作的过程中去，并且体会到一种工作的乐趣。环境在领导力发展方面也发挥了作用，为了使诚信领导者获得成功，需要对组织进行评估。一种情况就是，组织对沟通和分享情况进行评估，这样领导者在通过学习和不断自我发展提高的同时，也提高了公司的价值。最后，诚信领导者会表现得超过预期标准。换言之，在一个竞争的环境中，对领导者来说，改革创新、避免停滞是势在必行的。只要领导者保持诚信并且不只是作为一个上级，那么未来导向和个人驱动力会激励领导者达到超过预期的表现。

诚信领导者与传统领导者有什么区别呢？我们在本章也讨论了变革型领导者。诚信领导方式和变革型领导方式是相似的，二者只有一个比较重要的不同点。诚信领导方式重视领导者的内在品质，比如道德观、价值观、自身的激励因素等，而变革型领导者可能具有诚信领导者所有的特质。变革型领导方式区别于诚信领导方式的关键一点就是其关注领导者是如何激励他人的，而这一点是诚信领导方式关注的次要方面。也就是说，变革型领导者可以成为一个很好的诚信领导者，但并非所有的诚信领导者都是与生俱来的变革型领导者。另外，魅力型领导方式看上去并不强调领导者或是下属的自知能力，但这是诚信领导方式的重要组成部分，也是区别魅力型领导者和诚信领导者的关键点。魅力型领导者可能具有和诚信领导者相似的特质，但他们不能认识到自己的这种特质。表 13-9 给出了这些领导方式可能不同或类似的其他方面。

表 13-9　对领导风格的比较

诚信领导发展理论的因素	TL	CL (B)	CL (SC)	SVT	SP	诚信领导发展理论的因素	TL	CL (B)	CL (SC)	SVT	SP
积极的心理资本	×	×	×		×	下属的自我意识					
积极的道德观	×	×	×	×	×	价值	×		×	×	×
领导者的自我意识						认知	×		×		×
价值	×	×	×	×	×	情绪	×		×		×
认知	×	×	×	×	×	下属的自我规制					
情绪	×	×	×	×	×	内部化	×	×	×		×
领导者的自我控制						平衡的运作	×				
内部化	×		×		×	关系透明度	×		×		
平衡的运作	×					可信的行为	×		×		×
关系透明度	×					下属的发展				×	×
可信的行为	×					组织内容					
领导过程 / 行为						不确定性	×	×	×		
积极的榜样	×	×	×	×	×	包容性	×				×
个人和社会认可	×	×	×			道德					
情绪感染	×		×			积极、意志坚强				×	
支持自我制定决策	×	×	×	×	×	绩效表现					
积极的社会交流	×	×	×	×	×	真实性					
						持续性	×	×			
						超过预期	×	×			×

注：1. ×——关键因素；×——已讨论。

　　2. TL——变革型领导理论；CL(B)——魅力型领导行为理论；CL(SC)——基于自我的魅力型领导理论；SVT——服务型领导理论；SP——精神领导理论。

资料来源：Bruce J. Avolio and William L. Gardner, "Authentic Leadership Development: Getting to the Root of Positive Forms of Leadership," *The Leadership Quarterly* 15 (2005), p. 323.

　　与传统领导方式相似的诚信领导方式，在当今全球化市场中变得越来越重要。通过高度的自知感，诚信领导方式可以在组织中创造更好的相互理解的环境。相互联系的关系形成，方便更好地相互理解，诚信领导者达到新标准而产生的驱动力会激励组织中的每一个人去实现其未来的目标。

13.3.8　道德型、责任型、服务型领导

　　与诚信领导者相关的概念是具有道德责任感的领导者。如在第一部分讨论的，全球化以及跨国公司面临着许多方面的指责。尖锐的批评指向这些公司的经营活动，如耐克、李维斯和联合果品公司，它们在发展中国家的活动被认为是剥削廉价劳动力。它们利用较低的环境标准和劳动条件标准，造成了当地社会和经济的退步。道德原则为有责任心的商业行为提供了哲学基础，这得益于原则的施行，此外领导行为也建立了一种机制。

　　由于皇家阿霍德、安达信、安然、泰科、世通公司以及其他公司的丑闻事件，人们对全球性领导者的信任感在下降。一项由盖洛普主持的世界经济论坛公众调查表明，领导者最近几年得到的信任度在降低，并且比其领导的机构更低。这项调查询问受访者在多大程度上相信各种领导者是在"为了你和你家庭的利益达到最大而处理接下来所面临的挑战"。非政府组织的领导者是唯一在受访国家得到大部分人信任的。联合国的领导者以及精神领袖和宗教领袖排在第二位，十人中有超过四人表示对这些人有很大的信任感。接下来一类受信任的是西欧的领导者，"为管理全球经济负责的人"，那些"负责管理我们国家经济的人"以及跨国公司的首席执行官，这四类人只得到 1/3 的被调查者的信任。超过四成的市民表示他们对美国国内公司领导者的信任度在降低。

对领导者信任度的降低导致一些公司采取了相应措施，在其全球化运作中建立更具伦理导向和责任感的领导行为。一些研究者将变革型领导者和公司的社会责任联系起来，认为变革型领导者表现出更高程度的道德情操和对公众的责任感。根据这种观点，诚信的魅力型领导者有着强烈的伦理价值观，有效的全球性领导者受到利他主义、公平性原则以及优秀的人文主义观念的指导。

从一个更具有指导意义的角度来说，另一项将领导方式和公司责任联系在一起的研究，将"有责任感的全球性领导"定义为包括以下要素：①基于价值观的领导；②基于伦理道德制定决策；③与股东有良好的关系。根据这种观点，全球性领导必须建立在核心价值观和信条基础之上，这种价值观和信条表现为具有原则性的商业和领导行为，高度的伦理道德行为，一套共有的对组织和社会有利的理念。基于伦理道德制定决策，对于公司、政府、非营利组织以及专业服务机构而言，在任何时候都是非常重要的。另外，与股东的关系对于组织的成果也变得越来越重要，特别是在公司治理方面。对组织来说，与不同的组织、受到组织影响的客户、相关关系网络中的个人以及组织成员保持相互信任、相互尊重的关系是非常重要的。

作为有责任感的全球性领导者，许多领导者已经为其公司在声誉和道德方面的利益付出了很多。甚至像英国石油公司（BP），即使 2010 年墨西哥钻探工作导致了有史以来最严重的石油泄漏，它仍在尝试着强调有责任感的全球化领导方式。BP 将比以往任何时候都更加努力地工作，保持社会责任感和清晰的目标能够帮助它继续在全球获得成功。位于印度的 ICI 是一家涂料与多种化学品的制造商与销售商，公司管理者相信，始终坚持全球标准会大大提高其竞争力，即使成本会因此而提高。ICI 公司总裁 Aditya Narayan 说道："在 ICI，包括道德标准、安全标准、健康标准以及环境政策在内的所有标准都是由总公司制定的，全都符合业务所在国家的法律规定。通过执行这些政策，公司也能在很大程度上受益。在某些方面，我们的标准甚至比印度法律要求的还要高。"

与道德型和责任型领导相关的一个概念是服务型领导。通过为员工及他们所服务的顾客提供服务、满足需求以获得成就。服务型领导者通常将谦卑视作组织资源（人力、财力和物力）。想要成为一名服务型领导者，一个人需要具备以下品质：倾听、富有同情心、治愈、理解、说服和概念化、前瞻性、管理、成长及建立合作。这些品质的获取需要赋予一个人权威及权力。服务型领导可以追溯到古印度及古代中国的思想。在公元前 4 世纪，Chanakya 在《政事论》（*Arthashastra*）中写道："王（领导者）应该是仁慈的，不应取悦自己，而应取悦其臣民（下属）。""王（领导者）是有偿仆人，与人民一起享用国家的资源。"以下论述来自老子（前 570—前 490 年）所著的《道德经》："太上，不知有之；其次，亲而誉之；其次，畏之；其次，侮之。信不足焉，有不信焉。悠兮，其贵言。功成事遂，百姓皆谓'我自然'。"

Robert Greenleaf 领导了一项智力运动，提出服务型领导的哲学基础，并通过独有的特征和实践展示出来。Larry Spears 定义了 10 个服务型领导者的基本特征。这 10 个特征包括倾听、富有同情心、治愈、理解、说服、概念化、前瞻性、管理、成长及建立合作。作为《服务型领导案例》（*The Case for Servant Leadership*）的作者及 Greenleaf 中心的 CEO，Kent Keith 指出，服务型领导方式是道德的、实践性的及有意义的。他指出服务型领导的七个关键的实践：自我意识、倾听、改变金字塔、发展员工、辅助而不是控制、发挥他人的力量和智慧以及前瞻性。不同于自上而下的领导风格，服务型领导方式强调合作、信任、同情及对权力的道德性运用。在内心，个人首先是一名雇员，能制定决策以更好地服务于他人，而不是加强自己的权力。其目标是提升组织中个体的成长，增强团队合作及个人参与性。如星巴克这样的大型跨国公司，已经在全球运营中采用服务型领导方式了。

13.3.9 企业家的领导风格和思维

鉴于国际创业的高失败率，什么样的领导特质对这种创业行为达到成功是重要的呢？

一些很有前途的项目在启动之后遭遇失败是有多方面原因的，包括缺少资本及清晰的目标，未能准确地预测市场需求和市场竞争等。这些因素会由于文化、国家政治经济环境、地理、运输、税收以及固定成本等的差异而变得更为复杂。不论在国内还是国外，新创企业取得长期成功的关键因素，都取决于企业 CEO 的个人领导能力。

企业家精神研究对企业家的一些关键个人特质进行了核实，其中一些特质与强硬领导者的特质相同。在与非企业家进行对比后我们发现，企业家表现得更富有创造力和改革力。他们试图打破常规，并且不需要一个给定的框架、他人的支持或是一个组织来指导他们如何思考。他们能从不同的角度来看问题，并且给产品、系统或是理念加入新的价值，这种价值带来的不仅仅是适应性的改变或是表面的变化。相对而言，他们更愿意在个人或是创业上冒风险，并且是很直接地这样去做。他们是机会的寻求者，只会去解决那些限制他们达到目标的问题，大度地接受失败，并能从失败中迅速恢复过来以追求另外的机会。外人把他们的特质描述为富有冒险精神、有雄心壮志、有精力、强权、自信。

除了这些特质，在国际上活动的企业家必须同时具有文化敏感性、国际视角、全球化的思维以有效地处理商业风险，因为在其他国家经商会遇到很多挑战。知名企业家如蒂姆·库克（Tim Cook，苹果公司）、理查德·布兰森（Richard Brandson，维珍集团）、阿瑟·布兰克（Arthur Blank，家得宝公司）、拉赛尔·西蒙斯（Russell Simmons，Def Jam 唱片公司）等都成功地领导各自的公司在保持东道国价值观的同时在全球范围运作。正如杨元庆（联想集团）所说，目前存在一种增长的趋势，即不久我们就能够看到更多的企业家从很多国家诞生。

▌国际管理世界▐ 回顾 ▏

本章开篇的国际管理世界强调了跨文化领导风格和领导方式的差异性，同时强调了应培养具有前瞻性的国际化经理，从而能够在多样化的环境中取得成功。许多全球化企业，如罗氏、安利及其他企业，已经开发了广泛而具有挑战意义的人才开发计划，以帮助员工更好地理解"普遍主义"的方式以及什么是最合适的、适应本地化的做法、规范及期望。

本章同时指出，有效的领导方式在很大程度上受文化的影响。在欧洲有效的领导方式无法放之于美国或拉丁美洲。例如，根据罗氏员工对成功的定义，在不同的情境中可能意味着不同的意义。即使如此，仍然有一些普遍性的证据，例如日本和美国的领导者对高成就型和低成就型员工的管理。巴斯也对普适性提供了支持。但是罗氏在欧洲运营良好的领导风格在其他国家也能扩大运用吗？在大多数情形中，需要采取不同的领导风格以适应不同的市场文化。

通过本章中所提到的罗氏、安利及其他公司的经验，回答以下几个问题：①罗氏的领导力开发计划是强调管理者的特质还是领导者的特质或者二者兼顾？②罗氏开发计划中的前瞻性领导在不同的文化环境中是如何进行管理的？③如何更好地理解 GLOBE 维度？不同国家采用不同的领导行为如何帮助罗氏发展未来的领导者？

本章小结

1. 领导是一个复杂而又有争议的过程，它可以被定义为影响人们以调控其为达到某个或某些特定目标而努力的过程。虽然有人认为管理者和领导者分别行使着不同的工作职能，但是由于缺乏一个能够为人们所普遍接受的对领导的定义，"管理者"和"领导者"这两个词经常互换使用，特别是在当今世界向管理者 - 领导者模式发展时。研究国际环境中的领导力，必须注意两个方面：关于一般人的哲学假设问题和领导风格类型问题。前者在很大程度上是基于道格拉斯·麦格雷戈的 X 理论、Y 理论和威廉·大内的 Z 理论；而后者则是与管理者如何对待其下属相关的，具体包括独裁式、家长式和参与式等方法，这些方法可以用图 13-2 管理网格法来归纳，从（1，1）到（9，9）。

2. 海尔、吉塞利和波特在其经典研究中，就欧洲经理人对领导方法各个方面的态度进行了考查，具体包括领导力和主动性、分享信息和目标、员工参与管理及内部控制等方面。他们发现，总的来说，欧洲人对一般人的能力评价相对较低，而对员工参与管理的必要性具有较为积极的信念。该研究还发现，欧洲管理者的态度还受职位等级、公司规模和年龄等因素的影响。但总的来看，欧洲管理者支持参与式管理的风格。

3. 海尔及其同事的研究还发现，日本管理者比大多数其他国家的管理者更相信下属的领导能力和创新能力，同时也更赞成员工参与管理的风格。在分享信息和目标以及使用内部控制方面，他们的反应在平均水平以上，但高出不多。日美两国管理者的领导风格在很多方面存在差异，而公司规模和管理者年龄是导致这些差异形成的两个主要原因，其他可能的原因则包括管理人员的基本哲学思想、信息处理过程和日本人高度的民族优越感。尽管如此，我们也不能无视日美两国领导风格中的共性，诸如运用不同领导风格管理成就动机高和成就动机低的下属的效率。

4. 对中国的领导问题的研究表明，新一代中国管理者倾向于使用不同于"主流一代"和"上一代"领导者的领导方式。显然，新一代管理者认定以自信和自我实现为衡量标准的个人主义更加重要。同时，他们认为个人目标服从组织目标的集体主义思想和重视社会和谐与仁爱的儒家思想已变得不那么重要。

5. 在对中东领导问题的传统研究中，通常强调的是中东和西方管理风格间的基本差异。然而，很多研究却发现，海湾地区的许多跨国公司管理者更多采用的是带有西方色彩的参与式管理。这些发现表明了中东地区与西方国家之间的管理风格可能存在着比我们原先想象的更多的相似之处。

6. 在对印度、拉美国家等发展中国家的研究中，印度的管理者表现出趋向于参与式管理的领导风格，而拉美的管理者在参与式领导和独裁式领导风格间波动。虽然不同国家在领导风格方面总是存在着较大的差异，但是随着国家不断进步和经济日益发展，参与式管理的领导风格可能会变得更加普遍。

7. 近几年，学者们在国际领导的新领域做了很多研究。例如，巴斯发现在不同文化间存在很多共通之处，无论文化间的差异如何，变革型领导风格是最为有效的，但同时他又发现文化对领导风格仍然具有影响。另外，GLOBE研究也验证了早先的研究结果，即特定的文化价值观和实践，是与特定的领导特征相匹配的。对于跨国公司而言，要引进具有以下要求的全球性领导越来越困难：具有基于一定价值观的领导方式；从不同民族的角度制定决策；与股东保持良好的关系。新的国际环境中的领导者面临着很大的挑战和困难，然而，全球性视角和企业家资质的结合有助于建立成功的"天生全球化的"领导者和企业。

复习与讨论题

1. 哪些文化最有可能对管理者和领导者的角色任务进行区别？哪些文化会把两者看成一样的？请为你的答案找出论据。

2. 参照海尔及其同事的研究结果，请比较北欧和拉丁系国家（参见表13-3）的管理者对领导方法认识的异同。

3. 公司规模是否会影响欧洲管理者对参与式领导风格的态度？

4. 运用GLOBE研究的结果以及其他相关数据，说明日本管理者对其下属具有怎样的信念。这些信念与美国或欧洲管理者的想法在哪些方面是相同的？在哪些方面是不同的？

5. 一家美国公司打算在未来六个月内在日本开设一家子公司。研究表明什么类型的领导风格在领导高成就的日本人时最有效？什么类型的领导风格在领导低成就的日本人时最有效？这一结论会影响驻日的美国管理者领导日本雇员的方式吗？

6. 为了在国际舞台上开展有效的领导，美国管理者需要了解哪些问题？请提出三项具有实践指导意义的方针。

7. 有效的领导行为是放之于四海而皆准的，还是因文化的不同而有所差异？试解释。

8. 什么是诚信领导？什么是具有道德责任的领导？

互联网应用

走近通用电气

在过去30多年中，通用电气是全球最成功的公司之一。尽管通用电气面临挑战，并且舍弃了一些业务（例如，2007年将其塑料业务出售给沙特阿拉伯的沙特基础工业公司，2013年出售其在国际广播公司的股份给康卡斯特），但它仍然是全球能源与电力系统、卫生保健、金融和电器的重地。登录公司的网站www.ge.com并浏览其最新的年报，进一步关注这家跨国公司的运营及生产线，阅读有关董事会新成员的资料,分析其实行的六西格玛计划,然后了解通用电气在世界各地的运营及质量管理情况,并回答以下问题:通用电气的业务现在遍及几个洲?该公司是否有共通性的最佳领导风格?或者必须根据不同的国家选择不同类型的管理者?另外,如果没有一种统一的最佳领导风格,那么其CEO伊梅尔特是怎样做到有效地领导这样一支多元化的全球管理团队的?请问管理网格中哪一种行为能够有效地解释通用电气的领导行为?最后,如果通用电气分别在英国、意大利和日本打出招聘管理者的广告,你认为它会对候选人提出怎样的素质要求?是在各国提出统一的要求,还是对不同国家提出不同的要求?

国际聚焦

德国

德国位于欧洲中部,横跨西欧和东欧,与荷兰、奥地利、比利时、法国、卢森堡、瑞士、丹麦、波兰和捷克接壤。德国比蒙大拿州略小,拥有进入北海和波罗的海的航运线路。主要的自然资源有煤、褐煤、天然气、铁矿石、铜、镍、铀、钾、盐、建筑材料、木材和耕地。

2013年,德国总人口为8060万,是仅次于俄罗斯的欧洲第二人口大国。像大多数西欧国家一样,它的人口正以每年0.17%的速度缓慢下降。德国正在快速进入老龄化,2015年,年龄中位数达到46.5岁。人口中最多的两个年龄段是25～54岁(42%)和65岁以上(21.5%)。德国种族或者宗教比较单一,超过90%的人口为德国血统,居民主要是新教徒或者罗马天主教徒,仅有4%的人是穆斯林。

欧洲的权力斗争使德国陷入了20世纪上半叶的两次毁灭性的世界大战之中。1945年,德国被美国、英国、法国和苏联占领。1949年,苏联与其他反法西斯盟国之间的紧张关系导致德国分裂为两个国家:德意志联邦共和国(西德)和德意志民主共和国(东德)。信奉民主主义的德意志联邦共和国融入了欧盟委员会和北约这些西方主要的经济与安全组织,而信奉共产主义的德意志民主共和国则是苏联所领导的华沙条约的前线。20世纪80年代苏联的衰落使德国在1990年实现了统一。尽管40年的经济孤立让东德在教育、生产力和工资方面存在巨大的赤字,但统一后的德国花费了大量资金将国家整体经济水平提升到同一标准。

经过第二次世界大战和统一之后,德国已成为欧洲最大和世界第五大经济体,2014年国内生产总值为38 680亿美元,人均国内生产总值达到46 268美元。尽管欧洲大部分国家经济停滞不前,但德国GDP在未来数年内预计将保持1.5%的增长速度。德国是机械、车辆、化学物品和家用设备的主要出口国,主要受益于其高技能劳动力。

如果你是国际管理顾问

总部位于美国的思科系统公司是全球最大的计算机网络设备制造商之一,它在2016年3月发布的一份声明中披露其未来将在德国进行重大投资计划。该公司表示,2016～2018年,公司将在德国投资5亿美元用于"加快数字化进程"和投资初创企业。此外,思科还表示希望与德国政府在未来的各项技术举措上开展合作。

凭借受过高等教育的劳动力,德国对科技公司产生了独特的吸引力。近年来,德国已经成为孵化数字安全公司的温床。思科在网络安全创新方面拥有丰富的经验,它计划利用这一专业化市场的商机,在德国建立一个"卓越安全中心",致力于汇聚客户、学者、小企业和思科员工,以解决未来面对的更大安全挑战。此外,该公司还将为未来潜在员工提供培训项目以培养技能。

问题

1. 作为一名管理顾问,你认为思科在德国有什么发展机会?

2. 与其他新兴国家相比,像思科这样的公司在与发达国家的公共部门和外国政府合作过程中可以获得哪些潜在利益?

第 14 章

跨文化人力资源选择与开发

| 学习目标 |

　　开展国际业务的企业需要特别关注人力资源管理，包括员工甄选、培训和开发，从而更好地为海外业务提供支持。本章考察了为海外业务准备人力资源的一些潜在来源、员工甄选过程的程序以及相关的薪酬问题。另外，本章集中讨论了跨国公司普遍使用的各种不同的培训与开发员工的方式。学习本章的具体目标包括：

　　1. 确认除了分包和外包之外，跨国公司在跨国运营中挑选管理候选人的另外三个基本来源。

　　2. 描述组织和个人管理者在制定选派人员的最终决策时采用的甄选标准与程序。

　　3. 讨论为何会有外派人员被从海外召回，给出一个能够使海外召回人员顺利地在国内市场工作的过渡策略。

　　4. 描述培训的过程、培训的主要原因、常用的培训种类。

　　5. 解释文化同化是怎样工作的以及其被高度重视的原因。

| 国际管理世界 |

印度留住人才的挑战

　　对全世界的管理者来说，留住有才华的员工都是一项挑战。令跨国公司惊讶的是，这项挑战在印度已经变得尤为尖锐。根据安永会计师事务所 2015 年的一项研究，仅有 6% 的印度企业认为其有一流的能力开展招聘工作，仅有 4% 的印度企业表示其有一流的能力雇用到具有稀缺或关键技能的员工。

　　安永会计师事务所的这项研究还发现，印度企业的员工离职率特别高，有 20% 的企业其员工离职率超过 20%。如此之高的员工离职率也导致很高的成本。印度《商业标准》的 Shyamal Majumdar 解释道，一家顶级公司的一线员工的替换成本占其年薪的 40%，而高层管理人员的替换成本高达其年薪的 150% ～ 200%。

　　睿仕管理顾问公司曾这样解释印度的员工高离职率对业务的影响。

　　比如 IT 行业，对于顾客来说，与实施项目的员工建立紧密的关系非常重要。频繁的离职意味着不断与新人建立新的关系，从而延缓项目的进程，有损效率和顾客信任。在制造业，高离职率意味着必须对新聘员工重复进行高昂且耗时的新技术培训。

　　由于聘用和留住员工的高昂成本，跨国企业在印度可能无法确保成本节约，因此它们不会将印度作为第一选择。

不仅仅是钱

　　讨论到印度的留住人才问题，Elena Groznaya 指出，跨国公司有时错误地将母国的留住人才策略用在印度。这些策略基本上属于薪酬驱动。然而，在印度关系导向的文化中，员工主要是被企业的"家"氛围所激励，而不是薪酬。Groznaya 提出，"传统的印度企业对于员工来说往往是家的延伸"，它们给员工以归属感。

印度一项综合的人才管理和人力资源实践的研究支持了"薪酬不是留住印度员工的主要因素"这一结论。维拉诺瓦商学院和睿仕管理对来自 5 个行业的 28 家印度企业的 4 811 名员工进行了一项调查。研究者发现：

虽然普遍看法认为，在印度及其他发展中国家，薪酬是吸引和留住人才的关键因素，但是我们的研究结果显示，有一系列复杂因素共同发挥着重要的作用。最显著的是，这些因素包括了内在报酬的价值——员工的进步感、竞争感、影响力 / 选择，以及做有意义的工作的机会。薪酬在留住员工或使员工有参与感方面都不是最重要的因素，这是在各个行业中都存在的事实。在表示出留职意向的被调查者中，只有 30% 的人对他们的薪酬非常满意。

留住员工的关键是能够使员工融入企业。研究者发现，至今为止，缺乏参与感是导致员工离职的最大因素。显然，员工参与度越高，他们越会留在组织里。

影响员工参与的四个因素

管理者可以采取怎样的步骤使员工充分融入企业呢？研究者定义了四个与员工参与相关的人力资源实践，其中员工参与通过员工在组织中的自豪感和满意度来测量。这些因素包括绩效管理、职业发展、管理支持和社会责任（见图 14-1）。

（1）绩效管理。研究者发现，留住员工与对公司的绩效管理系统的正向评价之间存在显著关系。在绩效管理实践排名前三的公司的员工中，"56.1% 在组织中有强烈的自豪感，65.9% 对组织非常满意，只有 23.5% 表现出了强烈的离职意愿"。相反，在绩效管理系统排名最低的三个公司中，"只有 17.3% 的员工在组织中有强烈的自豪感，11.1% 对组织非常满意，48.8% 表达了强烈的离职愿望"。

在印度企业中建立绩效管理系统时，管理者必须接受如何提供建设性反馈意见的培训和指导。印度的管理者总是不太愿意批评下属，但通过接受辅导，管理者能够学会如何利用批评帮助员工提高绩效。

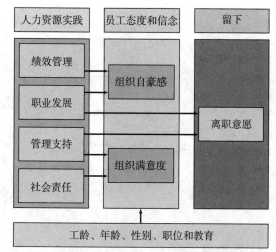

图 14-1　影响员工参与的四个因素

（2）职业发展。对公司提供的职业发展机会感到满意的员工会更愿意留下。例如，研究者发现，不喜欢公司职业发展计划的被调查者中，"52.3% 表现出了在一年内离职的倾向，而这些组织中只有 18.7% 的员工强烈支持这些举措"。当员工在职业生涯中有清晰的成长机会时，他们才更愿意留在公司。一个典型的职业发展路径包括跨项目工作、海外派遣、最终承担管理者的角色。

员工评估是员工成长发展过程中的一个重要环节。这些评估"能够确保公司为合适的岗位招聘到合适的员工，也能够帮助公司挑选出适合管理岗位的人选"。

（3）管理支持。研究者发现，"由于对管理层人才的迫切需求，印度的员工往往在他们能够承担管理职责前就被提拔到管理岗位"。而且，许多被调查者都对他们管理者组建团队的能力表达了不满："只有 47% 的被试者认为他们的直管经理能够提供支持，有效地组建团队。"这种管理技能的不足不利于留住员工。如果员工为缺乏管理技能的领导者工作，他们会倾向于离开这家企业。

因此，印度公司需要对新管理者进行管理基础知识的培训，比如如何达成团队目标以及如何代教。代教（mentoring）是指领导者通常会作为个人的发展顾问，这在印度是一项必需的管理技能。有高效的管理者来支持员工对于留住员工至关重要。

（4）社会责任。许多印度员工高度重视对社会的承诺。公司可以通过为员工提供参与社会活动的机会来提高员工参与度，例如减少贫困。这些活动应该在公司年报中着重强调。

从第一天开始

上述研究的重点成果被刊登在了《麻省理工学院斯隆管理评论》上。"最好的企业通过提供管理支持、培训机制、职业发展机会来激发员工的满意度和自豪感……雇主应该在员工进入企业的第一天就启动其职业发展计划。"

参与这项研究的乔纳森·P.多博士告诉《麻省理工学院斯隆管理评论》，"我们的研究结果显示，就算是在员工入职后六个月进行职业发展规划可能也太迟了。此时，员工已经做好了去留的决定"。跨国公司如果提供有效的职业发展、绩效管理体系和管理支持，那么员工就很容易想要留任。

曾经，印度被认为有源源不断的人才供给。如今，印度与其他发展中国家一样，也面临着人才吸引、聘用和留住方面的挑战，同时还存在着印度情境下的独特问题。最初，跨国公司在全球搜寻廉价劳动力，但随着各国的发展和教育水平的提升，以及母国的雇主对于劳动力减少的担忧，这种搜寻已经转移。随着其他国家的高技能工人愈加充足，跨国公司拥有了越来越多的人力资源来源；然而，由于越来越多的跨国公司与本土公司进行人才争夺，"人才战争"一触即发。跨国公司也可以在母国临时或永久雇用国外的人力。通常，它们会分包或外包工作给母国和东道国的国外员工。这种复杂的关系网创造了重大的管理挑战和机遇，也显示了对于高技能、文化敏感且属于地理移动型的管理人才的持续需求。

在本章中，我们将探讨国际人力资源的选择和培训的程序，并审视在不同文化情境下制定一项全球性人力资源管理流程的困难度。同时我们将调查国际人力资源管理的新趋势，包括越来越多地使用临时工以填补跨国公司日益增加的全球人力资源需求这一现实。我们也在研究能够帮助雇员在国外事务中获得成功，以及使其一回国就能够适应工作的培训和发展计划。

14.1 国际人力资源的重要性

人力资源是任何组织都不可或缺的一部分，因为它为组织运作提供了人力资本。人力资源管理也是创造高效、高产工作环境的关键。我们在第 12 章中讨论了经济报酬是怎样激励员工的，但创造性的人力资源管理发挥了更重要的作用。通过侧重于雇员的人力资源开发，组织发现积极的组织结构能帮助公司在市场上获得成功。有时，公司会通过一些普遍认可的补偿方式，如有竞争力的薪酬、良好的福利、晋升、培训、教育机会等，来激励员工并降低员工流动率，因为这些方式能产生进一步的激励。有些时候，公司也会为雇员提供一些日常福利，例如雇员家人也可享受的餐会、健身中心、洗衣服务，甚至是在上班时给员工提供加油服务等。雇员并不只是机器上的一个小齿轮，他们的时间是有价值的。这样做能提高员工士气，他们的齐心协力能够提升公司的业绩。此外，发现员工的潜力并鼓励团队合作，可以给公司带来更大的风险承受能力和创新能力。

14.1.1 从员工的视角出发

无论管理者是试图提高员工生产率还是降低员工流动率，了解雇员对于待遇的看法都是一个很好的办法。时代在改变，在过去雇员可被视为一个整体，而今天人们正在实现其个人才能，且他们的需要也必须得到认可。例如，全球性公司正面临劳动力短缺的问题，同时对技术工人也有很高的需求。大体上，熟练的技术工人可以轻易地找到工作并提出他们想要的福利，而公司也愿意接受他们提出的条件。即使是在劳动力充足的情况下，公司也会一直调整对待员工的政策。由于劳动力分工（但要避免基于年龄或性别的区分，因为那样可能会导致歧视）和提供选择的灵活性，以及个人与其他员工沟通的方便性，所以，当雇员的需求得到满足时，雇主会为其提供一种承诺。换句话说，如果公司着眼于雇员并强调个性化地管理人力资源，那么员工会在组织停留较长的时间并更加致力于服务组织。不过一家公司要留住员工，首先必须进行雇用。

14.1.2 作为关键资源的员工

吸引最合格的雇员并使他们与工作岗位相匹配，对于任何组织的成功都是至关重要的。对国际性组织来说，人力资源的甄选和开发非常重要并且特别具有挑战性。随着电子邮件、网络和远程电话会议的普遍应用，尽管分包和外包不断增加，但面对面的接触仍是一个重要的交流和传递隐含知识的方式。这种知识不能靠手册或书面指南正式地指导。尽管满足人力资源需求的方法和选择在增加，但大多数公司将继续根据需要在世界各地调配人力资源。

14.1.3　投资于国际派遣

无论虚拟的沟通方式如何发展，跨国公司还是不得不派遣管理者到海外。这种方式会产生不少费用，比如先期培训，以及由于外派失败导致的潜在损失。根据一项研究，外派员工的成本大约是本地员工的 2.5 倍。此外，海外项目有 10% 的失败概率，这增加了公司开展海外业务的总成本。鉴于这些高昂的费用，许多跨国公司正转为在当地或第三国招聘雇员。此外，世界各地教育水平的提高也给跨国公司的国际人力资源选择提供了更多的资源。新兴市场对受过高级训练的科技员工的急切需求以及流行的 MBA 教育也使得跨国公司有了更多的选择。然而，一些公司要赢得人才之争仍然存在困难。中国的一份报告指出，尽管有许多人接受过高等教育，但专业的管理人才还是非常缺少。可口可乐大中华区人力资源总监郭明说："我们需要比现在数量更多、素质更高的人。"

通过精心挑选和培训可以减少外派人员的调整问题。语言培训和跨文化培训尤为重要，但跨国公司往往会因为急于部署资源来满足关键需求而忽略语言和跨文化培训。全球对职业管理者的需求可能仍会增长，跨国公司将继续在招募和培训最好的未来领袖方面加强投资。

跨国公司也受到很大的压力，因为要保证在母国的就业机会，其国际人力资源措施受到严密监督。例如，以相对较低的工资从印度引进程序员，同时将工作外包给低成本国家的高技术人员，这些用人方式给跨国公司进行有效的国际人力资源管理带来了政治上和社会上的挑战。所有这些都揭示出一个道理：我们必须更多地关注和投资（国际派遣）这个富有挑战性的领域。

14.1.4　经济压力

值得注意的是，跨国公司中人力资源的功能本身就因为成本降低和效率提高带来的持续压力而时刻改变着。曾经有段时间，人力资源部门需要处理公司的每一项员工需求，从雇用和解雇到管理公司收益与薪水确定。根据彭博社 2015 年的一项研究，人力资源人员占公司全体员工的比例从 2014 年的 1.3% 下降到 2015 年的 1.1%。在一个有 2 500 名以上员工的大公司，人力资源人员占公司全体员工的比例下降到 0.6%。此外，一些曾被公司人力资源部门所监管的项目现在逐步被外包，原因是与这部分职位的功能相关的开支正受到越来越多的监督。彭博社 2015 年的研究发现，不低于 2/3 的雇主至少外包过一项人力资源工作。

在经济衰退期间，公司在员工薪酬和福利方面所采取的举措可谓千变万化。然而，回顾 2009～2010 年的全球经济衰退，我们可以从中找到一些线索，了解在未来经济低迷期间公司该如何应对。冻结工资或减薪以及停止招聘就是常用的应对方法。一项来自韬睿咨询公司（Towers Perrin）在经济衰退期间的调查显示，有 42% 的公司打算停止招聘并减少雇员，同时降低薪酬。另一项来自 ECA 国际公司针对超过 50 个国家的年度调查显示，有 40% 的公司打算冻结薪酬。平均而言，这期间工资增长率仅为经济危机发生前预期的一半。在加拿大，增长率从 4% 下降到 1%；西欧的工资平均增长约 2%，而东欧的工资增长略低于 5%。俄罗斯、罗马尼亚和拉脱维亚的工资增长幅度最大，而在立陶宛、爱尔兰和瑞士的员工将只能得到该地区最低的工资增长。

雇主对经济衰退期间是否能长期留住人才表示担忧，其中一部分原因可能是许多公司为了改善财务指标而冻结了薪酬和招聘工作。韬睿咨询公司调查的 62% 的公司仍在关心这些计划会怎样影响它们留住人才的能力，因为它们需要留住高绩效的人才或举足轻重的员工。为此，这些公司会保持它们最有才华和最出色的员工的工资增长和现金奖励，即使这需要以停止支付其他员工的工资为代价。

14.2　人力资源的来源

跨国公司海外任职的人员供给有四个基本来源：①母国人员；②东道国人员；③第三国人员；④召回人员。此外，很多跨国公司会将全球业务运作的某些方面外包，通过临时雇用来完成。下面就每一个来源进行分析。

14.2.1　母国人员

母国人员（home-country nationals）泛指具有跨国公司总部所在国国籍的管理人员，有时候也可以用术语"总部国民"来表示。这些人通常称为驻外人员（expatriates）或简写为外派，他们是工作和生活在母国之外的管理者。从历史上来看，很多跨国公司在国外子公司的关键岗位都由具有母国国籍的员工或者驻外人员掌握。现在，这一偏好在很多公司和大多数高级职位中仍然存在。美国和欧洲的主要公司，例如思科公司和 IBM 一直在外派员工到印度工作。据 2015 年的数据估计，印度约有 30 000 名外派管理人员，预计这一数字还将以每年 10% ~ 15% 的速度增长。然而，有些研究表明，东道国人员更适合这些工作岗位。为了研究什么时候公司会更偏向于任用驻外人员而不是东道国人员，理查兹（Richards）对外派工作进行了调查。她访谈了 24 家美国制造企业总部的高层管理人员和在英国、泰国分公司的管理人员。研究表明，在发展中国家或是与当地消费者有较密切关系的市场中，子公司聘用当地管理者更有效。相反，聘用驻外人员在控制大型子公司或是与总部类似的市场时比较有效。

外派母国人员的原因多种多样。最普遍的原因是想让母国人员去开展业务；第二个原因是提供技术专长；第三个原因是有助于对这些国外业务保持财务控制。其他原因包括：为那些更有发展前途的管理者提供国际经验，使他们更好地承担职责；维持和促进组织控制与协调的需要；子公司东道国缺乏管理人才；公司认为这些国外业务只是暂时的；东道国是一个多民族国家，选择任一民族的管理者都会导致一些政治或社会问题；公司持有需要在东道国维持外国企业形象的信念；有些公司坚信母国人员是最合适的人选。

近年来，考虑到成本、不确定的回报以及东道国和第三国人才的增长，使用母国人员的趋势已有下降。

14.2.2　东道国人员

东道国人员（host-country nationals）是指跨国公司所聘用的当地管理者。跨国公司在中低层管理职位上启用当地管理者有很多原因：很多国家希望跨国公司聘用当地人才，这是一个能满足东道国政府的好方法；另外，即使跨国公司希望所有的管理职位都任用母国人员，也不可能有这么大的管理者储备；同时，调任和维持母国人员在东道国工作的高成本也不允许这样做。

在有些情况下，东道国政府会制定规章控制公司的人员选用，要求跨国公司至少在某种程度上实行员工的本地化政策。例如，在巴西，任何一个外国子公司 2/3 的员工必须是巴西本地人。除此之外，巴西劳动法规定向外国人支付的工资不得超过公司工资总额的 1/3。巴西不是一个例外，很多国家都对跨国公司施加实际而微妙的压力，要求其高层管理岗位必须由本地人担任。过去，东道国施加的这些压力导致跨国公司在选择管理者时改变其选派方法，如标准石油公司。这些规章制度会带来高额的成本，因为在国际竞争中，保护当地员工会使他们产生权利意识，进而降低生产力。

索尼正在美国尝试采用雇用东道国人员的办法。雇员们被鼓励按照美国人的风格来接受或拒绝日本总部的管理方式。此外，美国分公司的创新都土生土长，富有美国特色。索尼认为东道国人员的个人素质最能胜任该项工作，因为与日本管理者不同，他们已经具有与工作知识相关的语言和文化，而这些是索尼的日本员工体会不到的。国际管理实践 14-1 举例说明了美国人如何更好地适应外国老板。

国际管理实践 14-1

替外国人工作的重要忠告

随着日本、韩国和欧洲扩大其经济领域，世界范围内的就业机会也随之增加。为外国公司工作是否好呢？那些曾经在外资公司工作过的人都知道，这种择业选择有利也有弊。下面是一些曾经为外国的跨国公司工作过的人撰写的经验介绍。

第一，虽然美国管理者通常被教育要快速做出决定，但大多数外国管理者还是愿意花更多的时间，并且认为快速做出决定是没有必要的，有时甚至是非常糟糕的。在美国，我们听到这样的说法："高效率的管理者只有51%的决策是对的。"在欧洲，这个百分比要高得多。这也解释了为什么欧洲管理者分析问题要比美国管理者深入得多。在外资企业工作的美国人更应注重慢而准确地决策。

第二，大多数美国人被告知不要发出很多指令。在拉丁美洲国家，管理者习惯于发布大量的命令。在东亚国家，就很少有指示或命令。美国人必须适应特定国家的决策过程。

第三，大多数美国人在下午5点左右回家，如果有很多文件工作，他们会带回家做完。日本管理者则刚好相反，他们会在办公室待到很晚，还认为那些早回家的人是懒惰的。美国人要么适应，要么就证明给那些管理者看，他们工作和其同事一样努力，只是地点不同而已。

第四，很多跨国公司把英语作为通用语言。但重要的对话还是用母国语言，所以学习语言是非常重要的。

第五，很多跨国公司用危机感来激励员工。在制造业确实如此，为了获得高产量和高质量，人们一直在持续的压力下工作。例如，那些不习惯在高强度下工作的人很难在高强度的自动装配厂获得成功。美国人必须懂得，为工作创造充满人文主义关怀的环境并不是普遍适用的规则，而是一种例外。

最后一点，尽管在美国就业歧视是违法的，但很多跨国公司包括一些美国公司还是这样做了。女性很少有和男性一样的机会，而且很多高层管理工作只提供给母国人员。在大多数情况下，美国人已经接受了这种民族中心主义（国民主义者）做法。

但正如第3章所讨论的那样，在国际舞台上，职业道德和社会责任是一个重要问题，并且不管是现在还是将来，跨国公司肯定还要面临这些挑战。

资料来源：Martin J. Gannon, *Understanding Global Cultures*, 2nd ed. (Thousand Oaks, CA: Sage, 2001); Richard D. Lewis, *When Cultures Collide* (London: Nicholas Brealey, 1999); Roger E. Axtell, ed., *Do's and Taboos around the World* (New York: Wiley, 1990); John Holusha, "No Utopia but to Workers It's a Job," *New York Times*, January 29, 1989, sec. 3, pp. 1, 10; Faye Rice, "Should You Work for a Foreigner?" *Fortune*, August 1, 1988, pp. 123-124; Jeanne Whalen, "American Finds Himself Atop Russian Oil Giant in Turmoil," *The Wall Street Journal*, October 30, 2003, p. B1.

14.2.3 第三国人员

第三国人员（third-country nationals，TCN）是指任职于跨国公司的管理者既不是跨国公司总部的母国公民，也不是跨国公司所在的东道国公民。第三国人员的雇用数据并不如母国或东道国人员那样庞大。

雇用第三国人员有很多优点。第一，即使近几年来差距在缩小，第三国人员的薪酬及福利还是比母国人员低。第二，第三国人员有很好的在当地工作的技能，并能说和当地人一样的语言。这也解释了为什么诸多美国跨国公司在原英属殖民地国家（如牙买加、印度、西印度群岛和肯尼亚）的子公司的高级管理岗位上聘用英国及苏格兰管理者，也说明了为什么很多成功的跨国公司（如吉列、可口可乐、IBM公司）聘用当地管理者并将他们派遣到海外子公司。雇用第三国人员的其他好处还包括如下方面。

（1）与母国人员及当地管理者相比，第三国人员尤其是那些曾经在跨国公司总部工作过的管理者，能更有效地实现公司的目标。他们能以一个外国人的角度深入理解公司的政策，而且和母国人员相比，他们能更有效地沟通并实施这些政策。

（2）在快速扩张期，第三国人员不仅能替代那些母国人员，而且能从不同的角度去实施和发展业务，而这些往往是当地管理者和总部管理者所缺乏的。

（3）在合资企业中，第三国人员可以展示跨国公司的全球或跨国形象，并且能为公司引进其独特的跨文化技能来处理员工关系。

14.2.4　召回人员

近几年来，在国际管理中出现了一个新名词——**召回人员**（inpatriate）。召回人员是指东道国和第三国的被调回母国总部工作的人员，甚至有些日本跨国公司也开始用它来帮助应付国际挑战。哈维（Harvey）和巴克利（Buckly）指出：

日本公司也正在减少全球业务的单一文化导向。松下公司的总裁 Yoichi Morishita 要求公司高层管理者必须熟悉与其业务相关的所有国家的文化。索尼 80% 的产品销往海外，已认识到具备文化多元性的重要性。索尼已任命两个外国人为董事会成员。与此同时，他们还打算聘用当地管理者，并让他们进入总部高层管理机构。此外，索尼董事会主席指出，五年内董事会成员必须由来自不同国家的人担任，这对公司将来的发展非常重要。类似地，东芝公司计划改组高层管理人员和董事会，使其成员更具全球代表性，以推进其长期全球战略。

越来越多地使用召回人员可以更好地开发跨国公司的全球核心竞争力，因此，新型的、懂多国语言、经验丰富的管理者正在不断涌现，他们被称为全球或跨国管理者。这些新型的管理者是成长中的国际管理人员的一部分。他们能跨国界管理业务，但并不适合传统的第三国人员模式。随着欧洲一体化进程和北美及亚洲类似的一体化进程的发展，公司对全球管理者的需求将大量增加。此外，由于世界某些区域劳动力短缺，出现了人才从富余地区向短缺地区流动的移民浪潮。

14.2.5　分包和外包

国际管理人才的其他潜在来源是分包（subcontracting）或离岸外包（offshore outsouring，见第 1 章）。因公司协调和整合分散在各地的人力资源的组织与技术能力不断提高，这使离岸外包变得可能，无论这些人力资源是跨域直接聘用还是外包的。这种能力的发展可以追溯到较早的国际分工以及精益生产在国际上向其他制造业和服务业的扩散（源自日本汽车制造商）。特别是低成本的电子通信催生了生产性服务业的本地化：不像以前有距离限制，现在服务性公司可以通过互联网，直接提供工程、医疗、法律和会计服务等。诸如中国、印度和菲律宾等发展中国家的教育水平的不断提高，尤其是科学和技术领域的发展，使得外包越来越吸引迫切需要国际人力资源的跨国公司。

然而，这些做法并不是没有争议的。一方面，从国外挖掘人才以及通过申请特别签证雇用来自国外的临时员工，很大程度地节约了成本，减少了监督；另一方面，媒体开始关注这样一个现象，即在电子通信成本很低的时代，几乎任何类型的工作（专业的和蓝领型的）都能在印度完成，而所需的工资只是在美国工作的一小部分。特别是如第 1 章所讨论的，工会、政客以及非政府组织都开始指责跨国公司在劳动力上的"套利"。

离岸已经进入了一个新的阶段，虽然跨国公司在海外寻找劳动力的首要原因还是节约成本，但是现在已经开始向寻找高质量的人才倾斜，这使得跨国公司开始关注成本以外的其他因素，主要是与高质量人才有关的方面。

此外，虽然一名印度计算机程序员或中层管理者的成本仍然只是美国的一小部分（有 3 ～ 5 年经验的程序员在印度挣 25 000 美元，而在美国能拿到 65 000 美元），但在工资开支方面的节约并不一定能全部转换成整体成本的节约，因为在美国公司和印度供应商之间的典型的外包合同节省的费用不到工资差的一半。面对这种成本方面的挑战，微软付钱给两家印度外包公司 Infosys 和 Satyam，让它们为微软的项目提供高技术的软件设计师。这种情况下，软件开发和设计工作是由在美国微软工厂中的印度公司的雇员做的。虽然通常情况下印度雇员的工资要远低于美国同行（30 000 ～ 40 000 美元），但微软还是支付每小时 90 美元的薪酬给软件设计师，或是支付给他们超过 180 000 美元的年收入。这些工作是由通过申请 H-1B 签证到美国工作的印度软件工程师做的，持该签证的外籍劳工能在美国公司工作长达 6 年。微软还通过印度的外包公司雇用时薪在 23 ～ 36 美元的员工来为其工作。

尽管政治上存在争议，但利用外包可以为公司节约大量成本，而且对于那些主要通过签订合同提供服务的公司是相当有利的。如 EDS（美国电子数据系统公司）、IBM 和德勤这样的美国公司在全球生产与人力资源的协调方面已发展出了独特的竞争力，包括支持公司运作的人力资源功能。这些公司很好地将低成本劳动力、专业技术能力和专业协调方式结合了起来。

外包同样会给一些跨国公司带来质量控制问题。2016 年，由于质量控制问题，英国电信巨头英国电信从印度召回了一些呼叫中心的工作人员。为了提高客户满意度，英国电信将在英国接听客户电话的员工比重从 50% 增加到 80%，最后有大约 1 000 个岗位被转回英国。此举花费了英国电信大约 8 000 万英镑。

尽管有这些限制，离岸分包仍然是管理和部署国际人力资源的一个重要工具。哈科特集团（Hackett Group）的一项研究估计，美国和欧洲公司在 2002 ～ 2016 年，平均每年将 150 000 个服务工作交给海外公司来做。虽然分包在跨国公司全球经营人力资源实践中提供了重要的灵活性，但它也需要熟练的国际管理者来协调和监督由于分包产生的复杂关系。

随着离岸外包进入新的时期，这一问题显得异常真实。杜克大学离岸研究网络所做的一项调查显示，母国和东道国表现出了重大差异。具体来说，在母国的人往往担心会有大量的工作岗位流失到东道国，特别是一些高端工作正被转移到海外的事实加深了人们的这一想法。然而，从组织的角度来看，情况并非如此。管理者要找到合适的人才越来越难，越来越多的公司在研发等领域都开始寻找海外人力资源，以弥补母国人才的缺乏。这并不会减少母国人员的就业机会，全球寻找人力资源只是因为管理者试着将工人的技能和工作本身相匹配。此外，公司往往会在为某种类型的工作岗位寻找合适人力资源的时候挑选特定的国家。图 14-2 为这一现实提供了一个图形化的描述。整体而言，离岸是一种趋势，它并不仅仅意味着走出国门，而是通过应用不同的激励机制和不断的创新来帮助公司成长。

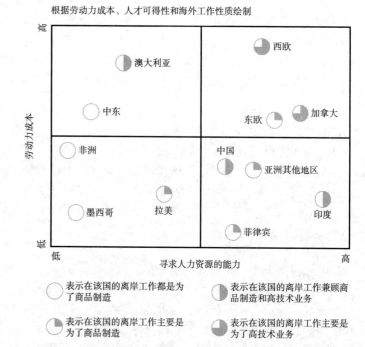

图 14-2　跨国公司在不同国家／地区寻找的相关技术人才

资料来源：Arie Y. Lewin and Vinay Couto, *Next Generation Offshoring: The Globalization of Innovation, 2006 Survey Report* (Durham: Duke Center for International Business Education and Research, 2007).

14.3　国际工作人员的甄选标准

为海外任务有效地选配人员，其决策本身就是一个大问题。通常，这一决策是根据国际人员甄选标准做出的。所谓的**国际人员甄选标准**（international selection criteria）是指为国际任务选配人才时要考虑的因素。选择标准受跨国公司的经验影响，而且通常以文化为基础。有时候选择标准会有很多，可达十几个，但跨国公司只会慎重考虑其中重要的 5 ～ 6 条。表 14-1 列举了 60 家澳大利亚、新西兰、英国和美国一流的跨国公司派往其南亚公司工作的澳大利亚管理人员、驻外管理人员和亚洲管理人员对这些标准的重要性所做的排序。

表 14-1　员工的选择标准

标准	澳大利亚管理人员（$n = 47$）	驻外管理人员[①]（$n = 52$）	亚洲管理人员（$n = 15$）
1. 适应能力	1	1	2
2. 技术能力	2	3	1
3. 配偶及家庭适应能力	3	2	4
4. 处理人际关系的能力	4	4	3

（续）

标准	澳大利亚管理人员（n = 47）	驻外管理人员① （n = 52）	亚洲管理人员（n = 15）
5. 赴海外工作的意愿	5	5	5
6. 已具有海外的工作经验	6	7	7
7. 对东道国文化的了解	7	6	6
8. 学历	8	8	8
9. 掌握的东道国的语言知识	9	9	9
10. 对母国文化的了解	10	10	10

①在跨国公司海外分公司工作的美国、英国、加拿大、法国、新西兰或澳大利亚的管理者。

资料来源：From Raymond J. Stone, "Expatriate Selection and Failure." *Human Resource Planning* 14, no.1, (1991).

14.3.1　通用标准

有些选择标准得到高度重视，而其他标准最多只是提供参考。如果公司首次外派人员，那么这个标准清单将会非常长，而有经验的跨国公司则将其浓缩为一个短清单。

通常，工作技能和员工素质都要考虑进去。没能同时考虑这两个因素的公司，外派任务的失败比例都较高。例如，彼得森（Peterson）等人在调查了跨国公司为海外任务选派人员的首要标准后发现，日本和美国的跨国公司认为技术技能与人际交往技能非常重要。以下章节将详细讨论在选择驻外人员时一些通用的、具体的标准。

14.3.2　对异国文化的适应能力

驻外管理者必须具有适应变化的能力，对于异国文化应具有较强的忍受力。研究表明，驻外管理者在其任期的初期是很兴奋的，但几个月后，随着文化冲突的出现，他们在新的环境中开始遭受挫折并感到有些困惑。这也许是一个好的征兆，表明他们已经开始融入新环境中而不是游离于环境之外。

随着适应期的结束，驻外管理者倾向于更多地认同东道国文化。他们在现有岗位上工作越熟练，这种文化认同感就会越强烈。事实上，正如图 14-3 所示，首次抵达的驻外管理者会把所有的东西都看成几乎和母国一样。随着时间的推移，他们对环境越来越熟悉，自身也越来越成为周围环境的一部分。这种一体化能够产生更大的满足感，并减少驻外管理者的压力和被疏远的感受。

有关机构调查了判断一个人是否具备适应能力的一些特征，包括在与自己文化不同的环境中工作的经验、以前的海外旅游经验、外语知识（不要求流利）、近期移民或者遗产继承。另外还包括：①与不同种族、文化和商务组织相融合的能力；②感知东道国的发展情况并能对之做出准确评估的能力；③从不同的角度并且在不同的框架内解决问题的能力；④能敏锐地感知出个体、文化、政策、宗教以及道德之间细微差异的能力；⑤即使在缺乏帮助和信息的情况下，也能灵活地处理业务的能力。

塞尔马（Selmar）对在中国的外派人员进行了研究。研究结果显示，那些最能适应新环境的外派人员已经形成了自己的应对策略，这些策略以社会文化和心理适应为主要特征，包括：①认为他们能应对工作挑战因而感到非常自如；②能适应新的生活条件和环境；③学会在工作之余和东道国当地居民交往；④合理保持愉快的心情，喜欢日常工作。另外，Caligiuri 研究了东道国居民是如何帮

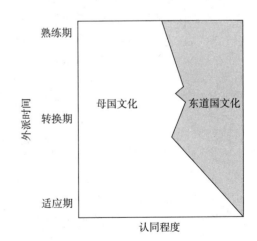

图 14-3　认同母国文化与东道国文化的变化过程

资料来源：Juan Sanchez, Paul Spector, and Cary Cooper, "Adapting to a Boundaryless World: A Developmental Expatriate Model," *Academy of Management Executive* 14, no. 2 (2000), p. 100.

助外派人员适应当地新环境的。她报道说，在这一适应过程中，某种性格特征非常重要。她的调查结果特别指出，如果一位外派人员具有开放的性格特征，那么和东道国居民的广泛接触有助于跨文化适应。她还发现，社会交往能力与有效的适应能力直接相关。

14.3.3　身心健康

很多公司要求驻外人员身心健康。显然，公司不会外派一位有心脏病的人，类似地，有精神病的患者也不会被考虑。另外，还要考虑个人对文化冲突的心理承受能力，个人的婚姻状况也会影响到其应付国外环境的能力。一家在远东的美国石油公司认为，孩子已长大成人的中年男性最擅长处理文化冲突。在沙漠地区，从得克萨斯州或加利福尼亚州南部来的人比从新英格兰来的人更富有冒险精神。

14.3.4　年龄、经验和教育

大多数跨国公司力求在年龄和经验之间寻求平衡。有证据表明，年轻的管理人员更渴望去海外任职。他们愿意去闯世界，并且比年长者更向往异国文化。另外，就管理经验和专业技能而言，年轻人缺乏实际经验。为寻求平衡，很多跨国公司将年轻人和年长者同时派往一个地区。很多公司还考虑学历，最好要有大学学历，这对国际管理人员来说是非常重要的。但说到理想的学历程度，没有统一的观点。当然跨国公司不会仅仅把正规教育作为培训和开发的出发点。例如，德国西门子公司会对驻外人员进行特殊培训，旨在帮助他们更有效地处理未来工作中所面临的问题。

14.3.5　语言能力

管理者精通工作所在地的语言是很有必要的。对语言培训重视不够是跨国公司公认的弱点。英语是国际业务中的通用语言，而且大多数国家的母国人员都可以用英语来交流。但这些只会说英语的人员在非英语国家开展业务时有明显的劣势。也就是说，语言是一个非常重要的因素。

传统上，来自英语国家的管理者在语言领域方面表现得非常差。然而，外派人员已经在努力提高自身的沟通能力。根据对汇丰2015年外派员工的调查，63%的外派员工最终学会了当地语言。东道国国内的发展水平似乎显著地影响着外派人员是否努力提高自身的语言技能，在发达国家有67%的外派人员尝试学习东道国的语言，而在发展中国家，这一比例只有51%。

对许多外派人员来说，能够用东道国的语言与当地人进行交流，是他们最终与外国建立联系的一个重要里程碑。这对于像俄罗斯这样的国家来说尤为重要，因为能否成功地融入俄罗斯当地生活在很大程度上取决于是否能使用俄语进行交流。在接受调查的外派人员中，超过70%的人都在努力提高自己的语言能力。

14.3.6　对国际工作人员的激励因素

虽然被派往海外工作的人员本人必须有赴海外工作的意愿，但员工往往没有足够的动力去海外工作。国际管理专家强调候选人必须坚信这些工作是重要的，甚至要带有一点理想主义色彩和特殊使命感去工作。那些不满国内现状并渴望逃离的申请人很难成为有效的管理者。

一些专家认为，具有冒险和开拓精神是愿意赴海外工作的一大原因。除此以外，赴海外工作的动力还包括晋升的机会、经济状况的改善。例如，很多美国公司把具有海外工作经验作为晋升最重要的参考因素。除此之外，额外的工资和福利补贴，可以使这些美国管理者比待在国内更容易赚钱或省钱。

很多人会浪漫化外派的生活，不同国家的神秘感也依然是激励专家们寻求海外派遣的因素。调查显示，至少有40%的英国人表明想去国外工作或退休养老。根据英国《每日电讯报》上的一篇报道：

这不仅仅与日光有关。成为一个外派人员是一场冒险，一个新的开始，而且人的本性就是想去探索。全球人口流动像人类自身一样历史悠久。我们最早的祖先的古老迁徙路线有据可查，他们走过的距离至今让人震惊。甚至《圣经》中也有外派人员的记录，如《出埃及记》。的确，亚当和夏娃从伊甸园被放逐的故事是《圣经》叙事的开始。夏娃是第一个随行配偶吗？在近代，整个文明都被如马可·波罗、克里斯托弗·哥伦布、库克船长和清教徒前辈移民这样的探索者所影响。所以在各大洲间来回早就不是新鲜事，但它在整个 20 世纪通信革命和全球化的推动中持续增加。科技允许企业以过去无法想象的方式全球化。事实上，这就是对全球化的承诺，现在许多大公司沿着全球交付路径而非当地的地理区划来构建报告线。

14.3.7　配偶和子女的支持或工作——家庭因素

配偶和子女是赴海外工作需要考虑的另一个重要因素。如果家庭不幸福，那么管理者的业绩将会非常糟糕，要么被终止，要么干脆决定离开该组织。谢弗（Shaffer）和助手收集了来自 46 个国家的 324 名外籍人士的数据后发现，一个外派员工所感受到的组织对其支持的程度，以及个人工作和家庭的相互影响程度对其留任还是离开公司的个人决定有直接和独特的影响。由于上述原因，有些公司在决定是否批准任命之前，要与管理者及其配偶进行面谈。就公司而言，这也是一个重要的决定，因为公司重视家庭问题。一种常用于评估家庭是否适合海外任命的方法被称为**适应性筛选**（adaptability screening）。这个程序用以评估家庭对海外艰辛生活和压力的承受度。在这个筛选过程中，公司需要了解很多情况，包括家庭和睦团结的程度、压力的承受度、对新文化和气候的适应能力。家庭因素受到如此关注的原因在于，跨国公司已经认识到，一位家庭不幸福的管理者的工作效率低下，而且其本人会在任期还远未结束之前就想提前回国。这些发现已经被波斯托夫（Borstorff）及其同事所证实并发展。他们研究了与赴海外工作意愿相关的因素，并得出如下结论：

（1）和已婚员工相比，未婚员工更愿意接受到海外的任命。

（2）没有子女或子女已长大成人的夫妇更愿意赴海外工作。

（3）先前具有的相关国际经验与赴海外工作的愿意相关。

（4）对自己的职业生涯和任职的组织有高度承诺的员工更愿意赴海外工作。

（5）配偶的职业和态度也是员工考虑赴海外工作的一个重要因素。

（6）公司对于员工及其配偶的支持，对员工是否愿意赴海外工作是至关重要的。

这些发现表明，公司不能忽视配偶在员工决定是否赴海外工作中所起的作用，但如何解决他们的顾虑呢？表 14-2 就这个问题提供了一些见解，此表还加入了经常被忽略的一种情况——妻子被派往海外工作了。虽然男性配偶所关注的很多方面类似于女性配偶，但表 14-2 进一步显示了男性配偶所关注的问题排名不同于女性配偶。

表 14-2　解决配偶问题的措施（得分 1～5 分，5 分表示最重要）

平均得分	措施	平均得分	措施
平均	所有被调查者的见解	平均	男性配偶的见解
4.33	公司帮助配偶获得必要的文件（许可证等）	4.86	与其他国际组织协调的工作网络
4.28	对重新安家给予足够的重视	4.71	帮助配偶在回国后重新融入母国环境
4.24	在员工赴职前，为配偶和孩子提供相关的培训	4.71	为配偶提供行政支持（办公地点、文秘服务）
4.23	帮助配偶在国外寻找工作或活动的机会	4.57	为配偶的工资及福利提供赔偿
4.05	与其他国际网络协调的工作网络	4.29	对重新安家给予足够的重视
3.97	帮助配偶在回国后重新融入母国环境	4.29	帮助配偶在国外寻找工作或活动的机会
3.93	资助子女教育	3.86	在员工赴职前，为配偶和孩子提供相关的培训
3.76	为配偶的工资及福利提供赔偿	3.71	为配偶创造工作机会
3.71	为配偶创造工作机会	3.71	资助志愿者活动
3.58	开展对配偶的支持	3.43	资助子女教育
3.24	为配偶提供行政支持（办公地点、文秘服务）	3.14	提供研究资助
3.11	提供研究资助	3.14	资助创造行为

（续）

平均得分	措施	平均得分	措施
平均	所有被调查者的见解	平均	男性配偶的见解
3.01	资助志愿者活动	3.00	开展对配偶的支持
2.90	资助创造行为		

资料来源：Adapted from Betty Jane Punnett, "Towards Effective Management of Expatriate Spouses," *Journal of World Business* 33, no. 3 (1997), p. 249.

14.3.8 领导能力

用独特的方法来影响人们的能力通常被称为领导艺术，这是为国际任务甄选管理者的另一个重要标准。然而，判断国内的有效管理者在海外环境中是否依然有效是非常困难的。在判定候选人是否具有应有的领导能力时，很多公司会考察他们的品质，如成熟稳重、心理素质、沟通能力、独立能力、创新能力、创造力和健全的体魄。如果具有这些品质，而且在国内是一个有效的管理者，那么跨国公司认为他在国外也会做得很好。

14.3.9 其他因素

候选人可以采取某些措施为驻外工作做更好的准备。杜（Tu）和沙利文（Sullivan）建议候选人按不同阶段采取不同的措施。在第一阶段，管理者应关注自我评估和常识，包括找到如下问题的答案：这项驻外工作真的适合我吗？配偶和家庭支持驻外工作吗？第一阶段还要收集有关工作机会的一般信息。

第二阶段着重于自己在被选派之前需要集中完成的事情，包括以下几点：①学习专业技术，要保证和工作要求的专业技术相匹配；②学习东道国的语言、风俗和礼仪；③提高自己对该地域的文化和价值理念的认识；④使自己更加充分地认识外派任务的好处。

第三阶段聚焦于自己被选上之后需要完成的事情，包括以下几点：①参加由公司提供的培训课程；②和那些有过驻外经验的同事商谈讨论；③和其他外派人员以及外国人员讨论即将被派往的国家；④如果有可能，在正式赴职之前和配偶一同游历东道国。

14.4 外派的经济压力和趋势

尽管经济停滞席卷全球，但大部分跨国公司继续外派人员。据布鲁克菲尔德全球迁移服务公司（Brookfield Global Relocation Services）2015 年对 143 家跨国公司所做的调查，95% 的国际外派工作是成功的。此外，接受调查的公司似乎对自己的全球化业务前景感到乐观，其中 90% 的公司预计它们未来的外派人员数量将会增加或保持稳定。尽管雇主将职业发展和建立当地关系列为目标，但外派员工的常见目标是填补管理或技术上的空白（49%）。员工还描述说国际外派带来了巨大的好处，包括更快的晋升、更高的薪酬、更强的绩效评价和完成外派工作后更大的流动性。

尽管记载的国际外派工作成功率相对较高，但也有可能失败。更常见的情况是，当外派引起家庭问题时，员工会拒绝外派的机会。毫不奇怪，家庭问题被列为拒绝外派的最常见的原因。总的来说，调查中 38% 的受访者认为家庭是员工拒绝外派的首要原因，另外有 17% 的受访者认为是配偶的职业问题。当被问到如何克服他们海外项目面临的挑战时，其中 40% 的公司表示帮助员工调解家庭问题是最关键的，这与克服外派员工子女面临的教育的挑战程度同样高。为了减少因家庭问题而引起的拒绝派遣，雇主就需要提高外派员工的家庭福利。例如，在接受调查的雇主中，只有 8% 的雇主在员工外派期间为其年迈的家庭成员提供帮助。此外，在被调查的公司中，只有不到一半的公司在获得工作许可、提供求职服务、教育援助或识别当地支持网络等领域为员工配偶提供一些支持。

国际外派工作的成本可能非常高昂，2015 年接受调查的公司中有 75% 的公司表示，它们在减少外派项目总成本方面面临的压力越来越大。其中一部分压力来自传统的财务指标，比如投资回报率，因为绝大多数公司在评估海外项目的成败时没有使用这些传统的财务指标。大多数国际外派工作不是直接以利润为首要目标，因为投资回报率很难量化。这项调查的其他发现包括：

- 女性在外派人员中占 19%。
- 71% 的外派人员年龄在 30 岁到 39 岁之间。
- 已婚人士在外派人员中占 74%，高于历史均值 66%。
- 有孩子陪伴的外派人员占 52%。
- 有配偶和伴侣陪同的外派人员占 80%，这一比率在过去十几年内轻微下降。
- 外派人员中，大约 50% 的配偶在其外派前有工作但外派过程中无工作，4% 的配偶在其外派前无工作但外派过程中有工作，11% 的配偶一直有工作。
- 56% 的外派人员迁入或迁出总部所在国，大约 2/3 的外派人员迁入他们所在区域以外的国家。
- 美国、中国和英国是最常见的外派目的地。
- 巴西、中国和阿联酋是主要的新兴目的地。
- 印度和英国被列为外派工作失败率最高的国家。

14.5 国际工作人员的甄选程序

跨国公司运用很多甄选程序，其中最常用的两个程序是测试和面试。有些公司只用一个，少数公司两个都用。一些理论模型已被开发出来，其中包括适应海外工作的一些重要变量。这些调整模型可以用来更有效地选择驻外人员。下面将讨论传统的测试和面试程序，然后提出一个调整模型。

14.5.1 测试和面试程序

有证据表明，虽然有些公司采用测试法，但测试并没有被广泛地使用。一项早期的研究表明，在 127 名驻外人员中，80% 左右的员工所在的公司在招聘过程中没有启用测试程序。这与这些公司在招聘国内管理者时普遍使用测试程序刚好形成鲜明的对比。许多跨国公司在报告中指出，成本、值得商榷的准确性以及预测性很差的记录令测试的价值受限。

很多公司用面试来筛选驻外人员。一位专家指出："由高级管理人员对候选人（和他们的配偶）进行大量广泛的面试最终证明仍是最好的甄选方法。"邓（Tung）的研究也支持了这类观点。在他所调查的美国跨国公司中，如果是招聘管理者，52% 的公司会对候选人及其配偶进行面试，47% 的公司只对候选人进行面试。根据这些调查结果，邓得出如下结论：

这些数字表明，和技术人员相比，管理类的职位与当地社会有更广泛的联系，配偶对国外环境的适应能力对其在国外的成功非常重要。但即使是技术岗位，也有一部分公司对候选人及其配偶进行面试。这就支持了其他研究人员的观点，即跨国公司越来越认识到这一因素对其在国外业绩的重要性。

14.5.2 调整模型

近年来，国际人力资源管理学者开发了很多理想的模型，以便解释影响有效适应海外任务的因素。这些调整模型奠定了有效选择驻外人员的理论基础。

外派人员在外派时必须进行两种类型的调整：预期调整和国内调整。预期调整是母国人员赴海外任职之前需要做的，且受很多重要因素影响。一个因素就是公司提供的赴职前培训，通常以文化交流的研讨会形式进行，旨在让母国人员熟悉东道国的文化和工作方式。另一个因素是母国人员可能具有的与东道国有关或类似文化的经验。公司对预期调整的投入与驻外人员挑选过程是密切相关的。传统上，跨国公司对驻外人员只有一个重要的选择标准：员工的技术能力。很明显，技术能力是重要的，但它只是员工必备能力中的一个方面。如果跨国公司把技术能力作为唯一标准，就不能很好地帮助员工为海外任务做好准备，就不能进行成功的适应性调整。结果，外派人员对即将到来的挑战信心满满，到了东道国却受到巨大的打击。

现场调整发生在东道国，一旦母国人员到了当地，很多因素将会影响其调整能力。第一个因素包括面对高度压力的环境仍然能保持积极心态的能力，与当地人融洽相处的能力，感悟并正确地评估东道国文化价值观和规范的能力。第二个因素是工作本身，它反映了驻外人员在东道国管理团队中的角色明晰化程度，其所拥有的决定权，与工作相关的挑战的新颖性，与现有角色的冲突程度。第三个因素是东道国的组织文化，以及母国人员调整适应组织文化的难易程度。第四个因素是非工作因素，即母国人员面对全新的异国文化的忍耐性及其配偶和子女的适应程度。第五个因素就是调整模型中谈到的最后一个因素，即母国人员开展有效的社会化策略的能力，以及理解东道国组织中"什么是什么"和"谁是谁"的能力。

另一个外派调整模型强调了如何形成在东道国获取关键信息和情感支持的关系网络，提出了一个五阶段过程模型，勾画了外派人员如何在不熟悉的文化情境下形成、促进支持关系的调整过程。

- 阶段 1：影响外派人员寻求东道国行动者支持动机的因素。
- 阶段 2：影响外派人员选择和寻求支持的因素。
- 阶段 3：影响被接触者提供支持的能力和意愿的因素。
- 阶段 4：影响外派人员利用所获支持的因素。
- 阶段 5：影响外派人员在其社交网络增加行动者的因素。

这些预期和东道国因素将会影响母国人员对海外工作的适应方式及适应程度，它能帮助解释为何母国人员的有效选派是复杂的，并且也是非常困难和具有挑战性的。另外，如果以上所有因素都能处理得很好，驻外人员会在公司整个海外业务中发挥重要的作用。麦考密克（McCormick）和查普曼（Chapman）的研究证明了这一点。他们的研究表明，驻外人员在寻求自我调整以适应海外业务的过程中，会经历某些变化。如图 14-4 所示，开始的热情在冰冷的现实面前消失殆尽。最终，驻外人员通常会寻求个人、工作需要与新环境之间的平衡。幸运的是，在很多情况下，所有的事都能处理得非常好。此外，跨国公司常用的一种潜在的宽慰驻外人员的方法是为他们提供一份诱人的一揽子薪酬计划。

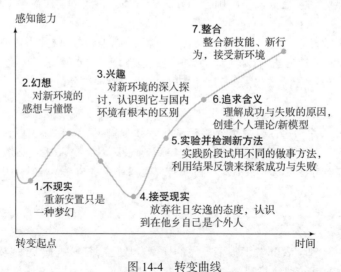

图 14-4　转变曲线

资料来源：Adapted from Iain McCormick and Tony Chapman, "Executive Relocation: Personal and Organizational Tactics," in *Managing Across Cultures: Issues and Perspectives*, ed. Pat Joynt and Malcolm Warner (London: International Thomson Business Press, 1996), p. 368.

14.6　薪酬

近年来，跨国公司驻外人员数量逐年减少的一个原因是公司控制费用。雷诺兹（Reynolds）估计，"驻外人员人均费用成本是母国人员的 2 ～ 5 倍，是东道国人员的 10 倍以上"。从图 14-5 中可以看出，一些主要城市的消费水平特别高，必须给予这些城市的驻外人员相应的补贴。

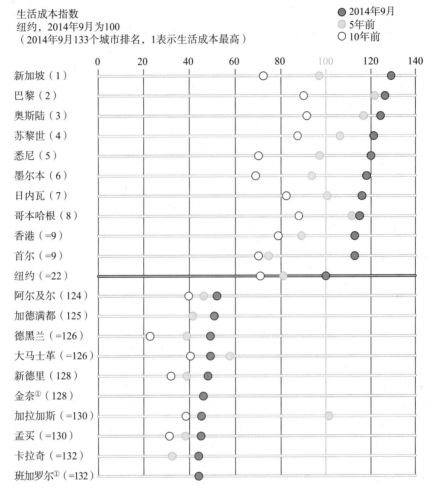

图 14-5　生活成本指数

① 2014 年加入评比。

资料来源：Economist Intelligence Unit.

20 世纪末的经济衰退给跨国公司控制外派相关费用带来了额外的压力。美世（Mercer）在 2009 年的报告中指出，企业增长放缓、盈利下降、经济环境不确定等因素导致约 40% 的跨国公司准备修改它们当前的国际外派政策。本土化趋势使得跨国公司试图进军本地人才市场或者降低本地招聘的外国员工的待遇。世界各国和地区之间的本土化方法是相当一致的，这种方法包括在新兴市场（例如中国、印度和越南）运作的公司都在使用。这些地方的地区薪酬和福利待遇没有母国那么丰厚。就外籍人员的福利及津贴而言，当地员工最不应当忽视的是住房补贴和教育福利。美世确实发现，在欧洲和北美地区的跨国公司比在拉丁美洲和亚太地区更多地采取本土化的政策。但是在近几年里，本土化政策在亚太地区受到更多重视，尤其是当公司想低成本地获取本土人力资源的时候。

14.6.1　薪酬的基本构成

不同国家的薪酬是不同的。正如贝利（Bailey）指出的：

在全球组织中实行的薪酬制度并不能照搬国内的制度，因为各国法定的薪酬、税法、文化和员工的期望都不同。设计薪酬计划的另一挑战是，一方面要避免不必要的花费；另一方面又要保持员工高涨的士气。

驻外人员的薪酬主要由五个部分组成：基本工资、福利、津贴、奖金和税收。

1. 基本工资

基本工资是驻外人员在本国工作时的主要收入。近年来，美国中高层管理者的基本年薪为 200 000 ～ 300 000 美元，与在日本和德国的管理者薪酬相当。当然，汇率也会影响到实际收入。

驻外人员的薪酬是以其在本国的底薪为基础的。因此，为美国跨国公司工作的德国管理者被外派到西班牙工作，其基本工资与在德国工作时相当，而美国管理者就和他在美国工作时的基本工资相当。薪酬通常以母国货币或当地货币支付，或两种方式结合使用。奖金和福利也是以底薪为基准按比例计算的。

2. 福利

一般员工 1/3 的收入来自福利。驻外人员此项收入与国内基本相当，甚至更高。然而，驻外人员的薪酬也有许多难以处理的问题，包括：

（1）跨国公司是否保留驻外人员在母国的福利方案，尤其是税前方案。

（2）跨国公司是否将驻外人员编入东道国的福利计划或弥补两国间的差额。

（3）东道国是否有关于终止雇用从而影响员工福利的法律。

（4）由母国还是东道国负责驻外人员的社会保障。

（5）福利是否受到母国或东道国需要的支配。

（6）由母国还是东道国支付福利。

（7）是否用其他福利方案来弥补薪酬总额的不足。

（8）东道国本地员工可否享受母国的福利计划。

在大多数美国跨国公司里，驻外人员无须缴纳额外费用，就能享受母国的福利计划。如果东道国要求驻外人员缴纳东道国的社会保障金，跨国公司一般会为其支付。幸运的是，国与国之间最近几年达成了一些协议，消除了这种承担双重义务的做法。

此外，跨国公司一般给予驻外人员额外的假期和特殊的休假。公司会为这些员工及其家属一年一次回家探亲、处理急务和因亲人生病或病故回家探望等活动提供机票。

3. 津贴

津贴是跨国公司驻外人员费用支出中较大的一块。最常见的津贴是对员工生活成本的补贴，即对母国与东道国生活水平差距的补贴。这种补贴用来帮助员工保持与母国相当的生活水准，包括安家费、住房补贴、子女教育费用和劳务费。

安家费包括员工及家人执行新的外派任务时带到东道国的家具、衣服和其他生活设施的搬运、运输及存储费用。相关的费用还包括购买汽车和加入俱乐部等，高级驻外人员才有资格享用。

住房补贴范围较广。有些公司为驻外人员提供住房补贴及其相关费用；其他公司每月给驻外人员定额费用，在此额度内，员工可以自主挑选住房。另外，有些美国公司帮助即将赴海外工作的员工把原来的住房卖掉或租出去。如果房屋卖掉，公司承担有关房屋买卖的费用。

子女教育费用也是薪酬中不可缺少的组成部分，包括学费、注册费、书籍、日用物资、交通、房屋、伙食和校服等费用，有时公司也支付员工子女中学毕业后的教育费用。

劳务费主要用于鼓励员工外派到较危险和生活环境较差的地区，主要针对那些去东欧和一些中东国家的员工。这部分费用总额为 10 000 ～ 50 000 美元，或按员工基本工资百分比计算（占 15% ～ 50%）。

4. 奖金

为了激励员工，近些年跨国公司又制订了一些特殊的奖励计划。越来越多的公司减少对国际工作人员的持续奖励，逐步以一次性奖金取代。例如，20 世纪 90 年代初，60% 以上的跨国公司给予驻外人员持续的奖励；到 2018 年，这个比例已经下降到 50% 以下并继续下降。例如，彼得森及其同事研究了美国、英国、德国和日本等 24 个国家的子公司的人力资源政策，并发现只有 10 家跨国公司支付给驻外人员比他们留在本国更高的薪酬。

一次性奖金制度有如下一些优点：第一，该制度使员工意识到他们只有赴海外工作才能获得一次性奖金，所以能够发挥激励作用；第二，降低公司成本，因为只有一次付款，以后再没有资金投入；第三，对员工来说这是一笔单独的收入，有别于通常的薪水，非常有利于储蓄和消费。

特殊的激励机制的实施方法多种多样，员工喜欢这种机制。例如，研究者发现，影响奖励种类和数量的因素包括：是在同一个大洲流动还是在大洲间流动，以及具体的工作地点。表 14-3 提供了对全球员工激励措施的最新调查情况。

表 14-3　世界范围内的员工激励措施　　　　　　　　　　　　　　　　　　　　（%）

	亚洲	欧洲	北美洲	总和
跨国公司给洲内流动的员工的薪酬				
持续性奖金	62	46	29	42
一次性奖金	21	20	25	23
没有奖金	16	27	42	32
跨国公司给洲际流动的员工的薪酬				
持续性奖金	63	54	39	49
一次性奖金	24	18	30	26
没有奖金	13	21	27	22

资料来源：Derived from Geoffrey W. Latta, "Expatriate Incentives: Beyond Tradition," *HR Focus*, March 1998, p. S4.

最后，我们必须认识到，越来越多的跨国公司正逐步取消奖金激励体制。相反，它们开始关注从驻外人员中培养领导者，而这些人是不需要使用金钱进行激励的。

5. 税收

驻外人员薪酬体制中的一个重要部分是税收均衡。例如对同样的收入，一位母国人员有着两张税单，一张是东道国的，另一张是给美国国税局（IRS）的。IRS 法典第 911 条规定，驻外人员收入少于 100 800 美元时可享受税收减免。高层管理者的收入往往超过 100 800 美元，因此需要为超过 100 800 美元的部分纳两次税。

跨国公司常常会承担额外的税赋。最普遍的做法是参照母国的标准来制定驻外人员的基本工资和额外的收入（如奖金等）。计算这笔收入的应纳税额并将其与驻外人员的总收入相比，超过母国税收制度规定的收入税都由公司承担。任何意外之财都归员工所有，作为赴海外工作的奖励。

14.6.2　制定薪酬制度

跨国公司将根据上述谈到的五个基本要素来制定适应不同状况的薪酬一揽子计划。例如，日本高层管理人员的收入大约是初级员工的 4 倍。这与美国形成了鲜明的对比，在美国，这个倍数会更高。欧洲的情形与此差不多。与美国同行相比，欧洲的高级管理者、股东、政治家的收入要少得多，公众对这种美国式的高收入也很反感。这提出了一个棘手的问题：美国驻外高级管理者的收入可以比海外子公司的高级管理者的收入高出很多吗？这会影响员工士气吗？这个问题很难回答，有待仔细考虑。一种解决方式就是用收入与业绩挂钩来吸引和留住人才。

在制订薪酬一揽子计划时，有许多方法可以使用。最常用的就是**平衡表法**（balance-sheet approach），该方法向驻外人员保证他们的薪酬会得到全额支付，不会因接受外派任务而遭受经济上的损失。第二种补充方法是协商。公司和员工经过协商，达成双方都能接受的薪酬。第三种方法是**薪酬本土化**（localization），即根据东道国情况制定薪酬。这种方法主要适用于职业生涯资历较浅和驻外时间很长的员工。第四种方法是**一次性总额法**（lump-sum method），即一次性给予员工事先定好的款项，由员工自己决定如何花费。第五种方法是**自助法**

（cafeteria approach），即公司给予一系列选择，由员工决定如何支配这笔资金。例如，如员工有子女，他们可以选择上私立学校；如无子女，可以选择雇用私人司机或住大房子。第六种是**地区法**（regional system），指跨国公司为一些前往特殊地区工作的员工制定的薪酬。所以，去欧洲国家工作的员工有一套薪酬体系，去南美国家工作的员工有一套不同的体系。需要记住，全球薪酬体系最重要的原则是薪酬必须合理而公正。只有符合这两个原则，薪酬体系才能为各方所接受。

由于受到 2008～2010 年美国金融危机的影响，很多跨国公司对外派人员的标准配置与薪酬政策进行了修改。许多公司提出了短期外派和商务差旅政策来满足员工需求，采用更加全面的措施管理外派人员，例如越来越流行的做法是对本国外派到国外的员工实行"当地化加付模式"（local plus）。ORC 全球人力资源咨询公司进行了两项调查，一项关于中国香港地区和新加坡的当地化加付薪酬一揽子，另一项则针对中国内地外派人员的当地化加付薪酬一揽子。这两项调查表明了对外派人员采用"轻型"或"当地化加付模式"的薪酬一揽子呈增长趋势。ORC 全球亚太地区管理总监菲尔·斯坦利（Phil Stanley）说："这些替代的薪酬一揽子一般是基于东道国薪酬结构体系来设计外派人员的薪水，再增加几种外派福利，例如某种形式的住房补贴和对子女教育的部分津贴。"

14.7　员工个人和东道国观点

直到现在，我们都是从跨国公司的角度来审视人员甄选的过程。怎样对公司最好？然而人员甄选需再考虑两个方面：①被选择的员工；②候选人将被派去工作的国家。调查发现，个人和东道国对驻外人员甄选过程有各自不同的愿望或动机。

14.7.1　候选人动机

为什么人们接受去海外工作？一个答案就是海外对人才的需求比国内多。例如，美国的高级管理人才去墨西哥工作的人越来越多，其原因在于墨西哥对这方面的人才需求在增加。为集中分析调查结果，研究者将驻外人员工作的国家分为若干组：英语国家（澳大利亚、加拿大、印度、新西兰、南非、英国和美国），北欧国家（丹麦、芬兰、挪威），法语国家（比利时、法国），南美北部国家（哥伦比亚、墨西哥和秘鲁），南美南部国家（阿根廷、智利），自成体系的国家（巴西、德国、以色列、日本、瑞典和委内瑞拉）。我们可以发现，不同组别的员工去海外就职的主要动机不同。

（1）英语国家员工更注重个人成就，比起其他国家较少注重海外工作是否稳定。

（2）法语国家员工与英语国家较为类似，但较注重工作的稳定性，较少注重个人成就。

（3）北欧国家员工较注重工作的成就感，认为外派工作不应该影响个人生活，较少注重个人提升。

（4）比起其他国家员工，南美国家员工较不注重个人成就，特别注重额外的薪酬。

（5）除了更注重个人提升和收入外，德国人与南美国家员工较为相似。

（6）日本人较为与众不同，他们注重薪酬，较少注重个人提升；注重挑战，较少注重自主。同时，日本人较注重友善有效的工作氛围和良好的物质条件。

另一个值得注意的现象是，有一些国家特别受外派人员喜欢。Ingemar Torbiorn 的研究发现，在对 1 100 位瑞典驻外工作人员进行的调查中，他们对东道国都相当满意，甚至非常满意。他们最喜欢的五个国家包括瑞士、比利时、英国、美国和葡萄牙。至今，这些国家仍然很受欢迎，因为它们位于拥有最高质量生活的国家之列。如家庭生活、经济生活、失业比率、政治稳定性等的测评标准，决定了该国的安全性和吸引力。

14.7.2　东道国的意图

尽管许多跨国公司重视选择最适合的驻外人员，但很少考虑到东道国的观点。它们想要什么样的管理人员？一项比较美国、印度尼西亚、墨西哥管理者的研究发现，不同国家的管理者有不同的管理行为风格，而东道国更喜欢那些类似本国的管理风格。例如，积极的管理行为，如诚实并以诚待人，能够把印度尼西亚、美国的管理者与墨西哥管理者区分开来。正如第 4 章所述，这部分是由霍夫斯泰德的"权力距离"造成的。此外，负面的管理行为，如公众的批评和对员工的纪律规范，也把印度尼西亚、美国的管理者与墨西哥管理者区分开来。有人认为在工作场所的动态性和家庭结构有关，他们指出，相较于美国和印度尼西亚同行，墨西哥工人把家庭的价值看得超过工作的程度更重。这可能与积极和消极行为在每个国家如何表达的因素有关，如图 14-6 和 14-7 所示。总之，跨国公司在外派员工时，需要考虑到东道国的意图，否则外派可能会失败。

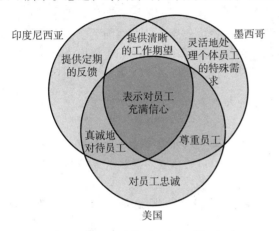

图 14-6　不同国家比较积极的管理行为

资料来源：Original graphic by Ben Littell under supervision of Professor Jonathan P. Doh based on data from Charles M. Vance and Yongsun Paik, "One Size Fits All in Expatriate Pre-departure Training? Comparing the Host Country Voices of Mexican, Indonesian and U.S. Workers," *Journal of Management Development* 21, No. 7-8 (2002), p. 566.

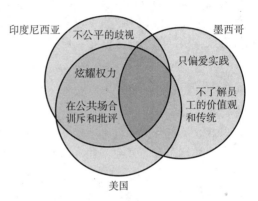

图 14-7　不同国家比较消极的管理行为

资料来源：Original graphic by Ben Littell under supervision of Professor Jonathan P. Doh based on data from Charles M. Vance and Yongsun Paik, "One Size Fits All in Expatriate Pre-departure Training? Comparing the Host Country Vices of Mexican, Indonesian and U.S. Workers," *Journal of Management Development* 21, No. 7-8 (2002), p. 566.

14.8　驻外人员的召回

对于大多数驻外人员而言，他们在海外工作不超过五年就会被**召回**（repatriation），即返回自己的祖国。很少有驻外人员在该子公司的存续期内一直在海外工作。回到母国后，他们经常会面临需要重新调整的问题。现在一些跨国公司已经通过使用过渡策略来解决这个问题。

14.8.1　召回的原因

最常见的原因就是签订的海外工作协议已到期。在去海外工作之前，员工被告知他们要在国外工作一段时间（一般 2 ～ 3 年），现在按计划返回，这被认为是一次成功的外派。根据布鲁克菲尔德全球迁移服务公司 2015 年的一项研究，94% 的外派员工完成了预定任务。

尽管不常见，但提前召回的情况也偶有发生。最常见的原因是家庭问题，这个原因在所有中止人员外派任务提前回国的因素中占 23%。许多驻外人员家庭遇到的问题非常相似，包括配偶难以适应新文化和驻外人员希望子女在本国接受教育。驻外人员被提前召回的第二个最常见的原因是公司重组。商业机会瞬息万变，如果公司调整战略，海外派遣的效用就有可能下降。根据布鲁克菲尔德全球迁移服务公司的数据统计，在公司战略调整的情况下，可能千方百计想留下来并完成全部派遣任务的驻外人员占提前召回人员的 19%。

许多驻外人员和他们的家人在外派之前普遍会担心一些常见的问题（比如安全），但一旦他们到达东道国，顾虑就烟消云散了。毕竟，在所有失败的外派任务中，仅有 3% 是出于安全考虑，仅有 5% 是由于面临的文化挑战。在过去几十年里，跨国公司不断地改进挑选适合担任驻外工作人员的选拔过程。因此，绝大多数国际派遣工作取得了成功。

14.8.2 重新调整的问题

许多公司希望其员工有国际经验，然而当驻外人员回来后却似乎不知该如何安置他们。一项研究调查了一些中小型企业，发现 80% 的公司将人员派往国外，大多数公司有增加他们海外工作和任务的意图。但是，回国的驻外人员对调查的反馈指出了一些问题。参与调查的 75% 的驻外人员认为他们回国后职位降低了，且长期得不到提升；60% 的人认为工作中没有机会应用其国际经验；60% 的人表示公司在他们回国后就如何安排他们的问题没有进行明确的沟通。可能最糟糕的是，他们中有 25% 的人回国一年后离开了公司。研究人员对这样的一个统计数字并不感到惊讶。一位研究人员报告了回国人员对自身经历的评论：

我的同事对我的海外任命漠不关心……他们认为我的海外工作和我以前做的工作没什么不同，并不认为我从中有所收获。

回国后我没有什么具体的事情可做。当初我想回到国内是因为在海外工作需要处理很多问题，有些问题在国内很容易处理而在海外却非常难以处理。而结果却是孤立于国外，国内的同事不能理解效果的好坏。从管理角度看，我与他们失去了联系。

我对工作烦透了……我上楼去看看另一位也从海外回来的同事在干些什么。他说，无所事事。我也一样。

另一个再调整的问题是驻外人员的个人问题。许多人发现在海外工作时习以为常的高工资和附加津贴没有了，生活水准下降了。还有，出国前卖掉房子，回来后再买新房子时发现房价涨了。孩子得上公立学校，条件没有海外的私立学校好，班级人数多。许多人怀念海外多种多样的文化生活，如从法国巴黎调回美国的一个中等城市，从发达国家调回不发达国家。此外，许多回国的驻外人员了解到他们的国际经历并没有得到重视。例如，许多日本的驻外人员报告说，他们回国后如想再融入组织，其国际经历就必须被束之高阁。实际上，《纽约时报》的一篇文章报告说，大多数日本驻外人员在国外比在国内愉快。

有关研究支持了如下的结论并提供了操作性很强的建议。根据对 4 家大型跨国公司的 174 位被调查者的问卷调查，布莱克（Black）发现：

（1）回国后个人期望得到满足的人，是那些回国后积极进行自我调整因而有良好绩效的人，例外的人很少。

（2）对于高层驻外管理者，回国后对他们的工作要求不是降低而是提高了，这激发了高水平的自我调整和良好绩效。那些工作需求高的人能投入更多的努力去调整自己，更好地开展工作。

（3）对于回国人员，强制回国的程度越高，自我调整和以后的工作就越困难。换句话说，强制性是在工作中最不受欢迎的一个方面。可以证明，降低工作强制性，有助于员工的自我调整和开展以后的工作。

（4）回国的生活和住房条件比预期好，员工自我调整和工作绩效一般来说都会更好。

（5）回国后期望得到满足或待遇比预期好的员工对工作满意度的评价较期望没有得到满足的员工高 10%。

14.8.3 过渡策略

为帮助驻外人员回国后实现平稳过渡，跨国公司开发了多种形式的**过渡策略**（transition strategies），其中之一就是**召回协议**（repatriation agreements）。召回协议是指公司告知员工海外就职的任期，承诺员工回国后有一份双方都可以接受的工作。协议一般不具体规定工作的职位和工资，但协议承诺该工作至少与员工海外任职前的工作相当。

有的公司还在员工海外任职期间一直承租或保留员工的住房。美国铝业公司和碳化物联合公司对到海外工作的管理者都有上述安排。该计划有助于减少驻外人员回国后由于重新购买住房所带来的财务紧张问题。第三种方法就是让驻外管理者回国后担任中层管理者。

还有一种方法是总部与驻外管理者密切联系，使其了解总部的发展情形，并让他们参与母国的项目，这样驻外人员回国后就可以在总部任职。如此可保证驻外人员信息联系通畅，能看到公司总部的发展情况，确保员工将海外管理者看成是公司管理层的一员。

研究支持并发展了这些结论。一项研究调查了 21 家公司的 99 名海外工作人员。研究发现，文化的再适应、财务收益和驻外工作的性质是驻外人员关心的三个主要方面。具体来说，研究涉及召回驻外人员的主要问题包括：回国后的生活调整，收入的减少，工作自主权的削弱，公司不商议其回国后的工作安排。从某种程度上说，跨国公司如能妥善处理好这些问题，过渡时期将会非常平稳，回国的驻外人员的绩效将迅速提高。此外，专家又推荐了几个步骤：

（1）安排一个仪式来欢迎和介绍员工及其家属，无论是正式的还是非正式的。

（2）建立一个支持机构为员工重新安家提供方便。

（3）组织召回咨询或研讨会以使调整过程变得轻松。

（4）为员工配偶提供工作指导及面试的技巧，协助其撰写工作简历。

（5）提供子女教育咨询。

（6）提供能够促进员工在新知识、洞察力、技能方面应用发展的条件，通过研讨会来展示他们新的竞争力。

（7）如公司内部无空缺职位，公司为员工提供国际安置并再次与其家庭协商。

（8）驻外任命决定后，与驻外人员及其家属会面，再讨论任命决定，并解决有关召回的问题。

哈默（Hammer）及其同事非常赞同这些建议。他们对两家跨国公司的驻外人员及其配偶进行了研究，结论是：

研究发现，针对回国人员及其配偶的过渡策略应包括沟通。沟通的内容包括熟悉总部的办公环境，回国人员及其家庭的安置（角色关系）。而且，再就职培训应首先注重帮助他们在回国后将自己的期望与公司和母国文化以及实际情况保持一致。从某种程度上说，沟通和再就职培训给予回国的驻外人员及其配偶期望调整的帮助越大，回国人员再就职的满意度就越高，所遇到的困难就越少。

此外，最近几年，许多跨国公司还将驻外人员作为总部员工的补充，以上讨论的一些召回问题也开始受到重视。

14.9 国际管理培训

培训（training）是改变员工态度、行为以实现组织目标的过程。培训对即将派遣到海外工作的员工尤为重要，因为培训能确保全面开发利用他们的潜能。培训的作用之一是帮助外派管理者熟悉当地的风俗、文化和工作习惯。从准备的时间长短来看，最简单的培训是安排一个文化整合员（cultural integrator）来处理海外业务。文化整合员需要保证公司海外业务的运作系统与当地的文化相匹配，其建议、引导和推荐行为方案都要确保这种一致性匹配。

不幸的是，尽管文化整合员有所助益，但很少能完全达到目的。经验清楚地表明，创造一个有效的全球团队，跨国公司必须集合那些懂得当地语言、在不同文化中成长、有开放灵活的思维、能够承受压力的人。然而，并不是所有潜在的候选人都有这些必需的技能和能力。在这种情况下，跨国公司需要精心设计一个培训项目。该项目在员工到海外工作之前进行，再评估其整体有效性。一项针对 228 家跨国公司的调查表明，许多形式的跨文化培训越来越流行，其中一些调查结果如下所列。

（1）在那些有文化培训项目的公司中，58% 的公司仅仅对驻外人员进行培训，42% 的公司对所有员工进行培训。

（2）91% 的公司为驻外人员的配偶提供文化培训，75% 的公司对其未成年子女进行培训。

（3）跨文化培训项目的平均时间是 3 天。

（4）跨文化培训在驻外人员到达外派地以后的 32% 的时间内仍在继续。

（5）30% 的公司提供正式的跨文化培训项目。

（6）在那些没有正式跨文化培训项目的公司中，37% 的公司计划增加此项培训。

文化培训项目最为普遍的内容包括：社交礼仪、风俗习惯、经济情况、历史、政治和商业礼节等。然而，跨国公司对国际管理的总体理念以及对特定文化环境的需求只是起点，因为不同国家倾向于采取不同于其他国家的人力资源管理行为。例如，美国主导的人力资源管理实践就不同于法国和阿根廷。斯帕罗（Sparrow）和布德沃（Budhwar）在对 13 个不同国家的人力资源管理要素的比较中就已经清楚地证明了这种差异。其中的五个要素如下所示。

（1）组织授权。以扁平化组织设计、宽松的管理控制、灵活的跨职能团队和个人绩效工资为特征。

（2）高度的人力资源开发。其特征是高潜力员工的早期确认，多重和平行的职业生涯发展路径，对员工提高技能和知识进行奖励，为员工提供持续的培训和发展教育。

（3）强调员工的福利。其特征是公司为员工提供家庭帮助，鼓励和奖励志愿行为，强调平等的晋升文化。

（4）强调效率。公司鼓励员工自我监控和持续提高自我工作绩效。

（5）长期主义。公司目标强调长期工作成果，如创新和创造性，而不是每周或每月的短期生产率。

当斯帕罗和布德沃使用这些人力资源管理方法在不同的国家之间进行比较时，他们发现在不同国家之间的人力资源管理实践有很大差异。表 14-4 显示了在对 13 个国家相应指标按照高低分类后进行比较的结果。可以发现，不同国家有自己独特的人力资源管理方法，在美国运行很好的人力资源管理方法在法国可能价值有限。实际上，通过对表 14-4 的仔细分析，我们可以发现 13 个国家中没有特征完全相同的，每个国家都是独特的。同为英语国家，如美国、加拿大、澳大利亚和英国，在强调员工的福利、高度的人力资源开发、强调效率和长期主义等方面甚至也是不同的。同样，德国与法国、韩国与日本有两个方面的因素也是不同的。由于受英国的影响，印度被许多人认为，相对其他亚洲国家，其与英语文化更为相似，但实际上印度与加拿大有两个方面的因素不同，与英国和美国有三个方面的因素不同，与澳大利亚有四个方面的因素不同。

表 14-4　特定国家的人力资源管理实践

国家	组织授权 高	组织授权 低	高度的人力资源开发 高	高度的人力资源开发 低	强调员工的福利 高	强调员工的福利 低	强调效率 高	强调效率 低	长期主义 高	长期主义 低
美国	×			×	×		×			×
加拿大	×			×	×			×		×
英国	×			×		×		×		×
意大利		×		×		×				
日本		×	×				×		×	
印度		×	×		×			×		
澳大利亚	×		×			×				
巴西	×		×							
墨西哥	×		×		×					
阿根廷	×							×		
德国		×	×			×		×	×	
韩国		×	×			×	×			
法国						×		×		×

资料来源：Adapted from Paul R. Sparrow and Pawan S. Budhwar, "Competition and Change: Mapping the Indian HRM Recipe Against Worldwide Patterns," *Journal of World Business* 32, no. 3 (1997), p. 233.

这些发现说明，跨国公司将越来越多地关注人力资源管理的制度设计以满足本地员工的需要。在东欧国家，国际管理者发现，为了有效招聘大学毕业生，公司必须提供培训项目，为新员工提供机会，以让他们能够完成多种工作，并帮助他们在感兴趣的专业领域发展专长。同时，跨国公司也发现，这些新员工也在寻找那些能够提供良好社交工作环境的公司。一项针对 1 000 多名来自波兰、捷克、匈牙利的商学和工程学学生的调查表明，67% 的被调查者希望其雇主能够接受他们的想法，37% 的人希望为那些有丰富行业经验的管理者工作，34% 的人希望雇主是一个理性的决策者。调查发现，现在跨国公司人力资源管理正在成为双向车道，员工和管理者都需要针对日益变化的需求不断做出调整。

14.9.1　公司理念对培训的影响

驻外人员所需的培训类型受跨国公司不同的经营理念影响。例如，一些跨国公司愿意派遣自己的员工到海外机构任职，而一些公司则倾向于尽其所能地使用当地人。简言之，跨国公司有四种不同的基本经营理念会影响公司的培训项目。

（1）**本国中心主义跨国公司**（ethnocentric MNC）将母国员工安排在关键的岗位上。公司总部管理者和下属机构的管理者拥有关于管理业务的共同的基本经历、态度和信念。许多日本企业是这种类型。

（2）**多中心主义跨国公司**（polycentric MNC）将当地人安排在关键岗位上，并允许这些管理者任命自己的人。只要公司业务单元能够产生足够的利润，跨国公司的最高管理层就会授予下属充分的权力来管理公司。一些跨国公司在东亚、澳大利亚和其他市场运用这种管理方法，因为它们认为向这些国家外派本国人员费用特别高。

（3）**地区中心主义跨国公司**（regiocentric MNC）依赖来自特定地区的当地管理者处理这一地区的业务。例如，法国的生产设施可以用来生产面向所有欧盟国家的产品；与此相似，来自意大利、德国、法国和西班牙的下属公司的广告管理者聚集在一起，为公司的产品策划一个针对整个欧洲市场的广告方案。通常，地区中心主义管理要依靠本地管理人员在当地的团队。吉列公司使用的就是这种方法。

（4）**全球中心主义跨国公司**（geocentric MNC）寻求通过全球决策的方法将世界不同地区整合起来。公司按资格分配工作，公司内所有附属部门的管理者与总部的管理者具有同等的待遇。IBM 公司就是努力使用全球中心主义管理方法的优秀代表。

所有这四种跨国公司经营理念都能在目前的跨国经营舞台上找到，并且每一种经营哲学都对培训有不同的要求。例如，本国中心主义跨国公司在总部进行所有的培训，而多中心主义跨国公司依靠当地管理者来承担培训的职责。

14.9.2　不同的学习风格对培训开发的影响

培训开发需要考虑的另一个因素是学习风格。**学习**（learning）是对技能、知识和能力的获得，能导致行为相对持久的改变。在过去的十多年间，越来越多的跨国公司力争成为学习型组织，其典型的特征是持续关注学习与发展。在 21 世纪，应用于人力资源开发的组织学习重点已不仅仅是将公司变成学习型组织，而是将公司发展为"教授型组织"（teaching organization）。例如，对一些世界级跨国公司，如通用电气、百事可乐、联信（Allied Signal）和可口可乐等进行调查以后，Tichy 和 Cohen 发现，教授型组织甚至比学习型组织更为有效，因为它们超越了原先每个人必须持续不断学习以获取新知识的观念的状态，而是强调组织中的每个人，特别是最高管理者，必须将其学问传授给其他人。下面是他们的研究结论：

在教授型组织中，领导者把传授知识看作自己的职责。之所以这样做，是因为他们知道这是在整个组织内部开发员工能力的最好方法（如果不是唯一的方法）。这种方法能帮助员工领会和执行精明的经营理念。因为教授型组织的成员认为传授知识是公司成功的关键，所以他们每天都在寻找方法传授知识。每天，公司传授解决关键经营问题的方法，可以避免学习型组织因学习重点模糊而受到的煎熬。这种重点模糊的组织学习有时会倒退为 20 世纪六七十年代的自我开发和人际关系培训模式。

当然，进行培训的方式也是非常重要的，人们已经就学习的种类和理论进行了许多研究。然而，由于文化差异影响了学习和教授，所以这些理论在国际经营领域的应用面临着挑战。汤皮诺等人在评论驻外人员的培训时指出，一般来说，国民文化的差异会影响跨国公司培训和开发人员的方式。例如，美国人喜欢经验学习法而德国人喜欢理论分析学习法。此外，尽管群体间的文化相似但其学习偏好却迥然有别。海斯（Hayes）和阿林森（Allinson）在研究管理者学习风格的文化习惯差异时指出："两个国家可能在气候和生态上非常相似，并且由于殖民主义的影响，具有相似的语言、法律、教育和政府管理等基础设施，但可能在信念、态度和价值观上有很大的差异。"而且，研究表明，采用不同学习模式的人倾向于不同的学习环境。如果学习模式与工作环境不匹配，便会导致满意度较低和工作效率降低。

另外，培训项目的负责人应该记住，即使的确有学习行为发生，如果不对它进行强化，新的行为也不会被采用。例如，如果国外分支机构的最高管理者具有高度的本国中心主义观念，认为应该按照其母国的方式来行事，那么，经过跨文化培训的新管理者可能发现，按照自己的想法办事不可能得到任何奖励。文化的复杂性也影响到培训的方式。

14.9.3 培训的原因

由于各种原因，培训项目对那些即将被派往海外工作的管理者是非常有用的。一般来说，这些原因可以分为两类：组织原因和个人原因。

1. 组织原因

培训的组织原因与大多数公司想更有效地管理海外业务有关。培训的一个首要原因在于帮助管理者克服**民族优越感**（ethnocentrism），因为这种观念认为自己的办事方式比他人的办事方式更为优越。民族优越感在许多大型跨国公司中十分普遍。这些管理者认为本国的管理方法优于当地，因而本国的管理方式可以原封不动地应用于其他国家。培训能够帮助母国管理者理解其他国家的价值观和风俗习惯，这样当他们被派往海外时，就能够更好地理解如何与当地人交流。培训能帮助管理者克服其普遍存在的驻外人员不及东道国管理者有效的观念。考虑到现在美国的跨国公司越来越多地任用外国管理人员，克服这种普遍的观念就显得格外重要了。

培训的另一个组织原因在于加强母公司与国际子公司及其分支机构之间的信息沟通。大多数情况下，海外管理者发现他们没有足够的信息，不知道母公司究竟期望他们做什么，而母公司却严密控制着海外子公司的经营权。当海外管理者来自东道国时，这点尤为明显。有效的沟通能够减少这类问题的产生。

最后，培训还有一个组织原因是提高公司的整体效率和利润。研究表明，那些将培训和人力资源管理战略紧密关联的公司比其他公司有着更好的绩效。Stroh 和 Caligiuri 对全球 60 家主要跨国公司进行了研究，发现有效的人力资源管理实践给公司带来更高的利润，其表现为给股东带来更高的股息。另外，他们的调查数据显示，最成功的跨国公司都认识到使高层管理者具有全球观念的重要性。几乎所有的跨国公司都采用的一个办法就是给公司管理者分配全球工作任务。这些任务不仅满足了公司技术和管理工作的需要，也为这些员工提供了丰富自己经历的机会。这种工作任务分配策略涉及与公司有业务联系的各地区的管理者。他们将调查得到的所有公司的经验教训总结如下。

全球领导技能的开发不应只关系到母国的管理者，也应将培养发展东道国员工的全球导向意识包括在内。这意味着不仅要派遣母国管理者到海外工作，也要让东道国的人才到母公司和全球其他子公司工作。许多成功的跨国公司的管理者都谈到了他们公司如何通过这种方法开发员工的技能。另外，他们也描绘了一种人力资源的理想状态，包括在公司内部从全球角度利用人才的能力。英国保诚集团总经理 Victor Guerra 认为："我们需要始终认识到在母国之外仍然存在许多优秀的人才，美国的跨国公司需要为自己的短视而惭愧。"认识到人才的存在与恰当地使用这些人才是两个不同的问题——一个是理想主义，一个是战略的观点。

2. 个人原因

培训的主要原因在于提高驻外管理者与当地人特别是当地员工有效沟通的能力。越来越多的培训项目包含了如何与客户进餐，如何有效地向顾客道歉，如何有效地向国外同事发表讲话，如何正式礼貌地与他人沟通，以及如何帮助别人保留"面子"等社交活动话题。这些培训项目也注重消除我们关于文化的一些神话和想象，而以事实取而代之。例如，为了帮助驻外人员更好地理解阿拉伯管理者，需要向他们提供如下一些要点。

（1）阿拉伯管理者与其所在的环境有紧密联系。他们通常被看成是家长和社区领导者。由于角色的原因，他们承受着很大的社会压力。他们要面对各种问题，有些甚至与其职位并无关系。

（2）阿拉伯管理者可能会向下属咨询有关决策方面的问题。他们愿意为自己的决策负责而不是达成一致意见。

（3）阿拉伯管理者可能会努力避免冲突。如果他赞成某个问题，而下属反对它，他通常会运用权威把观点强加于下属。如果有一个问题下属赞成，而执行者反对，他就可能搁置问题而不会采取行动。

（4）阿拉伯管理者的管理模式是个性化的，视忠诚高于效率。许多管理者倾向于将员工看成是家庭成员，并允许他们超越等级制度进行接触。

（5）与流行观点不同，阿拉伯管理者注重时间的使用价值。他们对西方管理者尤其是驻外人员最为赞赏之处就在于西方人对时间的使用。他们鼓励自己的员工更为有效地利用时间。

另外一个日益严重的错误观点是，外语技能在海外做生意并不重要。有效的培训可以帮助减少这些个人问题。

管理人员在海外工作时一个尤为突出的个人问题是自负，也即所谓的"丑陋的美国人"的问题。许多外派管理者发现其权力和声望比在国内更大，这经常导致他们做出一些不恰当的行为。这种情况在海外子公司的高层和低级管理者中尤为突出。自负有许多不同形式，其中包括粗鲁地对待员工、不接近客户等。

另一个普遍的问题是，在层级较低的驻外员工身上可以看到他们的越权管理行为。当来自东道国的高级管理者做出了一个驻外人员不赞同的决策时，这个驻外人员可能会向子公司的更高管理者申诉。东道国管理者显然很厌恶这种行为，因为这意味着他的无能，甚至会被驻外人员看不起。

还有一个普遍存在的问题是外派管理者对母国或东道国的公开批评。许多驻外人员相信这种批评是建设性的，表明他们有开放的心态。然而，经验表明大多数东道国员工否定这种形式，认为管理者应当避免这种非建设性的批评。这种批评导致了员工间的不良气氛和忠诚缺失。

培训除了帮助员工处理这些个人问题，还有助于全面改善组织的管理风格。研究表明，许多来自东道国的员工愿意看到外派管理者管理风格的变化，包括领导才能、决策力、沟通以及团队合作等方面。对于领导力而言，当地人愿意看到外派管理者更友好，易接近，能够接受下属的建议，鼓励下属努力工作。在决策上，他们愿意看到目标得到更清晰的定义，与决策相关的员工更多地参与决策制定过程，以及更多地使用团体会议来帮助决策；在沟通上，他们更愿意管理者和下属能更多地交换意见；在团队合作上，他们希望看到更多的问题通过团队的方式来解决。

特定的培训方法的使用必须既考虑行业环境又考虑文化环境。例如，一些证据表明，日本学生在美国获得了 MBA 学位，但这种教育在日本并没有多少实际价值。一位毕业生指出，尽管他很讲究策略地建议应用从美国 MBA 项目中学到的技能，但他还是没有得到任何支持。对日本人在国外受教育情况的分析如下。

部分问题是因为大部分日本员工在商学院学习过。不管 MBA 学位意味着什么，这个学位对大部分日本公司都没有意义。相反，在终身雇用制下，公司派遣员工到国外学习是为了保证公司具有更多的熟悉西方商业程序并掌握英语的员工。一些管理者认为商学院是一种更高层次的英语语言学校。有些回国的学生说，日本员工或多或少把两年的学习看成是带薪休假。

然而，随着日本经济连续出现问题，美国式的商业教育受到更多的重视。20 世纪 80 年代，美国管理者到日本学习，而现在越来越多的日本管理者到美国学习以寻找有助于更好地参与竞争的学问。

14.10　培训项目的类型

跨国公司的管理培训项目种类很多，一些只持续几个小时，另一些则持续几个月；一些培训内容相对较浅，另一些则涉及面较广。组织可以通过评价项目的有效性来决定什么培训项目的作用最大。通常情况下把标准培训和定制培训以及发展方法相结合。

标准培训与定制培训

某些管理培训是标准的、通用的，例如，参加者经常接受如何使用特定决策工具的培训，如数量分析等。无论管理者被派到世界哪个地方，应用这些工具的方法都是一样的，这些工具并没有文化上的特殊性。研究还表明，小公司通常依赖于标准的培训项目，而大的跨国公司则自己设计培训项目。一些大的跨国公司已越来越多地运用自己专门设计的录像和幻灯片来满足其培训及发展需要。

定制化培训项目是为了参与者的特定需要而设计的。培训项目的素材通常由那些正在东道国工作（或曾经在东道国工作过）的管理者提供，或者由作为东道国公民的本地管理者或人员提供。参加这些培训项目的人通常是要被派往海外工作的人。设计这些培训项目常常是给接受培训的人提供适应新文化的一整套新技能。例如，跨国公司了解到要在中国进行管理，就必须为管理者提供直接的领导技能培训，因为许多当地管理者非常依赖于通过上司的指示、规章和程序来引导自己的行为，因而培训计划必须指出如何有效地运用这些方法。通常这些培训是在外派人员赴任之前进行的，然而，也有些培训是在其离开母国以后才进行的在岗培训。这些培训通常是采取系统的方法让驻外人员熟悉东道国居民，其方法和步骤包括拜见重要的政府官员和其他关键人物，熟悉组织中的管理者和员工，学习东道国国民的工作方法、解决问题的方式，了解他们的期望，进行在岗语言培训，等等。

我们可以发现，在某一地理区域成功的培训方法，如果要在其他区域也能够有效运用，必须经过很多修改。这一发现在萨金特和弗兰克尔的研究中得到证实。他们对在中国工作的有丰富经验的驻外人员进行访谈，目的是确认哪些人力资源问题是进入中国市场的跨国公司必须解决的以及寻求解决这些问题的方法。正如在表14-5中所见，由于中国特有的文化和经济情况，在中国使用的许多人力资源管理方法不同于美国和其他发达国家。

表 14-5 在中国的跨国公司面临的人力资源管理挑战

人力资源管理职能	评论或建议
员工招聘	技能娴熟的操作工和白领的市场需求很大，工资增长很快并且流失率很高。在中方对人力资源政策有影响的公司中，裙带关系和冗员的现象依然存在。将员工从国有企业调到合资企业很困难，因为必须得到员工原工作单位的许可
薪酬体系	新的劳动法允许大多数企业能够自行决定员工的工资和收入水平。结果，在半熟练工人和熟练工人之间存在很大的收入差距。然而，这种差距必须得到平衡，因为它对员工之间的人际关系有负面影响
留住员工	由于竞争对手挖人，所以留住好员工是很困难的。与此相应，很多美国合资企业的管理者学会了更严格地控制公司的薪酬计划，以留住高绩效的中国管理者和熟练工人
工作绩效和员工管理	在中国企业中，有的本地管理者不习惯于积极主动地工作而很少收到绩效反馈。结果他们倾向于回避风险，不愿意革新。与此相应，有的工人没有快速完成任务的驱动力。他们有时对产品的质量不够重视。同时，解雇员工存在一些困难
劳工关系	合资企业管理规章授予员工组织工会以保护自己权益的权利。这些工会并不像西方工会那样具有对抗性，而是倾向于为提高组织运行效率提供便利。然而，值得注意的是，由于劳动法的变化和可能采用的集体谈判工资制度，工会在将来可能会变得更有对抗性
外派关系	许多公司并不为其员工提供跨文化培训，家庭、教育和健康问题限制了在中国工作的吸引力。一些主要的外派问题包括国外工作的连续性有限和适应母国较专业化但自主权较小的职务有困难，看不到职业生涯前景以及对国际经验的评价较低。在中国公司，管理连续性以及平衡当地员工与国际管理人员之间的关系也存在一些问题

资料来源：Adapted from Andrew Sergeant and Stephen Frenkel, "Managing People in China: Perceptions of Expatriate Managers," *Journal of World Business* 33, no. 1 (1998), p. 21.

一些组织已经将其跨文化培训的想法延伸应用于培训员工的家庭成员，特别是那些将陪伴父母到海外的儿童。国际管理实践14-2解释了这种文化同化作用是如何实施的。

国际管理实践 14-2

美国式的针对驻外人员及其子女的培训

困扰驻外人员在海外工作的一个主要原因在于子女不能适应新的环境，这对驻外人员的绩效有显著影响。为了解决这种文化适应问题，许多美国跨国公司开发了特定的文化培训项目来帮助年轻人适应新的文化环境和新的学校环境。通用电气医疗器械公司就是其中一个很好的例子。该公司在法国、日本和新加坡

都有驻外人员。一旦公司要派某位员工到某国工作，公司将安排该员工和他的家人与那些刚刚从该国回来的员工和家人见面。如果要派到海外工作的家庭有十几岁的子女，公司将把该家庭与那些在海外工作时也有子女的家庭组成团队，讨论海外工作必须面临的问题和挑战。就这些子女而言，他们能够与那些已经遇

到同样问题的同龄朋友谈谈自己担心的问题，而后者能够提供一些重要的信息，告诉他们如何交朋友、学语言、逛街，怎样把待在国外的时光变成美好的经历。可口可乐公司也使用相同的办法。一旦公司派某位员工到海外工作，公司将帮助驻外人员与有经验的员工进行跨文化讨论。可口可乐公司还通过外部的跨文化咨询公司为驻外员工提供正式的跨文化培训，因为这些咨询公司有与所有的家庭成员合作的经验。

涉及儿童的一个典型的问题是到国外必须上寄宿学校。例如在沙特阿拉伯，法律禁止驻外人员的子女上九年级以上的学校，所以大部分驻外人员必须为其子女寻找欧洲学校。通用电气医疗器械公司解决这类问题的办法是开发一个专门的教育计划，对教师、学校、课程、母国要求和东道国要求进行审查，并为每个年级的小孩在其离国之前开发一个具体的学习计划。

在驻外人员家庭离国前，一些跨国公司会为其子女订阅一些东道国关于时装、音乐和其他体育及社会活动的杂志。他们抵达那里以后就会知道想要的东西。在返回美国之前，这些跨国公司也提供一些关于美国的相同信息，这样当他们回到母国的时候，就能够很快适应母国的环境。

现在，越来越多的跨国公司为驻外人员子女提供与管理者相同的文化培训。然而，有一个领域的正式培训对子女而言并没有对成人那么重要，那就是语言培训。当大多数管理者发现花费大量时间还很难掌握当地语言的时候，许多小孩很容易就学会了。他们在学校、社会团体、大街上交流，结果不仅学会了当地正式的语言，还学会了很多俚语、套话，这有助于他们更好地交流。实际上，有时他们的发音如此地道以至于被认为是当地人。理由很简单，儿童的语言能力被低估了。可口可乐公司的一位管理者认识到了这一点，他说："公司驻外人员的一位子女，尽管不得不移居国外，但她不准备学习语言。但两个月以后，她已经能够讲得很流利了。"

重视儿童教育的一个主要好处在于，为将来培养了有经验的并且有两种文化经历的人。当这些人完成了大学教育，开始寻找工作的时候，其父母所在的跨国公司通常对他们很感兴趣，将他们看成是未来的管理者。他们拥有对跨国公司有用的知识，能够讲外语，了解与该公司有业务关系的国家，有海外生活经验。一些跨国公司已经把握了这种逻辑，它们认为有效的跨文化培训不仅对现在的员工有好处，对将来的员工也有好处。

资料来源: Dawn Anfuso, "HR Unites the World of Coca-Cola," *Personnel Journal*, November 1994, pp. 112-121; Karen Dawn Stuart, "Teens Play a Role in Moves Overseas," *Personnel Journal*, March 1992, pp. 72-78; Richard M. Hodgetts and Fred Luthans, "U.S. Multinationals' Expatriate Compensation Strategies," *Compensation and Benefits Review*, January-February 1993, p. 61; Philip R. Harris and Robert T. Moran, *Managing Cultural Differences: High-Performance Strategies for a New World of Business*, 3rd ed. (Houston: Gulf Publishing, 1991), chapter 9.

除了对驻外人员及其家人进行培训外，有些公司还开发了一些详细的培训项目对来自其他国家的人进行培训。在这些培训项目中，特别设计了一些针对目标听众的内容。一个设计良好的跨文化培训项目应包括以下具体步骤。

（1）寻找当地教师和译员，特别是那些熟悉两种文化，能够审视培训项目和检查书面培训材料的人。

（2）教育活动的设计人员要详细询问译员、课程安排的执笔人、当地教师来观察情况。

（3）检查培训设施和培训结果，观察打破僵局的学员以及检查供培训使用的其他材料。

（4）小组成员集体辨认符合新的培训计划要求的与文化有关的故事、隐喻、经验和范例。

（5）教育活动的设计人员、课程安排的执笔人对培训材料进行必要的修改。

（6）培训当地教师如何使用所开发的新材料。

（7）在确认设计人员、译员和母语培训教师都能胜任以后，打印培训材料。

（8）在实验小组中测试培训材料的语言和内容。

在开发培训材料的过程中，为了使培训不致失去效果，必须认真遵守具体的文化指导原则。例如，必须删除对受众而言会造成冒犯的不恰当的图片和文字脚本；必须把讲课提纲和其他培训材料下发给所有参加培训的人员，以提高学习效果，方便学习过程；如果受训者在学习第二种语言，尽量采用图片和现场演示等形式。尽管做出了这些努力，但错误有时还是会发生。

14.11 文化同化

文化同化已经成为跨文化培训中最为有效的一种方法。**文化同化**（cultural assimilator）是指利用设计好的程序化的学习技巧，向某一种文化中的人揭示另一种文化的基本概念、态度、角色理解、习惯和价值观等。我们可以针对每一对文化开发出文化同化方法。例如，如果跨国公司要派三个美国管理者从芝加哥到加拉加斯，则必须开发一种文化同化方法帮助这三个美国人熟悉委内瑞拉的文化和习惯。如果三位来自加拉加斯的委内瑞拉管理者要被派往新加坡，另一种文化同化方法将被开发出来帮助他们熟悉新加坡的文化和习惯。

在大多数情况下，这些文化同化方法要求被培训者阅读一小段有关文化冲突的逸事，然后选择答案以解释所发生的事件及其原因。如果被培训者的选择是正确的，他将被要求继续下一则逸事。如果选择错误，被培训者将被要求重新阅读，并选择另一个答案。

1. 同化内容的选择

造就有效的文化同化方法有一个主要问题：决定什么材料是重要的。一些文化同化方法使用了关键事件，因为这些事件比较重要。将关键事件分类，该事件发生的情形必须至少满足下列一个条件。

（1）驻外人员和东道国人员同种情况下相互交往。

（2）这种情形令人感到迷惑，可能会被驻外人员误解。

（3）如果能够得到足够的关于文化的知识，这种情形是可以解释的。

（4）这种情形与驻外人员的任务或使命相关。

这些典型的关键事件可以通过询问驻外人员及与他们接触的东道国国民得到。让他们描述所发生的具体的跨文化事件，该事件能够显著改变他们对待来自其他文化的人的态度和行为。这些事件可以是愉快的、不愉快的或者是根本不可理解的。

2. 同化的效度

效度（validity）指的是有效性和产生期望结果的性质。在文化同化中，它意味着一种方法测量仪器，想测量什么就测量什么。当文化同化构建了关键事件和备选答案后，同化就开始生效了。确保同化的有效性是测量文化同化效度的关键。测量文化同化效度的一个方法是从目标文化中选取一个样本，要求这些人阅读写好的脚本并选择一个他们认为最合适的选项。如果大部分人赞成某一选项，这个脚本就可以在文化同化过程中加以运用。然而，如果四个选项中有更多选项得到大家的有力支持，必须对脚本或选项进行修改，直到得到一致认同，否则便放弃这个脚本。

最终选择的事件被排列在文化同化项目的培训手册中，并且可以通过电子方式被放到网上。类似的文化概念被排列在一起，以简单的情形开始，随后是复杂的情形。大部分的文化同化方法提供的事项可达 150～200 条，最后大约有 75～100 条被写进最终培训材料中。

3. 文化同化方式的成本收益分析

应用文化同化方式来培训可能是非常昂贵的。典型的 75～100 个事件的项目要花 800 个小时去开发。假设一位培训专家的成本是每小时 50 美元，则该同化项目的成本大约是 4 万美元。然而，这个成本可以在每位被培训者身上平分，并且不是每年都需改变项目内容。一家每年需要派遣 40 人到国外工作的跨国公司，为了进行同化培训，只需在每人身上花费 200 美元的成本。长远来说，这个成本更为合算。另外，这个概念实际上能够被应用到所有的文化中。许多不同种类的文化同化培训员已经培养起来，包括面向阿拉伯、泰国、洪都拉斯和希腊的等，这仅仅是其中的四个。更为重要的是，研究发现，与其他培训方法相比，文化同化方法提高了被培训者的工作效率和满意度。

积极组织行为

我们在 13 章中讨论了当领导者将注意力集中在个人的积极行为或优点上时，他们是如何增加对员工的激励和提高员工道德素质的。领导者积极的内在特质以及其他因素往往能促成一致的积极行为。卢森斯对**积极组织行为**（positive organizational behavior，POB）做了深入研究。他将其定义如下：

对能够测量、开发并有效管理的积极导向的人力资源能力和心理能力的研究及应用，能够提高当前工作场所的绩效。

工作场所中的积极性和员工的满意度紧密相关。积极的环境包含很多内容。卢森斯等人假定一个组织要达到最有效和最具有创新力的状态，就必须具有积极的特质、状态和制度以促进积极行为。积极的特质包括有责任心、情绪稳定、外向、认同他人、尊重他人的经验、拥有对自己的客观评价和积极的心理状态。积极的状态是指在特定的领域，行为和反应可根据环境而改变。研究表明其他的"状态"包含自我效能、希望、乐观、适应力以及心理素质。

最后，积极地组织关注人力资源的甄选、开发和管理。这些积极的做法试图将雇员的技能和才能与组织的目标、期望相匹配。当员工得到很好的对待时，他们会受此激励从而回馈组织。因此，当这些个人特征（包括内在和外在状态）和组织都关注积极的行为时，产生的组织公民行为也将是积极的。在更深程度上，利他主义、责任感和谦逊礼貌会在不经意中被强调。

正如大多数例子一样，上面的描述也只是针对特定文化的。也就是说，在一个国家被认为是积极的内在或外在因素，在另一个国家并不一定也这样认为。然而无论组织的地理位置在哪里，人力资源对任何组织都是必不可少的，跨国公司应该尽可能重视人力资源以带动组织成功。

14.12　未来的发展趋势

未来的几十年将是国际人力资源管理的重要转型时期。布鲁克菲尔德全球迁移服务公司 2015 年的一项调查显示，几个问题将成为管理全球化劳动力的关键。根据它的研究，排在最前的是外派人员的本地化。随着临时外派的演变，公司和员工将更加严密地计算人员外派的成本和收益。

有些公司对昂贵的国际外派的正确性表示怀疑。员工则对外派的个人和专业价值提出怀疑，尤其当这类外派对其事业发展没有多少影响的时候。行业估计显示，25% ～ 45% 的员工在回国后一年内就离开了公司。"这是跨国公司的一个关键问题，因为这部分员工正是它们大力投资的那些人，"沙利文说，"失去这些员工意味着经验和才能的极大损失。我们调查过的很多公司都认为将人才管理和国际外派的流动性进行整合是将这一损失转变为可观收益的一项策略。"

另一个趋势是出现了"跨境"通勤者，即那些定期在国家之间来往的员工。通勤作为一种短期（甚至长期）外派的替代方式，已经开始发挥更大的作用，特别是在一体化进程不断深入的欧盟，跨境员工数量有明显增加。报告表明这一趋势很可能继续并加速。

本书第 1 章首先探讨的一个深刻趋势是急剧上升和增长的新兴市场。布鲁克菲尔德的调查显示，新兴的外派目的地从长期的外派目的地向一年期的外派目的地转变。从某种意义上来讲，这一趋势可能会抵消其他趋势的影响，这表明尽管具体的结构在持续变化，外派任务很可能继续作为跨国公司试图利用全球人才库以取得成功的一部分。

国际管理实践 14-3

全球领导力开发经验：普华永道尤利西斯计划

作为全球四大会计师事务所之一，普华永道在尤利西斯计划（Ulysses Program）下，已经连续多年派遣处于职业生涯中期的优秀人才到发展中国家，参与为时八周的服务项目。1998 年，普华和永道合并之后，

普华永道认为其作为全球专业服务组织需要一个新的模式。执行官们意识到全球问题并没有增加或削减业务方式，而是在变化或重塑。为应对这个问题，公司于 2001 年开创了"尤利西斯项目"，每年派遣大量的

新兴领导者去发展中国家在服务计划和项目岗位上工作两个半月。目的不仅仅在于支援有需要的分部，更多的是使这些新兴领导者通过在他们的舒适区外担任领导者，在个人层面开发他们的领导技能；通过与来自不同国家的两到三个合伙人进行配对磨合，在团队层面开发他们的领导技能；通过在更广泛的层面建立关系网络，在组织层面开发他们的领导技能。通过适度投资（大约每人15 000美元，再加上薪酬），尤利西斯计划测试了人才的能力，拓展了公司未来领导者的全球视野。启动这个计划以来，已经吸引了强生、思科及其他大型公司的关注，并考虑也开发类似项目。

这些计划（包括在伯利兹帮助生态旅游集体、到纳米比亚的艾滋病地区工作和到赞比亚的有机农业部门工作）将这些参与者带出他们的舒适区，并迫使他们在新的挑战性的环境中建立自己的领导技能。把来自三个不同地方的员工组成一个团队形成合作伙伴，好处是他们可以利用各自的文化来参与决策。正如某个参与者所说："你认识到或许你看待事物的方式不是最佳的。"2003年，普华永道的合伙人Tahir Ayub被分配到一个他从未做过的咨询项目。他的工作是帮助位于纳米比亚内陆一个村的领导者们解决他们社区日益增长的艾滋病危机。面对语言障碍、文化差异和很少能用上电的问题，39岁的Ayub和他的两个同事放弃了PPT演讲，转而采用一种低技术含量的方式：面对面讨论。那个村庄的村长认识到他们需要争取社会对疾病对抗计划的支持，同时Ayub也学到了重要的一课：技术并非总是解决办法。他说："你最好把你的信仰和偏见放到一边，并找出新的方式来看待事物。"

尽管传统商业教育培训一直在专注于帮助公司提高经济效益，但商学院和培训课程正在逐步向授课表中添加社会责任这一栏。更进一步，越来越多的毕业生发出想为在社会责任和服务方面有良好声誉的公司工作的信号。根据《华尔街日报》的报道，顶级企业的高管们正与全国各地的MBA课程一起帮助学生们更好地理解负责任的全球化领导。事实上，近期的一项研究表明，75%的美国人在决定去哪家公司工作时会考虑到它们对社会问题的承诺，同时六成员工希望他们的公司能在全球范围内做出更多贡献。一家致力于社会责任的非营利性公司Net Impact的执行董事利兹·莫（Liz Maw）表示："履行企业社会责任最多的公司已经看到了其品牌认知度的提高。"

尽管结果难以量化，但普华永道相信这个计划是有效的。第一批24位毕业生仍然在为公司工作。其中一半的人员得到晋升，大多数人有了新的职责。最重要的是，这24个人都对普华永道有着更高的承诺，部分是因为公司向他们做出了承诺，部分是因为他们对公司价值观的新愿景。全球管理合伙人Willem Bröcker说："我们从此次实践中获得了更好的合伙人。"尤利西斯计划是普华永道应对专业服务公司面临挑战时所做的举措：确定和培训能够找到棘手问题非常规答案的未来领导者。由于传统和必要，普华永道的新领导者必须由内部培养。在8 000个合伙人中找到那些具有商业头脑和人际关系技能的人实属不易。但是正如该项目给了合伙人对普华永道的新看法，普华永道也形成了对他们的新看法，尤其是他们抗压的能力。

普华永道称现在这个项目已经进行到第三期了，该项目给参与者们带来了广阔的国际视野，而这对于业务遍及全球的企业来说是极为关键的。根据国际高管发展研究协会总监道格拉斯·雷迪（Douglas Ready）所说，传统的教育计划培养的是具有特殊工作技能但对专业领域以外的问题不熟悉的人。普华永道认为，尤利西斯计划能够帮助参与者应对远超于严格的会计或咨询范围的挑战，并且向他们灌输如社会参与等价值观，这些对于任何领域的成功都是非常重要的。

同时，尤利西斯计划也为普华永道在会计甚至是更广阔的专业服务群体中建立了很好的声誉。这个项目教会了参与者更全面地理解风险、考虑所有的利益相关者并使其意识到业务不仅仅只是完成一个目标，而是涉及方方面面。

资料来源：Alina Dizik, "Sustainability Is a Growing Theme," *The Wall Street Journal*, March 4, 2010, http://online.wsj.com/article/SB1000142405274 87045413045750995142038478 20.html?KEYWORDS=social+responsibility (accessed October 21, 2010); Global Giving Matters, "PricewaterhouseCoopers' Project Ulysses—Linking Global Leadership Training to a Community Development," *Synergos*, September/October 2004, www.synergos.org/globalgivingmatters/features/0409ulysses.htm (accessed October 21, 2010); Jessi Hempel and Seth Porges, "It Takes a Village—and a Consultant, PricewaterhouseCoopers Tests Partners by Sending Them to Work in Poor Nations," *Businessweek*, September 6, 2004, https://www.bloomberg.com/news/articles/2004-09-05/it-takes-a-village-and-a-consultant (accessed October 21, 2010); Jessica Marquez, "Companies Send Employees on Volunteer Projects Abroad to Cultivate Leadership Skills," *Workforce Management*, November 21, 2005, pp. 50-51, www.workforce.com/2005/12/02/companies-send-employees-on-volunteer-projects-abroad-to-cultivate-leadership-skills/ (accessed October 21, 2010); Nicola M. Pless, Thomas Maak, and Günter K. Stahl, "Developing Responsible Global Leaders through International Service Learning Programs: The Ulysses Experience," *Academy of Management Learning and Education* 10, no. 2 (2011), pp. 237-260.

|国际管理世界| 回顾 |

开篇"国际管理世界"就已说明，吸引并留住人才的渴望是如何影响大多数主要市场（包括印度），并逐渐变成全球性现象的。在全球化日益加剧的时代，公司必须能够在更广泛的区域内搜寻人才。考虑到进军印度的跨国公司数量不断上升，以及离岸外包业务的迅速增长，留住人才已经成为一个重大的课题。一个有趣的现象是，员工是被内在报酬所激励，而不是经济薪酬，因而吸引和留住人才就变成了一个包含经济与非经济问题的复杂过程。

正如本章所述，跨国公司已经逐渐意识到了在国际人力资源的甄选、开发和培训方面的重大挑战。跨国公司在选拔人员外派时有一系列的选择，并且有越来越多的工具和资源能够帮助开发、培训与使用这些外派人员。人力资源的跨文化选拔和开发不能掉以轻心。不投资于人力资源流程的公司将会承担由于糟糕的劳动关系、质量控制等导致的额外成本。现在你读完本章，回想开篇关于印度留住人才的"国际管理世界"，回答以下问题：①外派中从母国、东道国和第三国招聘人员的成本和收益分别是什么？②外派中重要的技能有哪些？员工如何为外派做好准备？③离岸外包对于人力资源全球化管理的影响是什么，尤其在印度？

本章小结

1. 跨国公司可从四种来源选择赴海外工作的人员：母国人员、东道国人员、第三国人员和召回人员。使用母国人员的目的在于开展海外业务。一旦业务走上正轨，公司就将海外高级管理层换成熟悉当地文化和语言的当地管理者，他们的薪金比母国人员要低得多。聘请第三国人员的原因在于他们有工作必需的专门技术。使用驻外召回人员（指之前从东道国或第三国到总部任职的人员）主要是考虑到总部的多元化需求，这一方法构建了跨国公司的核心竞争力。另外，跨国公司可以通过外包或分包来利用国际市场廉价的人力资源并以此提高灵活性。

2. 选择驻外人员有很多标准，包括对异国文化的适应能力，身心健康，年龄、经验和教育，语言能力，对国际工作人员的激励因素，配偶和子女的支持，领导能力及其他因素。

3. 选择符合应聘标准的候选人要经过一系列筛选程序。有些公司采用心理测试，这种方法最近几年已很少使用。更普遍的方法是对候选人进行面试。预期调整和国内调整的理论模型有助于提高招聘的效率。

4. 驻外人员的薪酬问题比较复杂，需要考虑许多变化因素。大部分的薪酬围绕五个基本的元素来考虑：基本工资、福利、津贴、奖金和税收。针对具体情况，跨国公司因地制宜地制定政策。其中，有五种不同的方法可以采用，包括平衡表法、薪酬本土化法、一次性总额法、自助法和地区法。无论单独使用一种方法还是混合使用，必须确保经济且公平。

5. 管理人员选择去海外工作的原因主要有：收入提高、潜在的晋升机会、权力扩大、异国旅游以及充分发挥才能。研究表明，大多数跨国公司倾向于招聘当地管理者管理子公司，但实际经营情况常常有违初衷。

6. 大多数驻外人员的召回是由于事先签订的协议到期，有时是驻外人员自己要求提前回国或因其工作表现不好而提前回国。不管怎样，回国后他们总要面临重新调整的问题，在外工作时间越长，问题就越突出。一些跨国公司已采用过渡策略来帮助回国人员重新调整以适应新的工作环境。

7. 培训是改变员工行为和态度，从而提高目标完成可能性的过程。许多驻外人员在离开母公司之前和在任职期间都必须接受培训。许多因素会影响公司的培训方法。一种因素是跨国公司的基本类型，是本国中心型、多中心型、地区中心型还是全球中心型；另一种因素是受训人员的学习方式。

8. 培训有两个主要原因：组织原因和个人原因。组织原因包括克服民族优越感、改善交流和巩固培训项目的有效性。个人原因包括提高驻外人员与本地员工的交往能力以及提高领导风格的有效性。培训项目的类型也有两种：标准的和定制的。研究表明，小公司通常采用标准的培训项目，大型跨国公司则采用定制化的培训项目。培训包括文化定向、文化同化、语言培训、敏感性培训和实地经验。

9. 文化同化是一种设计好的学习方法，旨在向一种文化的成员介绍另一种文化的基本观点、态度、洞察力、风俗和价值观。文化同化是为多种不同文化环境而开发的。与其他培训方法相比，它能提高受训人员的工作效果和满意度。

复习与讨论题

1. 当美国纽约的一家跨国公司为其在印度新德里的子公司招聘员工时，为什么要考虑选择母国人员、当地管理者或者第三国人员？

2. 在招募驻外人员时，什么样的选择标准是最重要的？讲述你认为最重要的四点并证明。

3. 驻外人员薪酬体系中最重要的方面是什么？除了基本工资以外，你认为什么是最重要的？为什么？

4. 员工为什么有接受驻外工作的动机？你认为哪种诱因是积极的，哪种诱因是消极的？

5. 驻外人员为什么会提前回国？跨国公司应怎样避免这样的情况发生？阐述它们应采取的三个步骤。

6. 驻外人员回国后会面临什么样的问题？阐述他们面临的四个最重要问题。跨国公司应怎样解决这些问题？

7. 下列跨国公司有什么不同：本国中心主义跨国公司、多中心主义跨国公司、地区中心主义跨国公司和全球中心主义跨国公司。哪一种最有可能为员工提供国际管理培训，哪一种最不可能？

8. IBM 公司准备派三位管理者去苏黎世，两位去马德里，两位去东京，他们都没有任何海外经验。你认为公司该采取标准化的培训方法还是采用定制化的培训方法分别对他们进行培训？

9. Zygen Inc.（一家中型制造公司）准备在中国开办一家合资企业。对合资企业的管理者进行培训有意义吗？如果有，你会建议哪种类型的培训？

10. Hofstadt & Hoerr（一家德国保险公司）正计划到欧盟之外的国家拓展业务，到芝加哥和布宜诺斯艾利斯开设办事处，你认为文化同化对培训其外派管理者是否有意义，它是一种有效的培训工具吗？

11. 福特公司正在为海外业务培训管理者。全球领导力项目对公司来说是一个好的培训项目吗？为什么？

12. 微软正考虑在印度设立一个研发中心以开发新的应用软件。微软应该派公司的员工来开发这个项目还是雇用印度员工？或者将项目分包给一家印度公司？请解释你的答案并分析执行中的潜在挑战。

互联网应用

与可口可乐环游全球

正如本章所述，招聘和选择管理者对国际管理非常重要，在企业扩展国际业务或在大多数国家同时开办业务的情况下尤其如此。这些跨国公司不停地招聘人员来补充退休和离职的管理者。可口可乐公司就是一个很好的例证。请访问该公司的网站 www.coke.com，查看该公司提供的一些海外就业机会，特别是在欧洲、亚洲和非洲的就业机会。浏览公司信息，与提供了电子邮箱的人联系，并且向公司代表询问工作所在的国家和地区面临的机会及挑战。然后运用这些信息和本章所讨论的知识回答以下问题：①根据你所了解的有关可口可乐公司的信息，如你被该公司雇用，你需要什么样的教育经历和经验？②公司应提供什么样的国际工作机会？③如果你被可口可乐公司雇用，你希望公司提供什么样的薪酬？④世界上哪些地区更吸引可口可乐公司的注意力？⑤可口可乐提供哪几种管理和领导力培训项目？

国际聚焦

俄罗斯

俄罗斯横跨欧亚大陆，西起白俄罗斯，东至太平洋。俄罗斯拥有丰富的自然资源，包括石油、天然气、煤炭、战略矿产、稀土元素和木材。在过去的十几年里，俄罗斯经济发展主要依赖石油和天然气。

2018 年，俄罗斯人口超过 1.4 亿。尽管鞑靼人、乌克兰人和巴什基尔人有相当大的人口规模，但超过 75% 的居民是俄罗斯血统。俄罗斯人口增长相当稳定。有组织的宗教并不盛行，只有 15%～20% 的俄罗斯东正教徒、10%～15% 的穆斯林和大约 2% 的基督教徒。俄罗斯人口主要集中于 25～54 岁这个年龄段，略少于总人口的一半。

俄罗斯经济在 2014 年和 2015 年出现了逆行，强劲的经济增长预计要到能源价格稳定下来后才会恢复。俄罗斯的经济问题不仅限于油价下跌，法律规制也是阻碍俄罗斯经济可持续增长的障碍之一。俄罗斯的法律体系在很大程度上是效率低下且难以操作的，俄罗斯政府与私人企业以及管理严格的国有企业交织在一起，产生了不同程度的腐败现象。俄罗斯在 2014 年合并克里米亚时，做出了一项庞大且代价高昂的财政承诺，令本已低迷的经济雪上加霜，而合并克里米亚这一行动也导致与美国、欧盟等西方国家的关系进一步恶化。

俄罗斯是一个联邦政府。自 2000 年第一次总统选举以来，弗拉基米尔·普京一直掌握着俄罗斯的国家行政大权。毫无疑问，俄罗斯仍存在多种所有制经济深深地交织在一起的问题。在合并克里米亚之后，美国对本国公司与某些俄罗斯个人及公司之间的交易实施了制裁，这些制裁进一步打击了本已不断恶化的消费者信心，促使俄罗斯调整战略，将精力转向亚洲以吸引投资。

如果你是国际管理顾问

2008 年，当英国石油公司和一群俄罗斯亿万富翁合资经营时，时任英国石油公司 CEO 的鲍勃·达德利（Bob Dudley）不得不逃离俄罗斯。在此期间他面临一大堆来自石油行业的商业诉讼以及政府的税务调查。作为英国石油公司的 CEO，他眼睁睁地看着自己公司在俄罗斯的利益受到石油下跌和美国制裁的影响。英国石油公司是俄罗斯石油业最大的外国投资者并持有一家俄罗斯国有石油公司 20% 的股份。影响英国石油公司利益的这些外围影响因素，对政府可能对国有石油公司实施资本控制来说也是一个威胁，因此限制了英国石油公司从其投资中获利。

问题

1. 考虑到俄罗斯政府对私人企业的干涉，你会像英国石油公司那样在俄罗斯进行大规模投资吗？

2. 这项投资的利弊是什么？

3. 英国石油公司的投资受到克里米亚事件的牵连，这一事实是否会影响你在俄罗斯的投资决定？

宜家的全球革新

2015 年 9 月,瑞典家具零售商宜家宣布 2015 年营收达到创纪录的 357 亿美元,利润比 2014 年增长 8.9%。尽管宜家多年来经受了许多备受瞩目的挫折,包括 2013 年在其标志性肉丸中使用马肉的丑闻,以及 20 世纪 80 年代强迫劳工的指控,但宜家仍在全球市场继续繁荣。自从 30 多年前在欧洲以外地区扩张以来,宜家一直尝试在其独特的零售购物体验和自身扩张方式之间取得平衡,以寻求在社会责任和可持续性方面赢得声誉。

宜家简陋的开始

宜家的想法孕育于 1935 年瑞典南部的一个小省——Smaland,那里的人们以辛勤的劳动和以极低的收入获取最大的收益而闻名。英格瓦·坎普拉德(Ingvar Kamprad)是一个 9 岁的男孩,有着强烈的创业精神,开始向当地社区的人们出售鱼和圣诞装饰品。17 岁时,他用父亲给他作为礼物的钱建立了宜家公司。坎普拉德将他名字的首字母、家乡农场的首字母和附近村庄的首字母组合起来,创造出宜家这个名字。在那段时间里,他什么都卖,从钢笔到小玩意儿再到长裤。在很短的时间内,他就能整理出一份邮购目录。到 1947 年,坎普拉德决定将家居用品引入产品组合中,并在 1951 年取消所有其他的产品线,只专注于家具市场。

坎普拉德建立他自己的商业帝国,是基于提供"广泛的设计和功能良好的家具,价格低到足以让大多数人负担得起"。有了这个想法,他开始着手建立一个满足瑞典人民需求且贫富皆宜的企业。

大约在这个时候,他看到了来自其他家具供应商的巨大压力。1956 年,由于竞争加剧,他的供应商面临压力而对其进行联合抵制,坎普拉德决定设计自己的家具,并专门由一家制造商生产。这个看似不起眼的决定让宜家提供了较低的价格和高效的包装,这仍然是其当今商业的基石。

人们普遍认为,宜家的成长和成功是坎普拉德的愿景、价值观与文化的直接结果,他在宜家商业模式的各个方面都培养了这种理念。他对变革的开放态度,对创新的追求,以及对利益相关者的重视,铸就了世界上规模最大、最成功的家具零售商的今天。

成长和壮大

第一家宜家商店于 1958 年在瑞典的 Almhult 开业。1963 年,宜家在挪威的奥斯陆开设了第一家国际商店。两年后,宜家在斯德哥尔摩附近开设了一家旗舰店。1973 年,宜家向欧洲大陆扩张,在瑞士和德国开设了门店。直到今天,德国仍然是宜家最大的市场。宜家在进入这些市场之后,分别于 1977 年、1979 年各在澳大利亚、荷兰开设了一家商店。美国的第一家店直到 1985 年才开张,让人惊讶的是宜家在美国的销售额达到了创纪录的 50 亿美元。有关宜家扩张历史的更详细的时间表请参见表 P4-1。

表 P4-1　宜家扩张历史的时间表

1926 年	创始人英格瓦·坎普拉德出生于瑞典 Smaland
1931 年	坎普拉德开始向周围邻居销售火柴
1933 ~ 1935 年	坎普拉德用自行车扩大销售区域,开始卖花籽、贺卡、圣诞树装饰品
1943 年	坎普拉德用爸爸给的钱创立了宜家,销售钢笔、钱包、相框、桌旗、手表、珠宝和尼龙长裤
1945 年	第一则宜家的广告刊登在当地报纸上
1948 年	宜家开始销售家具
1951 年	第一份宜家销售目录出版,坎普拉德决定只专注于销售家具

（续）

1953 年	第一间展厅开设于瑞典 Almhult
1956 年	宜家决定自己设计家具并且扁平包装，用于自组装
1958 年	第一家宜家商店在瑞典开业
1960 年	第一家宜家餐厅在 Almhult 开业
1963 年	宜家进入挪威奥斯陆
1969 年	宜家进入丹麦哥本哈根
1973 年	宜家进入瑞士苏黎世
1975 年	宜家进入澳大利亚悉尼
1976 年	宜家进入加拿大温哥华
1977 年	宜家进入奥地利维也纳
1979 年	宜家进入荷兰鹿特丹
1981 年	宜家进入法国巴黎
1982 年	宜家集团形成
1984 年	宜家进入比利时布鲁塞尔
1985 年	宜家进入美国费城
1986 年	新的董事长兼首席执行官安德斯·莫伯格（Anders Moberg）上任
1987 年	宜家进入英国曼彻斯特
1989 年	宜家进入意大利米兰
1990 年	宜家集团制定了第一个环保政策
1990 年	宜家进入匈牙利布达佩斯
1991 年	宜家进入捷克共和国的布拉格和波兰波兹南
1993 年	宜家集团成为全球森林认证组织森林管理委员会（FSC）的成员
1996 年	宜家进入西班牙马德里
1997 年	宜家推出全球网站
1997 年	创建以"宜家、运输和环境"为主题的可持续运输方式
1998 年	宜家进入中国上海
1999 年	新总裁兼首席执行官安德斯·达尔维格（Anders Dahlvig）被任命
2000 年	宜家进入俄罗斯莫斯科，这是坎普拉德"最后一大块肥肉"
2000 年	宜家的行为准则 IWAY 发布
2000 年	开始推出网购
2004 年 6 月	宜家进入葡萄牙里斯本
2004 年 7 月	第 200 家商店开设
2004 年 12 月	由于与政府在腐败问题上的长期纠纷，莫斯科的开幕式被取消
2006 年 5 月	宜家进入日本东京
2006 年 1 月	宜家食品推出
2009 年 6 月	宜家停止在俄罗斯的进一步投资
2012 年 10 月	宜家因将女性从沙特阿拉伯的广告中删除而受到批判
2012 年 11 月	宜家为 25～30 年前在东德的强迫劳工行为公开道歉
2013 年 2 月	宜家因在欧洲肉丸中发现马肉而受到攻击
2013 年 3 月	宜家承认在中国销售的巧克力蛋糕受到了污染
2013 年 3 月	宜家宣布未来将与万豪在欧洲的经济型连锁酒店上合作
2015 年 7 月	此前有消息称梳妆台容易翻倒，后来导致了两名婴儿死亡的事故，宜家于是发布了一份颇受欢迎的"马尔姆"（Malm）系列梳妆台的警告
2015 年 9 月	在本财年，宜家宣布全球收入达到创纪录的 357 亿美元

截至 2016 年，宜家在 48 个国家拥有 384 家门店，员工共计 15.5 万人。宜家的快速增长主要是有组织进行的，宜家保持对公司的完全控制，就像今天一样。当前有几个"商业特许经营模式"存在，在这些特许经营中，当地企业承担了资本投资和管理，把商品销售和营销留给了宜家。自 1982 年以来，宜家一直被一家基金会所拥有，而保持私有是其成功的基石，这得以确保其文化和价值观的完整。

具体来说，总部位于荷兰的宜家国际系统 BV 拥有特许经营权，而由坎普拉德担任高级顾问的英卡控股公司（Ingka Holding Company）在全球拥有 300 多家门店。此外，另一家名为伊卡诺（Ikano）的公司管理着坎普拉德的财富，并拥有其他几家宜家门店。

在今天这个竞争激烈的市场中，宜家的成功是不容忽视的，宜家因进入和留在传统上困难重重的市场而受到称赞。让宜家集团保持强势增长的是其根植于瑞典传统文化中的企业举措。这些举措在门店经营过程中效果显著，被视为"竞争优势的重要力量"。

瑞典的生活方式包含了对"新鲜、健康"的追求，尽管瑞典昼短夜长，但它还是拥有明亮的色彩和纺织品。高质量、无压力的家具和有爱心的员工代表着一个瑞典传统，即"富人和穷人都被很好地照顾"。在每个商店里都有卖瑞典小吃的小吃摊。此外，按照客户需求来完成组装或运输家具的部分工作，有助于降低价格。

每家宜家门店都是基本相似的，但也有明显的地方特色。在任何一个宜家商店都有"免费的婴儿车、有监管的儿童看护服务，有时还会有儿童游乐场以及残疾人坐的轮椅"。此外，接待员的桌子上还摆放着目录、卷尺、钢笔和铅笔，店里很多工作人员都在帮助任何需要帮助的顾客。

宜家在全球范围内取得成功的最大原因之一是它有能力进入新的国际市场，同时能够保持其核心价值和品牌形象的一致性。这是其他公司无法成功解决的问题。对宜家国际战略的简要回顾将会让我们深刻理解，为什么该公司在全球扩张方面如此成功，同时还能保持良好的企业形象。

全球扩张

宜家是一个独特的例子，不仅因为它的创始人在六七十年前写出的一套至今仍在使用的愿景和核心价值观，还因为其创始人仍然是日常管理的一部分。如今 90 多岁的英格瓦·坎普拉德是瑞典的首富，他创造了这些核心价值观，推动了商业增长，塑造了文化，并最终建立了一个品牌形象，推动宜家取得了巨大成功。事实上，有些人认为根植于每家商店的文化超越了实际产品。

愿景、核心价值观和品牌

坎普拉德从提出"以尽可能低的价格提供一系列设计精良、功能齐全的家居产品，让尽可能多的人买得起"这一最初愿景中发展出一套至今仍在沿用的企业价值观。驱动公司运营到今天的三个价值观是"常识和简单""敢于与众不同"和"共同工作"。

"常识和简单"在 1943 年作为一种价值观被创造出来，它遵循着"复杂的规则使人瘫痪"的信念。自宜家成立以来，简单的内部和外部原则一直是其运营的主要驱动力。简单体现在大型仓库中、在管理供应商和客户之间的交互中以及在成本削减方面。

成本削减贯穿整个企业，尤其是在管理层面。人们不会看到管理人员乘坐头等舱或住豪华酒店。在各个层面上都能看到节约成本的方法，这使得宜家不仅能将其对低价的承诺用语言表达出来，还从根本上做到实际价格比竞争对手低很多。

"敢于与众不同"这一价值观也是在 1943 年被创造出来的，它是通过一直问"为什么"这个问题来找到一条新的出路。通过不断质疑现状，宜家在创新和不断变革与发展的能力方面取得了成功。例如，在构思宜家的时候，坎普拉德曾问自己："为什么设计精良的家具总是那么贵？为什么最著名的设计师不能用他们的设计去满足大多数人的需求？"

这个简单的问题促使宜家创造出今天众所周知的东西，并将继续引导公司向前发展。坎普拉德认为，现在找到解决问题的新方法比以往任何时候都更加困难，而且，面对激烈的竞争，宜家将要进一步与竞争对手区别开来。

"共同工作"是在 1956 年，当家具是由顾客自行组装而成时，宜家在价值观中加入了这一元素。宜家甚至在 1999 年发布了这样的声明："你（顾客）尽你的职责，我们（宜家）尽自己的责任。我们一起省钱。"这一声明非常具有代表性，那就是在业务的各个方面共同努力，并在此过程中互相帮助。

根据 Tarnovskaya 等人的说法，愿景、价值观和文化再加上系统与网络，构成了"客户的价值主张"。换句话说，这些价值观如何渗透到企业中，对客户来说是显而易见的，这让他们可以形成自己对品牌的看法。因此，宜家的顾客和利益相关者最终定义了品牌的本质。

企业品牌是一种"无形的本质"，它是通过关系、观念和行为建立起来的。它涉及所有的利益相关者，包括"客户、竞争对手、员工和其他业务参与者"。通过将坎普拉德多年前创造的价值观植入所有公司利益相关者中，宜家已经形成了强大的企业品牌价值，并使其在国内外获得成功。

国际化战略

随着利益相关者的增加及跨国扩张，维护单一的品牌形象和目标的难度就变得越来越大。宜家在国际扩张方面取得了成功，这得益于它保持了与所描述的全球价值观的一致性，同时也为独特的本土元素留出了一些空间。

"员工成为品牌价值的使者"，就像他们是公司的推销员一样。如果员工不相信这些价值观，不去实践它们，那么客户肯定也不会相信。宜家的成功之处在于，它引进了一批经验丰富的宜家员工（传统上是瑞典人），在每个新市场上培训和重塑宜家文化。例如，宜家为所有新员工培训核心竞争力。核心竞争力是支持品牌愿景和价值观最为重要的因素，这种培训的成功不仅在于培训，还在于招聘。

宜家一位人力资源经理说："我们的目标是雇用那些理解并接受我们的核心价值观，并将反映和加强这些价值观的同事。"通过将重点放在招聘过程上，宜家能够确保雇用到合适的员工，这些员工有可能改变自己的个人传统价值观，成为宜家品牌的信奉者和传播者。Edvardsson 等人甚至认为，价值是与客户共同生产出来的，而且考虑到员工正在向客户传播品牌，沟通本身就是一种价值。

另一个在国际化中扮演重要角色的利益相关者是供应商。全球供应商扮演着重要的角色，因为它是公司进入新市场时的坚实基础，不断地支持宜家，这样就不用不断建立新的关系。然而，对本地供应商的需求很重要，这些供应商在每个市场中都是非常有益的，通常也是必需的，但它们通常持有与瑞典价值观相抵触的观点。

2000 年，宜家创造了一套名为"宜家之路"的准则，即"IWAY"，其为供应商提供了可接受的工作条件标准。该准则涉及许多方面，如童工、林业和腐败等，其主要目标是使"可持续发展成为核心商业价值"。

宜家在 50 个国家拥有近 1 000 家供应商，它注重与供应商建立长期合作关系。这些供应商不仅生产低成本、高质量的产品，还能对工作环境、商品和环境产生积极影响。"在全球范围内，宜家有超过 1 000 名员工参与采购。采购分为 16 个区域性的交易专区，包括 33 个国家的 43 个贸易服务处。"

对每个供应商的选择都是基于它满足 IWAY 预定标准的能力，预定标准特别关注管理风格、财务状况、材料、设备的采购、对环境的影响和位置。IWAY 由 19 个领域组成，其中包含 90 多个必须解决的问题。宜家每两年修订一次，并会挑选一名内部审计师来研究供应商是否有能力满足 IWAY 的要求。一旦供应商进入审批的最后阶段，就会制定目标和计划，进一步改善工作条件。

在进入一个新市场时，宜家选择并培训当地供应商，类似于其招聘和雇用员工的流程。例如，当进入俄罗斯市场时，宜家的战略是通过"与俄罗斯木材业的积极合作"来建立一个本地供应商基地。宜家的主动策略是很难实现的，因为宜家的长期承诺战略是建立在信任感的基础上的，这对俄罗斯人来说是非常罕见的，因为他们通常在"很大的不确定性下运作，不愿做出长期承诺。"但是，宜家愿意花时间来理解俄罗斯人的立场并且投入巨资改变他们的观点和行为。

事实证明，全球扩张在历史上是困难的，但宜家已经找到了一种方法，不仅可以平衡整个客户体验，还能在这个过程中获得负有社会责任和可持续性发展的声誉。迄今为止，它最大的影响之一是对环境的影响。1997 年，在 IWAY 最终定稿之前，宜家试图通过写入"宜家、运输和环境"的准则来提高运输效率。它的目的是限制旅行造成的污染，并从战略上把所有利益相关者放在该放的位置上。根据巴里大学的研究结果，60% 的利益相关者生活在离宜家商店不到 20 公里的地方。根据本书作者所述："宜家的直接目的并不是让一些供应商加入这个项目中来，更多的是通过共享道德准则来将这种协同作用正式化。这种准则的目的不仅是实际的生产，还象征着瑞典公司有能力利用其品牌手段来确保所有的工作与之协同。"

宜家的目标是通过使用平板包装来限制人力和行程，并最终通过减少路程来限制二氧化碳的排放。2001 年拥有 170 家运输商的宜家要求其供应商达到某些特定要求："……宜家建议它们将交通工具升级到更现代的装置，还要求它们选择污染较少的燃料，并制定环境保护政策和控制污染的行动计划。"例如，到 2010 年，在意大利运营的结果显示，公路运输和二氧化碳排放比例从 75% 下降到 65%。

根据首席可持续发展官史蒂夫·霍华德（Steve Howard）的说法，截至 2016 年，宜家在门店内安装了 70 万块太阳能电池板，并计划在 2020 年之前向其门店投入 6 亿美元的可再生能源。宜家目前在 6 个国家拥有风力发电厂，并承诺到 2020 年全部使用可再生能源。

宜家对环境的奉献和强大的利益相关者网络是进入国际市场的又一个成功点。通过几个跨国扩张的例子，我们可以进一步了解宜家在全球的运营模式。

宜家的国际化之旅

1. 进入中国市场和扩张

宜家在 1998 年进入中国市场，这比其他地方的速度要慢。到 2006 年，该公司已经开设了 3 家门店，到 2016 年总共有 19 家门店。2006 年开业的北京分店，已被列为全球最大的宜家实体店，年接待顾客超过 600 万人次。

宜家最初是靠与中国政府的合资企业进入中国市场的。2004 年，中国加入了世界贸易组织，结果位于广州的第三家门店以及随后所有的门店完全归宜家所有。

对于宜家来说，亚洲一直是一个经营难有起色的市场，特别是亚洲和瑞典之间的文化差异巨大。对于宜家来说，这条路并不容易，但即使在困难时期，鉴于亚洲市场的庞大规模，也不能对此有所轻忽。

在宜家的采购中，亚洲占据了 30% 的份额，而且庞大的人口使得宜家每天都有顾客光顾，比如，北京一个周六的顾客数量就相当于西方商店一周的顾客数量。尽管如此，市场规模和人口规模也让宜家付出了代价，最后，在适应了当地的环境并建立了标准化原则的基础上，宜家成为一家成功的企业。

中国与西方市场在规模、文化和品位上截然不同，这迫使宜家改变其营销策略以满足市场需求。该公司的核心战略是提供低成本、高质量的家具，这意味着与中国国内其他家具供应商相比，成本必须相对较低。不过，其他中国企业传统上具有最低成本优势。因此，面对激烈的竞争和模仿者，宜家不得不将重心转向高收入人群，这些人认为自己的家具更像是一种奢侈品。

宜家在开放展示的销售环境中也遇到了挑战，这种设计的目的是让顾客设想房间的设计，并体验触摸家具的感觉。而早些年，有些中国人不太习惯这样。有些顾客会在店内阅读、闲逛或在家具上打盹。在 2015 年酷暑期间，宜家发布了一项正式的政策，禁止顾客在店内空调床区睡觉。为了解决这些群体占据空间而不购物的问题，宜家为那些只想坐着而不购物的顾客设置了专门的座位区。为了成功地满足中国经济的需求，宜家根据其环境和文化差异对每家门店进行了调整。

这是一项艰巨的任务，但中国已成为宜家最重要的增长市场。2015 年，尽管中国经济增速放缓，但宜家销售额仍增长了 20% 以上。

2. 俄罗斯市场的进入和挫折

2000 年，宜家进入俄罗斯市场，当时 81 岁的创始人坎普拉德把俄罗斯视为"最后一大块肥肉"。在巨大的文化变革和大量的培训中，宜家在其"大型购物中心"商业模式上取得了巨大的成功。第一天，俄罗斯的第一家宜家店就吸引了 4 万名顾客。截至 2016 年，宜家在俄罗斯开了 14 家门店，每年约有 2 亿顾客上门。

尽管宜家在俄罗斯取得了成功，但通往成功的道路并不总是一帆风顺。和中国一样，俄罗斯的文化与瑞典截然不同，在不改变宜家品牌价值观的情况下改变一种文化是极其困难的。例如，在招聘的时候，宜家希望员工拥有的个性特征能体现宜家的商业模式，而不是一份复杂的简历，而俄罗斯人则非常重视教育和经验。

培训也是俄罗斯员工的一个问题，俄罗斯员工重视学术培训，对宜家培训师提供的"车间培训"有负面看法。然而，宜家的培训师坚持使用宜家的培训模式，并通过改变俄罗斯人先前持有的观点，开始与他们的俄罗斯新同行增进联系。

1998 年，在俄罗斯发生货币贬值和经济崩溃之后，宜家没有退缩，拒绝放弃通过如此努力才进入的国家。这一献身精神在俄罗斯民众中产生了强烈的影响。然而，宜家在俄罗斯面临的挑战并没有随着这种坚持不懈的象征而消失。

2000 年进入俄罗斯市场后，宜家在 10 年内投资了 40 亿美元。在查看原始统计数据时，这一数字似乎是一项支付股息的计划，但根据坎普拉德的说法，由于俄罗斯存在一定的腐败行为，宜家"被骗走了 1.9 亿美元"。根据 2015 年清廉指数，俄罗斯在最腐败的 167 个国家中排名第 119 位，而瑞典排在第 3 位。此外，透明国际组织的行贿指数将俄罗斯排在了被评估的 28 个国家中的最后一位，这意味着它是全球最大经济体中最可能行贿的国家。

宜家选择公平竞争，同时面对俄罗斯政府一次又一次的打击。2004 年，莫斯科一家新店的开业典礼在最后一刻被取消，原因是该地区离天然气管道太近。在此之后，2007 年，宜家计划在俄罗斯开设一个名为 Samara 的商店，但一年半之后仍未开张。

2009 年 6 月，考虑到来自政府方面的麻烦，宜家宣布将暂停对该国所有项目的进一步投资。2010 年，宜家宣布，两名外籍高管在上一年因参与对俄罗斯公用事业公司 Lenenergo 的贿赂行为而被解雇。

尽管以任何方式参与腐败都是不可接受的，甚至对腐败视而不见都不行，但反腐败专家表示："如何协调国内严厉的反贿赂企业政策与俄罗斯的腐败规则，这是一项几乎不可能完成的任务。"

有人指出，鉴于宜家是俄罗斯最大的外国投资者之一，该公司以往在商业道德上的表现足以证明瑞典在清廉指数上的排名位置。这一事实表明，在俄罗斯做生意和成功经营是多么困难。

尽管宜家以积极的社会使命为动力，积极主动寻找支持其核心价值的利益相关者，但结果并不总是理想的。宜家因为一些违反其行为准则的案件而成为媒体的负面关注焦点。不过，值得一提的是，宜家并不是在草率行事。但这些例子应该能说明，无处不在的信息、社交网络、媒体和各国政府都急于利用公司整体优势，在这种情况下，宜家必须保持警惕。

近来的挑战和机遇

1. 推迟印度扩张计划

尽管宜家在印度扩张已经计划了十年之久，但仍未在印度开设一家门店。宜家试图加快进入印度市场的步伐，却面临着繁文缛节的办事程序和官僚主义的限制。

2007 年，当宜家首次尝试进军印度市场时，该公司试图绕开要求外国公司与当地一家企业进行合资合作的法律规定。宜家认为，自己独立运营将会更加成功。该公司相信，它可以游说印度政府同意。然而不幸的是，游说活动花了 5 年时间，印度政府最终放弃了合资企业的要求，但这大大推迟了宜家的进度计划。

2016 年，由于未能找到符合宜家标准的本地供应商，宜家遇到了更多的问题。根据印度法律和宜家与政府的协议，在印度销售的所有产品中，有 1/3 必须在印度生产。在全国范围内对当地产品进行广泛搜索之后，宜家最终空手而归。宜家发现当地的地毯是由童工编织而成的，桌子含有不安全的有毒物质，而盘子能将化学物质沾染到食物上。

宜家总共计划在印度开设大约 25 家门店。随着宜家在其他新兴市场取得的成功，如果宜家能够成功地驾驭该国臭名昭著的官僚作风，开始开设门店，那么在印度市场上，该公司将拥有巨大的潜力。

2. 沙特阿拉伯照片事件

2012 年 10 月，宜家因将运往沙特阿拉伯的目录中的女性照片删除而受到攻击。仅在那一年，宜家就计划以 62 种不同的版本生产超过 2 亿份的目录副本。宜家承认是为了迎合当地市场的时尚品位而定制了这些图片。

宜家在一份声明中为改变了沙特阿拉伯的形象进行了公开道歉，并指出这种自我审查与它的价值观不一致。"我们对所发生的一切深表歉意，"Ulrika Englesson Sandman 说，"不是当地的特许经销商撤走了这些照片，这最终是我们的责任。"

商品目录仍然是宜家的主要营销手法，而在此之际，沙特阿拉伯正因其对待女性的方式及待遇而陷入政治风暴。有该女性出现的同样的照片在 37 个国家使用 27 种语言出版，这让很多人质疑宜家在性别平等上的立场。

3. 强迫劳动

2012 年 11 月，宜家为其在 25～30 年前在东德使用政治犯进行牟利而公开道歉。当媒体开始报道时，这一问题才被公之于世。为了对这一指控做出回应，宜家聘请了安永会计师事务所，除了对宜家 90 名前雇员和证人进行采访，还研究了 2 万页的内部记录及 8 万页的州和联邦文件。

尽管宜家最初对供应商使用囚犯的行为提出怀疑，但事实是，在那段时间里，政治犯实际上被用来生产宜家商品，可持续发展经理 Jeanette Skjelmose 在一份公开声明中表示懊悔："我们对这种情况的发生深表遗憾。在生产中使用政治犯从来都不是宜家集团所能接受的。在那时，我们没有如今先进的控制系统，也没有采取足够的措施来遏制我们之前的全球发展计划的供应商所提供的生产环境。"

谈及目前的控制体制时，Skjelmose 提到之前的 IWAY 行为准则。宜家除了在工作条件上附加了相关条款，还将每年对供应商进行 1 000 多次审计，以确保此类情况不再发生。

对于那些关注宜家及其在历史上带来的积极社会影响的人来说，这一消息是一个巨大的惊喜。多年来，宜家由于其在拒绝使用童工等社会问题上的强硬立场而被多次称赞。据报道，联合国儿童基金会南亚地区的 Susan Bissell 说：

> 由于面临声誉受损和遭到消费者抵制的风险，许多公司将生产从南亚转移到更容易控制的地区。那些留下来的公司尽其所能地掩盖它们的存在。我希望更多的公司有勇气效仿宜家的做法：坚持不懈，积极解决问题，承担社会责任。宜家是联合国儿童基金会的赞助商之一，但是我们把宜家视为合作伙伴而不是捐赠者。

许多人甚至称赞宜家处理这种情况的方式。宜家在第一次提到强迫劳动时，就承担了雇用安永会计师事务所来调查此事的责任。它并不是唯一从强迫劳动中获利的公司，却是为数不多的采取行动反对先前做法的公司之一。事实上，柏林的历史学家克里斯蒂安·萨克斯（Christian Sachse）谈到了这种强迫行为有多普遍，并表示需要多年的研究才能正确地理解这一情况。

就目前而言，宜家已经承认其不当行为，在试图让事情变得正确的同时，也在向前迈进。宜家已承诺捐赠资金，并努力研究东德的强迫劳动问题，这使其成为唯一挺身而出采取行动将负面因素转化为积极因素的公司。

4. 马肉丑闻

鉴于席卷欧洲的"马肉"丑闻，来自捷克共和国的检查人员在 2013 年 2 月发现宜家的欧洲标志性肉丸中有马肉的踪迹。尽管美国的供应没有受到影响，但顾客的士气可能会受到打击。一位顾客甚至说："我一直以来更信任瑞典公司，但这让我质疑瑞典公司的诚信，我以前从未以这种方式对瑞典人提出过质疑。"

在一份公开声明中，宜家向世界各地的社区和支持者保证，公司致力于提供高质量、安全的食品，不会容忍除了配方中所列成分之外的任何成分。该公司向公众保证，它非常认真地对待所有的担忧，并向所有人保证，任何食用的产品都是无害的。真正的问题是标签上的差异。

宜家总收入的 5% 来自食品，13 个国家的肉丸已经被移除。这一情况影响了许多欧洲领先的食品公司，包括雀巢公司和 ABP 食品集团旗下的 Silvercrest 食品公司。随着调查工作的继续进行，宜家将需要继续安抚公众。

5. 蛋糕污染

马肉丑闻发生后仅一个月，宜家再次出现在新闻中，因为该公司的巧克力蛋糕被查出含有大肠杆菌。根据《华尔街杂志》所说，这种污染物存在于人类和温血动物的粪便中。尽管这种蛋糕没带来真正的健康危害，因为问题在蛋糕送达商店之前就被发现，但该问题却在一个糟糕的时间被公开。

上海检疫部门销毁了 2 吨蛋糕，宜家对此进行了正式调查，并从 23 个国家的餐馆中撤下了这些蛋糕。该公司已就此事引起的所有担忧正式道歉。

6. 经济型连锁酒店

从更积极的角度来看，宜家宣布与万豪建立新的合作关系来开设 Moxy 经济型连锁酒店，其目标客户是欧洲的下一代旅行者。这一合作计划旨在打入欧洲旅游市场，因欧洲旅游市场占全球最大旅游市场的一半。

二者希望能在未来 5 年内开设 50 家酒店，以及在未来 10 年内开设 150 家酒店。第一家酒店于 2014 年在意大利米兰开业。所有的房间都被设计成大小和装饰相同的房间，都有着典型的现代风格，有大型的墙壁艺术、平板电视和 USB 接口。酒店住宿还包括欧式早餐、酒吧和公共空间，价格为每晚 60 ～ 85 欧元。

这是最大的家具零售商宜家和万豪的一项新举措。2015 年，万豪在 74 个国家拥有超过 3 700 处房产，但正寻求在经济领域占有一席之地。该酒店品牌将由特许商运营，并将与宜家低成本、高质量的态度保持一致。

在宜家国际经营成功的过程中，宜家的美国总裁迈克·沃德（Mike Ward）认为这仅仅是个开始。除了以与万豪酒店合作的方式进军新市场之外，宜家还将重点放在让当前的业务线变得更好上。为了与产品线主要面向那些处于"起步阶段"的客户的这样一种倾向做斗争，宜家正在大力投资核心产品，尤其是在美国市场。"宜家也开始在一些市场提供送货服务，并在 2013 年推出其他战略，以进一步强调自己是一个不仅负责任而且还能听取客户建议的高质量品牌提供商。"

随着首席执行官 Mikael Ohlsson 在 2013 年 9 月初离开宜家，领导层的结构将发生变化。尽管对于坎普拉德的继任计划存在很多猜测，但他确实计划让自己的三个儿子在未来担任更大的所有权角色，而坎普拉德本人将继续担任英卡控股公司的高级顾问。他计划在未来几年里继续担任公司的主要决策者。

问题

1. 如何描述宜家在国际扩张方面的整体策略？在整个过程中，它经历了哪些重要的成功和挑战？

2. 当宜家第一次考虑进入俄罗斯市场时，它面临着什么样的宏观政治风险和微观政治风险？为了减少这些风险，它可能采取了哪些先发制人或积极的政治策略来降低这些风险？

3. 宜家应该如何应对关于产品污染、采购、工作条件和产品安全的一些丑闻？

4. 为实现其在国际上的成功，宜家寻求何种动机、领导力和国际人力资源方法？考虑到其不断扩大的全球影响力和领导层变动，它还要考虑采取哪些额外措施？

资料来源：这个案例是由维拉诺瓦大学的 Deborah Zachar 在乔纳森·P. 多教授的指导下完成的，是为了课堂讨论准备的。其余的研究由 Ben Littell 帮助完成。它既不是为了说明有效或无效的管理能力，也不是为了说明行政责任。

金吉达的全球转机

2004 年 1 月 12 日，金吉达公司任命费尔南多·阿吉雷（Fernando Aguirre）为公司新总裁兼首席执行官，取代自 2002 年 3 月公司发生濒临破产的紧急情况以来担任此职务的赛勒斯·弗赖德海姆（Cyrus Freidhem）。在辛辛那提市的宝洁公司工作的 23 年期间，阿吉雷担任过各种职务，包括巴西宝洁公司总裁和墨西哥宝洁公司总裁。在第一次面对金吉达的员工和投资者发表讲话时，阿吉雷重申了企业责任的重要性："在管理企业和人员方面，我很关注利润，但当我做决策时，首要依据依然是价值观和原则。从这方面来说，我很自豪能够加入一家拥有核心价值观的公司，我们的核心价值观能够指导公司的日常经营。同时，企业责任是我们企业文化的重要组成部分。"

在过去几年时间里，社会责任已经成为金吉达这家扎根中西部却有着曲折历史的传统公司的口号。然而，2004 年，金吉达公司名声衰败、利润稀少、缺乏创新、员工士气低落。整个 20 世纪，金吉达发展缓慢，这主要源于金吉达工会和员工的敌对关系，以及其前身联合果品公司（United Fruit）遗留的不道德的名声。此外，到 20 世纪 90 年代末，主要市场对香蕉的消费量下降，而且由于欧盟与其成员国在前殖民地加勒比、非洲和太平洋地区的优惠进口关系，使得金吉达在欧洲的地位受到影响。这些因素促使金吉达于 2001 年 11 月申请破产保护。

2003 年初，金吉达通过严密的内部分析，对核心使命和商业原则进行彻底的评估，并在一些主要利益相关者（如已经被解散和疏远的员工）的共同努力下，金吉达开始发生转变。这次复苏，最令人印象深刻的一个方面是金吉达通过更加开放和透明的方式，成功地对全球业务以及与之相互作用的各种利益相关群体重新使用和定义了其声誉。此外，金吉达对其劳工实践和劳工关系进行了实质性改革，并在世界各地发起了一系列可持续发展和社区行动的项目。工会和非政府组织对此提出了表扬。

然而，尽管金吉达的情况明显好转，但其财务业绩、组织效率和未来战略仍然存在问题。那么，金吉达如何在声誉和员工关系中保持积极的势头，在低利润和激烈竞争的全球行业环境中提供更好的及可持续的业务表现呢？

金吉达的背景

金吉达品牌国际公司是一家专业生产、销售香蕉和其他新鲜农产品的跨国公司，兼营批发和销售新鲜水果切片及其他品牌产品。2003 年，在其 26 亿美元的收入中，约 60% 来自香蕉业务。自从 2005 年添加新产品和收购了美国新鲜沙拉市场的领头羊 Fresh Express 之后，香蕉销售收入占金吉达净销售额的 43%。2003 年，香蕉分公司拥有 19 000 名员工，他们主要在拉丁美洲各国的 100 多家香蕉农场工作，包括危地马拉、洪都拉斯、尼加拉瓜、厄瓜多尔、哥斯达黎加、巴拿马和哥伦比亚。金吉达出售的所有香蕉中，大约有 45% 来自金吉达自有农场，其他部分由拉丁美洲独立供应商生产。金吉达是全球香蕉生产和供应的市场领导者之一（见表 P4-2）。金吉达的出口是拉丁美洲国家对外贸易的重要组成部分，与供应商、工会和社区建立关系是金吉达在这些地区成功经营的关键因素。

表 P4-2　1999 年、2002 年和 2005 年香蕉世界市场份额领导者　（%）

	2005 年	2002 年	1999 年
金吉达	25	23	25
都乐（Dole）	25	25	25
德尔蒙（Del Monte）	15	16	15
Fyfess	8	8	8
Noboa	11	11	11

资料来源：Banana Link.

金吉达从许多拉丁美洲发展中国家采购香蕉，这些国家因历史原因在贫困、文化、收费合理的医疗保健服务和有限的基础设施等方面举步维艰。受童工、不安全的工作条件、性别歧视、低工资和对工会严重暴力的指控等因素影响，香蕉产业的形象长期受到损害。金吉达的声誉因过去事件的影响而受损，特别是那些与其前身联合果品公司有关的事件。这些事件主要包括该公司参与 20 世纪 20 年代对哥伦比亚劳工权利的压制、1954 年在美国政府支持下使用公司船只推翻危地马拉政府和 1975 年卷入了洪都拉斯的贿赂丑闻。20 世纪八九十年代，金吉达清晰地展现了一种带有防御性和保护性的文化，传达了对其政策和做法的保守印象。

由于香蕉是全年生产的，因此，当地社区和农场紧密地联系在一起。许多员工住在公司的房子里，这些房子大部分位于农场中。在许多地区，金吉达提供电力、饮用水、医疗设施和其他基本服务。然而，20 世纪八九十年代，金吉达的劳动关系仍然处于紧张状态中。

金吉达螺旋式下跌

在整个 20 世纪 90 年代，虽然金吉达改善了环境程序，但许多人权组织，包括香蕉链接（Banana Link）和美洲 / 美国劳工教育，组织了一场公开的运动，敦促所有香蕉公司改善其种植园的社交条件。1998 年初的一个早晨，金吉达的高管们在其拉丁美洲业务中，进行了"危险的非法商业行为"的秘密调查。调查后他们非常震惊地发现，公司被报纸大肆诋毁，这对公司来说是一个分水岭。

《辛辛那提探询者报》（Cincinnati Enquirer）是与金吉达的公司总部位于同一城镇的一份报纸，它发布了一篇揭露金吉达犯了有关"劳工、人权、中美洲的环境和政治违规行为"的报道。虽然在发现一名记者非法盗用金吉达的语音邮件系统之后，该系列报道撤销了，但金吉达的名声也因此受损。当公司强调其隐私受到了侵犯，而不是解决索赔问题时，企业形象进一步受损。根据金吉达负责人杰夫·扎拉（Jeff Zalla）的说法，这种策略适得其反："这让一些人对我们公司产生了不好的印象。"

金吉达打破了媒体报道的印象，重新评估自己的道德表现，并为一系列的环境和社会绩效的价值与标准增加支持，作为其落实企业社会责任政策的催化剂。在认识到企业需要进行彻底改革后，金吉达时任首席执行官史蒂夫·沃肖（Steve Warshaw）宣称，他将致力于在企业责任领域发挥领导作用，并承诺不仅要恢复公司以前的名誉，也将做出很多其他的改变。四年后，尽管负责执行的管理团队发生了改变，但金吉达的企业社会责任计划却在当下跨国商业的环境中，成了领导责任变革的一个积极例子。

2001 年 1 月，金吉达宣布对其 8.62 亿美元的债务将不再支付利息。香蕉行业竞争激烈，供应过剩导致香蕉价格呈下降趋势，欧盟贸易配额限制、糟糕的工会关系以及市场认为香蕉是低利润商品的观点，都是金吉达申请破产的原因。然而，金吉达将大部分原因归咎于欧盟。1993 年，欧盟实施配额制度，给予 ACP（非洲、加勒比海和太平洋地区）这些前欧洲殖民地国家以优惠待遇，表面上是为了帮助这些前欧洲殖民地，促进它们的国际贸易和商业。在 1993 年的法案之前，在欧洲销售的香蕉 70% 来自拉丁美洲，而金吉达香蕉占全球香蕉市场的 22%。在实施配额之后，金吉达声称其欧洲的市场份额被削减了一半，每年损失 2 亿美元。

虽然金吉达的处境因为欧盟的政策而更加困难，但在 1993 年的决定之前，金吉达的问题就已经开始显露出来。最重要的是，20 世纪 90 年代，市场对于欧洲香蕉需求增长的错误估计，导致香蕉供过于求，全球香蕉价格下跌。后来虽然价格有所回升（见表 P4-3），首席执行官基思·林德（Keith Linder）还是将 2001 年的 2.84 亿美元损失归咎于"疾病暴发和反常的天气所导致的产品质量下降"。2006 年底，金吉达仍面临财务危机，原因是更高关税的"完美风暴"、欧盟香蕉市场的竞争加剧，美国消费者担忧新鲜菠菜（金吉达另一种产品）的安全性和更高的行业成本。虽然公司管理者表达了对 2006 年业绩的不满，但也回应道："我们坚信，我们 2006 年的业绩并不能说明金吉达业务的潜在优势或长期潜力。"表 P4-4 全面总结了金吉达主要的发展历史。

表 P4-3　香蕉价格：2003 年与 2002 年间区域同比变化百分比　　　　　　　　　　　　　（%）

地区	2003 年第一季度	2003 年第二季度	2003 年第三季度	2003 年第四季度	年
北美	3	24	1	22	21
欧洲核心市场（美元）	11	12	5	18	12
欧洲核心市场（本币）	29	210	29	0	27
中欧和东欧 / 地中海（美元）	4	23	4	2	22
中欧和东欧 / 地中海（本币）	215	222	210	214	219

（续）

地区	2003 年第一季度	2003 年第二季度	2003 年第三季度	2003 年第四季度	年
亚太（美元）	27	0	3	12	0
亚太（本币）	218	27	3	6	25

资料来源：公司报告。

表 P4-4　金吉达历史的重大发展

1899 年	联合果品公司是通过兼并其他水果公司而成立的
1903 年	该公司在纽约证券交易所上市；建造冷藏船
1918 年	第一次世界大战中在盟军服役后，有 13 艘香蕉船失踪
1941 年	第二次世界大战中盟军征用公司船只服役，香蕉业几乎倒闭
1945 年	公司有 27 艘船和 275 名船员不再服役于盟军
1950 年	公司开始展开大规模的战后香蕉种植项目
1961 年	公司提供船只支持，美国入侵古巴失败
1964 年	公司开始大规模的产品品牌推广计划，并开始使用带有金吉达的香蕉贴纸
1970 年	联合果品公司与 AMK 公司合并，成立联合品牌公司
1975 年	联合品牌公司参与了洪都拉斯的贿赂丑闻，导致美国《反海外腐败法》颁布实施。公司股票暴跌，首席执行官 Eli Black 自杀
1990 年	联合品牌更名为金吉达国际品牌
1993 年	欧盟香蕉法规将金吉达的市场份额削减了 50% 以上。金吉达开始与雨林联盟合作 Better Banana Project 项目
1994 年	欧盟和世界贸易组织之间的"香蕉战争"开始。随着金吉达的投诉，欧盟支持加勒比香蕉供应商，减少拉丁美洲进口香蕉
1998 年	金吉达成为美国最大的水果罐头自有品牌，以及第一家与拉丁美洲香蕉联盟 COLSIBA 会面的大型公司
1999 年	面临大股东美国金融集团提议的拍卖
2000 年	采用扩展行为准则，金吉达拥有的 115 个农场都获得了"更好的香蕉认证"
2001 年	停止支付 8.62 亿美元贷款后进行债务重组；引用欧盟有偏见的贸易协定
2001 年	申请第 11 章破产保护
2001 年	发行第一期（2000 年）公司责任报告
2002 年	金吉达股东和持有人支持重组计划
2002 年	发行 2001 年企业责任报告
2003 年	金吉达报告重组公司的净收入为正值
2003 年	SustainableBusiness.com 将金吉达列为第二季度可持续股票排行榜前 20 名
2004 年	在不断发展的欧盟市场中保持领导地位
2005 年	金吉达收购了 Fresh Express，这是美国新鲜沙拉市场的领导者
2006 年	在哥斯达黎加的"自然与社区项目"中获得美国 – 哥斯达黎加商会的社区贡献奖
2007 年	金吉达以保护其雇员为由向哥伦比亚准军事团体支付报酬而面临美国司法部 2 500 万美元的罚款

进入欧洲香蕉市场的争议

金吉达长期以来一直声称，其困境是 1993 年欧盟决定对拉丁美洲供应商的进口实施限制性配额造成的。1993 年欧盟决定将优惠配额扩展到前加勒比和非洲殖民地之后，金吉达立即将此问题提交给了美国贸易代表，暗示优惠配额违反了自由贸易。1994 年，关税与贸易总协定（GATT）专家组裁定新制度违反关税与贸易总协定的职责，但欧盟阻止关税与贸易总协定全体成员国采纳该裁决。1996 年，美国与厄瓜多尔、危地马拉、洪都拉斯和墨西哥一起，在新的世界贸易组织（WTO）争端解决机制下，对新制度提出了挑战，该机制在关税与贸易总协定乌拉圭回合谈判后生效。

1997 年 5 月，世界贸易组织专家组裁定，欧盟的香蕉进口制度违反了《服务贸易总协定》和《进口许可程序协定》规定的世界贸易组织职责。1997 年 9 月，世界贸易组织上诉机构维持了专家组的裁决，允许欧盟在 1999 年 1 月 1 日之前的 15 个月遵守该裁决。1999 年 1 月，欧盟的最后期限到期，美国要求世界贸易组织批准征收报复性关税。1999 年 4 月，世界贸易组织争端解决机构授权美国征收报复性关税，每年达到 1.914 亿美元——这是由仲裁员计算的美国公司的损害程度。美国立即采取措施，开始清算欧洲的进口情况，这是反击不合理关税的第一步。

2001 年 4 月，美国和欧盟委员会宣布，双方已就争端的解决方式达成协议。该协议于 2001 年 7 月 1 日生效，自 1999 年开始的美国对欧盟进口实施的报复性制裁由此暂停。香蕉的进口量恢复到 1993 年之前的水平。2006 年，作为对世界贸易组织职责的遵守，欧盟转向只收关税的制度。

这场纠纷给依赖欧盟配额制度的小型香蕉生产商以及金吉达一类的大型生产商带来了不确定性，从而对香蕉贸易造成了很大的负面影响，这些生产商在纠纷过程中被迫花费了大量的财力和其他资源。欧盟的高关税仍是金吉达的财务负担。

企业责任

1992 年，金吉达开始实施企业责任项目，它采用了旨在改善其农场环境和工人条件的 Better Banana 项目的设计标准。接着，在 1998 年《辛辛那提探询者报》报道后，金吉达管理层开始在全公司进行了一系列更广泛的审查，审查范围包括其行为、政策、内部和外部运营及关系，旨在将公司整个运营过程中的责任统一起来。

1998 年，为了在世界范围内实施其企业责任的成果，金吉达发起了几个项目，成立了高级管理团队和企业责任指导委员会。前者由负责金吉达全球业务的 8 位高级管理人员组成，包括负责香蕉业务的总裁 / 首席执行官兼首席运营官。高级管理团队最终负责为企业提供战略愿景和领导力。企业责任指导委员会同样由 8 名成员构成，旨在帮助简化公司每个业务领域的企业社会责任政策。

1999 年 8 月，金吉达采纳了目前指导全球所有战略商业决策的四大关键价值观。经过一年的讨论、访谈和关于公司内部社会责任政策优点的辩论，金吉达对以下四个核心价值观进行了定义。

诚信：我们依靠核心价值观生存。我们以开放、诚实和坦率的方式进行沟通，我们根据商业道德和法律规定来做事。

尊重：我们公平而尊重地对待人们。我们承认家庭在员工生活中的重要性。我们尊重个体和文化的差异，并从中获益。我们培养具有个人表达、开放对话和归属感的氛围。

机遇：我们相信员工不断成长和发展是我们成功的关键，我们鼓励团队合作。我们感谢员工为公司的成功所做的贡献。

责任：我们为我们的工作和产品让顾客满意而自豪。我们负责任地对待我们生活的社区和工作的环境。我们有责任谨慎使用委托给我们的所有资源，并向我们的股东提供适当的回报。

为了支持这四项核心价值观，金吉达进行了改革，将公司治理与公司责任政策相结合。这些改革包括：扩大董事会审计委员会的职责，以监督公司的企业责任（CR）使命；评估公司是否有合适的员工、政策和项目，从而合理推进企业责任议程。此外，2000 年 5 月，金吉达任命了一名全职副总裁兼企业责任官，负责企业社会责任的各个方面。根据金吉达的说法，由高级管理团队和企业责任委员会支持的四个核心价值观，有力地推动了整个组织的变革。每个业务决策都必须通过企业责任政策来评估。

金吉达也开始意识到，公司的社会责任平台可能意味着其在香蕉市场存在竞争优势。负责欧洲市场营销的副总裁丹尼斯·克里斯图（Dennis Christou）解释说："香蕉被定义为一种商品，英国消费者通常不认为香蕉具有品牌。但是，金吉达正试图改变这一观点。我们之所以有品牌，是因为我们的品牌有价值，我们与消费者充分沟通，建立了与消费者的相互关系，使他们对金吉达这个品牌抱有期望。"特别是对于一些主要的欧洲客户来说，他们对金吉达的环境和社会绩效非常感兴趣。2002 年，金吉达在北欧市场的销售额中，有 56% 来自那些曾经视察过农场或正式询问金吉达的环境和社会绩效的客户，这比前一年增加了 5%，这意味着大约每周多售出了 3 000 箱重量达 40 磅的商品。

金吉达还加强了对 Better Banana 项目的承诺。根据该承诺，外部审计师每年审核所有的金吉达农场。金吉达与雨林联盟建立了重要的伙伴关系，雨林联盟在评估金吉达的环境实践方面不可或缺，特别是与砍伐森林有关的方面。雨林联盟声称世界上的热带雨林正以每年 1% 或 2% 的速度（或者每秒两个美国足球场大小的速度）被砍伐。自 2000 年以来，雨林联盟每年都会对每个金吉达农场进行认证。金吉达还鼓励为金吉达提供约 50% 的香蕉的独立生产商完成雨林联盟的认证。2002 年，已认证香蕉农场的数量从 33% 增加到了 46%，直到 2003 年 6 月，通过认证的农场的总数达到 65%。截至 2006 年 8 月，金吉达公司拥有的所有农场都获得了雨林联盟的认证。与此同时，除了金吉达所有的自有农场，雨林联盟还认证了与金吉达相关的大多数独立农场。环境保护狂网站（TreeHugger.com）也倾向于认为"金吉达现在将 100% 的塑料袋回收利用，制成铺路石，并将杀虫剂的使用量减少了 26%。"表 P4-5 列出了 Better Banana 项目的九项原则。据内部人士称，采用第三方标准有助于促进金吉达实现卓越的内部承诺，并能有效降低成本。2003 年，雨林联盟估计，因为投资 2 000 万美元来减少农业化学药剂的使用，金吉达减少了 1 亿美元的生产费用。为了提高企业责任形象，金吉达承诺在 2011 年 11 月抵制来自加拿大沥青砂的石油。

表 P4-5　Better Banana 项目的九项原则

1. **生态系统保护**。保护现有生态系统；种植园区受损生态系统的恢复
2. **野生动物保护**。保护生物多样性，特别是濒危物种
3. **工人待遇公平和工作条件良好**。遵守当地和国际劳动法律或规范；秉持不歧视政策；支持结社自由
4. **社区关系**。成为"好邻居"，为当地的社会和经济发展做出贡献
5. **综合虫害管理**。减少农药的使用；对工人进行农药使用／管理／风险方面的培训
6. **综合废物管理**。减少环境污染和危害人类健康的废物的产生；机构回收
7. **水资源保护**。减少和再利用生产中使用的水；在水道周围建立植被缓冲区；保护水源免受污染
8. **土壤保持**。控制侵蚀；促进土壤保护和补给
9. **规划和监测**。根据环境、社会和经济措施规划和监测香蕉种植活动

资料来源：Adapted from Rainforest Alliance, *Normas Generales Para la Certificación del Cultivo de Banano*, May 2002, www.rainforest-alliance.org.

　　金吉达的努力得到了越来越多的认可。2005 年，《进步投资者通信》（*The Progressive Investor Newsletter*）的出版商——可持续发展网站（SustainableBusiness.com）将金吉达第四年列为可持续股票排行榜全球 20 强，排行榜是因 SB20 而出名的。可持续发展网站邀请领先的投资顾问推荐能够在可持续发展和财务实力方面脱颖而出的公司，进而在这些公司中进行评选。2004 年 4 月，美洲组织的分支机构美洲信托选择金吉达品牌作为 2004 年"美洲企业公民"的获胜者。同样在 2004 年，金吉达因其在道德、环境保护和工作场所三个方面的改进举措，获得了 AGEPE 编辑组和意大利毕马威会计师事务所的道德伦理奖。

　　金吉达企业责任形象受损，哥伦比亚生产香蕉的子公司也未能幸免。在 2003 年对公司财务状况进行调查之后，金吉达向美国司法部（DOJ）报告称，其向哥伦比亚的左翼和右翼准军事集团（例如 AUC、ELN 和 AFRC）支付了费用。金吉达从 1997 年开始向它们付费，是为了保护其雇员的生命。哥伦比亚是世界上绑架率最高的国家之一，谋杀率是美国的 11 倍。"大家都那么认为，在哥伦比亚做生意，必须采取付费的方式以求最大的安全保障，或者在被敲诈的情况下付出代价。"国际食品工人工会秘书长罗恩·奥斯瓦尔德（Ron Oswald）解释说，他代表了在拉丁美洲（包括哥伦比亚的许多人）的金吉达工人。

　　美国 1996 年《反恐怖主义法》规定，任何被认定有恐怖主义威胁的组织都是非法的。截至 2001 年 9 月，恐怖主义威胁清单包括哥伦比亚准军事团体。在公司新闻发布会上，金吉达董事长兼首席执行官费尔南多·阿吉雷解释说："这些所付款项……总是出于表达对我们员工安全的诚心关注。尽管如此，我们承认——并采取了行动——我们有法律义务告知美国司法部这一公认困难的情况。"2007 年，金吉达正式宣布其因在哥伦比亚支付的款项而面临 2 500 万美元的罚款。在预期的判决中，该公司于 2006 年拨出资金支付罚款。金吉达不认为罚款会损害其运营。也许是由于美国司法部正在进行的调查和判决，金吉达于 2004 年出售了其哥伦比亚子公司。

全球行为准则、标准和劳工实践

　　2001 年底，当国际食品工人工会秘书长罗恩·奥斯瓦尔德被问及他是否看到了金吉达内外部情况有所改善时，他回答说："是的，从五年前开始，这家公司就已经让人琢磨不透了。"显然，金吉达已经走过了一段漫长的道路。

　　历史上，金吉达和拉丁美洲工会的关系陷入了冲突与不信任的泥潭之中。1998 年，金吉达认识到有必要改变两者的关系后，开始努力遵守广为接受的国际劳工权利标准 SA 8000。管理层对是否采用外部标准和制定企业责任的内部衡量标准争论不休。经过深思熟虑后，管理层得出结论，采用 SA 8000 标准将获得外部利益相关者的最大信任，因为 SA 8000 对实施管理系统的充分性有更详细的要求。采用外部标准迫使金吉达推动企业责任下沉到每个组织层面，以便公司能够满足第三方要求。

　　2000 年 5 月，金吉达将其行为准则扩展到 SA 8000。目前的行为准则包括食品安全、劳工标准、员工健康和安全、环境保护和法律合规等领域。由于认识到劳工支持的重要性及其对企业形象的影响，金吉达开始与国际食品工人工会和拉丁美洲香蕉联盟展开对话。到 2001 年 6 月，金吉达已与两个组织达成协议，承诺尊重国际劳工组织公约中阐述的工人权利，解决工人长期存在的健康和安全问题，并确保独立供应商也这样做。金吉达成为首个在农业领域签署劳工权利协议的跨国公司。管理层认为该协议有助于金吉达树立积极良好的形象，改善与内部和外部利益相关者的关系。在 2001 年中期，金吉达发布了第一份企业责任报告，详细介绍了公司未来的战略和目标。金吉达让议程变得完全透明，给利益相关者和媒体都留下了深刻印象，为公司树立了更加良好的印象。

为了遵守组织自身的核心价值观和 SA 8000 劳工标准，金吉达通常定期对其在拉丁美洲的所有业务进行内部审计，非政府组织对其进行外部审计。审计完成后，每个当地的管理团队都会使用公司的行为准则和核心价值观作为决策指南来指导行动。在 2003 年底，独立的审计师证实了金吉达在哥斯达黎加、哥伦比亚和巴拿马的业务符合 SA 8000 标准。金吉达的业务第一次在这些国家获得 SA 8000 认证。在其 2006 年的公司责任报告中，金吉达宣布已经按照雨林联盟的要求，对拉丁美洲香蕉农场进行了全部认证，认证内容包括 SA 8000 和欧盟良好的农业操作规范标准（环境、劳工、人权和食品安全标准）。

营销信息

虽然金吉达在努力建设企业责任并进行推广方面取得了巨大的进步，但管理层似乎不愿通过典型的大众传播媒介来宣传其成就。事实上，当金吉达试图在丹麦的商业广告中宣传认证过程，将美洲香蕉农场称为"美丽的热带雨林"时，人们怀疑这些广告的真实性，认为这是不切实际的。

该公司没有投放大量广告，而是选择了基于舆论制造者和评论家的长期营销策略。根据欧洲市场的副总裁丹尼斯·克里斯托的说法，消费者对商业驱动的信息存在天然的怀疑。他认为，相比公司或业务的付费拥护者提供的信息，客户对外部机构提供的信息更加信任。这是该公司将依靠病毒式营销策略和第三方推荐作为其信息传播手段的主要原因。零售商的待遇则不同：零售商必须支持金吉达进行改革，因为选择独家品牌的决定权在于金吉达。然而，克里斯图认为，通过不引人注目而又规范的手段，可以让消费者建立品牌认知度。

在商品市场中很难去定义和传播品牌的差异。然而，金吉达相信它以企业责任的领导者身份，可以开拓出自己的利基市场。金吉达希望，除了价格定位以外，它在企业责任中的独特能力有助于它从困境中脱颖而出。2003 年 4 月，本和杰瑞（Ben and Jerry's）与金吉达共同获得了环境责任经济联盟（CERES）与特许注册会计师协会颁发的第一个杰出可持续发展能力奖。2006 年，金吉达凭借自然和社区项目，赢得了哥斯达黎加贡献奖，该项目保护了生物的多样性，也提升了人们的自然保护意识。

最近的表现、收购和未来之路

金吉达在重组之后，彻底改变了战略决策模式和更广泛的企业经营原则。债务偿付和其他重组成本导致金吉达重大的损失。金吉达通过削减成本和精简本地及全球业务，在改善财务业绩方面取得了长足进步。在 2003 年金吉达申请破产的那一年，其净销售额为 26 亿美元，高于前一年的 16 亿美元。2006 年，金吉达净销售额达到创纪录的 45 亿美元（部分归因于收购了 Fresh Express）。

2011 年，金吉达公司庆祝其连续第四年盈利能力增长。主席兼首席执行官费尔南多·阿吉雷说："由于北美的价格和销量增加以及欧洲的初步复苏，金吉达在香蕉产品上有了更好的表现。然而，我们的沙拉业务没有预期的那么好。我们采取了一系列措施来进行改善，调整了我们的产品结构和策略，以获取更多的利益。"

然而，从 2012 年开始，金吉达的销售和盈利能力开始停滞不前。随着全球香蕉销量的下降，金吉达的收入下降至 30 亿美元，公司连续三年亏损（见表 P4-6 和表 P4-7）。2014 年，由于连续三年不景气的销售业绩，金吉达的管理层开始向外部寻求新的降低成本和增加收入的解决办法。

表 P4-6　2011～2014 年（截至每年 12 月 31 日）金吉达的资产负债表　　（单位：千美元）

	2014 年	2013 年	2012 年	2011 年
资产				
现金和等价物	47 160	54 017	2 601	—
其他流动资产	535 904	575 178	987	266
流动资产总额	583 064	629 195	3 588	266
对子公司的投资和账户	110 220	108 077	647 471	1 071 132
其他资产	918 754	921 866	18 919	23 332
总资产	1 612 038	1 659 138	669 978	1 094 730

（续）

	2014 年	2013 年	2012 年	2011 年
负债和股东权益				
应付账款和应计负债	374 241	406 307	15 363	15 354
流动负债总额	378 944	408 578	15 363	15 354
长期债务	637 518	629 353	259 520	249 805
负债总额	1 288 704	1 284 700	299 576	294 660
股东权益	323 334	374 438	370 402	800 070
负债总额和股东权益	1 612 038	1 659 138	669 978	1 094 730

资料来源：公司报告。

表 P4-7　2012～2014 年金吉达国际收入情况 （单位：千美元）

	截至 2014 年 12 月 31 日	截至 2013 年 12 月 31 日	截至 2012 年 12 月 31 日
净销售额	3 090 224	3 057 482	3 078 337
销售成本	2 735 117	2 708 428	2 743 040
销售及管理费	218 061	233 706	275 231
子公司收益权益（亏损）	（2 750）	（258）	33 433
营业收入（亏损）	27 404	49 845	（253 834）
利息花费	（61 896）	（61 144）	（45 299）
利息收入	2 715	2 856	3 131
债务清偿损失	（521）	（6 275）	—
其他收入（支出），净额	（9 906）	3 522	（1 793）
税前收入（亏损）	（42 204）	（11 196）	（297 795）
所得税（费用）福利	（20 332）	（4 619）	（105 239）
净收入（亏损）	（62 536）	（15 815）	（405 017）

资料来源：公司报告。

2014 年初，金吉达与爱尔兰水果生产公司 Fyffes 达成了一项初步合并协议。这笔交易将缔造世界上最大的香蕉经销商——估计每年将售出 1.6 亿箱香蕉。与此同时，巴西控股公司 Cutrale-Safra 与金吉达股东达成每股约 14 美元的收购协议。2014 年 10 月，金吉达的股东出人意料地拒绝了与 Fyffes 的合并，并接受了 Cutrale-Safra 财团稍微修改后的出价。在交易结束后，金吉达成了一家私人控股的巴西公司。

金吉达的新东家面临着一项艰巨的任务，那就是让公司重新获得财务上的成功。未来的金融稳定性在一定程度上取决于外部市场因素，例如国际香蕉价格的稳定或上涨以及消费者需求的增长。在内部，公司的业绩将取决于财务成本控制方面的有效性、成功的营销、强调差异化、增值生产和收入等方面。虽然金吉达已经竭尽全力去扭转其声誉和业绩，但仍面临着具有挑战性和竞争性的国际商业环境。因此，金吉达必须在管理和业务方面不断地取得进步，才能实现健康和可持续的财务未来。

问题

1. 你如何描述金吉达历史上进行全球管理的方法？
2. 请描述金吉达在其全球供应链中的人力资源管理方法。金吉达作为商品的购买者、生产者和供应者分别面临哪些特殊的人力资源挑战？
3. 金吉达的全球企业责任计划是否会在所有者和其他利益相关者之间产生冲突？金吉达在美国和世界各地的主要利益相关者是谁？金吉达的 CR 计划对他们有何影响？
4. 如何评价金吉达过去和现在的领导力？领导力如何影响公司的整体声誉？
5. 你认为金吉达会在没有媒体发布诽谤新闻时改变政策吗？如果不会，这对金吉达的旧管理风格有何影响？
6. 金吉达新东家在继续扭转公司颓势、恢复盈利能力方面面临什么样的挑战？

练习

以首席执行官为代表的金吉达管理层正在听取各集团对其战略方向和持续重组的意见。你的小组代表以下利益团体之一：

1. 前一家公司的股东，在公司宣布破产后损失了大部分的股票价值。
2. Safra 集团的股东。
3. 北美子公司的雇员和工会代表。
4. 南美子公司的雇员和工会代表。
5. 非政府组织雨林行动网络的代表。

花 5 分钟时间为管理团队准备 2～3 个关于团队利益和公司优先事项的请求，然后在一个开放式论坛中进行讨论。在论坛中，你可以在不同的小组中讨论这些请求。

资料来源：本案例是由维拉诺瓦大学的乔纳森·P. 多教授及 Erik Holt 为课堂讨论准备的，Courtney Asher 与 Ben Littell 提供了额外的研究协助。它不是为了说明有效或无效的管理能力或行政责任。我们感谢金吉达国际的 Sherrie Terry 和 Michael Mitchell 的支持。文责由作者自负。

PART

5

第五部分

技能培养与测试练习

文化测试

目标

- 激发对文化差异的认识。
- 鼓励思考文化差异对全球经济的影响。
- 促进本国学生与国际学生之间的交流。
- 探寻文化多样性的员工队伍所带来的问题。

背景

很少有什么传统与价值观能够放之四海而皆准。许多交易的成败取决于管理者是否能理解外国对手的传统与价值观。全球商业界相互依赖，紧密地交织在一起，因此今天的管理者必须意识到各国的传统与价值观存在的差异。

你的文化意识有多强？试着回答下列问题。

说明

请独立回答这些问题，或者由一个小组共同完成。如果翻看答案的话，务必阅读注解。如果你与来自其他国家的学生一起做这个测试，请注意你的答案和他们的答案有何不同。

1. 在日本，大声喝汤被认为是（　　　）。
   A. 无礼而讨厌的
   C. 在家可以，但在公共场合不行

   B. 显示你对汤的喜爱
   D. 外国人才会做的事情

2. 在韩国，商业领袖常会（　　　）。
   A. 鼓励人们致力于团队工作与合作
   B. 鼓励下属之间相互竞争
   C. 不鼓励下属直接报告，而是喜欢通过正式的渠道获得信息
   D. 鼓励下属之间保持良好的关系

3. 在日本，自动售货机几乎卖所有的饮料，除了（　　　）。
   A. 啤酒　　　　　　　　B. 含糖精的减肥饮料　　　　　　C. 加糖咖啡　　　　　　D. 美国公司的软饮料

4. 在拉丁美洲，管理者（　　　）。

　　A. 更喜欢雇用自己的家族成员　　　　　　B. 认为雇用自己的家族成员有欠妥当

　　C. 强调雇用弱势群体成员的重要性　　　　D. 通常雇用超过实际需要的人

5. 在埃塞俄比亚，当一位女性打开她家的前门，这意味着（　　　）。

　　A. 她准备招待客人吃饭　　　　　　　　　B. 只有家庭成员才可入内

　　C. 宗教灵魂可以自由进出家门　　　　　　D. 她同意与任何进家的男子发生性关系

6. 在拉丁美洲，商业人士（　　　）。

　　A. 认为在交谈时进行目光接触是不礼貌的　　B. 总是等别人说完话后自己才开始讲话

　　C. 在类似情形下，要比北美人更多地触摸对方　　D. 避免触摸对方，因为这被视为对私人空间的侵犯

7. 马来西亚的主要宗教是（　　　）。

　　A. 佛教　　　　　　　B. 犹太教　　　　　　C. 基督教　　　　　　D. 伊斯兰教

8. 在泰国（　　　）。

　　A. 经常看到男子手牵着手走路　　　　　　B. 经常看到男女手牵着手在公开场合行走

　　C. 男女走在一起，很不礼貌　　　　　　　D. 男女在大街上相遇时，传统上相互亲吻对方

9. 在印度吃饭时，恰当的做法是（　　　）。

　　A. 用右手取食，左手进食　　　　　　　　B. 用左手取食，右手进食

　　C. 用左手取食、进食　　　　　　　　　　D. 用右手取食、进食

10. 在泰国，将脚尖指着对方是（　　　）。

　　A. 尊敬的象征，就好像日本人鞠躬一样　　B. 被看作无礼的举动，即使是偶然的

　　C. 跳舞的邀请　　　　　　　　　　　　　D. 公开场合标准的问候方式

11. 美国管理者常根据下属业绩进行绩效评估，而在伊朗，管理者进行绩效评估更多的是依据（　　　）。

　　A. 宗教　　　　　　　B. 资历　　　　　　　C. 友谊　　　　　　　D. 能力

12. 在奖励一名西班牙裔工人出色的工作时，最好不要（　　　）。

　　A. 在公开场合表扬他　　　　　　　　　　B. 说声"谢谢你"

　　C. 加薪　　　　　　　　　　　　　　　　D. 升职

13. 在一些南美国家，社交约会时下列哪种情况被认为是可以接受的？（　　　）。

　　A. 提前 10～15 分钟到达　　　　　　　　B. 迟到 10～15 分钟

　　C. 迟到 15 分钟～1 小时　　　　　　　　D. 迟到 1～2 小时

14. 在法国，当朋友相互说话时，（　　　）。

　　A. 站立时通常保持 3 英尺的距离　　　　　B. 通常大喊大叫

　　C. 站立时比美国人靠得更近　　　　　　　D. 总有第三者在场

15. 在西欧送鲜花作为礼物时，注意不要送（　　　）。

　　A. 郁金香和长寿花　　　　　　　　　　　B. 雏菊和紫丁香

　　C. 菊花和马蹄莲　　　　　　　　　　　　D. 紫丁香和苹果花

16. 一位在沙特阿拉伯做生意的男性主管应当遵循的馈赠礼品的礼仪是（　　　）。

　　A. 把你送给一个人的礼物交给那个人的妻子　　B. 当面向对方的妻子送上礼物

　　C. 只送给原配　　　　　　　　　　　　　D. 根本不送礼物给对方妻子

17. 如果你要送给一位拉美人一条领带或围巾，不要选择下面哪种颜色？（　　　）。

　　A. 红色　　　　　　　B. 紫色　　　　　　　C. 绿色　　　　　　　D. 黑色

18. 德国办公室和家里的门通常是（　　　）。

　　A. 大开着的，以表示欢迎客人和陌生人

　　B. 虚掩起来，以表示访客在进来之前应当敲门

　　C. 半开半闭，以表示有的人是座上宾，其他人则不受欢迎

　　D. 紧紧关闭，以保护隐私和个人空间

19. 在联邦德国，展现魅力的领导者（　　　）。
　　A. 并不是最让人喜欢的　　　　　　　　　B. 最受人尊重、追随
　　C. 最常被邀请加入文化团体的会议　　　　D. 被要求参与政治活动

20. 在墨西哥经营业务的美国管理者发现通过给墨西哥工人加薪，会（　　　）。
　　A. 增加工人愿意工作的时间　　　　　　　B. 吸引更多的工人上夜班
　　C. 减少工人愿意工作的时间　　　　　　　D. 降低生产率

21. 不能送给中国夫妇的新婚礼物是（　　　）。
　　A. 玉碗　　　　　　　B. 钟　　　　　　　C. 一篮橘子　　　　　　　D. 绣有龙纹的衬衫

22. 在委内瑞拉，人们度过新年夜的方式通常是（　　　）。
　　A. 安静的家庭聚会
　　B. 狂热的邻里聚会
　　C. 聚在餐馆里，吹着喇叭、戴着帽子，现场放着音乐，一起跳舞
　　D. 在海滩上烤猪肉

23. 如果你在伦敦的酒吧里点了"炸马铃薯和洋白菜"，你会得到（　　　）。
　　A. 两条用橄榄油炸的金鱼　　　　　　　　B. 用冰过的杯子装着的冰啤酒，而不是通常的常温啤酒
　　C. Alka Seltzer 牌健胃消食片和一杯水　　D. 在一起煎炸的碎白菜和土豆泥

24. 在印度，当陌生人想询问你的工作是什么、你赚的钱有多少的时候，他会（　　　）。
　　A. 问你的导游　　　　　　　　　　　　　B. 邀请你去他家，在认识之后再向你询问
　　C. 跑过来直接问你，不加自我介绍　　　　D. 尊重你的隐私，尽管感兴趣

25. 在越南，如果在交易中你觉得自己被利用了，必须（　　　）。
　　A. 用脸色而不是言语表示自己的恼火　　　B. 说你很生气，但是面部表情平和
　　C. 不动声色　　　　　　　　　　　　　　D. 立刻停止交易，一走了之

26. 当印度的出租车司机左右摇头的时候，这可能意味着（　　　）。
　　A. 他认为你的价格太高　　　　　　　　　B. 他不向你的方向行驶
　　C. 他会带你去你要去的地方　　　　　　　D. 他不理解你在说什么

27. 在英国，将你的手背对人，举起食指与中指呈 V 字形，这被视为（　　　）。
　　A. 和平的手势　　　　　　　　　　　　　B. 胜利的手势
　　C. 表示你要两件某样东西　　　　　　　　D. 粗俗的手势

答案

1. B——在日本，不管是在公开场合还是私人场合，大声喝汤或吃面条都是有礼貌的行为，这表明你喜欢、欣赏食品。

2. B——韩国管理者使用一种"分而治之"的领导手段，鼓励下属之间竞争。他们这样做，目的是保证自己的最大控制。此外，他们还要人们直接向他们汇报，以获取信息。这样，他们就比其他任何人知道得更多。

3. B——法律规定禁止在日本销售含糖饮料。此外，可以从街头和大厦里的自动售货机处买到各种日本和国际品牌的软饮料。但必须至少 18 岁才可以购买含酒精的饮料。

4. A——在拉丁美洲，人们非常重视家庭，所以管理者会更快地录用自己的亲属，而不是陌生人。

5. D——该国女性打开前门的行为表明，她同意与任何进来的男子发生性关系。

6. C——在商业谈判中互相触摸是正常举动。

7. D——马来西亚大约有 45% 的人口信奉伊斯兰教，这也是该国的"国教"。

8. A——男人手牵手是友谊的表示，然而在公开场合表现男女之情却是不能接受的。

9. D——印度人如厕后不使用厕纸，而是用左手与水，之后再彻底清洗干净左手。但左手仍被视为是肮脏的，因

此吃饭时不能用左手，也不能用左手触摸他人。

10. B——如果是有意为之，则是极大的侮辱，因为脚是身体中最低的部位。

11. C——南希·阿德勒指出，伊朗人把友谊看得比工作能力更为重要。

12. A——在公开场合表扬西班牙裔和亚裔人士通常会让他们感到尴尬，因为谦虚是一个重要的文化价值观。

13. D——尽管美国人不喜欢迟到，但在某些南美国家，人们不仅接受迟到，甚至还期望迟到。

14. C——在大多数欧洲国家，私人空间要比美国小得多。美国人希望周围至少有 2 英尺空间是属于自己的，但欧洲人经常靠得很近，几乎可以触摸到对方。

15. C——菊花和马蹄莲都与葬礼有关。

16. D——在阿拉伯文化中，妻子接受礼物甚至受到其他男子的注意，都是不合适的。

17. B——在阿根廷及其他拉美国家，紫色是与基督教的四旬斋联系在一起的。

18. D——德国人极为重视私人空间，人们用隔离墙将彼此隔开。屏风与带围墙的花园是司空见惯的。

19. A——尽管美国政治领导人的选择标准越来越依靠领导者鼓舞人心的能力，但在联邦德国，魅力却是让人心生疑虑的东西，希特勒的魅力让人联想起邪恶的意图和有害的结果。

20. C——在墨西哥工人眼中，给他们加薪就意味着赚原来那么多钱，现在只需要用更少的时间来工作，因此也就有更多的时间享受生活。

21. B——中国人把钟视为凶兆，因为"钟"与另一个字"终"读音相同。人们很珍视玉器，因为它代表了卓越的品质，而橘子与龙的图案也有吉祥的意味。

22. A——委内瑞拉人过圣诞节和新年与世界上其他国家的大多数人正好相反。圣诞节的时候他们进行家庭联谊。这两个晚上都燃放焰火，大多数餐馆关门歇业，街道上一片寂静。

23. D——其他流行的酒吧食品包括香肠土豆泥、农夫午餐（面包、奶酪和腌渍过的洋葱），以及农家肉馅饼（切碎的烤肉配以洋葱，再浇上土豆泥）。

24. C——印度人通常随意地注视陌生人，详细询问他们生活的细节。社会距离与个人隐私并不是印度常见的社会习俗。

25. C——澳大利亚国立大学的弗农·韦策尔（Vernon Weitzel）建议在与越南官员或商人打交道时，千万不要显露出不悦之色，满面怒容会让你丢面子，而且被认为是不礼貌的。韦策尔建议总是保持微笑，从不抱怨或是批评某人，也不要对别人的事情表示好奇。

26. C——印度人说"是"的方式在西方人眼中就好像拒绝一样。它也可以表示同意你所说的，或表示某人对你所说的感兴趣。

27. D——在英国，这个简单的手势被认为是粗俗下流的。在提交给《波士顿环球报》的报告中，一位曾在伦敦工作的美国人写道："我多希望有人能提前告诉我，这样在我需要两整套图纸的时候，就不用向绘图员强调解释了。"

资料来源：Exercises 1, 3, 4, and 5 are from Janet W. Wohlberg, Gail E. Gilmore, and Steven B. Wolff, *OB in Action*, 5th ed. (Boston: Houghton Mifflin, 1998).

在波哥大的时候

当吉姆·雷诺兹（Jim Reynolds）透过波音757的小窗向外张望的时候，他看到了远处闪烁的灯光。在一个晴朗的星期五傍晚，经过了5小时的飞行，他于9:35抵达了哥伦比亚首都波哥大。吉姆已经有5年没有见到自己最要好的朋友罗德里戈·卡多佐（Rodrigo Cardozo）了。两个人在大学里认识，而且多年来一直保持联系。在学生时代，吉姆回芝加哥的家里度假的时候，罗德里戈常与他一同前往。

吉姆走进候机大厅，发现自己所处的大楼好像最近才被轰炸过一样。一堆堆的碎片到处可见，裸露的电线连着电灯从天花板上垂下来，而墙壁与地板只是粗糙的、尚未完工的混凝土。"显然，美学不是波哥大国际机场考虑的主要问题。"吉姆这么想。

当他走到漫长、昏暗的走廊尽头，一位面无表情的海关官员伸出手，要吉姆的旅行证件。

"雷诺兹先生，请出示护照。您是来度假的吗？"

"是的。"吉姆回答道。

在回答了几个例行的问题之后，吉姆被海关放行，他感觉没有多少麻烦。

"吉姆！吉姆！"一个声音响起。

吉姆努力地在茫茫人海中找出声音的源头，终于他看到了罗德里戈。"嘿，哥们儿，怎么样？看上去不错嘛！"

"吉姆，见到你真是太好了。你怎么样？我想让你认识下我的老婆伊娃（Eva）。伊娃，这就是我最好的朋友，吉姆。他就是我给你看的那些照片中的人。"

一天始于深夜

一小时后，吉姆、罗德里戈和伊娃来到了位于波哥大另一侧的罗德里戈父母的家中。吉姆意识到，小夫妻在结婚后要与父母生活几年，这是当地的习惯，而罗德里戈和伊娃也遵守此种习惯。

罗德里戈的父亲达里奥（Darío）在波哥大拥有一家进出口公司。他学识渊博，受过良好的教育，而且据吉姆所知，他是一位商业谈判大师。多年以来，达里奥与来自中南美洲的几乎所有国家以及美国、欧洲、中国香港和非洲部分地区的人士做过生意。吉姆1989年在波士顿与罗德里戈待在一起的时候见到了达里奥。

"吉姆，欢迎到我家来。"他们走进来时，达里奥热情洋溢地欢迎："我很高兴你终于来到了波哥大。你想喝些什么，威士忌、波旁还是烧酒？"

"烧酒！"罗德里戈怂恿道。

"是的，吉姆想要些烧酒。我知道你今晚要去巴伊亚。"达里奥又在一边补充道。

"什么地方？"吉姆四处张望，问道："我不知道今天晚上我们还会去什么地方。"

"不要担心，吉姆。"罗德里戈安慰他："我们去跳舞吧！换件衣服，然后出发。"

那天晚上11:15，吉姆和他的朋友们走进波哥大的巴伊亚夜总会，这时他意识到自己身在哥伦比亚了。萨尔萨舞与梅伦格舞的节奏充斥着夜总会。吉姆的思绪又回到了从前在波士顿与罗德里戈和中南美洲的朋友们一起参加的拉丁舞会。

"吉姆，这是我的表妹戴安娜（Diana）。她是你今晚的舞伴。"罗德里戈说道："你还要练习你的西班牙语，她可一句英语也不会说。玩得开心。"

接下来的 6 小时，他们一直在跳舞、喝酒，这就是典型的哥伦比亚方式。第二天早晨 5:30，罗德里戈决定是时候该去吃些东西了。在驾车回家的路上，他们在一座山里的露天烤肉店旁停了下来，已经有许多人出于同样的原因聚在那里。每个人都在吃着烤肉，喝着烧酒。

接下来，他们又参加了街头的一场露天聚会。他们又跳又喝，直到太阳爬过了波哥大的山头。这时已经是早上 7:00，他们这才决定暂时结束狂欢。

星期六主要是恢复前一晚消耗掉的精力，同时他们还游玩了当地乡间的一些景点。但星期六的晚上又是星期五的翻版。在哥伦比亚 3 天的时间里，吉姆总共只睡了 4 小时。所幸的是，星期一是全国假日。

享乐之前是生意，那么生意之前呢

尽管吉姆玩得很开心，但是按计划，下一周他还要与波哥大多所大学商学院的院长举行一系列的业务会议。吉姆是学术出版社的编辑，这家出版社是大学商学院教材的主要出版商之一。会议的目的是在哥伦比亚市场建立业务联系。出版社希望这些最初的接洽今后会为公司在拉丁美洲进一步打开局面。

在纽约学术出版社的总部，吉姆和他的老板卡罗琳·埃文斯（Caroline Evans）讨论了在拉丁美洲的机会。尽管学术出版社照惯例出版自己教材的国际版，但来自国际销售的部分在总收入中从来没有超过 15%。因此，公司从未猛攻过国际市场。但是，卡罗琳认为拉美市场在未来 3 ~ 5 年时间内大有潜力。她预期仅仅这一市场，到时候就可以占据总收入的 15% ~ 20%。此外，她认为在未来的 10 年，如果发展良好，国际销售额会占到总销售额的 40%。看着这些数据，吉姆清楚地意识到这笔生意不仅对公司重要，对他的事业也很重要。如果吉姆能够开辟这些市场，他会得到提拔，并继续留在中南美洲工作。

吉姆的第一次会议定在星期二上午 11:00，第二次是在星期三上午 11:00，第三次是在星期五下午 3:00。星期二上午 11:00，吉姆准时到达 Javeriana 大学，在那里他要拜访 Emilio Muñoz、Diana Espitia 和 Enrique Ronderos 教授。他到达的时候，Muñoz 教授已经在会议室等候了。

"雷诺兹先生，很高兴见到你。旅途如何？"

"非常棒。"吉姆答道。

"到目前为止你觉得波哥大怎么样？你有没有去观光？"

"不，我还没有机会逛逛这座城市。我希望本周迟些时候去看一看。"

"那在你离开之前，一定要去黄金博物馆，那里收藏了哥伦比亚当地各个印第安部落最精美的金器。尽管西班牙人偷走了很多金子，还是有很多东西保存了下来。"在接下来的 30 分钟时间里，Muñoz 教授从即将到来的总统大选谈到了世界杯足球赛，兴致颇高。

吉姆看了看表，他很担心其他尚未到达的教授，以及自己准备的会议。

"出了什么事吗，雷诺兹先生？"

"不，不。我只是在想其他人。现在已经是 11:30 了。"

"不要担心，他们很快就会来的。波哥大此刻的交通非常糟糕，他们可能是遇上交通堵塞了。"

就在那时，另外两位教授走了进来。

"亲爱的雷诺兹先生，"Espitia 教授热情地说道，"很抱歉我们迟到了。每天这个时候交通实在是太糟了。"

"哦，没关系。我能理解。纽约的交通也同样可怕。"吉姆答道："有的时候需要花上两小时从城市的一边到达另一边。"

"你吃过中午饭没有，雷诺兹先生？"Ronderos 教授问道。

吉姆摇摇头。

"我们为什么不边吃边谈呢？"Ronderos 教授提出建议。

在对当地的餐馆进行了讨论之后，教授们决定去一个俱乐部。他们到俱乐部时已经是中午 12:30 了。

"已经过去了一个半小时了，而我们还什么都没谈。"吉姆心想。他很担心哥伦比亚人对他提供的东西并不是很感兴趣。整顿中午饭，他越来越担心教授们对于让他品尝哥伦比亚菜、游览波哥大风光的兴趣，要比买书的兴趣浓厚得多。他们饶有趣味地发现吉姆知道怎么跳萨尔萨舞和梅伦格舞，对于他西班牙语中轻微的哥伦比亚口音也印象至深；Espitia 女士说她感到很有趣。这似乎比他所掌握的有关商业教材与出版的知识更为重要。

吃完午饭的时候，吉姆简直要发疯了。现在已经是下午 2:30，一切还没有进展。

"为什么我们明天不去爬蒙塞拉特山呢？那里实在太美了，雷诺兹先生。"Ronderos 提议，接着他又描述了这座俯瞰波哥大的山峰，以及关于它的种种传说。

"这是个好主意。"Espitia 教授附和道。

"那么就去爬蒙塞拉特山好了。吉姆，我很高兴。期待着明天见到你。"Ronderos 教授一边说话，一边微微额首。

"雷诺兹先生，要我载你回去吗？"Muñoz 教授问道。

"谢谢，如果不麻烦的话。"

在回去的路上，吉姆不大说话。

"你觉得怎么样？"

"一定是时差的原因。我相信没什么事。"吉姆回答道。他很担心会议的方式，并且意识到自己根本没有机会提到学术出版社的各种教材，以及该如何使用这些教材，在教授们所待的商学院里制定新的课程，或是对现有课程进行补充。

在波哥大

回到家，吉姆上了楼，坐在卧室里，阴郁地喝着一杯烧酒。"我就是不明白，"他想，"从'会议'上看，哥伦比亚人不可能比这更高兴了，但我们就是一事无成。我们甚至连一本书都没有谈过。我不知道哪里出了问题。"

过了一会儿，达里奥来了。"亲爱的吉姆，你今天与教授们的会议开得怎么样？"他问道。

"我不知道，我不知道该想些什么，我们什么事也没有做。我们更多的是在讨论我应当观赏的景点，以及在离开哥伦比亚之前非去不可的地方。我今天下午应该打电话给我的老板，告诉她第一次会议进展的情况。我该告诉她些什么呢？'对不起，我们没有讨论业务，而是计划我在哥伦比亚的旅程。'我不能让这笔生意失败。"

达里奥哈哈大笑。

"先生，我是认真的。"

"吉姆，我明白。相信我。跟我说说你今天的会议。"

吉姆将会议的每一个细节复述给达里奥，他一边听，一边微笑着点点头。

"吉姆，在你继续同教授们谈判之前，你必须明白一件事情。"

"什么？"

"你现在在哥伦比亚。"达里奥说得很简单。

吉姆睁大眼睛望着他，一脸疑惑："然后呢？"

"然后什么，吉姆？"

"我应该还要知道些什么？"

"你要知道的就应该是这些。你要让教授们定下会议的调子。很显然他们同你待在一起感觉很舒服，不然的话他们也不会请你去爬蒙塞拉特山。吉姆，在哥伦比亚，我们做生意的方式不一样。现在，你是在建立友谊，你是在建立他们对你的信任。在拉丁美洲的所有国家做生意，这都很重要。"

"吉姆，"达里奥继续说，"你是愿意与一位朋友做生意，还是愿意与一位陌生人做生意？"

随着达里奥对会议的继续分析，吉姆意识到自己完全是凭在美国的经验来判断形势。"在波哥大的时候，"

他想，"我猜最好还是像哥伦比亚人那样思考问题。"

"吉姆，你已经得到了教授们的尊重与信任。依我看，你的第一次会议大获成功。"

"下面的会议我能指望什么？"吉姆问道。

"不要担心，"他答道，"让教授们烦神去吧。这个周末你会签订协议的，我保证。"

问题

1. 吉姆注意到在美国和哥伦比亚的生活有何不同？

2. 吉姆注意到在美国和哥伦比亚做生意有何不同？在其他国家做生意又会怎么样？

3. 你会建议吉姆在做成生意时怎么做？为什么？

资料来源：Written by Matthew C. Shull, twitter.com/Matthew_Shull. All rights reserved. Used with permission.

国际可乐联盟

目标

- 介绍在跨国经营中可能遇到的一些复杂问题。
- 分析当一国寻求与语言和风俗习惯完全不同的国家做生意时，会发生什么事情。

前言

即使有共同的语言，沟通也会破裂，而对于语言和行动的任何注解，常常会混淆理解，使人们对你的目的产生负面的认识。此外，人与人之间还有个人需要的差异，国家与国家之间还有民族和文化的差异。这些数不清的差异使得跨国协作难上加难。

故事

你将率团与所在地区的其他国家就生产和分销美国国际可乐公司的一种流行软饮料进行一次大范围的合作问题展开谈判。尽管市场中的消费需求早就存在，但过去这些国家却不愿意让外国软饮料进入本国市场；不过现在情况改变了，这些国家逐渐认识到，有时合作所带来的利益会超过竞争带来的不利。

国际可乐公司希望建立一家装瓶厂、一个地区公司总部和四个分销仓库。当然其目标是以最经济的方式完成这些工作，从而尽可能地实现利润最大化。但是国际可乐公司的管理者认为，该地区是一个富裕的新兴市场且具有极大的潜力，急于进入这个市场。为此他们同意了参与国政府提出的要求，即由当地人控制设施，国际可乐公司在设施中只占 49% 的股份，而由当地合作伙伴控制 51% 的股份，并由参与国政府内部协商在何处建立设施。

对于参与国而言，让这样一家或多家设施建在本国，会带来就业机会、收入以及一定的声誉（甚至有可能一个国家就拥有全部 6 处设施：地区总部、装瓶厂以及分销仓库）。

每一个参与国至少有两面与其他国家接壤。这个地方并不太平，边境冲突频繁，大都是因为一些小误会，在文化与宗教的巨大差异下而被放大。

在你们进行谈判的时候，一国与邻国间的这些差异越发变得明显，你们必须权衡如何应对。一方面你们要保持自己的文化完整性，这点很重要，比如，当你们初次遇到另一国的代表时，你们会按照本国的方式向对方打招呼；此外，你们也意识到对其他文化保持敏感的重要性，比如，如果你们知道别国的文化习俗是在会面时鞠躬，而你们是握手，那么你们也不妨鞠躬。

　　因为你们是就组建跨国公司进行谈判的，而每个国家的主要语言各不相同，所以你们同意用英语谈判，但你们当中没有哪个英语很流利。因此，你们会时不时会冒出一两句母语。

　　全程你们将始终穿着带有本国国旗图案的衣饰。

说明

步骤 1（30 ～ 40 分钟，可以在上课之前进行）

以小组（5 ～ 7 人）的方式进行，根据概况表 1、概况表 2 对你们的国家和人民进行概述。

　　在填完了概况表 1 和概况表 2 之后，请进行一次简要的讨论，以确定大家对小组在谈判中的行为和谈判立场达成共识。

概况表 1

1. 填写你们国家的名称：＿＿＿＿＿＿＿＿＿＿＿＿＿＿＿＿＿＿＿＿＿＿＿＿＿＿
　　注意：要让你们的国名标在国旗上面或周围。

2. 在下面空白处设计你们的国旗、国徽。准备足够的数量，让小组每个成员都戴在身上。

3. 为你的国家写一句最能反映国家的理想与目标的口号，将口号写在国旗上或是周围。
＿＿＿＿＿＿＿＿＿＿＿＿＿＿＿＿＿＿＿＿＿＿＿＿＿＿＿＿＿＿＿＿＿＿＿＿＿
＿＿＿＿＿＿＿＿＿＿＿＿＿＿＿＿＿＿＿＿＿＿＿＿＿＿＿＿＿＿＿＿＿＿＿＿＿
＿＿＿＿＿＿＿＿＿＿＿＿＿＿＿＿＿＿＿＿＿＿＿＿＿＿＿＿＿＿＿＿＿＿＿＿＿

4. 请写下你们国家语言中 25 个以内的词汇，并利用这些词汇将下列短语用你们国家的语言表达出来，供谈判时使用。

短语	翻译	短语	翻译
我同意		我不理解你的意思	
我不同意		你侮辱了我	
这难以接受		请再重复一遍	

5. 简要地描述一下，你们国家的人在受到侮辱时是如何反应的。
＿＿＿＿＿＿＿＿＿＿＿＿＿＿＿＿＿＿＿＿＿＿＿＿＿＿＿＿＿＿＿＿＿＿＿＿＿
＿＿＿＿＿＿＿＿＿＿＿＿＿＿＿＿＿＿＿＿＿＿＿＿＿＿＿＿＿＿＿＿＿＿＿＿＿
＿＿＿＿＿＿＿＿＿＿＿＿＿＿＿＿＿＿＿＿＿＿＿＿＿＿＿＿＿＿＿＿＿＿＿＿＿
＿＿＿＿＿＿＿＿＿＿＿＿＿＿＿＿＿＿＿＿＿＿＿＿＿＿＿＿＿＿＿＿＿＿＿＿＿
＿＿＿＿＿＿＿＿＿＿＿＿＿＿＿＿＿＿＿＿＿＿＿＿＿＿＿＿＿＿＿＿＿＿＿＿＿
＿＿＿＿＿＿＿＿＿＿＿＿＿＿＿＿＿＿＿＿＿＿＿＿＿＿＿＿＿＿＿＿＿＿＿＿＿

概况表 2

从下列各项中各选择一个因素来描述自己的国家。在你做出选择后，将这些用来描述你们国家的因素写在另外一张纸上，并加上你想到的其他因素。

1. 人口密度：（　　　）。

　　A. 非常稠密，存在人口过剩问题　　　　　　　　B. 较稠密，偏高

　　C. 较稠密，中等　　　　　　　　　　　　　　　D. 较稠密，偏低

　　E. 不稠密

2. 平均教育程度：（　　　）。

　　A. 低于 3 年，大部分是文盲　　　　　　　　　　B. 3 ～ 6 年，广泛存在半文盲

　　C. 6 ～ 9 年，在零星地区存在半文盲　　　　　　D. 9 ～ 12 年，大部分能读会写，不存在文盲问题

　　E. 12 年以上，高度受教育的人员

3. 人均收入：（　　　）。

　　A. 每年 1 000 美元以下　　　　　　　　　　　　B. 每年 1 000 ～ 5 000 美元

　　C. 每年 5 000 ～ 10 000 美元　　　　　　　　　D. 每年 10 000 ～ 20 000 美元

　　E. 每年 20 000 ～ 30 000 美元　　　　　　　　　F. 每年 30 000 ～ 40 000 美元

　　G. 每年 40 000 美元以上

4. 气候：（　　　）。

　　A. 热带　　　　　　　B. 寒带　　　　　　　C. 不同地域气候不同　　　D. 季节性

5. 政治体制：（　　　）。

　　A. 社会主义　　　　　B. 资本主义　　　　　C. 君主制　　　　　　　　D. 独裁

　　E. 其他（请详细说明）

6. 主要种族：（　　　）。

　　A. 亚裔　　　　　　　B. 非洲裔　　　　　　C. 白种人　　　　　　　　D. 其他（请详细说明）

7. 主要宗教：（　　　）。

　　A. 万物有灵论　　　　B. 无神论 / 不可知论　　C. 佛教　　　　　　　　　D. 天主教

　　E. 印度教　　　　　　F. 伊斯兰教　　　　　　G. 犹太教　　　　　　　　H. 摩门教

　　I. 新教（请详细说明）　J. 其他（请详细说明）

步骤 2（20 分钟，可以在上课之前进行）

根据概况表 1 和概况表 2，决定你们国家需要国际可乐公司的哪一种设施，以及它们为什么应当建在你们国家而不是别国的理由。例如，如果你们国家的人受过良好的教育，你可以说自己的国家应当是地区总部的所在地；但要小心，其他国家可能会说你们不需要有装瓶厂与分销仓库，因为这些并不要求有受过良好的教育或是熟练的工人。

在谈判表上，列出你们认为自己国家应当拥有的设施，并记下你们的论点。同时，也写下别的国家可能提出的相反论点，以及你们该如何做出回应。

步骤 3（30 ～ 45 分钟，在课堂上进行）

你们小组的每个人都应当在自己身上的显眼处别上国旗和座右铭。你们小组（代表团）选派 1 ～ 3 名代表，与其他小组的代表就国际可乐公司设施的安排问题进行谈判。记住，在谈判中一定要遵循你国家的文化习俗，但不要告诉对方你们的习俗是什么。

代表们应当相互介绍。在个人介绍之后，代表们应在教室中央围成一个圈子，背后就是己方的代表团。他们应简要地介绍自己的国家，阐述自己的立场，然后开始谈判。在谈判过程中，代表力求至少 3 次使用自己的新语言。他们不能用英语说出所列出来的 6 句短语。

小组代表及其他成员可以在谈判过程中的任意时刻进行交流，但只能通过书面形式。小组成员之间也可以相互交流，但在谈判过程中也只能通过书面形式。

任何小组或代表在谈判过程中，都可以要求与一个或多个小组在一旁举行会议。会议时间不得超过 5 分钟。

在谈判的任何时刻，小组都可以更换谈判代表。更换之后，新代表与其他小组应重新介绍自己并互致问候。

每个小组不直接参加谈判的成员应当是积极的观察员，记录下其他小组侮辱、羞辱或以其他方式冒犯他们的情形。

在 45 分钟结束的时候，谈判必须终止，无论是否达成协议。

问题

1. 在谈判的不同阶段，文化差异扮演了什么样的角色？请注意不要忽视开始阶段。谈判令人沮丧，还是令人满意，或是其他？为什么？
2. 在任何时候，小组有没有注意到自己和别人的文化差异？如果有的话，小组有没有试图去适应其他国家的习俗？为什么有？为什么没有？这样做有好处吗？为什么？
3. 在谈判过程中，语言差异扮演了什么样的角色？不能理解或者错误传达对于谈判过程有何影响？
4. 尽管存在差异，不同国家的小组试图寻求共同目标和利益了吗？整个计划的最大利益是如何屈从于每个国家的个体利益的？人们使用什么样的花言巧语来为自己的利益辩解？
5. 小组是怎样展示自己的国家，从而最好地支持自己的立场的？这样做有用吗？为什么有？为什么没有？

谈判表

1. 你们认为自己的国家应该拥有什么设施？

2. 在上述列出的设施中，你愿意放弃哪个以达成协议？

3. 你们列出的设施基于什么理由？

观察表

1. 列出其他代表团成员采取的侮辱行为、对你和你的代表团造成羞辱或以你的国家的规范为基础的其他冒犯行为。同时记录关于这些行动的前后语境。

_____
_____
_____
_____
_____
_____
_____

2. 根据上面的列表回答：你对建立联盟的兴趣是什么，你为什么相信可以达成共同协议？

_____
_____
_____
_____
_____
_____
_____

该雇用谁

目标

- 测试参与者的文化偏见与期望。
- 审视文化的差异性。
- 思考文化对招聘决策的影响。

说明

步骤 1（10 ～ 15 分钟）

阅读背景资料和每位申请人的介绍。考虑招聘岗位具体从事的工作和所处的文化环境。从 1 到 5 将申请人排序，1 是你的首选，并将你的排列填入排序表中"我的排序"一栏。注明简要的理由。

不要与你的同学讨论排序，直到轮到你为止。

步骤 2（30 ～ 40 分钟）

与你三四个同学一起对申请人进行讨论，并根据小组意见进行排序。不要投票。

从 1 到 5 将申请人排序，1 是小组的首选，并将小组的排列填入排序表中"小组排序"一栏。注明简要的理由。

如果你的小组成员有不同的文化背景，那么研究一下每个人的文化背景对于个人决策的影响方式。

步骤 3（时间不限）

将你的排序汇总向班级报告，并讨论当小组努力达成共识时，你们在哪些方面出现了分歧。

问题讨论

1. 你们的小组能够开诚布公地对出现的文化偏见进行研究吗？比如，同学们对于同性恋、区域差别、个性特征以及政治有何种感受？

2. 你有没有做出这样的评论，即它们在你自己的文化中完全可以接受，但你的小组却不能接受？

3. 如果第 2 题的答案为"是"的话，那么小组的反应使你对自己在小组中的地位产生了何种想法？你是如何处理这一情况的？

4. 你认为这些文化差异对商业交易有什么影响？

背景

你是一家在 23 个国家经营业务的跨国公司管理委员会的一员。尽管公司总部设在荷兰，办事处却分布在五湖四海。公司的主要市场是欧洲与北美洲，而环太平洋地区则是势头最为强劲的新兴市场。公司主管认为中东地区是一个潜在的重要市场，希望加以开发。最近两年以来，除了环太平洋地区之外，其他的市场销售增长的势头在放慢。

目前，公司正寻求重组全球的营销活动，使之重振雄风。为了实现这一目标，你决定要聘用一名核心营销人员，为公司带来新鲜的观点和主张。此人的职衔将是"全球营销副总裁"，其薪金达到了数十万美元，此外还有丰厚的福利、不加限制的费用报销账户、一辆车以及公司飞机的使用权。你聘用的人将待在公司总部，并且要经常出差。

经过漫长的搜寻，找到了 5 位具有潜力的人。现在由你来决定到底用谁。尽管所有申请人都表达了对职位的兴趣，但很难说他们工作到手后不会改变主意。因此，你必须根据自己的好恶将他们排序，一旦你的第一选择拒绝了这一职位，你可聘用你的第二选择。

申请人

1. 帕克，41 岁，已婚，有三个孩子

帕克是韩国一家大型高科技企业的高级副总裁。首尔办事处的主管告诉你，他享有国际营销专家的美誉。自从他 15 年前加入该公司以来，产品的市场份额不断提升。现在公司的市场占有率在环太平洋地区已经远远超过了其他竞争对手。

帕克先生从首尔大学一毕业就来到他现在的这家公司，一步一步爬到了现在这个位置。他没有研究生的学位。你感觉帕克先生深谙企业权术，而且玩起来也游刃有余。他认识到自己工作的公司是家族企业，所以再也不可能往上晋升了。帕克告诉你，他对于在你公司的升迁机会深感兴趣。

帕克能够用英语流利地交流，还会一点德语和法语。他的妻子非常安静，看起来挺传统。她和孩子都只会说韩语。

2. 基兰，50 岁，丧偶，有一个孩子

基兰是一位住在马来西亚的锡克族女性。她在哈佛商学院完成了 DBA（工商管理博士）学位后开始了执教生涯。她毕业才 10 个月，就出版了一本关于国际营销的著作。她的博士论文是关于制药企业的国际营销的，但她在国际营销的其他领域也有研究，并有所著述。

在她这本书出版后两个月，她就来到了一家位列《财富》世界 500 强企业的国际营销部工作，在那里她待了 10 年。当 Maura 大学授予她终身教授职位时，她就返回校园继续教书。自此，她一直待在那里。她的学术地位使她可以从事很多课题的研究，并完成了不少在本领域非常权威的书籍与论文。日前，她著作等身，在全球享有国际营销专家的盛名。此外，她在整个东南亚还积极地从事咨询工作。

从你设在吉隆坡的办事处那里，你得知基兰 23 岁的独生子在生理和智力上存在着严重的障碍。你感到她对这份工作的兴趣，多少是出于丰厚的收入，这样即使发生不测，对她儿子的照料也还有保障。如果她得到这份工作，她的儿子就要跟随她一起去荷兰，在那儿他需要参加特别扶助项目。

基兰不仅精通马来语、英语和印地语，还能用德语和西班牙语说与写，也能用日语和普通话进行交谈。

3. 彼得，44 岁，单身

彼得是一位南非白人。他在一家《财富》美国 100 强企业的国际营销部担任要职，直到 8 个月前公司从他的国家撤出。尽管公司想把他留下来，提出把他从约翰内斯堡调至纽约总部，但彼得还是决定另谋高就。彼得觉得自己现在的职位已经走到头了，他显然把你公司提供的职位看作尝试新领域的大好机会。就像其他申请

一样，彼得有一系列骄人的业绩，并被视为该领域出类拔萃的人才。公司与他接触过的人都说，彼得很有创造力，工作勤奋，也很忠心。此外，人们还告诉你彼得是一位一流的管理者，他能推动员工做出最棒的业绩。同时，你还得知，彼得很有组织性。

彼得从南非一所名牌大学获得了计算机科学博士学位，并从普渡大学 Krannert 管理学院获得了 MBA 学位。

彼得是种族隔离制度的强烈反对者，到现在还是一名社会活动家。由于政治知名度太高，他在南非的生活很艰难。即使是现在，种族隔离已步入尾声，他也不想再待在那里。他固定的男性伴侣 P. K. 卡恩会陪同他前往荷兰，所以彼得希望公司人事部能够帮助卡恩找到一份合适的工作。

彼得能够用英语、荷兰语、南非语和斯瓦希里语交流，也能用德语进行交谈。

4. 特克斯，36 岁，离异，有一个孩子

特克斯现在正在找工作。他以前的工作是在一家产品单一、技术单一的公司（用于复杂的人工智能应用的高度专业化的工作站）中担任营销主管，当德州仪器买下了这家公司后，他也就失业了。事实上，从公司 6 年前创始之初，特克斯就在这家公司。他失去这份工作，很大程度上是因为他干得实在太出色了，以至于公司被别人买下，这真是一个莫大的讽刺。你感到他有一点苦涩，而他会告诉你德州仪器提供的工作与他实在太不相称了，根本不值得考虑。

特克斯从斯坦福大学获得了他的本科和 MBA 学位。此外，他是罗德学者，获得了富布赖特奖学金（Fulbright Scholarship），他用这笔钱进行了为期两年、关于向第三世界国家销售高科技设备的研究。

你从纽约办事处得知特克斯富有进取心，精力旺盛。显然他是个工作狂，听说他曾经一周 7 天，连续每天工作 18 ～ 20 小时。他似乎没有给自己的私人生活留下一点时间。

除了英语之外，特克斯还懂一点点法语，但他承认大学毕业以后就再也没有用过了。

5. 兹维，40 岁，已婚，有五个孩子

兹维从麻省理工学院斯隆管理学院获得 MBA 学位之后开始了职业生涯。他的第一份工作是在一家在以色列开展业务的德国公司担任营销经理。

他在公司里取得了巨大成功，于是一家英格兰的国际办公设备公司把他挖走了。他再一次表现出自己的卓越才干，两年时间就把公司的市场份额提升到让人难以置信的程度。5 年之后，兹维有机会回到了以色列，这次他是监督和协调一个工业园区的所有国际营销项目。这个园区由 14 家企业组成，附属于以色列一家主要的科研院所。他的责任是衔接研究与产品开发和销售，同时还要管理庞大的营销部。他再次证明自己是这方面的大师。

海法的办事处告诉你，兹维受人尊敬，与高科技界有着广泛的联系。兹维在营销方法上具有极大的创造力，经常尝试别人认为过于冒险而不愿意尝试的大胆战略，能成功地将这些战略运作起来。

兹维是一个虔诚的教徒，每个星期五中午他都要离开工作岗位。每逢星期六和大小宗教节日（一年约有 18 天）他都不会上班，但他会在星期天工作。

除了母语荷兰语外（兹维在 6 岁的时候和他的家人从荷兰移居到以色列），他还能用流利的希伯来语、英语、德语和阿拉伯语进行听说读写。

排序表

从 1 到 5 将候选人排序，1 作为你的首选对象。

申请人	我的排序		小组排序	
	排序	理由	排序	理由
帕克				
基兰				
彼得				
特克斯				
兹维				

术语表　Glossary

成就文化（achievement culture）　在这种文化中，人们的地位身份取决于其职责履行得如何。

成就激励理论（achievement motivation theory）　该理论认为，个人有争取获得成功和实现目标的需求。

国家法令主义（act of state doctrine）　这是国际法的一种裁判原则，他国政府的所有法令都会被美国的法院认为是有效的，即使有时这些法令在美国被认为是非法或者不合适的。

适应性筛选（adaptability screening）　一种评价过程，用以评估一个家庭承受海外生活压力的能力。

行政协调（administrative coordination）　跨国公司采用的战略性规划和实施措施，是依据具体情况做出的战略决策，而不是采用预先设定的经济或政治因素驱动的战略。

联盟（alliance）　存在于不同企业间的任何一种合作关系。

归属文化（ascription culture）　在这种文化中，一个人的地位身份取决于他是谁以及他是干什么的。

评估中心（assessment center）　一种评价工具，用于判别个人晋升的潜力。

独裁式领导（authoritarian leadership）　为了确保任务完成的一种工作导向的领导方式。

平衡表法（balance-sheet approach）　一种开发驻外人员薪酬结构的方法，用于确保驻外人员不会因为接受驻外委任而受到经济上的损失。

金字塔底部战略（base of the pyramid strategy）　一种以发展中国家的低收入群体为目标顾客的战略。

双文化群体（bicultural group）　指在一个群体中，有两个或更多的成员各属于两种截然不同的文化，如四个墨西哥人和四个中国人为了调查一项风险投资的可能性而组成了一个团队。

生物技术（biotechnology）　将科学和技术进行整合，并通过工业和对实体组织的应用，而创造农业或者医疗产品。

天生全球化企业（born-global firms）　这些企业在成立之后不久便参与了一些重大的国际活动。

自助法（cafeteria approach）　一种开发驻外人员薪酬结构的方法，为驻外人员提供一系列可选择的薪酬结构方案，让员工自己来决定用于支付薪酬的资金如何支配。

集权化（centralization）　一种管理体系，重要的决策都由高层管理者做出。

财阀（chaebols）　指韩国非常大的家族控制的并具有相当强大的政治和经济力量的集团企业。

魅力型领导者（charismatic leader）　指能通过自身的魅力和能力对员工进行激励的领导。

色彩学（chromatics）　研究利用颜色进行信息传递的学科。

时间学（chronemics）　文化中利用时间的方式。

民法或成文法（civil or code law）　来源于罗马法的法律，用于非伊斯兰国家和非社会主义国家。

共同决策（codetermination）　一种法律体系，要求工人及其管理者对重要决策进行讨论。

集体主义（collectivism）　指一种文化，在这种文化中人们倾向归属于团队或集体，并彼此照顾以表示忠诚。

普通法（common law）　来源于英国法的法律，是美国、加拿大和其他英语体系国家法律体系的基础。

沟通（communication）　指从发送信息者到接收者的传播过程。

团体主义（communitarianism）　指人们将自己看作团队的一部分。

混合投资（conglomerate investment） 一种高风险投资，所投资的产品和服务不同于国内生产的产品和服务。

内容激励理论（content theories of motivation） 解释有关鼓励、激发或发动员工行为的工作激励理论。

情境（context） 情境是沟通所在的环境，并且有助于信息的传递。

控制（controlling） 针对计划或目标对结果进行评价的过程，并决定是否采取行动以及采取什么行动。

公司治理（corporate governance） 商业企业用来进行指导和控制的体系。

企业社会责任（corporate social responsibility，CSR） 指企业所采取的并非出于法律要求和企业利益导向的有利于社会利益的行为。

文化同化（cultural assimilator） 一种循序渐进的学习技术，向一种文化的成员灌输另一种文化的基本理念、态度、角色认知、习俗和价值观。

文化（culture） 人们用来解释经验，产生社会行为的后天获得的知识。该知识形成价值，创造态度，影响行为。

分权化（decentralization） 把决策放在较低层级，让较低层次的人参与。

决策（decision making） 指在一系列可选方案中选择行动方案的过程。

扩散文化（diffuse culture） 指公众空间和私人空间在大小上相似，因为进入公众空间也要支付进入私人空间的成本，所以个人谨慎地保护其私人空间。

直接控制（direct controls） 为了监督运行的目的而使用面对面或私人会议的方式。

分配式谈判（distributive negotiations） 对某种价值具有相反目的的双方之间所发生的讨价还价行为。

礼让主义（doctrine of comity） 指就其自己公民的权利而言，必须相互尊重他国法律、制度和政府的国际法的管辖权原则。

下行沟通（downward communication） 以从上级到下级的方向传递信息。

经济规则导向（economic imperative） 基于成本领先、差异化、分割的一种世界范围内的策略。

埃菲尔铁塔型文化（Eiffel Tower culture） 一种以特别强调层级和任务导向为特点的文化。

情感文化（emotional culture） 一种情感得以开放地和自然地表达的文化。

授权（empowerment） 给个人和团队资源、信息和他们思考及有效实施所需要的权威的过程。

环境扫描（environmental scanning） 对在企业目前已有业务或正考虑开展业务的地区的外部环境改变提供精确预测的过程。

公平理论（equity theory） 指人们的动机由其感觉到他们被如何公平对待来决定观点的一种理论。

尊重需求（esteem needs） 指对权力和地位的需求。

伦理（ethics）指对道德和操行标准的研究。

本国中心主义跨国公司（ethnocentric MNC） 强调民族主义和把关键国际管理职位控制在总部手中的跨国公司。

母国中心倾向（ethnocentric predisposition） 一种由母国的价值观念和兴趣引导战略决策的国家主义理念。

民族优越感（ethnocentrism） 一种认为自己做事情的方式优于其他国家的人的信念。

欧盟（European Union，EU） 由欧洲国家组成的一个政治和经济组织。

驻外人员（expatriates） 工作和生活在母国之外的管理者，他们是跨国公司母国的公民。

期望理论（expectancy theory） 假设动机是由努力影响绩效，绩效导致特别结果，结果由个人评价的个人理念的理论。

财产征收（expropriation） 所在国对财产所有者几乎毫无补偿的掠夺。

外在激励（extrinsic） 属于激励的一个因素。由于竞争和补偿或者奖励计划的存在，使得外部环境和行为的结果更为重要。

公平贸易（fair trade） 一种有组织的社会运动和基于市场的方法，旨在帮助发展中国家的生产者获得更好的贸易条件并促进可持续性。

家族型文化（family culture） 一种以特别强调层级和个人导向为特点的文化。

柔弱性（femininity） 主导价值观为关心别人或重视生活质量时的情景。

《反海外腐败法》（Foreign Corrupt Practice Act，FCPA） 1977 年因为关注国际商业领域贿赂而制定的美国法律，该法案使得通过贿赂个人或政治献金来影响外国官员成为非法行为。

外国直接投资（foreign direct investment，FDI） 在其他国家（地区）所进行的对于财产、工厂或者设备的投资。

规范化（formalization） 指在决策、沟通和控制上使用定义好的结构和系统。

特许经营（franchise） 一种一方（授予特许者）允许另一方（特许经营者）付费使用其商标、标识语、产品线、运营方法进行经营的商业安排。

全球中心主义跨国公司（geocentric MNC） 一种试图通过全球性的决策方式来整合世界上的分散区域的跨国公司。

全球中心倾向（geocentric predisposition） 一种试图整合一个全球系统的方法来进行决策的管理理念。

全球地区分部（global area division） 一种按照地域而非产品来组织全球运营的结构。

全球职能分部（global functional division） 一种主要基于职能，其次基于产品而组织全球运营的结构。

全球整合（global integration） 在全球范围的基础上进行某一类型和质量的产品的生产与销售。

全球产品分部（global product division） 指国内分部为全球范围的产品群负责的一种结构安排。

全球战略（global strategy） 主要基于价格竞争的整合战略。

全球化（globalization） 在世界所有国家之间进行社会、政治、经济、文化和技术整合的过程。

全球化规则（globalization imperative） 一种认为全球化经营是保证效率和效益的关键因素的理念。

全球领导力和组织行为效力研究（Global Leadership and Organizational Behavior Effectiveness，GLOBE） 对来自62个国家中的951个组织的17 000名经理人所进行的关于文化属性和领导行为的跨国研究与评估。

目标设定理论（goal-setting theory） 一种关注人们如何设定目标和这一过程对其动机影响的原理。

群体思维（groupthink） 团队中的成员服从和达成统一的社会意识。

制导导弹型文化（guided missile culture） 这种文化的特点是十分强调工作场所的平等和以任务为导向。

体态学（haptics） 研究通过身体的接触进行交流的学科。

母国人员（home-country nationals） 指移居国外的管理人员，其国籍隶属于跨国公司总部所在国。

同类群体（homogeneous group） 这类群体的特征是所有成员有相似的背景，认识、解释和评价事物的方法相似。

理想活动（honne） 日语词，意思是一个人真正想要做的事。

水平投资（horizontal investment） 指跨国公司在国外投资生产与母国相同的产品和服务。

水平专业化（horizontal specialization） 通过工作的分配使个人完成特定的职能，并趋向于停留在限定的领域。

东道国人员（host-country nationals） 指跨国公司雇用的当地的管理人员。

保健因素（hygiene factors） 属于双因素激励理论中的工作保健变量，包括薪水、人际关系、技术监督、工作环境、公司政策和公司行政等。

孵化器型文化（incubator culture） 这种文化的特点是十分强调个人平等和以个人为导向。

国有化法律（indigenization laws） 要求国家拥有企业的大多数权益。

间接控制（indirect controls） 使用报告和其他书面的沟通形式对运营进行控制。

个人主义（individualism） 人们倾向于只关注自我和自己家庭的一种文化。

召回人员（inpatriates） 被派往母国工作的，来自东道国或第三国的人员。

整合式谈判（integrative negotiations） 一种谈判行为，目的是使两个团体之间在整合利益、创造价值和投资方面建立合作。

整合性技术（integrative techniques） 使跨国公司的海外经营成为东道国经济基础结构的一部分。

国际分部结构（international division structure） 为了操控国际分支机构的运作而创建的一种结构化安排。

国际创业（international entrepreneurship） 对创新性、前摄性和跨国界风险追求行为的一种整合，目的是为组织创造价值。

国际管理（international management） 在一个跨国跨文化的环境中运用管理概念和技术，以及对不同的经济、政治和文化环境采取合适的管理措施的过程。

国际人员甄选标准（international selection criteria） 指为国际任务选拔人员的标准。

国际战略（international strategy） 综合了对整合的需求和差异化的关注都很低的情况的一种混合战略。

亲密距离（intimate distance） 非常亲密的交流中的人与人之间的距离。

内在激励（intrinsic） 属于激励的一个要素，指的是个体通过实施某个行为或帮助他人来获得自身的满足感。

伊斯兰法（Islamic law） 一种由《古兰经》的解释和

穆罕默德的训诫而形成的法。这种法常见于大多数伊斯兰教国家。

工作设计（job design） 包括设计工作内容、工作方法以及此工作和组织中其他工作之间的关系。

工作内容因素（job content factors） 在工作激励中的一些内部控制因素，如责任感、成就感和工作本身。

工作外部条件因素（job context factors） 在工作激励中的一些由组织控制的因素，如环境、工时、工资、安全感、利益和晋升。

合资企业（joint venture，JV） 两方或三方合作者拥有和控制海外业务的协议。

持续改善（kaizen） 日语词，意思是不断地改进。

过劳死（karoshi） 在日本指过多的劳动或工作引起的精力耗竭。

经连会（keiretsu） 在日本是一种新兴的组织安排。在经连会中，一个巨大的通常是纵向联合的公司团体相互合作、紧密工作，为最终用户提供产品和服务；核心成员可能是因为交叉所有权、长期商业交往、董事会间的联系和社会纽带等原因而团结在一起。

关键成功要素（key success factor，KFS） 公司有效完成一个市场功能所必不可少的因素。

人体动作学（kinesics） 研究通过身体动作和面部表情进行交流的学科。

领导力（leadership） 指影响人们并指导他们为完成某些特定的目标而努力的过程。

学习（learning） 指获得技能、知识和能力，在行为上产生相对永久的变化。

许可证（license） 一种允许一方使用另一方工业产权，并对拥有方进行一定补偿的协议。

薪酬本土化（localization） 对移居国外人员进行补偿的一种方法，其中包括向移居国外人员支付与所在国工资水平相当的工资。

一次性总额法（lump-sum method） 对移居国外人员进行补偿的一种方法，其中包括预先决定一定的金额补偿，由个人来支配这些钱。

宏观政治风险分析（macro political risks analysis） 评估可能影响一个国家所有商业活动的主要政治决策。

管理（management） 通过他人有效且高效地完成活动的过程。

保税加工出口工厂（maquiladora） 指位于墨西哥边境的工厂，该工厂使用从外国免税输入的材料和设备来组装成品或者进行生产，再销往国外。

男性化（masculinity） 社会主导价值观是成功、金钱等类似东西时的情景。

兼并/收购（merger/acquisition） 包含两个或者更多公司的跨国购买或者股权交易。

微观政治风险分析（micro political risks analysis） 对经济中经过选择的部门或者一个国家的特定外国业务进行的政府政策或行动分析。

（日本）通商产业省（Ministry of International Trade and Industry，MITI） 日本的一个政府机构，它确认和分级国家商业事务，引导国家资源的分配，以满足这些目标。

混合型组织结构（mixed organization structure） 全球产品、区域或功能安排的混合结构。

跨国公司（MNC） 一种拥有国际化规模、多国籍管理人员和所有者，并在多个国家进行运营的企业。

单一日程表（monochronic time schedule） 以线性的方式做事情的一种日程表。

激励（motivation） 指未被满足的需求和欲望驱使人们朝着预设的目标不断努力的一种心理过程。

激励因素（motivators） 在双因素激励理论中指包括成就、认可、责任、晋升和工作本身的工作内容因素。

多国战略（multi-domestic strategy） 强调当地适应性的差异化战略。

文化多元性群体（multicultural group） 在这个团体中，有来自三个或更多不同的伦理背景的个体，比如三个美国管理者、三个德国管理者、三个乌拉圭管理者和三个中国管理者，他们正在调查在南非的矿山运营设施。

国家回应（national responsiveness） 了解细分地区市场的不同消费者的口味，对不同民族的标准和自治政府及机构的管制做出反应的需求。

国家原则（nationality principle） 国际法的一个司法原则，该原则认为每个国家对公民都有审判权，不管他们在哪儿。

谈判（negotiation） 与一方或多方讨价还价的过程，目的是达成一个各方都能接受的解决办法。

中立文化（neutral culture） 情感被控制的文化。

非政府组织（nongovernmental organization，NGO） 一种私有的、非营利性的、为社会利益服务的组织，其关注社会、政治和经济问题，例如贫穷、社会公平、教育、健康和环境。

非语言沟通（nonverbal communication） 通过诸如身

体语言和物理距离的使用来传递意义。

《北美自由贸易协定》（North American Free Trade Agreement，NAFTA）　一个自由贸易协定，包括美国、加拿大和墨西哥，它有效地消除了这三个国家间的贸易壁垒。

眼神学（oculesics）　通过眼睛接触和注视的运用来处理信息传播的沟通领域。

离岸（offshoring）　企业在海外而非原籍国开展活动的一个过程。

经营风险（operational risks）　直接限制当地运营设施的管理和绩效的政府政策与程序。

组织文化（organizational culture）　使组织成员能够理解其角色和组织规则的共享的价值观与理念。

外包（outsourcing）　将企业之间所从事的一些业务通过协议的方式交由其他组织来做。

所有权控制风险（ownership-control risks）　阻止拥有当地运营设施的所有权或对其进行控制的政府政策或行动。

狭隘主义（parochialism）　用某人自己的眼光和视角观察世界的趋势。

参与式领导（participative leadership）　以工作或任务为中心和以人为中心领导下属的方法的综合使用。

特殊性（particularism）　环境会指示如何应用观念和实践，以及一些事情不能在任何地方都同样地进行的信念。

家长式领导（paternalistic leadership）　指以工作为中心的行为的使用，并伴随着以呵护的雇员为中心的考虑。

知觉（perception）　一个人对于现实的观点。

个人距离（personal distance）　在沟通中，与家庭成员和亲密的朋友谈话时所保持的身体的距离。

生理需求（physiological needs）　指食物、衣服、住所和其他基本的物质需求。

政治规则导向（political imperative）　战略的制定和实施，利用符合国家要求、旨在保护当地市场利基的战略。

政治风险（political risk）　指东道国政府的政策限制外国投资业务的可能性。

多中心主义跨国公司（polycentric MNC）　指把地区放在关键位置并允许这些管理人员任命和开发他们自己的人的跨国公司。

多元中心倾向（polycentric predisposition）　为适应跨国公司运作所在国家的文化而定制战略决策的一种管理方式。

综合日程表（polychronic time schedule）　在这种日程表中，人们趋向于同时进行几件事情，并且与按时完成工作相比更注重个人的参与。

积极组织行为（positive organizational behavior，POB）　研究和应用正面导向的人力资源优势与可以被测量、发展及有效增进当前工作场所绩效的心理能力。

积极组织学（positive organizational scholarship，POS）　关注正面结果、过程、组织和其成员特性的一种方法。

权力距离（power distance）　机构和组织中的没有权力的成员可接受的权力不平等分布的程度。

主权豁免原则（principle of sovereignty）　一种认为政府有权照其自身理解的那样去管理自身的国际法规。

前摄性政治战略（proactive political strategies）　通过游说、金融运作、倡导以及其他政治干预，塑造或改变政治决策对企业的影响。

过程激励理论（process theories of motivation）　通过阐述怎样激发、引导和阻止员工行为来解释工作激励的理论。

利润（profit）　扣除所有费用后的全部收入剩余。

保护性与防御性技术（protective and defensive techniques）　阻止东道国政府干涉运营的技术。

保护性原则（protective principle）　认为每个国家都有权对那些影响其国家安全，即使是出现在国外的行为也能进行处理的一种国际法规性的权限原则。

空间关系学（proxemics）　对人们使用物理空间来传递信息的方法的研究。

公众距离（public distance）　沟通时在房间大声呼喊或者对群体进行演讲所需要的空间。

质量圈（quality control circle，QCC）　指一群定期讨论改善工作质量的工人。

质量规则导向（quality imperative）　运用全面质量管理来满足或超出顾客期望和持续改善产品或服务的战略框架及其实施。

地区中心主义跨国公司（regiocentric MNC）　一个依靠特定地理区域的当地管理者，在这一区域内或在这一区域附近进行运营的跨国公司。

地区中心倾向（regiocentric predisposition）　企业试图将其自身兴趣和子公司的自身兴趣在地区基础上混合起来的一种管理哲学。

地区法（regional system）　一种开发驻外人员薪酬的

一揽子计划方案，这种一揽子计划设计为所有被委派到特定地区的驻外人员建立薪酬体系，并根据这个体系来为每个人付酬。

召回（repatriation） 让委派的海外管理者回到母国。

召回协议（repatriation agreements） 企业告知个人将被派驻海外多长时间以及允诺给予个人一个双方均可接受的职位作为回报。

投资回报率（return on investment，ROI） 通过将利润从资产中剥离出来的回报衡量。

共识决策（ringisei） 源自日语，指通过协商达到一致而进行决策的方法。

安全需求（safety needs） 在马斯洛需求层次理论中，体现为对安全、稳定和避免疼痛的需求。

自我实现需求（self-actualization needs） 在马斯洛需求层次理论中，表现为通过发挥人的全部潜能使每个人都成为自己所希望的那种人的需求。

简单化（simplification） 对不同文化群体展示相同导向的过程。

社交距离（social distance） 在交流中用来处理绝大部分业务交易的距离。

社交需求（social needs） 和他人交流和沟通的需求以及被他人感知的需求。

社会主义法（socialist law） 来源于马克思社会主义体制的法律以及在中国继续发挥影响力的法规。

社会技术设计（sociotechnical designs） 混合人事和技术的工作设计。

专业化（specialization） 一种分配个人从事特定的被良好设计的工作的组织特征。

明确文化（specific culture） 一种个人准备与别人一起分享较大公众空间以及与好友和亲密同事引导及分享狭小私人空间的文化。

战略管理（strategic management） 一个决定组织基本使命和长期目标，然后为达成这些目标而实施行动计划的过程。

战略实施（strategy implementation） 提供与行动计划相对应的产品和服务的过程。

可持续性（sustainability） 既能满足当前人类需求，同时不损害后代利益的发展。

规范行为（tatemae） 日语词，意思是根据规则做正确的事。

属地原则（territoriality principle） 一种认为每个国家对其法定区域享有管辖权限的国际法规。

恐怖主义（terrorism） 使用武力或者暴力向反对者推行政治和社会观点。

X 理论管理者（theory X manager） 这种管理者相信人们本性懒惰，必须采用惩罚作为强制和威胁手段才能让他们工作。

Y 理论管理者（theory Y manager） 这种管理者相信在恰当的情形下，人们不仅将努力工作，而且将寻求更大的责任和挑战。

Z 理论管理者（theory Z manager） 这种管理者认为员工会寻求机会参与管理以及受到团队工作和责任共享的激励。

第三国人员（third-country nationals） 指那些国籍不在跨国公司总部所在国，也不在被委派去工作的当地国家的管理者。

标志群体（token group） 所有成员皆具有相同背景的群体，比如，一群日本销售商和一群英国律师。

全面质量管理（total quality management，TQM） 一种旨在提供顾客以高质量产品或服务的组织战略和相关技术。

培训（training） 用增加目标达成可能性的方法来变更员工行为和态度的过程。

《跨太平洋伙伴关系协定》（Trans-Pacific Partnership Agreement，TPPA） 指 12 个环太平洋国家之间拟议的贸易协定，包括澳大利亚、文莱、加拿大、智利、日本、马来西亚、墨西哥、新西兰、秘鲁、新加坡、美国和越南。

交易型领导（transactional leader） 将报酬与努力和绩效相交换并且在"一一交换"基础之上进行工作的个人。

转移风险（transfer risks） 限制资本、支付、生产、人员和技术在国家内外进行转移的政府政策。

变革型领导（transformational leaders） 那些具有使命感的远景代理人和有能力激励其追随者接受新目标及做事的新方法的领导者。

过渡策略（transition strategies） 被用来帮助缓和从海外任命到国内任命调整的战略。

跨国网络型结构（transnational network structure） 一种在依靠网络配置来连接世界范围内的子公司的同时，混合了功能要素、产品要素和地理设计的多国结构安排。

跨国战略（transnational strategy） 强调全球整合和当地反应的整合战略。

双因素理论（two-factor theory） 该理论认为有两种影响工作满意度的因素：保健因素和激励因素。

不确定性规避（uncertainty avoidance） 指人们受到模糊不清的情境威胁的程度以及为规避这些威胁而

形成的信念和机制。

普遍性（universalism） 相信想法和实践可以无须修改地被应用于全世界的观念。

上行沟通（upward communication） 从下级往上级的方向传递信息。

效度（validity） 有效的程度及产生期望结果的程度。一种有效的检测或甄选技术可以衡量其意欲衡量的东西。

价值观（values） 人们考虑是非、对错和轻重的基本信仰。

可能性放大（variety amplification） 创造性地提出新的不确定性和分析许多关于未来行为变更的做法。

可能性缩小（variety reduction） 限制不确定性和以有效数目的变化来看待行为的做法。

垂直投资（vertical investments） 将被加工成最终产品的原材料或中间产品的生产。

垂直专业化（vertical specialization） 将工作分配给那些对集体绩效负责的个人的群体或部门。

独资子公司（wholly owned subsidiary） 一种由跨国公司完全拥有和控制的海外经营形式。

工作重要性（work centrality） 在一个人的生活中，工作相对其他领域的兴趣的重要性。

世界贸易组织（World Trade Organization，WTO） 成立于1995年以替代关税与贸易总协定（GATT）的组织，该组织有权强制执行贸易争论中的判决和监控贸易政策。

推荐阅读

中文书名	作者	书号	定价
公司理财（原书第11版）	斯蒂芬 A. 罗斯（Stephen A. Ross）等	978-7-111-57415-6	119.00
财务管理（原书第14版）	尤金 F. 布里格姆（Eugene F. Brigham）等	978-7-111-58891-7	139.00
财务报表分析与证券估值（原书第5版）	斯蒂芬·佩因曼（Stephen Penman）等	978-7-111-55288-8	129.00
会计学：企业决策的基础（财务会计分册）（原书第17版）	简 R. 威廉姆斯（Jan R. Williams）等	978-7-111-56867-4	75.00
会计学：企业决策的基础（管理会计分册）（原书第17版）	简 R. 威廉姆斯（Jan R. Williams）等	978-7-111-57040-0	59.00
营销管理（原书第2版）	格雷格 W. 马歇尔（Greg W. Marshall）等	978-7-111-56906-0	89.00
市场营销学（原书第12版）	加里·阿姆斯特朗（Gary Armstrong），菲利普·科特勒（Philip Kotler）等	978-7-111-53640-6	79.00
运营管理（原书第12版）	威廉·史蒂文森（William J. Stevens）等	978-7-111-51636-1	69.00
运营管理（原书第14版）	理查德 B. 蔡斯（Richard B. Chase）等	978-7-111-49299-3	90.00
管理经济学（原书第12版）	S. 查尔斯·莫瑞斯（S. Charles Maurice）等	978-7-111-58696-8	89.00
战略管理：竞争与全球化（原书第12版）	迈克尔 A. 希特（Michael A. Hitt）等	978-7-111-61134-9	79.00
战略管理：概念与案例（原书第10版）	查尔斯 W. L. 希尔（Charles W. L. Hill）等	978-7-111-56580-2	79.00
组织行为学（原书第7版）	史蒂文 L. 麦克沙恩（Steven L. McShane）等	978-7-111-58271-7	65.00
组织行为学精要（原书第13版）	斯蒂芬 P. 罗宾斯（Stephen P. Robbins）等	978-7-111-55359-5	50.00
人力资源管理（原书第12版）（中国版）	约翰 M. 伊万切维奇（John M. Ivancevich）等	978-7-111-52023-8	55.00
人力资源管理（亚洲版·原书第2版）	加里·德斯勒（Gary Dessler）等	978-7-111-40189-6	65.00
数据、模型与决策（原书第14版）	戴维 R. 安德森（David R. Anderson）等	978-7-111-59356-0	109.00
数据、模型与决策：基于电子表格的建模和案例研究方法（原书第5版）	弗雷德里克 S. 希利尔（Frederick S. Hillier）等	978-7-111-49612-0	99.00
管理信息系统（原书第15版）	肯尼斯 C. 劳顿（Kenneth C. Laudon）等	978-7-111-60835-6	79.00
信息时代的管理信息系统（原书第9版）	斯蒂芬·哈格（Stephen Haag）等	978-7-111-55438-7	69.00
创业管理：成功创建新企业（原书第5版）	布鲁斯 R. 巴林格（Bruce R. Barringer）等	978-7-111-57109-4	79.00
创业学（原书第9版）	罗伯特 D. 赫里斯（Robert D. Hisrich）等	978-7-111-55405-9	59.00
领导学：在实践中提升领导力（原书第8版）	理查德·哈格斯（Richard L. Hughes）等	978-7-111-52837-1	69.00
企业伦理学（中国版）（原书第3版）	劳拉 P. 哈特曼（Laura P. Hartman）等	978-7-111-51101-4	45.00
公司治理	马克·格尔根（Marc Goergen）	978-7-111-45431-1	49.00
国际企业管理：文化、战略与行为（原书第8版）	弗雷德·卢森斯（Fred Luthans）等	978-7-111-48684-8	75.00
商务与管理沟通（原书第10版）	基蒂 O. 洛克（Kitty O. Locker）等	978-7-111-43944-8	75.00
管理学（原书第2版）	兰杰·古拉蒂（Ranjay Gulati）等	978-7-111-59524-3	79.00
管理学：原理与实践（原书第9版）	斯蒂芬 P. 罗宾斯（Stephen P. Robbins）等	978-7-111-50388-0	59.00
管理学原理（原书第10版）	理查德 L. 达夫特（Richard L. Daft）等	978-7-111-59992-0	79.00

推荐阅读

中文书名	作者	书号	定价
管理学原理（英文版·原书第10版）	（美）理查德 L. 达夫特	978-7-111-61000-7	79.00
组织行为学（英文版·原书第7版）	（加）史蒂文 L. 麦克沙恩	978-7-111-59763-6	79.00
人力资源管理（英文版·原书第11版）	（美）约翰 M. 伊万切维奇	978-7-111-32926-8	69.00
人力资源管理（英文版·原书第2版）	（美）加里·德斯勒	978-7-111-38854-8	69.00
战略管理：概念与案例（英文版·原书第18版）	（美）小阿瑟 A. 汤普森	978-7-111-37853-2	69.00
战略管理：竞争与全球化（概念）（英文版·原书第9版）	（美）迈克尔 A. 希特	978-7-111-38673-5	49.00
商务与管理沟通（英文版·原书第10版）	（美）基蒂 O. 洛克	978-7-111-43763-5	79.00
国际企业管理（英文版·原书第8版）	（美）弗雷德·卢森斯	978-7-111-49571-0	85.00
管理信息系统（英文版·原书第14版）	（美）肯尼斯 C. 劳顿 等	978-7-111-60839-4	109.00
运营管理（英文版·原书第11版）	（美）威廉 J. 史蒂文森	978-7-111-36895-3	55.00
服务管理：运作、战略与信息技术（英文版·原书第8版）	（美）詹姆斯 A. 菲茨西蒙斯	978-7-111-49377-8	79.00
项目管理（英文版·原书第2版）	（美）杰弗里 K. 宾图	070-7-111-37073-0	09.00
供应链物流管理（英文版·原书第4版）	（美）唐纳德 J. 鲍尔索克斯	978-7-111-47345-9	59.00
物流管理（英文版·原书第4版）	（英）艾伦·哈里森	978-7-111-43863-2	50.00
数据、模型与决策：基于电子表格的建模和案例研究方法（英文版·原书第4版）	（美）弗雷德里克 S. 希利尔	978-7-111-48099-0	85.00
市场营销原理（亚洲版）（英文版·原书第2版）	（美）菲利普·科特勒	978-7-111-38252-2	79.00
营销管理（英文版·原书第2版）	（美）格雷格 W. 马绍尔	978-7-111-57756-0	99.00
消费者行为学（英文版·原书第12版）	（美）德尔 L. 霍金斯	978-7-111-48769-2	89.00
服务营销（英文版·原书第5版）	（美）瓦拉瑞尔 A. 泽丝曼尔	978-7-111-35736-0	85.00
公司理财(英文版·原书第11版）	（美）斯蒂芬 A. 罗斯	978-7-111-58856-6	145.00
公司理财（精要版）（英文版·原书第10版）	（美）斯蒂芬 A. 罗斯	978-7-111-44907-2	99.00
公司金融（基础篇)(英文版·原书第12版)	（英）理查德 A. 布雷利	978-7-111-58124-6	79.00
公司金融（进阶篇)（英文版·原书第12版)	（英）理查德 A. 布雷利	978-7-111-58053-9	79.00
财务报表分析与证券估值（英文版·原书第5版）	（美）斯蒂芬·佩因曼	978-7-111-52486-1	99.00
国际财务管理（英文版·原书第7版）	（美）切奥尔 S. 尤恩	978-7-111-51164-9	75.00
会计学：企业决策的基础（管理会计分册）（英文版·原书第17版）	（美）简 R. 威廉姆斯	978-7-111-58011-9	85.00
会计学：企业决策的基础（财务会计分册）（英文版·原书第17版）	（美）简 R. 威廉姆斯	978-7-111-58012-6	99.00
国际商法（英文版·原书第5版）	（美）罗伊 A. 奥古斯特	978-7-111-29687-4	69.00
当代全球商务（英文版·原书第9版）	（美）查尔斯 W.L. 希尔	978-7-111-57235-0	89.00
国际商务谈判(英文版·原书第6版)	（美）罗伊 J. 列维奇	978-7-111-55634-3	49.00